CHRONIK DER METROPOLEN

PARIS

CHRONIK DER METROPOLEN

PARIS

„Paris
à travers
les siècles"

Chronik
VERLAG

Abbildungen auf dem Schutzumschlag

Vorderseite: Pyramide des Louvre (getty images, München)

Rückseite: Eiffelturm (Zefa, Hamburg)

Impressum

© Editions Chronique, Dargaud s.a.
  Trélissac, **Frankreich** 2003

Chefredaktion: Jean des Cars
Redaktion: Magalie Guilpain, Monique des Cars
Beratung: Michel Marmin
Künstlerische Leitung: Catherine Balouet
Bildredaktion: Thierry Etévé
Assistenz: Laurence Collin
Satz und Layout: Olivier Barbut, Audrey Tröndle

Redaktionsleiter: Philippe Wanpouille

Deutsche Ausgabe

© Chronik Verlag
  im Wissen Media Verlag GmbH, Gütersloh/München 2004

Projekt- und Redaktionsleitung: Thekla Sielemann

Redaktion: Hanno Ballhausen
Kartografie der deutschen Ausgabe: Wissen Media Verlag GmbH Gütersloh/München
Kartenredaktion der deutschen Ausgabe: Dr. Matthias Herkt

Satz und Layout: SOFTWIN, Bukarest
Datentechnik: Franziska Streckert
Herstellung: Martin Kramer
Einband- und Schutzumschlaggestaltung: INIT, Büro für Gestaltung, Bielefeld

Druck: MOHN Media · Mohndruck GmbH, Gütersloh

ISBN 3-577-14599-4

INHALT

VORWORT

Wie die französische Volksweisheit sagt, wurde Paris nicht an einem Tag erbaut. Seit dem Lutetia der Gallorömer bis zur heutigen Hauptstadt sind Millionen Tage und Nächte vergangen, in denen Paris erbaut – und manchmal auch zerstört – wurde. Die Seine ist die älteste Pariser Wasserstraße, die von Fischern und Seeleuten befahren wird. Jahrhunderte vergehen, bis auf der Île de la Cité die erste städtische Ansiedlung entsteht, die sich gegen Eindringlinge, z. B. die Wikinger, ebenso wehren muss wie gegen die Hochwasser und Launen des Flusses. Lange Zeit ist Paris nur eine Stadt in einem umkämpften und zerstückelten Königreich. Doch mit der Entstehung eines geeinten Frankreichs gelangt die Stadt zu ersten Ehren. »Il n'est bon bec que de Paris« (Keine Frau auf Erden küsst so süß, wie die schönen Frauen aus Paris) beurteilte der Dichter François Villon.

Vom Königreich zur Republik wird Paris immer wieder vergrößert und umgestaltet. Die Baumaßnahmen der Könige und Präsidenten, die allesamt große Baumeister sind, prägen das Stadtbild. In der Renaissance wird Paris zu einem architektonischen Meisterwerk; Franz I. lässt die Stadt mit gleicher Sorgfalt ausschmücken wie ein Schloss im Loiretal. Pierre Boileau beschreibt mit spitzer Feder »das Durcheinander von Paris« – eine humoreske Darstellung der Pariser Staus, nur dass die Transportmittel andere sind. Während der Krisen und Umwälzungen einer bewegten Geschichte tritt immer wieder der Charakter der Pariser zu Tage: ihre Aufsässigkeit (die der junge Ludwig XIV. nur zu gut kennen gelernt hat), ihre Unruhe, Erregbarkeit, Großherzigkeit und Unberechenbarkeit. Etienne Marcels Revolte im Mittelalter oder auch die Tragödie der Kommune im Jahr 1871 sind deutliche Zeugnisse des Pariser Temperaments.

Die »Chronik von Paris« ist eine lebendige Schilderung der Pariser Geschichte zum Zeitpunkt der jeweiligen bedeutsamen Ereignisse. Man kann einzelne Abschnitte herausgreifen oder den Bericht wie einen Roman von Anfang bis Ende durchlesen und so erleben, wie die Aktualität von gestern – von der Antike bis zum modernen Paris von heute – Geschichte wird. Die Revolution, die die Stadt zwischen Aufklärung und Schreckensherrschaft erschüttert, die Arbeiten Napoléons, das Paris des Honoré de Balzac, das mysteriöse Paris von Eugène Sue, die grandiose Umgestaltung durch den Präfekten Haussmann, der Paris unter Napoleon III. zur modernen Hauptstadt einer »Art de vivre« macht, deren Ruhm mit jeder Weltausstellung zunimmt – all das kann der Leser Tag für Tag mitverfolgen und sich anhand sorgfältig ausgewählter Illustrationen vergegenwärtigen. Ob Politik, Städtebau, Transportmittel, Alltagsleben oder Kunst: Der Leser wird zur Premiere des Cyrano de Bergerac ebenso begleitet wie zur ersten Metrofahrt im Jahr 1900. Er erlebt die Zeit der Pferde-Omnibusse, die Rückkehr der Trambahn, sieht die Kabaretts von Montmartre und die Boulevards des Maréchaux, kann den Eiffelturm besteigen und einen Blick in die Ateliers der großen Modeschöpfer oder die Küchen der besten Chefköche werfen. Dieses Buch ist der gelebte Roman der Pariserinnen und Pariser, zwischen kleinen Begebenheiten und großen Stunden.

Mehrere Themenseiten liefern ergänzende Informationen zu speziellen Bereichen (z. B. Museen, Luxus, Friedhöfe, Krankenhäuser). Außerdem werden in Porträts, Hintergrundinformationen und Stadtführungen die wichtigsten Fakten zu dieser faszinierenden Metropole übersichtlich präsentiert.

Kleine Seine-Insel bereits bewohnt

■ *4200–3200 v. Chr.*
25 Meter unter dem Meeresspiegel schlängelt sich der mehrere Kilometer breite Fluss durch die Hügel. Inmitten des Beckens erstreckt sich auf dem rechten Ufer ein Sumpfgebiet – das Marais – mit Anhöhen von nicht mehr als 130 Metern (Belleville, Montmartre). Vor einer langen Schleife der Seine liegen vier Inseln, auf deren größter, der zukünftigen Île de la Cité, seit dem Neolithikum sesshafte Siedlergruppen leben. Die ersten Anwohner suchten dort Zuflucht vor dem Hochwasser. Sie betrieben Ackerbau und Viehzucht. Auf dem linken Seineufer herrscht ab der späteren Montagne Sainte-Geneviève ein reges Treiben: Waren transportierende Menschen fahren flussauf- und -abwärts. Der Fluss und seine launischen Zuflüsse begünstigen den Handel. Selbst Äxte aus dem Osten Europas findet man hier. Der Untergrund ist fruchtbar und die Wälder ermöglichen den Bau der ersten Flusssiedlung.

Lutetia auf einer Gravur aus dem 19. Jahrhundert

Die Schifffahrt der Händler

■ *1800–800 v. Chr.*
Seit frühesten Zeiten ermöglicht das Seinebecken, ein sedimentäres Land mit fruchtbaren Böden, die Nutzung von Ton, Sand und Kalkstein. Die wirtschaftliche Aktivität steht größtenteils mit dem Fluss in Zusammenhang. Schon sehr früh werden Wasserfahrzeuge gebaut; aus den ausgehöhlten Baumstämmen von Eichen entstehen Einbäume. Die Schifffahrt ist jedoch wegen der unberechenbaren Hochwasser und Überschwemmungen nicht ganz ungefährlich.

Aber wer sind die Quar-Isii?

■ *250–225 v. Chr.*
An der keltischen und belgischen Grenze lassen sich im Gebiet von Lutetia die Quar-Isii, die späteren Parisii, nieder, denen die Stadt ihren Namen verdankt. Es sind hoch entwickelte Kelten mit großem Geschick in der Goldbearbeitung. Ihren Wohlstand verdanken sie der Zinnstraße, die die Britischen Inseln mit dem Mittelmeer verbindet. Die Stadt wird durch eine Stadtmauer geschützt.

Cäsars Kommentare über Lutetia

■ *52 v. Chr.*
In seinem berühmten Werk »Der Gallische Krieg« spricht Julius Cäsar, Prokonsul der Gallia Cisalpina und Transalpina, von diesem Gebiet als einem »durchgängigen Sumpf«. Die zukünftige Île de la Cité wird als Oppidum (befestigte Stadtanlage) erwähnt. Der Eroberer macht unterschiedliche, zum Teil widersprüchliche und oft ungenaue Anmerkungen und Kommentare. Er spricht von Lutecia oder Lutetia, was als der älteste Name von Paris gelten kann, ohne aber die Herkunft des Wortes zufriedenstellend zu erläutern. Spätere Erklärungen des Griechen Strabon und des berühmten ägyptischen Geographen Ptolemäus, nennen Lucotocia und Leucotecia, zwei ebenso rätselhafte Varianten.

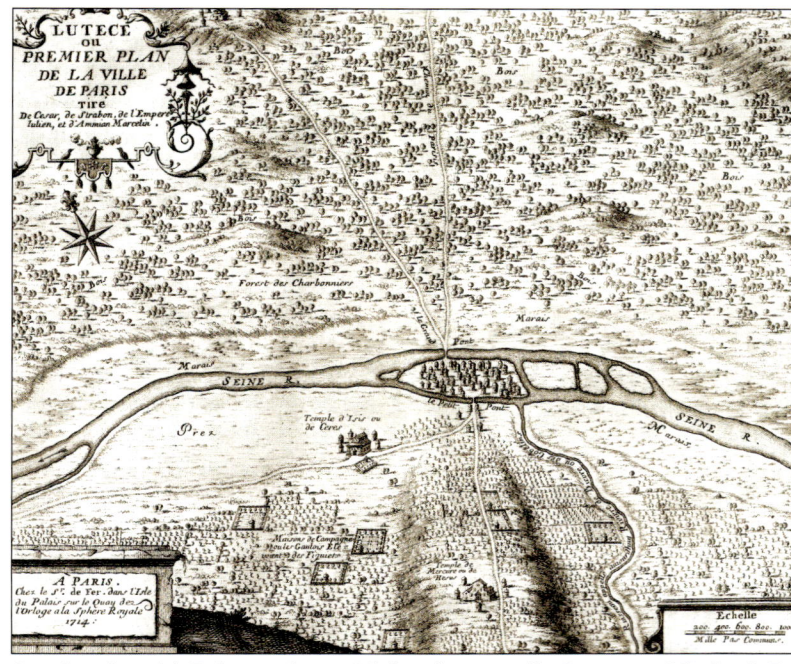

Lutetia, wie es sich Delamare im 18. Jahrhundert vorstellt; Gravur von Nicolas de Fer

Die Gallier prägen ihre Münzen

■ *90 v. Chr.*

Ein Beweis für den Reichtum der Parisii sind die Goldmünzen (Stateren), die sie seit Anfang des 1. Jahrhunderts v. Chr. prägen. Auf der Vorderseite der Münzen ist das Profil eines lockigen Menschen zu erkennen (siehe nebenstehende Abbildung), auf der Rückseite ein sich aufbäumendes Pferd, was auf intensive Beziehungen mit dem Umland schließen lässt. Lutetia übernimmt außerdem die Rolle eines religiösen Zentrums. In den Ebenen im Norden der Stadt entwickelt sich der Kult der Druiden, die gleichzeitig Verwaltungsbeamte und Lehrmeister sind.

Die Römer siegen

■ *August 52 v. Chr.*

Cäsar, für den Gallien von großem Interesse ist, beschließt, die Versammlung der gallischen Völker in den Norden der Stadt zu verlegen. Durch dieses Ereignis, an dem er selbst teilnimmt, wird die strategische Position von Lutetia gestärkt. Der römische General versucht so, die Niederlage seiner Landung in Britannien wettzumachen. Er hofft – vergeblich – auf die Treue der Parisii.

Ein Jahr später schließen sich diese der von dem Arvernerhäuptling Vercingetorix organisierten Koalition an. Der tapfere gallische Häuptling hat die Führung der Aufständischen gegen die römische Besatzung übernommen. Als Vergeltung entsendet Cäsar seinen ersten Leutnant Labienus mit vier Legionen. Sie eilen nach Lutetia und greifen das Oppidum der Stadt an. Die Verteidiger von Lutetia beziehen auf der späteren Ebene der Hallen und des Temple-Viertels Stellung. Angesichts der römischen Armeen stachelt Camulogenus die Bewohner der Île de la Cité zum Widerstand an. Ohne zu zögern steckt er die Gebäude in Brand und zerstört die Brücken. Aber Labienus, der im südlichen Sens einen Sieg errungen hat, kommt nach Lutetia zurück und kämpft sich mutig durch die Sümpfe. Dieses Manöver schlägt fehl. Es folgt ein weiterer listiger Angriff mit 50 römischen Schiffen, die das rechte Seineufer belagern. Dann erreicht Labienus mit einem Teil seiner Truppen das linke Ufer. Die Parisii ziehen sich in den natürlichen Schutz der Sümpfe zurück, aber vergeblich. In den erbarmungslos geführten Kämpfen müssen die zahlenmäßig unterlegenen Verteidiger schwere Verluste hinnehmen. Sie erleiden eine schreckliche Niederlage und ihr Anführer Camulogenus wird getötet. Es ist ein totaler Sieg für die Römer, abgesehen davon, dass Labienus Herr über ein völlig zerstörtes Lutetia wird. Zu erwähnen ist noch, dass Julius Cäsar selbst nicht an der Schlacht teilnimmt und sein Bericht bisweilen angezweifelt werden darf. Sicher ist, dass die Römer die Gallier umzingelt und niedergemetzelt und damit das »behaarte« Gallien erobert haben. (Es wurde wegen der Haartracht und der Schnauzbärte der Gallier so genannt, siehe Abbildung.) Dieser militärische Erfolg verschafft Rom eine wichtige Stellung in den eroberten Gebieten. Die Sieger wollen die Spuren der Zerstörung beseitigen und erarbeiten einen Plan für den Wiederaufbau der Stadt. Dort lassen sich Römer nieder, die überlebenden Gallier bleiben.

Stämme bilden Bund gegen Rom

Im Land der Carnuten (Lyonnais) verschwört sich die Versammlung der gallischen Stammesvertreter zum Bund gegen die Römer (53 v. Chr.); Gravur aus »Paris à travers les siècles« von H. Gourdon de Genouillac; Paris, 1874

■ *56–52 v. Chr.*

In Gallien sind einige Stämme über den wachsenden Einfluss Roms auf ihre Gebiete beunruhigt. Es kommt zu einem ersten Bündnis aus Bellovaken, Suessionen, Atrebaten und Nerviern im Norden von Lutetia. Julius Cäsar muss die Aufstände niederschlagen, um seine Macht zu behaupten. Er hebt Legionen aus, überschreitet im Eiltempo die Alpen und befreit Bibract (Autain), wo einer seiner Leutnants belagert wird. Im Juli 57 drängt er die Nervier hinter die Sambre in Richtung Maas zurück. Er glaubt, Gallien mithilfe von Verrat und Stammesrivalitäten befriedet zu haben, und kehrt nach Rom zurück, wo der erleichterte Senat ihm zu Ehren zweiwöchige Danksagungen für die Götter beschließt. Aber überall in Gallien brauen sich neue Aufstände zusammen.

Während des Winters rufen die vereinten Gallier »Barbaren« zu Hilfe, die aus Germanien kommen. Um weiterer Invasionen zuvorzukommen, übernimmt Cäsar selbst das Kommando über die Legionen, die das rechte Rheinufer verwüsten. Der endgültige Sieg bleibt jedoch aus. In Gallien herrscht Aufruhr, der durch die Druiden geschürt wird. Bis zu diesem Zeitpunkt hatten die Römer nur gegen sporadische Bewegungen zu kämpfen. Das ändert sich im Jahr 52 v. Chr. mit Vercingetorix, dem frisch gewählten Arverner Häuptling. Die von ihm betriebene »Politik der verbrannten Erde« nimmt den Römern Korn und Futter. Durch die Abwesenheit Cäsars, der sich in Ravenna aufhält, hat er freies Feld. Cäsar kommt eilends zurück, wird aber 52 v. Chr. von Vercingetorix und seinen Kriegern in Gergovia besiegt.

ZUR PERSON

Camulogenus

52 v. Chr. wird Lutetia erstmals in der Geschichte erwähnt. Verkörperung für den Pariser Widerstand ist ein außergewöhnlicher Krieger namens Camulogenus. Sein Einsatz und Mut sind umso bemerkenswerter, als er nicht aus Lutetia stammt, sondern Befehlshaber des Aulerker Landes (Gebiet um das heutige Evreux) ist. Während der von Vercingetorix angeführten Aufstände wird er wegen seiner Entschlossenheit und Autorität von den Parisii zum Oberhaupt der vereinten Seinestämme gewählt. Ohne sein taktisches Geschick hätte es in Lutetia keinerlei organisierten Widerstand gegen Labienus und seine vier Legionen gegeben. Angesichts der Verwirrung der Bewohner ergreift er eine Verzweiflungstaktik und setzt das Oppidum in Brand, wodurch Labienus aufgehalten wird und seine Pläne ändern muss. Camulogenus wird 52 v. Chr. getötet.

Camulogenus; Gipsskulptur von Eugène Lequesne

Die Parisii helfen Vercingetorix

■ *August 52 v. Chr.*
Vercingetorix' Sieg über Cäsar in Gergovia (heute: Clermont-Ferrand) hatte in ganz Gallien immenses Aufsehen erregt. Am schlimmsten ist für Rom, dass die Gallierstämme, die sich dem Sieger anschließen, die Versorgung der römischen Truppen kontrollieren. Doch das tragische Ende der Schlacht zu Lutetia zwingt Vercingetorix zu einer neuen Offensive. Er sammelt 15 000 Reiter und 10 000 Mann Fußvolk. Es kommt zum entscheidenden Kampf, in dem Cäsar die Demütigung von Gergovia wettmachen und Vercingetorix seinerseits den Tod von Camulogenus rächen will. Die Gallier, die von einer germanischen Reitereinheit in der Flanke angegriffen werden, müssen sich zurückziehen. Damit verliert Vercingetorix seine besten Mitstreiter. Er flüchtet sich in die alte gallische Stadt Alesia. Cäsar begeht den Fehler von Gergovia nicht noch einmal. Er lässt einen riesigen Wall um Alesia errichten.

Vercingetorix liefert sich 52 v. Chr. Cäsar in Alesia aus.

Nach zweimonatiger erschöpfender Belagerung und ohne Hoffnung auf einen ruhmvollen Ausgang überwindet Vercingetorix seinen Stolz und liefert sich Cäsar als Sühne für seinen Misserfolg aus. 46 v. Chr. wird er nach sechs Jahren Kerkerhaft in Rom erdrosselt. Mit Vercingetorix' Gefangennahme schwinden die letzten Hoffnungen auf die gallische Unabhängigkeit.

Alle Wege führen nach Lutetia

■ *250*
Nach der Eroberung beginnen die Römer unverzüglich Verkehrswege durch Gallien anzulegen. Gute Bedingungen für Verkehr, Transport und Befehlsübermittlung zu schaffen, ist ein strategisches Ziel, denn im Fall eines Aufstandes müssen die Legionen problemlos von einer Region zur anderen gelangen können. Außerdem verstärkt ein gut ausgebautes Straßennetz die Bindung der unterworfenen Gegend an die Siegernation. Der Handel kann von dem Umbau nur profitieren, denn er wird schneller und sicherer. Lutetia liegt auf einer Nebenachse, die von Autun ausgeht, sich in Pontoise gabelt und in die eine Richtung nach Caracotinum (Le Havre), in die andere nach Samorabriva (Amiens) führt. Die Straße ist zwar von geringem strategischem Wert, spielt im Handel aber eine wichtige Rolle. Sie erhält den Namen »Weg des Cäsar«.

Die Pariser Seefahrer ehren Rom

■ *265*
Die Handelsschifffahrt auf der Seine und anderen Flüssen gewinnt gegenüber dem Landweg immer mehr an Bedeutung. Schon vor Cäsars Zeiten nutzten die Pariser wie alle Gallier die Möglichkeiten der Wasserläufe. Die alten Römer sahen in dem äußerst günstig verteilten Flussnetz eine Fügung des Schicksals, ein Geschenk der Götter. Bereits zu Zeiten der Unabhängigkeit hatte die Flussschifffahrt eine wichtige Rolle gespielt: Die beiden Seineufer, dienten, je nach Bedarf, als Stützpunkt oder als Falle für Eindringlinge. So war die Schlacht von Lutetia zumindest teilweise ein Kampf um die Kontrolle über Brücken und Furten.

Das Verdienst der Römer war daher nicht so sehr die Einführung als vielmehr der Ausbau einer bereits blühenden Flussschifffahrt. Das gallischrömische Transportboot war meist eine kleine, mit Fässern oder Futter beladene Barke. Ein Mann lenkte, während drei weitere – oder bei bedeutenden Anlässen zwei Pferde – die Barke vom Treidelweg aus zogen. Die Zunft der »Nautae parisiaci« erlebt einen Aufschwung. Weil sie stets um Frieden bemüht ist, errichtet die Schifffahrtszunft auf dem rechten Ufer eine Votivsäule zu Ehren von Kaiser Tiberius und von Jupiter (siehe Abbildung links). Als Gegenleistung erhält sie daraufhin das Monopol für die Schifffahrt auf der mittleren Seine sowie der Oise und Marne.

Der Stein Jupiters; die so genannte »Säule der Seefahrer« wurde 1711 unter dem Chor von Notre-Dame ausgegraben. Musée du Moyen Age, Cluny

Die Reichtümer im Pariser Untergrund

■ *Anfang 3. Jahrhundert*
Der Erfindungsreichtum der Gallier und dann der Galloromer ist beachtlich. Mit einem für die Epoche äußerst perfektionierten Werkzeug machen sie Boden und Untergrund nutzbar. Schon Cäsar hatte ihr Geschick bei der Holz- und Eisenbearbeitung erkannt, durch die Gallien zu einem wohlhabenden Land wurde. Glashütten werden in den Wäldern errichtet, Brennmaterial und den Sand der Seine gibt es vor Ort. Der für die Töpferei verwendete Ton ermöglicht den Bau von Naturkalksteinöfen, in denen farbiges Glas für Mosaiken und Schmuckstücke erzeugt wird, die sich großer Beliebtheit erfreuen. Das Fass ist eine gallische Erfindung, die die Welt erobern wird. Kalkstein dient dem Bau, Gipsstein der Steinbearbeitung. Der Seineschlamm ist dickflüssig und der Boden fruchtbar. Selbst die Sümpfe leisten einen Beitrag für die Korbmacherei.

SEHENSWÜRDIGKEIT

1 **Das Amphitheater von Lutetia**

Es ist schwer zu sagen, wann dieses gallorömische Bauwerk im heutigen V. Arrondissement gebaut wurde, das mit den so genannten Thermen von Cluny (6. Jahrhundert) zu den einzigen heute noch in Paris sichtbaren Monumenten aus jener Zeit gehört.

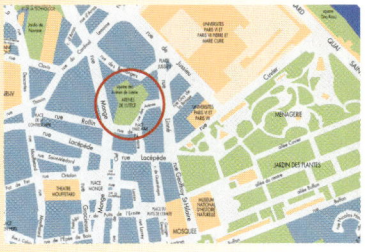

Die Pariser hatten an den Schauspielen nach römischer Art – Theater oder Zirkusspiele – Gefallen gefunden. 8 000 Zuschauer konnten hier sitzen. Angesehene Persönlichkeiten ritzten ihre Namen in die für sie reservierten Steinplatten. Dass das Martyrium des Heiligen Dionysius hier stattgefunden hat, ist eher unwahrscheinlich. Die Arenen wurden 280 von den Barbaren teilweise zerstört, ihre Ruinen sind bis zum 12. Jahrhundert sichtbar. Die Überreste bleiben bis 1860 verborgen, als mit den Arbeiten Haussmanns im zweiten Empire die Rue Monge gebaut wurde.

Die gallorömische Kultur

Gallorömische Tracht; Halbrelief

■ *1. – Anfang 3. Jahrhundert*

Cäsar versucht gleich nach der gallischen Niederlage, Gallien zu romanisieren. Nach der Ermordung des Diktators steht Gallien während der »Pax romana« drei Jahrhunderte lang unter dem Einfluss des Senats und der Kaiser. Wie in anderen Städten ist auch in Lutetia die Urzivilisation aus der Symbiose zwischen den keltischen und romanischen Völkern entstanden. In den Veränderungen des täglichen Lebens findet man zahlreiche Beispiele der gallorömischen Erfahrung. Die Stadt hat mindestens drei Bäder. Von den »Thermen von Cluny« sind noch heute beeindruckende Überreste zu sehen. Mit den drei Hauptsälen – dem Tepidarium oder lauwarmen Bad, dem Caldarium oder heißen Bad und dem Frigidarium oder kalten Bad – sind sie die einzigen in Frankreich, deren 14 Meter hohe Gewölbe erhalten sind. Das Wasser wird in den Becken von Rungis und Wissous entnommen und durch ein 16 km langes Aquädukt in die Thermen geleitet. In der Arena von Lutetia finden 8 000 Zuschauer Platz. Auf der heutigen Rue Soufflot wird das Forum eingerichtet. Hinsichtlich ihrer Lebensweise bleiben die Pariser zwar den Traditionen ihrer Vorfahren verhaftet, aber auf kultureller Ebene erfolgt die Romanisierung wesentlich schneller. Die Dialekte werden durch das Lateinische verdrängt, das zur offiziellen Sprache wird.

Acheloos, der gehörnte Flussgott; Maske aus Bronze

Frigidarium der Thermen; Öl auf Leinwand von Etienne Bouhot, 19. Jahrhundert, Musée du Moyen Age de Cluny

Caracallas Edikt bestätigt Lutetia

Kaiser Caracalla; Marmor

■ *212*

Kaiser Caracalla, der ein Jahr zuvor den Thron bestiegen hat, erlässt ein revolutionäres Edikt: Ab sofort wird allen freien Bewohnern des Kaiserreichs mit Ausnahme der Barbaren das römische Bürgerrecht zuerkannt. Der Erlass, den man auch die Antoninische Verfassung nennt und der zu unterschiedlichen Auslegungen führte, ist das Werk eines grausamen Mannes. Man sagt, er habe seinen Bruder Gaeta umbringen lassen sowie weitere 20 000 Menschen, die dieses Verbrechen missbilligten. Aber Caracalla ist auch ein sehr frommer Herrscher, dem die Einhaltung der alten römischen Feste ebenso am Herzen liegt wie die Huldigung der ausländischen Götter. Dem römischen Schriftsteller Tertull zufolge, der selber Christ war, wurde er von Christen aufgezogen. Zumindest im europäischen Teil des Reiches verzichtet er auf die Verfolgung der Anhänger Jesus. In Afrika sieht es anders aus. Die Ausweitung des römischen Bürgerrechts ist eine beispiellose Maßnahme. Lutetia wird in die Provinz der Quatrième Lyonnaise des römischen Galliens integriert – in etwa das Gebiet zwischen Seine und Loire mit der Hauptstadt Senones (heute: Sens). Senones, eines der letzten Nester des gallischen Widerstandes, hatte an der von Vercingetorix angeführten Revolte teilgenommen. Das Edikt, das Lutetia unter den Schutz von Sens stellt, ist weniger eine Neuerung als die Bekräftigung eines Tatbestandes, denn ganz Gallien ist vom römischen Einfluss geprägt. Das Edikt hat außerdem die Angleichung des Steuersystems zwischen Galliern, Römern und den Provinzen zum Ziel.

Die Invasionen verwüsten Lutetia

■ *Ende 2. – 4. Jahrhundert*

In den Jahren 180/200 wird die unter der »Pax romana« lebende gallorömische Welt durch die Invasionen der Barbaren erschüttert. Lutetia, die Stadt des Oberreichs, das sich vor allem über das linke Seineufer erstreckt, ist zerstört. Wie in alten Zeiten müssen sich die Bewohner auf die Île de la Cité flüchten. Mit Steinen von nicht mehr genutzten Bauwerken, z. B. den ersten Amphitheatern, wird eine Wehrmauer errichtet. Auch das Forum auf dem linken Seineufer wird befestigt und bietet seinen Bewohnern einen neuen Zufluchtsort. Römische Truppen, Generäle und sogar die Kaiser lassen sich auf diesem Ufer nieder, in einem neuen, völlig romanisierten Lutetia, dessen strategischer Wert immer größer wird. Zahlreiche während der Kämpfe gestohlene Geldstücke sowie die Spuren der Brände erinnern an die heftigen Angriffe. Ab 256 strömen die germanischen Franken nach Gallien. Auf dem linken Seineufer, das als sicherer gilt als das rechte, werden Schätze gehortet. Doch die Eindringlinge zerstören alles. Das heutige Luxembourg-Viertel wird von den Flammen völlig verwüstet. Die Île de la Cité kann sich durch das Einreißen der Brücken schützen. Im Jahr 280 wird Lutetia eingenommen. Die teilweise Zerstörung der Arenen ist ein Symbol für die Niederlage. In den Ruinen werden keine Geldstücke späteren Datums gefunden. Nachdem die Gefahr vorüber ist, beginnt der Wiederaufbau. Als sich Kaiser Julian von 359 bis 360 in Lutetia aufhält, unterstützt er die neuen Befestigungsarbeiten um die Insel. Das wird nicht genügen, um all diejenigen aufzuhalten, die über die Grenzen des geschwächten römischen Reichs eindringen wollen.

Bischof von Paris wird enthauptet

■ *Um 260–272*

Mitte des 3. Jahrhunderts nehmen unter der Herrschaft des Kaisers Decius die Christenverfolgungen zu – parallel zur Entwicklung des Christentums, das 100 Jahre vorher in Gallien aufgekommen war. Paris ist eines von 25 Bistümern. Einer sehr verbreiteten Überlieferung zufolge ist der missionierende Bischof Dionysius der wahre Gründer der Kirche in Paris. Er weigert sich, das kaiserliche Edikt zu befolgen, das eine Opfergabe »für das Heil und die Erhaltung des Kaisers« fordert. Die Kenntnisse über das Leben des Heiligen Dionysius (franz.: Saint Denis) waren lange Zeit unzulänglich. Die Umstände seines Todes sind dagegen besser bekannt, obwohl auch sie geheimnisumwoben sind. Dionysius wurde auf Anordnung des Präfekten Fescenninus in Begleitung zweier Gefährten festgenommen. Er wurde enthauptet, aber wo? Wahrscheinlich auf dem rechten Seineufer auf dem Mont des Martyrs (Märtyrerberg; die Kontraktion des Namens ergibt Montmartre). Und zu diesem Zeitpunkt soll ein Wunder geschehen sein: Dionysius nimmt seinen Kopf unter den Arm und geht etwa 6 000 Schritte bis zu einem Ort namens Catulliacus, dem heutigen Saint-Denis. Zwei Jahrhunderte später wird die Legende des Bischofs von der Heiligen Genoveva ausgeschmückt. Späteren Dokumenten zufolge (um 346) war in Wirklichkeit Victorin der erste Bischof von Paris.

Saint Denis, erster Bischof von Paris, in eine Darstellung von Jean Bourdichon

Eine Wehrmauer für die Stadt

■ *Zweite Hälfte 3. Jahrhundert*

Während Lutetia durch den Flusshandel und die Nutzung des Bodens zu materiellem Wohlstand gelangt, wird das einträchtige Leben der Bewohner im gallorömischen System durch Überfälle der Barbaren gestört. Zahlreiche Münzdiebstähle lassen vermuten, dass die Eindringlinge glänzendes Metall lieben. Um die Île de la Cité wird deshalb etwa 30 Meter von der Seine entfernt eine Wehrmauer errichtet. Das Baumaterial ist leicht zu finden. Man verwendet die Überreste der aus der Mode gekommenen Theater und Amphitheater. Und das alte Forum (Rue Soufflot, V. Arr.) wird entlang dem linken Ufer zu einem riesigen Unterschlupf umgebaut. Das dadurch vermittelte Gefühl der Sicherheit führt dazu, dass Lutetia als Stützpunkt für die Legionen genutzt wird, die an der Rheingrenze gegen die eindringenden Barbaren kämpfen. Nach und nach richtet Rom hinter dieser Mauer militärische Lager ein, legt Vorräte an und lässt Truppen nachrücken. Und der Präfekt Galliens, der zukünftige Kaiser Julian, genießt hier die Feigenbäume, die Weinreben und das milde Klima. Er verbringt sogar den Winter in Lutetia. Das einzige Problem sind die beengten Verhältnisse auf der Insel: Der Hof beklagt sich über Platzmangel, einige Offiziere sind schlecht untergebracht. Trinkwasserreserven werden angelegt, die durch die Becken südlich von Lutetia gespeist werden.

Die erste kleine Kirche

■ *360*

Es ist kaum mehr als ein Oratorium. Die Christen treffen sich dort und beten inmitten von fünfhundert Grabstätten und Steinsarkophagen. Marcellus, der neunte Bischof von Paris, wird etwa siebzig Jahre später in einer Gruft unter dem Oratorium bestattet. Marcellus hat Paris vor viel Unheil bewahrt und gilt deshalb als einer der Schutzpatrone der Stadt. In Paris wird es üblich, die Toten in der Nähe seines Grabes und des Oratoriums zu beerdigen. Schließlich richtet man dort den größten Friedhof von Lutetia ein. Die heutige Kirche befindet sich auf dem Boulevard de l'Hôpital im XIII. Arrondissement.

Julian wird in Lutetia zum Kaiser

Julian in Lutetia, 15. Jahrhundert

■ *Februar 360*

Zum ersten Mal erhält ein Kaiser in Lutetia den Titel »Augustus« – ein noch nie da gewesenes Ereignis an der Seine. Der Neffe des Kaisers Konstantin, der sich durch die Vertreibung der Germanen ausgezeichnet hatte, hat sich in Lutetia niedergelassen und dort die Steuerbeträge gesenkt. Nun wird er von seinen Truppen, die um neun Uhr morgens in den Palast eingedrungen sind, bejubelt und zum römischen Kaiser Julian gemacht. Nach alter Tradition muss sich das neue Oberhaupt auf einen Langschild heben lassen. Der neue Kaiser ist ein schwächlicher, nervöser Mann mit vielen Ticks. Einer, der, in Ekstase versunken, den Kontakt mit den Göttern sucht. Er behauptet,

ihm sei im Traum befohlen worden, den kaiserlichen Thron anzunehmen, weil er sonst den Schutz der Götter verlieren würde. Julian zögert nicht und wird Kaiser. Er ist ein Liebhaber der griechischen Literatur und verbringt viele Stunden mit Studien an den Ufern der Seine. Er liebt es, durch den Pariser Weinberg zu spazieren, die auf den Märkten eingetroffenen Waren zu kosten und erfreut sich an der Mischung der Gebräuche und Traditionen aus der gallischen und der römischen Welt. Julian erhält später den Spitznamen Apostat, da er dem Christentum abgeschworen hat. Er ist der letzte römische Kaiser, der Heide ist, und der erste, der das Leben in Lutetia genießt.

In Zukunft heißt Lutetia Paris

■ *Ende 5. Jahrhundert*
Seit zweihundert Jahren ist es üblich, für Städtenamen den Namen des Volkes zu wählen, das der römischen Autorität untersteht. Und so wird nach gallischer Sitte aus »Lutecia parisiorum« (dem Lutetia der Pariser) Paris. Die Gallier erweisen ihren Herrschern Ehre und schreiben den römischen Namen auf die Grenzsteine entlang der Straßen, geben aber dann die oft komplizierten lateinischen Namen auf – ein weiterer Beweis für die geschwächte kaiserliche Gewalt und die Bestätigung der lokalen und regionalen Identität.

Bischof Marcellus stirbt

■ *1. November 436*
Marcellus hat seine Seele dem Gott der Christen anbefohlen. Der Pariser hatte die Stadt von einem entsetzlichen, Alles verwüstenden Drachen befreit. Diesem Ereignis waren weitere Wunder (z. B. die Verwandlung von Seinewasser in Wein) gefolgt. Marcellus war der neunte Bischof von Paris. Er wird in einem Grabmal mit einem kleinen Oratorium beigesetzt. Der später nach ihm benannte Friedhof erstreckt sich entlang der Straße, die nach Lyon und Italien führt, und ist in jener Zeit die wichtigste christliche Nekropole von Paris.

Barbaren-Invasionen bedrohen Paris

Die von Attila befehligten Horden fallen in Gallien ein und machen Metz dem Erdboden gleich.

■ *451*
Die aus der Mongolei und aus Ungarn kommenden Hunnen fallen in Gallien ein. Die Barbaren nutzen den Verfall des Römischen Reiches und kommen – einige im Eiltempo, andere langsamer – mit Frauen und Kindern, um sich in der freundlichen Gegend niederzulassen. Sueven, Wandalen und Alanen haben die Donau überquert, die Rheinstädte verwüstet und schwenken jetzt in Richtung Westküste und Ärmelkanal. Mainz, Trier, Metz, Reims, Lyon, Orléans, Bordeaux und Toulouse werden angegriffen. Und Lutetia? Die Stadt scheint zunächst von den Invasionsströmen verschont zu werden, denen die kaiserliche Macht in Ravenna nicht den geringsten Widerstand entgegensetzen kann. In Lutetia, wo das Christentum seit dem legendären Märtyrertod des Heiligen Dionysius sehr verbreitet ist, betet man. Doch der Hunnenkönig Attila (die »Geißel Gottes«) übernimmt, nachdem er die Champagne verwüstet hat, die Führung von Paris. Dem Einsatz der späteren Heiligen Genoveva ist es zu verdanken, dass die Horden wie durch ein Wunder nicht in Paris einfallen und nach Orléans weiterziehen. Die Truppen des römischen Generals Aetius erwarten sie dort und stoppen ihren Vormarsch.

Aetius siegt über Attila

General Aetius, brillanter Stratege, Sieger bei den Katalaunischen Feldern

■ *21. September 451*
Der Hunnenkönig ist in die Nähe von Troyes geflüchtet. Er hat Paris nicht angreifen können. Der Häuptling der Barbaren, hinter dem »nichts mehr wächst«, verbrennt seine Toten auf einem aus Pferdesätteln errichteten Scheiterhaufen. Währenddessen werden die Angst und Schrecken säenden Eindringlinge von den Römern des Generals Aetius beobachtet. Die Armee, die den Gallien bedrohenden Hunnenkönig aufhalten soll, ist übrigens nicht sehr römisch: Die Speerspitze besteht aus Westgoten, Germanen, Burgundern und Franken. Der listige Aetius lässt seit der Schlacht von Orléans nicht mehr locker. Nach dreitägigen Kämpfen tritt Attila bei Morgengrauen den Rückzug an.

SEHENSWÜRDIGKEIT

2

Die Statue der Heiligen Genoveva

Erst zwischen den zwei Weltkriegen feiert Paris das Andenken an die magere, vom Glauben verzehrte junge Heldin, die die Stadt 15 Jahrhunderte zuvor verteidigt hat. Am 9. Juli 1928 wird die Tournelle-Brücke nach fünfjährigen Bauarbeiten eingeweiht. Vor dem wenig eleganten Bauwerk aus steingedecktem Beton standen hier mehrere Brücken, von denen die erste aus dem Jahr 1369 aus Holz war. Auf der Brücke ragt die Statue der Heiligen Genoveva empor, ein Werk des 1875 in Paris geborenen und 1961 gestorbenen Bildhauers Paul Landowski. Von Ehren und offiziellen Aufträgen überschüttet, setzte er sowohl dekorierende als auch Elemente der zeitgenössischen Kunst ein. Der Ort erinnert daran, dass man zur Zeit der normannischen Invasionen im Jahr 885 den Reliquienschrein der Heiligen Genoveva – in der Hoffnung auf ihren Schutz – an der Spitze der Insel Saint-Louis niedergelegt hatte.

Die auf der Tournelle-Brücke errichtete Statue

Genoveva widersteht der Panik

451
Die Hunnen nutzen die Schwächung des Römischen Reiches, das seine Grenzen nicht mehr halten kann, und dringen in Gallien ein. Die Bevölkerung zittert: Wird Attila alles verwüsten? Die Angst ruft in Paris eine Panik hervor. Die Pariser beginnen Hals über Kopf, Truhen, Stoffe, Lebensmittel, Küchengeschirr auf Karren zu packen. Lutetia steht die erste Auswanderung bevor. Die römische Verwaltung ist bereits in Richtung Aquitaine umgezogen, Paris ist den neuen Eindringlingen überlassen. Zu diesem Zeitpunkt wird ein 15-jähriges Mädchen aus adeliger, aber nicht-gallorömischer Familie den ersten Pariser Widerstand ins Leben rufen. Mit zwei gleichaltrigen Freundinnen hatte sie das erste Frauenkloster von Paris gegründet und großen Einfluss gewonnen. Fromm, aber ganz im wirklichen Leben stehend, hält die hoch gewachsene asketische Gestalt die Flüchtigen zurück, indem sie ihnen versichert, dass

Die Heilige Genoveva speist nach einer Reise die Hungrigen.

die Hunnen Paris verschonen werden. Sie stellt sich den Menschen entgegen, die die Stadt verlassen wollen, und spricht den Zaudernden Mut zu. Mit ihrem tiefen Glauben ist sie ein Symbol der Christenheit. Sie erbittet die Unterstützung der Frauen, die ihr helfen Vorräte anzulegen, um sich auf eine mögliche Belagerung vorzubereiten. Paris schöpft wieder Hoffnung.

Franken und Pariser vereint

475
Das von Genoveva angekündigte Wunder geschieht. Der römische General Aetius erhört die Bitten des jungen Mädchens und vernichtet Attila auf den Katalaunischen Feldern zwischen Châlons und Troyes. Aber es drohen neue Gefahren: Die Franken von Childerich, dem Vater Chlodwigs, versuchen Paris einzunehmen. Und wieder organisiert die Heilige Genoveva die Verteidigung und bringt wie beim ersten Mal die Frauen dazu mitzumachen. Sie heuert eine Flotte aus elf Schiffen an und fährt mit ihr den gefährlichen Lauf der Seine und dann der Aube hinauf. Von dort bringt sie Getreide für die Belagerten. Gegen Ende der Belagerung wechseln die Franken das Lager, denn Chlodwig hat sich zum Christentum bekehrt. Sie besiegen die römische Armee des Syagrius bei Soissons. Diesmal haben die Franken Paris gerettet und Chlodwig lässt sich hier nieder. Als Genoveva im Alter von 88 Jahren stirbt, ordnet König Chlodwig den Bau einer Kirche ihr zu Ehren an. Das Bauwerk – in der Folgezeit mehrfach neu errichtet und umgebaut – wurde zwei Jahre nach der Revolution von 1789 zum Panthéon umgewidmet.

Eligius berät König Dagobert

628–639
Dagobert I., ältester Sohn Chlothars II. und König der Franken, stärkt die Einheit des Königreichs und bestimmt Paris als Hauptstadt. Er ist der letzte Merowinger, der selbst die Macht ausübt. Er beschneidet die Privilegien der Aristokratie und verschafft sich während seiner Rundreisen durch das Reich den Ruf eines kompetenten Gerichtsherren. Er weiß sich mit geschickten Ratgebern zu umgeben, von denen einer, der zukünftige Heilige Eligius (Saint Eloi), am Hofleben teilnimmt. Im Ausland genießen König Dagobert und seine Begleiter großes Ansehen. Von Paris aus stellt er die Macht der Merowinger wieder her, wenn diese auch mehr äußerlich als reell ist. Durch seine Nachfolge kann die Aufteilung der Länder zwischen den West- und den Ostfranken vermieden werden. Auf Eligius' Anregung gründet er mehrere Klöster.

Eligius übergibt König Chlothar II., dem Vater Dagoberts, zwei von ihm hergestellte goldene Sättel. Dieses Wunder wird zur Legende: Er hatte nur Gold für einen Sattel. Zur Belohnung wird er zum königlichen Schatzmeister ernannt.

Tod des »guten Königs Dagobert«

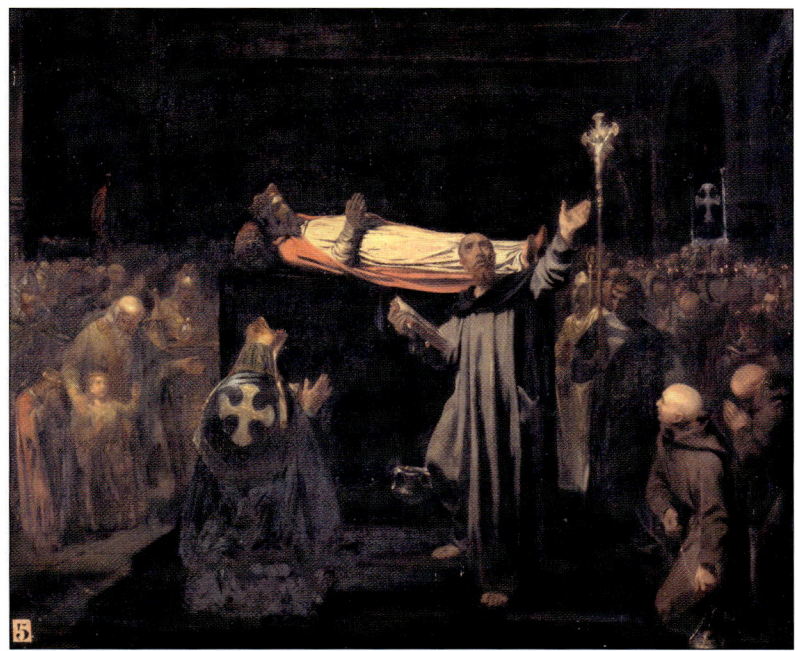

Dagoberts Bestattung; Öl auf Leinwand von Tassaert Octave, 15. Jahrhundert

◼ 639

Der König der Merowinger stirbt im Alter von etwa 36 Jahren unter unerträglichen Schmerzen an einem »Ausfluss des Bauches«. Er wird in Saint-Denis bestattet. Mit seinem Tod beginnt der Niedergang der merowingischen Monarchie. Er war ein halber Barbar, ungestüm und grimmig sogar im Umgang mit Freunden (ausgenommen ist der »gute Eligius«). Trotzdem förderte er Zeit seines Lebens den ausschweifenden, aber kultivierten Hof, denn er liebte die Kunst und Literatur. In einem Volkslied liebevoll verspottet (siehe unten), war Dagobert I. doch ein brillanter Mann, der über die anderen Herrscher seiner Zeit hinaus-

ragt. Diplomatisch und scharfsinnig betrieb er nach außen hin eine Politik der Eroberung und war gleichzeitig im Innern sehr aktiv. Schon früh, wahrscheinlich im zwölften Lebensjahr, machte er Erfahrung mit der Macht, da ihm sein Vater Chlothar II. die Regierung Austrasiens, d. h. des östlichen Reiches mit der Hauptstadt Metz, anvertraute. Er lebte in Paris, reiste aber umher, um die Klagen seiner Untertanen anzuhören und ihnen Gerechtigkeit zu verschaffen – eine Neuerung, die ihn sehr populär machte. Er förderte außerdem den Klerus, indem er Kirchen und Klöster bauen ließ. Oft trat er als Schlichter in äußeren Konflikten auf.

STICHWORT

»... König Dagobert hat seine Hose verkehrt herum an«

Wie konnte ein so liebevoll-respektloses Volkslied entstehen? *Der gute König Dagobert/ Hat seine Hose verkehrt herum an/ Der gute Heilige Eligius sagt ihm »Oh, mein König«/ Ist gut, sagt ihm der König/ Ich werde sie richtig herum anziehen.*
Dieses Lied war in aller Munde. Es entstand 1750 unter der Herrschaft von Louis XV. Die falsch angezogene Hose, über die sich der Heilige Eligius entsetzt, steht angeblich im Zusam-

menhang mit Dagoberts Gesundheitszustand. Da er permanent unter Durchfall, dem so genannten »Ausfluss des Bauches«, litt, soll er sich ständig in aller Eile aus- und wieder angezogen haben. Eine andere Interpretation führt sein Verhalten auf sein feuriges Temperament zurück: Dagobert hatte nämlich vier Ehefrauen und unzählige Mätressen, die seine Kräfte erschöpft haben sollen.

Dagobert; Gemälde von E. Signol

Fränkische Hauptstadt

◼ 508

Ab 486 regiert Chlodwig fast ein Vierteljahrhundert über Paris. Er ist kampflos zum Herrscher über die Stadt geworden. Im Jahre 508 beschließt der erste christliche König der Franken, Paris zum Sitz des Königreichs, d. h. zu seiner Hauptstadt zu machen. Die Île de la Cité bleibt das Stadtzentrum. Chlodwig lässt die Kirche Saints-Apôtres Pierre et Paul auf der heutigen Montagne Sainte-Geneviève erbauen. Dort lassen er und seine Gemahlin sich im Jahr 511 beisetzen. Überall werden Kirchen und Klöster errichtet, besonders auf dem rechten Seineufer. Auf der Straße von Melun entsteht eine riesige christliche Nekropole, die an die Tradition der Römer erinnert, die Toten außerhalb der Städte zu begraben.

Die Zeit der müßigen Könige

◼ 6.–7. Jahrhundert

Das fränkische Königsgeschlecht der Merowinger stammt von Merowech, dem Großvater Chlodwigs ab, der Mitte des 5. Jahrhunderts König eines fränkisch-salischen Stammes war. Die Merowinger regieren bis 751 über Gallien. Paris hat ihnen viel zu verdanken, insbesondere unter der Herrschaft Dagoberts, der das Königshaus organisiert und einem »Major domus« anvertraut. Dieser Hausmeier ist Verwalter des herrschaftlichen Privatvermögens und der inneren Palastangelegenheiten und steht den königlichen Bediensteten vor. Er wird zum Oberhaupt der Wache und der Stadtverwaltung und kann während der Minderjährigkeit des Königs die Macht ausüben. Die Angst vor Konflikten zwischen Familienmitgliedern veranlasst die Merowinger dazu, die von ihnen erwählte Stadt neu zu befestigen. Paris wandelt sich. Der Ausbruch von Gewalt und Ausschweifungen ermöglicht es der Kirche, die immer präsenter wird, als Einzige eine zivilisatorische Rolle zu spielen – wenn man von der aufgeklärten Person Dagoberts einmal absieht. Nach ihm herrschen Anarchie und Chaos in Paris und dem erneut geteilten Frankreich.

Die Beschlüsse der drei Konzile

◼ 846

Die ersten merowingischen Herrscher verstärken den Einfluss des Christentums auf die Stadt. Diese geistliche Ausrichtung steht im Widerspruch zu der Sittenfreiheit und verschiedenen religiösen Skandalen. Die Konzile haben den Auftrag, die Sitten zu kodifizieren und Missbrauch zu verurteilen. Nach dem von König Childebert I. im Jahre 522 in Paris organisierten Konzil verbietet ein zweites Konzil im Jahr 614 die Ausübung öffentlicher Funktionen für Juden. Deren Zahl ist seit Gregor von Tours stark gestiegen; sie haben sich in der Nähe des Südtors niedergelassen. Das Pariser Konzil von 846 erneuert das Verbot von 614. Ludwig der Fromme, dritter Sohn Karls des Großen, schützt daraufhin die Juden.

Die Könige haben nur dem Namen nach noch Autorität. Dem ausschweifenden Leben verfallen oder degeneriert, sterben sie entweder jung oder sie werden frühzeitig von ihren Nachfolgern vom Thron vertrieben. Es ist die traurige Epoche der müßigen Könige, die sich in ihrem Wagen liegend von Ochsen durch Paris oder über ihre Ländereien ziehen lassen.

Ein müßiger König fährt in Paris spazieren.

Die Wikinger versetzen die Pariser in Panik

■ *Ostern 845*

Nach immer häufigeren Streifzügen in die Küstengebiete Europas erreichen die kühnen und Furcht erregenden neuen Eindringlinge Paris. Sie kommen aus Skandinavien, nennen sich Wikinger (Krieger des Meeres), werden aber schon als die Nordmänner (Normannen) bezeichnet. Sie fahren auf Schiffen, wie sie die Pariser noch nie gesehen haben: den Drachenbooten. Die etwa 20 Meter langen, schlank gebauten Schiffe mit dem Furcht einflößenden Drachenkopf auf dem Bug, haben sowohl Ruder als auch Segel. Sie sind leicht, stabil und wendig und können dank des geringen Tiefgangs die Flussläufe ins Landesinnere hinauffahren. Eine mächtige Flotte mit 120 Booten ergreift unter der Führung von Häuptling Ragnar Lodbrok von der Stadt Besitz, die die verängstigten Einwohner schutzlos preisgeben. Hals über Kopf fliehen sie aufs Land und lassen all ihre Besitztümer zurück. Die nordischen Barbaren plündern die Klöster, rauben die Kirchenschätze und zerstören die Kirchendächer. Das bronzene Dach von Saint-Germain-le-Doré nehmen sie als Beute mit. Kö-

Mit ihren seltsamen Schiffen durchkreuzen die Wikinger Meere und Flüsse.

nig Karl der Kahle erkennt, dass die technische Perfektion dieser Schiffe sie zu schrecklichen Waffen macht, und er handelt gegen Zahlung von 7 000 Silberpfund ihren Abzug aus. Als die Piraten abfahren, sind ihre Schiffe bis zum Rand mit Beutegut beladen. Einige der Seeleute ziehen jedoch von der Seine weg in Richtung Loire bis nach Nantes und zur Insel Noirmoutier und lassen sich beeindruckend schnell mit Frauen und Kindern in mehreren Küstengebieten nieder. In Paris gehen beunruhigende Gerüchte um: Der Bischof von Nantes sei während der Messe auf den Altarstufen getötet worden, die Gefangenen würden scharenweise an einen unbekannten Ort gebracht, die Wikinger seien über die Garonne nach Toulouse vorgedrungen und Bordeaux sei zum Teil abgebrannt. Das Echo dieser schrecklichen Neuigkeiten verstärkt die Befürchtungen der Pariser, die sich von Karl dem Kahlen, der lieber gegen die Aufstände in Britannien kämpft, im Stich gelassen fühlen. Die Angst der Pariser Bevölkerung nimmt zu. Die Wikinger werden wiederkommen, das gilt als sicher.

Die unersättlichen Wikinger kommen zurück

■ *Weihnachten 856*

Nach den Feldzügen des Wikingers Godfried vom Escaut bis zur Seine im Jahr 850 wählen die Piraten Weihnachten für einen zweiten Angriff auf Paris. Panik bricht aus in der Stadt, die sich gerade erst von dem ersten verheerenden Einfall erholt hat. Die Pariser verlassen fluchtartig die Stadt. Die Bischöfe flehen die Enkel Karls des Großen an, sich mit ihnen gegen die normannische Gefahr zu verbünden, statt sich mit vergeblichen Streitigkeiten »wie zu gallischen Zeiten« abzugeben. Karl der Kahle versucht nochmals, den Abzug der Männer mit den Drachenbooten zu erkaufen. Der Adel, der sich weigert zu kämpfen, zwingt ihn zu dieser eher unrühmlichen Vorgehensweise. Die hoch gewachsenen Männer mit den geflügelten Helmen und den schnellen Ruderern sind Furcht einflößende Gestalten. Und die Pariser erkennen, dass sie über das Flussnetz überall hingelangen können, bis zur Rhône und nach Italien. Auch in der Camargue und sogar in der Meerenge von Gibraltar hat man sie schon gesehen.

Innerhalb von 15 Jahren wird Paris dreimal von den Normannen belagert.

Paris wird erneut angegriffen

■ *861*

Innerhalb von 15 Jahren ist die Stadt dreimal verwüstet worden. Die Pariser wissen, dass sie von ihrem Herrscher nichts mehr zu erwarten haben. Denn Karl der Kahle ist zu schwach, um sich der Koalition der Adeligen zu widersetzen, während er gleichzeitig von den Aquitanern und Bretonen angegriffen wird. Seine Anordnungen, die Angriffe und Räubereien einzudämmen, werden nicht befolgt. Er muss machtlos zusehen, wie Paris erneut geplündert und gebrandschatzt wird. Die Pariser vertrauen nur noch sich selbst. Mit der Unterstützung von Odo (Eudes), dem Sohn Roberts des Starken, beginnen sie den Wiederaufbau der römischen Stadtmauer um die Cité. Um den Zugang zu den zwei Brücken zu schützen, errichten sie kleine Holzburgen, von denen aus die Brücken ständig überwacht werden. Klosterschätze, Heiligenreliquien und mit Gold gefüllte Truhen werden anschließend auf die Île de la Cité in Sicherheit gebracht.

Graf Odo verteidigt heldenhaft Paris

■ *885*

Am 24. November erscheint unter der Führung ihres Häuptlings Siegfried eine Flotte mit 700 Schiffen vor Paris. Die Drachenboote mit 40 000 Männern nehmen zwei Meilen der Seine ein. Die Pariser machen sich auf das Schlimmste gefasst. Zu ihrer Überraschung fordert Siegfried nicht die Übergabe der Stadt, sondern die Zerstörung des Grand-Pont, um seinen Schiffen die Durchfahrt zu ermöglichen. Aber in Paris weiß man inzwischen, was das Wort eines Normannen wert ist. Und die Stadt wird als erste im Abendland Widerstand leisten. Ohne Unterstützung von außen, weder königliche noch kaiserliche, sagt Paris Nein zu dem Eindringling. Die Pariser werden sich nicht mehr unterwerfen oder angstvoll flüchten. Sie vertrauen auf Odo, den Grafen von Paris, der seit dem Tod seines Vaters auch Graf von Anjou und Touraine ist. (Robert der Starke wurde, auch im Kampf gegen die Normannen, allerdings an der Loire, getötet.) Graf Odo und Bischof Gozlin wiegeln die über die zehnjährige Erniedrigung des Reiches erbitterte Bevölkerung auf. Odo kämpft Tag und Nacht heldenhaft an den Stadtmauern. Paris hält stand.

Graf Odo verteidigt Paris gegen die Normannen; Jean-Victor Schnetz, Musée de Versailles

---

SEHENSWÜRDIGKEIT

3

Die ersten Brücken

Die antiken römischen Grand-Pont und Petit-Pont waren die einzigen Bauwerke, die die beiden Seineufer verbanden. Zwischen 250 und 225 v. Chr., als Paris noch Lutetia hieß, waren sie mehrmals neu (aus Holz) errichtet worden. Sie lagen an der Stelle des heutigen Pont Notre-Dame, der 866 als befestigte Brücke wiederaufgebaut wird. Beide Brücken wurden von den Normannen in Brand gesteckt, schützten aber dennoch die Pariser und wurden nach 887 ersetzt. An der Stelle des heutigen Pont-au-Change wird ein neuer Grand-Pont errichtet, dessen erste Fassung aus den Zeiten Karls des Kahlen stammt. Der Name des Petit-Pont blieb unverändert. Er wurde elfmal wiederaufgebaut und ist daher heute nicht mehr die älteste, aber mit nur 40 Metern immer noch die kürzeste Brücke von Paris.

Grand-Pont (links) und Petit-Pont, römische Bauwerke; dargestellt während der Belagerung durch die Normannen im Jahr 845

Die Wikinger beenden Belagerung

■ *Oktober 886*

Die Angreifer haben sich auf dem rechten Ufer um Saint-Germain-l'Auxerrois zurückgezogen und stellen Sturmböcke und andere Kriegsmaschinen her, um die Mauern zu erstürmen. Es hagelt brennende Pfeile, die den Grand-Pont und das Châtelet in Brand stecken. Das Februar-Hochwasser hatte die andere Brücke, die die Cité mit dem rechten Ufer verbindet, mitgerissen. Die steigende Seine scheint sich mit den Wikingern verschworen zu haben. Odo kämpft, seine Getreuen sind außer Rand und Band. Hungersnot herrscht in Paris. Die erhofften Hilfstruppen sind erschreckend machtlos, auch wenn es der riesigen Armee, die schließlich entsandt wird und die auf den Hügeln von Montmartre erscheint, gelingt, die Normannen vom rechten auf das linke Ufer zu treiben. Flussabwärts werden Siegfrieds Drachenboote durch Odos Einsatz noch zurückgehalten. Der zum Teil brennende Grand-Pont versperrt ihnen den Weg. Nach zehn Monaten Kampf ziehen die erschöpften Wikinger gegen eine erneute Zahlung von 7 000 Pfund wieder ab. Da der Grand-Pont nicht völlig zerstört ist, sind die Normannen dazu gezwungen ihre Schiffe auf die Ufer zu heben und auf geglätteten Baumstämmen durch Täler und Wiesen rollen, bevor sie sie mehr als eine Meile flussaufwärts wieder flottmachen können. Eine Wegstrecke, die ungefähr der zwischen dem heutigen Pont d'Iéna und dem Pont d'Austerlitz entspricht.

Graf von Paris zum König gewählt

■ *Februar 888 – Januar 898*

Als Führer im Kampf gegen die endlose normannische Belagerung erwirbt sich Odo großes Ansehen. Unter seinem Befehl gelingt es den Parisern, ihre Stadt zu verteidigen, den Invasoren erstmals dauerhaft standzuhalten und so die Einheit des Reiches zu festigen. Die Stadt kommt wieder zu Wohlstand und der Graf von Paris erlangt unvergleichlichen Ruhm. Nachdem der Karolinger Karl der Große Aachen zur Hauptresidenz des Reiches gemacht hat, sieht sich Paris lange Zeit in eine Nebenrolle gedrängt. Als Ärgernis empfindet die Pariser Bevölkerung zudem Karl den Dicken, der sich zu ihrer Verteidigung als unfähig erwiesen und vor den Belagerern kapituliert hat. 18 Monate später wird der geschwächte Monarch abgesetzt. Einem Chronisten zufolge haben »die ihm unterworfenen Reiche sich geteilt und jedes brachte aus seinem Schoß einen König hervor«. Als die Bischöfe, Fürsten und Lehnsherren am 29. Februar 888 in Compiègne zusammentreffen, weigern sie sich, einen ostfränkischen Prinzen als Souverän anzuerkennen und stellen damit die Erblichkeit des Throns in Frage. Sie beschließen, ihren Verteidiger zum König zu wählen: Der Graf von Paris wird zum ersten Souverän eines Landes, das man nunmehr wirklich als »Frankreich« bezeichnen kann. Diese Ernennung stößt auf heftigen Widerstand bei anderen einflussreichen Persönlichkeiten. Unter Foulques, dem mächtigen Erzbischof von Reims, formiert sich eine Bewegung, die einen Nicht-Karolinger als Herrscher strikt ablehnt. Zum Zeichen seines Protests salbt Foulques 893 den letzten posthumen Nachfolger von Ludwig II. dem Stammler. Es handelt sich um Karl III. »den Einfältigen«, der – obgleich letzter Karolinger – bei den vorherigen Thronfolgen unberücksichtigt geblieben ist. Karl III. ist zu diesem Zeitpunkt noch ein Kind. Der neue König Odo festigt seine Position durch den Sieg über die Normannen in der Argonne im Sommer 888, was ihm die Anerkennung durch Arnulf von Kärnten, einen außerehelichen Spross der karolingischen Linie, einbringt. Südlich der Loire hingegen kämpft Karl III. – auch dieser wie gesagt ein Karolinger – gegen Odo. 897 kommt es zur Einigung zwischen den beiden. Als Odo – wie allgemein angenommen, im Alter von 38 Jahren – am 3. Januar 898 stirbt, wird Karl sein rechtmäßiger Nachfolger. Die Streitigkeiten zwischen der Robertinischen Dynastie und den Karolingern setzen sich jedoch weiter fort. 100 Jahre vor seinem Großneffen Hugo Capet ist Odo der erste wirkliche König Frankreichs.

Der Patriot Hugo Capet

■ *987–996*

Nach dem Tod seines Vaters Hugo des Großen wird Hugo Capet, der über mehrere Grafschaften und insbesondere die der Abtei Saint-Martin-de-Tours herrscht, am 1. Juni 987 von den Grafen und Herzögen zum König gewählt. Damit ist die Dynastie der Karolinger in Frankreich endgültig erloschen und ein neues Königshaus steht über acht Jahrhunderte den Geschicken des Landes vor: die Kapetinger. Der neue König, der in Senlis gewählt und in Noyon gesalbt wird, hat 978 den Truppen Ottos II., König des deutschen Reiches, Einhalt geboten und so Paris verteidigt. Zahlreiche Geheimnisse ranken sich um die Gestalt Hugo Capets, der sich damals als wahrer Monarch und Beschützer der Stadt behauptete. Sein Schicksal verbindet sich mit dem Odos in dem spontanen patriotischen Akt der Verteidigung von Paris. Die Seine, die zunehmend schiffbar gemacht wird, erweist sich auch für Invasionen als ausschlaggebender Faktor. Der König allerdings zog als Regierungssitz ebenso wie seine Nachfolger Orléans vor. Er heiratete Adele, die Tochter des Herzogs von Aquitanien Wilhelm III. Aus dieser Verbindung stammen drei Töchter und ein Sohn, der zukünftige Robert II. Als persönlichen Erfolg konnte Hugo Capet die Durchsetzung der erblichen Monarchie vor der Institution der Königswahl für sich verbuchen.

Paris findet zu neuer Größe

Saint-Germain-des-Prés; 1000–1021 Kupferstich (um 1880) von E. Ollivier

■ *987–1150*

Die Belagerungen haben Paris stark in Mitleidenschaft gezogen. Drei Jahrhunderte lang setzen die Kapetinger deshalb alles daran, Paris zu einer wahren Hauptstadt und zum eigentlichen Machtzentrum zu machen. Sichtbar wird dies insbesondere am linken Seineufer, wo zahlreiche zerstörte Kirchen wieder aufgebaut werden. Der Palais de la Cité wird zum Königspalast. Die Herrscher bleiben dort übrigens bis ins 15. Jahrhundert. In den engen Straßen (2–3 Meter breit) erbaut man bescheidene zwei- oder dreistöckige Häuser in Strohlehm-Bauweise; die bürgerlichen Häuser besitzen einen Kamin und eine Küche. Zunehmend werden auch vornehme Privathäuser, so genannte Hôtels gebaut.

Neue Gelehrsamkeit an der Seine

■ *Ende 12. Jahrhundert*

Obwohl die erste bekannte Schule in Paris bereits 882 gegründet wurde, sind die ersten Marktflecken (Bourgs) erst ab Ende des 12. Jahrhunderts bezeugt. So werden im Bourg von Saint-Germain-des-Prés, in unmittelbarer Nähe der Abteien, 121 Häuser gezählt. Um das heutige Carrefour de la Croix-Rouge entstehen neue Straßen. Markthallen sind in Betrieb (heutiger Markt von Saint-Germain), und ein öffentlicher Backofen versorgt die Bevölkerung. Handel und Gewerbe entwickeln sich rechts der Seine, während am linken Seineufer im Schutz der Kirchen das geistige Leben blüht. In mehr oder weniger improvisierten Schulen unterrichten hier Lehrmeister an der Seite von Geistlichen wie dem Domherrn der Abtei von Saint-Victor. Das intellektuelle, philosophische und spirituelle Leben nimmt seinen Aufschwung auf dieser Seite der Seine.

Hugues de Saint-Victor

Die Templer lassen sich nieder

Der Templerorden wurde von Rittern der Champagne in Jerusalem gegründet.

■ *1146*

Zugleich Mönche und Soldaten, erbauen die Tempelritter, die sich die Verteidigung der Pilger im Heiligen Land zur Aufgabe gemacht haben, im Laufe des 12. Jahrhunderts ein befestigtes Kloster, den so genannten »Tempel«. Der erst 1811 zerstörte Schlossturm wird als »Tour du Temple« bezeichnet. An diesem sicheren Ort bewahren die Templer ihre Archive und die aus dem Osten mitgebrachten Schätze auf. Mit rund 20 000 Mitgliedern im Westen errichtet der Templerorden mit den nicht genutzten Reichtümern eine Bank. Die Institution verfügt über beträchtliche Macht: Sie leiht der gesamten Christenheit Geld und transferiert bedeutende Summen ins Heilige Land. Diese Finanztätigkeit ist für die damalige Zeit von höchster Bedeutung. Wo sich heute die Straßen Rue du Temple und Rue des Haudriettes kreuzen, errichtete der Großmeister des Tempels seine 50 Fuß bzw. 16 Meter hohe Leiter zu Zwecken der Gerichtsbarkeit. Sie war aus Holz und diente gleichzeitig auch als Galgen.

Wiederaufbau der Kirche Notre-Dame

■ *1160–1180*

An der Stätte eines alten Heiligtums aus gallo-romanischer Zeit standen zwei Kirchen, die bereits im 5. Jahrhundert bei Gregor von Tours Erwähnung finden. Die eine war dem Heiligen Stephan (St. Etienne) geweiht und befand sich etwa auf der Höhe des heutigen ersten Jochs; die andere, weiter im Osten und unterhalb des gegenwärtigen Chores gelegen, war eine

Papst Alexander III. legt den ersten Stein.

Marienkirche, die Chlodwig nach dem Tod seines Sohnes Childebert errichtet hatte. Im Laufe der normannischen Invasionen niedergebrannt, wird das Ensemble gegen Ende des 11. Jahrhunderts wieder aufgebaut. Diesmal will Bischof Maurice de Sully eine Kirche mit den Dimensionen einer Kathedrale erbauen und so der zunehmenden Bedeutung der Kapetinger-Stadt gerecht werden. Es handelt sich um die dritte Kirche Notre-Dame in Paris. Den Segen zur Grundsteinlegung erteilt Papst Alexander III., der sich vor den Verfolgungen und den Gegenpäpsten Friedrich Barbarossas ins Erzbistum Sens geflüchtet hat. Die erforderlichen Arbeiten sind gigantisch: Saint-Etienne muss abgerissen und ein neuer Straßendurchbruch, die Rue Neuve Notre-Dame, muss für die Zufuhr des Baumaterials geschaffen werden. 1182 weiht der päpstliche Legat den Hauptaltar. Von diesem Zeitpunkt an baut man mehr als 20 Jahre lang an dem Querschiff und den drei westlichen Jochen des Mittelschiffs. Entsprechend dem ursprünglichen Plan werden 1220 und 1250 zwei Türme errichtet. Trotz gründlicher Nachforschungen bleibt der Urheber des Bauwerks unbekannt. Der erste Bau im romanischen Stil ist bereits eindrucksvoll, wobei der Kirchplatz noch bescheidene Ausmaße hat. Hier entsteht schon bald ein betriebsamer Marktplatz. Einige Häuser erheben sich im Umkreis, überwiegend Schänken und Herbergen für Gesellen und Lehrlinge.

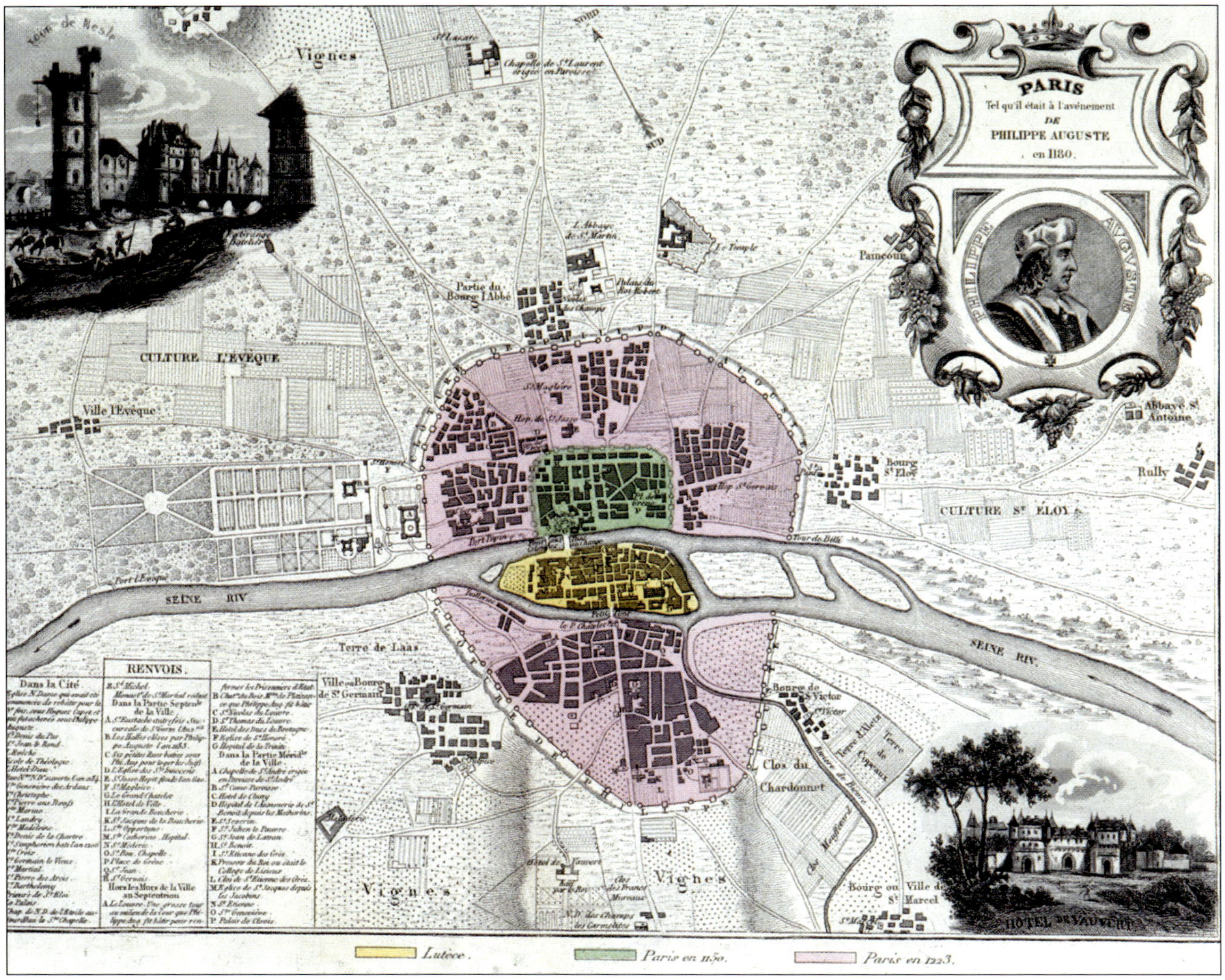

Der König vertreibt Juden

■ *1182*

Die Juden von Paris werden vor allem durch den – von der Kirche und den Konzilen verbotenen, für die Wirtschaft aber absolut notwendigen – Geldverleih gegen Zinsen sehr einflussreich. Ihr Zinswucher macht sie schnell unbeliebt. Philipp August, der 1180 an die Regierung kommt, beschließt zwei Jahre später, die Juden aus den königlichen Gebieten zu vertreiben – nicht ohne vorher ein Fünftel der jüdischen Forderungen zugunsten seiner Schatzkasse zu konfiszieren und den Rest zur Besänftigung der Darlehensnehmer für ungültig zu erklären, Häuser werden beschlagnahmt.

Die königlichen Baupläne

■ *1189–1190*

Der Monarch Philipp August nimmt unter den Kapetingern eine besondere Stellung ein. Ihm ist es zu verdanken, dass aus Paris eine Hauptstadt wird, in der sich die Mächtigen des Adels, Klerus, Handels und wohlhabenden Bürgertums im Umfeld des Königs aufhalten. Er ist der erste Herrscher, der sich für Städtebau begeistert und groß angelegte Bauarbeiten in Paris unternimmt. Sein berühmtestes Werk ist die Mauer, die er ab 1189 um Paris errichten lässt: Sie soll die genauen Grenzen der Stadt festlegen und sie gegen neue Invasionen schützen. Der Bau beginnt auf dem rechten Ufer mit einem zwei Meter dicken Bollwerk. 20 Jahre später kommt die jetzt acht Meter hohe Mauer auf das linke Ufer. Acht Tore werden mit Blick auf die Vassallenstädte gebaut. Von nun an hat der Pariser »intra muros« eine geographische Identität und lebt im Schutz der ersten Festungsanlage des Königreichs. Der baubegeisterte König lässt außerdem den Louvre errichten, dessen Name auf eine alte Louveterie (Wolfsjagd) zurückzuführen ist. Ein 31 Meter hoher Donjon mit vier Meter dicken Mauern ist von vier 25 Meter hohen Türmen umgeben, die das Land überwachen: Hier ist das Zentrum von Paris. Philipp August vergisst aber auch die Ärmsten der Bevölkerung nicht. Das Zentralkrankenhaus wird durch Schenkungen gefördert und das Krankenhaus Saint-Lazare für Leprakranke geöffnet.

Straßen werden endlich gepflastert

Pflasterung der Straßen um 1190

■ *1186*

Philipp August, dem achten Nachkommen des Bruders von Graf Odo, liegt die bauliche Entwicklung der Stadt sehr am Herzen. Durch eine Verordnung nimmt er eine ebenso dringende wie wichtige Maßnahme in Angriff: die Verbesserung der Straßen. Seit gallorömischen Zeiten sind die Straßen schlammig und mit Abfällen bedeckt. Der Gestank ist atemberaubend. Änderungen sind dringend erforderlich. In der Rue de la Draperie (heutige Rue de la Cité, IV. Arrondissement) werden die ersten Pariser Straßenpflaster aus soliden Steinblöcken verlegt. Außerdem werden die Abfälle aus der Stadt geschafft und Kanäle sowie drei Aquädukte angelegt.

Die Universität wird anerkannt

■ *1200–1231*

Der König erkennt den vorhandenen Schulen ein beispielloses Privileg zu: Sie unterstehen nicht länger der Hoheit des königlichen Vogts. Diese Entscheidung und die entsprechende Urkunde (siehe unten) bedeuten die Anerkennung der Universität von Paris. Die andere Autorität, von der sie abhängen könnte, ist natürlich die Kirche. Aber nach der Anerkennung durch Philipp August erhält die Pariser Universität weitere Sonderrechte, die ihr juristische und intellektuelle Eigenständigkeit zugestehen, und zwar zunächst 1215 vom päpstlichen Legaten und dann 1231 von Papst Gregor IX. selbst (Bulle »Parens scientiarum«). Die ersten Statuten der Pariser Universität werden von Robert de Courçon verfasst. Sie garantieren die Gültigkeit der zum Studienabschluss ausgestellten Diplome. Der Unterricht ist kostenlos, die Lehrer leben von kirchlichen Einnahmen. Ab 1215 können die Studenten und Lehrer in Paris die Disziplinen und Arbeitsmethoden eigenständig organisieren. 1229 führen Strafmaßnahmen der königlichen Truppen gegen einige Studenten dazu, dass die Universität in Streik geht. Die Universität besteht aus vier Fakultäten, unter ihnen die Fakultät der Künste. Die Lehrer und Studenten dieser Fakultät sind in Paris nach ihrer Herkunft in vier nationale Gruppen unterteilt: Franzosen, Normannen, Picards und Engländer. In den anderen Fakultäten werden Medizin, kanonisches Recht und Theologie gelehrt.

Philipp August verleiht den Lehrern und Studenten das erste königliche Sonderrecht; Chartularium Universitatis der Nation Frankreichs, Mitte 14. Jahrhundert

Philipp Augusts Stadtmauer ist endlich fertig

Philipp Augusts Stadtmauer um Paris verläuft 2,5 Kilometer auf dem linken und 2,6 Kilometer auf dem rechten Ufer. Rechts: Paris und seine zahlreichen Inseln um 1220

■ 1190–1213

Der Bau der berühmten Stadtmauer um Paris ist auf den dritten Kreuzzug zurückzuführen. Vor seiner Abreise ins Heilige Land, wo Saladin am 2. Juli 1187 Jerusalem unterworfen hat, will der König die Stadt vor der immer währenden Bedrohung durch Invasionen und den Überfällen der nur einen Tagesritt entfernten Feinde schützen. Der Herrscher hat aus Paris eine wahre Hauptstadt gemacht. Er liebt die Stadt und ihre Einwohner. Nach der Pflasterung der Straßen – einem beachtlichen Fortschritt – unternimmt er die Aufgabe, vor der seine sämtlichen Vorgänger zurückgeschreckt waren: den Bau einer Wehrmauer. Ihrem Verlauf würden heute in etwa folgende Punkte entsprechen: Quai des Célestins, Rue Saint-Antoine und mehrere Straßen des Marais bis zur Rue Saint-Honoré und Rue de l'Oratoire und Cour Carrée des Louvre auf dem rechten Ufer; auf dem linken Ufer die Rue Mazarine, Rue Guénégaud, Rue Dauphine und Rue Mazet bis zur Rue Monsieur-le-Prince, Rue Saint-Jacques, Rue Descartes und Rue des Ecoles. Das Bollwerk reicht bis zur Seine, zur so genannten Tournelle, die flussabwärts vom heutigen Pont Sully liegt. Überreste der Mauer sind in der Rue Clovis, in den Gärten Saint-Paul, der Rue des Francs-Bourgeois, der Rue Guénégaud und der Rue de Sévigné zu sehen. Zu der rund drei Meter dicken und (einschließlich Brüstung) neun Meter hohen Wehranlage aus zwei parallelen Mauern gehören auf jedem Ufer etwa 30 dicke Rundtürme, die im Abstand von ca. 70 Meter auf-einander folgen und auf denen die Bogenschützen stehen. Dagegen hat die Wehranlage überraschenderweise keinen Graben. Etwas mehr als zehn Tore mit eisenbeschlagenen Eichentüren sind von je zwei Rundtürmen eingefasst. Das bemerkenswerte Werk, dessen Fertigstellung 22 Jahre dauerte, umschließt 253 Hektar. Ganz Paris ist jetzt geschützt. Es können sogar einige Orte, Weinberge und Weiden hinzukommen. 50 Jahre lang wird Philipp Augusts Stadtmauer mit ihren Steinblöcken, Kiesbetten und Schießscharten das Symbol einer großen Herrschaft sein, die Unterschrift eines Monarchen, der wie ein Geistlicher wirkt, aber sehr modern ist und nichtigen Ruhm und unnütze Heldentaten verachtet. Paris zu schützen ist Teil seines politischen Ehrgeizes. Vorübergehend werden seine politischen Pläne durch ein skandalöses Eheabenteuer durchkreuzt. Nach dem Tod seiner ersten Frau Isabella von Hennegau heiratet er 1193 Ingeborg von Dänemark und begeht die Geschmacklosigkeit, sie am Tag nach der Hochzeitsnacht zu vertreiben und in einem Kloster gefangen zu halten. Anschließend heiratet der König eine Bayerin, Agnes von Meran. Aber Dänemarks König ist erzürnt über das Schicksal seiner Tochter und lässt den Papst intervenieren, der den König zu exkommunizieren droht und das Königreich unter strenge religiöse Aufsicht stellt. Die Angelegenheit endet im Jahr 1213 mit Agnes' Tod. Der König nimmt Ingeborg wieder auf, erkennt aber die beiden Kinder Agnes' als seine ehelichen Kinder an.

Der 1190 begonnene Louvre ist eine Militäranlage zur Überwachung der Seine.

Das Quartier Latin entsteht

■ *13. Jahrhundert*

Fast 10 000 Studenten leben jetzt auf dem linken Ufer. Überwiegend sind es Studenten des Lateinischen (ihnen verdankt das belebte Quartier Latin auch seinen Namen), fröhliche junge Leute, die spielen, kämpfen und den Vorträgen ihrer Lehrmeister lauschen. Seit Verbreitung der theologischen Schriften Abaelards über die Landesgrenzen hinweg zieht die Universität immer mehr Studenten an. Die »Escholiers« leben bescheiden in den Kollegiumsherbergen für Bedürftige.

König erweitert seine Macht

■ *1180–1223*

Seine Regierungszeit ist mit 43 Jahren eine der längsten in der französischen Geschichte. Aber Philipp August ist vor allem auch deshalb bemerkenswert, weil mit ihm das Geschlecht der Kapetinger endgültig die Oberhand über ihre mächtigen und stürmischen Rivalen, die Plantagenêts, gewinnt. Anfang des 12. Jahrhunderts vereint der König alle Macht im Staat in seiner Person. Paris wird vom Vogt des Königs verwaltet, der den Herrscher in der Hauptstadt repräsentiert. Die Stadt hat keine wirkliche Stadtverwaltung, denn es wurde noch keine Charta erarbeitet. Unter Philipp August übernimmt das Bürgertum eine wichtige Rolle in der Verwaltung der Stadt. Der Einfluss des Königs in Paris spiegelt seine Handlungen nach außen wider: Er ist nicht nur ein fanatischer Städtebauer, sondern auch derjenige, der die Stadt geeint hat. Man nennt ihn sogar den »ersten König von Paris«.

Die Sorbonne wird gegründet

■ *1254*

Der Hofkaplan Ludwigs des Heiligen hat die Gründung eines Kollegiums für mittellose Theologen beschlossen, und zwar zunächst in der Rue du Palais-des-Thermes (der heutigen Rue du Sommerard). Der über 50-jährige Robert de Sorbon ist Lehrmeister der Theologie. Von bäuerlicher Herkunft, hatte er die Aufmerksamkeit Ludwigs des Heiligen erregt und den König auf seinen Reisen in die Ferne begleitet. Er war Domherr in Cambrai und dann in Paris und verfasste eine Abhandlung über die Beichte und eine weitere über die Heirat. Um ihn zu unterstützen, muss der König zunächst Grundstücke und Häuser kaufen. Tatsächlich entsteht dann das erste Kollegium 1257 in der Rue Coupe-Gueule (der heutigen Rue de la Sorbonne). Bald wird es zur Gewohnheit, diesen Ort der höheren Bildung als Sorbonne zu bezeichnen. Ebenso schnell wird sie mit der Fakultät für Theologie gleichgesetzt. Der König unterstützt die Geistlichen mit ein bis zwei Sous wöchentlich.

Gründungsurkunde der Sorbonne, die im Februar 1257 eröffnet wird.

Der Herrscher wohnt in Paris

■ *1210*

Unter der lang andauernden Herrschaft Philipp Augusts wird der Palais de la Cité auf der Insel gleichen Namens zur Residenz der Könige. Von hier aus kann der Kapetinger beobachten, wie seine Stadt, vor allem auf dem rechten Seineufer, wächst und durch Renovierungen und zahlreiche Neuerungen zur wirklichen Hauptstadt des gesamten Königreichs wird. Mit der Entwicklung der Universität erlangt Paris schließlich auch beispiellosen internationalen Ruhm.

Berufsstände besser organisiert

■ *1220–1318*

Innerhalb von 40 Jahren hat sich die Bevölkerung verdoppelt: 1220 wird sie auf fast 50 000 Einwohner geschätzt. Die Berufe werden besser bekannt, in Register aufgenommen und geographisch situiert. So findet man die Geldwechsler am Grand-Pont (Pont-au-Change), während die fortschreitende Trockenlegung der Sümpfe die Gemüsebauern anzieht. Es gibt 58 Wasserträger. Diese sehr wichtige Zunft wird von den kräftigen Auvergnats beherrscht. Ihre Tätigkeit ist oft mit dem Flussverkehr verbunden, über den Trinkwasser herangeschafft wird. Die Inhaber von Schwitzbädern werden streng kontrolliert. Sie haben die Anweisung erhalten, eine Trennung zwischen Männer- und Frauenbädern einzuführen, da man in einem Drittel der Fälle unsittliche Zusammenkünfte festgestellt hat. Paris hat jetzt auch ein erstes System zur Entsorgung von Hausmüll. Das Trinkwasser wird durch drei Aquädukte von Pré-Saint-Gervais und Belleville zu sechs öffentlichen Brunnen geleitet. Im Jahr 1318 wird Paris erstmals beleuchtet: Es gibt allerdings nur drei öffentliche Lichtquellen (Grand Châtelet, Tour de Nesle und Cimetière des Innocents).

STICHWORT

A vau-l'eau (Den Bach hinunter)

Dieser Ausdruck wird zwar erst Mitte des 16. Jahrhunderts gebräuchlich, ist aber wahrscheinlich an den Ufern der Seine entstanden. Wörtlich bedeutet er, dass das, was man trägt oder aufbewahrt, vom Wasser mitgenommen wird; etwas allgemeiner bezeichnet er einen Verlust. Das kostbare Gut Wasser wird ab dem 12. Jahrhundert kontrolliert und reglementiert. So ist der Warentransport auf der Seine untersagt, wenn man nicht zur »Hanse« gehört, d. h. zur Zunft all derjenigen, deren rechtmäßiges Geschäft es ist, sich um das Wasser zu kümmern. Denn es besteht das Risiko, dass die schlecht verstaute Ladung beschädigt und die Waren konfisziert werden. Die Zunft hütet ihre Sonderrechte sorgsam und weitet sie nach und nach auf alles aus, was gemessen werden kann: Korn, Salz, Wein, Süßwasser.

Das Bier wird kontrolliert

■ *1268*

Nun ist endlich Schluss mit den säuerlichen, mittelmäßigen Bieren, die aus zweifelhaften Zutaten bestehen. Eine von Etienne Boileau, dem Vogt der Händler, gegengezeichnete Verordnung von Ludwig IX. legt den Status der Bierbrauer fest. Vereidigte Arbeitsrichter sollen die Qualität des Produkts kontrollieren, skrupellose Händler überwachen und darauf achten, dass für Starkbier nur Gerste, und für Leichtbier nur Hafer verwendet wird. Das Verlängern des Bieres mit Beeren, Würze oder Tollgerste ist von jetzt an strengstens verboten.

Man braucht keine Pythia zu sein, um vorherzusagen, dass Sie beim Ausflug nach **Itea** das sagenumwobenen Orakel von **Delphi*** sehen werden. Besichtigen Sie beim **Experten-Ausflug: Das Kloster von Hosios Lukas*** die besterhaltenen Mosaiken des byzantinischen Mittelalters in ganz Griechenland. Ein unvergessliches Highlight Ihrer „Expedition Wissen" ist zugleich eine nautische Höchstleistung: Erleben Sie die Passage des **Kanals von Korinth**, die Millimeterarbeit von Kapitän und Offizieren erfordert. Die Hafenstadt **Nauplia** am Argolischen Golf lockt mit einer schön restaurierten Altstadt. Bewundern Sie das Können der Baumeister, die einst das **Epidaurus und die Festung Palamidi*** schufen.

Unser **Experten-Ausflug: Tiryns, Mykene und Epidaurus*** führt Sie zu einer venezianischen Festung, einer gut erhaltenen Burg und ins Schatzhaus des Atreus in Mykene. Wenn am letzten Morgen Ihrer „Expedition Wissen" die Sonne aufgeht, laufen Sie in **Piräus** ein, dem legendären Hafen von Athen.

* Diese Arrangements sind nicht im Reisepreis enthalten. Die aufgeführten Landaktivitäten sind in Planung. Änderungen vorbehalten

Von Livorno nach Piräus
23.9. – 3.10.2010   10 Tage   BRE1018

Datum		Reiseziele
Do.,	23.9.	Linienflug Deutschland – Pisa/Florenz
		Fahrt nach Livorno/Italien, Abfahrt 17.00 Uhr
Fr.,	24.9.	Neapel/Italien, von 13.30 bis 19.00 Uhr
Sa.,	25.9.	Kreuzen vor Stromboli
		Fahrt durch die Straße von Messina
		Taormina/Sizilien, von 12.00 bis 18.00 Uhr ⚓
So.,	26.9.	Entspannung auf See
Mo.,	27.9.	Venedig/Italien, Ankunft 18.00 Uhr
Di.,	28.9.	Venedig, Abfahrt 18.00 Uhr
Mi.,	29.9.	Korčula/Kroatien, von 14.00 bis 19.00 Uhr ⚓
Do.,	30.9.	Kérkira/Korfu, von 13.30 bis 19.00 Uhr
Fr.,	1.10.	Itea/Griechenland, von 9.30 bis 15.00 Uhr ⚓
		Fahrt durch den Kanal von Korinth
Sa.,	2.10.	Nauplia/Peleponnes, von 7.00 bis 18.00 Uhr ⚓
So.,	3.10.	Piräus (Athen)/Griechenland, Ankunft 7.00 Uhr
		Linienflug Athen – Deutschland

⚓ = auf Reede   Preise siehe Preiseinleger Seite 24.

 Mehr sehen

Gemeinsam mit dem Kunst-Experten Dr. Dr. Volker Gebhardt erleben Sie florentinische Meisterwerke ganz intensiv: auf einer **Studienreise nach Florenz - die Kultur der Renaissance** (Vorprogramm A). Oder Sie entdecken die **zauberhafte Toskana** im Vorprogramm B. **Athen – die Stadt der Antike** begeistert Sie im Nachprogramm A.

Weitere Informationen siehe Preiseinleger Seite 8 – 9.

 Attraktiver Kombibonus

Verlängertes Vergnügen: Kombinieren Sie diese Reise mit BRE1019.

Studienprogramm: Kunst und Kultur

- Mit an Bord: Kunst- und Archäologie-Experte Dr. Quadflieg sowie der Kunst-Experte Dr. Dr. Gebhardt

- Dr. Dr. Gebhardt hat alle Experten-Ausflüge konzipiert und leitet diese persönlich

- Vertiefende Lektorenvorträge und Diskussionsrunden

- Vorbereitung unserer Themenausflüge und Nachbereitung des Erlebten

Von Reykjavik nach Cuxhaven
5.9. – 10.9.2010   5 Tage   BRE1016

Datum	Reiseziele
So., 5.9.	Linienflug Frankfurt – Keflavik
	Fahrt nach Reykjavik
	Übernachtung mit Frühstück (Mittelklassehotel)
Mo., 6.9.	Reykjavik/Island, Abfahrt 12.00 Uhr
Di., 7. – 9.9.	Entspannung auf See
Fr., 10.9.	Cuxhaven, Ankunft 9.00 Uhr
	Individuelle Abreise

Preise siehe Preiseinleger Seite 23.

 Mehr sehen

Entdecken Sie die **Naturschönheiten Islands** ganz intensiv beim Vorprogramm A.

Weitere Informationen siehe Preiseinleger Seite 7.

 Garantiert günstig

Attraktiver Garantiepreis in Doppel- und Einzelkabinen der Kategorie 1 – 5. Ihre Kabinennummer erhalten Sie mit Ihren Reiseunterlagen.

Kulturgeschichte hautnah erleben

Wolfgang Steinmetz, Architektur-Experte: „Malerische Eilande, klerikale Hochburgen und Städte voller Geschichte: Unsere Ziele könnten kaum unterschiedlicher sein. Und doch zeigen sie allesamt das Gesicht eines geeinten Europas. Auf unserer Reise von Nord nach Süd werde ich Ihnen die Höhepunkte der bewegten Kulturgeschichte Europas näherbringen."

Spurensuche im Wattenmeer

Maritimer Auftakt: Folgen Sie im rauen Hochseeklima **Borkums** den Spuren des legendären Piraten Störtebeker und der Walfänger des 17. Jahrhunderts. Ganz gleich, ob barfuß oder in Gummistiefeln – eine **Wattwanderung*** durch die Priele öffnet Augen und Sinne für die Schönheit der Natur. Erforschen Sie dieses wertvolle Ökosystem bei kleinen Experimenten mit z. B. Muscheln. Oder Sie freuen sich auf die **Inselerkundung mit dem Fahrrad*** und radeln mit einem ortskundigen Fremdenführer durch das besonders reizvolle Hinterland.

Bei bretonischen Benediktinern

Wussten Sie, dass in der Bucht von **Saint-Malo** die größten Gezeitenunterschiede Europas zu bestaunen sind? Zwischen Ebbe und Flut liegen hier bis zu 12 m Höhenunterschied. Doch selbst bei Niedrigwasser scheint auf der vorgelagerten **Klosterinsel Mont Saint-Michel*** die Erde dem Himmel näher zu sein als anderswo. Vielleicht strömen deshalb schon seit Jahrhunderten Gläubige in die berühmte Kirche und das Kloster. Gourmets pilgern nach **Cancale – der Austernhauptstadt der Bretagne***: Erfahren Sie die Geheimnisse der Zucht und probieren Sie diese Köstlichkeiten aus dem Meer. Bon appétit.

Im Klang des Fado

Der verträumte Charme von **Porto** lädt Sie dazu ein, die Seele baumeln zu lassen. Vielleicht in den verschlungenen Gassen der Altstadt, die zum Welterbe der UNESCO zählt. Zu den imposantesten Plätzen der Altstadt führt Sie die **Stadtrundfahrt mit Portweinverkostung***: zur prunkvollen Börse, zur Kathedrale und zur berühmten Dom-Luis-Stahlbrücke, die den Duero überspannt. Bereits am nächsten Vormittag können Sie in **Lissabon** den berühmten Fadoklängen lauschen und bei der **Stadtrundfahrt** u. a. das Hieronymoskloster und den Torre de Belém bewundern. In die Pracht der portugiesischen Monarchie entführt Sie der Ausflug in die Gartenstädte **Queluz und Sintra*** – der Palácio Nacional de Sintra war bis 1910 die Sommerresidenz der Königsfamilie und gehört heute ebenfalls zum UNESCO-Welterbe.

Würdevolle Erbmonarchie des alten Kontinents

Erkunden Sie bei einem **Stadtrundgang durch Cadiz** das römische Erbe der Stadt, das Teatro Romano. Oder Sie folgen unserem Ausflug **Sevilla, Hauptstadt Andalusiens*** und spazieren durch das Labyrinth der engen Altstadtgassen, durch das jüdische Viertel Barrio de Santa Cruz und zum maurischen Palast Alcázar. Von **Malaga** führt Sie unsere Reise ins Hochtal des Rio Genil – und zu einem unbestrittenen Höhepunkt der Baukunst: **Granada und die maurische Residenz**

Die Conciergerie, ein Königspalast

■ *1298–1371*

Der Palast der Kapetinger Könige lag nicht immer direkt an der Seine, wie das heute der Fall ist. Früher verlief dazwischen die unter Philipp August errichtete Wehrmauer. Philipp dem Schönen sind die Erweiterungen und Änderungen des Gebäudes zu verdanken, das er zunächst als unzureichend empfand. 1298 beauftragt er Enguerrand de Marigny mit der Anlage einer größeren Residenz, die die Verwaltung sowie Finanz- und Gerichtsbarkeit des Reiches aufnehmen kann. Der große Wachsaal stammt aus dieser Zeit. Sein erstes Stockwerk wird später zur Hauptkammer des Pariser Parlaments, dann des Revolutionstribunals und ist heute die erste Kammer des Zivilgerichts. An der Fassade zum heutigen Boulevard du Palais sieht man die erste öffentliche Uhr von Paris, die 1371 von Karl V. bestellt wurde. Der Concierge ist ein wichtiger Mann, der gleichzeitig die Funktion des Oberaufsehers und des Vogtes innehat.

Paris hat 61 098 Steuerhaushalte

■ *1300*

Dem Zensus der Herdstellen zufolge gehört Paris mit der Île-de-France, dem Artois und der Normandie zu den stark bevölkerten Gebieten. In der Hauptstadt wird von der Finanzbehörde das Prinzip der Herdstelle (Haushalt in einem Haus) als Berechnungsgrundlage verwendet. Anhand dieses ersten statistischen Dokuments in Frankreich wird die Steuer erhoben, die einen Feldzug nach Flandern finanzieren soll. Bei aller Genauigkeit dieser Berechnung ist es natürlich problematisch, eine steuerpflichtige Herdstelle in eine bestimmte Einwohnerzahl umzurechnen, gibt es doch Haushalte mit vier und andere mit vielleicht zwölf Personen. Unter Berücksichtigung der beträchtlichen Schwankungen (Kindersterblichkeit, Epidemien, fehlende Unterlagen) kann man für Paris eine Bevölkerungszahl von mindestens 80 000 und höchstens 240 000 annehmen, wobei 200 000 die wahrscheinlichste Zahl ist. Anfang des 14. Jahrhunderts leben in Paris 400 Personen pro Hektar. Die Gesamtbevölkerung Frankreichs wird auf 16 Millionen geschätzt.

Philipp versammelt die Generalstände

Erste Versammlung der Generalstände durch Frankreichs König Philipp IV. den Schönen in Notre-Dame am 8. April 1302; Gemälde von Jean Alaux, 1841.

■ *13. Juni 1303*

Im Februar dieses Jahres hat Philipp der Schöne den Rat der Barone und Bischöfe zu den für die Reichsregierung erforderlichen Reformen eingeholt. Er will so Bonifatius VIII. daran hindern, seinerseits ein Konzil einzuberufen. Die Beziehungen zum Papst verschlechtern sich zusehends. Der König hat eine Versammlung mit etwa 40 wichtigen Persönlichkeiten einberufen, die dem Papsttum zuvorkommen und ein Konzil fordern. Die Versammlung – sie gleicht eher einem Rat als einer ständischen Versammlung »strictu sensu« – erhält viel Zustimmung. In den Palastgärten oberhalb der Seine bejubeln die Pariser Bürger den Aufruf des Königs, der bereits vor der Ankündigung im ganzen Königreich wiederholt und verbreitet worden war. Die regelmäßige Einberufung dieser Versammlungen, deren Mitglieder nicht gewählt und mit nur ungenau definierten Befugnissen ausgestattet sind, ist ein deutlicher Hinweis darauf, dass der König auf die Zustimmung seiner Politik angewiesen ist.

4

Die Sainte-Chapelle

Die Sainte-Chapelle liegt inmitten der Gebäude des Justizpalasts und ist der älteste Überrest des französischen Königspalasts aus dem Mittelalter. Ludwig IX. der Heilige lässt sie als ein Schmuckkästchen zur sicheren Aufbewahrung der heiligen Reliquien erbauen, die er Balduin II., dem König Jerusalems, abgekauft hat (ein Stück des Kreuzes und der Dornenkrone

Christi). Sie wird im Januar 1246 von Pierre de Montreuil begonnen und im April 1248 eingeweiht. 1640 wird sie durch einen Brand beinahe zerstört, während der Revolution entgeht sie knapp dem Abriss. Dann dient die Sainte-Chapelle als Archiv und wird – glücklicherweise – von allen Zerstörungswütigen der Folgezeit vergessen. König Louis-Philipp, ein Bewunderer des gotischen Stils, rettet sie endgültig. Die Restaurierung wird 1845 mehreren Architekten anvertraut, unter ihnen der berühmte Viollet-le-Duc. Das 36 Meter lange und 42,50 Meter hohe Bauwerk besteht aus zwei Stockwerken: Die untere Kapelle mit sieben Metern Höhe war der königlichen Familie und den Würdenträgern der Krone vorbehalten.

1248 lässt Ludwig IX. die Reliquien aus dem Orient niederlegen.

Templer auf dem Scheiterhaufen

■ *1314*

Die finanzielle Macht der Templer war der königlichen Herrschaft schon immer ein Dorn im Auge. 1306 begeht Jacques de Molay, der Großmeister des Templerordens, den verhängnisvollen Fehler, seinen Generalstab nach Paris zu holen. König Philipp IV. der Schöne ist versucht, die Reichtümer der Templer, die neben einer einflussreichen Handelsmacht ein Staat im Staat zu werden drohen, zugunsten der Krone zu annektieren. Am 13. Oktober werden alle in Paris ansässigen Templer nachts verhaftet, in Ketten gelegt und in kleinen Gruppen ins Gefängnis gebracht. Papst Clemens V. stellt sich gegen Philipp den Schönen und ernennt einen Untersuchungsausschuss. Er ist nicht von der Schuld der Mönchssoldaten überzeugt. Nach Verhandlungen, die ganz Europa einbeziehen, werden am 13. März 1314 die Anführer des Templerordens zur Notre-Dame gebracht. Trotz ihres Protests sterben der Großmeister und seine Nächsten auf dem Scheiterhaufen. Molay stößt eine Verwünschung aus und sagt den Tod des Königs voraus. Er tritt sechs Monate später ein.

Kerzen, Fackeln oder Öllampen?

■ *1340*

Der Bau herrschaftlicher Stadthäuser, die Entwicklung der Märkte (z. B. von Notre-Dame oder von Saint-Germain-des-Près), das Bevölkerungswachstum, die Bedeutung der hier verhandelten Angelegenheiten machen eine verbesserte Beleuchtung notwendig. Denn es gibt unzählige dunkle Ecken und Winkel. Vier Möglichkeiten der Beleuchtung stehen zur Verfügung. Die auch für religiöse Zwecke verwendeten Wachskerzen sind teuer, aber geruchlos und machen ein gutes Licht. Die Talgkerzen, die man in allen bescheideneren Herbergen findet, müssen regelmäßig gereinigt werden, sonst rußen sie. Öllampen liefern ein billiges und mildes, aber nur schwaches Licht. Mit Fackeln aus harzigem Holz können große Räume gut beleuchtet werden. Allerdings schwärzt ihr Ruß die Decken. Dafür erlöschen sie beim Gehen nicht. Deshalb sollte man in Straßen und Gassen besser mit einer Fackel losziehen.

Die Ständeversammlung im Louvre

Zum zweiten Mal in diesem Jahr versammelt Philipp IV. einen Rat im Palast; Gravur von 1836

■ *November 1347*

Die Herrschaft Philipp IV. des Schönen ist durch eine Maßnahme geprägt, deren Auswirkungen damals nicht abzusehen waren, deren Bedeutung sich später aber zeigen wird. Bis Ende des 12. Jahrhunderts lud der Monarch mal Bürger, mal weltliche Vassallen, mal Geistliche ein, aber niemals trafen bis dahin die drei Stände gleichzeitig aufeinander. Erst 1302 beruft er zum ersten Mal eine Versammlung der drei Stände ein, weil er sich im Streit mit Papst Bonifatius VIII., der seine Amtsführung in Frage stellt, der öffentlichen Meinung sicher sein möchte. Die Versammlung findet in Notre-Dame de Paris statt: Es sind die ersten Generalstände. 1303, 1308 und 1314 geht Philipp ebenso vor. Wäre diese Versammlung zu einer regelmäßigen Einrichtung geworden, dann hätten einige Gruppen der Bevölkerung an der Regierung des Landes mitwirken können, wie das zur gleichen Zeit im Königreich von England zum Teil bereits der Fall war.

Schmutz in Paris bleibt nach wie vor ein Problem

Der Palais de la Cité war unter Philipp August von Schmutz und Abfällen umgeben; Gemälde, Francis Tattegrain

■ *1340*

Die Hauptstadt des Königreichs kämpft unentwegt gegen die sanitären Missstände. Die Sumpfgebiete nördlich der Île de la Cité werden zwar trockengelegt, aber es gibt noch viel zu tun: Millionen von Stechmücken, Brackwasser und schlammige Böden sind äußerst lästig. Selbst der königliche Palast ist von einem Wall aus Unrat umgeben, der Tiere anlockt und zur Übertragung verschiedenster Krankheiten beiträgt. Mit den ersten Abwasserkanälen, der verbesserten Wassergewinnung und -verteilung ist Paris dennoch eine fortschrittliche Stadt. Immer mehr Straßen werden gepflastert, und man achtet hier sicher mehr auf Sauberkeit als auf dem Land, wo das Leben noch härter und unsicherer ist. Apotheker und Chirurgen isolieren die Kranken und untersuchen ihre Exkremente. Wenn man eine Krankheit oder Epidemie nicht als Strafe Gottes hinnehmen will, werden Fremde oder Reisende für das Übel verantwortlich gemacht; einige Bevölkerungsgruppen werden sogar ohne jeden Beweis beschuldigt, die Brunnen zu vergiften. Der Papst greift schließlich ein, um diese Art der Verleumdung zu unterbinden.

Der schwarze Tod dezimiert die Bevölkerung

■ August 1348 – Frühling 1349

Zum ersten Mal tritt sie Ende 1347 im Süden des Königreichs auf. Sie kommt aus Zentralasien und dann Ägypten über Genua und Pisa ins Abendland und dringt durch die Tore des Mittelmeers nach Frankreich vor: die scharze Pest. Von der Provence, wo sie jeden zweiten Einwohner getötet hat, gelangt sie in diesem Sommer nach Paris. Es ist eine Form der Beulenpest, die die Lymphknoten, insbesondere der Leistengegend, befällt. Die wichtigsten Überträger sind Ratten, aber auch Flöhe. Die Pariser versuchen, Gegenmaßnahmen zu ergreifen, aber ohne Erfolg: Täglich sterben in Paris mehr als 800 Menschen. Die Landgebiete sind mehr oder weniger betroffen, aber in der Stadt ist die Ansteckung verheerend. Die Inkubationszeit beträgt knapp drei Tage, zwei Tage später stirbt der Kranke. Die Epidemie fordert umso mehr Opfer als die meisten Ordensschwestern zum Besuch der Pestkranken verpflichtet sind. Ist es eine neue Geißel Gottes? Seit Menschengedenken hat kein solches Elend die Menschheit getroffen. Paris ist die tote Hauptstadt eines toten Reiches. Der Kampf gegen die Pest ist ein reines Experiment, da man die Krankheitsursache nicht kennt. Prozessionen, hysterische Geißelungsszenen mit eisenbesetzten Lederriemen, makabre Zeremonien, Verfolgung von Juden, die man als »Sämänner der

Die Pariser sind von der Epidemie schwer getroffen. »Sterilität, Hungersnot und Pest scheinen gemeinsam auf die Zerstörung von ganz Paris hinzuwirken«.

Pest« beschuldigt die Brunnen vergiftet zu haben, Familien, die innerhalb kürzester Zeit zehn bis zwanzig Menschen verlieren, kollektive Trauerstimmung – das Leben in Paris entspricht dem in ganz Europa, von London bis Neapel, wo man zigtausende Tote beklagt. Die genaue Bilanz ist schwer zu erstellen: Man geht von mindestens 8 000 Toten in Paris aus. Das entspricht zehn Prozent der Bevölkerung – ein noch nie da gewesener Prozentsatz. Wenn auch nicht alle gestorben sind, waren doch alle bedroht. Das einzig Positive an der Pest in der französischen Hauptstadt ist, dass sie die Menschen zum Nachdenken bringt und die medizinischen Kenntnisse voranbringen wird. Sämtliche Kirchen und Kapellen sind überfüllt, ganze Stadtviertel halten Andacht. Theologische Spekulationen über eine mögliche Strafe Gottes verleihen der Religion im ausgehenden Mittelalter eine mystische Macht ganz neuer Reichweite. Zahlreiche Veranstaltungen rufen die Barmherzigkeit des Himmels an. Die einen bereiten ihre Seele auf den nahenden Weltuntergang vor, die anderen verschärfen ihre Vorsichtsmaßnahmen hinsichtlich Ernährung und Hygiene und besprengen sich mit Essig und Duftölen in der Hoffnung, dem schwarzen Tod auf diese Weise entkommen zu können. Umsonst – die schwarze Pest wütet unerbittlich weiter.

Die Pest zieht weiter

■ Herbst 1349

Der Anblick der Psalmen singenden Geißelbrüder und der hastigen Bestattungen wird seltener, das Wehklagen beginnt zu verstummen. Nach zwölf Monaten Angst und Schrecken zieht die Pest endlich weiter nach Nordeuropa. Nie zuvor hat die Pest so große Zerstörung angerichtet, vor allem in Paris. Die Universität erhält den königlichen Auftrag, die Ursachen der Plage zu erklären. Unglückliche Konstellation der Sterne, Verzehr von Früchten und Milchprodukten, nicht gewärmtes Wasser – die Doktoren diskutieren endlos über das Unerklärliche. Man weiß nur, dass nichts wieder so sein wird wie zuvor. Paris hat einen grausamen Vorgeschmack auf den Weltuntergang erhalten.

Etienne Marcel »beschützt« den Thronfolger Karl

Etienne Marcel setzt dem zukünftigen Karl V. eine Kopfbedeckung in den Pariser Farben (Blau und Rot) auf; Öl auf Leinwand von Lucien Melingue (19. Jahrhundert)

■ 22. Februar 1358

Am Tag nach der Niederlage in Poitiers (1356), die zur Gefangennahme von König Johann dem Guten geführt hat, macht die Monarchie eine schwere Krise durch. Der Thronfolger Karl V. beruft die Generalstände ein. Vor ihm stehen reiche Bürger, die den Absolutismus beschneiden wollen. Anführer der Bewegung ist Etienne Marcel, der Vogt der einflussreichen Zunft der Kaufleute. Am zweiten Donnerstag der Fastenzeit 1358 beruft er in Saint-Eloi in der Cité alle Berufsstände von Paris ein. Nach einem genau ausgearbeiteten Plan erreicht der Vogt, gefolgt von 3 000 Männern, das Schlafzimmer des entsetzten Thronfolgers, tötet zwei Marschälle und setzt Karl die blau-rote Kappe der Stadt und anschließend sich selbst die schwarz-goldene Kappe des Thronfolgers auf.

Der Vogt fordert die Monarchie heraus

■ *Winter – Frühling 1358*
Anfang des Jahres führt sich Etienne Marcel geschickt als Vormund des Thronfolgers Karl V. ein.
Aber er hat den Thronfolger falsch eingeschätzt. Er ist ein blasser, schmaler Jüngling, der seit der Niederlage in Poitiers (die zur Gefangennahme seines Vaters geführt hatte) weder Ansehen noch Autorität genießt. Doch hinter seiner Schüchternheit verbirgt sich die Geduld, Hartnäckigkeit und Praxisbezogenheit des echten, umsichtigen Staatsmanns. Am 14. März übernimmt er den offiziellen Titel des königlichen Regenten und verlässt Paris mit Zustimmung des Vogts. Er ahnt, dass Etienne Marcels Einfluss nicht über Paris hinausreicht, und beruft am 25. März in Senlis eine Versammlung ein, bei der er vom Adel unterstützt wird. Dann ergreift er überraschend von Meaux und Montereau Besitz, den zwei großen Märkten, die die Versorgung der Pariser sicherstellen. Der Regent droht mit Hungersnot. Dann beruft er vom 4. bis 14. Mai in Com-

Vom Balkon des Rathauses herab spricht Etienne Marcel zu den Parisern.

piègne eine Versammlung der drei Stände ein. Es kommt zum Bruch mit dem Vogt, der versucht, die Unruhen zu seinen Gunsten zu nutzen. Etienne Marcel ist nur noch ein Rebell. Er verbündet sich mit Bauern (Jacques) aus dem Norden der Île-de-France und dem Beauvaisis. Sie erhoffen sich die Unterstützung des reformfreundlichen Kaufmanns, der den Regenten durch Anstiftung eines Bürgerkriegs herausgefordert hat.

Bauernaufstand in Frankreich

■ *Sommer 1358*
Zu den Bedrohungen des endlosen Krieges mit den Engländern kommt der Konflikt zwischen Etienne Marcel, der die Einrichtung eines Regierungsrates durchgesetzt und damit die Macht des Monarchen beeinträchtigt hat, und dem Thronfolger Karl V., der sein politisches Geschick soeben durch Ausgrenzung des reichen Pariser Kaufmanns unter Beweis gestellt hat. Der Vogt, durch

Porte Saint-Denis von Montmartre aus gesehen, um 1360

die List des Regenten aus der Fassung gebracht, verbündet sich mit den englischen Truppen und den Truppen Karls des Bösen, dem König von Navarra. Um den Regenten zu schwächen, scheint Etienne Marcel zum Bund mit dem Feind bereit zu sein und die Tore der Hauptstadt allen Gegnern der herrschenden Dynastie zu öffnen. Auf dem Land schlägt der durchaus berechtigte Ärger der Bauern in blinde Wut um. Sie zerstören oder verbren-

nen die Häuser der Adeligen. Der Adel ahndet die Tätlichkeiten mit einer Heftigkeit, die ihrem Schrecken entspricht. Können die Bauern das gespaltene Paris angreifen? Im Umkreis der Cité gibt es keine Befestigung gegen die doppelte Gefahr; man hebt Gräben aus, die zu Straßen werden (Saint-Jacques, Saint-Bernard). Zugbrücken und Schießscharten werden angelegt. Philipp Augusts Stadtmauer verfällt mangels Pflege.

Etienne Marcel wird umgebracht

■ *31. Juli 1358*

Seit Juni lagert die Armee des Thronfolgers vor den Toren von Paris. Der Vogt kommt durch die Niederlage der von ihm unterstützten Bauern in Schwierigkeiten; ihre Ausschreitungen fallen auf ihn zurück. Er vesucht, mit den Anglo-Navarren einen Vertrag zu schließen, doch ohne Erfolg. Seine verräterische Haltung gegenüber der legitimen Dynastie erzürnt die Pariser Bürger. Sie gründen eine loyalistische Partei, die sich gegen den verräterischen Vogt und die Seinen erhebt. Viele halten ihn für einen unerträglichen Störenfried. Bei einer Auseinandersetzung an der Bastille Saint-Denis wird er von Jean Maillart, einem dem Thronfolger ergebenen Bürger und früheren Gefährten des Vogts, niedergemetzelt.

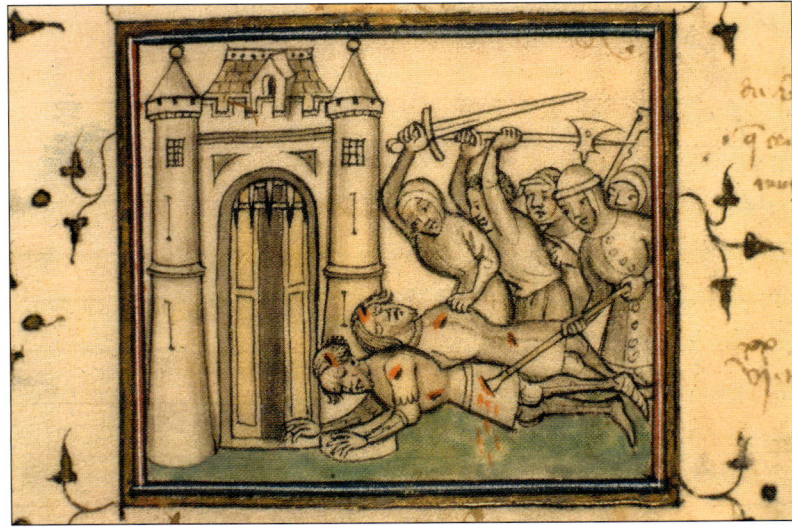

Etienne Marcel wird von einem früheren Gefährten getötet. Er hatte sich mit Karl dem Bösen verbündet, der sich als schlimmster Feind des Thronfolgers erwies.

22 000 neue Pestopfer in Paris

■ *1368–1370*

Die letzte Epidemie liegt etwa zehn Jahre zurück. Jetzt schlägt sie erneut zu, in den Städten mehr als auf dem Land. Sie erreicht zwar nicht das Ausmaß der schwarzen Pest, aber man sieht in ihr einen der »vier apokalyptischen Reiter«, der bald die eine, bald die andere Gegend heimsucht. In Paris sind mehr als 22 000 Opfer zu beklagen; innerhalb von zwanzig Jahren ist die Hauptstadt zum fünften Mal betroffen. Die königliche Herrschaft kämpft gegen zwei Auswirkungen der Epidemie: Zum einen führt die Landflucht zu einer demographischen Verschiebung, zum anderen wird der Preis immer höher, den die Überlebenden dafür fordern, dass sie in Paris bleiben.

Der Regent kommt nach Paris

■ *2. August 1358*

Die Anhänger Etienne Marcels konnten den Kampf nicht länger fortsetzen. Der Bauernaufstand ist niedergeschlagen, der Widerstand, den die Pariser den Söldnern des Königs von Navarra entgegensetzen, und die Ermordung des verräterischen Vogts machen jeglichen Aufstand sinnlos. Jean Maillart, der Mörder Etienne Marcels, spricht zur Menge und entsendet eine Delegation zum Regenten nach Meaux, um ihn um seine Rückkehr zu bitten. Die Begeisterung wächst. »Die roten Kappen, die vor kurzem noch prunkvoll zur Schau gestellt wurden, werden jetzt gut versteckt« schreibt der berühmte Chronist Jean de Venette. Der zukünftige Karl der Weise macht seinem Beinamen alle Ehre. Er verhält sich als gemäßigter Triumphator und rächt sich nicht an den Parisern, die gegen ihn revoltiert haben. Er sorgt auch dafür, dass die Witwe und die Kinder des rebellischen Vogts, die die Konfiszierung seiner Güter ruiniert hat, finanziell unterstützt werden. Als er in die Hauptstadt einzieht, lässt der Thronfolger alle in den letzten zwei Jahren von der Monarchie eingeführten Reform-

und Kontrollmaßnahmen abschaffen. Der Versuch der Generalstände, die Regierung zu verändern und ihre Beteiligung an der Macht zu besiegeln, ist völlig fehlgeschlagen. Der Krieg hat wieder eingesetzt. Der Regent und seine Ratgeber lehnen es ab, die übertriebenen Klauseln eines Vertrages zu ratifizieren, der in London zwischen Johann dem Guten, dem gefangenen König Frankreichs, und Eduard III., dem König Englands und Anwärter auf den Thron Frankreichs, geschlossen wurde.

Der Königssohn wird Dauphin (Thronfolger) genannt

Eine Uhr erfreut die Pariser

Der Uhrenturm (Tour de l'Horloge) auf der Île de la Cité

■ *1371*

Wenn man die Seine überquert oder an der Conciergerie entlang geht, genügt ein Blick auf den Eckturm, um zu wissen, wie spät es ist. Der Turm wurde um 1363 auf einem Grundstück der Nachkommen Etienne Marcels erbaut und ist 47 Meter hoch. Der kultivierte und gut organisierte König hat bei Meister Henri de Vic, einem aus dem Osten zwischen Maas und Rhein stammenden Handwerker, eine große Turmuhr bestellt. Diese erste öffentliche Uhr in Paris wird vom königlichen Monogramm und von Basreliefs eingerahmt, von denen die linken die Gerechtigkeit, die rechten das Gesetz darstellen. Den Hintergrund bildet das lilienverzierte Blau des französischen Königsmantels. Der Dachreiter ganz oben enthält eine große Glocke, die »Sturmglocke des Palasts«, die bei wichtigen Anlässen, z. B. dem Tod des Königs oder des Thronfolgers, läutet. Karl V., ein frommer und gebildeter Mann, liebt es, in einen gewölbten Raum im obersten Stockwerk – das so genannte »Bettzimmer der Weißen Königin« – zu steigen. Von hier aus blickt er auf die Hauptstadt, für die er große Pläne hat. Mit großem Interesse verfolgt der Monarch den Bau der Wehrmauer, die zum Schutz der Stadt errichtet wird und nur langsam fortschreitet. Tatsächlich wird er die Vollendung des Werkes aber nicht mehr erleben. Die folgende Mauer stammt aus dem Jahr 1636.

Acht neue Stadtviertel

■ *Um 1370*

Während der König eine gewaltige Befestigungsmauer errichtet, um Paris nach außen zu schützen, wird auch die innere Umgestaltung weiter vorangetrieben. Seit Philipp August besteht die Stadt aus acht Stadtvierteln: fünf am rechten Seineufer (Saint-Jacques-la-Boucherie, La Verrerie, La Grève, Sainte-Opportune und Saint-Germain-l'Auxerrois) und drei links der Seine (Cité bzw. das Zentrum von Paris, Place Maubert und Saint-André-des-Arts). Zu diesen kommen nun acht weitere rechts der Seine hinzu: Saint-Antoine, Saint-Gervais, Saint-Avoye, Saint-Martin, Les Halles, Saint-Denis, Saint-Eustache und Saint-Honoré.

Die »Bücherei« des Louvre umfasst 900 Schriften

Karl V. erhält eine lateinische Bibel, die er ins Französische übersetzen lässt.

■ *1372*

Umsichtig und gelehrt zugleich, erweist sich der König als »Weiser« im besten Sinne. Durch seine kränkliche Konstitution ist Karl V. zu einem unbeweglichen Leben verurteilt. Er ist nie an der Spitze einer Armee zu sehen; vielmehr erweist er sich als Freund der Literatur und schönen Künste. Er ist ein gebildeter und geistig aufgeschlossener Valois, was ein Novum darstellt. Im Louvre richtet er eine »Bücherei« mit 900 kostbaren Handschriften weltlichen und geistlichen Inhalts ein. Diese Büchersammlung bildet den Grundstock für die Bibliothek der französischen Könige und letztlich für die heutige Nationalbibliothek mit ihren beiden Hauptabteilungen »Site Richelieu« und »Site Mitterrand«.

Abwasserkanal erhält Abdeckung

■ *1370*

Der Bachlauf des Ménilmontant ergänzt den natürlichen Abfluss über Seine und Bièvre. Durch die Urbarmachung der damals äußerst fruchtbaren Sumpfgebiete beginnt dieser Wasserlauf, für die Abwasserbeseitigung eine wichtige Rolle zu spielen, bevor er zum »Großen Kanal« wird. Er nimmt weitere, weniger lange Kanäle auf, darunter den 20 Jahre zuvor angelegten so genannten »Égout du Pont-Perrin«, der zum ersten offenen Abwasserkanal von Paris wird. Der Anblick der übel riechenden Exkremente bewegt schon damals den Vorsteher der Kaufmannschaft Hugues Aubriot dazu, den Kanal zu übermauern. Zunächst wird nur ein Teil des Kanals abgedeckt. Bald schon erweist sich diese Maßnahme als unzureichend und die Gäste des Hôtel Royal Saint-Pol beklagen sich über die unappetitliche Nachbarschaft. Das Problem der Abwasserentsorgung und Abfallbeseitigung bleibt insbesondere durch die drohende Gefahr von Epidemien auch in den folgenden Jahren akut.

Jerusalem in Paris »aufgeführt«

■ *4. Januar 1378*

An diesem Tag ist das jenseits der Rue Saint-Antoine gelegene Hôtel Saint-Pol festlich geschmückt und mit bislang nie gesehenen Schätzen gefüllt. Alles, was Paris an Wandteppichen, erlesenen Möbeln, feinem Porzellan und Statuen französischer Könige zu bieten hat, wurde hierhin transportiert und in tagelanger Vorbereitung in Szene gesetzt. Schließlich empfängt Karl V. keinen Geringeren als den deutschen Kaiser Karl IV. und dessen Sohn Wenzel. Der fremde Souverän ist nicht nur ein mächtiger Mann und eventueller Verbündeter, sondern zudem ein Vetter des französischen Königs. Nach verschiedenen Unterredungen der beiden Monarchen, nach der Verehrung der Reliquien in der Sainte-Chapelle, einem Besuch im neu errichteten Louvre und in der Universität wartet das Festmahl mit einer spektakulären Überraschung auf: Schauspieler stellen die heroische Einnahme Jerusalems durch die Kreuzritter dar. Die Eroberung durch Saladin findet keine Erwähnung.

Ein großes Festmahl wird zu Ehren Kaiser Karls IV. abgehalten. Schauspieler stellen die Einnahme Jerusalems dar.

Die Stadtmauer wird vollendet

■ *1383*

Als Etienne Marcel unter dem Vorwand, den Regenten schützen zu wollen, in Wirklichkeit die Macht an sich riss, hatte er mit dem Wiederaufbau der alten Wehrmauern Philipp Augusts begonnen, um Paris vor den Engländern zu schützen. Am 8. Januar 1364 zum König gekrönt, macht sich Karl V., der Paris nur selten verlässt und längere Reisen grundsätzlich meidet, an den Bau einer neuen Befestigung. Diese Arbeiten werden ca. 20 Jahre in Anspruch nehmen und erst unter der Regierung seines Nachfolgers beendet werden. Auf dem rechten Seineufer folgt der Verlauf der Mauer der Tour Barbau, dem heutigen Boulevard Morland und dem Bassin de l'Arsenal. Weiter verläuft die Befestigung entlang der Place de la Bastille, dem Osten der großen Straßen Boulevard Beaumarchais und Boulevard du Temple, der nördlichen Seite der Rue Meslay und der Rue d'Aboukir, dem Park des Palais-Royal, einem Teil der Rue Saint-Honoré und dem Arc de Triomphe du Carrousel. Auf dem linken Seineufer folgt die Befestigungsmauer im Wesentlichen der Stadtmauer Philipp Augusts, da die Stadt sich auf dieser Seite der Seine nicht weiter ausgedehnt hat. Schließlich werden am linken Ufer Gräben von rund 30 Metern Breite gezogen und mit Wasser gefüllt. Diese zusätzlichen Verteidigungsanlagen werden später zu den Straßen Rue Mazarine, Rue de l'Ancienne-Comédie, Rue de l'Estrapade und Rue du Cardinal-Lemoine. Auf dem rechten Seineufer entstehen sieben neue Stadttore. Insgesamt umschließt die Befestigungsmauer Karls V. eine Fläche von 439 Hektar gegenüber 253 unter Philipp August.

Der Louvre ist eine Zitadelle mit Waffenlager.

Die Revolte der Maillotins missglückt

■ *1382–1383*

Am 1. März 1382 haben sich auf der Place de Grève zahlreiche Kaufleute und Handwerker versammelt, um ihrem Zorn auf die Machthabenden Ausdruck zu verleihen. Ebenso wie die Flamen, die sich kurz zuvor gegen eine Herdsteuer aufgelehnt hatten, weigern sich die Pariser, eine Abgabe zu leisten, die sie abgeschafft glaubten. Als ein Steuereinzieher eine Kressehändlerin zur Zahlung eines Sou auffordert, wird er von der wütenden Menge niedergeschlagen. Die Anführer schreien: »Zum Rathaus!« Ihnen folgen 4 000 Männer,

die das benachbarte Waffenarsenal stürmen und alles an sich reißen, insbesondere kleine Bleihämmer. Diese Waffen waren für die Schlacht gegen die Engländer bestimmt. In Anlehnung an frz. »maillet« (Hammer) nennt man sie bald »Maillotins« (Hammermänner). Sie beherrschen die Straße und führen ein Regiment des Schreckens. Sie schlagen Türen ein, plündern Häuser, rauben Keller aus und rächen sich selbst an unschuldigen Juden, die sie der Wucherei bezichtigen. 16 von ihnen werden misshandelt und kommen zu Tode. Der Regentschaftsrat – die drei

Onkel des Königs und der junge Karl VI. – wollen die Stadt aushungern lassen, wenn nicht sofort wieder Ordnung einkehrt. Bestürzt bemühen sich die Bürger daraufhin, mit den Aufständischen zu verhandeln; ihnen zur Seite stehen die Gelehrten der Universität. Es werden diverse Versprechungen gegeben, darunter eine allgemeine Amnestie. Manche der gefangenen Anführer werden jedoch in Säcke genäht und in die Seine geworfen oder hingerichtet. Schließlich muss die Stadt Paris aufgrund der Rebellion eine Geldstrafe von 80 000 Goldfranken zahlen.

Der König vergibt den Maillotins nur teilweise. Die Anführer der Revolte werden enthauptet oder gehängt.

Paris verliert seine Stadtrechte

■ *21. Januar 1383*

König Karl VI. ist von den Maillotins aus Paris vertrieben worden. In Vincennes, wo er Zuflucht gefunden hat, schmiedet der 15-jährige gedemütigte Monarch Rachepläne. Er droht damit, die Stadt zu stürmen, aber seine Vormunde, die Herzöge von Anjou, Berry und Burgund, bringen ihn davon ab. Als er nach Paris zurückreisen kann, lässt er die Rädelsführer durch die königliche Armee bestrafen und veranlasst harte Sanktionen für die Stadt: Er setzt den Vogt und den stellvertretenden Bürgermeister ab und entzieht ihr die Stadtrechte. Paris fällt damit unter königliche Herrschaft.

Karl VI. wird im Hôtel Saint-Pol gefangen gehalten

■ *28. Januar 1393*

In dem alten Gebäude, das sich an den Ufern der Seine erhebt, kann man einem Mann begegnen, der laut schluchzt, Schreie ausstößt und die Hände ringt. Dann wieder bricht er völlig entkräftet zusammen. Bei diesem Menschen, der offenbar von Sinnen ist, handelt es sich um keinen anderen als den König Karl VI. Er hat nach einem Ritt im Wald von Le Mans plötzlich den Verstand verloren. Wenn ihn der Zorn überkommt, zerfetzt er seine Kleider, heult und wirft mit allem, was ihm in die Finger fällt; seine Diener tragen gepolsterte Kleidung und können ihn nur unter größten Schwierigkeiten bändigen. Da die Ärzte ihn nicht heilen können, versucht man ihn durch Fes-

te abzulenken. An besagtem Abend ist das Hôtel Saint-Pol keine königliche Residenz, sondern eher der Schauplatz

Durch einen tragischen Unfall auf dem »Ball des Ardents« verbrennen maskierte Männer aus dem königlichen Gefolge vor den Augen des Monarchen.

einer eigentümlichen Maskerade. Die verkleideten Begleiter des Königs fangen plötzlich durch eine brennende Fackel Feuer. Vier von ihnen verbrennen. Voller Zynismus spricht die Pariser Bevölkerung in diesem Zusammenhang später vom »Bal des Ardents« (Ball der Feurigen). Das beunruhigende Schauspiel trägt nicht unbedingt dazu bei, den Geisteszustand des Königs weiter zu verbessern.

Feuerwaffen fordern neue Verteidigungsanlagen

■ *Ende 14. Jahrhundert*
Während mit den mechanischen Waffen des vorherigen Jahrhunderts die Geschosse geschleudert wurden und nur knapp zwölf Meter hoch flogen, treffen die Bombarden und anderen Feuerwaffen ihr Ziel aus 30 Metern Höhe. Der Fortschritt in der Metallbearbeitung und in der Herstellung von Schießpulver ermöglichen den Einsatz von Feuerwaffen. Die Verteidigungsanlagen von Paris müssen daher verändert werden, da nicht mehr so sehr die Höhe der Mauern als vielmehr die Entfernung ausschlaggebend ist. Man passt die unter Karl VI. fertig gestellte Wehrmauer Karls V. der neuen Bedrohung an. Es werden zwei Gräben angelegt, die eine schnelle Annäherung der von Menschen gezogenen Geschützen verhindern sollen. Die Angreifer sollen so 100 Meter von den Mauern entfernt gehalten werden. Die Mauer selbst schützt nicht mehr die Stadt, sondern die Bogen- und Armbrustschützen, die sie verteidigen. Der Krieg in Paris wird zum Bürgerkrieg. Vor dem Ansturm wird vor den Schutzwällen gekämpft. Partisanen und Angreifer stehen sich gegenüber, von innen wird der Widerstand von Verrätern untergraben.

Um 1350 ermöglichen Feuerwaffen das Abschießen von Stein- oder Eisenkugeln.

Isabeau von Bayern schockiert Paris

■ *1400–1407*
Die bayerische Gemahlin Karls VI., die am 22. August 1389 18-jährig nach Paris kam, ist unglücklich. Seit 1392 treten bei ihrem Gemahl immer wieder und völlig unvorhersehbar Zustände des Wahnsinns auf, in denen er seine Frau nicht mehr erkennt und sie brutal zurückstößt. Die anschließenden Wiederversöhnungsszenen führen zur Geburt von zwölf Kindern. Da die Geisteskrankheit zunehmend die Oberhand gewinnt, ist die Königin in einer schwierigen Lage, denn sie ist nicht darauf vorbereitet, in einem fremden Land die politische Verantwortung zu übernehmen. Sie bittet daher ihren Schwager um Rat, den jungen Herzog von Orléans. Schnell entstehen Gerüchte, er sei ihr Liebhaber. Das Volk ist schockiert über diese Unziemlichkeit zu einem Zeitpunkt, als Frankreich schwere Stunden durchlebt. Das Reich ist durch die Feindseligkeiten zwischen Armagnaken und Burgundern gespalten, die Staatskasse leer. 1407 lebt die 36-jährige, dicke und fast bewegungsunfähige, aber sehr sinnenfrohe Königin weiterhin ein vergnügtes Leben mit drei jungen Liebhabern. Der Skandal weitet sich zum Drama aus, als der Herzog von Orléans am 23. November 1407 auf Befehl seines Rivalen Johann Ohnefurcht, des Herzogs von Burgund, von 17 Männern ermordet wird, die ihm nachts in der Nähe des Hôtel Barbette im Marais auflauern. Der Herzog kommt gerade von der Königin – vielleicht seiner Mätresse –, die soeben ihr zwölftes Kind zur Welt gebracht hat.

Isabeau von Bayern kommt 1389 nach Paris.

Der Vogt schließt die Tore

■ *1405–1412*
Seit der Revolte der Maillotins steht der Vogt unter strenger königlicher Aufsicht. Aber Jean Jouvenel, der 1389 ernannt statt gewählt wurde, gelingt es, die Autorität dieser wichtigen, in grüne Seide gekleideten Persönlichkeit allmählich wieder herzustellen. Nach und nach nimmt er wieder seinen Platz im offiziellen Gefolge ein. Im spannungsgeladenen Paris schließt der Vogt alle Stadttore bis auf vier und wechselt die Schlösser aus. Die Schlüssel trägt er ständig bei sich. Bei späteren schrecklichen Bedrohungen, wie z.B. durch Pest und Pocken, werden die Tore Montmartre, Saint-Bernard und Saint-Germain vergipst – für 30 Jahre. In einer königlichen Verordnung vom 20. Januar 1412 verspricht Johann Ohnefurcht, der Herzog von Burgund, die Rückkehr zu einer autonomen Stadtverwaltung. Der Vogt muss traditionsgemäß in Paris gebürtig sein, wird für vier Jahre gewählt und ist wiederwählbar. Damit versucht der Burgunder, in der gespaltenen, immer noch von den Armagnaken beherrschten Hauptstadt die Gunst des misstrauischen Bürgertums zu gewinnen.

Die Diktatur der Metzgerzunft beherrscht Paris

Drei Monate lang beherrschen die Mörder die Pariser Straßen.

■ *April – Mai 1413*

Er heißt Simon Le Coustellier, wird Caboche (Dickkopf) genannt und ist Abdecker in der Metzgerei des Hôtel-Dieu-Krankenhauses. Die reichen und mächtigen Metzger mit ihren roten Gesichtern und starken Fäusten sind Anhänger der Burgunder, aber kaum ins Pariser Bürgertum integriert. Seit zwei Jahren lebt der Herzog von Burgund in Paris, bei König Karl VI., dessen Geisteszustand sich zusehends verschlechtert. Die Beziehungen zwischen dem sehr populären Herzog und der Zunft der Metzger werden mit greifbaren Aufmerksamkeiten gepflegt: schöne Fleisch- und Wildstücke auf der einen, Weinlieferungen aus Beaune auf der anderen Seite. Die Burgunder erkennt man an ihrem grünen Hut und dem roten Kreuz. In Paris gibt es aber auch zahlreiche Armagnaken, die sich verstecken müssen oder ihre Embleme, den roten Schal und das weiße Kreuz, verbergen. Seit 1405 herrscht Komplottstimmung, die Lage spitzt sich bedrohlich zu. Wie ganz Frankreich ist auch die Hauptstadt in zwei Lager geteilt – was dem englischen Feind nur nützen kann. Die Metzger und ihre Gehilfen (Darmhändler, Lohgerber) formieren sich, mit riesigen Messern bewaffnet, hinter Simon Caboche. Am 28. April zieht das Metzgervolk in Richtung Bastille, nimmt den Vogt von Paris, Pierre des Essarts, gefangen, der, ehemals sehr beliebt, heute der Veruntreuung beschuldigt wird. In Paris kommt es zur Meuterei: Alle Armagnaken (oder solche, die man dafür hält) werden von erfahrenen Händen abgeschlachtet. Die erregten Horden dringen in das Hôtel de Guyenne ein, in dem der Thronfolger Ludwig, der Herzog von Guyenne, wohnt. Seine Wachoffiziere werden misshandelt oder getötet. Dem Morden folgen Plünderungen: In Paris herrscht die »Diktatur der Schlachthäuser«. Am 22. Mai ist die königliche Residenz im Hôtel Saint-Pol von einer wütenden Menge umzingelt. Es kommt zu neuen Massakern, Plünderungen und Geiselnahmen in der königlichen Fa-

Leichen türmen sich in der Stadt.

milie. Noch am gleichen Tag arbeitet man eine von den Juristen vorbereitete »Ordonnance cabochienne« (»Metzgererlass«) aus, die am 26. Mai fertig gestellt wird. Der sehr gemäßigte Text nimmt alte Vorschriften aus Zeiten Karls V. und Karls VI. (vor seiner Geisteskrankheit) wieder auf, fordert die Beseitigung der schreiendsten Missstände und schlägt Reformen vor sowie ein dringendes, aber vorsichtiges Sparprogramm. Die Frage bleibt: »Werden die Cabochiens sich damit zufrieden geben?«

ZUR PERSON

Johann Ohnefurcht

Seinen Beinamen verdankt der am 28. Mai 1371 in Dijon geborene Johann seinem Mut in der Schlacht von Nicopolis gegen die Türken. 1404 übernimmt er die Nachfolge seines Vaters. Der neue Herzog von Burgund ist ein erfahrener, wilder und skrupelloser Reformer. Er ist eifersüchtig auf seinen Vetter Ludwig von Orléans, den Bruder des Königs, der enge Beziehungen mit der Königin unterhält. Aus Angst vor dem drohenden Machtverlust lässt er den Herzog von Orléans ermorden und flüchtet anschließend auf seine Ländereien nach Lille. Indem er die Cabochiens unterstützt, die das politische Werkzeug der Burgunder sind, verschreckt er das Bürgertum und muss am 22. August 1413 fliehen. 1418 kommt er nach Paris zurück. Dort wird er am 10. September 1419 von Armagnaken getötet.

Ende der Metzgerzunft

■ *13. März 1416*

Paris reagiert. Die Cabochiens haben genug Schrecken unter dem Bürgertum verbreitet. Am 1. Juli 1413 hatten sie den Vogt Pierre des Essarts enthauptet. Dann hatten sie auch noch verlangt, dass die Pariser ihr Emblem, die weiße Kappe, tragen. Als Johann Ohnefurcht mit Simon Caboche flieht und Karl von Orléans in die Stadt kommt, wendet sich die Situation. Die Armagnaken stellen ihre Macht unter Beweis. Gewalttätigkeiten prägen die Stadt; am 5. September wird der »Metzgererlass« für ungültig erklärt. Später werden auf Anordnung Karls VI. die Schlachthäuser des Châtelet zerstört. Der König will die Metzger bestrafen, deren blutige Aufstände Paris drei Jahre lang verunsichert haben. Die Zunft der Metzger wird abgeschafft, ebenso ihre Erbnachfolge, Monopolstellung und Sonderrechte. Die »Fleischleute« sollen sich in Zukunft nicht mehr in die Politik einmischen dürfen.

Die Pariser öffnen dem Herzog von Burgund ihre Tore

Die Porte de Saint-Germain-des-Prés wird in der Nacht geöffnet. Die Anhänger des zukünftigen Karls VII. werden ermordet.

Die Pest wütet erneut in Paris

■ *1412–1420*

Als wäre der blutige Hass zwischen den beiden Lagern und die durch die Engländer zugefügte Niederlage nicht genug, kommt die Plage wieder an die Ufer der Seine. Zehn Jahre nach der letzten Epidemie trifft die Krankheit in Form der Beulen- und Lungenpest die unter- und schlecht ernährte Bevölkerung. Sie fordert umso mehr Opfer, als sich die vom Messer der Cabochiens bedrohten Pariser in ihren Häusern verschanzen. Die verbrauchte Luft verursacht Blutarmut. Seltsamerweise sind die Kräftigsten als Erste betroffen. Flucht scheint die einzige Möglichkeit zu sein der Ansteckung zu entgehen. Kranke werden noch lebend fortgetragen und anschließend in Gräbern außerhalb der Stadt verscharrt.

Immer mehr Pestkranke müssen im Krankenhaus gepflegt werden. Die Pariser sind zusätzlich durch den Hunger geschwächt.

■ *29. Mai 1418*

Nach dem französischen Blutbad und der Niederlage von Azincourt (25. Oktober 1415), die unzählige Opfer unter der adeligen Elite gefordert hatte, wären Paris und der König eigentlich dem Herzog von Burgund ausgeliefert gewesen. Doch Bernhard von Armagnac organisiert schnell den Widerstand. Er lässt sich zum Befehlshaber des Landesheeres ernennen, gruppiert die Überreste der königlichen Armee und versucht, den Genuesen Schiffe abzukaufen – doch mangelt es ihm an Geld. Durch Abwertungen und dann Zwangsanleihen waren die Armagnaken schnell unbeliebt geworden; ihre burgundischen Gegner nutzen geschickt die Situation. Mit der Unterstützung von Königin Isabeau und ihrem jungen und treuen Freund Villiers de L'Isle-Adam lassen sich die Armagnaken durch den Verrat eines gewissen Perrinet le Clerc die Tore der Hauptstadt öffnen. Es folgt ein weiteres Massaker in diesem endlosen Bürgerkrieg. Sogar schwangeren Frauen wird der Bauch aufgeschlitzt. Der Thronfolger kann fliehen, aber der inzwischen fast völlig umnachtete Karl VI. fällt in die Hände der Burgunder. Seither baut der Herzog seine Position aus, indem er an den anrüchigen Lebenswandel der Königin erinnert, die zwar Königin Frankreichs, aber immer noch Bayerin sei, und durch deren zahlreiche Liebesabenteuer das Ansehen des Königreichs befleckt werde.

Hunderte von Armagnaken werden niedergemetzelt.

Ein zweiter Graben entsteht

■ *1410–1420*

Die Feuerwaffen sind zwar noch sehr gefährlich für ihre Benutzer – oft explodieren die Kanonen und töten die Schützen –, aber die Geschosse der schweren Waffen fliegen immer weiter. In einer Zeit geistiger Klarsicht beschließt König Karl VI. die Verteidigungsanlagen von Paris zu erweitern. Ein neuer trockener Graben wird 3,70 Meter breit und 2,40 Meter tief ausgehoben. So ist die Verteidigung bis zu einer Entfernung von 90 Meter (die noch nicht von den Geschossen erreicht wird) abgesichert. Das Risiko eines Sturmangriffs nimmt ab.

Pont de Notre-Dame bebaut

■ *1421*

Die an der Stelle des ersten romanischen Grand-Pont errichtete Fußgängerbrücke aus Holz war 1406 vom Hochwasser weggerissen worden. Man nannte sie Milbray-Planke nach der dorthin führenden Straße. Auf der Brücke stehen 68 Häuser, das Bauwerk ist prächtig, wirkt aber sehr fragil – man prophezeit, dass es ein Opfer der Fluten werden wird.

Paris wird den Engländern überlassen

Der Vertrag zwischen Karl VI. und Heinrich V. regelt die Thronfolge.

■ *21. Mai 1420*

Die Ermordung von Johann Ohnefurcht führt dazu, dass die burgundische Partei sich um Philipp den Guten, den neuen Herzog von Burgund, neu formiert. Er trauert um seinen Vater und schwört, denjenigen von der Krone zu vertreiben, den er für den Hinterhalt verantwortlich macht: den Thronfolger Karl. Philipp versöhnt sich allmählich mit Isabeau, die keinerlei finanzielle Mittel hat. Im November 1419 beginnt er Verhandlungen mit Heinrich V., dem König Englands. Isabeau ist bereit, sich auf die englischen Forderungen einzulassen: Heinrich V. will Frieden unter der Voraussetzung, dass er die Krone Frankreichs erhält. Nach den Gesprächen im Winter wird am 21. Mai 1420 in Troyes ein Vertrag geschlossen und ratifiziert, der für die dem Thronfolger treue Fraktion Frankreichs eine Katastrophe ist. Heinrich V. soll Katharina, die Tochter Karls VI., heiraten; der Thronfolger wird zum »vorgeblichen Thronfolger« erklärt, d. h. zum unehelichen Kind seiner Mutter Isabeau, wodurch deren Ehebruch offiziell anerkannt wird – und Paris wird den Engländern überlassen. Der Vertrag erhält die Zustimmung der Universität und des Parlaments, weil er – so erklären sie ihre Haltung – im Interesse aller Beteiligten sei.

Heinrich V. zieht in den Louvre

■ *1420–1422*

Weniger als zwei Monate nach Abschluss des Vertrags von Troyes übernimmt der König Englands, der Melun belagert, Paris von den Burgundern. Die englische Vorhut kommt nach Vincennes, zur Bastille, zum Louvre und zur Tour de Nesle und lässt sich dort nieder. Am 1. Dezember hält Heinrich V., der vertragsmäßige Regent von Frankreich, seinen Einzug in Paris. Er reitet zwischen Karl VI. und Philipp von Burgund. Im Louvre warten inzwischen 200 englische Soldaten auf ihren Herrscher, dem man sein persönliches Banner, eine Lanze mit Fuchsschwanz, nachträgt. In Paris wird der Frieden freudig begrüßt und der »schändliche Vertrag« bejubelt. Die vom jahrelangen Krieg erschöpften Bürger feiern die beiden zum Zeichen der Huldigung in Rot gekleideten Könige. In den Straßen sind geschmückte Tücher gespannt, es gibt ein Triumphfest, man reicht den Herrschern Reli-

quien zum Kuss. In der Notre-Dame knien beide Könige vor dem Hochaltar nieder und beten. Der lächelnde Karl VI. scheint in Träumereien versunken. Ist er sich bewusst, dass er die Lilien Frankreichs verraten hat? Er zieht sich ins Hôtel Saint-Pol zurück, wo er ein armseliges Leben fristen wird. Heinrich V. lässt sich standesgemäß im Louvre nieder und wird von allen Schöngeistern von Paris unterstützt. Zu erwähnen ist noch, dass die beiden Königreiche mit nur einem Monarchen voneinander getrennt bleiben. Die Personalunion tritt erst beim Tod des Königs von Frankreich in Kraft. Da dessen Gesundheitszustand schwankt, übernimmt der Engländer sofort die halbamtliche Regentschaft. Das Volk, das gehungert und gelitten hat, vergisst die Schande und trinkt den von Philipp dem Guten, dem Herzog von Burgund, angebotenen Wein zu Ehren des Königs von England und zukünftigen Königs von Frankreich.

Heinrich V.

Der 1387 in Monmourth als Sohn Heinrichs IV. und Urenkel Eduards III. geborene Heinrich V. von Lancaster regiert England seit 1413. Er nutzt die Unruhen in Frankreich und erringt am 25. Oktober 1415 in Azincourt einen überwältigenden Sieg über die Franzosen. Heinrich V. ist ein bemerkenswerter Stratege. Er versucht – nach dem Willen seines Urgroßvaters – die französischen Besitztümer wiederzuerlangen. Nachdem er die Normandie erobert hat, schließt er ein Bündnis mit Burgund: Sein Bruder Bedford heiratet Anne, die Schwester des Herzogs. Als Heinrich V. verwit-

wet, vermählt er sich mit der Tochter des Königs von Frankreich, mit der er einen Sohn haben wird. Durch den Vertrag von Troyes, wird der Schwiegersohn Karls VI. gleichzeitig sein Adoptivsohn und Erbnachfolger. Er kann den französischen Königstitel nicht vor dem Tod Karls VI. tragen. Doch das Kriegsende ist noch keine Realität und das Parlament in Westminster lehnt weitere Zuschüsse ab. Von der Belagerung von Meaux im Winter 1421–1422 erschöpft stirbt Heinrich V. am 31. August im Alter von nur 35 Jahren in Vincennes an den Folgen der Ruhr.

Die Friedhöfe von Paris

Der Cimetière des Innocents war 800 Jahre lang der größte Friedhof von Paris.

Die ersten großen Pariser Friedhöfe waren zur Zeit der römischen Besatzung die heidnischen Friedhöfe der Rue Nicole und des Monceau Saint-Gervais (monceau = Haufen), dann die christlichen Friedhöfe des Bourg Saint-Marcel und der Montagne Sainte-Geneviève. Weitere Nekropolen wurden während der merowingischen Epoche in der Umgebung der Abteien Sainte-Geneviève und Saint-Germain-des-Prés eröffnet. Seit dem 6. Jahrhundert hatten Privilegierte das Recht sich in ihrer Kirche bestatten zu lassen. Dieser Brauch, der bald auf die Kapellen anderer religiöser Einrichtungen wie Abteien, Seminare oder auch Prioreien ausgedehnt wurde, führte zu einer Verbreitung von Leichen, die der öffentlichen Gesundheit sehr abträglich war. Er hielt sich bis etwa 1780.

DIE KATAKOMBEN

Bis zu diesem Zeitpunkt wurden die ärmsten Katholiken in kommunalen Gemeinschaftsgräbern beerdigt. Solange diese Gräber nicht voll waren, blieben sie offen, verpesteten mit ihrem Gestank die Umgebung und trugen zur Verbreitung von Krankheiten bei. Der Cimetière des Innocents (Friedhof der Unschuldigen) war ein krasses Beispiel eines Freiluftgrabes ohne jegliche hygienische Vorkehrungen. 1785 beschloss man, die in diesem Friedhof liegenden Gebeine fortzuschaffen und in eine neue, unterirdische Nekropole zu bringen: die Katakomben. Der Ingenieur Guillaumot und sein Nachfolger Héricart de Thury haben mit den Katakomben ein dringendes städtebauliches Problem gelöst; gleichzeitig haben sie den Grabgängen eine so besondere Note verliehen, dass man sie heute wie Baudenkmäler besichtigt. Die Katakomben, die in etwa 800 Meter langen Gängen über eine Gesamtfläche von 10 933 m² verlaufen, nehmen Gebeine aus insgesamt 17 Friedhöfen, 145 religiösen Gemeinschaften und 160 Kultstätten auf. Sie enthalten die sterblichen Überreste von sechs Millionen Parisern. Nach den Missständen im Cimetière des Innocents wurden neue Maßnahmen erforderlich: Bestattungen in Kirchen wurden verboten, die Gemeindefriedhöfe »extra muros« mussten geschlossen, Nekropolen außerhalb der Hauptstadt eröffnet werden. Als Paris 1860 die angrenzenden Gemeinden annektierte, verfügte die Hauptstadt über nunmehr drei Hauptfriedhöfe: den östlichen Père-Lachaise, den nördlichen Montmartre-Friedhof und den südlichen Montparnasse-Friedhof. Hinzu kommen elf kleinere Friedhöfe in den eingemeindeten Dörfern.

DREI WICHTIGE FRIEDHÖFE

1798 eröffnete die Pariser Stadtverwaltung einen Friedhof jenseits des Stadttors Porte Blanche. Offiziell hieß er »Champ-du-Repos« (Feld der Ruhe), wurde aber von den Anwohnern einfach der Friedhof unter Montmartre genannt. Seine kleine Grundfläche (knapp 1,5 Hektar) war in weniger als zehn Jahren ausgelastet. Die Stadt beantragte eine Erweiterung der Stätte, die vorübergehend geschlossen wurde. Am 1. Januar 1825 wurde ein neuer Friedhof mit 12 Hektar Fläche eingeweiht. 1872 war der Friedhof von Montmartre ausschließlich für Erbbegräbnisse reserviert.
1626 kauften die Jesuiten die Folie-Regnault, einen Landsitz, der zur Erholungsstätte des Ordens wurde. 1682 erlaubte der »Père de La Chaise«, der Beichtvater Ludwigs XIV., den Wiederaufbau der Gebäude. Als die Jesuiten 1763 vertrieben wurden, erwarb die Stadt den Besitz und wandelte ihn in einen Friedhof um, der von Alexandre Brongniard gestaltet und 1803 eingeweiht wurde. Er wurde nach dem mit diesem Ort verbundenen Kirchenmann benannt. In dem

Allee im Père-Lachaise, fast eine Stadt mit 44 ha und 5 300 Bäumen

zauberhaften Friedhof mit grünen Alleen liegen Unbekannte Seite an Seite mit Berühmtheiten. Man findet hier unter anderem die Grabdenkmäler von Jim Morrison, Oscar Wilde, Auguste Comte oder auch La Fontaine. Der Mur des Fédérés ist einer der Wallfahrtsorte des Friedhofs: Er erinnert an eine Episode der Kommune, als die letzten Aufständischen sich auf dem Friedhof versteckten, um den Versaillern zu entgehen. Am 27. Mai 1871 wurden sie dort aufgespürt. Nach langen Kämpfen wurden die überlebenden Aufständischen an der Mauer erschossen, die später zu ihrem Gedenken benannt wurde. Eine weitere Kuriosität des Père-Lachaise ist das Kolumbarium, das eigentlich ein Krematorium ist. Ursprünglich hatte Napoléon, der im Anschluss an den Krimkrieg die Gunst der Türken gewinnen wollte, im Zentrum des Friedhofs eine moslemische Enklave mit einer Moschee eingerichtet. Nachdem die Einfriedung kein Erfolg war, wurde sie 1885 durch das Kolumbarium ersetzt. Die Moschee wurde 1914 zerstört.

1. Auteuil
2. Batignolles
3. Belleville
4. Bercy
5. Charonne
6. Gentilly
7. Grenelle
8. Montmartre
9. Montparnasse
10. Montrouge
11. Passy
12. Père-Lachaise
13. Picpus
14. Saint-Mandé
15. Saint-Vincent
16. Valmy
17. Vaugirard
18. Villette (La)

1824 wurde der zur Gemeinde von Montrouge gehörige Friedhof von Montparnasse fertig gestellt. Bis 1874 wurden hier 397 023 Pariser beerdigt. 1847 wurde die Grundfläche verdoppelt auf jetzt 18 ha. Hier finden sich die Grabmäler berühmter Persönlichkeiten wie Baudelaire, Guy de Maupassant oder auch Jean-Paul Sartre. 1849 wurde die Nekropole zum Schauplatz einer schmutzigen Begebenheit: Ein Unteroffizier namens Bertrand wurde als Täter mehrerer Schändungen entlarvt. Er war in den Friedhof eingedrungen und hatte die vor kurzem begrabenen Leichen junger Frauen aus ihren Gräbern geholt, vergewaltigt und verstümmelt. Nach seiner Entdeckung wurde der Mann vom Kriegsgericht zu einem Jahr Gefängnis verurteilt.

WEITERE FRIEDHÖFE

All die anderen kleinen Friedhöfe, von denen es in Paris so viele gibt, stammen von den 1860 eingemeindeten Dörfern. Sie konnten nur in begrenztem Umfang genutzt werden, da sie ausschließlich für Erbbegräbnisse oder hundertjährige Ruherechte bestimmt waren. Viele von ihnen sind inzwischen geschlossen und nehmen keine neuen Toten auf. Der Cimetière du Calvaire (oder von Valmy) existierte schon 1096 und ist damit der älteste Friedhof von Paris. Er misst gerade 593 m² und ist nur an zwei Tagen im Jahr geöffnet, dem 1. und 2. November.

Der Friedhof von Vaugirard folgte auf einen ersten Gemeindefriedhof, der an der heutigen Kreuzung der Rue Desnouettes und Rue de Vaugirard lag und von 1341 bis 1787 genutzt wurde, bevor der jetzige Friedhof entstand. Er misst 159 Ar.

Am 14. Juni 1794 wurde das erste Grab des Cimetière de Picpus angelegt, in dem die zahlreichen Enthaupteten dieser düsteren Tage beerdigt werden sollten. 1803 erwarben die Gräfin von Montaigu und einige Angehörige der anderen Hingerichteten das Grundstück, das zum »Privatfriedhof von Picpus« wurde. Heute werden hier nur noch die Nachkommen der 1794 dort begrabenen Opfer bestattet, mit Ausnahme des Leichnams des Historikers Georges Lenôtre und Pierre Coudrin.

Der Friedhof von Montparnasse wurde 1824 geschaffen. Er befand sich damals außerhalb von Paris.

Auch der Friedhof von Charonne entstand während der Revolution. Mit 4 180 m² und der von einer Umfriedung umgebenen Kirche wirkt er wie ein ländlicher Marktflecken.

Der Friedhof von Auteuil im heutigen XVI. Arrondissement wurde am 7. September 1800 begonnen. Mit einer Fläche von sieben Hektar beherbergt er seit 1870 nur noch Erbbegräbnisse. Hier sieht man einen kleinen Obelisken zum Gedenken an den Kanzler Henri-François d'Aguesseau (1668 – 1751), der einer der beliebtesten Männer seiner Zeit war. Seit 1929 steht das Monument unter Denkmalschutz.

1809 wurde der Friedhof von Belleville im alten Park des Schlosses von Ménilmontant eröffnet. An diesem Ort, der auf einem der zwei höchsten Punkte von Paris liegt, hatte 1794 Claude Chappe die erste Telegrafenlinie (Paris – Lille) errichtet.

1816 wurde der Friedhof von Bercy eröffnet. Mit anfänglich 64 Ar wurde er viermal vergrößert und mehrmals – vor allem zwischen 1860 und 1870 – geschlossen. Der Friedhof von Passy besteht seit dem 20. September 1820. Seit 1874 ist er einer der Adeligenfriedhöfe in Paris.

Der Friedhof von La Villette wurde 1828 eröffnet. Mit 134 Ar beherbergt er nur Erbbegräbnisse, Hundertjahres- und Fünfzigjahresgräber.

Am 5. Januar 1831 wurde der Friedhof von Saint-Vincent eröffnet, der zweite Friedhof der ehemaligen Gemeinde von Montrouge. Er ist nach seinem anfänglichen Eingang benannt, der sich in der Rue Saint-Vincent 40 befand.

Der Friedhof von Grenelle stammt aus dem Jahr 1835 und liegt im XV. Arrondissement. Er erstreckt sich heute über 6 375 m².

François d'Aix, der »Père de La Chaise« wurde am 25. August 1624 in Château-d'Aix in Loire geboren und starb am 20. Januar 1709 in Paris. Der Jesuit war der Großneffe des Beichtvaters von Heinrich IV. und Ludwig XIII. Ab 1675 war er Beichtvater des Sonnenkönigs und übte dieses Amt 34 Jahre lang bis zu seinem Tod aus. Er hatte großen Einfluss auf Ludwig XIV., der nicht immer tolerant war. Der König ließ für ihn einen Wohnsitz namens Mont Louis bauen. 1804 wurde die Domäne in den berühmten Friedhof umgewandelt, der heute noch den Namen Père-Lachaise trägt.

Die Grabgänge der Katakomben enthalten die Gebeine von sechs Millionen Parisern. Hier der Eingang am Place Denfert-Rochereau.

Paris und die Härten des Hundertjährigen Krieges

■ **1425**

Seit dem Tod seines Bruders Heinrichs V. vor drei Jahren ist der Herzog von Bedford Regent des Königreichs Frankreich. Zwar ist nicht ganz Frankreich englisch, aber Paris ist immer noch von den Truppen der englischen Krone besetzt. Der endlose Krieg begünstigt Räuber und so genannte Wegelagerer, die einsamen Reisenden auf den Wegen auflauern und sie erpressen und töten. Selbst zur Zeit der Waffenstillstände – während derer Steuern eingezogen werden, um »neuen Antrieb für den Krieg« zu bekommen – setzen die Verbrechen nicht aus. Angriffe, Vergewaltigungen, Gemetzel häufen sich im Umkreis von Paris. Soldaten ohne Sold schließen sich zu Banden zusammen und verwüsten das Land. Sind die Pariser hinter ihrer Wehrmauer geschützt? Die Stadträte beratschlagen lang über die für die Reparatur und Verstärkung der Mauern erforderlichen Ausgaben. Jetzt muss man nicht nur die Anglo-Burgunder ertragen, sondern sich auch noch vor dem zwielichtigen Gesindel in Acht nehmen, das den Heerestruppen in der Hoffnung auf Beute folgt. Die Straßen zur Seine werden mit neuen Toren verschlossen. Einige Brücken erhalten

Auf der Place de Grève und am Galgen von Montfaucon finden Hinrichtungen statt.

Querverstrebungen unter den Bögen, und es werden wieder Ketten gespannt, um feindliche Boote abzuschrecken. Die Straßenräuber profitieren vom Krieg. Ihre Schlupfwinkel haben sie in den Friedhöfen oder den Cours des Miracles (Hof der Wunder; Armen-

viertel, die zum Zentrum organisierter Gaunerbanden werden). Nachts begehen sie ihre Verbrechen und tagsüber täuschen sie vor, behindert, blind oder taub zu sein, und betteln auf den Straßen. Sie sind die wahren Nutznießer des Krieges.

Schnelle Urteile am Châtelet

■ **1430**

Die Gefangenen werden zum Grand Châtelet gebracht. Die äußerst enge Festung liegt an der Stelle des heutigen Théâtre de la Ville. Der quadratische Turm umfasst 14 Kerker. Am schlimmsten von allen ist das Verlies (Oubliette), in das die Allerärmsten kommen. Die Preise sind unterschied-

lich: zehn Pfund für einen Grafen, fünf Sous für eine Herrin. Die Strafen sind hart und unveränderlich. Frauen werden nie gehängt, sondern lebendig begraben; Fälschern wird die Zunge durchbohrt; Falschmünzer werden in einem Kessel gekocht; Verräter werden bei den Hallen enthauptet und ihre Überreste anschließend gehängt.

Die Anhörung der Häftlinge findet am Morgen nach der Messe statt.

Jeanne d'Arc wird vor der Porte Saint-Honoré verletzt

■ *1429*

Seit sie in Reims die Salbung des kleinen »Königs von Bourges« durchgesetzt hat, verkörpert die Schäferin aus Domrémy den Wiederaufstieg Frankreichs. Der einst von seiner Mutter verleugnete, ängstliche, unentschlossene und farblose Thronfolger, der als unwürdiger Spross der edlen Valois galt, ist der wahre König Frankreichs geworden. Es fällt ihm aber schwer, daran zu glauben, denn sein englischer Rivale Heinrich VI. wird in Notre-Dame de Paris ebenfalls gekrönt – allerdings verspätet. Außerdem findet die Zeremonie nicht in Reims statt und die Salbung stammt nicht aus der heiligen Ampulle. Aber die neuen Pläne der Jungfrau beunruhigen die Umgebung Karls VII., der selbst unfähig ist eine klare Entscheidung zu treffen und sich daran zu halten. Seine Ratgeber zögern, von den Generalständen weitere Unterstützung zur Fortsetzung des kostspieligen Krieges anzufordern, dessen Ende – trotz all der Waffenstillstände – nicht abzusehen ist. Zwar steht ein Teil des Königreichs – der Teil Karls VII. – der englischen Besatzung feindselig gegenüber, aber alle sind des Krieges überdrüssig. Zahlreichen Franzosen ist der König inzwischen gleichgültig, sie sind apathisch und ohne jede Überzeugung. Jeanne steht also allein da, mit weniger Soldaten als in Orléans; man will sie sogar von einer neuen, groß angelegten Militäraktion abhalten. Aber sie ist ebenso hartnäckig wie die Engländer, die sie aus Paris und ganz Frankreich vertreiben will. Trotz der allgemeinen Trägheit und Angst, marschiert Jeanne gegen den Rat ihres »netten Kö-

Auf dieser Miniatur des ausgehenden 15. Jahrhunderts ist die Belagerung von Paris durch Jeanne d'Arc (links) dargestellt.

nigs« in Richtung Paris und beginnt die Belagerung der Stadt. Die vom Herzog von Bedford geführte englische Garnison ist seit sieben Jahren vor Ort. Vor dem Stadttor Porte Saint-Honoré (auf dem Platz des Théâtre-Français) wird Jeanne von einem Pfeil am Schenkel verletzt. Sie will die Belagerung trotzdem fortsetzen, doch ihre Soldaten weigern sich vor den Pariser Stadtmauern

zu bleiben. Möglicherweise handeln sie auf geheime Anweisung des Königs, der sich gerade in Verhandlung mit dem Herzog von Burgund, dem anderen Stadtherren, befindet. Letzterer will der Stadt, die jahrelang unter Kämpfen und Opfern gelitten hat, die Belagerung ersparen. Für Jeanne d'Arc ist es ein kompletter Misserfolg, der den Glanz ihres Triumphes von Orléans

trübt. Vom Ungehorsam ihrer Truppen gedemütigt zieht sie in Richtung Loire, wo sie das von den Engländern besetzte La Charité-sur-Loire zu besetzen versucht. Es ist ein düsterer Winter für die Frau, die für die einen eine göttliche Mission erfüllt und für die anderen nur eine exaltierte Hexe mit vielleicht königlichem Blut ist. Dem undankbaren Karl VII. ist sie lästig.

Die bittere Kälte vertreibt die Pariser

■ *1420–1430*

Trotz der effizienten Maßnahmen, mit denen der englische Regent, der Herzog von Bedford, die Bewohner für sich zu gewinnen versuchte (z. B. durch Verbesserungen von Handel und Versorgung), leisten die Pariser der Besatzung offenen Widerstand. Sie wissen, dass die Friedensverhandlungen andauern und dass die Mannen von König Karl VII. näher kommen. Komplotte zugunsten der Burgunder und des Königs werden geschmiedet. Des Nachts versucht die Äbtissin von Saint-Antoine das Tor gleichen Namens zu öffnen, wird aber von den Engländern erkannt, festgenommen und ins Gefängnis geworfen.

Zudem ist der Winter bitterkalt und die Seine zugefroren. Selbst der Wein in den Fässern gefriert. Holz ist knapp, und es raucht statt zu brennen. Angesichts dieser hoffnungslosen Lage flüchten die Pariser, wo sie nur können, und suchen ein Dach und ein sicheres Lager auf dem Land. Viele werden von den Engländern entdeckt und vor dem Schutzwall getötet. Paris ist von den Konflikten ausgelaugt: Seit fast 150 Jahren wird die Stadt von Krieg, ständig wechselnden Bündnissen und zahlreichen politischen Morden geschüttelt. Eine Hungersnot folgt auf die andere. Mehrere Stadtviertel werden verlassen. Paris verliert fast 100 000 Einwohner.

Karl VII. ergreift Besitz von Paris

■ *12. November 1437*

Zwei Jahre, nachdem der französische König und der Herzog von Burgund den Frieden von Arras geschlossen haben, bemächtigt sich der ehemalige »König von Bourges« endlich seiner geliebten Stadt Paris. Den Monarchen umgibt noch der Glanz seines Sieges von Montereau, wo er sich durch überraschenden Kampfgeist und Mut ausgezeichnet hat. Bereits seit einem Jahr sind die königlichen Truppen durch die Stadttore Porte Saint-Denis und Porte Saint-Jacques in die Stadt eingedrungen. Wenn der König selbst bislang auf sich warten ließ, so weil er die Massaker von 1418 und seine erzwungene Flucht nicht verziehen hat. Er hatte in Troyes Zuflucht nehmen müssen. Paris kehrt also endlich in den Besitz des Königs von Frankreich zurück.

Paris feiert den ehemals von der Thronfolge ausgeschlossenen Dauphin.

Einwohnerzahl geht zurück

■ *1440–1450*

Vor dem Ausbruch der Pest war Paris die größte Stadt des Okzidents. Die Epidemie tötete im Durchschnitt jeden zehnten Einwohner. 1418 forderten die Pocken ca. 50 000 Todesopfer in der Stadt. Drei Jahre später schätzt man, dass die Bevölkerung innerhalb von 100 Jahren von 200 000 auf 80 000 Seelen gesunken ist. Die Kindersterblichkeitsrate ist erschreckend: Manche Familien verlieren fünf bis zehn Kinder. Fehlgeburten sind in dieser Zahl nicht einmal inbegriffen. So führen verschiedene Ursachen zu einem drastischen Einbruch der Bevölkerungszahl Frankreichs, die nur noch zehn oder höchstens zwölf Millionen Einwohner beträgt. Die Lebenserwartung liegt bei kaum über 45 Jahren.

Ludwig XI. misstraut Paris

■ *21. Juli 1461*

Der Tod Karls VII. wurde von seinem Sohn sehnlichst erwartet. Ludwig XI. besteigt den Thron im Alter von 38 Jahren; niemals seit Hugo Capet ist ein französischer König in so fortgeschrittenem Alter an die Macht gelangt. Seit vier Jahren hielt sich der Dauphin meist am Hof des Königs von Burgund auf. Dabei kümmerte es ihn wenig, dass sein Vater nach einer langen und oft unglücklichen Regierungszeit von 39 Jahren den Hundertjährigen Krieg beenden konnte und den politischen und wirtschaftlichen Aufschwung des Reichs einleitete. Schon sehr bald legt Ludwig XI. einen grausamen Instinkt, eine streitsüchtige Natur und ein krankhaftes Misstrauen an den Tag; er kann es kaum erwarten, König zu sein. In seinem – nicht unbegründeten – Misstrauen gegen die Wankelmütigkeit der Pariser Bevölkerung bereist er anders als sein Vater bereits in frühester Jugend die Provinzen seines Reiches und hält sich nirgendwo lange auf. In Grenoble stellt er die Gewohnheiten der königlichen Verwaltung auf den Kopf, indem er ein Parlament zur Entgegennahme der Berufungen niedrigerer Gerichte schafft. Der Kronrat Ludwigs XI. tagt in Tours. Dies bedeutet, dass Paris ohne König und ohne Hof ist; der König hat Margarete von Schottland geheiratet, die Tochter des schottischen Königs Jakob I. Zur Verbesserung seiner Sicherheit nimmt er Schotten in seine Leibgarde auf. Mit seinem wenig einnehmenden Gesicht, das durch eine unverhältnismäßig lange Nase entstellt wird, seinen dürren Beinen, die ihm einen eigenartigen Gang verleihen und für Heiterkeit bei seinen Feinden sorgen, ist Ludwig XI. ein Meister der Intrige, der zahlreiche Spione beschäftigt und wiederholt die Ratgeber seiner Gegner kauft.

Ludwig XI., ein erstaunlich moderner Politiker, zieht im Juli 1461 in Paris ein.

Ausgehungerte Wölfe in der Stadt

■ *Winter 1439–1440*

Nach Krieg, Hungersnot und Epidemien droht jetzt bittere Kälte. Die Städte werden wieder von Wölfen heimgesucht. Im Gegensatz zur Landbevölkerung, die an die Angriffe dieser Tiere gewöhnt ist, sind die ohnehin schwer geprüften Einwohner von Paris außer sich vor Entsetzen: Ganze Rudel ausgehungerter Wölfe sind allen Fallen entgangen. Es ist ihnen gelungen, durch die Ausfalltore zu schleichen und anschließend Mauern und Wachen zu überwinden. Offenbar vom Geruch der Leichen angezogen, graben die Wölfe die Toten aus, deren Würde so auf furchtbare Weise entweiht wird. Durch den Mangel an frischem Fleisch attackieren sie jedoch schon bald auch die Lebenden. Nach Angaben der Vogtei werden etwa 30 Personen von den Wölfen angegriffen und getötet, insbesondere bei den Sümpfen zwischen Montmartre und der Porte Saint-Antoine. Angesichts dieser Gefahr führt die Obrigkeit erneut Abgaben für die Wolfsbekämpfung ein und gibt auch das Jagdrecht frei.

Erstes Buch in der Hauptstadt gedruckt

■ *1470*

Dreizehn Jahre brauchte die Erfindung Gutenbergs, um von Mainz nach Paris zu gelangen. Insbesondere zwei gebildete Zeitgenossen, die sich für die revolutionäre Erfindung des Buchdrucks begeistern können, treten entschlossen dafür ein, dass die Sorbonne ein Druckatelier und eine Druckerpresse mit Lettern aus Blei erwirbt. Der Rektor Jean de la Pierre und der Archivar Guillaume Fichet drucken das erste Buch, das je in Paris entstanden ist. Da sie die Arbeit der Kopisten als zu langsam empfinden, lassen sie drei Gesellen aus Mainz kommen. Diese beherrschen den Umgang mit den beweglichen Metall-Lettern und sie haben viel Mühe auf die Gutenbergbibel verwandt, ein Werk von 1282 Seiten.

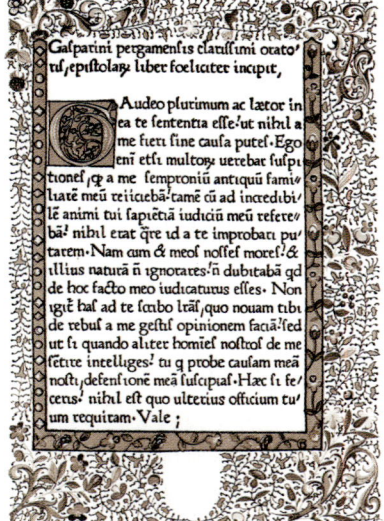

Die ehemals gotischen Lettern werden nun in lateinischer Schrift gesetzt.

Parlament verbannt François Villon

■ *5. Januar 1463*

Nachdem François de Moncorbier zum Tod durch den Strang verurteilt worden ist, wird das Urteil im letzten Moment vom Parlament in eine zehnjährige Verbannung umgewandelt. Im Monat zuvor hat man ihn nach einer Schlägerei festgenommen, bei der ein Notar mit dem Stoßdegen verletzt wurde. Der Hauptschuldige ist unter dem Namen François Villon bekannt, da er als Waisenknabe von dem Kaplan von Saint-Benoît, Guillaume de Villon, aufgezogen wurde. Es ist nicht das erste Mal, dass dieser junge Mann mit der Justiz aneinander gerät. Mit 21 Jahren schon Magister der Universität ist François Villon ein echter Rebell und außerdem ein Mörder:

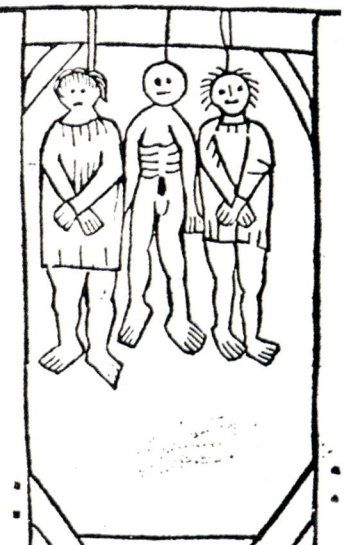

Tod am Galgen; Zeichnung aus dem Epitaph von François Villon

1455 hat er bei einer Schlägerei im Kloster von Saint-Benoît den Priester Philippe Sermoise getötet. Er muss aus Paris fliehen und schließt sich einer Räuberbande an, deren Sprache, den Argot, er sich aneignet. Am Tag seiner Befreiung stiehlt er 500 Gold-Ecus aus dem Collège de Navarre. Erneut eingesperrt, kommt er durch eine Amnestie des in Meung-sur-Loire vorbeiziehenden Königs Ludwig XI. wieder frei. Der sinnliche und pessimistische, dabei jedoch gläubige Villon, der vor allem ein großer Freund der Frauen war, setzt den Pariserinnen ein bleibendes Denkmal mit dem Ausspruch: »Keine Frau auf Erden küsst so süß, wie die schönen Frauen aus Paris«.

Paris leidet unter Wohnungsnot

■ *Um 1490*

Mit der Zeit ist die Stadtmauer aus Zeiten Karls VII. mehrmals restauriert worden. Schon haben Einwohner wie die des Stadtviertels Saint-Martin die erneute Öffnung des gleichnamigen Stadttors verlangt, da sie auf allzu engem Raum leben. Die Durchfahrt von Fuhrwerken, Pferden, Ochsen und Maultieren ist fast unmöglich. Und wenn der Bau einer neuen Befestigungsanlage sich aufgrund der unaufhörlichen Fortschritte in der Artillerie als notwendig erweisen sollte, so müsste ihr Verlauf weiter nach außen verlegt werden, da die Bevölkerung innerhalb der letzten 50 Jahre stark angewachsen ist. Nachdem sie die zur Zeit Karls VI. dicht besiedelte Innenstadt wieder erobert haben, leiden die zuvor eher zu den Randgebieten zählenden Viertel seit 1480 unter einem neuen Übel: der Überbevölkerung. Den Einwohnern mangelt es an Platz. Die Ankunft von Zugezogenen aus der Provinz, die durch höhere Einkommen und vielfältigere Arbeitsmöglichkeiten angezogen werden, lässt die Bevölkerung in der Innenstadt explosionsartig ansteigen. Schon muss jen-

Paris dehnt sich immer weiter aus; die Stadttore werden geöffnet.

seits der Stadttore Porte Saint-Denis und Porte Montmartre neu gebaut werden. Bei den Markthallen (Les Halles) erwägen die Geistlichen der ehemaligen Kirche Saint-Agnès – heute Saint-Eustache –, den Zukauf einer neuen Parzelle und den Bau einer weitaus größeren neuen Kirche. Paris zählt zu dieser Zeit rund 280 000 Einwohner.

Die Liga für das öffentliche Wohl

■ *Juli 1465*

Seit seiner Krönung lässt Ludwig XI. den Adel seine Autorität spüren. Zwischen dem alles einenden König und den großen Feudalherren haben sich intensive Kämpfe entwickelt. Die Rebellen schließen sich unter der Führung des Herzogs von Berry zusammen, der kein anderer ist als der Bruder des Königs. Die Bewegung ist zu einer Armee von etwa 60 000 Männern angewachsen, die unter dem Banner Karls von Berry kämpft und sich als »Ligue du

Bien public« (Liga für das öffentliche Wohl) bezeichnet. In Wirklichkeit ist der Anführer der Liga jedoch der neue Herzog Karl von Burgund, den man auch »den Kühnen« nennt. Er belagert Paris und verlangt die Öffnung der Stadttore, doch die Bourgeoisie weigert sich. Darauf rücken italienische Söldner und einige schweizerische Regimenter vor. Der Kühne versucht, die Moral der Pariser zu untergraben und die Stadt auszuhungern. Die verschlossenen Stadttore werden zugemauert.

Der Eid der Herzöge, u. a. von Berry, Bretagne, Bourbon und Nemours. Sie schwören einander Paris anzugreifen; Miniaturmalerei von Jean de Valognes, 1502.

Ludwig XII. als »Vater des Volkes«

■ *1. Januar 1515*

Der König ist tot! Es lebe der König! Im Alter von 53 Jahren stirbt Ludwig XII. nach 17-jähriger Regentschaft. Er hatte das Gewohnheitsrecht genauen Regeln unterworfen und dafür gesorgt, dass durch ihn und in seinem Namen besser Recht gesprochen wurde. Ferner konnte er dank italienischer Zuschüsse die Steuern senken. Die Verflechtung von politischem Kalkül und seinen Herzensangelegenheiten prägen auf einzigartige Weise das Ende des 15. Jahrhunderts in Frankreich. Im Alter von 14 Jahren wird der Monarch gezwungen, die jüngere Tochter Ludwigs XI., Johanna von Valois, zu heiraten. Gebrechlich und missgestaltet, ist sie nicht in der Lage, zu gebären oder in ihrem Gatten das geringste Begehren auszulösen. Später lässt er die unselige Verbindung wegen Nichterfüllung ehelicher Pflichten annullieren. Nachdem er in den italienischen Kriegen an der Sei-

te Karls VIII. gekämpft hat, heiratet er dessen Witwe, die Herzogin Anne de Bretagne. Bei seinen Untertanen trotz eines wenig gewinnenden Äußeren sehr beliebt, wird er mit einem erstaunlichen Beinamen bedacht, als sich die drei Stände in Tours versammeln: »Vater des Volkes«. Als er 1514 Witwer wird, heiratet er Maria von England, eine Schwester Heinrichs VIII. In Paris veranstaltet der König glänzende Feste, bei denen er sich eifrig bemüht um seine Gattin zeigt. Einige sehen darin eine Falle des Königs von England: Dieser habe »... dem König von Frankreich eine schöne Stute geschenkt, um ihn früher in die Hölle oder ins Paradies zu befördern«. Nach drei Monaten unter den Strapazen ist seine Gesundheit ruiniert. Sie war 17 und er 53. Nach vier Wochen Fieber und Ruhr tut Ludwig XII., erschöpft von der Liebe, den letzten Atemzug auf seinem Landsitz von Tournelles.

Auch Paris erliegt dem Charme von Franz I.

■ *15. Februar 1515*
Er gilt als »strahlender Ritter und edler Fürst«, als Mann mit besonderer Ausstrahlung. Er ist hoch gewachsen, von kräftigem Körperbau, ein vorzüglicher Reiter und Tänzer, ein Verehrer und Liebling der Frauen. Der neue Herrscher hat soeben die Stadt Paris, die darauf hofft, wieder Residenzstadt zu werden, in Besitz genommen. François d'Angoulême, der drei Wochen zuvor in Reims zum König gekrönt worden war, zeigt als Franz I. an Paris lebhaftes Interesse. Er macht es sich zur Aufgabe, die Stadt aufzuwerten, nachdem ihr die Monarchen seit Jahrzehnten die Gunst entzogen und den Ufern der Loire den Vorzug gegeben hatten. Es sind seine Begeisterungsfähigkeit, sein Mut, seine Stilsicherheit, seine Liebe für das französische Ballspiel, seine Intelligenz und seine Neigung zu Kunst und Literatur, die er in eine Stadt einbringt, die offen ist für alles Neue. Dass er als oberflächlich und vergnügungssüchtig gilt, ist nicht von Bedeutung. Mit Franz I. setzt »das höfische Leben« ein, ein aus Italien stammender und bis dahin kaum umrissener Begriff. Die Angehörigen des hohen Adels folgen dem König auf all seinen Reisen. Der feierliche Einzug in eine Stadt wird jeweils zu einem prachtvollen Schauspiel.

Der König besichtigt sein Reich; Gemälde von Jean Clouet, 16. Jahrhundert

Die Sorbonne verurteilt Reformatoren

■ *8. August 1523*
Seit Beginn des Jahrhunderts sind die Missstände innerhalb der Kirche unübersehbar. Die Christen in ihrer Mehrzahl verlangen nach Reformen. Schon Jahre vor Luthers Ablass-Streit (1517) und Jahre bevor der deutsche Reformator durch den Papst mit dem Kirchenbann belegt worden war (1520), drängten die Humanisten auf religiöse Umkehr und Läuterung der Sitten. Erst der Buchdruck, die Erfindung Gutenbergs, hat den Siegeszug der Reformation ermöglicht. Über Predigten in einfachen und deutlichen Worten und Faltblättern, die gemeinsam gelesen werden konnten, verbreitet sich die Lehre von Martin Luther und Johannes Calvin im einfachen Volk. Unter dem Einfluss seiner Schwester Margarete von Navarra gestattet der König, dass in Paris auch im neuen Geist gepredigt wird. Die Sorbonne jedoch beobachtet die Entwicklung aufmerksam. Konservativ und der Tradition verpflichtet, erkennt sie unmittelbar den subversiven Charakter der Lutherbibel, die für ein paar Münzen unter der Hand verkauft wird. Noël Bédier, Dekan der theologischen Fakultät, verschließt sich jeglicher Neuerung. Er verurteilt die reformatorischen Ideen und bezichtigt im Parlament »Buchhändler, Buchdrucker und andere«, ketzerische Schriften zu verbreiten.

Die Sorbonne sieht sich von Ketzern umringt.

Ein Werk der Spätgotik: Saint-Germain-l'Auxerrois

■ *1530*

Trotz des Elends des hundertjährigen Krieges hat die Gotik gegen Ende des Mittelalters gerade im Bereich der Skulptur wahre Meisterwerke hervorgebracht. Den spätgotischen Stil gibt es seit etwa hundert Jahren. Es ist dieser ganz eigene Stil mit seiner immer stärkeren Auflösung des festen Mauerwerks innerhalb der Fensterzonen. Zahlreiche Pariser Kirchen, vor allem Saint-Germain-l'Auxerrois, die Hofkapelle des Louvre, Saint-Séverin und Saint-Merry zeichnen sich besonders durch spätgotische Entwürfe aus. Die komplexe architektonische Struktur gerade der beiden letztgenannten Kirchen wird mehr und mehr von rein dekorativen Elementen überdeckt. Wie nie zuvor scheint sich hier die abendländische Baukunst der verschwenderischen Pracht des Orients anzunähern. Die reich ornamentierten Netzgewölbe mit ihren filigranen Dekorationen erinnern an die Kunst der Araber. Pierre Lescot und der Bildhauer Jean Goujon haben den Chor von Saint-Germain-l'Auxerrois umgestaltet.

Auf den »Rayonnant-Stil« folgt im 15. Jahrhundert der »Flamboyant-Stil«.

Franz I. heiratet eine Habsburgerin

■ *Juli 1530*

Franz I. ist bereits seit sechs Jahren Witwer. Seine Frau Claude de France, die älteste Tochter von Ludwig XI. und Anne de Bretagne war mit 25 Jahren gestorben. Die wenig beliebte Gattin des Königs und Mutter von Königen, der das Haus Valois eine zahlreiche Nachkommenschaft verdankt, hatte die weiblichen Eroberungen ihres Ehemannes still ertragen. Der König ehelichte am 7. Juli in Mont-de-Marsan in einer schlichten Zeremonie die seit 1521 verwitwete Eleonore von Habsburg, Tochter Philipps des Schönen, Erzherzog von Österreich, und Johanna der Wahnsinnigen, die Königin von Kastilien und Schwester Karls V. Diese Verbindung gilt als Bestätigung der Verträge von Madrid und Cambrai, die als »Paix des Dames« oder auch »Damenfriede« in die Geschichte eingegangen sind. Für die Feierlichkeiten in Paris wählt der Monarch die Salle des Gens d'Armes (Halle der Waffenträger) in der Conciergerie.

Grundsteinlegung des Rathauses

■ *15. Juli 1533*

In Anwesenheit von Pierre Viole, dem obersten Vertreter der Kaufleute, und der vier Bürgervertreter vom so genannten »Petit Bureau«, wird der Neubau des Rathauses mit dem Südflügel in Angriff genommen. Das Maison aux Piliers, in dem die Bürgervertreter seit 1357 ihre Versammlungen abhalten, soll ersetzt werden. Der toskanische Architekt Dominique de Cortone wird mit der Ausführung des Projekts betraut. Es war bereits bekannt, dass der Place de Grève (er macht ein Viertel des heutigen Rathausplatzes aus) einen trapezförmigen Grundriss erhalten sollte. Nach den Plänen waren 13 Fenster auf diesen Platz hinaus vorgesehen. Auf ihm fanden regelmäßig Hinrichtungen statt, wobei einfache Leute gehängt, Adlige mittels des Schwerts oder der Axt enthauptet und Ketzer auf dem Scheiterhaufen verbrannt wurden.

Pierre Lescot und der neue Louvre

■ *1533*

Pierre Lescot, aus adligem Geschlecht und Vogt des Jahres 1518, beschäftigt sich mit Architektur lediglich als interessierter Laie. Er hat volles Verständnis für den Wunsch Franz' I., alles zu entfernen, was an den mittelalterlichen Louvre erinnern könnte. Mag ihn auch die Villa Farnese in Rom inspiriert haben, so gelingt es ihm doch, einen eigenen Stil zu kreieren, der sich durch mehr Schlichtheit als sein italienisches Vorbild auszeichnet. Der Name des in seinem Amt durch Heinrich II. bestätigten Pierre Lescot wird vor allem verbunden bleiben mit dem als Vieux-Louvre bekannten Südwestflügel des heutigen Hofkarees, an dem sich alle weiteren Bauvorhaben ausrichteten. Es handelt sich um eine wohl durchdachte, allerdings auch etwas überladene Architektur. Die wunderbaren Flachreliefs stammen von dem Bildhauer Jean Goujon.

STICHWORT

Die »Échevins«

Seit dem 13. Jahrhundert hat die Rolle der »Échevins« an Bedeutung zugenommen. Es handelt sich um Magistratsbeamte und Mitglieder der Stadtverordnetenversammlung. Der »Échevin«, der bisher vom König ernannt worden war, um ihn bei Verhandlungen nach dem Gewohnheitsrecht zu unterstützen, soll zukünftig gewählt werden und zugunsten einer rein administrativen Rolle seine juristischen Befugnisse aufgeben. Zuweilen hilft er dem Vogt, seine polizeilichen Aufgaben wahrzunehmen. Dem Vogt sind vier Bürgervertreter für jeweils zwei Jahre zugeordnet. Zwei von ihnen vertreten die Schicht der höheren Kaufleute, die beiden anderen die Bürgerschicht. Ihre Versammlungen halten sie im Maison aux Piliers, später im Rathaus ab. Ihre Amtstracht ist in den Farben blau und rot gehalten.

Pierre Lescot errichtet den Westflügel des Louvre, eines der bedeutendsten Renaissance-Bauwerke.

Umbruch in Paris dank Franz I. und Heinrich II.

Mit der Erweiterung der Stadt wächst die Gefahr einer Invasion durch die kaiserlichen Truppen Karls V.

■ *1539*

Die außerordentliche Bereicherung, die Frankreich durch die Renaissance erfahren hat, macht sich vor allem außerhalb von Paris bemerkbar. Herausragende Beispiele sind die prachtvollen Loireschlösser Blois, Chambord und Chenonceaux. Überall betätigt sich Franz I. als Ästhet, Baumeister, Gönner und Förderer der renommiertesten Künstler, die wie Leonardo da Vinci häufig aus Italien stammen. Nach 15 Jahren erschöpfender und fruchtloser Kämpfe während der kostspieligen italienischen Kriege erlebt das Königreich endlich einige friedliche Jahre, die der König in den Dienst von Künsten und Gewerbe stellt. Ebenfalls aus Italien brachte der Monarch übrigens seine Vorliebe für anmutige Paläste, Licht und akkurat angelegte Gär-

ten mit. Eine neue Ära bricht an, die in Paris glänzend und beispielhaft zu Tage tritt. Der Souverän begünstigt die Besiedlung der Vorstädte, indem er allzu lange verschlossene Stadttore wieder öffnen lässt, u. a. die Porte Bucy sowie – elf Jahre später – die Porte de Nesle. Diesen beiden Initiativen ist der spätere Wohlstand des Faubourg Saint-Germain zu verdanken. Die neuen Bewohner, angetan von Hygiene, Eleganz und kultivierter Lebensart am Hof der Valois, lassen die damals noch morastigen Straßen pflastern. Es folgen weitere, weniger herausgeputzte Vorstädte. Die Handwerker geben ihnen den Vorzug, da die Mieten und der Wein dort nicht dem kaum erschwinglichen Torgeld bzw. Stadtzoll unterliegen. Sämtliche Erzeugnisse sind in den Vorstädten weniger teuer als innerhalb der

Stadtmauern. Um die Verkaufsbuden herum entstehen die unvermeidlichen Tavernen, Spielhäuser und Bordelle. Am rechten Seineufer dehnt sich der Faubourg Saint-Denis bis zur Porte Montmartre aus. In langen Diskussionen streiten der Leutnant des Königs, Cardinal du Bellay, und die Stadträte darüber, welche baulichen Überreste abgerissen und welche verstärkt werden sollen. So entspinnt sich noch vor der Zeit eine »Querelle des Anciens et des Modernes« (Streit zwischen den Anhängern der Antike und den Modernisten). Im Angriffsfall will man lan-

ge Eisenketten von der Tour de Nesle bis zur Tour du Louvre spannen und diese mit Booten stützen, die an langen Pfählen in der Seine zu befestigen wären. Weiter flussaufwärts soll eine weitere Kette die Tournelle mit der Insel Saint-Louis verbinden. Einige Zeitgenossen gründen ihr Vertrauen unbeirrt auf die Schutzwälle und Gräben des Mittelalters, die sie weiter anlegen lassen. Diese angesichts der fortgeschrittenen Artillerie vollkommen überholte Maßnahme erregt den Spott des Schriftstellers Rabelais, der seinem Helden Pantagruel den urwüchsigen und ironischen Ausspruch in den Mund legt: »Eine Kuh könnte mit einem Furz über sechs Klafter davon wegpusten!« In der Architektur bildet sich ein typisch französischer Stil heraus, der aus den antiken Wurzeln schöpft. So schafft der Bildhauer Jean Goujon, einer der begabtesten seiner Zeit, seine Flachreliefs der »Renommées« im Louvre nach dem Modell eines antiken Sarkophags. Aber Jean Goujon konnte kaum direkt von der römischen Bildhauerkunst geprägt sein und die griechische Kunst war ihm gänzlich unbekannt. Deshalb arbeitete er mit minutiöser Vorstellungskraft; seine Flächen gehen sanft ineinander über und erzeugen täuschend echte Effekte. Im Bereich des Hochreliefs erscheinen die Karyatiden an der Louvrefassade in einer Perspektive, die den Vergleich mit den Ansichten um die Akropolis nicht zu scheuen braucht. Eine Lektion in Sachen Humanismus, wie er der feingeistigen Dynastie der Valois am Herzen lag. Die Gründung des Collège de France durch König Franz I. ist hierfür ein beredtes Beispiel.

Die alten Stadttore werden wieder geöffnet.

Paris ist im 16. Jh. das »Lagerhaus Europas«, so der Botschafter von Venedig.

Jagd auf die falschen Bettler

■ *18. Mai 1530*

Jetzt reicht es den Stadtvätern. Das Parlament hat den falschen Bettlern und Gaunerorganisationen aus der Cour des Miracles (Hof der Wunder) den Kampf angesagt. Die falschen Armen sind echte Diebe, die zu jeder Verstellung fähig sind, um ein paar Geldstücke zu ergattern. Hier täuscht einer einen epileptischen Anfall vor, indem er den Mund voll Seife nimmt, dort will ein »bekehrtes« Freudenmädchen angeblich Buße tun. Zahllose falsche Blinde sehen immer noch gut genug, um mit scharfem Auge mitleidige Passanten aus der Masse herauszufischen. Diese Personen sollen von nun an keine Unterstützung vom Armenamt mehr erhalten und können hart bestraft werden, wenn sie von den Wachmännern auf frischer Tat ertappt werden. Allerdings ist die Sache ziemlich kompliziert, weil ganze Scharen von Verwahrlosten und Unterernährten durch Paris irren. Da ist es kaum jemandem möglich, die wirklich Armen von den raffinierten Betrügern zu unterscheiden.

Wieder Pesttote in der Conciergerie

Die Ratten in der Conciergerie übertragen die Pest auf die Häftlinge.

■ *August 1548*

Eine vernichtende Pestepidemie, deren Ursachen man nicht zu erklären wagt, ist plötzlich unter den Häftlingen ausgebrochen. Die Kranken müssen ins Hospital gebracht werden. Die Gesunden und zu geringen Strafen Verurteilten werden zu den Sergenten und Gerichtsdienern ins Châtelet gebracht. Auf Anordnung der Parlaments nehmen die Ärzte und Apotheker eine umfassende Reinigung vor.

Die »brennende Kammer«

■ *8. Oktober 1547*

Heinrich II. ist weniger tolerant als sein Vater Franz I. und setzt seine Autorität in Religionsfragen stärker durch. Am Tag seiner Salbung schwört er, die Kirche zu verteidigen. Er ist beunruhigt über die calvinistische Propaganda, die sich von Genf aus ausgebreitet und sogar Paris erobert hat. Bestärkt durch den Konnetabel von Montmorency und die schöne Diane de Poitiers, die Mätresse des Königs, ist der Monarch entschlossen, die Ketzerei mit allen Mitteln zu bekämpfen. Im Jahr seines Regierungsantritts richtet er im Pariser Parlament eine eigene Gerichtsbarkeit für die Verfolgung der Schuldigen ein. Da diese häufig zum Tod auf dem Scheiterhaufen verurteilt werden, erhält sie den Beinamen »Chambre ardente« (brennende Kammer). Allerdings geht Calvin in Genf mit seinen Widersachern auch nicht sehr schonend um. Dieses Gericht untersteht dem König und gilt nur für die Hauptstadt, die Loire-Länder, die Normandie, Picardie und Champagne.

Gründung des Collège de France

■ *1530*

Weil sich die Universität weigert, mit dem Lateinischen auch Griechisch und Hebräisch zu lehren, und damit dem Geist der Renaissance nicht nachkommt, unterzeichnet Franz I. auf Anregung von Guillaume Budé die Einrichtungsurkunde des »Collège de trois langues« (Collège der drei Sprachen, Collège de France unter der Restauration), das in der Nähe des Friedhofs Saint-Benoît und neben der Sorbonne liegen wird. Lehrgrundsätze sind Freiheit, völlige Autonomie, Originalität und Humanismus. Die Devise »Docet monia« ist Hinweis auf den allgemeinen Charakter des gelehrten Wissens. Das Collège wählt seine Lehrer selbst aus, der Unterricht ist umsonst, es werden weder Diplome noch Titel erteilt.

SEHENSWÜRDIGKEIT

8   Die Fontaine des Innocents

Der »Brunnen der Unschuldigen« gilt als das Meisterwerk Jean Goujons. Er zeigt, wie weit sich die französischen Renaissancekünstler vom italienischen Stil entfernen, ohne dessen Grundregeln zu missachten. Er befindet sich in der Nähe der ehemaligen Markthallen »Les Halles« (II. Arrondissement) und ist eigentlich eine Rekonstruktion aus den Jahren 1547 bis 1549 an der Stelle eines von Philipp August gewünschten Brunnens. Früher lag er an der Kirche Saints-Innocents, die 1788 zerstört wurde. Der Brunnen, auf dem Wasser gießende Nymphen dargestellt sind, wurde am Vorabend der Revolution abgebaut und an den Ort des ehemaligen Cimetière des Innocents gebracht. Eine Seite wurde von Jean-Antoine Houdon fertig gestellt.

Calvinisten werden verbrannt

■ *Juli – September 1557*

Der König ist über die Fortschritte der »protestantischen Kanaille« im Königreich besorgt. Die Calvinisten haben, vor allem in Paris, mehrere Gemeinden gegründet, in denen sie sich zu ihrem Glauben bekennen. Die Zahl ihrer Anhänger nimmt stetig zu. Heinrich II. will diese Umtriebe nicht ignorieren, weil er meint, die Glaubensverschiedenheit könne leicht zur politischen Rebellion führen. Nach dem Edikt von Châteaubriant verschärft das Edikt von Compiègne vom 24. Juli 1557 die Strafen. Verbrechen gegen die Religion werden von Zivilbeamten im Beisein einer kirchlichen Autorität abgeurteilt. Bußunwilligen Ketzern können die Richter keine Strafmilderung mehr gewähren; allein die Todesstrafe ist anwendbar. Auch der Besitz gottloser Bücher oder der Aufenthalt in Genf im Land Jean Calvins stehen unter Strafe. Der Druck religiöser Werke ohne die Billigung der Theologen der Sorbonne war ja bereits seit 1551 untersagt. Diese Maßnahmen zielen besonders auf die Pariser Protestantengemeinde (20 000 Personen), die sich in den Kirchen des Popincourt-Viertels und des Pré-aux-Clercs trifft.

Am 4. September feiern 400 treue Anhänger in der Rue Saint-Jacques das Abendmahl. Vor den Anschuldigungen einer Horde wütender Katholiken ergreifen sie die Flucht. Einige werden zum Verhör und anschließend zur Verurteilung zum Châtelet gebracht; auf der Place Maubert zündet man ohne Erbarmen Scheiterhaufen an.

Protestanten zerstören des Nachts Statuen nahe der Rue Saint-Jacques.

Der König stirbt nach einem Hochzeits-Turnier

■ *10. Juli 1559*
Paris trifft Vorbereitungen, den im Vertrag von Cateau-Cambrésis geschlossenen Frieden zu feiern. Nach jahrelangem Krieg gegen das Haus Österreich gibt es im Königreich endlich wieder Grund zur Freude: Eine Doppelhochzeit steht an zwischen Elisabeth, der Tochter Heinrichs II., mit Philipp II. von Spanien sowie zwischen Margarete von Valois, der Tochter von Franz I., mit dem Herzog von Savoyen. Zu den vorgesehenen Attraktionen gehören auch Reiterturniere, die in der Rue Saint-Antoine stattfinden sollen. Der König will unbedingt daran teilnehmen. Er kämpft zunächst gegen den Herzog von Nemours, dann gegen den Herzog von Guise. Am dritten Tag fordert der König einen weiteren Kampf gegen Gabriel de Lorge, den Grafen von Montgomery. Auf dem Balkon oberhalb des Schauplatzes sitzen neben Katharina von Medici der Kardinal von Lothringen und Maria Stuart in Begleitung ihres Gemahls Franz II. Die Lanze des Königs zerbirst am Panzer des Grafen Montgomery, doch dessen gebrochene Lanze durchbohrt das Visier des Königs und dringt durch sein Auge bis ins Gehirn. Die Chirurgen versuchen, die Splitter aus der Wunde zu entfernen. Trotz der Bemühungen von Ambroise Paré, dem es gelingt, das Lanzenstück herauszuziehen, gibt es kaum Hoffnung. Er stirbt um ein Uhr nachmittags im Palais des Tournelles.

Ein tödlicher Augenblick: Die Lanze durchsticht das Auge Heinrichs II. und dringt ins Gehirn ein. Die Chirurgen sind machtlos.

Märtyrertod des Anne du Bourg

■ *23. Dezember 1559*
Der Lanzenstich Montgomerys löst keinen Krieg gegen das Ausland aus, sondern den schlimmsten aller Bürgerkriege: einen Religionskrieg. Seit dem Sommer hat Anne du Bourg als Berater im Pariser Parlament immer wieder Verfolgungen von Reformierten angezeigt. Er wird auf Anweisung des Königs eingesperrt; sein Prozess wird unter Franz II. fortgesetzt. Da er sich weigert, dem Calvinismus abzuschwören, wird er verurteilt, gehängt und anschließend verbrannt. Vor dem Rathaus angekommen ruft er der schweigenden Menge zu: »Freunde, ich stehe hier nicht als ein Spitzbube, sondern für das Evangelium«.

Der Prozess gegen du Bourg am 10. Juni 1559; Gemälde von J.-P. Laurence

Die Tuilerien der Königinmutter

■ *1564*
Wo früher Weiden, Weinberge und einige wenige Gemäuer standen, wurden im 12. Jahrhundert entlang der Seine die Tuilerien angelegt. Franz I. befand die »Luft und Lage« des Ortes als angenehm und wollte seine Mutter, Louise von Savoyen, dort unterbringen. Erst jetzt, mit Katharina von Medici, wird der Bau eines Palasts mit einem von hohen Mauern umgebenen Garten im mittelalterlichen Stil beschlossen. Für die Ausführung ist eine Gruppe von Architekten und Gärtnern verantwortlich, die von der Königinmutter angeleitet wird.

ZUR PERSON

Philibert Delorme

Der Architekt und Zeichner wurde um 1510 oder 1515 in Lyon geboren und stirbt in Paris um 1570. Philibert Delorme (oder de l'Orme = von der Ulme) ist ein Maurersohn, der sich für antike Bauwerke begeistert. Nachdem er das heute zerstörte Château de Saint-Maur-des-Fossés erbaut hat, wird er Heinrich II. vorgestellt und erwirbt dessen Gunst. 1547 wird er mit der Aufsicht über die königlichen Bauwerke und Befestigungsarbeiten betraut. Nach Arbeiten in Fontainebleau, Chenonceaux und Villers-Cotterêts errichtet er das Château d'Anet für Diane de Poitiers. Von Katharina von Medici erhält er den Auftrag, endlich den Tuilerien-Palast zu erbauen. Nur das Mittelstück des großartigen Schlosses wird jedoch errichtet. Delorme ist der erste Architekt, der eine Anerkennung des gesellschaftlichen Status seiner Berufsgruppe durchgesetzt hat.

Die ersten Polizeiposten

■ *1570*

Seit den beiden Edikten Franz' I. in den Jahren 1522 und 1526 macht ein von 20 Bogenschützen begleiteter Polizeileutnant tagsüber seine Runde in der Stadt. Bei Einbruch der Dunkelheit wird er vom wachhabenden Ritter mit 60 Sergenten abgelöst. In Zeiten des religiösen und zivilen Hasses überwachen die Pariser sich gegenseitig. Wenn sich Streitigkeiten oder Duelle anbahnen, werden für die Wachrundgänge Bürger hinzugezogen. Bevor sie zu dieser »Bürgerwache« gehen, müssen sie in jedes Fenster ihres Hauses eine Laterne hängen. Die öffentliche Beleuchtung ist nämlich noch so mangelhaft, dass die Stadt sonst einer dunklen Räuberhöhle gliche. In den letzten 20 Jahren wurde die Überwachung der öffentlichen Ordnung verbessert: Polizisten werden je nach Einwohnerzahl für die einzelnen Stadtviertel eingeteilt. Pro Stadtviertel gibt es ein bis vier Aufseher, die so genannten Kommissare. Zusätzlich zu den Wachrundgängen werden an den belebtesten Orten 25 feste Wachstationen eingerichtet. Außerdem sollen alle Bürger ein Glöckchen läuten, wenn sie einen Dieb sehen – diese zusätzliche Maßnahme findet aber selten Anwendung. Ab 1570 sieht man ein, dass die Polizei nicht von den Bewohnern selbst gestellt werden kann. Die königliche Wache erhält das Monopol für die Sicherheit. Die erste öffentliche Polizei umfasst 240 Bogenschützen, davon 32 berittene. Man spricht nun von »Polizeiposten«, wenn die Sergenten des Châtelet sich in der Nähe der Bevölkerung niederlassen. Man erkennt sie leicht an der Fassade, die mit dem königlichen Bildnis und einer Figur der Justitia geschmückt ist.

Katholisch-protestantische Zweckehe

■ *18. August 1572*

Die Ehe wurde von Katharina von Medici zur Bekräftigung des Religionsfriedens festgesetzt. An diesem Montag geht Margarete de Valois, ein sinnliches junges Mädchen und Schwester von Karl IX., auf das Portal von Notre-Dame de Paris zu. Sie ist wie eine Königin mit den funkelnden Edelsteinen der Krone geschmückt. Allein geht sie in die Kathedrale, um die Messe zu hören. Denn seit dem Frieden von Saint-Germain-en-Laye (oder Königinnenfrieden) ist die Ausübung der protestantischen Religion in Frankreich zwar erlaubt, bleibt aber in Paris und an allen Aufenthaltsorten des Hofes verboten. Festlichkeiten sind vorgesehen, aber die Stimmung ist gedrückt, auf den Teilnehmern beider Seiten lastet die Angst. Margarete ist so schön, dass, so der Dichter Brantôme, »neben ihr alle heutigen, vergangenen und künftigen Schönheiten hässlich sind«. Sie trägt oft eine rötliche Perücke, weshalb ihre Schwiegermutter Jeanne d'Albret sie für frivol be-

Die katholische Margarete von Valois heiratet den Protestanten Heinrich.

findet. Die schon jetzt »Königin Margot« Genannte ist eine elegante Prinzessin, die die Dichtkunst liebt. Nun heiratet sie den Hugenottenführer Heinrich von Navarra, einen ungebildeten Tölpel, der leidenschaftlich gern Knoblauch isst und sich nur selten wäscht. Margot hat zahlreiche Liebhaber und es ist offenkundig, dass sie ihren Ehemann, den Béarnaiser, nicht liebt. Die Ehe ist das ausschließliche Ergebnis politischen Kalküls.

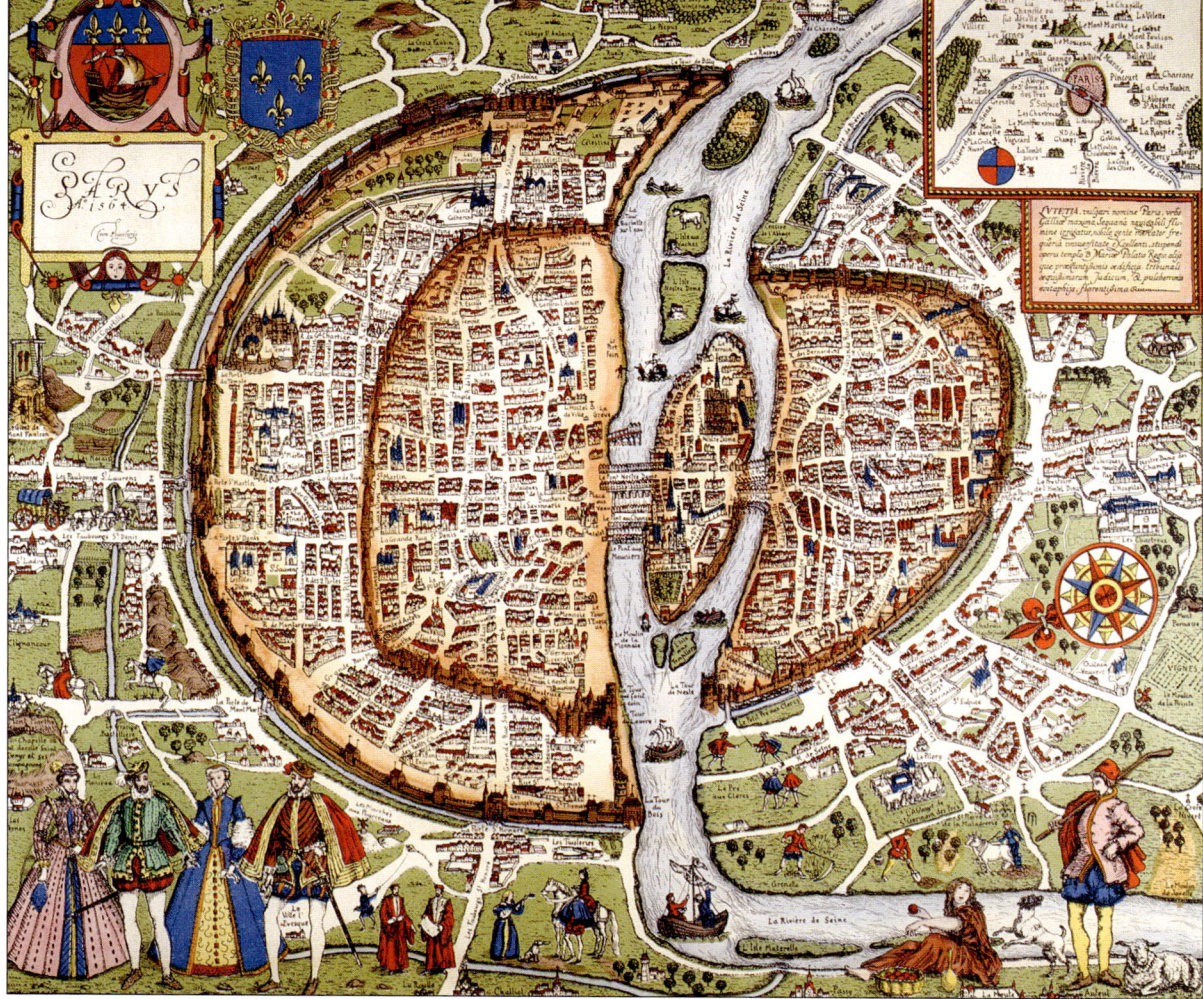

Paris, um 1570: Neue Befestigungen, die so genannten »gelben Gräben« ziehen sich durch das nordwestliche Viertel der Stadt.

Die Bartholomäusnacht: Gemetzel gegen Hugenotten

Der Mord an Admiral Coligny löst das Gemetzel der Bartholomäusnacht aus.

■ *24. August 1572*

Als Heinrich von Bourbon, der seit dem Tod seiner Mutter König von Navarra ist, mit 700 Edelmännern im Geleit in Paris ankommt, sind die Pariser ebenso wütend wie besorgt. So viele bewaffnete Hugenotten in der katholischen Stadt Paris verheißen nichts Gutes. Nach einer heftigen Auseinandersetzung im Stadtrat zwischen Admiral Gaspard Coligny und dem Marschall von Tavannes bedenkt der Admiral den König mit der trockenen Bemerkung: »Ich kann mich der Entscheidung Eurer Majestät nicht widersetzen, aber ich kann versichern, dass Ihr Grund haben werdet, sie zu bereuen.« Diese Drohung aus dem Mund eines Protestanten, der es außerdem wagt, Truppen ausheben zu wollen, empört die Katholiken. Als der Admiral am 22. August nach der Ratssitzung zu Fuß nach Hause geht, trifft ihn ein Gewehrschuss aus einem oberen Stockwerk, verletzt ihn aber nur am Arm. Der Chirurg Ambroise Paré verbindet ihn und versichert, dass die Wunde nicht tödlich sei. Es stellt sich heraus, dass der Angreifer Charles de Maurevert der katholischen Partei sehr nahe steht und ein Bekannter des Herzogs von Anjou ist. Er hat die Flucht ergriffen, doch man findet seine Waffe. Der König ist erbittert. Der ganze Hof bekommt seinen Zorn gegen Heinrich von Guise und seinen Onkel, den Herzog von Aumale, zu spüren. Er verspricht, die Schuldigen zu bestrafen. Aber wer weiß, wer den Überfall angeordnet hat? Schnell vermutet man, dass die Königinmutter die Anstifterin ist. Als sie sich entlarvt

fühlt, erfindet Katharina von Medici ein angebliches Hugenottenkomplott gegen den König im Louvre und warnt ihren Sohn. Der schwache, aber gewalttätig veranlagte Karl IX. gibt schließlich seiner Mutter nach, die die Verdächtigen beseitigen will. Die Protestanten sind in großer Zahl zu den Feierlichkeiten der königlichen Hochzeit angereist. Völlig verstört, erteilt Karl IX. den Befehl: »Tötet sie alle, aber dass kein einziger übrig bleibt, der es mir vorwerfen kann«. Es werden Listen aufgestellt, die Tore geschlossen, die Schiffe auf der Seine angekettet, die Wachen verstärkt. Die Türsteher im Hof des Louvre warten schon darauf loszuschlagen. Das Gemetzel beginnt. Heinrich von Guise eilt zum Admiral in sein Haus in die Rue de Béthisy. Besma, ein Tscheche im Dienst der Guise, durchbohrt Coligny mit seinem Schwert und wirft ihn aus dem Fenster. Im Louvre werden die noch schlafenden Edelmänner, die Heinrich von Navarra begleiteten, getötet. Ein Freund Heinrichs von Navarra flüchtet sich in den Alkoven der Königin Margot, die erwirkt, dass er verschont wird. Heinrich willigt unter Druck ein zu konvertieren; seine seltsame Ehe rettet ihn. Ganz Paris ist ein einziges, schreckliches Blutbad. Alle des Protestantismus Verdächtigen werden hingerichtet, niedergemetzelt, durch-

Die Ermordung von Brion, dem Gouverneur des Prinzen von Conti, im Louvre; Ausschnitt des Gemäldes von Joseph-Nicolas Robert-Fleury, 1833.

bohrt. Man informiert den König, dass Plünderungen, Vergewaltigungen und Verwüstungen das Gemetzel begleiten. Voller Entsetzen entsendet Karl IX. Bewaffnete, um wieder Ruhe herzustellen, aber das Morden geht unvermindert weiter. In der Conciergerie läutet

die Sturmglocke; die Seine ist streckenweise rot gefärbt von Blut. In der Bartholomäusnacht selbst werden mindestens 2 000 Menschen getötet. Aber tatsächlich dauert der Schrecken sechs Tage und fordert insgesamt zwischen 5 000 und 6 000 Opfer.

Ein gewisser Marcel, ehemaliger Vogt von Paris, führt das Gemetzel an; Gemälde von François Dubourg.

Karl IX. empfindet Reue

■ *26. August 1572*

Der König ist körperlich und seelisch verändert; die in seinem Namen begangenen Gräueltaten haben ihn sehr mitgenommen. Der tuberkulosekranke Monarch verlässt den Louvre nur noch, um zum Parlament zu gehen. Um sich zu rechtfertigen, hat er ein Komplott angezeigt. Man weiß, dass er sich von der unnachgiebigen Herrschaft seiner Mutter nie ganz befreit hat; weder seine Liaison mit Marie Touchet noch seine Heirat mit Elisabeth von Österreich haben daran etwas geändert. Außerdem geht das Gerücht um, er habe selbst an dem Gemetzel teilgenommen, was jedoch eine Verleumdung ist. Seine Schuld ist überwältigend, aber er teilt sie zumindest mit seinem Bruder, dem Herzog von Anjou, und mit Katharina von Medici.

Katharina von Medici überredet ihren schwachen Sohn zu dem Gemetzel.

Neue Hinrichtungen von Hugenotten

■ *28. August 1572*

In den Provinzen waren zwar mündlich auch blutige Anweisungen erteilt worden, sie wurden aber so gut wie nicht befolgt. Das Reich lässt sich nicht in den totalen Bürgerkrieg ziehen. Nur Paris ist Schauplatz der allgemeinen Hinrichtungen, die ganz Europa in Schrecken und Aufruhr versetzen. Die französischen Gräueltaten werden verurteilt. Der König schwankt zwischen den von seiner Mutter betriebenen Machenschaften und seiner Angst vor dem Einfluss der Hugenotten und er hält an dem angeblichen Komplott fest, das ihn zur Verteidigung der Krone gezwungen habe. Es ist bekannt, dass die Verschwörung eine Erfindung ist. Doch trotz aller Proteste lässt Karl IX. zwei weitere Freunde des Admirals Coligny hinrichten.

Noch mehrere Tage nach der Bartholomäusnacht ist Paris rot von Blut.

Die Katholiken gründen die Heilige Liga neu

Ein Aufmarsch der Ligisten in Paris. Die Hauptstädter demonstrieren, dass sie dem Katholizismus treu bleiben.

Heinrichs Weg nach Paris

■ *20. Oktober 1587*

Die katholische Armee des Herzogs von Joyeuse brennt darauf, sich mit den schwer zu ergreifenden Hugenotten zu schlagen. Der Günstling des Königs weiß, dass die Truppen Heinrichs von Navarra La Rochelle in südwestlicher Richtung verlassen haben, und will seinem Gegner den Weg abschneiden. Aber der Béarnaiser hat eine klare Taktik und erfahrene Heerführer. Obwohl seine Truppen zahlenmäßig unterlegen sind, setzt Heinrich von Navarra seine Kanonen gegen die Reiter von Joyeuse ein. Es folgt ein heftiger Nahkampf in Coutras. Der Herzog von Joyeuse stirbt an einer Schusswunde. Die Armee der Liga wird geschlagen und Heinrich von Navarra kann nach Paris weiterziehen.

■ *16. Januar 1585 – 7. Januar 1588*

Gleich nach der Thronbesteigung Heinrichs III. im Jahr 1574 setzt der Bürgerkrieg wieder ein. Zwei Jahre später erkennt der König im Edikt von Beaulieu den Hugenotten wichtige Rechte zu, z. B. das Recht auf öffentliche Gottesdienste – außer in Paris. Heinrich von Guise, auch »le balafré« (der Narbengesichtige) genannt, gründet gemeinsam mit seinem Bruder, dem Kardinal von Lothringen, die 1576 entstandene Heilige Liga neu. Ziel der adeligen Familie Guise ist es, die Möglichkeit eines Hugenottenkönigs auf dem Thron Frankreichs auszuschließen

(Heinrich III. ist kinderlos). In Paris vereint man sich, um die durch Heinrich von Navarra personifizierte calvinistische Ketzerei zu bekämpfen. Schließlich ist letzterer nicht nur ein »Ketzer«, sondern auch noch ein »Rückfälliger«, hatte er sich doch in der Bartholomäusnacht unter Todesandrohung zum katholischen Glauben bekehrt, und war dann – aus dem Louvre entkommen und zurück in Navarra – wieder Protestant geworden. Der Narbengesichtige, der hohes Ansehen genießt, will in Wirklichkeit auf den Thron. Die katholische Liga wird finanziell heimlich von den Spaniern unterstützt.

Barrikaden aus Wut gegen den König

■ *12./13. Mai 1588*

Trotz königlichen Verbots ist Heinrich der Narbengesichtige vor zwei Tagen zum Stadttor Porte Saint-Denis gekommen und von der Menge bejubelt worden. Er hat Katharina von Medici im Louvre besucht. König Heinrich III. hat ihn sehr kühl empfangen, wegen seiner Beliebtheit aber nicht gewagt, ihn gefangen nehmen zu lassen. Außerdem war der Herzog in Begleitung von 45 Getreuen. Gestern Morgen ist der Herzog von Guise erneut zum Louvre gekommen, diesmal von 400 bewaffneten Gefährten begleitet. Der beunruhigte König lässt 4 000 Schweizer und 2 000 französische Wachen rufen, die nach Paris kommen, obwohl der Zutritt für Berufssoldaten eigentlich verboten ist. Die Bevölkerung ist über die demonstrativ zur Schau gestellte Macht

Der Herzog von Guise wird von der Menge bejubelt.

wütend und errichtet Barrikaden. 50 000 Pariser sind für die Liga und gegen die königliche Autorität. Die Schweizer werden niedergemetzelt. Entsetzt lässt Heinrich III. den Narbengesichtigen rufen. Während die Aufständischen am Freitag, den 13. das Waffenarsenal und das Rathaus übernehmen, ergreift der König auf seinem Pferd die Flucht.

Administrative Neuordnung der Hauptstadt

■ *1588*

Trotz der Epidemien und Religionskriege ist die Bevölkerung von etwa 250 000 auf 300 000 Einwohner angewachsen. Ein königliches Edikt legt die administrative Neuordnung von Paris fest. Jeder Stadtteil untersteht einem »Quartenier« (städtischer Beamter, der für die Bewachung eines Stadtteils zuständig ist; von ihm leitet sich die Bezeichnung »Quartier« ab). Es gibt 16 solcher Stadtteile, die meist nach ihrer wichtigsten Kirche benannt sind: Notre-Dame, Saint-Germain-l'Auxerrois, Saint-Honoré, Saints-Innocents, Saint-Eustache, Saint-Jacques-de-la-Boucherie, Saint-Jacques-de-l'Hôpital, Saint-Sépulcre, Saint-Martin, de la Grève (der Hafen), Cimetière Saint-Jean, du Temple, Saint-Gervais, Saint-Antoine, Sainte-Geneviève und Saint-Séverin. Paris untersteht direkt der Krondomäne; der Vogt hat nahezu alle Machtbefugnisse eingebüßt, weil der König den wankelmütigen Parisern misstraut. Sicherheitshalber ernennt der Herrscher einen Gouverneur, der für Militärangelegenheiten und die öffentliche Ordnung verant-

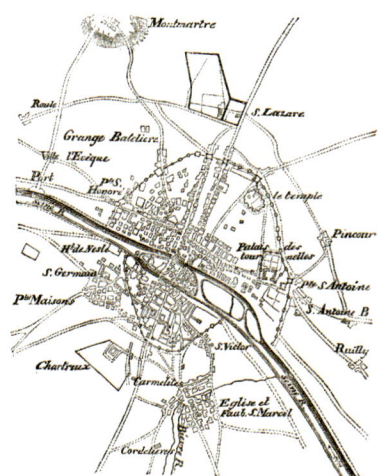

wortlich ist. Oft sind es Vertreter aus den großen Familien (Bourbons, Montmorency), die diese Stellung des obersten Beamten innehaben. Die Ausdehnung der Vororte lässt die Furcht vor einer nicht mehr kontrollierbaren Bevölkerung aufkommen. Jüngste Ereignisse wie der »Tag der Barrikaden« zeigen, dass die Furcht keineswegs unbegründet ist.

Eine unerwartete Allianz gegen die Liga

■ *30. April 1589*

Als die Ermordung des Herzogs von Guise bekannt wird, rebelliert Paris. Der Narbengesichtige war so populär, dass er für den König und dessen Autorität zur Bedrohung wurde. Der Rat der Sechzehn übernimmt umgehend die Macht und verkündet die Absetzung Heinrichs III. Der Kardinal von Bourbon wird unter dem Namen Karl X. zum König ausgerufen, mit dem Herzog von Mayenne, einem weiteren Guise, als Generalleutnant an seiner Seite. Der Bruch mit der Liga scheint endgültig; die katholische Opposition der Pariser ist stärker als je zuvor. Heinrich III. ist in einer Sackgasse angelangt. Nach kurzem Überlegen versöhnt er sich mit Heinrich von Navarra, um Paris den Ligisten wieder zu entreißen. In Tours bricht die so stark wirkende Liga endgültig zusammen.

Spott für den Bund zwischen dem König und seinem protestantischen Widersacher

Paris wird von den Hugenotten belagert

■ *1589–1590*

Bevor Heinrich III. durch den Dolchstoß des dominikanischen Fanatikers Jacques Clément am 1. August 1589 stirbt, hat er Heinrich von Navarra als seinen Nachfolger bestimmt. Paris protestiert gegen diese Nachricht: Die Stadt steht dem Béarnaiser noch feindseliger gegenüber als dem verstorbenen König. Heinrich von Navarra versucht das Königreich zu besänftigen und versichert, dass die katholische Religion erhalten bleibt. Der Versuch scheitert. Nur fünf Provinzstädte – unter ihnen Bordeaux – erkennen ihn als König an. Nachdem sie die Ermordung Heinrichs III. mit Festgelagen und Freudenfeuern gefeiert haben, sinkt die Stimmung der Pariser, denn sie werden von den Hugenotten belagert. Die Stadt organisiert sich, aber sehr schnell herrscht Hungersnot. Man isst Hunde, Katzen und Ratten – von denen es

Die hungrigen Belagerten organisieren die unsichere Versorgung. Sie sind erschöpft, die Häuser sind verlassen.

mehr als genug gibt. Man schätzt die Zahl der Hungertoten auf 30 000. Doch die Pariser geben nicht nach. Trotz seiner Siege in Arques und Ivry scheitert Heinrich von Navarra vor Paris. Unter dem Druck der spanischen Truppen des Prinzen Alessandro Farnese muss er die Belagerung vorübergehend sogar aussetzen.

Der Tag des Mehls ist ein Misserfolg

■ *20. Januar 1591*

Die von 13 000 Spaniern unterstützte katholische Armee des Herzogs von Mayenne hat Heinrich von Navarra gezwungen, die Belagerung aufzuheben. Es ist seine dritte Belagerung, und Paris hält immer noch stand. Man isst inzwischen schon Gras. Der Béarnaiser wird es mit einer List versuchen. Er kommt zurück, seine Soldaten sind als Bauern, die Brot bringen, und als Mehlsäcke schleppende Müller und Bäcker verkleidet. Beinahe hätte die List gewirkt, aber gerade als sie in die Stadt eintreten wollen, werden die Soldaten entlarvt und müssen sich in Höhe der Porte Saint-Honoré zurückziehen. Der Prinz Farnese entsendet 4 000 Männer zum Schutz von Paris. Die Haltung der Katholiken verhärtet sich, sie verfluchen Ketzer, Unentschiedene und so genannte »Politische«, die sich insgeheim ein Einvernehmen mit dem König wünschen. Die Bevölkerung verliert langsam den Mut. Die Ligisten stillen ihre persönlichen Rachegelüste. Das Schicksal der Verräter legen sie mit Anfangsbuchstaben fest: P für pendu (gehängt), D für dagué (erdolcht) und C für chassé (verjagt). Die Sechzehn zögern keinen Augenblick, Verwaltungsbeamte, die sie für schwach halten, zu hängen. Unter ihnen ist auch Barnabé Brisson, der Anführer der Liga in Paris.

STICHWORT

»Paris ist eine Messe wert«

Heinrich von Navarra gelang es lange Zeit nicht, das streng katholische Paris zurückzuerobern. Und er musste mehrere militärische Fehlschläge hinnehmen, besonders vor Rouen. Als er einsah, dass nur eine endgültige und offizielle Bekehrung es ihm erlauben würde, König von Frankreich zu werden, schwor er am 25. Juli 1593 seinem Glauben ab. Heinrich hat diesen Satz, der seinen ganzen Ehrgeiz zusammenfasst, vor dem Ritual von Saint-Denis gesprochen. Während der Zeremonie kniet er vor dem Erzbischof von Bourges nieder und bittet, »in den Schoß der katholischen, apostolischen und römischen Kirche aufgenommen zu werden«. Dann hört Heinrich von Navarra, der jetzt Heinrich IV. ist, allein die Messe.

Der König Heinrich IV. hält Einzug

Nach drei Belagerungen und drei Jahren Krieg öffnen sich die Tore von Paris für Heinrich IV.; von François Gérard.

■ *22. März 1594*

An diesem Dienstag dringen die ersten Truppen von Heinrich von Navarra durch die Stadttore Porte Neuve, Porte Saint-Honoré und Porte Saint-Denis in die Stadt ein. Da sich der König in Reims, das noch in der Hand der Ligisten ist, nicht hatte salben lassen können, fand die Zeremonie am Sonntag, den 27. Februar in Chartres statt. Das für die Salbung benötigte heilige Öl wurde aus einer anderen wundersamen Ampulle entnommen. Heinrich, der der reformierten Religion endgültig abgeschworen hatte, wurde vom Bischof von Chartres gekrönt. Nun kommt er von Bogenschützen umgeben zur Porte Neuve. Er trägt einen Helm mit dem berühmten Federbusch von der Schlacht zu Ivry, so dass er trotz des Nebels zu erkennen ist. Charles de Cossé-Brissac, der letzte zur Liga gehörige Gouverneur der Hauptstadt, hat dem von nun an einzigen König Frankreichs das Stadttor Porte Neuve geöffnet und ihm anschließend die Schlüssel übergeben. Heinrich legt Brissac seinen weißen Schal um den Hals und ernennt ihn zum Marschall von Frankreich. Das Gedränge ist so groß, dass Heinrich nicht weitergehen kann. Einer seiner Vertrauten ruft ihm zu: »Seht, Sire, wie Euer Volk sich freut Euch zu sehen!« Der König antwortet: »Wäre mein größter Feind an meiner Stelle, würde das Volk ihn noch lauter bejubeln!« Dann geleitet ihn ein langer Reiteraufzug unter dem Jubel des Volkes nach Notre-Dame. Nach dem »Te deum« geht der König in den Louvre. Er befiehlt der spanischen Garnison, Paris zu verlassen, und überwacht höchstpersönlich ihren Abzug vom ersten Stock eines Hauses der Porte Saint-Denis aus. Der König erkennt unter den Abrückenden den Herzog von Feria, den Botschafter des spanischen Königs Philipps II. Der Spötter Heinrich IV. ruft: »Geht, meine Herren! Empfehlt mich Eurem Meister, aber kommt nicht wieder!« Der für seine fröhliche Natur berühmte Béarnaiser kann sich über sein erstes Pariser Bonmot freuen. (Das Bonmot ergibt sich aus der doppelten Bedeutung von »n'y revenez plus«: wörtlich »kommt nicht mehr hierher« und übertragen »fangt nicht noch einmal damit an«.)

Paris, 1595: Blick auf Notre-Dame; Gemälde von Fédor Hoffbauer.

Die Baumaßnahmen des guten Königs Heinrich

■ *1605–1609*

Frankreich wurde 40 Jahre lang von Religionskriegen zerrissen. Das Königreich ist erschöpft. Der Handel siecht dahin, die Finanzen sind geschwächt. Unterstützt durch seinen Minister Sully bemüht sich der König um die Wiederherstellung des Landes und der Stadt Paris. Wenn, wie Sully sagt, »Ackerbau und Weideland die beiden Brüste Frankreichs sind«, so sieht doch der König seinen Hauptauftrag im Auf- und Ausbau von Paris. Nach den Valois wird nun ein Bourbone der angeschlagenen Hauptstadt seine Aufmerksamkeit widmen. Im Juli 1605 unterzeichnet Heinrich IV. ein Edikt, das auf dem rechten Seineufer den Bau der so genannten Place Royale (heutige Place des Vosges) vorsieht. Auf dem Grundstück des großen quadratischen Platzes mit 144 Metern Seitenlänge steht das alte Hôtel des Tournelles, das Karl VII. und dann Ludwig XI. als Residenz gedient hatte. Ein Jahr später wird endlich – 30 Jahre nach der Grundsteinlegung – der Pont-Neuf fertig gestellt. Diese erste 270 Meter lange direkte Ver-

Der vom König erträumte Plan des großen Louvre, der nie verwirklicht wurde

Die beiden Pavillons am Eingang zur Place Dauphine

bindung zwischen den beiden Flussufern ist eine Hauptachse und ein wichtiges Bindeglied zum Stadtzentrum. Das Neuartige an dem auf zwölf Bögen ruhenden Pont-Neuf ist, dass er nicht bewohnt ist und dass entlang der Brücke erhöhte Gehsteige speziell für Fußgänger verlaufen. 1607 beschließt der König, zwischen Pont-Neuf und Parlament die Place Dauphine anlegen zu lassen. Drei Architekten übernehmen die Planung des dreieckigen Platzes, der zu Ehren der Geburt des Dauphins (des zukünftigen Ludwig XIII.) sechs Jahre zuvor benannt wird. Der König liebt es, in Begleitung alter Freunde in Paris spazieren zu gehen. Zu ihnen gehören etwa Gascon Roquelaure, der zum Großmeister der Garde-Robe ernannt wurde, Bellegarde, der zum Hofstallmeister ernannte frühe-

re Liebhaber von Gabrielle d'Estrées, die selbst Mätresse des Königs ist, oder auch der etwas jüngere Bassompierre, ein Chronist, der bestens über die letzten Liebesabenteuer am Hof informiert ist und der verschiedene Belustigungen organisiert. Hier hat der König vielleicht als vergnügter Familienvater von zahlreichen unehelichen Kindern Modell gestanden. Der meist gut gelaunte Heinrich IV. besucht oft den Jahrmarkt Saint-Germain, bleibt interessiert an den Schaubühnen stehen und ergötzt sich an den Späßen der

Harlekins, die er langweiligen Tragödien vorzieht. Er besucht regelmäßig die Künstler, die er in die Galerie des Louvre hat kommen lassen, und sieht ihnen bei der Malerei oder Bildhauerei zu. Seine Vorliebe gilt allerdings den Architekten und Maurermeistern, die Paris und die königlichen Residenzen verschönern – er sehnt sich vor allem nach Größe. Er lässt das wunderbare Werk der Renaissance wieder aufleben und weiterführen. Frühmorgens sieht er auf den Baustellen den Maurermeistern zu und lässt sich ebenso wissbegierig wie bescheiden ihre Arbeit erklären. Am 11. Januar 1608 wird die 450 Meter lange Galerie du Bord-de-l'Eau eingeweiht, die den Louvre mit den Tuilerien verbindet.

ZUR PERSON

François Miron

Der 1560 in Paris geborene Vogt der Kaufleute (von 1604 bis 1606) und Zivilleutnant ist ein von Heinrich IV. sehr geschätzter Magistrat. Der König hält ihn für »treu im Dienst, nicht knauserig und kaum diebisch«. François Miron macht sich immer für die Pariser stark, indem er die Senkung ihrer Pensionen verhindert und die städtebaulichen Maßnahmen überwacht. In einem Brief an Sully schreibt er: »Dem Bau-

gewerbe, das das ganze Land ernährt, geht es besser, wenn das benötigte Geld nicht von der Stadt, sondern von Eigentümern oder anderen kommt. Je mehr Bürger und Handwerker an diesen Angelegenheiten beteiligt sind, desto höher ist die Wahrscheinlichkeit der öffentlichen Ruhe.« Er fordert den Staat auf, sich an private Bauherren zu wenden und lässt mehrere Hospitäler restaurieren. Er stirbt 1609.

Heinrich IV. in seiner Kutsche ermordet

■ *14. Mai 1610*
Dieser Freitag beginnt für den Souverän mit der Messe im Kloster Feuillants nahe den Tuilerien. Anschließend, im Louvre, zögert er und sagt zur Königin: »Geh ich? Geh ich nicht?« Er hat vor, den kranken Sully im Arsenal zu besuchen. Um zwei Uhr am Nachmittag steigt er dann in seine Kutsche. Heinrich IV. sitzt links hinten, umgeben von sechs Gefährten in Klappsesseln. In der Rue de la Ferronnerie (in der Nähe des heutigen Quai de la Mégisserie) wird der Wagen aufgehalten; die Straße ist eng und Fuhrkarren hindern ihn an der Weiterfahrt. Plötzlich holt ein rothaariger, bärtiger Riese ein Messer hervor und sticht mit aller Kraft auf den König ein. Der Unbekannte sticht nochmals zu, so tief, dass »sein Daumen das königliche Wams berührt«. Der dritte Stich ist nicht mehr nötig: Die Schlagader ist durchtrennt. Der Herzog von Epernon verhindert, dass der Mörder noch am Tatort getötet wird, um zu erfahren, wer dessen Komplizen sind. Der König wird in das nahe gelegene Krankenhaus Hôtel de Retz gebracht und stirbt kurz darauf. Seit Wochen hatte Heinrich IV. düstere Vorahnungen gehabt und wiederholt gesagt, dass ihm in Paris ein Mann auflauere, der aus der Ferne gekommen sei, um ihn zu töten.

Der Angreifer stützt sich auf das Wagenrad und sticht auf den König ein.

Doppelstrafe für den Königsmörder

François Ravaillac wird geviertelt.

■ *27. Mai 1610*
François Ravaillac sagt immer wieder, dass er allein gehandelt hat. Er habe Heinrich IV. aus Angst vor einem Krieg gegen den Papst getötet. Ravaillac hält sich für den Gerichtsherren Christi und befürchtet eine neue, diesmal protestantische, Bartholomäusnacht. Vor der entfesselten Menge wird ihm eineinhalb Stunden lang geschmolzenes Blei in die Wunden gegossen, bevor er von vier Pferden geviertelt wird.

Generalstände empfangen Ludwig XIII.

■ *27. Oktober 1614*
Maria von Medici hat dem Prinzen nachgegeben: Heute führt die Witwe Heinrichs IV., Regentin im Namen ihres Sohnes, den Vorsitz über die Versammlung der Generalstände. Der König sitzt auf einem mit Lilien bedeckten Thron. Der Baron von Pont-Saint-Pierre erklärt im Namen der Aristokratie, dass »der König den Unterschied erkennen werde zwischen seinem Adel und denjenigen, die darauf Anspruch erheben«. Diese antworten beim Thema »Paulette«, einer Steuer, die eine wichtige Einnahmequelle für das Königreich ist. Die Versammlung ist gespalten, die Regentin freut sich darüber. Der junge Ludwig XIII. lernt, wie man sich der Zwietracht zur Durchsetzung der eigenen Ziele bedienen kann.

Im Saal des Hôtel de Bourbon in der Nähe des Louvre findet die Versammlung der Generalstände statt; Gemälde Jean Alaux, 19. Jahrhundert.

Pont Saint-Michel erneut weggerissen

■ *30. Januar 1616*
Die bittere Kälte richtet immer die gleichen Schäden an. Der Pont Saint-Michel ist gerade wieder eingestürzt, ein Opfer des Frostes, des Tauwetters und einer Überschwemmung. Auf ihm standen sechs vierstöckige Häuser. Das Werk aus Holz stammte aus dem Jahr 1549. Zuvor war schon der so genannte kleine Pont-Neuf aus dem Jahr 1378 vom Frost 1408 mit allen Häusern darauf zerstört worden. Als er 1476 wiederaufgebaut wurde, erhielt er den Namen des Heiligen Michael (Saint-Michel). Trotz dieses Schutzes blieb ihm eine neue Zerstörung 1547 nicht erspart, bei der wiederum die Häuser in die Seine stürzten. Man spricht schon davon, ihn neu zu erbauen, diesmal aber aus Stein. Ein Architekt, der die Katastrophe geahnt hatte, kann bereits fertige Pläne vor-

Die Seine hat alles mitgerissen: Brücke, Menschen, Boote.

legen: Auf der nächsten Brücke sollen zwei Häuserreihen mit je 30 Häusern auf jeder Seite stehen. Doch wie lange werden sie stehen? Die Bewohner des Viertels sind skeptisch: Die Bauten sind wohl zu schwer.

Vitry erschießt Concini beim Louvre

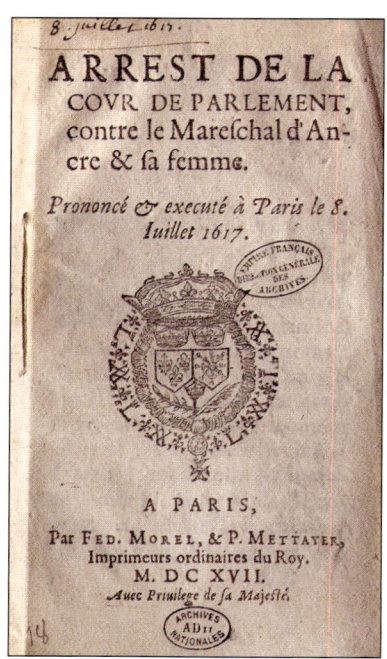

■ *24. April 1617*

Ganz Paris wird von einer freudigen Stimmung erfasst. An diesem Morgen ist auf dem Pont du Louvre der allgemein verhasste Concino Concini durch Vitry, den Chef der Königlichen Garden, hingerichtet worden. Der Günstling der Königin näherte sich gerade mit seinem Gefolge, als der Offizier ihn am Arm packte. In seiner Überheblichkeit versucht Concini noch, sein Schwert zu ziehen. Vitry feuert drei Kugeln ab, eine in die Stirn, eine in die Wange und eine in den Hals, und Concini sinkt in den Schlamm. In diesem Moment erscheint Ludwig XIII. auf dem Balkon des Louvre und ruft aus: »Jetzt bin ich wirklich König!« Die Leiche Concinis wird ohne Trauerfeier beerdigt. Als Maria von Medici die Nachricht erhält, weiß sie, dass auch sie in Ungnade gefallen ist.

Nach langem Warten wird Paris Erzbistum

■ *Oktober 1622*

Ein Ereignis von sehr großer Tragweite tritt ein, auf das man seit 13 Jahrhunderten vergeblich gewartet hat. Seit Beginn des Christentums in Gallien, bzw. später Frankreich, ist Paris immer nur ein Bistum gewesen. In mehreren Gebäuden im Schatten von Notre-Dame untergebracht, war es dem Erzbistum Sens in Burgund unterstellt. Der Entscheidung des Papstes lag die Religionspolitik Ludwigs XIII. zugrunde. Der Monarch ist so strenggläubig, dass seine Frömmigkeit manchmal an Aberglauben grenzt. Seine besondere Verehrung gilt der Jungfrau Maria, deren besonderem Schutz er sein Königreich

anbefiehlt. Seit zehn Wochen versucht der König nunmehr, den rebellischen französischen Süden zu befrieden, indem er Montpellier belagert. Letztendlich scheitert der Souverän und muss schließlich einen Friedensvertrag unterzeichnen, mit dem er zugleich das 1598 erlassene Edikt von Nantes bekräftigt. Einzige Einschränkung: Die politischen Versammlungen der Hugenotten bleiben verboten. Außerdem werden beide Religionen überall dort wieder offiziell erlaubt, wo sie vor dem Krieg praktiziert wurden. Die reformierten Christen behalten nur drei Orte von größerer Bedeutung: La Rochelle, Montauban und Montpellier.

Tabarin sorgt stets für gute Stimmung

Tabarin zieht mit seiner kleinen Bühne auf der Place Dauphine die Menge an.

■ *1630*

Auf der Place Dauphine herrscht lebhaftes Stimmengewirr. Hier trifft man Scharlatane, die ihre Pomaden, Heilsalben und andere Wundermittel feilbieten. Sie sind auf die List verfallen, ihre Heilmittel in einer kurzen und im Allgemeinen komischen Szene vorzustellen. Medizin für klingende Münze, begleitet von Gratiseinlagen. Der berühmteste dieser Marktschreier heißt Antoine Girard, mit Spitznamen Tabarin. Es handelt sich um den Bruder und Gefährten des berühmten Mondor. Der Gelegenheitsschauspieler Tabarin ist ein mit allen Wassern gewaschener Kaufmann und wählt seine Kundschaft stets mit Bedacht aus: Parlamentsräte und Höflinge, die im Louvre ein und aus gehen.

Richelieu wird Minister

■ *21. November 1629*

Von unnahbarem Äußeren, mit kaltem, durchdringendem Blick und scharfem Geist, hat Armand du Plessis de Richelieu eine vielversprechende und glänzende Laufbahn eingeschlagen. Der junge Bischof von Luçon versteht es, die Regentin für sich einzunehmen, und wird 1616 Staatssekretär für Kriegsführung und äußere Angelegenheiten. Nachdem er zwischenzeitlich in Un-

gnade gefallen ist, erreichen Maria von Medici und Ludwig XIII., dass er am 5. September 1622 zum Kardinal geweiht wird. Der König, der ihn am 29. April 1624 in seinen Rat berufen hat, macht ihn zum Ersten Minister. In dieser Funktion steht er gemeinsam mit Seiner Majestät dem Staatsrat vor. Der Louvre braucht ihn, der König ruft nach ihm – fast kann man von einer zweiköpfigen Monarchie sprechen. Der gefürchtete Kardinal ist ein Arbeiter, wie man selten einen im Dienste des Staates gesehen hat. Die Last seiner Verpflichtungen ist erdrückend. Trotz einer angegriffenen Gesundheit, trotz Fieberanfällen und Geschwüren, hat der Mann in Rot nicht das Recht, für sich selbst zu leben. Sein enormes Vermögen ermöglicht es ihm, schon bald den Palais-Cardinal umzubauen. Es handelt sich um den zukünftigen Palais-Royal, da er ihn später dem König vermachte. Dieser Palast besteht aus mehreren ineinander greifenden Gebäuden zwischen zwei rechteckigen Innenhöfen in der Stadtmitte von Paris, nicht weit vom Louvre gelegen und mit einem der schönsten Gärten der Hauptstadt. Eine Schaltzentrale der Macht, wo der einflussreiche Prälat Tag und Nacht am Werke ist.

SEHENSWÜRDIGKEIT

9

Place des Vosges

1605 kommt Heinrich IV. auf die Idee, einen großen öffentlichen Platz anzulegen. Auf dem alten Gelände des Hôtel des Tournelles, das nur noch für Duelle und Pferdemärkte benutzt wird, entwirft er einen Platz, der von einer Seidenmanufaktur und von Pavillons für Handwerker gesäumt sein soll. Diese Gebäude bilden ein einheitliches Ensemble aus Ziegel und Naturstein, aus dem das Handwerk sich letztendlich definitiv entfernt. Denn der Effekt ist so gelungen, dass sich schließlich die Aristokratie um den Platz herum niederlässt. Zunächst Place Royale genannt, wird der Platz unter der Regierung des Konsulats schließlich zur Place des Vosges, zu Ehren des französischen Departements der Vogesen, welches nach der Revolution am promptesten seine Steuern beglichen hat. Der Platz hat bis heute nichts von seiner Pracht eingebüßt.

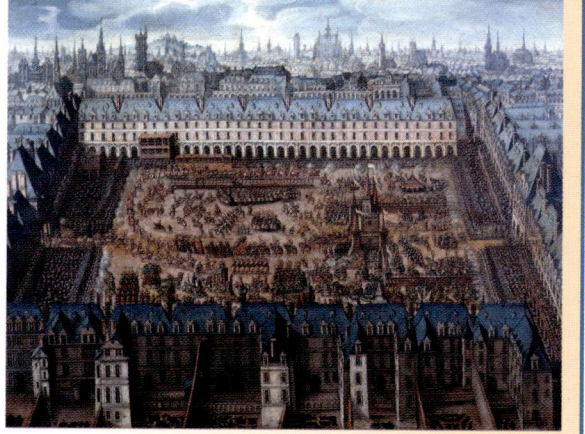

Die »Geprellten« freuen sich zu früh

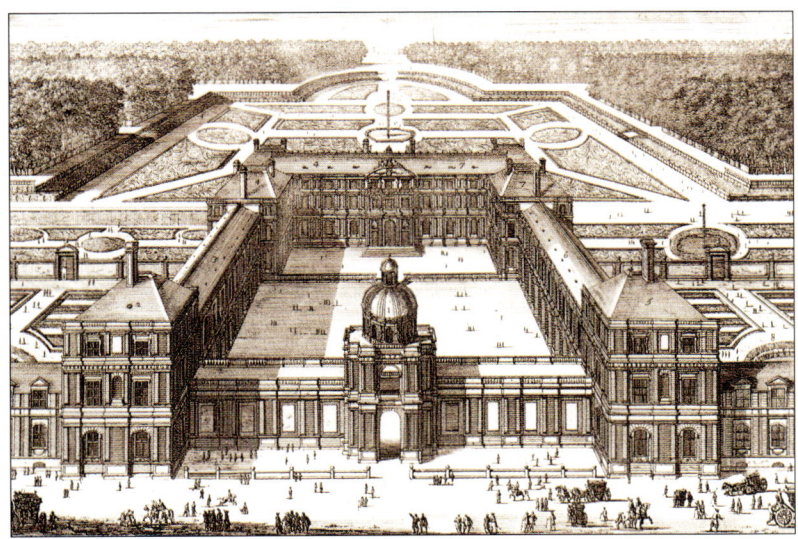

Nach dem verfrühten Fest flieht Maria von Medici in die Niederlande.

■ *10./11. November 1630*

Wer glaubte, Richelieu sei verloren, der hatte sich getäuscht. Im Palais du Luxembourg oder Palais Médicis, den die Königinmutter sich erbauen ließ, versucht Maria von Medici, die Religionspolitik des Kardinals durch ihren Sohn verurteilen zu lassen. Für die Mutter Ludwigs XIII. und die devote (katholische) Partei ist der Prälat zu tolerant. Die Geprellten (Dupes) bzw. die Intriganten mit der Königinmutter an der Spitze veranstalten ein Fest anlässlich des Besuchs des Königs. Vorsichtshal-

ber lässt Maria von Medici die Türen ihrer Gemächer verriegeln. Der inzwischen informierte Richelieu, der den Palast gut kennt, benutzt einen Gang, der zu einer offen gebliebenen Geheimtür führt. Nebenan jubeln die Höflinge. Sie sind sicher, dass der einflussreiche Minister beim König in Ungnade fällt. Ludwig XIII. will seine Mutter mit dem Prälaten aussöhnen, da erscheint der Kardinal in dem Zimmer, in dem die Unterredung stattfindet. Maria von Medici, die ebenso verblüfft ist wie ihr Sohn, reagiert zornig. Sie fordert ihren Sohn auf, sich zwischen ihr und Richelieu zu entscheiden. Der König, schockiert über die peinliche Szene, zieht sich nach Versailles zurück, wo er vier Stunden später den Kardinal beruhigt, der sich schon verurteilt sah. Ludwig XIII. bestätigt sein rückhaltloses Vertrauen in den Kardinal »im höheren Interesse des Königreichs«. Und er fügt mit Nachdruck hinzu: »Dienen Sie mir weiter, wie Sie es immer getan haben. Ich werde Sie vor den Intrigen Ihrer Feinde schützen«.

Renaudot gründet die »Gazette«

Renaudot, der erste Journalist

■ *30. Mai 1631*

Théophraste Renaudot ruft ein Wochenblatt mit Nachrichten aus Paris und dem Ausland ins Leben, das er »Gazette« nennt. Es ist das halboffizielle Organ der Regierung. Denn sosehr die Information der Leser Renaudot auch am Herzen liegt, sieht er sich selbst doch als einen »institutionellen Journalisten«, d. h. eine Art Sprachrohr des Königshofs. Ab 1792 erscheint die »La Gazette« täglich und erst 1915 muss sie ihr Erscheinen einstellen.

Die Gründung der Académie française

■ *1635*

Als er erfährt, dass gewisse Schöngeister (die Marquise de Rambouillet, Vaugelas, Guez de Balzac) Versammlungen abhalten, in denen sie die Feinheiten des Sprachgebrauchs kultivieren, versucht der Kardinal, diese Freunde der französischen Literatur unter seiner eigenen Schirmherrschaft zu vereinen. Durch die offizielle Unterstützung dieser Gruppe, die er fortan als »Académie« bezeichnet, kann er sein eigenes Prestige erheblich erhöhen. Er selbst wacht über die Statuten: Die Académie besteht aus 40 Mitgliedern männlichen Geschlechts; einige wählt er aus, andere lässt er auf Vorschlag zu. Sie werden damit beauftragt, ein Wörterbuch, eine Grammatik, eine Rhetorik und eine Abhandlung über die Dichtkunst auszuarbeiten. Zur Ergänzung dieser ersten Auswahl ernennt der Kardinal weiter den Justiz-

minister, drei Staatsräte sowie einige Kritiker zu Mitgliedern. Am 25. Januar 1635 wird die Vereinigung offiziell durch einen offenen Brief des Königs bestätigt. Die Mitglieder der Académie treffen sich zunächst in der Wohnung des Schriftstellers Vincent Conrart, der zugleich erster Sekretär wird. Die erste Sitzung findet am 13. März 1634 statt. Die Anfänge der Académie gestalten sich schwierig. Die Feinde des Kardinals ziehen seine Unternehmung ins Lächerliche; sie behaupten, dieser erlauchte Kreis sei allzu offiziell und verhülle nur notdürftig den wahren Grund: die Zensur von Geist und Denken. In den literarischen Kreisen gärt es, aber es ist schwer, dem Kardinal zu widerstehen, der die ersten Mitglieder der Académie persönlich empfängt. Erst 1637 erkennt das Parlament die Académie offiziell an. Es hatte in ihr eine heimliche Konkurrenz gesehen.

Ein Brand bedroht das Zentrum

■ *1635*

Heftige Gewitter haben zwischen der Chorhaube von Notre-Dame, dem Pont de la Tournelle und der Insel Saint-Louis mehrere Feuer entfacht. Die wohlhabenden Financiers, die in prachtvollen Häusern im Ostteil der Insel wohnen, zittern um ihre Wohnungen. Selbst wenn ein Beschluss des Châte-

let in Paris die Brennereien der Töpfer verbietet, so bilden die Öfen der Bäcker und die Schmelzöfen von Hufschmieden und Juwelieren doch eine ständige Gefahrenquelle. Daher werden die Einwohner an ein altes Edikt des Jahres 1405 erinnert: Sie sind wieder verpflichtet, Wassereimer an ihren Türschwellen aufzustellen.

Ein beängstigender Anblick: Das Stadtviertel um Notre-Dame steht in Flammen.

Paris wird ein prunkvolles monumentales Schauspiel

■ *Im Lauf des 17. Jahrhunderts*
Neue Stadtviertel bilden sich. Seit den von Marguerite de Valois beschlossenen Bauwerken entfaltet sich im Faubourg Saint-Germain eine neue Eleganz; in der Nähe des Pont-Royal wird es wieder lebendig. Dem Marais-Viertel kommt das rege Leben auf der Place Royale zugute. Die Bauwerke und Kirchen bieten ein beeindruckendes Schauspiel. Die Hauptstadt leuchtet inmitten des ländlichen Frankreichs. Menschen, Waren und Ideen können frei zirkulieren. Das politische Leben konzentriert sich in Paris, denn hier sind der König und seine Minister. Auf den Straßen wird dagegen wenig Erfreuliches geboten: es herrscht nach wie vor ein erbärmlicher Gestank.

Die Brücken werden immer wieder neu errichtet; Gemälde von Fédor Hoffbauer.

Der Tag der Barrikaden

■ *27. August 1648*
Paris ist wieder in Aufruhr; 60 Jahre nach den letzten Unruhen zwischen der Liga und den Hugenotten. Die Regentin Anna von Österreich hat am Vortag Pierre Broussel, einen der ältesten Berater der großen Kammer des Parlaments, festnehmen lassen. Seine Angehörigen haben das ganze Viertel benachrichtigt und die Hauptstadt zum Kochen gebracht. Die aufgebrachte Menge um den Palais-Royal schreit: »Broussel! Broussel!« Der Weihbischof des Erzbischofs von Paris, Paul de Gondi, zukünftiger Kardinal von Retz, sucht Anna von Österreich auf und empfiehlt ihr, den Magistraten schnellstmöglich wieder freizulassen. Die Regentin erwidert: »Lieber erwürge ich ihn mit meinen eigenen Händen!« Ab fünf Uhr morgens werden heute auf Anordnung des Schöffenbüros überall in der Stadt Barrikaden aus mit Erde und Mist gefüllten Fässern errichtet. Der gemäßigte erste Präsident Molé geht in Begleitung von 160 rot gekleideten Beratern zum Palais-Royal, um ebenfalls die Befreiung Broussels zu fordern. Die Menge, die den Magistraten für einen Verräter hält, bedrängt ihn und droht sogar, ihn zu töten. Schließlich bringt Mazarin Anna von Österreich zum Nachgeben. Broussel wird unter der Bedingung freigesetzt, dass die aufrührerischen Überlegungen im Parlament aufhören. Die geschwächte königliche Macht ist den Magistraten gegenüber machtlos. Die parlamentarische Fronde geht weiter. (Ihren Namen hat sie von einem in Paris verbotenen Kinderspiel mit Steinschleudern.)

Eine der an der Porte Saint-Antoine am 27. August errichteten Barrikaden.

Die Fronde der Prinzen verschärft die Anarchie

■ *1651–1652*

Obwohl der Hof nach Paris zurückgekehrt ist, setzt der Aufruhr in der Stadt wieder ein. Der »Monsieur le Prince« genannte Prinz von Condé, der Sieger von Rocroi, wurde aus seiner Gefangenschaft im Donjon von Vincennes befreit, aber er hat die Revolte gegen die Regentin und Mazarin nicht aufgegeben. Die Fronde der Prinzen, die die Fronde des Parlaments ablöst, hat das gleiche Ziel: Mazarin loszuwerden, der sich vorsichtshalber vorübergehend nach Köln zurückgezogen hat. Die Entfernung hält ihn aber nicht davon ab, die Streitigkeiten zwischen hoch gestellten Persönlichkeiten, wie Retz und Condé, zu schüren. Die Fronde wird von Spaltungen, wechselnden Bündnissen und Verrat beherrscht, was die Hauptstadt in die Anarchie stürzt. Alle Parteien profitieren von der Minderjährigkeit des Königs und der Unbeliebtheit seines Vormunds Mazarin. Dieser wird von »mazarinades« (Schmähschriften) überhäuft, die sein Verhalten und seine zu hohen Steuern kritisieren. Den Kardinal kümmert das wenig: »Sollen sie ruhig schimpfen, wenn sie nur zahlen!« Schwerer wiegt der Zusammenstoß zweier großer Soldaten an den Stadttoren von Paris: Condé, der einen Vertrag mit den Spaniern unterzeichnet hat, und Turenne, ein Anhänger der königlichen Sache. Obwohl die Pariser auf der Seite des Prinzen stehen, lassen sie seine Trup-

Faubourg Saint-Antoine: Die 6 000 Männer Condés werden von den Männern des Marschalls von Turenne angegriffen.

pen nicht in die Stadt. Das ist der Moment, als Mademoiselle de Montpensier, die schwärmerische Kusine des Königs, eingreift. Als sie in der Nacht vom 1. auf den 2. Juli 1652 in ihre Gemächer in den Tuilerien kommt, hört sie die Männer von Condé zwischen dem Graben und den heutigen Champs-Elysées vorbeiziehen. Bis zwei Uhr mor-

gens hört sie den kriegerischen Klängen von Trommeln und Trompeten zu. Am Morgen steht ihr Entschluss fest. Sie geht zur Bastille, erteilt einen Befehl und kommandiert selbst die Kanonen. Doch sie lässt die zunächst auf Paris und Condé gerichteten Geschütze plötzlich in Richtung Belleville drehen, wo sich Turenne und die königlichen

Truppen aufhalten. Ganze Reihen von Soldaten werden getötet. Durch dieses Überraschungsmanöver bietet die Tochter von Gaston d'Orléans Condé einen unerhofften Sieg an; der Prinz dringt durch die Porte Saint-Antoine in die Stadt. Am 4. Juli stellt sich Condé gegen die Pariser Stadtverwaltung und eröffnet das Feuer vor dem Rathaus.

Stich gegen Mazarin: »Das Heil Frankreichs im Wappen von Paris«

Anna von Österreich

Anna von Österreich wird 1601 in Spanien geboren. Am 28. November 1615 heiratet sie Ludwig XIII. Die Ehe ist Symbol für die Annäherung zwischen Frankreich und Österreich. Trotz zweier Kinder – Ludwig XIV. und der Herzog von Orléans – scheitert die Ehe und die Königin intrigiert gegen ihren Gemahl. Richelieu zweifelt an ihrer Loyalität und bezichtigt sie der Verschwörung, ohne seine Anschuldigungen aber beweisen zu können. Als ihr Mann 1643

1643 wird sie Witwe und Regentin.

stirbt, stößt sie sein Testament um, um selbst die Regentschaft zu übernehmen. Die Königin regiert mithilfe Mazarins, ihrem Liebhaber, den sie Gerüchten zufolge heimlich geheiratet haben soll und der vielleicht der wirkliche Vater Ludwigs XIV. ist. Als Mazarin stirbt und Ludwig XIV. die Macht übernommen hat, zieht sie sich ins Kloster von Val-de-Grâce zurück. Anna von Österreich stirbt am 20. Januar 1666 und wird in Saint-Denis bestattet.

Paris hat unter der Fronde gelitten

Die ausgelaugte Stadt im Winter; Gemälde von Fédor Hoffbauer, um 1875

■ *21. Oktober 1652*

Vor dem Rathaus, das drei Monate zuvor gebrannt hat, erteilt Condé, der Verhandlungen zwischen den Notabeln und dem Hof befürchtet, seinen Soldaten den Befehl zu schießen. 30 Tote sind die grausame Bilanz. Durch das Massaker wird deutlich, wie sehr Bürgertum, Volk und Parlament der Unordnung und Konfusion überdrüssig sind. Ganz gleich, ob Anhänger des Prinzen oder der Monarchie, sind die Pariser über die Anwesenheit spanischer Söldner wenig erfreut. Das Klima verschlechtert sich, was nur entfernt mit den ursprünglichen politischen Gründen zu tun hat; die Vergewaltigungen und Plünderungen durch die »Soldateska« schaden letztendlich Condé. Am 13. Oktober flieht Monsieur le Prince und findet in den spanischen Niederlanden Zuflucht. An diesem

Abend kommt der König, der vor einem Jahr für volljährig erklärt wurde, in die geschundene Stadt. Turenne führt den Aufmarsch an. Begeistert sieht die Menge dem jungen Souverän zu Pferde zu. Ludwig XIV. kommt als Monarch nach Paris, der der Hauptstadt nie die Heucheleien und Monate der Angst verzeihen wird. Der junge Mann, der immer wieder gedemütigt wurde, stellt unverzüglich seine Autorität unter Beweis. Der Kardinal von Retz, der ewige Unruhestifter, wird festgenommen und in Vincennes eingesperrt. Monsieur Gaston d'Orléans muss sich auf sein Schloss nach Blois zurückziehen. Und seine Tochter, die abenteuerlustige Herzogin von Montpensier, die Condé gerettet hatte, wird für fünf Jahre nach Saint-Fargeau verbannt. Weitere wichtige Persönlichkeiten werden gebeten, die Hauptstadt zu verlassen.

Die politischen Wirren und die Pestepidemie fordern zahlreiche Opfer.

Versailles: Eine Inszenierung der Macht

■ *10. Februar 1661*

Ludwig XIV. verlässt Paris und zieht nach Versailles, das einer riesigen Baustelle gleicht. Von nun an sind das Herz der königlichen Macht und der Hof sieben Meilen von Paris entfernt. Jetzt kommen alle Entscheidungen aus Versailles. Selbst wenn der Monarch wegen rechtlicher Angelegenheiten nicht in seinem privaten Staatsrat anwesend ist, wenden sich die 30 in schwarze Seidengewänder gekleideten Räte zu seinem Sessel, auf dem die königliche Kopfbedeckung liegt. Sämtliche administrative Maßnahmen und die Arbeit seiner Minister laufen in der Person des 23-jährigen Souveräns zusammen. Er kann die Vollendung von Versailles kaum erwarten, das wie eine Inszenierung der Macht, ein Theater angelegt ist. Colbert versucht trotzdem immer wieder, seinen König nach Paris zu bringen; seit fast zehn Jahren wirft er ihm vor, Paris zu vernachlässigen zugunsten seines kostspieligen architektonischen Traums, der die Hauptstadt gänzlich aus dem königlichen Gedächtnis verdrängt. Die Situation ist paradox: Die Minister und Höflinge, die ihren Wohnsitz immer noch in Paris haben, müssen täglich den Weg nach Versailles auf sich nehmen, wo sie nicht alle unterkommen könnten. Mit einer Bevölkerung von fast 500 000 Einwohnern bleibt Paris der Sitz aller wichtigen Einrichtungen wie Parlament, oberste Gerichtshöfe, Polizei,

Akademien, Hospitäler, Klöster und königliche Manufakturen. In einem später berühmt gewordenen Brief über Paris an seinen Sohn betont Colbert mehrfach, dass »es sicher ist, dass alle Angelegenheiten des Inneren in Paris beginnen«. Der viel beschäftigte Minister denkt immerfort an die Größe der Hauptstadt, die vom zunehmenden Glanz Versailles' bedroht wird, über das mittlerweile ganz Europa spricht. Weil er die Stadt nicht benachteiligen will, sagt der König selbst immer wieder, dass sie »die Hauptstadt des Königreichs ist, der Mittelpunkt des Staates, die Quelle der Gesetze, die gemeinsame Heimat aller Franzosen«.

Ludwig XIV. wohnt einem großen Reiterspiel in den Tuilerien bei. Um der Einheit des Königreichs willen soll Paris die wahre Hauptstadt bleiben.

Fronde-Symbole werden niedergerissen

■ *7. Juni 1670*

Ludwig XIII. hatte als Jüngling Concini, den Günstling seiner Mutter, gehasst. Ludwig XIV. hätte den von Anna von Österreich geliebten Mazarin verabscheuen können, aber dem Minister gelang es dank seiner Intelligenz und Feinheit, seine Dienste dem zukünftigen Sonnenkönig anzuempfehlen. Doch die zweifache Fronde und die Wankelmütigkeit des Pariser Volkes haben eine deutlich negative Spur im Gedächtnis des Königs hinterlassen, der in Paris die schlimmen Folgen der Heuchelei kennen gelernt hat. Um die Erinnerungen an seine Jugend auszulöschen, wird er der Stadt seinen

eigenen Stempel aufdrücken. Eine der ersten Maßnamen ist der Abriss der alten Befestigungsanlagen, das Symbol der Fronde. Sie werden zerstört und machen einer prunkvollen Promenade Platz, deren Verlauf bereits den der großen Boulevards erahnen lässt, vor allem in östlicher Richtung, von der Porte Saint-Honoré bis zur Bastille. Der mit Bäumen bepflanzte Korso ist etwa 38 Meter breit, neun davon sind für Nebenalleen reserviert. Den Befehl für diese Arbeiten erteilt der König im Louvre, den er aus Sicherheitsgründen dem Palais-Royal vorzieht.

Dank Colbert erblüht Paris im Schatten des Sonnenkönigs

■ **1670–1690**

Der Herrscher löst allmählich seine Wohnstätte im Louvre auf, denn die Arbeiten im Schloss von Versailles sind beinahe abgeschlossen. Der Louvre wird – trotz königlicher Vernachlässigung – von dem Architekten Le Vau verschönert. Er erbaut die Galerie d'Apollon, die Ausgestaltung wird Le Brun anvertraut. Die große Ostfassade wurde zunächst dem Italiener Bernini angeboten, dessen Talent unumstritten ist. Diesmal finden seine Pläne jedoch keinen Gefallen und so wird Bernini, in der Vergangenheit mit Geld und Ehren überhäuft, heimgeschickt. Ausgehend von schon bekannten Plänen wird ein Wettbewerb ausgeschrieben, den Claude Perrault gewinnt. Der Bau der langen Kolonnade dauert zwei Jahre. Die Académie française, die bis zu diesem Zeitpunkt in einem Privathaus untergebracht war, zieht in den

Louvre; ihre kleine Schwester, die Académie des inscriptions, folgt nach. Im Palast werden die Stichsammlungen des Abts Michel de Marolles untergebracht, die er 1667 dem König vermacht hat, sowie das Cabinet des Livres. Die Cour Carrée, der Nordflügel und dann der Südflügel werden abgeschlossen. Dagegen herrscht in der Umgebung des Louvre ein chaotisches Treiben: Hier drängen sich Trödler, Hehler, Prostituierte und Bettler unmittelbar neben einer Poststation und Ställen, die direkt an die Gebäude angrenzen. Als der stets um Einsparungen bemühte Colbert sieht, dass einige Fassadenarbeiten abgebrochen werden, kürzt er die Kredite um die Hälfte. Dachelemente werden nicht angebracht, sondern müssen warten. Etwas östlicher wird auf Kosten der Stadt die Porte Saint-Denis aufgebaut. Nach dem Hôpital général (Salpêtrière) wird das Hôpital des Invalides in der

Die Einweihung der Invalides »für die im Krieg verletzten oder verstümmelten Soldaten«; Gemälde von Pierre-Denis Martin dem Jüngeren, 18. Jahrhundert.

Grenelle-Ebene errichtet. 1674 nimmt das großartige architektonische Ensemble die ersten Kranken auf. Die Grundsteinlegung für den Pont-Royal findet am 25. Oktober 1685 statt. Die Pariser gehen spazieren, um ihre Stadt zu bewundern, und bleiben stehen, wenn sie etwas interessiert. So entsteht der typische »Badaud« (Gaffer). Wörtlich bezeichnet der Ausdruck einen Menschen, der mit offenem Mund schaut und dumm ist. Er sagt gern zu allem seine Meinung – besonders dann, wenn er nichts davon versteht. Der königliche Garten der Arzneipflanzen zieht zahlreiche Neugierige an. Immer mehr Gärten und Bäume lassen die ganze Stadt grüner werden. Nach dem

Tod Colberts nimmt sein Nachfolger Louvois die schon von Mansart ausgearbeiteten Pläne für die Place Vendôme in Angriff. Man will zwischen den Invalides und dem Marsfeld bauen, um sich von der Seine zu entfernen, deren Ufer bereits dicht bevölkert sind. Der klassizistische Städtebau triumphiert über den Barock.

Die Porte Saint-Denis zu Ehren der Siege am Rhein

In der Manufaktur der Brüder Gobelin werden seidenglatte Teppiche gefertigt.

Unerträglicher Wassermangel

■ **1671**

Die Versorgung mit Trinkwasser – und auch mit Wasser für den sonstigen Gebrauch – ist in Paris nicht immer ausreichend. Etwa 20 alte Brunnen sind vom Kalk verstopft und unbenutzbar, vor allem auf dem linken Ufer. Dabei liegt die Stadt mitten in einer Mulde und zahlreiche Brunnen werden nicht genutzt. Der König ordnet den Bau von 15 neuen Brunnen an. Seit drei Jahrhunderten ist festgelegt, dass der König für das Heranleiten des Wassers, die Stadt für die Brunnen zuständig ist.

Die Pumpe Notre-Dame an der Seine wird in Betrieb genommen.

Ein Badeboot auf der kühlen Seine

■ **1680**

Es ist eine einfache Idee und ein großer Erfolg: Ein auf der Seine verankertes Boot wird in ein Becken umgewandelt, in dem man baden kann. Das erste Badeboot wird flussaufwärts von der Louviers-Insel, bei der Rapée, eingerichtet. Das Flusswasser ist zwar nicht so einladend wie das der Brunnen, dafür aber viel weniger kalkhaltig. Die Sache ist so neuartig, dass die Wagemutigen ihr Bad mehrere Tage vorher ankündigen. Wenn es sehr kalt ist, werden sie eben darauf verzichten.

Die Académie française zieht um

Das Collège des Quatre Nations, in dem sich nun die Akademie befindet

■ 1680

Die Mitglieder der Akademie ziehen vom Louvre in den prachtvollen Palais Mazarin, der 1795 zum Institut de France wird. Der steinreiche Kardinal hatte in seinem Testament zwei Millionen in Silber und 45 000 weitere Pfund für die Gründung eines Collège zur Unterweisung von 60 jungen Adligen oder Söhnen wohlhabender Bürger vorgesehen. Es erhält später den Namen Collège des Quatre Nations. Der bezieht sich auf die vier Provinzen, die durch den Pyrenäen-Vertrag an Frankreich angegliedert wurden: Artois, Elsass, Roussillon und Piemont. Die Bibliothèque Mazarine wird zur ersten öffentlichen Bibliothek in Frankreich. Seit 1643 ist sie einmal wöchentlich für Gelehrte und Studenten geöffnet.

Der Hof kann Paris endlich verlassen

■ 6. Mai 1682

Zwanzig Jahre nach der Entscheidung des Königs, seine Residenz nach Versailles zu verlegen, und obwohl die Arbeiten noch längst nicht abgeschlossen sind, erhält der Hof den Befehl, Paris – bzw. in einigen Fällen Saint-Cloud – zu verlassen. So richtet man sich mehr schlecht als recht inmitten von Bauschutt und Gerüsten ein. Zu dem großen Ereignis wird der Hofstaat von einer ganzen Schar Neugieriger begleitet, die sich unter die Maurer, Maler, Gärtner, Erdarbeiter und Kunsttischler mischt, die ihr Werk unbeeindruckt fortsetzen. Obwohl der König den provisorischen Charakter der Unterbringung seines Hofstaats betont, beschließen viele, sich in der Umgebung eine Residenz zu bauen.

STICHWORT

Wer ist Turlupin?

Der Ausspruch »Cela me turlupine« (etwa: Das geht mir auf die Nerven) ist in Frankreich allgemein bekannt. Turlupin ist eine Gestalt aus dem Theater des 17. Jahrhunderts, eine Berühmtheit vor allem auf den Bretterbühnen der Jahrmärkte, wo seine Farcen

Turlupin, eine beliebte Figur italienischer und französischer Schauspieler

von leicht zweifelhaftem Geschmack zum Alltag gehören. Eine »Turlupinade« ist ein schlüpfriger Witz bzw. in weiterem Sinne eine peinliche Geschichte. Der leibhaftige Turlupin war von 1615 bis 1637, seinem Todesjahr, Mitglied der Truppe des Hôtel de Bourgogne.

Die Comédie-Française entsteht

■ 21. Oktober 1680

Zwei Theatertruppen sind zu dieser Zeit ohne Leitung: die des Hôtel de Guénégaud, die nach dem Tod Molières den Palais-Royal verlassen hat, und die Truppe des Hôtel de Bourgogne, deren Direktor La Thorillière kurz zuvor verstorben ist. Star dieser Truppe ist die Schauspielerin Champmeslé. Um Rivalitäten zu vermeiden, legt der König die beiden Truppen unter dem Namen Comédie-Française zusammen. Diese darf als einziges Ensemble in Paris französische Stücke spielen. Die neue Truppe umfasst 27 Schauspieler. Ihr erstes angekündigtes Schauspiel ist »Phèdre« von Jean Racine. Das Stück sollte am 25. August, dem Tag des Heiligen Ludwig, gegeben werden. Die Schauspieler finden sich zu einem für die bisherige Theatergeschichte einzigartigen Experiment zusammen: den »Comédiens du Roy«. Ihre erste Spielstätte ist das Theater Guénégaud (nahe des heutigen Quai

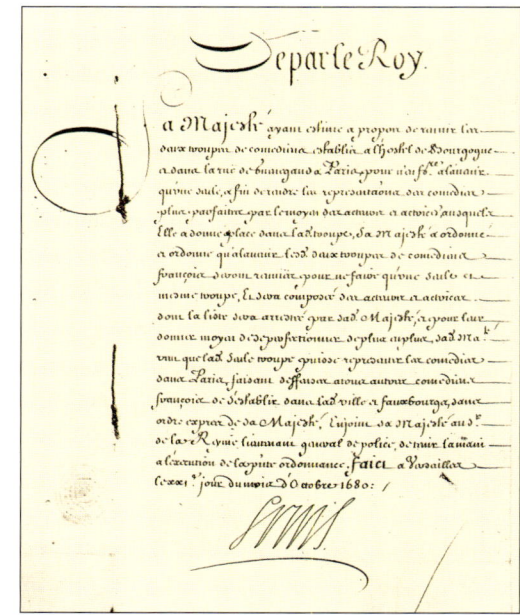

Durch den in Versailles unterzeichneten Erlass Ludwigs XIV. wird die Comédie-Française gegründet.

de Conti). Der Saal reicht auf Dauer jedoch nicht für die neue Truppe aus, die bereits auf der Suche nach einer anderen Lösung ist. Sie haben inzwischen eine leer stehende Halle in der Rue des Fossés-Saint-Germain (heute Rue de l'Ancienne-Comédie) ins Auge gefasst, die ehemals für das Paume-Spiel genutzt wurde.

Die Place des Victoires ehrt den König

■ 28. März 1686

Da Ludwig XIV. verhindert ist, wird die Place des Victoires von Monseigneur le Grand Dauphin eingeweiht. Entsprechend den Plänen von Jules Hardouin-Mansart ist der Platz von Gebäuden im antiken Stil eingerahmt, die im Erdgeschoss von ganzen Arkaden gestützt werden. In jeder Ecke befinden sich drei Säulen mit Laternen, die Tag und Nacht brennen. In der Mitte des Platzes stellt ein Reiterdenkmal den Monarchen dar, der von einer Allegorie der Unsterblichkeit gekrönt wird. Ihm zu Füßen kauert ein dreiköpfiger Cerberus, der die Tripelallianz verkörpert. Dieses Werk von Desjardins war kurz nach dem Frieden von Nimwegen zwischen Frankreich, den Vereinten Provinzen, Spanien und dem Heiligen Römischen Reich Deutscher Nation in Auftrag gegeben worden.

Die Place des Victoires. Die heutige Statue von dem König zu Pferd schuf Bosio 1822.

Der König als Bankett-Gast im Rathaus

Königliches Abendessen im Rathaus. Eine solche Ehre wird der Hauptstadt nur noch äußerst selten zuteil.

■ *1687*

Der König beschließt, für einen Abend auf den Luxus von Versailles zu verzichten, wo Charles Le Brun gerade die Dekoration des Friedenssaales abschließt. Er nimmt die Einladung des Vogts und der Stadträte an und ist Ehrengast bei einem Bankett im Pariser Rathaus. Ein solches Mahl zu Ehren des Königs ist an diesem Ort eher die Ausnahme. Die Erinnerungen an die Zeiten der Fronde sind in Ludwig XIV. noch allzu lebendig. Ein goldenes Banner verkündet einen Willkommensgruß. An der Tafel, auf der sich erlesene Speisen türmen, ist der König von den Großen seines Reiches umgeben, die nach altem Brauch ihre Hüte auf dem Kopf behalten. Man erklärt dem König die neue Einteilung der Stadt in 20 Stadtviertel, von denen das jüngste Saint-Germain-des-Près ist.

Die Sicherheit unter de La Reynie

■ *1667*

Auf Anraten Colberts wird Gabriel Nicolas de La Reynie zum Generalleutnant der Pariser Polizei ernannt. Er ist der erste Inhaber dieses Amts, das er für die außergewöhnliche Dauer von 30 Jahren bekleiden wird. Die Schaffung dieser Funktion verfolgte das Ziel, die Anarchie in den großen Städten, insbesondere in Paris, ein für alle Mal zu beseitigen; damit entfällt eine alte und längst überholte Rivalität zwischen der Gerichtsbarkeit der Städte und den königlichen Offizieren. 1625 in Limoges in einer bescheidenen Familie des Beamtenadels geboren, hatte La Reynie eine Laufbahn in der Verwaltung im Dienst des Herzogs von Epernon, Gouverneur von Guyenne, begonnen. So macht er sich rasch auch bei Hof einen Namen, wo man seine Diskretion und sein Organisationstalent schätzt. Der König verleiht ihm ebenso weit reichende wie vage Befugnisse und betraut ihn mit einer doppelten Mission: Er hat die Sicherheit auf den Straßen und die Aufrechterhaltung der sanitären Grundbedingungen der Hauptstadt, zu gewährleisten. Es ist La Reynie hoch anzurechnen, dass er seine Autorität nicht ausnutzt, sondern vielmehr den Monarchen in besonders heiklen Angelegenheiten entscheiden lässt. Sein ganzes Trachten gilt der Verbesserung alltäglicher Lebensbedingungen. Er organisiert Brigaden, die nachts durch die Straßen patrouillieren und richtet ein ganzes Netz fester Anlaufpunkte ein, wo der Bürger zu jeder Zeit Unterstützung finden kann. Um die Brände zu bekämpfen, die fast täglich ausbrechen, unterwirft er die Benutzung von Kaminen festen Regeln; bei Schadensfällen werden sofort Maurer gerufen, um Vorrichtungen zur Feuerabwehr zu bauen. Im Fall schlechter Ernten oder bei Naturkatastrophen wie Überschwemmungen legt er Unfallhilfe und ärztliche Versorgung zusammen; er machte Jagd auf Hamsterer in Notzeiten und bemüht sich stets, größere Menschenansammlungen zu zerstreuen bzw. bei Aufruhr zu beschwichtigen. Im Alter von 72 Jahren erhält er die Erlaubnis, sich zur Ruhe zu setzen.

Ein Spaziergang auf dem Cours de la Reine

Inmitten der Allee ermöglicht ein Kreisverkehr das Wenden der Kutschen.

■ *Ende des 17. Jahrhunderts*

Will man vom Louvre aus zu den Dörfern Chaillot, Saint-Cloud oder Versailles gelangen, folgt man zunächst der alten Kanalanlage an den Ufern der Seine, welche ausgehend von den höher gelegenen westlichen Pariser Stadtvierteln die Tuilerien versorgt. Die Anlage des Cours de la Reine (heute Cours-la-Reine) geht auf 1616 zurück, als Maria von Medici die alte Landstraße von Chaillot in eine Prachtallee von etwa 1,5 Kilometern Länge verwandelte und mit vier Reihen Ulmen bepflanzte. Den Abschluss bilden zwei eiserne Tore, wobei sich das westliche auf der heutigen Place de l'Alma befindet. Die von Maria von Medici gewählte Bezeichnung »cours« leitet sich aus dem italienischen »corso« ab.

Paris dehnt sich noch weiter aus

■ *12. Dezember 1702*

Der neue Generalleutnant der Polizei, Marc René d'Argenson, wurde in Venedig geboren, wo sein Vater Botschafter war. Lange Zeit damit beauftragt, falsche Adlige zu entlarven, arbeitet er außerdem seit seiner Ernennung 1697 daran, die Lebensbedingungen in Paris zu verbessern. Er ist ein unermüdlicher Arbeiter, nimmt die Mahlzeiten in seiner Kutsche ein und gewährt jedem zu jeder beliebigen Zeit Audienz. Angesichts der anwachsenden Bevölkerung wendet er eine alte Anordnung an, die eine Änderung der Einteilung der Pariser Stadtviertel vorsah, von denen sich nur fünf auf der linken Seineseite befanden. Da das Marais überbevölkert ist, plant er bauliche Maßnahmen im Westen in Richtung der ländlichen Vororte. Er lässt das zukünftige Saint-Germain erbauen.

ZUR PERSON

Jean-Baptiste Colbert

Colbert erblickt 1619 in Reims als Sohn einer Tuchmacherfamilie das Licht der Welt. Im Alter von 35 Jahren tritt er in das Haus Mazarins ein, der ihn kurz vor seinem Tod Ludwig XIV. empfiehlt. Der äußerst effizient arbeitende Colbert wird Generalkontrolleur der Finanzen, d. h. er ist Minister für Staatshaushalt, Wirtschaft und Finanzen gleichermaßen. Angesichts der kostspieligen Kriege des Königs und der Ausgaben für Versailles nimmt er eine Neuorganisation des Steuersystems vor: Er schmälert die Privilegien, schafft Binnenzölle ab und vereinfacht das öffentliche Rechnungswesen. 1666 gründet er die Akademie der Wissenschaften, die Académie de France in Rom und das Pariser Observatorium. Er stirbt 1683 in Paris.

Colbert, rastloser Arbeiter und großer Staatsdiener

Die Pariser Krankenhäuser

Die Gebäude des alten Hôtel-Dieu im Jahr 1590. Sie wurden 1772 vom Feuer zerstört, später aber wieder aufgebaut; Gemälde von Hoffbauer, um 1875.

Die ersten Hospitaleinrichtungen in Paris wurden von Bistümern oder Abteien geleitet und finanziert. Im 12. Jahrhundert waren für die Ortswahl von Hospitälern zwei Kriterien ausschlaggebend: Zum einen suchte man die Nähe der Kirchen; zum anderen wurden vom Stadtzentrum entfernt gelegene Orte bevorzugt, um die Verbreitung von Epidemien zu verhindern. Zunächst wurden die Einrichtungen für müde Pilger gegründet, doch mit dem Ende der Pilgerfahrten nahm das Hospital, eine ursprünglich religiöse Einrichtung, ab dem 14. Jahrhundert dann nur noch Kranke und Notleidende auf. Da die Bevölkerung ursprünglich arm war, blieb das Hospital lange Zeit ein Ort der Barmherzigkeit.

Das Hôtel-Dieu

Das Hôtel-Dieu soll im Jahr 651 von dem Heiligen Landry, dem Bischof von Paris, gegründet worden sein. Auf jeden Fall ist es das älteste Hospital in Paris: Seine Existenz ist durch einen historischen Text aus dem Jahr 829 belegt. Ursprünglich am Südrand der Cité-Insel gelegen, wurde es auf Anordnung Haussmanns verlegt und befindet sich seitdem an der Nordseite des Vorplatzes von Notre-Dame. Als Hospiz der Kathedrale unterstand das alte Hôtel-Dieu zunächst der Verantwortlichkeit der Domherren, und ging dann 1505 in die Zuständigkeit der Stadtverwaltung über. Im Lauf des 18. Jahrhunderts wurde es von drei Feuersbrünsten zerstört und ab 1868 auf Anordnung Napoléons III. wieder aufgebaut. Die Einrichtung nahm unterschiedslos alle Kranken auf, doch erfolgte keinerlei individuelle Betreuung; außerdem litten die Kranken unter dem allgemeinen Durcheinander, das die Ausbreitung von Krankheiten förderte. Das Budget des Hôtel-Dieu stammte überwiegend aus Schenkungen, Gebühren auf Schauspiele und einem Teil der Einnahmen durch den städtischen Eingangszoll.

Spezialisierte Einrichtungen

Im 13. Jahrhundert entstanden in der Hauptstadt zahlreiche karitative Einrichtungen, die auf Privatinitiativen zurückgingen. Der Großzügigkeit der Lehnsherren, Könige und Königinnen sowie der Bürger und Geistlichen war die Entstehung von Institutionen zu verdanken, die meist für eine spezielle Kategorie Kranker bestimmt waren. Ende des 16. Jahrhunderts gab es 24 Hospitäler in der Stadt. Von 1254 bis 1261 ließ Ludwig XIV. das »Haus der armen Blinden« für 300 Patienten errichten, weshalb das Haus den Namen »Quinze-Vingts« (Fünfzehn-Zwanzig) erhielt. 1303 rief der königliche Brotverwalter Etienne Haudry ein Hospital für arme Körperbehinderte ins Leben, das Haudriettes genannt

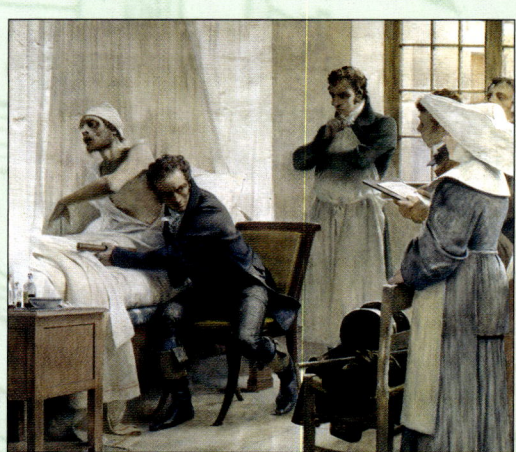

Der Bretone René Laënnec, der Erfinder des Stethoskops, untersucht einen Patienten im Hôpital Necker.

wurde. 1497 nahm die »Scheune der Neapel-Kranken« Syphilis-Patienten auf. Aus dem Leprakrankenhaus des Roten Kreuzes wurden 1557 die »Petites Maisons«, in denen Gebrechliche, Grindige, Epileptiker, Syphiliskranke und Verwirrte aufgenommen wurden. Zwischen 1607 und 1611 wurde das Hospital Saint-Louis für Pestkranke erbaut. 1634 ließ der Kardinal de La Rochefoucauld ein Hospiz für unheilbar Kranke einrichten, das später zum Laënnec-Hospital wird. Ab 1671 ließ Ludwig XIV. das Hôtel des Invalides als Heim für Kriegsversehrte bauen. Die Einrichtung für Taubstumme wurde 1770 vom Abt de L'Epée gegründet. Das Institut der jungen Blinden wurde 1784 von Valentin Haüy gegründet. 1759 wurde das Militärkrankenhaus der Gardes-Françaises geschaffen, dessen militärische Bestimmung während seines gesamten Bestehens erhalten blieb, wenngleich es bis zu seiner Zerstörung im Jahr 1896 mehrmals umbenannt wurde. Bis 1789 entstanden so eine Vielzahl an Krankenhausstiftungen. Ein 1607 an-

① Bichat – Claude-Bernard
② Boucicaut
③ Broussais
④ Broca
⑤ Cochin
⑥ Croix-St-Simon
⑦ Fernand-Widal
⑧ Henri-Dunant (Rotes Kreuz)
⑨ Hôpital des Gardiens de la Paix
⑩ Hôpital européen G.-Pompidou
⑪ Hôtel-Dieu
⑫ Institut Curie
⑬ Laënnec
⑭ La Pitié-Salpêtrière
⑮ Lariboisière
⑯ Léopold-Bellan
⑰ Marmottan
⑱ Maison de santé Les Diaconesses
⑲ Maternités Port-Royal – Baudelocque
⑳ Necker – (Kinderkrankenhaus)
㉑ Notre-Dame-de-Bon-Secours
㉒ Pasteur
㉓ Paul-Sivadon

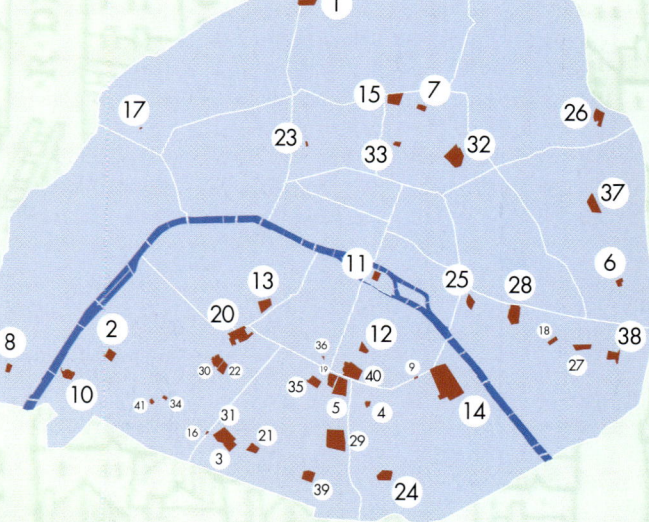

㉔ Peupliers (Rotes Kreuz)
㉕ Quinze-Vingts
㉖ Robert-Debré
㉗ Rothschild
㉘ Saint-Antoine
㉙ Sainte-Anne
㉚ Saint-Jacques
㉛ Saint-Joseph

㉜ Saint-Louis
㉝ Saint-Lazare
㉞ Saint-Michel
㉟ Saint-Vincent-de-Paul
㊱ Tarnier

㊲ Tenon
㊳ Trousseau
㊴ Universität
㊵ Val-de-Grâce (Militärhospital)
㊶ Vaugirard

Um 1880 untersucht Professor Charcot in der Salpêtrière die Hypnose.

lässlich der Pestepidemie eröffnetes Kurhaus wurde 1867 von der Irrenanstalt von Sainte-Anne abgelöst.

Das Hôpital général
(Das allgemeine Krankenhaus)

Das Edikt vom 27. April 1656 unter Ludwig XIV. ermöglichte den Bau des Hôpital général. Unter dem Vorwand der Barmherzigkeit bot dieser Ort eine Möglichkeit, die Stadt von Bettlern und Prostituierten zu befreien. Das Hôpital général bestand aus fünf Einrichtungen mit unterschiedlicher Bestimmung: In der Seifensiederei von Chaillot wurden die »Eingeschlossenen« in der Teppichmanufaktur beschäftigt, das Haus Scipion (oder Sainte-Marthe) nahm Kleinkinder auf, in der Pitié waren die meisten der insgesamt 12 000 Armen eingesperrt, in Bicêtre etwa 4 000 Personen untergebracht. Die Salpêtrière war mit 6 000 gefangenen Frauen das Hauptgebäude. Der Name stammt von dem großen Zeughaus in seiner Nähe, in dem Schießpulver hergestellt wurde und in dem es daher Salpeter gab. Die Insassen des Hôpital général waren ausschließlich Zwangsunterbringungen, so dass die Bezeichnung Hospital nur am Rande zutraf.

Die Heimbetreuung

Diese Art der Betreuung ist zahlenmäßig schwer einzuschätzen, denn sie ist sehr alt und trat in unterschiedlichen Formen auf, zu denen beispielsweise die Verteilung von Medikamenten, Lebensmitteln, Kleidung oder auch Brennholz zählte. Heimbetreuung wurde von verschiedenen Organen, wie z. B. Pfarrgemeinden, religiösen Orden oder Hospitälern geboten. In der Folgezeit wurde sie über die Wohlfahrtsbüros organisiert, die in den Gemeinden durch das Gesetz vom 26. November 1796 entstanden.

Die Assistance publique
(Die öffentliche Fürsorge)

Bis zur Revolution blieb die Assistance publique privaten Initiativen überlassen, was die Vielzahl der spezialisierten Einrichtungen in der Stadt er-

klärt. Am 10. Januar 1849 wurde die Generalverwaltung der Assistance publique von Paris geschaffen. Als autonome kommunale Verwaltungseinrichtung, die für die Gesundheits- und Sozialpolitik der Hauptstadt verantwortlich war, musste die Assistance publique das Dienstleistungsnetz von wohltätigen Einrichtungen und Krankenhäusern verwalten. Parallel zur Entwicklung der ambulanten Krankenhaussprechstunden nahm ihre Zahl im Lauf des 20. Jahrhunderts ab. Das Personal war inzwischen weltlich – 1905 arbeitete in den Krankenhäusern der Assistance publique keine einzige Ordensschwester mehr – und konnte sich bald in der Salpêtrière oder in Bicêtre für die Krankenpflege ausbilden lassen.

Die Assistance publique war außerdem für bedürftige Kinder zuständig und richtete Ende des 19. Jahrhunderts mehrere Ausbildungsstätten für Erziehung ein. 1943 wurde aus diesem Dienst der Kinderhilfsdienst. Um 1956 war die Assistance publique eine riesige Organisation mit 30 Krankenhäusern (18 allgemeinen und 12 spezialisierten), drei Vorortkrankenhäusern, vier Sanatorien, einer psychiatrischen Einrichtung, vier Mütterheimen, sieben Genesungsheimen, 31 Hospizen, vier Einrichtungen für bedürftige Kinder und einem Waisenhaus. Seit 1961 bemühte man sich, ihre Effizienz zu verbessern, indem man ihr die Unterstützung der Bedürftigen abnahm, die den Sozialhilfebüros der einzelnen Arrondissements übertragen wurde.

Heute

Die Assistance publique versorgt nunmehr sechs Millionen Einwohner und beschäftigt fast 90 000 Menschen. In den 1980er Jahren wurde ein Plan für eine zeitgemäßere Verteilung der innerstädtischen Einrichtungen ausgearbeitet. Man musste der Bevölkerungsentwicklung und der Baufälligkeit einiger Hospitäler Rechnung tragen, die nur schwer an die heutigen Anforderungen angepasst werden konnten. So wurden mehrere Gebäude geschlossen oder zurückverwandelt (z. B. Broussais, spezialisiert auf Kardiologie); Know-how, Personal, Ausrüstung und Verwaltung wurden in das riesige Hôpital européen Georges-Pompidou übernommen. Eine Studie zur Patientenzufriedenheit, die 2002 mit 5 520 Personen mit einem Mindestaufenthalt von drei Tagen in einem Pariser Krankenhaus durchgeführt wurde, zeigte, dass 70 % der Befragten das »Verhalten der Ärzte« mit der Bestnote bewerteten und dass »73 % die Antworten der Chirurgen auf die ihnen gestellten Fragen verstanden«.

Das Val-de-Grâce wird an die Stelle einer alten Abtei zu Ehren der unverhofften Geburt des zukünftigen Ludwigs XIV. erbaut. Die Grundsteinlegung ist am 8. April 1645. Die Arbeiten dauern mehr als zwanzig Jahre.

Dagegen hatte jeder dritte Patient Schwierigkeiten, die Erklärungen der Anästhesisten zu verstehen. Die schlechtesten Bewertungen gab es für den Aufenthalt an sich. Bei Empfang und Aufnahme der Patienten kann noch einiges verbessert werden.

Das Hôpital européen Georges-Pompidou (siehe Abb. links) wurde von 1995 bis 2000 nach den Plänen des Architekten Aymeric Zubléna gebaut und im Dezember 2000 eingeweiht. Der Standort am Seineufer gilt als ideal für die Anforderungen der Medizin, der Chirurgie und der Patienten des 21. Jahrhunderts. Das Universitätskrankenhaus umfasst die Abteilungen der ehemaligen Krankenhäuser Boucicaut, Broussais, Laënnec sowie den Orthopädischen Dienst der Rothschild-Stiftung. Mit einer Grundfläche von 120 000 m² hat das neueste Krankenhaus der Hauptstadt 827 Betten und kann 90 % der Patienten in Einzelzimmern unterbringen. Neben dem gepflegten Design – es gibt eine richtige Fußgängerzone mit Glasüberdachung –, das für ein möglichst angenehmes Ambiente für die Patienten sorgt, zeichnet sich das Krankenhaus durch seine wissenschaftlichen Arbeiten aus, insbesondere auf den Gebieten der Krebsforschung und der Herzerkrankungen.

Mansart macht Paris zu einer eleganten Schönheit

■ 11. Mai 1708
Der König ist äußerst betrübt über den Tod eines Künstlers, der eng mit seinen wichtigsten Bauvorhaben verbunden war. Der Architekt war kurz zuvor 62-jährig in Marly gestorben, wo er ein Ensemble von zwölf Pavillons gebaut hatte. Jules Hardouin-Mansart hatte 1668 den Namen seines Onkels François Mansart angenommen. 1681 zum Ersten Architekten des Königs ernannt, 1689 Superintendent für Königliche Bauten und Graf von Sagonne, trug Mansart nicht nur wesentlich zum heutigen Aussehen des Schlosses von Versailles bei, sondern verlieh auch Paris viel von seiner Schönheit und Eleganz. Nachdem man ihn damit beauftragt hatte, den Invalidendom fertig zu

Porträt von Mansart nach Rigaud, 1685

stellen, schuf er die Kuppel der Kirche in Form einer doppelten Kalotte. Diese Kugelkappe setzte er auf die wenige Jahre zuvor von Bruant (seinem ehemaligem Meister) gebaute Soldatenkirche. Die Arbeit Mansarts, die von 1679 bis 1706 dauerte, verlieh den Formen des italienischen Barock eine bemerkenswerte klassische Prägung. Jules Hardouin-Mansart verstand die königlichen Ambitionen: Er passte sich dem Geschmack des königlichen Baumeisters an. Paris verdankt ihm viele seiner Plätze, etwa die Place des Victoires oder die 1698 angelegte Place Louis-le-Grand (heute Place Vendôme). Reichlich eingedeckt mit Aufträgen hatte er eine regelrechte Agentur für Architekturarbeiten gegründet.

Selbst das Brot ist Mangelware

■ 7. Januar 1709
Die gesamte Ernte des Jahres ist verloren. Seit einem Jahrhundert ist es in Paris nicht mehr so kalt gewesen. In wenigen Stunden ist die Seine völlig vereist; die Schiffe werden von Eismassen in der Mitte des Flusses blockiert. Die Wasserversorgung bricht zusammen. Hunger und Kälte schüren Aufstände. So wird die Kutsche des Dauphin von einer erschöpften, ausgehungerten und durchgefrorenen Menge aufgehalten. Wie schon zur Zeit seiner Krönung sieht sich Ludwig XIV. wieder veranlasst, das »Brot des Königs« im Hof des Louvre zu verteilen. Die Bäcker werden gezwungen, Brot zu verschenken oder mit Verlust zu verkaufen.

Beim Brotkauf läuft man Gefahr, erstickt zu werden; Stich von P. Bonnard.

Persische Reiter galoppieren durch Paris

■ 1714 – 19. Februar 1715
Keiner wundert sich mehr, wenn auf den Wiesen und Feldern in Paris Pferderennen zu sehen sind. Die Wettrennen sind inzwischen an der Tagesordnung. Zudem schätzen die Fremden die Stadt so sehr, dass sie sich dort ganz wie zu Hause fühlen. Viele reisen an, um diese Nation, die ganz Europa getrotzt hat, einmal selbst zu sehen. Und wie stets nach Zeiten der Heimsuchung gibt man sich allerorten ganz offen dem Vergnügen hin. Madame de Maintenon zeigt sich darüber zwar entrüstet, aber wenn sie auch für die Altersgebrechen seiner Majestät zuständig ist, so fallen die Pariser Vergnügungen eindeutig nicht in ihr Ressort. Im Jahr zuvor hat Prinz Racoczi, der ungarische Anführer des Aufstands gegen die Österreicher, seine Exilzuflucht in ein Spielhaus verwandelt, wo lange und kostspielige Partien Pharaon und Bassette gespielt wurden, die strengstens verboten waren. Und jetzt ist es Seine Exzellenz Mechmet Reza Bey, außerordentlicher Botschafter Persiens beim König, der Spiele zu Pferd organisiert. Mehrmals wöchentlich lässt er seine mit Lanzen bewaffneten Reiter auf einem Boulevard antreten. In ihren weiten orientalischen Umhängen und mit den hohen Turbanen, die trotz der Ge-

Mechmet Reza Bey und sein Gefolge bei Reiterspielen; anonymer Kupferstich.

schwindigkeit im Galopp nicht herunterfallen, machen die Perser in Paris Furore. Die Eskorte Seiner Exzellenz, die ungefähr 40 Personen zählt, beweist ihre Geschicklichkeit auf kleinen und sehr schnellen sowie wendigen Pferden. Der sehr erkrankte König hat den Gesandten des Schah von Persien bislang noch nicht empfangen können. Der rot gekleidete Botschafter legt heute seine Beglaubigungsschreiben vor. Akkreditiert wird er von einem großen Monarchen – und zugleich aber auch von einem alten Mann, den das Alter und die erschöpfende Ausübung seiner absoluten Macht gezeichnet haben.

Schweigen begleitet den toten König

■ *4. September 1715*

Der Tod Heinrichs IV. und selbst Ludwigs XIII. hatten bei der Bevölkerung der Hauptstadt tiefen Schmerz und Bestürzung ausgelöst. Der Tod des Sonnenkönigs dagegen lässt deutlich werden, dass die übertriebene Schmeichelei, in der sich der König allzu sehr gefallen hatte, nicht ohne negative Wirkung blieb. Das Volk behält nur das Ende und die Fehler dieser endlosen Regierungszeit von 72 Jahren im Gedächtnis. Die kostspieligen Kriege haben zur Größe des Königreichs beigetragen, aber ihr menschlicher und materieller Preis scheinen zu hoch. Als der Trauerzug sich in Richtung Notre-Dame durch die Straßen schiebt, herrscht zum Abschied Schweigen. Der Tod des Monarchen, der ganz Europa sein Siegel aufgedrückt hat, wird als Erleichterung empfunden. In den Tavernen sind Schmähschriften, Lieder und satirische Epitaphe im Umlauf. Der Tod Ludwigs XIV. sorgt vor allem nach dem entbehrungsreichen Monat August für große Erleichterung. Sein Hofstaat, der sich darauf

Der Leichenzug des Sonnenkönigs zieht durch Paris, die Menge schweigt eisig.

seit mindestens drei Wochen vorbereitet hat, verlässt das ohne den großen Monarchen verwaiste Versailles. Die Trauerbezeugungen der Höfe von London, Wien und Madrid können die Pariser Bevölkerung wirklich nicht rühren. Man weiß lediglich, dass das Herz des Königs am übernächsten Tag in die Kirche der Jesuiten in der Rue Saint-Antoine gebracht wird und dass lediglich sechs Höflinge bei ihm Wache halten werden.

Die Revanche des Palais-Royal

■ *Herbst – Winter 1715*

Versailles ist in einen tiefen Schlaf gesunken. Die Macht ist nach Paris zurückgekehrt, und mit ihr eine zügellose Lebensfreude, eine Reaktion der Freiheit, die zur Ausschweifung ausartet. Der Regent hat sich im Palais-Royal eingerichtet. Um die 40 Jahre alt, besticht Philippe d'Orléans durch Schönheit, Intelligenz und Bildung und versteht es, Gegensätze in sich zu vereinen. Der Regent, der in Spanien großen Mut im Kampf gezeigt hatte und auf Anordnung des Königs eine von dessen legitimen Töchtern aus der Verbindung mit Madame de Montespan geheiratet hatte, gefällt und schockiert gleichermaßen. Ein leidenschaftlicher Anhänger der Alchemie, gar der Hexerei beschuldigt, veranstaltet der Regent kleine Soupers zu pikanten Vergnügungen. Es kommt vor, dass hübsche Damen dort ihr gutes Benehmen völlig vergessen. Die Diener müssen sich, nachdem sie die Speisen serviert haben, zurückziehen.

Das Parlament unterstützt den Herzog

■ *12. September 1715*

Ludwig der Große, der testamentarisch verfügt hatte, dass er in einem Turm des Justizpalastes eingemauert werden sollte, hatte seinen einzigen lebenden Nachfahren unter die Vormundschaft des Herzogs von Maine gestellt. Bei der Testamentseröffnung am 2. September wird das Pergament von einem Rat verlesen. In seiner Wut, übergangen worden zu sein, lässt Philippe d'Orléans das

Testament Ludwigs XIV. verwerfen. Das Parlament zeigt sich willig. Der Herzog von Orléans, den Ludwig XIV. für einen Zyniker und »prahlerischen Förderer der Verbrechen« gehalten hatte, übernimmt die Verantwortung für den Kronprinzen Ludwig. Der damals vierjährige Prinz ist in der Obhut der Gouvernante Madame de Ventadour. Trotz seiner Kindheit verhält sich der König würdig.

Von Jubel begleitet zieht Ludwig XV. nach dem großen im Parlament abgehaltenen Gerichtstag an der Sainte-Chapelle vorbei; Gemälde von P.-D. Martin.

Die Stadt nimmt den Adelsbrief entgegen

■ *1716*

So charmant er ist, wenn er sich allein oder im intimen Kreis bewegt, so ernst wird der kleine Ludwig XV. im Kontakt mit der Menge, denn er kann die Verpflichtungen der Repräsentation nur schwer ertragen. Manchmal kommt es sogar vor, dass er seinen Launen nachgibt, wie an dem Tag, an dem er sich weigert, den Botschafter des Königs von Sizilien zu empfangen und sich stattdessen hinter dem Vorhang seines Betts versteckt. Umso mehr weiß die Stadt Paris die Ehre zu schätzen, die er ihr durch die Überreichung des Adelsbriefes erweist. Dies ist ein unmissverständliches Zeichen für sein Interesse an der Stadt. Der Vogt und die Stadträte entdecken voller Stolz, dass der König von Paris begeistert ist. Er unternimmt zahlreiche Besuche im Palais-Royal und im Jardin du Luxembourg. Ebenso trifft man ihn auf der Champs-Elysées oder im Observatorium, wo er von einem Experiment mit einem Magneten fasziniert ist. Regelmäßig verlangt er da-

nach, Versailles zu verlassen, wo er sich offenbar langweilt. Gewiss, er ist noch zu jung, um einen Maskenball in der Oper in der Nähe des Palais-Royal zu besuchen. Am Sonntag hört er die Messe in den Tuilerien. Acht Schweizer Gardisten schieben ihn in einem Wagen, um der Menge einen Blick auf den kleinen Monarchen zu gestatten.

Der Vogt und die Stadträte knien vor Ludwig XV. nieder; Gemälde von Louis de Boullogne.

Pariser werden zu Finanzjongleuren

■ Mai 1716

Ludwig XV. hinterlässt nach seinem Tod eine katastrophale Finanzlage. Der dem Regenten nahe stehende Saint-Simon schlägt die Insolvenz vor, aber Marschall de Noailles, der an der Spitze des Finanzrats steht, spricht sich gegen diese Idee aus. Die Mittel sind nicht ausreichend. Die Finanzen müssen vollständig neu organisiert werden. Da kommt im Palais-Royal die Sprache auf einen gewissen John Law, einen Schotten, den man für den »Mann der Stunde« hält. Der Sohn eines Goldschmieds aus Edinburgh hat die monetären Systeme Eu-

ropas studiert. Er gewann dabei die Überzeugung, dass der Reichtum eines Landes von der Geldmenge und der Geschwindigkeit der Geldzirkulation abhängt. »Das Geld«, so schreibt er, »ist für den Staat, was das Blut für den menschlichen Körper ist; ohne das eine kann man nicht leben, ohne das andere nicht handeln. Der Kreislauf ist für beide essentiell«. Als er dem Regenten vorgestellt wird, regt Law an, ei-

ne Bank zu gründen. Diese solle Papiergeld herausgeben, das die Privatleute für ihre Gold- oder Silberstücke eintauschen können. Es wäre so möglich, mehr Scheine zu drucken, als in den Kassen der Bank enthalten wäre. Der Staat würde Handelsgesellschaften gründen, die das Geld vermehren sollten, damit er seine Schulden zurückzahlen könnte. In der Umgebung des Regenten misstraut man diesem zugegebenermaßen originellen System. Der Herzog von Orléans ist jedoch sehr angetan von der Idee. Deshalb wird eine Privatbank mit einem Kapital von sechs Millionen Pfund gegründet. Sie gibt Geldnoten heraus, die nur zu einem geringen Teil durch den realen Kassenbestand in Hartgeld gedeckt sind. Die Generalbank sitzt in der Rue Quincampoix, die einst mit ihren Goldschmieden und Wechselstuben ein sehr ruhiges Bild bot. Jetzt sieht und hört man dort eine ganze Schar lauter Agitatoren, die von finsteren Gestalten belauert werden. Sobald man etwas Geld hat, träumt man in allen gesellschaftlichen Schichten davon, sich dank der fluktuierenden Geldkurse des Herrn Law zu bereichern. So wird von einem Lakaien berichtet, der reicher wurde als sein Herr, der Herzog. Indem der König dem schottischen Financier die Konzession der Generalpacht übertragen hat, überlässt er ihm durch die Indiengesellschaft gleichzeitig das Monopol für den Seehandel des Königreichs. Von Aktien- und Börsenspekulation getrieben, befindet sich die Rue Quincampoix in einem wahren Fieberrausch.

Durcheinander in Paris bleibt Alltag

Zu Beginn der Regierungszeit Ludwigs XV. ist der Verkehr auf den Straßen noch hektischer als unter Ludwig XIV., da u.a. die Stadt mehr Einwohner zählt.

■ 1718

Was hat sich geändert, seitdem vor einem Jahrhundert die berühmte Satire von Nicolas Boileau über die »Pariser Unannehmlichkeiten« erschienen ist? Nicht viel, außer dass die Zustände sich verschlechtert haben. Diese bissige Beobachtung des Alltagslebens in der Hauptstadt zeigt auf, dass es unmöglich geworden war, zwischen den Kutschen, Reitern, Sänften und Viehher-

den auf dem Weg zu den Markthallen noch seinen Weg zu finden. Der Dichter hatte schon Ludwig XIV. zum Lachen gebracht, der ihn zu seinem Historiographen gemacht und seine Aufnahme in die Académie durchgesetzt hatte. Um den Verkehr auf den Straßen zu erleichtern, hatte der Sonnenkönig Plätze angelegt; leider blieb zwischen den Plätzen die mittelalterliche Stadt mit ihren engen Gassen unverändert.

Petit-Pont durch Brand zerstört

■ 1718

Ein Feuer hat den oberen Teil des Petit-Pont zerstört, von dem nur noch einige verkohlte Balken über dem Fluss zu sehen sind. Sie sind alles, was von den Wohnhäusern übrig blieb, die man vor sechs Jahrhunderten in zwei Reihen auf dem steinernen Bauwerk errichtet hatte. Die drei Bögen der Brücke sind intakt geblieben. Einmal mehr erwies sich der Bau von Wohnhäusern auf einer Pariser Brücke als verhängnisvoller Fehler. Die Brandursache ist unbekannt. Die Stadt beschließt, diese Häuser, die für die meisten Brandkatastrophen verantwortlich sind, nach und nach abzureißen. Seit nunmehr 17 Jahrhunderten steht an dieser Stelle eine Brücke, die schon manches Mal wieder aufgebaut wurde.

Sie ist mit 40 Metern Länge die kürzeste Brücke von Paris. Der auf ihr zu entrichtende Brückenzoll ist längst in die Stadtgeschichte eingegangen. Von ihm befreit waren nur Akrobaten, fahrende Künstler mit Bären und dressierten Affen – allerdings unter der Voraussetzung, dass die Tiere einige Kunststücke vorführten.

Der Petit-Pont wird ein Opfer der Flammen; Gemälde von J.-B. Oudry.

Riesenpleite für all die Spekulanten

Noch vor zwei Jahren war die Rue Quincampoix Schauplatz hektischer Börsenspekulationen.

■ 24. März 1720

John Law, den der Regent am 5. Januar zum Generalkontrolleur der Finanzen ernannt hat, befindet sich auf der Flucht. Sein System, dass er zur Stimulation der Wirtschaft erfunden hat, ist aufgrund exzessiver Spekulation zusammengebrochen. Längerfristig hat Law die definitive Abschaffung der Konvertibilität des Geldes in Edelmetalle vorgesehen. Genau hierin liegt die Ursache für sein Scheitern. Um den Staats-

haushalt nach den finanziellen Verbindlichkeiten, die der Sonnenkönig während der letzten Jahre eingegangen war, zu sanieren, hat der Schotte über die staatlich kontrollierten Gesellschaften mehr Aktien herausgeben lassen, als an Deckung in Gold vorhanden war. Die Kurse der ursprünglich zu 500 Pfund gehandelten Aktien waren zunächst auf 18 000 Pfund in die Höhe geschnellt, um dann auf 200 Pfund zu sinken. Das Vertrauen schwindet restlos, als man

den Prinzen von Conti und den Herzog von Bourbon mit Wagen voller Edelmetall aus der Königlichen Bank kommen sieht. Das Papiergeld ist nichts mehr wert. Die eingeschworenen Feinde des Schotten, die berühmten Bankiers von Paris sind zornig darüber, ihren Einfluss auf die königliche Autorität verloren zu haben, und versuchen nun, ihre Scheine in Gold umzutauschen, aber eine Rückzahlung ist jetzt nicht mehr möglich.

SEHENSWÜRDIGKEIT

10   Der Palais-Royal

Der ehemalige Palais-Cardinal wurde auf Anweisung Richelieus 1629 erbaut. Die prachtvollen Gebäude enthalten mehrere Kunstsammlungen von unschätzbarem Wert. Der dazu gehörige Park ist der weitläufigste in ganz Paris. In der Folgezeit wurde der Palast Ludwig XIII. vermacht und war Residenz der Anna von Österreich. In seinen Mauern durchlebte der junge Ludwig XIV. die dramatischen Stunden der Fronde-Aufstände. Aufgrund dieser schmerzlichen Erinnerung überließ er den Pa-

last seinem Bruder Philippe von Orléans. Das nun Palais-Orléans genannte Ensemble blieb bis 1848 im Besitz der Familie. Der Palast, der von Louis-Philippe wieder aufgebaut wurde, ist berühmt für seine Galerien und Restaurants. Hier soll Bonaparte sein erstes Liebesabenteuer gehabt haben; Colette und Jean Cocteau zählen zu den illustren Residenten. Heute sind im Palais-Royal der französische Staatsrat, der Verfassungsrat und das Kulturministerium untergebracht.

Die lange Qual des Damiens

■ 28. März 1757

Der Mann, der am 5. Januar den König mit dem Dolch angriff, sieht heute der Vollstreckung seiner Strafe auf der Place de Grève entgegen. Zuvor hat er auf dem Kirchplatz von Notre-Dame öffentlich um Verzeihung bitten und im Châtelet die Ausnahmefrage über sich ergehen lassen müssen. Immer noch ist unbekannt, ob der Kriminelle alleine handelte. Die Schaulustigen haben sich auf dem Platz zusammengedrängt. Auch die Fenster sind belagert; einige wurden für 24 Louis an reiche Zuschauer vermietet. Die Pariser Bürger wollen sich diese Hinrichtung nicht entgehen lassen. Der unglückliche Robert Damiens wird auf einem Schafott festgebunden, damit er geviertelt werden kann. Zunächst wird der Unglückselige mit Zangen an den Brustwarzen, Armen und Schenkeln auseinander gerissen. Anschließend erleidet er, wie bei allen Königsmördern üblich, die Qualen geschmolzenen Bleis und siedenden Öls auf seine Wunden. Schließlich kommt der Augenblick der Vierteilung. Sechs Pferde reichen nicht aus: Damit die Schenkel abgerissen werden können, müssen die Gliedmaßen zunächst aufgeschnitten werden. Die ganze Qual dauert eine Stunde; die unersättliche Menge applaudiert ausgiebig. Man sagt, dass der König über die Berichte der Strafvollstreckung entsetzt gewesen sei.

Voltaire in der Bastille eingekerkert

■ 1723

François-Marie Arouet, auch Voltaire genannt, ist den Machthabern ein Dorn im Auge. Nachdem er sein Epos »La Henriade« geschrieben hat, verfolgt ihn die königliche Gerichtsbarkeit. Seine Dichtung hat einen weiteren Titel: »Henri le Grand« (Heinrich der Große). Es handelt sich um Heinrich IV., dessen Lebensbeschreibung der Autor mit vielen mythologischen Bildern und historischen Abschweifungen erzählt. Voltaire verherrlicht die Toleranz und verkündet, dass Frankreich einen aufgeklärten Monarchen erwartet. Eine perfide Anspielung und verschleierte Kritik am Souverän. Diese Haltung bringt Voltaire die Inhaftierung in der Bastille ein. Er erklärt daraufhin, dass er nach England, das ihm liberaler scheint als das Reich Ludwigs XV., ins Exil gehen werde.

Voltaire verfasst sein »Poème de la ligue« (Gedicht über die Liga). Er ist in der Bastille eingekerkert; Stich von Charon nach einer Zeichnung Bouchots.

Oper des Palais-Royal wird ein Opfer der Flammen

■ 16. April 1763

Im Morgengrauen kommt es zur Katastrophe. Die im Südwestflügel des Palais-Royal untergebrachte Oper wird im Morgengrauen ein Raub der Flammen. Der Brand hätte eingedämmt werden können, wenn sich der Bürgermeister und der Generalleutnant der Polizei darüber geeinigt hätten, wer das Vorrecht hat, das Feuer zu löschen. So aber führt der bedauerliche Streit zur vollkommenen Zerstörung des Gebäudes. Wenigstens sind keine Opfer zu beklagen, da zu dieser frühen Stunde keine Aufführungen stattfanden. Übrigens sind es Kapuzinermönche eines nahen Klosters, die als Erste eintreffen. Vier Bettlerorden haben traditionsgemäß die Aufgabe, gegen geringe Entschädigung, Brände zu löschen. Aber infolge Wassermangels können sie nichts tun als beten.

Es war ein prachtvoller Bühneraum, den Kardinal Richelieu 1640 als Dependance seines Stadtpalais hatte errichten lassen. Dieses herrliche Theater mit 2 000 Plätzen, das selbst das des Louvre an Schönheit übertraf, war am 14. Januar 1641 eingeweiht worden. Zur Aufführung kam das Stück »Mirame«, das wegen der spektakulären Bühnenmaschinerie begeistert aufgenommen wurde. Gegen Ende des Jahres 1660 muss Molière das Theater des Louvre verlassen, da es abgerissen werden soll. Auf seine Bitten hin wird ihm das Theater des Palais-Royal zur Verfügung gestellt, das zu diesem Zeitpunkt lediglich ab und zu für Konzerte genutzt wird. Am 20. Januar 1661 kommt es zu seiner ersten Theateraufführung. Gezeigt wird das Stück »Der Liebeszwist«. Molière hat in diesem Theater seine sämtlichen Werke aufgeführt bis er am 17. Februar 1673 während einer Aufführung des »Eingebildeten Kranken« tot auf der Bühne zusammenbrach. Ludwig XIV. stellte anschließend den Bühnenraum der königlichen Musikakademie zur Verfügung. Der Herzog von Orléans ließ hier für gewöhnlich seine berühmten galanten Abendveranstaltungen ausklingen. Aufsehen erregende Bälle wurden hier veranstaltet. Heute Abend wird die Schauspieltruppe möglicherweise in den Bühnenraum der Tuilerien umziehen müssen und auf bessere Zeiten hoffen.

Abgesehen von der allgemein verbreiteten Holzbauweise unterstreicht dieses betrübliche Ereignis erneut die dringende Notwendigkeit, die Brandbekämpfung zu organisieren. Vor einem Jahr brannten 24 Stunden lang

Der Brand in der Oper des Palais-Royal; Gemälde von Hubert Robert. Molière hatte dort sämtliche seiner Werke zur Aufführung gebracht.

Unterzeichnung des Pariser Friedens

■ 10. Februar 1763

Heute endet offiziell der Siebenjährige Krieg. Der Pariser Frieden ist schmachvoll für die Franzosen: Ihre Flotte ist zerstört, die Geldmittel sind aufgebraucht und die Kolonien sind verloren. Ludwig XV. muss an das siegreiche England seine überseeischen Besitzungen abtreten. Lediglich die fünf indischen Handelsniederlassungen in Yanahon, Mahé, Karikal, Chandernagor und Pondichéry bleiben ihm erhalten, ebenso die Antillen. Mit dem Frieden wird Englands überragende Stellung als See- und Handelsmacht anerkannt. Mit einem Feuerwerk auf der Place Louis XV und Wasserspielen auf der Seine wird der Friede gefeiert. Die Festlichkeiten haben für die Franzosen allerdings einen bitteren Beigeschmack.

Das Fest vor den Tuilerien; Ölgemälde von Anton van Ysendyck

die Holzbuden des Marktes von Saint-Germain. Die erste königliche Kompanie von Feuerwehrleuten, von Ludwig XV. aufgestellt, macht gute Arbeit, wenn sie unmittelbar nach Ausbruch eines Brandes gerufen wird. Die Freiwilligen erkennt man an ihrer Mütze, auf der das Wappen der Stadt Paris und eine Krone zu erkennen sind. Der Generalleutnant der Polizei Sartine betont, dass die erfolgreiche Brandbekämpfung im wesentlichen an Wassermangel scheitert. So führte Nachlässigkeit dazu, dass das Wasserreservoir der Oper leer war. Deshalb sollen nun in und um die Hauptstadt weitere Brunnen gebohrt werden. Die Wasserpumpe an der Brücke Notre-Dame, die das wichtigste der drei Schöpfwerke antreibt und so die Reservoire füllt, ist veraltet.

Die Akademie der Wissenschaften, die soeben einen Wettbewerb zur Verbesserung der Straßenbeleuchtung ausgeschrieben hat, prüft nun die Entwürfe für ein städtisches Wassernetz, die Jean-Rodolphe Perronet, Capron und die Brüder Jacques-Constantin und Charles-Auguste Périer nach sorgfältiger Arbeit vorgelegt haben. Es scheint so, als ob die letzteren die größten Aussichten haben, den Wettbewerb für sich zu entscheiden. Wir haben es mit kühnen Erfindern zu tun, die ihre Errungenschaft, die Feuerlöschpumpe, selbst finanziert haben. Ihr Plan sieht vor, gusseiserne Rohre zu verlegen und über dieses Kanalsystem die Stadt mit Wasser zu versorgen. Darüber hinaus planen sie, ein Wasserwirtschaftsamt einzurichten.

Die Statue des viel geliebten Königs wird eingeweiht

■ *20. Juni 1763*

Das Projekt geht auf den 27. Juni 1748 zurück, als Paris beschlossen hatte, Seiner Majestät sein Reiterstandbild zu schenken. Aber wo soll es errichtet werden? Ludwig XV. wollte nicht, dass »die Viertel der Kaufleute geopfert würden«. Schließlich bot der König ein eigenes Grundstück am äußeren Rand der alten Stadt an, zwischen den vorhandenen Anlagen der Tuilerien und der Champs-Elysées. Vor zehn Jahren beauftragte der Herrscher seinen Architekten Jacques-Ange Gabriel, ausgehend von den beim zweiten Wettbewerb vorgeschlagenen Plänen, ein endgültiges Projekt auszuarbeiten. Die Esplanade ist von Gräben umgeben, von denen man Zugang zu vier kleinen Pavillons hat. Tatsächlich wird dann nur die nördliche Seite des Platzes mit zwei Palais erbaut, die durch die Rue Royale, die Verbindung zwischen der neuen Madeleine-Kirche und dem Palais-Bourbon, getrennt sind. Außerdem hat Gabriel zwei leicht zurückgesetzte Ge-

Der neue Place Louis XV., in der Mitte steht sein Reiterstandbild, das von Jean-Baptiste Pigalle erschaffen wurde; Stich von Friedrich Leizel, 1772.

bäude vorgesehen. Heute soll auf der Place Louis XV. die Einweihung der Reiterstatue stattfinden, die in der Mitte dieses wahrhaft königlichen Platzes steht und deren rechte Hand in Richtung Champs-Elysées weist. Mit gezogenem Hut defilieren an diesem Morgen der Vogt der Kaufleute, die Schöffen und der Gouverneur an dem königlichen Reiterstandbild vorbei.

Ist es wirklich Mineralwasser?

■ *1764*

Es herrscht große Aufregung im Umkreis des Hauses eines gewissen Monsieur Lemeunier. Beim Graben in seinem Garten hat er eine Quelle entdeckt, das Wasser gekostet und es sofort, ohne Angabe weiterer Einzelheiten, als für die Gesundheit sehr förderliches Mineralwasser bezeichnet. Handelt es sich um eine neue Quelle, vergleichbar mit den Wassern von Châteldon, die man vor knapp einem Jahrhundert aus der entfernten Auvergne auf den Tisch des Sonnenkönigs holte? Herbeigerufene Apotheker und Ärzte kosten das geheimnisvolle Wasser und wissen nicht, was davon zu halten ist. Sie stellen weder eine günstige noch ungünstige Wirkung fest (man befürchtet immer den »Ausfluss des Bauches«), raten aber vorsichtshalber davon ab, das Wasser zu trinken. Lemeunier sieht das anders und verkauft jetzt sein Wasser.

SEHENSWÜRDIGKEIT

11   Das Pantheon

Ursprünglich geht der monumentale Bau auf dem Sainte-Geneviève-Hügel auf ein Gelübde zurück. Von schwerer Krankheit genesen, gelobt Ludwig XV., dort eine Kirche zu errichten, wo Chlodwig, der Gründer des Frankenreiches, zuvor ein Kloster gegründet hatte und wo dieser auch begraben lag. Mit Unterstützung des hohen Verwaltungsbeamten Marigny, dem Bruder der Madame de Pompadour, setzt der Architekt Jacques-Germain Soufflott, seit 1776 Generalinspekteur der königlichen Bauten, zwischen 1750 und 1760 das Unternehmen in Gang. 1790 ist die Kuppel vollendet. Die verfassungsgeben-

Das Pantheon; Kupferstich von F.D. Née

de Versammlung wandelt das Gotteshaus, das zu jener Zeit architektonisch geschlossener wirkte als der heutige Bau, in eine nationale Ruhmeshalle um, eine Gedenkstätte für herausragende Persönlichkeiten, die sich um das Vaterland verdient gemacht haben. Napoleon I. gibt den Ehrentempel der Kirche zurück. Unter Louis-Philippe abermals säkularisiert, dien der Bau im Zweiten Kaiserreich unter dem Namen Nationale Basilika wieder als Kirche. 1885, nach der Beisetzung Hugos, wird der Bau endgültig zum Pantheon erklärt und Ruhestätte zahlreicher Berühmtheiten.

Brückenhäuser werden nun abgerissen

■ *1769*

Nach jahrelangem Zögern muss die Entscheidung dieses Jahr in die Tat umgesetzt werden. Auf den Bericht des Vogts von Paris und des Generalleutnants der Polizei hin beschließt der König, dass die Häuser auf den Brücken abgerissen werden, und dass auf neuen Brücken keine Häuser mehr stehen sollen – mit Ausnahme der Wach- und Zollstationen auf beiden Seiten. Es gab einfach zu viele Katastrophen, wie die vom Pont Saint-Michel: Einsturz wegen Baufälligkeit, Überschwemmungen, Frost, Hochwasser, übermäßiger Belastung, ständigem Verkehr, Aufent-

halten von Wagenkolonnen. Bei jedem Unfall stürzten mehrere Dutzend Menschen in die Seine. Im 12. Jahrhundert hatte Ludwig VII. den Geldwechslern erlaubt, sich gegen ein Entgelt auf den Brücken niederzulassen. 1500 hatte dann Bruder Giacondo, ein Italiener aus Verona, das Prinzip der bewohnten Brücken nach dem Vorbild des berühmten Ponte-Vecchio in Florenz in Frankreich eingeführt. Der Vorteil dabei war, dass man so den Bau der Brücken von den Eigentümern finanzieren lassen konnte. Doch nun möchte man auch den Ausblick auf den Fluss genießen wobei die Häuser stören.

Ein Wettkampf vor dem mit vierstöckigen Häusern bebauten Pont Notre-Dame; Gemälde von J.-B. Raguenet

Tragisches Ende eines königlichen Feuerwerks

Feuerwerk zur Hochzeit des Thronfolgers mit der Schwester des Kaisers von Österreich

■ *30. Mai 1770*

Vor 14 Tagen hat der Thronfolger, der Enkel des Königs, die jüngste Tochter der Kaiserin Maria-Theresia, Marie-Antoinette geheiratet. Nach all den Feindseligkeiten und verheerenden Kriegen ist es eine spektakuläre diplomatische Kehrtwendung. Nach politischem Kalkül soll diese Ehe und die Zeremonie von Versailles den Bund mit dem Hause Österreich besiegeln und gleichzeitig den Einfluss von Madame du Barry, der Mätresse des Königs, einschränken. An diesem Abend herrscht große Freude unter der riesigen Menschenmenge, die sich auf der Place Louis XV versammelt hat. Die Brüder Ruggieri zünden hier ein prächtiges Feuerwerk. Doch ein versehentlich entfachter Brand ruft in der Dunkelheit eine Panik hervor. Hunderte von Parisern versuchen in Richtung Madeleine zu flüchten, während gleichzeitig aus der Rue Royale Menschenströme von den Boulevards kommen, wo das Fest seit mehreren Tagen in vollem Gange ist. Es entsteht eine Panik. Menschen werden niedergetrampelt, Frauen und Kinder erdrückt, während Kutscher und scheu gewordene Pferde versuchen, sich einen Weg durch das Durcheinander zu erzwingen. Man zählt 132 Tote und Verletzte.

Das Stadtbild von Paris wandelt sich

■ *1773–1780*

Während der vergangenen 20 Jahre kommt es in der Hauptstadt zu grundlegenden Veränderungen. Königliche Verordnungen und Verfügungen sorgen für zahlreiche Neuerungen. So werden in den nahezu 650 Straßen weiße Straßen- und Nummernschilder aus Metall angebracht. Jeder Einwohner hat nun eine Adresse. Man wohnt nicht mehr »bei der Wasserstelle, jenseits des Brückenbogens« oder »gegenüber dem Waschplatz«. Auch der Verkehr wird flüssiger, seit die Tragesänften nach und nach den von Maultieren gezogenen Karren und Kutschen gewichen sind. Es gibt mehr als 10 000 davon. Die Polizeibehörde versucht, Ordnung in das Hin und Her der Gespanne zu bringen. Auf dem Place Louis XV allerdings gelingt es nicht, den Reitern mit Vorschriften beizukommen. Und als der Thronfolger und seine Gemahlin am 8. Juni 1773 in die Stadt einziehen, sehen sie sich mit einer Menschenmasse konfrontiert, die sich in heillosem Durcheinander durch die Straßen wälzt. Vorfahrtsregeln sind in Paris unbekannt. Außerdem sind die Straßen eng, Bürgersteige fehlen und die Häuser sind mehrere Stockwerke hoch. Da es keine Dachrinnen gibt, tropft das Regenwasser (und andere Flüssigkeiten) von den Häuserfassaden und Mauern.

Der Place de Grève an der Einmündung der Rue de la Martellerie im Jahr 1751; Gemälde von Nicolas und Jean-Baptiste Raguenet

Neue Beleuchtung in den Straßen

Endlich wird es heller in den Straßen von Paris; Stich von Monchablon.

■ *1775*

Es war höchste Zeit, endlich gegen eines der Hauptübel vorzugehen, nämlich die Dunkelheit in den Straßen, die Verbrechen und Laster Vorschub leistet. Im Theater macht sich das Volk lustig über die groteske, aber immer noch gültige Empfehlung, der Laternenanzünder möge bei Mondlicht auf den Kauf von Lampenöl verzichten: »Der Mond verlässt sich auf die Straßenlaternen und umgekehrt. Fehlen Straßenbeleuchtung und Mondlicht, wird nur eines deutlich: Man sieht die Hand vor den Augen nicht!« Es wird also beschlossen, zusätzliche Straßenlaternen aufzustellen und auch für Sommerabende Ölvorräte anzuschaffen. Laternen von unterschiedlicher Höhe werden dahin überprüft, ob sie die Straßenschilder zufriedenstellend ausleuchten. Der Aufwand ist gewaltig: Um Licht in das beunruhigend dunkle Straßenlabyrinth zu bringen, werden mindestens 1 300 Straßenlaternen benötigt.

Soziale Betreuung für Prostituierte

■ *1775*

Das vom Sonnenkönig 1657 gegründete Krankenhaus ist für die Behandlung sozial schwacher, hilfloser Personen bestimmt, für Bettler und »Frauen, die sich der schändlichen Prostitution hingeben«, für alle Kriminelle, für »lasterhafte Mädchen« und Hexen. Der

Abtransport der Freudenmädchen an der Porte Saint-Bernard; Gemälde von Etienne Jeaurat.

weitläufige, am Stadtrand gelegene Gebäudekomplex ist bekannt unter dem Namen »la Salpêtrière«. Der Architekt Libéral Bruant, der spätere Erbauer des Invalidendoms, hat auf dem Grundriss eines griechischen Kreuzes eine Kirche errichtet, die nahezu 4 000 Gläubigen einen freien Blick auf den Altar ermöglicht. Von der Salpêtrière aus starteten mehrere Transporte nach Louisiana. Straßenmädchen erhalten hier eine warme Mahlzeit. Dies geschieht auf Anordnung des Königs, dem daran liegt, »alles in seiner Macht liegende zu tun, um der allgemeinen Sittenlosigkeit, der Ausschweifung und Korruption Herr zu werden«. Der Generalleutnant der Polizei geht mit allen Mitteln gegen die Prostitution vor – bisher ohne Erfolg.

Münzstätte im Stil Ludwig XVI. errichtet

Das Gemälde von Pierre-Antoine Demachy (um 1800) zeigt den Blick vom Pont-Neuf auf die Münzanstalt, den Louvre und das Seineufer mit Hafenanlagen.

■ *1777*

Am Quai de Conti, am Ufer der Seine, ist ein riesiges Gebäude zu bewundern, das Hôtel des Monnaies (seit 1878: Hôtel de la Monnaie), die Münzprägestätte. Es gilt wegen seiner eleganten Proportionen als erstes herausragendes Beispiel für einen Bau im Stil Ludwig XVI. und darüber hinaus als eines der seltenen Architekturbeispiele der Epoche, das die Jahrhunderte nahezu unbeschadet überdauert hat. 1768 von Ludwig XV. in Auftrag gegeben, soll das Gebäude nicht weit von den Befestigungsanlagen aus der Zeit von Philipp August und Karl V. entstehen. Die bisher auf die ganze Stadt verteilte Verwaltung soll nun an einem Ort konzentriert werden. Gewinner des Architekturwettbewerbs ist der 35-jährige Jacques-Denis Antoine. Am 30. April 1771 legt Abbé Terray, der Generalkontrolleur der Finanzen, den Grundstein. Die Fassade misst 117 Meter. Jede Etage hat 27 Fensteröffnungen. Auf der Eichentür des zentralen Haupteingangs ist das Monogramm Ludwigs XV. zu erkennen und das zwischen Merkur und Zeres in den Tympanon eingelassene Lilienwappen. Sechs Skulpturen beherrschen das Gebäude: die Klugheit, die Macht, die Gerechtigkeit, der Handel, der Überfluss und der Friede.

Eine Pfandleihe gegen den Wucher

■ *Februar 1778*

Auf Anordnung des Königs vergrößert der Generalleutnant der Polizei Jean Lenoir (siehe Abbildung) eine Einrichtung, die es bisher in der Hauptstadt so nicht gab. Nach dem Willen Ludwigs XVI. soll auch Paris, so wie andere europäische Großstädte, eine eigene Pfandleihe haben: Ein Institut, das gegen Hinterlegung persönlicher Wertsachen Bargeld auszahlt. Die Wertsachen werden zurückerstattet, sobald die entliehene Summe und ein geringer Zins zurückgezahlt wird. Eine höchst hilfreiche Einrichtung bei finanziellen Engpässen. Sie geht auf eine fromme Stiftung zurück, die ihren Sitz in der Gegend von Siena in der Toscana hat. Die Pfandleihe (später allgemein bekannt unter dem Namen »Meine Tante« oder »Leihhaus«) soll verhindern, dass Menschen in finanzieller Not darauf angewiesen sind, Geld gegen Wucherzinsen auszuleihen. Der König beschließt, dieses skandalöse Geschäftsgebaren zu unterbinden. Die Pfandleihe wird im ehemaligen Stadthaus des Zahlmeisters Deschamps de Courgy eingerichtet. Die Pariser Pfandleihe verfügt allein über das Recht Geld gegen ein Pfand auszuleihen. Sie wird noch so manchem einen Dienst erweisen. 225 Jahre später gibt es in Frankreich 20 solcher Einrichtungen, die den jeweiligen Bürgermeistern unterstellt sind. Ein Taxator setzt den Wert des Gegenstands fest und damit die Höhe des gewährten Darlehens. In regelmäßigen Abständen werden Wertgegenstände, die nicht eingelöst werden, zum Kauf angeboten.

Voltaires Geist erlischt mit 84

■ *30. Mai 1778*

Paris bringt sein Idol an den Rand der Erschöpfung. Der stürmische Empfang in Paris überfordert den scharfsinnigen Denker, den um äußerste sprachliche Präzision bemühten Dichter, den Verteidiger von Calas, den fernen Bewunderer Katharinas der Großen und den ehemaligen Vertrauten Friedrichs II. Man kann nur vermuten, dass ihn der vom Herzog von Richelieu empfohlene Trank auf Opiumbasis eher an den Rand des Todes gebracht hat, als dies einem Arzt Molières hätte gelingen können. Zumindest kann sich Voltaire damit trösten, dass ihn der Tod auf dem Höhepunkt seines Ansehens ereilt. Dem »Geist des Jahrhunderts« wird bei seiner Rückkehr nach Paris ein triumphaler Empfang zuteil. Welche Genugtuung nach 28 Jahren im Exil. Würdevoll, witzig und vor Geist sprühend empfängt Voltaire täglich Dutzende von Besuchern. Seine Popularität lässt ihn seine Müdigkeit vergessen. Nach dem letzten Besucher allerdings ist der Dichter vollkommen erschöpft. Sein Arzt rät ihm dringend, sich zu schonen. Aber er wäre nicht Voltaire, wenn er diesen Rat befolgen würde. Vor genau zwei Monaten wohnte er einer Aufführung seines Stücks »Irène« im Théâtre Français bei. Er wird mit Ovationen überschüttet und mit Lorbeer bekränzt, während die Schauspieler seine Büste auf offener Bühne umarmen.

Beaumarchais bereichert sich

■ *1787*

Seit der turbulenten Uraufführung seines Stückes »Die Hochzeit des Figaro« vor drei Jahren in der Comédie-Française verfolgt Pierre-Augustin Caron de Beaumarchais die Arbeit der von ihm gegründeten »Vereinigung der Theaterautoren« mit äußerster Genugtuung. Dank dieser Einrichtung, die die Autoren gemäß der Einspielergebnisse entlohnt (64-mal wird der »Figaro« im Jahr 1784 aufgeführt), ist Beaumarchais ein reicher Mann geworden. Soeben hat er von der Stadt ein 4 000 Quadratmeter großes Grundstück am Boulevard Saint-Antoine erworben (heute Boulevard Beaumarchais). Der Architekt Le Moine baut ihm dort ein exklusives Stadtpalais.

Zollmauer um Paris herum errichtet

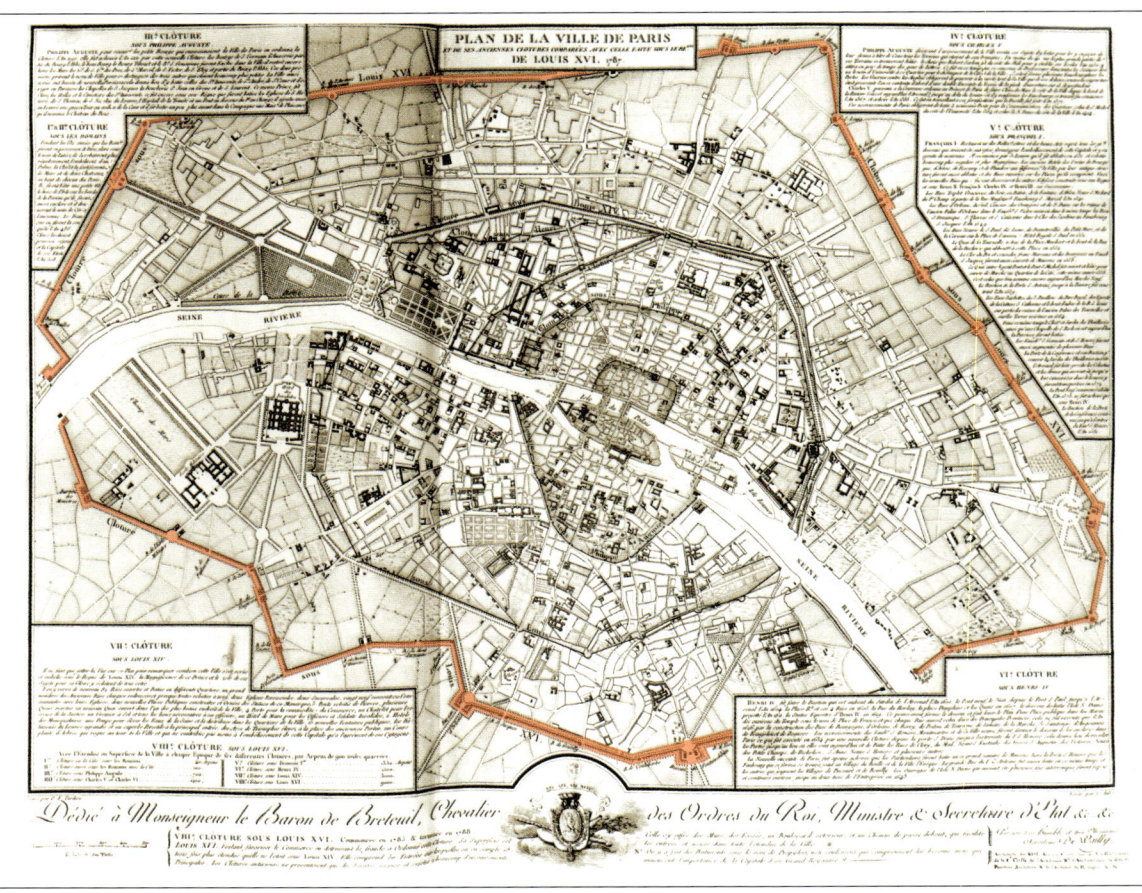

■ *1780–1787*

Seit der Zerstörung der Stadtmauern ist die Erhebung der Zölle durch ein Zollamt auf Rädern nur unbefriedigend geregelt. Betrügereien sind an der Tagesordnung. Auf ihren Antrag hin haben die mit der Steuereintreibung betrauten Beamten erreicht, dass eine durchgehende Mauer um die Stadt gezogen wird. Das Bauwerk, das 1784 in Angriff genommen wurde, ist nun fertig gestellt. Es handelt sich nicht um eine Befestigungsmauer, sondern um eine Steuerschranke, so wie sie Minister Turgot, der Sohn des Bürgermeisters, ersonnen hat. Wer immer aus der Vorstadt oder aus einem der umliegenden Dörfer kommend das Stadtgebiet betreten will, muss nun einen Zoll entrichten, der an den Staat abgeführt wird. Die Pariser sind wenig begeistert von dieser sowohl administrativen als auch geographischen Grenzlinie. Die Mauer der Steuereintreiber hat eine Länge von 25 Kilometer, ist vier bis fünf Meter hoch und hat 58 Durchlässe (Überreste sind noch an der Station Nation, Porte de la Villette, am Park Monceau und an der Station Denfert-Rochereau zu sehen).

STICHWORT

Die Familie Mozart in Paris

Wolfgang Amadeus Mozart und sein Vater Leopold halten sich zwischen November 1763 und März 1764 in Paris auf. Sie sind im Hôtel de Beauvais, im Marais, untergebracht. Nachdem sie Ludwig XV. vorgestellt worden sind, spielen sie gemeinsam vor der Marquise de Pompadour. Ein zweiter Aufenthalt folgt von Mitte Mai bis zum 8. Juli 1766. Baron von Grimm, der sie in die Gesellschaft einführt, notiert: »Dieses Wunderkind ist jetzt neun Jahre alt. Es ist kaum gewachsen, aber es hat musikalisch ganz außerordentliche Fortschritte gemacht.« Während seines dritten Aufenthalts von März bis Juli 1778 wird er nur von seiner Mutter begleitet. Sie wohnen in einer bescheidenen Unterkunft in der heutigen Rue du Sentier. Seine Mutter Anna-Maria stirbt am 3. Juli. Sie wird in Saint-Eustache beigesetzt.

Mozart, sein Vater und seine Schwester

Unmut wegen Brunnenabriss

■ *1788*

Der Plan, den herrlichen vom Bildhauer Jean Goujon im 16. Jahrhundert geschaffenen Brunnen »Fontain des Innocents« abzutragen, erregt die Gemüter. Bereits der Abriss der »Kirche der heiligen Unschuldigen« brachte Unruhe in die Bevölkerung. Droht nun dem Brunnen dasselbe Schicksal? Zwar wird behauptet, er werde abmontiert und auf dem Marktplatz, der anstelle des ehemaligen »Friedhofs der Unschuldigen« entstehen soll, wieder aufgebaut. Allerdings müsste dann dem Brunnen eine vierte Seite hinzugefügt werden.

Finanzkrise sorgt für Unruhen

■ *18. Juli 1788*

20 000 Menschen der Vorstadt Saint-Antoine sind ohne Arbeit und der Brotpreis steigt weiter an. Aus Angst vor Unruhen fordern die Stadt und der königliche Palast 10 000 Mann an, die den Vorort umzingeln. Dies allerdings steigert nur noch mehr den Unmut in den Arbeitervierteln. Mit Ungeduld wird die Einberufung der Generalstände durch Ludwig XVI. erwartet. Nach einem Parlamentsbeschluss sind sie es, die die Steuergesetze zu verabschieden haben. Der Justizminister begeht jedoch den Fehler, die Macht des Parlaments zu beschneiden. Das Land befindet sich in einer schweren Finanzkrise. Der Staatskasse fehlen 240 Millionen Francs und allein die Einberufung der Generalstände könnte die Banken noch einmal dazu bewegen, weitere Kredite zu gewähren. Die Ankündigung zusätzlicher Kreditaufnahmen heizt die Stimmung an. Die Wache am Pont-Neuf

Auf einer Sondersitzung des Parlaments am 19. November 1787 im Justizpalast kündigt der König eine erneute Kreditaufnahme an.

geht in Flammen auf. In den Vorstädten schwillt der Volkszorn an. Der König hat kein Ohr für die Warnungen von Malesherbes, einem hervorragen-

den und reformfreundlichen Juristen. Dieser empfiehlt dringend eine Verfassungsänderung, die die Rechte des Volkes berücksichtigt.

Strenger Winter bringt Hunger

■ *November – Dezember 1788*

Seit Wochen schneit es ununterbrochen. Der durch die Frostbeulen verursachte Schmerz ist unerträglich. Die Seine ist zugefroren und der Polizeileutnant lässt eine Fahrrinne freimachen, damit die Frachtkähne ihre dürftige Ladung löschen können. Der Boden ist steinhart. Auf den Friedhöfen können die Toten nicht mehr beerdigt werden. Wie vor 80 Jahren gefriert der Wein in den Karaffen und Gläsern. Die Versorgung der Bevölkerung ist schwierig, die Lebensmittel werden knapp. Die 20 Märkte der Stadt, die normalerweise von den Hallen beliefert werden, können ihre Auslagen nur mit Mühe füllen. Die Waren sind unbezahlbar teuer und zahlreiche Familien hungern. Selbst das vereiste Holz brennt nicht mehr. Tief bewegt verteilt der König Almosen unter den Bauern, die versuchen, ihre Produkte an den Mann zu bringen.

Die Einwohnerzahl nimmt weiter zu

■ *1788*

Aufgrund mühsamer Bestandsaufnahmen und Berechnungen geben der Generalleutnant der Polizei und der Bürgermeister der Stadt die Höhe der Einwohnerzahl mit 600 000 an. Die von den Steuereintreibern gezogene Grenzlinie erlaubt eine klare Trennung zwischen Stadt und Umland. Alles was sich außerhalb eines 112 Meter breiten Streifens jenseits der Mauer befindet, gehört nicht mehr zum Stadtgebiet. Die Stadt bedeckt momentan eine Fläche von 3 370 Hektar. Damit ist während der vergangenen 80 Jahre, das heißt seit der Regierungszeit Ludwigs XVI., die Einwohnerzahl um 100 000 gestiegen.

Der Louvre erstrahlt in neuem Glanz

■ *1788*

Das Werk von Claude Perrault, dem Bruder des berühmten Märchendichters, erstrahlt, nach vielen Rückschlägen, in neuem Glanz. Seit Baubeginn vor mehr als einem Jahrhundert kamen die Arbeiten an den Kolonnaden mehrmals zum Erliegen. Vor 30 Jahren wurde das Gebäude teilweise renoviert. Es ist noch heute unvollendet.

Allerdings kann nun endlich die 183 Meter breite Prunkfassade bewundert werden, mit deren Restauration Gabriel und Soufflot beauftragt waren. Die beiden Kolonnadenreihen mit jeweils sechs Doppel- und zwei Einzelsäulen waren in einem schlechten baulichen Zustand. Ein Rasen wurde angelegt und Passagen führen in den Cour Carré, den Innenhof des Louvre.

STICHWORT

Das Paumespiel

Am 20. Juni 1789 kam es im Ballhaus zu Versailles zum so genannten »Ballhausschwur«. An diesem Ort wird normalerweise das aus dem 14. Jahrhundert stammende Paumespiel ausgeübt. Ursprünglich ging es bei diesem Spiel darum, mithilfe der Handfläche (paume) den Ball über ein Netz zu schlagen. Später dann wurde dazu ein Gerät benützt, ein Schlagholz oder ein mit Saiten bespannter Schläger. Das Paumespiel wird im Freien gespielt, aber auch in geschlossenen Räumen – im »Ballhaus«. Im 17. Jahrhundert werden Ballhäuser mitunter als Bühnenräume genutzt oder auch als Gemäldegalerie wie im Falle des von Napoléon III. im Jahr 1862 eingeweihten »Jeu de Paume«.

Diese Grafik zeigt das Paumespiel – ein früher Vorläufer des Tennis.

Die renovierte Louvre-Kolonnade; Gemälde von Pierre-Antoine de Marchy

Die Plünderung einer Manufaktur

■ *28. April 1789*
Seit Sonntag sind beunruhigende Gerüchte im Umlauf. Angeblich will der reiche Papierfabrikant und Besitzer einer Manufaktur im Faubourg Saint-Antoine den Lohn seiner Arbeiter um 15 Sous kürzen. Am gestrigen Montag zogen die Demonstranten bis zur Place de Grève (Rathausplatz), wo Monsieur Réveillon als Strohpuppe verbrannt wurde. Er gilt als herrisch und hartherzig. Die ungefähr 30 Gardisten sind überfordert. Um die Mittagszeit werden drei Feuer entfacht, in denen auch die Lohnabrechnungen verbrannt werden. Die Plünderer leeren die Fässer aus und kommen daran um: Statt mit Wein sind sie mit Bleichmittel gefüllt. Nachdem gezielt Schüsse vom Dach abgefeuert werden, kehrt wieder Ruhe ein.

Umlaufende Gerüchte führen in der Manufaktur von Monsieur Réveillon zu Unruhen. Dragoner und Schweizergarden schießen in die Menge.

Gardisten sind wieder frei

■ *30. Juni 1789*
Die Einwohner der Stadt verschaffen sich gewaltsam Zugang zum Gefängnis der Abtei von Saint-Germain-des-Prés. Sie befreien die rebellierenden Gardisten und stellen sie unter ihren Schutz. Es handelt sich um Dragoner und Husaren, die sich geweigert haben, auf Aufständische zu schießen. Die Befehlsverweigerer wurden festgenommen. Die Bewohner des Viertels dringen in die Schreibstube des Gefängnisses ein, um kurz darauf das so genannte »Gästehaus«, zusammen mit den »Befreiten«, wieder zu verlassen. Offensichtlich gibt es ein stilles Einvernehmen zwischen den Elitesoldaten und der Pariser Bevölkerung. Da sie auf die ganze Stadt verteilt sind, kommt es zu wechselseitigen Beziehungen und einem Meinungsaustausch. Die Handwerker und Ladenbesitzer in der Nachbarschaft des Gefängnisses gewähren den Aufständischen sogar Unterschlupf. Das Gerücht, ein Adelskomplott werde vorbereitet, um die revolutionären Ideen zu ersticken, macht die Runde. Dies, der Brotmangel und die Entlassung Neckers führen dazu, dass sich die Gardisten auf die Seite der Pariser Bevölkerung schlagen.

Die Meuterei im Gefängnis von Saint-Germain nimmt für die Gardisten ein gutes Ende: Sie werden von den Menschen der umliegenden Häuser befreit.

Plünderungen aus Zorn

Ausschnitt einer Plünderungsszene; Gemälde von Jean-Baptiste Lallemand

■ *12. – 13. Juli 1789*
Der Volkszorn kennt nun keine Grenzen mehr. Beim Palais-Royal, vor dem Café de Foy, schwingt der junge Camille Desmoulins, auf einer Tonne stehend, den Degen. Er ruft dazu auf, den deutschen Dragonern, die angeblich die Patrioten »schlachten« wollen, Widerstand zu leisten. An den Tuilerien kommen Passanten im Gedränge um. Als Vergeltung dringt die Menge auf der Suche nach Waffen ins königliche Möbellager an der Place Louis-XV ein. Die Zollschranken werden niedergerissen, die Insassen des Gefängnisses von Saint-Lazare werden befreit und das benachbarte Kloster geplündert. Die Bürgerlichen bitten den Vorsteher der Kaufmannschaft, Jacques Flesselles, dringend darum, eine Miliz zum Schutz aufzustellen.

Das Volk erstürmt die Bastille

König erfreut das Volk

■ 14. Juli 1789

Am Rande des Faubourg Saint-Antoine, dort wo sich das Staatsgefängnis befindet, hat sich seit gestern eine riesige Menschenmenge zusammengerottet. Hunderte von Handwerkern versuchen, Zugang zum Waffenlager zu bekommen. Der Kommandant, Monsieur de Launay, fordert zusätzliches Wachpersonal an. Die 80 Wachposten werden durch 30 Schweizergarden verstärkt. Um 13.30 Uhr schwingen sich ungefähr zehn junge Männer auf das Dach einer Parfümfabrik. Von hier aus kann die Strecke eingesehen werden, die die Wachmannschaft regelmäßig abschreitet. Schüsse fallen. Schreie sind zu hören: »Verrat!« Der völlig überforderte Kommandant lässt auf die Menge schießen, denn er befürchtet, dass sein Palast geplündert wird. Drei Emissäre versprechen ihm, sein Leben zu schonen, wenn er die Bastille kampflos übergibt. So geschieht es. Auf dem Weg zum Rathaus fällt der verhasste Marquis de Launay der Lynchjustiz zum Opfer. Der Vorsteher der Kaufmannschaft wird, des Verrats bezichtigt, ebenfalls auf der Stelle hingerichtet.

■ 17. Juli 1789

Um sechs Uhr fahren Ludwig XVI. und sein Gefolge durch eine dichte, schweigende Menschenmenge am Louvre vorbei zum Rathaus. Dem König schlägt Verachtung entgegen. Das Volk verlangt von ihm die Anerkennung ihres Sieges an der Bastille. Degenschwingend führt Lafayette, der Chef der Nationalgarde, den Zug an. Die Straßen der Stadt ertönen vom Widerhall Unheil verkündender Kanonenschüsse von der Bastille her. Mit Eisenstangen und Gewehren bewaffnet strömen die Menschen von allen Seiten herbei und formen ein seltsam bedrohliches Ehrenspalier. Da er befürchtet, von den Aufständischen als Geisel genommen zu werden, ernennt der König seinen Bruder, den Comte de Provence, zum Statthalter. Am Rathaus der Stadt überreicht ihm der Bürgermeister Jean-Sylvain Bailly eine cocarde tricolore, das von Lafayette entworfene Zeichen der Sammlung des Volkes. Das die Monarchie symbolisierende Weiß ist umrahmt von den Stadtfarben Blau und Rot. Stumm und tief bewegt heftet Ludwig XVI. die Kokarde an seinen Hut und betritt das Gebäude. Die Bevölkerung nimmt diese Unterwerfungsgeste des Königs unter den Willen des Volkes mit Begeisterung auf. Die Bürger – so nennen sich zukünftig die Untertanen Seiner Majestät – ziehen ihre Degen und formen über ihm ein schützendes Dach. Der König ist gerührt, fasst sich aber kurz darauf wieder. Die Menge vergießt Freudentränen und reckt dem König die Arme entgegen. Von überall her hört man den Ruf erschallen: »Unser König! Unser Vater!«

ZUR PERSON

Jean-Sylvain Bailly

Bailly, 1736 in Paris geboren, ist ein äußerst renommierter Astronom. In seiner Funktion als Bürgermeister von Paris überreicht er Ludwig XVI. die »cocarde tricolore« mit den Worten: »Majestät, Heinrich IV. hat sein Volk erobert. Heute erobert das Volk seinen König.« Am 17. Juli 1791 setzt er auf Repressionsmaßnahmen und lässt die Versammlung auf dem Marsfeld unter Beschuss nehmen. Mehr als ein Dutzend Menschen kommen um. Vier Monate nach diesem Blutbad tritt der Bürgermeister zurück. Im September 1793 wird er festgenommen. Im Prozess gegen Marie-Antoinette sagt er zugunsten der Königin aus. Vom Revolutionstribunal zum Tode verurteilt, stirbt er unter der Guillotine auf dem Marsfeld.

Jean-Sylvain Bailly, der neu gewählte Bürgermeister von Paris, überreicht dem König an den Stadttoren die Schlüssel zur Stadt; Gemälde von Jean-Paul Laurens.

Die Bastille wird niedergerissen

Zwei Tage nach dem Sturm auf die Bastille wird sie unter Freudengeschrei zerstört. Freiwillige rücken mit Schaufeln und Hacken an; Gemälde von J.-P. Houel.

■ *16. Juli 1789*

Die Pläne liegen seit langem in den Schubladen. Architekt Corbet wurde bereits vor fünf Jahren vom König damit beauftragt, den nahezu ungenutzten Festungsbau abzureißen und statt dessen einen freien Platz anzulegen. Nun haben die wahlberechtigten Pariser die Pläne wieder hervorgeholt. Ein gewisser Palloy hat seine Dienste angeboten und will heute mit dem Ab-riss beginnen. Er hat Freiwillige angeworben, die das Mauerwerk abtragen sollen. Der großspurige und prahlerische Palloy sieht sich als einen der Eroberer der Bastille zwei Tage zuvor. In Wirklichkeit war er gar nicht vor Ort. Das Gebäude ist in kürzester Zeit niedergerissen. Bei jedem Stück Festungsmauer, das in sich zusammenfällt, vernimmt man ein lautes Freudengeheul der Beteiligten.

Der König siedelt nach Paris über

■ *17. Juli 1789*

Auf Empfehlung des Königs machen sich der Comte d'Artois und die Grafen Condé auf den Weg nach Brüssel. Vom morgigen Tag an sollen strengere Zollkontrollen eingeführt werden. Der Erwerb eines Passes wird dann bis zu 10 000 Pfund kosten. Ludwig XVI. und seine Familie siedeln daraufhin nach Paris über. Auf der Fahrt von Ver-sailles in die Hauptstadt wird aber nur Bürgermeister Bailly und dem neuen Kommandanten der Nationalgarde, Lafayette, zugejubelt. Der völlig passive Monarch beugt sich dem Willen des Volkes und der neuen Stadtverwaltung, die sich nun »Commune de Paris« nennt. Es gibt Pläne, auf dem Boden der ehemaligen Bastille eine Säule zu Ehren des Königs aufzustellen.

Die Rückkehr des Königs nach Paris. Für einen Augenblick mag man an eine Versöhnung zwischen König und Volk glauben; zeitgenössische Radierung.

Gerüchte führen zu Gewalttaten

■ *22. Juli 1789*

Ein hungriger Bauch hat nur ein Ohr für Gerüchte, die über die angeblichen »Blutsauger« verbreitet werden. Heute fallen Bertier de Sauvigny, der Stadtkämmerer, und sein Schwiegervater, Joseph-François Foulon de Doué, der Lynchjustiz anheim. Auslöser der Gewalttaten sind frei erfundene Gerüchte. Foulon de Doué, ein Großspekulant, ist erst seit vier Tagen als Nachfolger des entlassenen Finanzministers Necker im Amt. Bei Fontainebleau wird er festgenommen und barfuß nach Paris gebracht. Ihm wird der zynische Satz zugeschrieben, der in Paris die Runde macht: »Wenn sie Hunger haben, sollen sie Heu fressen ...«. Mit einem Büschel Heu als Kopfschmuck und Distelzweigen um den Hals wird er durch die Straßen geführt. Schließlich wird er an einer Straßenlaterne des Rathausplatzes aufgehängt und dann enthauptet und sein Mund mit Heu zugestopft. Die Menge spießt den Kopf auf und zieht damit durch die Straßen. Bertier de Sauvigny, der versucht hatte zu fliehen, wird nach Paris zurückgeholt und trifft dort auf die aufgebrachte Menge. Bei seinem Versuch, sich mit einem Gewehr zu verteidigen, wird er von der blutrünstigen Meute mit Bajonetten aufgespießt. Das Herz wird ihm herausgerissen und, begleitet von Flüchen, in der Stadt herumgezeigt. In den Straßen der Stadt wird jetzt kurzer Prozess gemacht. Ein falscher Blick oder eine falsche Geste reichen bereits aus, um einen zufälligen Passanten in Stücke zu reißen.

Paris wird wieder sicher

■ *24. September 1789*

Aufgrund des Lebensmittelmangels und der damit verbundenen außerordentlich gestiegenen Preise geht die Angst um. Außerdem sollen Räuber und Plünderer überall ihr Unwesen treiben. Erst die Verhängung des Ausnahmezustands und eines Versammlungsverbots machen der allgemeinen Panik ein Ende. Die Einwohner jedes Stadtviertels können nun ihren eigenen Polizeikommissar wählen. An der linken Schulter seiner Uniform trägt er ein blau-weiß-rotes Dienstabzeichen (später eine Dienstschärpe). Ihm sind Beigeordnete unterstellt, Inspektoren und einfache Polizeibeamte, die mit einem weißen Schlagstock bewaffnet sind. Ihre Pfeife trägt die Inschrift »Freiheit oder Tod«. Der Nationalgarde gehören außer Unteroffizieren und Militärpolizisten auch Bürger im Alter zwischen 16 und 60 Jahren an.

Lafayette

Marie-Joseph Motier, der Marquis de Lafayette, wird 1757 in Chavagnac, in der Auvergne, geboren. Beim Tod seiner Eltern erbt der 13-Jährige 120 000 Pfund. Nach der Ernennung zum Offizier verlässt er die Armee. Voller Begeisterung für liberales Gedankengut und gegen den Willen seiner Familie eilt er den »Aufständischen« in den englischen Kolonien Amerikas zu Hilfe. Auf eigene Kosten stellt er eine Truppe auf, die von Anfang an erfolgreich kämpft. Er wird zum Symbol für die französisch-amerikanische Freundschaft und erhält als Abgeordneter des Adels einen Sitz in den Generalständen. Später heftet er sich die »cocarde tricolore« an. 1834 stirbt er.

Fest der Eintracht auf dem Marsfeld

Neue Gemeindeverfassung

■ *21. Mai 1790*

Die Abgeordneten der verfassungsgebenden Versammlung ordnen die Verwaltungsbezirke der Stadt neu. Sie schaffen die 60 Distrikte ab und ersetzen sie durch 48 Sektionen in der Hoffnung, auf diese Weise die immer wieder aufflammenden Unruheherde zu ersticken. Über der Stadt liegt eine beängstigende Atmosphäre. Die Pariser machen sich ihre eigenen Gesetze. Sie wollen endlich Rache nehmen. Die Stadt macht sich frei von den Fesseln der Monarchie. Die öffentliche Sicherheit, die Finanzen, die Versorgung mit Lebensmitteln, die öffentlichen Einrichtungen und das Bauamt sollen neu geordnet werden. In Artikel fünf der Gemeindeverfassung ist festgelegt: »Die Gemeindeverwaltung setzt sich zusammen aus einem Bürgermeister, 16 Verwaltungsbeamten, 32 Ratsmitgliedern, 96 Honoratioren, einem Gerichtspräsidenten und seinen beiden Vertretern«. Die Sektionen, die den Namen eines Heiligen tragen, werden umbenannt. Nur die Heilige Geneviève (Genoveva) entkommt der allgemeinen Säkularisierung.

Brücke Louis-XVI eingeweiht

■ *1790*

Das Bauwerk ist noch unvollendet. Aber jetzt schon zeigt sich, dass dies eine der schönsten Brücken von Paris werden wird. Sie ist 153 Meter lang, 34 Meter breit und verbindet die Place Louis-XV mit dem Palais-Bourbon. Sie ist das Werk von Jean-Rodolphe Perronet, dem Gründer der Hochschule für Hoch- und Tiefbau. Baubeginn war am 11. August 1788. Als Baumaterial werden behauene Steine verwendet. Teile aus dem Abriss der Bastille konnten wiederverwendet werden, vor allem im oberen Bereich der Pfeiler. Diese Lösung hat sich nicht zuletzt deshalb angeboten, weil dadurch »der Bevölkerung die Gelegenheit gegeben wird, den alten Festungsbau ständig mit Füßen zu treten«. Der König ist tief bewegt, als er das Bauwerk einweiht, denn die Brücke war Perronets erster Auftrag. Diese Brücke wird noch manches Mal ihren Namen ändern, bis sie 1830 endgültig ihren noch heute aktuellen Namen »Pont de la Concorde« erhält.

Der Marquis de Lafayette schwört den Eid auf die Nation, das Gesetz und die Monarchie; Gemälde von P.-A. Demachy.

■ *14. Juli 1790*

Die verfassungsgebende Versammlung hat beschlossen, das Pariser Marsfeld zum Schauplatz einer Feier nationaler Verbrüderung zu machen.

Voller Begeisterung strömen etwa 100 000 Menschen aus der Provinz nach Paris. Die meisten von ihnen sehen die Stadt zum ersten Mal. Paris wird zum Schauplatz einer spontanen Versöhnung aller Franzosen. Die Damen sind dem Anlass entsprechend gekleidet: Rock aus schwerer Baumwolle und eine kleine Haube über den Ohren. Bald schon zeigt sich, dass die Vorbereitungen auf dem Marsfeld nicht recht vorankommen. Die vorgesehenen 1 200 Handwerker können die Arbeit nicht leisten. Freiwillige aus der Provinz helfen, das Festgelände herzurichten. Selbst der König begibt sich von den Tuilerien zum Marsfeld. Als Zeichen seiner Bürgernähe greift auch er zur Schaufel, obwohl hier der erste Jahrestag der Erstürmung der Bastille gefeiert werden soll. Am Eingang zum Marsfeld erhebt sich ein gewaltiger, 25 Meter hoher Triumphbogen. Im Mittelpunkt des Festgeländes ist ein großer Erdhügel aufgeworfen, auf dem der »Altar des Vaterlandes« errichtet ist. Der König nimmt auf der Tribüne Platz. Ein mit Samt bezogener Thronsessel ist für ihn reserviert. Gleich daneben steht der Sessel für den Präsidenten der Nationalversammlung. Zehntausende feiern mit dem Bischof von Autun, Talleyrand, eine Messe. Abbé Louis assistiert ihm. Die beiden Männer wissen nicht recht, ob sie lachen oder weinen sollen. Es ist eigenartig. Alle glauben, der Geburtsstunde einer konstitutionellen Monarchie beizuwohnen. Statt dessen wird hier eine tausendjährige Monarchie zu Grabe getragen. Es gießt in Strömen, aber die nationale Verbrüderung lässt die Herzen höher schlagen. Dort, wo einmal die Bastille stand – nur noch die Grundmauern sind zu sehen – ist jetzt ein Gartenlokal eingerichtet. Heute, am ersten Jahrestag der Erstürmung, wird dort der erste Ball veranstaltet.

JOURNAL DU DIABLE.

Je me suis constitué l'ange-gardien de la nation.

L'AMI DU PEUPLE
ou
LE PUBLICISTE PARISIEN,

JOURNAL POLITIQUE ET IMPARTIAL,

Par M. MARAT, Auteur de L'OFFRANDE A LA PATRIE, du Moniteur, et du PLAN DE CONSTITUTION, etc.

LE PATRIOTE FRANÇOIS,

JOURNAL LIBRE, IMPARTIAL ET NATIONAL,

Par une Société de Citoyens, & dirigé par J. P. BRISSOT DE WARVILLE.

Une Gazette libre est une sentinelle qui veille sans cesse pour le Peuple.

Drei Zeitschriften aus der Revolutionsära. Jeden Tag kommen zehn neue dazu. Die bekannteste ist »L'ami du peuple« (»Volksfreund«), herausgegeben von Marat.

Der König muss in Paris bleiben

■ 18. April 1791

Als sich Ludwig XVI. und seine Familie von den Tuilerien aus nach Saint-Cloud aufmachen wollen, verhindert die im Palast Dienst habende Nationalgarde deren Abreise. Eine neugierige Menschenmenge hat sich eingefunden. Der überstürzt herbeigeeilte Lafayette, Kommandant der Nationalgarde, verhandelt mit den Bewaffneten. Ohne Erfolg. Lafayette meint, man solle doch Mitleid haben. Schließlich bleibt ihm nichts anderes übrig, als dem König den Rat zu geben, seine Gemächer wieder aufzusuchen. Was geht hier vor? Es wird behauptet, der König wolle, wie schon im vergangenen Jahr, das Osterfest in Saint-Cloud verbringen. Und heute beginnt die Karwoche. Es heißt, Ludwig XVI. wolle auf diese Weise seine religiösen Pflichten erfüllen und zusammen mit einem den »Eid verweigernden« Priester das Abendmahl feiern. Papst Pius VI. lehnt den Artikel, nachdem Priester zum Eid auf die Verfassung verpflichtet sind, ab. Lafayette kann nicht verhindern, dass der König zum Gefangenen des Volkes wird. Der Monarch wendet sich mit ironischem Unterton an ihn: »Es liegt an Ihnen, zu entscheiden, was getan werden muss, um die neue Verfassung zu garantieren.« Die Menge nimmt all dies mit großer Befriedigung zur Kenntnis.

Händler atmen auf: Endlich fallen die Zollschranken!

■ 1. Mai 1791

Die Nationalversammlung beschließt, an den Toren der Stadt Paris und anderer Großstädte keine Zölle mehr zu erheben. Heute tritt das Gesetz in Kraft. Die Bewohner der Vorstädte und des Umlandes nehmen die Nachricht mit Begeisterung auf: Endlich können sie ihre Waren verkaufen, ohne an den Kontrollstationen Zölle entrichten zu müssen. Ärgerlich war nicht nur, dass jedes Mal eine bestimmte Summe zu zahlen war, sondern auch der damit einhergehende Zeitaufwand. Die Wagenladungen mussten überprüft und die Fässer geöffnet werden. Dies behinderte den freien Warentransport und die ohnehin eingeschränkte Versorgung der Stadt mit Lebensmitteln.

An den Zollhäusern der Champs-Elysées werden keine Stadtzölle mehr erhoben.

Triste Rückkehr aus Varennes

■ 25. Juni 1791

Lafayette begrüßt die königliche Familie nach ihrem missglückten Fluchtversuch nach Varennes. Auf Empfehlung der Nationalversammlung ist die königliche Reisegruppe auf Nebenstraßen zurückgekehrt. Anschläge verkünden: »Wer dem König zujubelt, wird mit Stockschlägen bestraft. Wer ihn beleidigt, wird gehängt«. Ludwig XVI. ist nachdenklich. Er weiß sehr wohl, dass er der Gefangene des Volkes ist. Ein Beobachter meint dazu: »Es ist nicht erforderlich, vor ihm den Hut zu ziehen. Er wird vor seine Richter treten müssen«.

Die Asche Voltaires wird ins Panthéon überführt

■ *11. Juli 1791*

Um zwei Uhr nachmittags setzt sich ein eindrucksvoller Zug von der Place de la Bastille in Richtung Panthéon in Bewegung. Erst um zehn Uhr abends erreicht er sein Ziel. In griechische Gewänder gekleidete Männer führen zwölf Grauschimmel am Zügel. Über dem Sarkophag ist eine Nachbildung der Bastille erkennbar. Sie soll an die Zeit erinnern, die der Philosoph an jenem Ort verbracht hat. Bürger der Stadt tragen die Porträts von Rousseau, Mirabeau und Benjamin Franklin voraus. Danach folgen die Abordnungen der Nationalgarde, des Clubs der Jakobiner und der Arbeiter, die am Abriss der Bastille beteiligt waren. Der Sarg Voltaires trägt die Inschrift: »Er bekämpfte die Gottlosen und die Fanatiker. Er kämpfte für Toleranz. Er trat ein für die Menschenrechte und gegen die Zwänge der Feudalherrschaft«.

Mitglieder der Akademie tragen eine Truhe mit dem 70-bändigen Werk Voltaires.

Pétion wird Bürgermeister

■ *16. November 1791*

Jean-Sylvain Bailly ist zurückgetreten. Seit den blutigen Ausschreitungen auf dem Marsfeld war sein Ansehen verspielt. Bei den Wahlen unterliegt Lafayette dem Jakobiner Jérôme Pétion de Villeneuve. Pétion ist Abgeordneter des Dritten Standes und ebenfalls Advokat. Der unpopuläre Marquis de Lafayette zahlt einen hohen Preis für sein ständiges Taktieren. Der Held des amerikanischen Unabhängigkeitskrieges stiftet seit den Oktobertagen 1789 nichts als Verwirrung. Einerseits hindert er den König an seiner Abreise nach Saint-Cloud und möglicherweise sogar an einer Flucht. Andererseits eröffnet er auf dem Marsfeld das Feuer auf die unbewaffnete Menge. Die Tatsache, dass ihn Bailly unterstützt, macht Lafayette in den Augen der königlichen Familie sehr suspekt.

Ausnahmezustand auf dem Marsfeld

■ *17. Juli 1791*

Die Pariser Bevölkerung ist dazu aufgefordert, sich zum Marsfeld zu begeben, um dort Petitionen der Jakobiner und des Clubs der radikalen Cordeliers zu unterzeichnen. Darin wird die Absetzung des Königs gefordert, dessen Fluchtversuch gescheitert ist. Da entdeckt man plötzlich unter dem Altar zwei Männer. Zweifellos Royalisten. Sie werden von der empörten Menge massakriert. Die Nationalversammlung tritt zusammen. Ihr Präsident, Charles de Lameth, schickt umgehend einen Boten zum Rathaus. Von der Stadtregierung wird eine Reaktion verlangt und Bürgermeister Bailly verhängt den Ausnahmezustand. Die aufgebrachten Petitionäre werden des »Verbrechens gegen die Nation« beschuldigt. Lafayette, der mit der Nationalgarde zum Marsfeld beordert wird, zögert nicht lange und lässt ohne Vorwarnung auf die Menge schießen. In dem Massaker kommen zahlreiche Menschen um, viele werden schwer verwundet. Der von Marat und Danton angeführte republikanische Kampf wird blutig erstickt.

Erstmals öffentliche Bewässerung in Paris

■ *12. August 1791*

Die Hitze ist unerträglich, das Pflaster ist aufgeheizt wie in einem Backofen. Die Stadtverwaltung beauftragt Weinhändler, ihre unbenutzten 220-Liter-Fässer mit Wasser zu füllen, um damit das Pflaster zu besprühen. Dieses Wasser – natürlich kein Trinkwasser – wird dazu verwendet, den Straßenbelag zu befeuchten, die Rinnsteine zu reinigen und die Kanalisation durchzuspülen. Der Wasserbehälter ist auf einer Karre befestigt, deren Vorderachse auf kleinen Rädern ruht. Dadurch kann sie nach allen Seiten bewegt werden. Sie wird von vier Männern gezogen. Am hinteren Ende sprudelt das Wasser in einer Fontäne aus zahlreichen Bohrlöchern. Um ein Fass an einem Reservoir oder Kanal mit Wasser aufzufüllen, müssen oft weite Wege in Kauf genommen werden. Für die öffentliche Bewässerung darf kein Quellwasser verwendet werden, da Trinkwasser äußerst knapp ist. In der Tat steht jedem Einwohner der Stadt täglich nur ein Liter Wasser zur Verfügung – trotz der Hitze.

Nach Ausschreitungen gibt Lafayette den Befehl, in die Menge zu schießen.

Erste Versuche einer öffentlichen Bewässerung in Paris

Robespierre hält eine engagierte Rede gegen den Krieg

■ 2. Januar 1792
In der Rue Saint-Honoré, im ehemaligen Klosterrefektorium der Jakobiner, tagt der Club, dem dieser Orden den Namen gab. Am heutigen Abend kommt es zu einer heftigen Auseinandersetzung zwischen Befürwortern und Gegnern des Krieges. Die einen scharen sich um Jacques-Pierre Brissot und Kriegsminister Narbonne-Lara. Letzteren nennt Robespierre einen »Hohlkopf«. Die Kriegsgegner sind gegen den von Brissot gepredigten europäischen Kreuzzug. Für sie befinden sich die wirklichen Feinde der Revolution im eigenen Land: der Adel, die Royalisten wie Narbonne-Lara und Lafayette und der königliche Hof. Robespierre, dessen Ansehen innerhalb des Clubs der Jakobiner stetig wächst, erhält viel Beifall. Der Inhalt seiner Rede wird umgehend bis in die letzten Winkel der Provinz verbreitet.

Die Jakobiner tagen nicht mehr in der Bibliothek, sondern im Klosterrefektorium.

Freiwillige sind bereit zur Verteidigung der Stadt Paris

■ 1. August 1792
Es ist möglicherweise eher Wut als Angst, die sich in der Stadt ausbreitet. Das Kriegsmanifest des Herzogs von Braunschweig ist seit einer Woche bekannt. Es wurde in der Nationalversammlung offiziell verlesen. Das Manifest des Generals der österreichischen und preußischen Armee zeugt gleichermaßen von Überheblichkeit wie von Dummheit, denn es bringt den König in eine äußerst peinliche Lage. Nicht nur, weil es genau in dem Moment publik wird, als die Pariser die Absetzung des Königs fordern, sondern auch weil darin das Kriegsziel formuliert wird, »den Angriffen auf Thron und Altar Einhalt zu gebieten« und die volle Autorität des Königs zu garantieren. Dieses Dokument offenbart, dass Ludwig XVI. größtes Interesse daran hat, Österreich und Preußen einmarschieren zu sehen. Die Beweise für Kontakte zwischen den Tuilerien und dem Ausland liegen auf dem Tisch. Das Gerücht vom Austausch von Geheimpapieren zwischen dem Königspaar und Monarchien im Ausland scheint sich zu bewahrheiten. Der Herzog von Braunschweig stellt dem Land die schrecklichsten Heimsuchungen in Aussicht. Er sieht in den Revolutionären Rebellen, die es auszuschalten gilt. Für den Fall, dass dem König auch nur ein Haar gekrümmt werde, droht er damit »ganz Paris dem Boden gleichzumachen«.

Es besteht Kriegsgefahr. Um die Stadt zu verteidigen, werden Freiwilligenbataillone aufgestellt. Das Gemälde von Georges Paradis aus dem Jahr 1832 stammt aus dem Kunstmuseum von Quimper. »Das Vaterland in Gefahr« gibt eine Szene wieder, die sich am 22. Juli 1792 vor dem Odéon-Theater abspielte.

ZUR PERSON

Joseph Ignace Guillotin

Der 1738 geborene Arzt ist einer der ersten Abgeordneten in der Nationalversammlung. Er teilt seinen Kollegen mit, ein neuartiges Hinrichtungsgerät erfunden zu haben: »Im Handumdrehen ist der Kopf vom Rumpf getrennt«. Die Guillotine, die den Galgen ablösen soll, ist erfunden. Ursprünglich als geradezu menschenfreundliche Erfindung propagiert, wird sie zum Symbol der Schreckensherrschaft mit ihren unerhörten Grausamkeiten und Massenhinrichtungen. Es handelt sich um ein Gerät mit einem Fallbeil in der Form eines rechtwinkligen Dreiecks, dessen längste Seite den Schnitt ausführt. Am 25. April 1792 kommt die Guillotine zum ersten Mal in der Öffentlichkeit zum Einsatz. Guillotin stellt befriedigt fest: »Das Ganze hat nicht mehr als 40 Sekunden gedauert«.

Die Sans-Culotten stürmen die Tuilerien

■ *10. August 1792*

Das von den 48 Pariser Sektionen gestellte Ultimatum läuft um Mitternacht ab: Falls die Abgeordneten der Nationalversammlung nicht endlich den König für abgesetzt erklären, ist die Pariser Bevölkerung entschlossen, die Revolution zu vollenden. In den frühen Morgenstunden des 10. August wird die bisherige Stadtregierung durch die »Commune« (die revolutionäre »Pariser Kommune«) ersetzt. Die Verteidiger der Tuilerien sind ohne Führung, weil Ludwig XVI. sich im Schutz der treu zu ihm stehenden Truppen, knapp 7 000 Mann, davon 900 Schweizergarden, in die Nationalversammlung flüchtet. Um 13 Uhr wird der Palast gestürmt. Die Schweizergarden kommen in einem fürchterlichen Blutbad um. Auf Seiten der Verteidiger werden 900 Tote gezählt.

Die revolutionäre Menge stürmt die Tuilerien. 700 Aufständische kommen um.

Die Republik wird ausgerufen

■ *21. September 1792*

Am gestrigen Tag stellte Collot d'Herbois in der Nationalversammlung offiziell den Antrag auf Abschaffung der Monarchie. Der Begriff »Republik« wurde auf Vorschlag von Billaud-Varenne eingeführt. Damit ist juristisch anerkannt, was längst zur Tatsache geworden ist. Der größte Teil der 749 in den Nationalkonvent gewählten Abgeordneten sind Advokaten oder gehören der mittleren und kleineren Bourgeoisie an. Die meisten sind neu im Amt. Nur knapp 100 von ihnen saßen bereits in der verfassungsgebenden Versammlung, darunter Robespierre. 200 weitere hatten einen Sitz in der gesetzgebenden Versammlung, wie Brissot und Condorcet. Die Republik ist kampfbereit. Was sie allerdings dringend braucht, ist eine neue Verfassung.

Die königliche Familie sitzt in Haft

■ *13. August 1792*

Es ist sechs Uhr abends. Pétion, der Bürgermeister der Stadt Paris, fährt vor, um Ludwig XVI. und seine Familie zum Temple zu geleiten. Dies ist die neue Bleibe, die die Nationalversammlung der königlichen Familie zugewiesen hat. Das Königspaar und seine Kinder besteigen eine der Staatskarossen. In ihrer Begleitung sind Madame de Tonzel, die Gouvernante der Kinder und Prinzessin de Lamballe, eine enge Freundin von Marie-Antoinette. In einer weiteren Kutsche nehmen die sechs Bediensteten Platz, die die Commune dem abgesetzten König zugesteht. Auf

der Fahrt zum Temple hagelt es Flüche und Beschimpfungen von allen Seiten. Ludwig XVI., tief getroffen, aber Würde bewahrend, lässt alles schweigend über sich ergehen. Bei seiner Ankunft im Temple wird das Königspaar in den ehemaligen Palast des Grafen von Artois geleitet, wo ein Abendessen serviert wird. Gegenüber dem König und seiner Gemahlin verschweigt Pétion, dass sie nicht in diesem Teil des Gebäudes bleiben werden. Vielmehr werden sie in der zweiten Etage des düsteren Hauptturmes nebenan gefangen gesetzt. Schließlich schweigt der Bürgermeister nicht länger. Ludwig XVI. nimmt seine Worte ohne Regung auf. Da allerdings keine Vorbereitungen getroffen sind, wird der königlichen Familie für den heutigen Abend erst einmal ein kleines Turmzimmer nebenan zugewiesen. Dort verbringt sie, vollkommen verängstigt, ihre erste Nacht in Gefangenschaft. Vor drei Tagen noch hatte Ludwig XVI. seinen letzten königlichen Befehl unterzeichnet, der sinnloses Blutvergießen in den Tuilerien vermeiden sollte: »Der König befiehlt den Schweizergarden, sofort ihre Waffen niederzulegen und sich in ihre Kasernen zurückzuziehen.« Dieser ausdrückliche Befehl hat weder das an den Schweizergarden verübte Blutbad verhindert, noch die Plünderung des Palastes. Am heutigen Abend sitzt Ludwig im Temple als gewöhnlicher Häftling.

Zwei Stockwerke des Temple werden zum Gefängnis umfunktioniert.

Blutbad in den Pariser Gefängnissen

■ *2. – 6. September 1792*

In Paris geht eine Angst um, die sich zur Hysterie steigert. Zur Verteidigung der Stadt gegen die scheinbar unaufhaltsam vorrückenden Preußen wird eine Freiwilligenarmee von 60 000 Mann aufgestellt. Darüber hinaus, dessen ist man sich gewiss, wimmelt es in den Gefängnissen von Verrätern und Anhängern einer royalistischen Verschwörung. Marat und Fréron lassen keine Gelegenheit aus, in radikalen Blättern die Bevölkerung dazu aufzurufen, die Verschwörer aufzuspüren und sie

kurzerhand durch Hinrichtung unschädlich zu machen. Stanislas Maillard, ein übereifriger Gerichtsdiener aus dem Faubourg Saint-Antoine, richtet eine Art revolutionäres Tribunal ein, um dem Adel ein für alle Mal und »ganz legal« den Garaus zu machen. Sowohl die Kommune wie auch die Nationalversammlung sehen tatenlos zu. Die Gefängnisse L'Abbaye, Le Châtelet, La Force und Bicêtre werden zu Schlachthäusern in der Hand von Mördern in einem Blutrausch, der mehr als 1 000 Opfer fordert.

Die Prinzessin de Lamballe, der die Kleider vom Leib gerissen wurden, erwartet ihre Enthauptung; Gemälde von Léon Faivre.

König Ludwig XVI. wird der Prozess gemacht

■ *17. Januar 1793*

Das Todesurteil über den abgesetzten Monarchen spaltet den Nationalkonvent. Die gemäßigten Girondisten stimmen zwar für die Todesstrafe, fordern aber, dass das Urteil durch eine Volksabstimmung bestätigt werde. Tronchet, De Sèze und Malesherbes, die drei Verteidiger Ludwigs XVI., haben einen schweren Stand. Es gilt, Konventsabgeordnete zu überzeugen, nach deren Meinung dieser außergewöhnliche Prozess nur mit einem Todesurteil enden kann. Robespierre wütet gegen die Gemäßigten. Deren Aufrufe in sämtlichen Départements haben bereits dazu geführt, dass die Stimmung gegen das Todesurteil stetig zunimmt und man Milde walten lassen sollte. Nach Robespierres Auffassung ist es ausgeschlossen, dass die Bevölkerung ein ordentliches Gerichtsurteil in Frage stellt.

Ludwig XVI. vor dem zum Gerichtssaal umfunktionierten Nationalkonvent; Gemälde von G. Vendramini

Der König stirbt auf dem Schafott

■ *21. Januar 1793*

Kurz nach neun Uhr verlässt Ludwig XVI. den Temple. Aus den Händen von Abbé Edgeworth de Firmont empfängt er seine letzte heilige Kommunion. Unter Tränen erklärt er seinem Beichtvater, er wolle sich auf seinen letzten Weg machen, ohne seine Frau und seine Kinder nochmals zu sehen, »um ihnen den Schmerz über eine so grausame Trennung zu ersparen«. Während der Fahrt verharrt die Menge in Schweigen. Von irgendwoher erschallt der Ruf: »Erbarmen!« Am Fuß des auf dem Platz der Revolution errichteten Schafotts angekommen, lässt er sich die Hände auf den Rücken fesseln. Er leistet keinen Widerstand. Die Haare werden ihm abgeschnitten. Dann erklimmt er die steilen Stufen zur Plattform des Gerüsts. Oben angelangt, versucht der zum Tode Verurteilte vergeblich, seine Stimme zu erheben und zu den Schaulustigen zu sprechen: »Mein Volk. Ich sterbe unschuldig! Ich vergebe all denen, die für meinen Tod verantwortlich sind. Ich bete zu Gott, dass mein Blut Frankreich nicht beflecke!« Die letzten Worte des Königs werden jedoch von einem unmittelbar einsetzenden Trommelwirbel übertönt. Ludwig legt sein Haupt auf den Block und wird festgebunden. Der König stößt einen gellenden Schrei aus. Das Schafott wankt unter dem Gewicht des Fallbeils. Stolz zeigt Scharfrichter Sanson der wartenden Menge das blutende Haupt.

Der König versucht verzweifelt, sich Gehör zu verschaffen. Seine Stimme jedoch geht im unmittelbar einsetzenden Trommelwirbel unter. Das Fallbeil trennt das Haupt Ludwigs XVI. von seinem Rumpf; Gemälde von Pierre-Antoine de Machi.

Fast jede Person ist verdächtig

Aufgrund von Denunziationen werden wahllos »Verdächtige« festgenommen.

■ **17. September 1793**

Der Nationalkonvent greift zu ungewöhnlichen Maßnahmen. Alle Verräter der Revolution – tatsächliche und vermeintliche – werden festgenommen und bis auf weiteres unter Arrest gestellt. Merlin de Douai hat eine entsprechende Gesetzesvorlage eingebracht. Im »Gesetz gegen Verdächtige« ist der Begriff »Verdächtige« so unklar definiert, dass alle möglichen Gruppen der Gesellschaft darunter fallen. Dazu gehören politische Flüchtlinge und deren Verwandte, »die sich nicht als treue Anhänger der Revolution ausgewiesen haben«. Das Gesetz richtet sich außerdem gegen Staatsbeamte, die aus dem Dienst entlassen worden sind und gegen all jene, denen die Staatsangehörigkeit verweigert worden ist. Unter das Gesetz fallen ebenso diejenigen, »die sich aufgrund ihres Verhaltens, ihrer Kontakte und ihrer Äußerungen als Anhänger der Tyrannei oder des Föderalismus und somit als Feinde der Freiheit offenbart haben«.

Die Kunst hält Einzug in den Louvre

■ **18. November 1793**

Im Salon Carré und in einem Teil der Großen Galerie des Louvre können Meisterwerke der bildenden Kunst bewundert werden, die während der vergangenen Jahrhunderte von den jeweiligen Herrschern gesammelt worden sind. Es musste wohl schnell gehen bei der Eröffnung des Museums, denn die einzelnen Bilder und Möbelstücke stehen in keinem Bezug zueinander. Es handelt sich um eine beliebige Auswahl aus den königlichen Sammlungen, die bis dahin in alle Winde zerstreut waren. Unter den Besuchern gibt es zahlreiche Kunststudenten, die unter der Anleitung von Jacques Louis David berühmte Gemälde kopieren.

Konstituierung der Repressionen

■ **10. Oktober 1793**

Der Nationalkonvent verfügt, dass die Macht bis auf weiteres bei der Revolutionsregierung liegt. Deren Kopf ist Robespierre. Das Wohlfahrtskomitee, als politisches Entscheidungszentrum, hat seinen Sitz in den Tuilerien, im ehemaligen Pavillon de Flore, der jetzt in Pavillon de l'Égalité umbenannt ist. Angesichts der Bedrohung der Republik von außen, richtet Robespierre, der »Unbestechliche«, zusätzlich ein Überwachungskomitee ein. Im neu geschaffenen Revolutionstribunal geht Fouquier-Tinville seiner Aufgabe als unnachgiebiger und stets treu ergebener öffentlicher Ankläger nach. Die Atmosphäre ist spannungsgeladen. Als sich in der Stadt die Nachricht verbreitet, dass Toulon an die Engländer gefallen ist, stürmen die ausgehungerten Pariser das Rathaus, sprengen die Türen der Nationalversammlung und verlangen nach Brot. Der revolutionäre Terror erfasst jedes Haus. Hausdurchsuchungen sind an der Tagesordnung, die Gefängnisse sind hoffnungslos überfüllt. Robespierre kennt keine Gnade.

Die Opfer der Schreckensherrschaft, die »Feinde des Volkes«, werden auf Karren verladen und abtransportiert; Aquarell von Béricourt, Musée Carnavalet.

Marie-Antoinette wird hingerichtet

■ **16. Oktober 1793**

Heute soll Marie-Antoinette hingerichtet werden. Um sieben Uhr ist die Nationalgarde bereits auf den Beinen und patrouilliert in den Straßen. Kanonen werden in Stellung gebracht. Der Platz der Revolution füllt sich in dem Maße, wie der Zeitpunkt der Hinrichtung heranrückt. Die Gefangene trifft auf dem Platz ein. Damit ihr Nacken frei liegt, wurde ihr weißes Haar in aller Eile abgeschnitten. Die Schaulustigen empfangen sie voller Feindseligkeit. Pfiffe und Rufe sind zu hören: «Es lebe die Republik!» Angesichts der Guillotine beschleunigt sie plötzlich ihren Schritt und erklimmt hastig die Stufen des Schafotts. Manche werfen ihr vor, die »Todesmutige« zu spielen. Dabei ist die Österreicherin vielmehr von Angst getrieben und von dem Bedürfnis, das Unausweichliche möglichst schnell hinter sich zu bringen.

Marie-Antoinette auf dem Weg zur Hinrichtung; Ölgemälde von H. William.

Religiöse Spuren werden beseitigt

■ **23. November 1793**

Die Hauptstadt wird von der Entchristianisierung erfasst. Alle Gebäude, in denen religiöse Praktiken ausgeübt werden, werden geschlossen. Kirchenglocken werden eingeschmolzen oder eingemauert. Dennoch sieht Robespierre mit Argwohn, dass die Verweltlichung des Religiösen Blüten treibt. Robespierre vertritt keinen radikalen Atheismus. Vielmehr betont er immer wieder, der Mensch brauche »ein höheres Wesen«. Gleichzeitig aber kommt es zur Zerstörung der Königsgalerie der Notre-Dame mit ihren 28 Statuen. Außerdem verschwinden sämtliche Straßenbezeichnungen, die einen Heiligennamen tragen. Der republikanische Kalender wird eingeführt.

Auch Robespierre endet auf dem Schafott

■ *27. – 28. Juli 1794*

Nach drei Wochen tritt Robespierre erstmals wieder im Wohlfahrtskomitee auf. Gestern hat er in einer Rede vor dem Nationalkonvent von »Schlitzohren« und »Verrätern« gesprochen. Seine Mitkämpfer sehen gefährliche Zeiten auf sich zukommen. Sie zeigen wenig Verständnis für den asketischen Lebensstil des Chefs der »Bergpartei« (Montagnards). Seine Gottgläubigkeit passt den Atheisten nicht ins Konzept und seine Unbestechlichkeit macht die Spekulanten und Kriegsgewinnler rasend. Konventsabgeordnete hindern Robespierre daran, seine Rede fortzusetzen. Der Abgeordnete Louchet fordert die Festnahme von Robespierre, Saint-Just und Couthon. Zu diesen drei Geächteten gesellen sich noch zwei weitere Kämpfer aus dem Freiwilligenkorps, Le Bas und Augustin Robespierre, der jüngere Bruder von Maximilien. Der »Unbestechliche« wird in den Palais du Luxembourg gebracht. Die Festnahme des Präsidenten des Revolutionstribunals sowie des Kommandeurs der Nationalgarde macht die Lage nur noch verworrener. Bürgermeister Fleuriot-Lescot lässt Män-

Robespierre wird in der Nacht vom 9. auf den 10. Thermidor des Jahres II festgenommen; Kupferstich von F.-J. Harriet und J.-J. Tassaert; Musée Carnavalet.

ner mit dem Auftrag ausschicken, die fünf Gefangenen zu befreien. Im Schutz von 3 000 schwer bewaffneten Sans-Culotten werden diese zum Rathaus gebracht. Auf Anordnung des Nationalkonvents wird um zwei Uhr morgens das Gelände von Truppen umzingelt. Die fünf Häftlinge haben keine Möglichkeit, sich zu verteidigen. Robespierre ist bereit, einen Aufruf an das Volk zu unterzeichnen. Als er die Feder ansetzt, ertönt ein Schuss. Mit zerschmettertem Unterkiefer bricht er zusammen.

André Chénier ist im letzten Karren

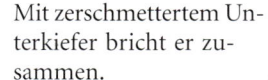

■ *25. Juli 1794*

Dem 32-jährigen Dichter André Chénier wird zu Unrecht vorgeworfen, er habe eine Geheimkorrespondenz mit dem spanischen Botschafter unterschlagen. Die Zustände in den Gefängnissen während der revolutionären Wirren sind katastrophal. Er wird von Saint-Lazare zur Conciergerie gebracht. André Chénier befindet sich im letzten, dem für »gewöhnliche« Todeskandidaten reservierten, Karren. Am Morgen ist in einem Scheinprozess auch sein Todesurteil gefällt worden. Er wird an die Hinrichtungsstätte Trône-Renversé (heute: Place de la Nation) verwiesen, wo er um sechs Uhr abends enthauptet wird. Der in Konstantinopel geborene frühromantische Dichter griechischer Herkunft wurde nicht müde, die Maßlosigkeit des Terrors zu verurteilen.

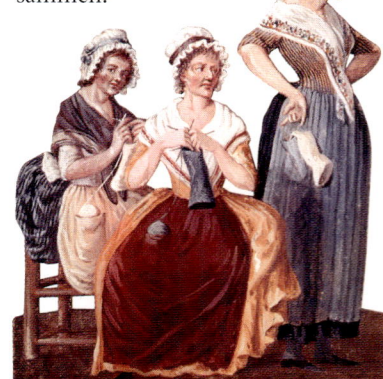

Ausschnitt aus einem Aquarell: »Die drei jakobinischen Strickerinnen« von Lesueur; Sammlung Bidault de l'Isle, Musée Carnavalet, Paris

Es bleibt unklar, ob er versucht hat, sich umzubringen oder ob ihn eine Polizeikugel getroffen hat. Der Verletzte wird in die Tuilerien gebracht. Von Mitgliedern des Komitees wird er beschimpft. Seine Wunden werden erst spät notdürftig versorgt. Um zehn Uhr morgens stellt Fouquier-Tinville in der Conciergerie seine Identität und die 21 weiterer Mitstreiter fest. Um sieben Uhr abends stirbt Robespierre, der Tausende von Unschuldigen auf dem Gewissen hat, auf dem Platz der Revolution unter dem Fallbeil.

Der Dichter, der noch in der Todeszelle Verse schrieb, auf dem Weg zum Schafott

Die Scharfrichter sind ohne Arbeit

Der Scharfrichter an seinem Arbeitsplatz

■ *1. August 1794*

Die Pariser, wie auch die Mehrheit der Franzosen, sind der Massenhinrichtungen müde. Sie wollen ein Ende der Schreckensherrschaft. Der Nationalkonvent verfügt, dass ab heute das Gesetz vom 22. Prairial (9. 6. 1794), das die revolutionären Exzesse erst möglich gemacht hat, nicht mehr zur Anwendung kommt. Fouquier-Tinville, der öffentliche Ankläger des Revolutionstribunals, wird seines Amtes enthoben. Hunderte von Gefängniszellen öffnen sich. Die ehemaligen Abgeordneten der Girondisten, die noch am Leben sind, können ihre Plätze im Nationalkonvent wieder einnehmen. Das Revolutionstribunal wird reorganisiert, zwei Kommissionen werden neu gegründet: eine für Haushaltsfragen, die andere für die Neuordnung der Verwaltung. Die Guillotine wird aus dem Verkehr gezogen.

Wer ist der Gefangene im Temple?

■ *17. August 1794*

Die Sache ist rätselhaft. Louis Capet, der ehemalige Thronfolger, wird am 3. Juli 1793 von seiner Familie getrennt. Das Kind lebt zunächst unter der Obhut von Schuhmacher Simon in den ehemaligen Gemächern seines Vaters. Dann jedoch verliert Simon sein Amt und Ludwig XVII., so nennen die Royalisten den Thronfolger seit der Hinrichtung seines Vaters, wird in einem Turm-

zimmer des Temple gefangen gehalten. Heute, einige Tage nach der Hinrichtung von Robespierre, finden Konventsabgeordnete in dem Kerkerzimmer ein mit leerem Blick vor sich hin starrendes Kind vor, dessen Gesundheit durch die strenge Isolation stark beeinträchtigt ist. Es wird vermutet, dass es unter Skrofulose leidet. Handelt es sich bei dem Kind tatsächlich um den Sohn von Ludwig XVI. und Marie-Antoinette?

Chrétien-Guillaume de Lamoignon de Malesherbes

Am 6. Dezember 1721 in Paris geboren, wird Malesherbes 1750 Gerichtspräsident und oberster Hüter des Steuerrechts. Außerdem kontrolliert er in seinem Amt als Zensor alle Druckerzeugnisse. Im Jahre 1770, damals noch in Diensten Ludwigs XV., wagt er es, den König zu kritisieren. Er verliert sein Amt als Gerichtspräsident und sieht sich gezwungen, ins Exil zu gehen. Unter Ludwig XVI. kehrt er zurück und wird Staatsminister. Am 12. Januar 1775 wird er in die Académie française aufgenommen. Malesherbes steht für die Ideen der Aufklärung. Aus liberaler Über-

zeugung hält er stets eine schützende Hand über Diderots Arbeit an dessen Encyclopédie. 1785 veröffentlicht er eine Denkschrift zur Eheschließung von Protestanten und erreicht damit deren Aufnahme ins Standesamtsregister. Auf Geheiß des Königs verbessert er die Rechtsstellung der Juden. Nach einem Auslandsaufenthalt kehrt er nach Frankreich zurück, um als Verteidiger Ludwigs XVI. vor dem Nationalkonvent aufzutreten. Er wird festgenommen, in Port-Libre gefangen gehalten und am 22. April 1794, zusammen mit seinen Enkelkindern, hingerichtet.

Nachricht vom Sieg per Telegrafie

Am 12. Juli 1793 kommt das neue Telegrafiesystem erstmals zum Einsatz.

■ *10. September 1794*

Die Zeit der berittenen Boten, die ihre Tiere zu Tode ritten, um eine wichtige Nachricht rasch ans Ziel zu bringen, ist vorbei. Dank der von den Gebrüdern Chappe entwickelten Telegrafie trifft die Nachricht von der Einnahme der Stadt Condé innerhalb einer Stunde in Paris ein. Diese ist für die Republik von solcher Wichtigkeit, dass Lazare Carnot, der oberste Heeresführer, höchstpersönlich den Sieg am Rednerpult des Nationalkonvents verkündet. Seiner Taktik ist es zu verdanken, dass die österreichischen Truppen im Norden des Landes zerschlagen wurden. Das Fernmeldenetz erreicht nach einem Jahr bereits eine Länge von 210 Kilometern. Es verbindet die Städte Lille, Arras, Montdidier und Ecouen mit Paris. Die letzte der auf Anhöhen errichteten Relaisstationen befindet sich auf dem Montmartre.

Die Revolution sorgt für neue Namen

■ *September 1794*

Im Zuge der radikalen Entchristianisierung erhalten Straßen und Plätze neue Namen. Von Saint-Honoré und Saint-Roch bleiben nur Honoré und Roch übrig. Die Place Louis-le-Grand wird in Place des Piques umbenannt, die Rue Monsieur-le-Prince in Straße der Freiheit. Die Rue Madame wird zur »Straße der Bürgerin« und die Place Royale zum Platz der Föderierten. Dar-

über hinaus werden all diejenigen, die im Dienste der ehemaligen Monarchie standen, von der Liste gestrichen: Die Rue de Richelieu muss der »Straße des Gesetzes« weichen. Die Notre-Dame wird zum »Tempel der Vernunft« und die Kirche Saint-Gervais zum »Tempel der Jugend«. Ehemalige Helden werden entthront und durch Unbekannte ersetzt. Selbst der Platz des Roten Kreuzes erhält einen neuen Namen.

Mode ist, was Aufmerksamkeit erregt

■ *Dezember 1794*

Es ist ein atemberaubendes Schauspiel, das diese Männer und Frauen bieten. Glücklich spazieren die so genannten »Merveilleuses« (die Wunderschönen) tief dekolletiert in griechisch anmutenden Gewändern durch die Stadt. Den Fächer halten sie auf Gürtelhöhe, das Täschchen drücken sie an die Brust. Sie sind in Begleitung junger Männer, den »Incroyables« (die Unerhörten), die wie englische Jagdhunde herausgeputzt sind und überaus lächerlich wirken. Man bewundert sich gegenseitig. Unter Lagen von Gaze lassen sich Körperformen erahnen. Kostspielige Bälle werden veranstaltet, auf denen vor einem Altar des Gottes der Liebe getanzt wird. Diese jungen Leute wollen nur auffallen und legen inmitten des allgemeinen Elends einen geradezu abstoßenden Luxus an den Tag.

Die Devise lautet: Alles ist erlaubt – Hauptsache man fällt auf.

Wasser für die Stadt Paris

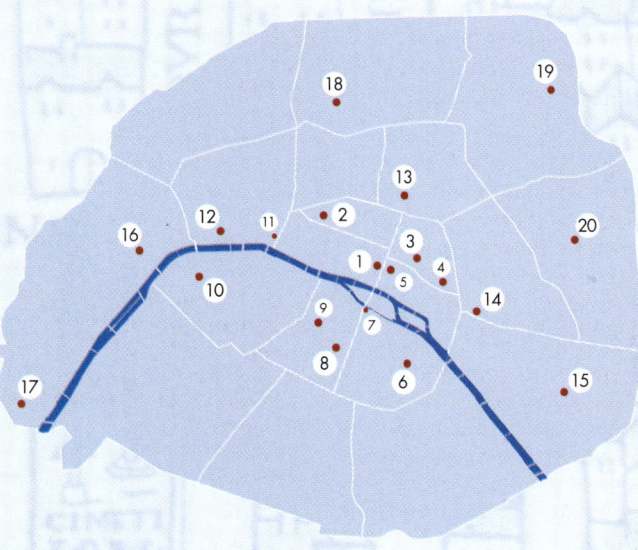

Der Flusslauf der Seine ist seit jeher die Lebensader der französischen Metropole. Lange Zeit war sie auch die wichtigste Trinkwasserquelle der Stadt. Kaiser Julian hielt das Seinewasser – man schrieb das Jahr 358 – für »außergewöhnlich rein« und empfand seinen Anblick als äußerst »wohltuend«.

Die Wasserträger

Ab 1292 beschert der Handel mit der kostbaren Flüssigkeit den Wasserträgern ein sicheres Einkommen. Da der Transport dieses wichtigen Grundnahrungsmittels nur mangelhaft organisiert ist, wird ein Vertriebsnetz für den Verkauf an der Haustür aufgebaut, um die tägliche Versorgung mit Trinkwasser zu garantieren. Die Wasserträger bringen das Wasser, das sie der Seine oder einem öffentlichen Brunnen entnehmen, direkt zum Kunden. Sie betrachten ihre Tätigkeit als Privileg und schrecken nicht davor zurück, solche, die versuchen, sich eigenmächtig zu bedienen, mit Gewalt zu vertreiben. Es sind die als besonders aufbrausend geltenden Averner, die das Geschäft mit dem Trinkwasser unter sich aufteilen. Ihr rüpelhaftes Benehmen bringt ihnen so manchen polizeilichen Verweis ein, was allerdings nichts an ihrem Auftreten ändert. Die Konkurrenz ist hart. Um das Einkommen aufzubessern, wird selbst aus dem Straßengraben Wasser entnommen. Da die Kunden immer anspruchsvoller werden, wird das Wasser gegen Ende des 18. Jahrhunderts mehr und mehr in Fässern, die auf Rädern durch die Straßen gerollt werden, angeliefert. Erst unter den Augen des qualitätsbewussten Kunden wird dann der Eimer gefüllt. Mit der Zunahme der Hauswasseranschlüsse gegen Ende des 19. Jahrhunderts verschwinden die Wasserträger aus den Pariser Straßen.

Steigender Wasserbedarf

Der Trinkwasserbedarf steigt rasant. Um die Wasserversorgung zu garantieren, installiert die Stadt Förderpumpen, die das Wasser an die Erdoberfläche bringen. Jean Limlaer richtet 1609 unter einem Brückenbogen des Pont-Neuf die Förderpumpe »Samaritaine« ein. Sie arbeitet bis 1810 und versorgt den Louvre und die Tuilerien mit Trinkwasser. Im Jahr 1670 nimmt die Förderpumpe »Notre-Dame« ihre Arbeit auf. 200 Jahre später erfinden die Gebrüder Périer den Hydranten. Sein Wasserspiegel wird mit Dampfkraft angehoben. Der erste Hydrant wird auf der Chaillot-Anhöhe aufgestellt. In der zweiten Hälfte des 19. Jahrhunderts werden drei Kanäle gebaut. Auf Napoléons Initiative hin erfolgt 1802 der erste Spatenstich für den Kanal von Ourcq. Er soll die Trinkwasserversorgung der Stadt entscheidend verbessern. Im Jahr 1808 ist der Kanal fertig gestellt. Seit Mai 1821 ist der Kanal Saint-Denis schiffbar und am 14. November 1825 schließlich feiert man die Einweihung des Kanals Saint-Martin. Noch mehr Wasser aus den umliegenden Regionen soll durch Aquädukte herangeführt werden. In den Folgejahren wird unter anderem auf dem Montmartre ein riesiges Wasserreservoir eingerichtet, das seit 1884 die höher gelegenen Viertel des XVII. Arrondissements mit Wasser versorgen kann.

Trinkwasserquellen

Trinkwasser ist ein kostbares Gut und eignet sich vortrefflich als Handelsware. 1764 stößt der Privatmann Lemeunier auf seinem Grundstück auf eine Quelle: die Quelle von Vaugirard. Lemeunier behauptet, sein Wasser sei mineralhaltig, obwohl Untersuchungen

Schnitt durch den berühmten artesischen Brunnen von Passy. Seit Mitte des 19. Jahrhunderts steht er auf der Passy-Anhöhe.

dies nicht bestätigen. Das hindert ihn nicht daran, mit seinem Wasser Geschäfte zu machen. Die Quelle geht 1801 in den Besitz von Monsieur Chapot über, der an dieser Stelle ein Thermalbad errichten lässt, einschließlich unterirdischer Räume, in denen die Quelle sprudelt. In der Folgezeit werden noch weitere Quellen gewerblich genutzt. So entdeckt 1842 der Archäologe Jules Quicherat eine Quelle in der Rue de la Cuve, der verdauungsfördernde Wirkung nachgesagt wird. Zu Ende des 19. Jahrhunderts wird sie beim Bau der Métro zugeschüttet. Von 1845 bis 1884 lie-

1. *Fontaine des Innocents (16. Jahrhundert)*
2. *Fontaine Gaillon (1827, von Visconti)*
3. *Fontaine des Haudriettes (18. Jahrhundert)*
4. *Fontaine de Turenne (1864)*
5. *Fontaine Igor-Stravinski (1983)*
6. *Fontaine Cuvier (1840)*
7. *Fontaine Saint-Michel (1860)*
8. *Fontaine Médicis (16. Jh., umgestaltet)*
9. *Fontaine des Quatre-Evêques (1847)*
10. *Fontaine de Mars (1806)*
11. *Fontaines de la Place de la Concorde (1840)*
12. *Fontaine François-I. (1865)*
13. *Fontaine de Reilhac (18. Jahrhundert)*
14. *Fontaine de Charonne (1721)*
15. *Fontaine aux Lions (1867)*
16. *Fontaines du Trocadéro (1937)*
17. *Fontaines de la Porte de Saint-Cloud (1936)*
18. *Fontaine Renaissance (1835)*
19. *Fontaine du Château-d'Eau*
20. *Fontaine de la Place Gambetta (1992)*

fert die Quelle an der Avenue de Clichy kaltes Heilwasser. Im Jahr 1852 entdecken die Gebrüder Lapostolet die »Atlas«-Quelle. Sie ist die letzte, die wirtschaftlich ausgebeutet wird.

Öffentliche Wasserzapfstellen

Die Einwohner der Stadt können sich an öffentlichen Zapfstellen mit Trinkwasser versorgen. Am Hauptportal der Kirche Saint-Julien befindet sich die erste Zapfstelle auf Pariser Stadtgebiet. Sie wird bereits im siebten Jahrhundert eingerichtet. Viele Jahrhunderte lang ist das Wasser, das sie liefert, aufgrund seiner wundersamen Heilwirkung sehr begehrt. Die wohltuende Wirkung des Wassers hält allerdings nur so lange an, wie Geld dafür verlangt wird. Denn von dem Tag an, als die Kirche beschließt, das Wasser gratis abzugeben, ist es um seine wundersame Wirkung geschehen. Am 29. November 1833 beginnt man mit dem Bau des ersten artesischen Brunnens in Paris: le Puits de Grenelle. Für gewöhnlich muss das Wasser aus der Tiefe geholt werden. Die Besonderheit eines artesischen Brunnens besteht darin, dass der Wasserspiegel nach dem Prinzip der kommunizierenden Röhren angehoben wird. Der artesische Brunnen von Passy wird zwischen 1855 und 1866 fertig gestellt. Er versorgt die Fontaine Lamartine mit Wasser. Überall im Stadtgebiet werden Zapfstellen eingerichtet. Am 31. Dezember 1875 gibt es nicht weniger als 30 042 davon.

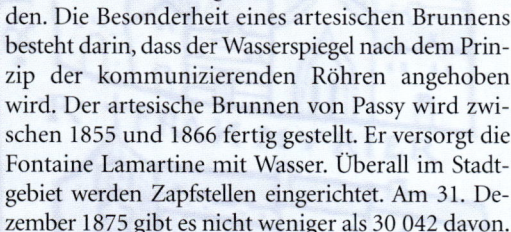

Wallace-Trinkbrunnen

Brunnenanlagen

1624 entstehen im Pariser Stadtgebiet elf neue Brunnenanlagen. Sie werden über das kurz zuvor errichtete Aquädukt von Arceuil mit Wasser versorgt. Um dem ständig steigenden Trinkwasserbedarf zu entsprechen, ordnet der König 1671 die Anlage 15 weiterer Brunnen an. Die Anstrengungen, die die Stadt

Die Wasserspiele am Palais de Chaillot. Die Anlage entstand 1937 anlässlich der Weltausstellung in Paris.

unternimmt, tragen Früchte. 1754 stehen täglich bis zu 5 470 Kubikmeter Wasser dem Endverbraucher zur Verfügung. 1764 gibt es bereits 66 Brunnen im Stadtgebiet. Abgesehen vom rein praktischen Zweck, den sie erfüllten, sind viele von ihnen von besonderem architektonischen und künstlerischen Reiz, so wie etwa die Fontaine des Innocents, ein Meisterwerk der Frührenaissance, mit ihren Skulpturen von Jean Goujon aus dem Jahr 1549. Ein weiteres architektonisches Kleinod stellt die von Visconti erbaute Fontaine Saint-Sulpice mit ihren Skulpturen dar. 1871 werden in jedem Arrondissement zwei der so genannten »Wallace«-Trinkbrunnen aufgestellt. An diesen nach ihrem Spender benannten Brunnen sollen Passanten ihren Durst löschen können. Seit dem Jahr 2000 ersetzen moderne Trinkbrunnen nach und nach die Wallace-Brunnen. Diese liefern zwar immer noch Trinkwasser, können aber nicht mehr benützt werden, da die mit Ketten gesicherten Trinkbecher aus hygienischen Gründen aus dem Verkehr gezogen worden sind. Seit 1980 entstehen auch deshalb überall neue Brunnen, weil das Gesetz vorschreibt, dass bei öffentlichen Gebäuden ein Prozent der Bausumme für die künstlerische Ausstattung verwendet werden muss. Heute gibt es in Paris nicht weniger als 400 Brunnenanlagen zu bewundern.

Ein Abwassersystem im Dienst der Hygiene

Die ersten Pläne für ein Abwassersystem stammen bereits aus dem Mittelalter, als breite Abflussrinnen angelegt wurden, um den Unrat und das Schmutzwasser in Bachläufe und Festungsgräben zu leiten. Obwohl der Abwasserkanal der Rue Montmartre vorsorglich abgedeckt wird, um den Gestank zu mildern, und obwohl Ende des 17. Jahrhunderts die Straßen gepflastert und die Abwasserkanäle zementiert werden, lassen die hygienischen Verhältnisse nach wie vor zu wünschen übrig. 1830 kommt es zum Ausbruch der Cholera, wobei die Epidemie sich über die Trinkbrunnen ausbreitet. Die Einwohner der Stadt werfen ihren Müll auf die Straße, die Schadstoffe dringen allmählich ins Grundwasser ein und verunreinigen das Trinkwasser. 1853 wird der Ingenieur Eugène Belgrand damit beauftragt, endlich das Abwasserproblem zu lösen. Es gelingt ihm, ein modernes System zu entwickeln, das das Sammeln und Ableiten von Abwasser und Regenwasser ermöglicht: Seit 1856 versickert das Schmutzwasser in Clichy, außerhalb der Stadt. Das heutige Kanalnetz hat eine Gesamtlänge von 2 100 Kilometern.

Die geheimnisvolle Welt eines großen Abwasser-Sammelbeckens um 1920. Die Sanierungsmaßnahmen von Belgrand tragen Früchte.

Der 1810 geborene Eugène Belgrand stammt aus der Bourgogne. 1831 nimmt er das Studium an der Hochschule für Ingenieurwesen auf und 1852 wird ihm die Kontrolle über den gesamten Schiffsverkehr auf der Seine übertragen. Haussmann, damals noch Abgeordneter des Départements Yonne, ruft Belgrand 1855 nach Paris und beauftragt ihn damit, die Wasserversorgung der Hauptstadt nachhaltig zu sichern. Ein Jahr später wird Belgrand Abteilungsleiter im Amt für Straßenwesen und Müllabfuhr. 1867 wird er zum Generalinspekteur für Straßen- und Brückenbau ernannt und gleichzeitig zum Direktor des Wasserwirtschaftsamtes der Stadt Paris. Er war in seinen Konzepten so vorausschauend, dass sie noch heute aktuell sind. Belgrand ist es zu verdanken, dass Paris heute über ein funktionierendes Abwassersystem verfügt und sich in eine Stadt mit Lebensqualität verwandelt hat. 1871 erhält er einen Sitz in der Akademie der Wissenschaften. Er stirbt am 8. April 1878.

Der Abgeordnete Féraud von Jakobinern ermordet

■ *20. Mai 1795*

Die Menschen in Paris sind vom Hunger gezeichnet. Der Ruf nach Brot und der nach der Verfassung von 1793 wird immer lauter. Völlig ausgehungerte Sans-Culotten aus den Vorstädten dringen in die Tuilerien und den Sitzungssaal des Konvents ein. Es kommt zu einem Handgemenge. Ein Abgeordneter versucht sich den Aufständischen mit ruhigen Worten entgegenzustellen. Es ist Féraud, der Abgeordnete der Hautes-Pyrénées. Im Kampf mit den Aufständischen wird er enthauptet. Der Präsident des Nationalkonvents, Boissy d'Anglas, wird dem grässlichen Anblick des aufgespießten Kopfes von Féraud ausgesetzt. Man zwingt ihn, seinen Hut abzunehmen und sich vor dem blutenden Haupt des Volksvertreters zu verneigen.

Der Präsident des Nationalkonvents Boissy d'Anglas muss sich vor dem aufgespießten Haupt des Abgeordneten Féraud verneigen; Gemälde von J.-H. Fragonard.

Louis Capet wird heimlich beigesetzt

■ *8. Juni 1795*

Heute Nachmittag gegen 15 Uhr wurde der Tod von Louis Capet, dem geheimnisumwitterten Kind aus dem Temple, festgestellt. Schon seit Tagen hatte sich sein Zustand derart verschlimmert, dass das Sicherheitskomitee zusätzlich zu dem Arzt Pelletan, der das Kind normalerweise betreute, Doktor Dumangin hinzuzog. Im Morgengrauen eilten die Ärzte an das Bett des Kindes und berieten sich. Der Junge litt unter Durchfall und musste sich ständig übergeben. Am frühen Nachmittag riefen die Betreuer des Kindes in ihrer Ratlosigkeit nochmals nach Pelletan, aber es war bereits zu spät. Seit zwei Jahren hatte der Dauphin (oder Ludwig XVII., wie er von den Royalisten genannt wurde) seinen düsteren Kerker nicht verlassen. Wie sein Bruder litt Louis Capet, das schmächtige 10-jährige Kind, an Gelenkrheuma. Über den Zustand des Kindes sollte nichts nach außen dringen, da die Royalisten sonst möglicherweise versucht hätten, den Dauphin zu befreien. So wird das Kind in aller Heimlichkeit an einem unbekannten Ort beigesetzt.

Sans-Culotten kapitulieren

■ *10. Mai 1795*

Die Hungersnot und »der weiße Terror«, die royalistische Rachekampagne gegen die Jakobiner, lassen die allgemeine Unzufriedenheit im Faubourg Saint-Antoine rasch anwachsen. Einheiten der republikanischen Armee werden unter der Führung von General Menou in den Tuilerien zusammengezogen und in die Vorstädte beordert. Menou richtet die Kanonen auf die Aufständischen und droht mit einem Angriff. Am Abend ergibt sich die aufrührerische Menge. Die Sans-Culotten sind äußerst geschwächt durch die allgemeinen Entbehrungen. Die 40 000 Mann starke republikanische Armee ist endlich Herr der Straße.

Bonaparte vernichtet »die Weissen«

■ 4. – 6. Oktober 1795

Am 22. August wird die neue Direktorialverfassung durch ein Plebiszit mit überwältigender Mehrheit gebilligt. Damit können Royalisten und jene, die aus dem Exil zurückgekehrt sind, mit der Unterstützung der meisten Pariser Sektionen rechnen. In der Sektion von Le Peletier haben »die Weißen« (weiß ist die Farbe der Monarchie) die meisten Anhänger – weitaus mehr als »die Blauen« (die Republikaner). Die Konventsabgeordneten sind äußerst beunruhigt, denn zum ersten Mal hat die Rechte die meisten Stimmen erhalten. General Menou, der als königstreu gilt, wird beauftragt, mit seinen Truppen die Sektion zu umzingeln. Er hat aber Bedenken und verweigert schließlich den Befehl. Daraufhin übernimmt Paul Barras die Führung. Unterstützung erhält er von einem draufgängerischen Brigadegeneral: Napoléon Bonaparte. Dieser weist die Kavallerie unter Führung von Murat an, vor den Tuilerien 40 Kanonen aufzufahren. Diese bringt er beiderseits der Seine und entlang der

Rasch gelingt es Bonaparte, »die Weißen« vor der Kirche Saint-Roch zu umzingeln.

Rue Saint-Honoré in Stellung. Plötzlich versuchen etwa 20 000 Royalisten die Tuilerien zu stürmen und den Konvent auszuschalten. Auf beiden Seineufern, hinunter bis zum Quai Voltaire,

lässt Bonaparte die Geschütze feuern. Etwa 300 Mann sterben im Kugelhagel. Bei Morgengrauen finden auf den Stufen der Kirche Saint-Roch auch die letzten Royalisten den Tod.

Das neue Direktorium tagt

■ 26. – 31. Oktober 1795

In seiner letzten Sitzung fasst der Nationalkonvent den denkwürdigen Beschluss, die Place de la Révolution in Place de la Concorde umzubenennen. Anschließend gehen die Abgeordneten in zwei Gruppen auseinander. Diejenigen, die älter als 40 Jahre sind, sehen sich im »Rat der Alten« wieder, der in den Räumen des ehemaligen Nationalkonvents tagt. Die übrigen sammeln sich in der ehemaligen Reithalle der Tuilerien. Erster Tagesordnungspunkt der beiden Versammlungen ist die Ernennung von fünf Direktoriumsmitgliedern – durchweg antimonarchistisch eingestellt –, die die Regierung übernehmen und die Minister ernennen sollen. Barras, ein Vicomte aus der Provence, ist die schillerndste Figur: von bemerkenswertem politischen Geschick, aber auch genusssüchtig, skrupellos und zynisch. Angeblich will das Direktorium die ehemaligen Räume von Marie de Médici im Palais du Luxembourg übernehmen.

Emigranten genießen das neue Leben

■ November 1795

Seit der Hinrichtung Robespierres und dem Ende der Schreckensherrschaft ist Paris wieder eine Stadt voller Lebensfreude. Vor der Kirche Saint-Germain-l'Auxerrois erfreuen Gaukler die staunende Menge mit ihren Tricks. Man schlendert über den Boulevard Italien. Emigranten, die zurückgekehrt sind,

haben sich mit ihrer Heimat versöhnt. Sie verbringen ihre Zeit in Cafés wie dem Petit Coblentz, dessen Name an das Exil am Ufer des Rheins erinnert. In der Umgebung des leicht käuflichen Barras ist die Rede von einer Handvoll englischer Spione, die angeblich mit dem System des neuen Regimes bereits bestens vertraut sind.

Der Maler David und seine Schüler

■ Dezember 1795

Das Direktorium hat den großen Maler endgültig begnadigt. Inzwischen hat er sich wieder in die künstlerische Arbeit gestürzt. Sein neues Atelier liegt zum Innenhof des Louvre. Darüber hinaus verfügt Jacques Louis David über zwei weitere Ateliers. Das eine überlässt er seinem Schüler und Assistenten

Charles Morau; im anderen unterrichtet er seine Schüler. Innerhalb kurzer Zeit hat es sich zu einem Zentrum des Pariser Geisteslebens entwickelt. Wenn die Schüler auch häufig abweichende politische Meinungen vertreten, so darf aber nach Davids Auffassung das Schönheitsideal der griechischen Antike nicht in Frage gestellt werden.

Man schlendert über den Boulevard Italien und zeigt sich im Café Coblentz.

SEHENSWÜRDIGKEIT

14   Place de la Concorde

Architekt Gabriel entwarf und gestaltete diesen 1763 eingeweihten Platz. Ursprünglich trug er den Namen Place Louis XV, der 1789 in Place de la Révolution umbenannt wurde. Während der Schreckensherrschaft stand hier die Guillotine, unter deren Fallbeil das königliche Herrscherpaar sowie Robespierre zu Tode kamen. Während des Direktoriums, im Jahr 1795, wurde der Platz auf den Namen Concorde (Eintracht) getauft, ehe er erneut umbenannt wurde in

Place Louis XV. Erst im 19. Jahrhundert erhielt der Platz endgültig den Namen Place de la Concorde. 1831 wurde ein 3 200 Jahre alter Obelisk aus Luxor König Louis-Philippe zum Geschenk gemacht. Er wurde im Zentrum des Platzes aufgestellt und vervollständigt seither das Gesamtkunstwerk.

Zwei Gebäude schließen den Platz ab: das Lager des königlichen Hofes und das Marineministerium.

Attentat in der Rue Saint-Nicaise

Tanz der Bourgeoisie

■ *24. Dezember 1800*

Bonaparte ist auf dem Weg zur Oper, um Haydns »Schöpfung« zu sehen. Seine Kalesche fährt durch die Rue Saint-Nicaise, als ein mit Schießpulver gefüllter Wagen explodiert. Passanten werden in Stücke gerissen, Fensterscheiben gehen zu Bruch und Dachziegel wirbeln durch die Luft. Allgemeine Panik bricht in der Menschenmenge aus. Glücklicherweise ist Bonaparte unverletzt geblieben. Royalisten oder Terroristen hält man für die Drahtzieher. Es stellt sich heraus, dass drei Chouans (royalistische Gegner der Französischen Revolution) für den Anschlag verantwortlich sind: Der bretonische Ritter Limoléan und seine Gefährten Réjant und Carbon. Limoléan kann entkommen und man befürchtet neue Anschläge gegen Napoléon.

Gegen 20 Uhr explodiert ein mit Schießpulver gefüllter Wagen, doch Napoléon bleibt unverletzt. Der Wagen war zuvor niemandem aufgefallen.

■ *12. Juni 1800*

In der Oper wird eifrig einem burlesken Zweiakter applaudiert. Die Musik ist von Etienne Méhul, Pierre Gardel ist der Balletmeister. Das Stück trägt den vielsagenden Titel: »La Dansomanie« (»Die Tanzsucht«) und bildet den Abschluss einer Saison, in der bereits »Chansonmanie«, »Mélomanie« und »Métromanie« auf dem Programm standen. Die Bourgeoisie ist von Musik und Tanz besessen. Nachdem das Monopol des Opernballs, das Erbe der Adeligen, abgeschafft worden ist, haben die Bürger eine regelrechte Leidenschaft für öffentliche Tanzveranstaltungen entwickelt. Die neuen Modetänze heißen Gavotte, Quadrille und »fricassée poissarde« (wörtlich: »Fischfrikassee«).

Epidemien wüten in Paris

■ *Januar 1803*

Man dachte, dass die Zeit der weißen Kreuze an den Haustüren, die auf die Ansteckungsgefahr durch Pestkranke hinwiesen, vorüber sei. In einer Stadt, in der Bonaparte versucht, Hygiene- und Sauberkeitsmaßnahmen einzuführen, fordert die Ruhr fast so viele Opfer wie die Pest. Am schlimmsten jedoch ist die Grippe, die immer wieder in regelmäßigen Abständen auftritt. Diese Epidemien haben schwere Folgen für die demographische Entwicklung Frankreichs, da sie ganze Landstriche geradezu entvölkern.

Königstreue Verschwörer werden verhaftet

■ *6. April – 25. Juni 1804*

Seit einem Jahr hat der Anführer der Chouans, Georges Cadoudal, in London mehrere royalistische Komplotts gegen den Ersten Konsul geschmiedet. Er ist heimlich nach Paris gekommen und hält sich versteckt. Dort trifft er auf seinen Komplizen, den General Pichegru. Die Polizei hat große Mühe, die beiden Verschwörer aufzuspüren. Cadoudal ist ein königstreuer Fanatiker. Bonaparte hatte ihm eine Ernennung zum Divisionsgeneral und 100 000 Livres angeboten. Aus Gründen royalistischer Treue hat er dieses Angebot abgelehnt. Sein Komplize Pichegru wird zuerst gefasst. Auf seinen Kopf war die Summe von 100 000 Francs ausgesetzt. Einer seiner Kontaktpersonen, Leblanc, lässt

sich mit dieser Geldsumme zum Verrat verführen und lockt Pichegru in eine Falle. Am 28. Februar wird Pichegru um zwei Uhr morgens in einem Haus in der Rue Chabanais 39 von der Polizei überrascht. Mit einem Gewehrkolben wird ihm ein Stoß in den Bauch versetzt und anschließend wird er in den Temple gesperrt. Am 7. April, einen Tag vor seinem Prozess, wird er morgens tot in seiner Zelle aufgefunden. Hat er sich umgebracht oder handelt es sich um ein getarntes Verbrechen? Cadoudal wird nach einer Verfolgungsjagd quer durch das Quartier Latin in der Rue Galande festgenommen. Das Komplott wird aufgedeckt und Cadoual stirbt unter der Guillotine.

General Charles Pichegru

General Charles Pichegru und Georges Cadoudal, die Verschwörer des Komplotts gegen Bonaparte, werden nach ihrer Verhaftung zur Conciergerie abgeführt.

Top

MATTHEW MCCONAUGHEY
Der Star, 53, bekam eine Überraschungsparty von seinen Kids **Levi**, 15, **Vida**, 13, und **Livingston**, 10: Sein Kinderbuch „Just Because" ist Nr. 1 der „New York Times"-Bestsellerliste (Penguin, 17, 90 €).

LILY JAMES
Die Schauspielerin, 34, ist Botschafterin von „Natural Diamond Council", setzt sich für fair abgebaute Diamanten im Herkunftsland Botswana ein.

Flop

ADELE
Die Sängerin, 35, erklärte, sie könne wegen ihrer *Mathephobie* mit Sohn **Angelo,** 10, keine Hausaufgaben mehr machen. Große Stimme, aber kein großes Einmaleins?

NICKI MINAJ
Die Rapperin, 40, hat einen echten Bad Boy geheiratet: **Kenneth Petty**, 45, bekam gerade 120 Tage Hausarrest aufgebrummt, weil er ihren Rapperkollegen **Offset,** 31, im Netz bedrohte. Er saß auch schon wegen versuchten Mordes ein!

DIE GOLDENE SPECTRA
…geht an Chris Martin, 46, und seine Band „Coldplay". Mit ihrer Tour „Music of the Spheres" machte die Gruppe 2022 über 130 Mio. Euro Umsatz. Zum Vergleich: Die „Sixty"-Tour der „Rolling Stones" brachte „nur" rund 90 Mio. ein.

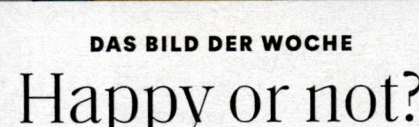

DAS BILD DER WOCHE

Happy or not?

Keine gemeinsamen Fotos! Keine Fragen über ihre Liebe! Am besten gar nicht aufeinander ansprechen! So lauteten die Direktiven an die Journalisten bei der Premiere des Animationsfilms „Trolls – gemeinsam stark" in Köln. Wenn man nicht wüsste, dass **Lena Meyer-Landrut** und **Mark Forster** verheiratet und junge Eltern sind, käme man glatt auf andere Gedanken …

ZAHL DER WOCHE

800

KALORIEN
So viel mehr verzehrt man im Homeoffice, als wenn man im Büro wäre. Grund: Snacks sind laut einer britischen Studie daheim nur einen Kühlschrank weit entfernt. 60 % der Befragten gaben zudem an, ihr Lebensstil sei während des mobilen Arbeitens ungesünder: Sie machten im Schnitt 3500 Schritte weniger pro Tag.

DIE WOCHE

Solidarität mit Israel

Blankes Entsetzen herrschte weltweit über den menschenverachtenden und brutalen Terror, mit dem die palästinensische Hamas am Samstag Israel überzog. Eines war schnell klar: Deutschland muss Flagge zeigen! Im ganzen Land versammelten sich Menschen, die Solidarität für Israel zeigen. Berlin ging voran und strahlte das Brandenburger Tor mit dem Davidstern an, 2000 Mensche demonstrierten friedlich. Auch vor dem Reichstag und am Schloss Bellevue, Sitz des Bundespräsidenten, wurde die Flagge gehisst. Berlins Regierender Bürgermeister **Kai Wegner,** 51, (CDU) geißelte die Hamas-Angriffe als *„durch nichts zu rechtfertigen".* Trotz aller Anteilnahme – es stimmt bitter, dass einige wenige Menschen gleichzeitig den Angriff der radikalen Islamisten feierten – und das mitten auf den Straßen Berlins. *„Die Sicherheit Israels ist deutsche Staatsräson",* versprach Bundeskanzler **Olaf Scholz,** 65 (SPD), am Sonntag.
(Mehr zum Thema siehe S. 30)

Quadriga mit Davidstern: Das Brandenburger Tor leuchtete am Samstagabend in Israels Nationalfarben

Friedlich zeigten rund 2000 Menschen am Brandenburger Tor in Berlin ihre Solidarität mit Israel

FOTO: FABIAN SOMMER/DPA-BILDFUNK, DDP

Robert Pölzer
Chefredakteur

Zerbrechliches Glück

Wenn wir die Augen schließen und versuchen, uns schöne Momente vorzustellen – woran denken wir dann? An ein sanftes Meeresrauschen an einem unberührten, feinsandigen Strand. An einen gemütlichen Segeltörn über einen kristallklaren See. An den atemberaubenden Blick über die majestätischen Alpenketten, wenn wir gerade das Gipfelkreuz erreicht haben. An Herbstwanderungen eng umschlungen mit dem geliebten Partner. An unsere Leibspeise, mit frischen Zutaten zubereitet. An unseren Lieblingswein, von begnadeten Winzern in alter Tradition gekeltert. Momente der Zufriedenheit. Momente der Sorgenfreiheit. Momente des Glücks. Doch sie alle setzen eines voraus: eine heile, intakte Natur. Eine Natur, die wir jeden Tag ein wenig mehr aufs Spiel setzen.

GREEN ROYALS
Prinz William mit seinen Kindern **Charlotte, Louis** und **George** (r.)

So bewertet es auch der britische Thronfolger Prinz William. In einem Vorwort zu einem Kinderbuch zum Thema Umweltschutz mahnt er: „Wir Menschen müssen uns für die Erde einsetzen. Sie ist das einzige Zuhause, das wir haben. Und wir müssen groß denken und noch größer träumen, wenn wir sie beschützen wollen." Besonders scharf geht er mit allen Klimaleugnern ins Gericht. „Es ist beängstigend, wenn diese Veränderungen geleugnet werden. Es ist aber ein noch beängstigenderer Gedanke, sich geschlagen zu geben und die Hoffnung aufzugeben, diese Probleme lösen zu können." Der Familienvater möchte auch Mut machen. „Nicht nur die großen Erfolge zählen, auch die kleinen sind besonders wichtig und machen einen Unterschied für die Zukunft von uns allen."

Wie so oft kommt es auf einen selbst an. Wer auf andere wartet, wartet meist vergebens. Wer nicht vorlebt, kann nichts erleben. Und wer nicht verzichten will, wird nie belohnt. Verzicht ist kein Verzicht, wenn man ihn als Investition begreift. Als Investition in eine gute Zukunft. Als Konto, von dem wir später leben. Und Verzicht ist kein Verzicht, wenn er auf die Liebe einzahlt. Auf die Liebe zu den Menschen, die wir lieben. Zu den Menschen, denen wir eine lebenswerte Welt hinterlassen wollen. Denn in unseren Nachkommen leben wir weiter.

Liebe versetzt Berge.

Robert Pölzer

BESTELLEN SIE
Die News der Chefredaktion: www.bunte.de/CRnewsletter

SCHREIBEN SIE
mir ihre Meinung: r.poelzer@bunte.burda.com

Die Gründung der Handelskammer

Der Louvre während der Ausstellung von Industriewaren im September 1801

■ *25. Februar 1803*

Die Handelskammer wird gemäß eines Dekrets Napoléons vom 25. Februar 1803 gegründet. Diese Einrichtung wird von einer stellvertretenden repräsentativen Versammlung geleitet. Die ersten gewählten Mitglieder sind einflussreiche Kaufleute, Industrielle und Bankiers, die sämtliche Hindernisse bezüglich eines leistungsfähigen Handels beseitigen wollen. Ihre erste Initiative besteht darin, den Truppen, die gegen die Engländer kämpfen, ein mit 120 Kanonen bewaffnetes Kriegsschiff zu bewilligen. Die Handelskammer verfasst den ersten Entwurf zu den 1807 verabschiedeten Handelsgesetzen. Am 19. Mai 1960 wird dann aus dieser Einrichtung die Industrie- und Handelskammer.

Erste Ehrenlegion an den Invaliden

■ *11. Juli 1804*

Die Ehrenlegion wird durch ein königliches Dekret vom 11. Juli 1804 eingeführt und soll dazu dienen, sowohl Soldaten, die »im Krieg für die Freiheit ausgezeichnete Dienste vollbracht haben« als auch Zivilpersonen, »die durch ihr Wissen und ihre Tugenden die Grundlagen der Revolution verteidigt haben«, auszuzeichnen. Die erste Ordensverleihung findet in der Kirche Saint-Louis-des-Invalides statt, in der 2 000 Ordensträger gewürdigt werden. Eine zweite Zeremonie findet im August 1804 im Feldlager von Boulogne statt. Napoléon führt den Vorsitz und zeichnet Personen aus, die sich um die Nation verdient gemacht haben. Diese Zeremonie soll auch die Truppen hinsichtlich der bevorstehenden Invasion Englands anspornen. Napoléon hat für Symbole viel übrig: Am 19. Mai 1804 hatte er bereits das Ehrenamt des Marschalls wieder eingeführt. Der Kaiser teilt die Orden in fünf Klassen ein: Ritter, Offizier, Kommandeur, Großoffizier und Großkreuz, zur Zeit des Empire »Großadler« genannt. Das Ordensamt zieht an die Rive Gauche in den 1782 von Prinz Salm erbauten Palast ein, der zur Zeit der Revolution zerstört worden ist. Nach seinem Wiederaufbau wird er von Madame de Staël bewohnt, einer energischen Gegnerin Napoléons. An diesem Ort ist heute das Museum der Ehrenlegion und der von Frankreich anerkannten Ritterorden untergebracht.

Erste Verleihung der Ordenskreuze der Ehrenlegion in der Kirche Saint-Louis-des-Invalides; Gemälde von Debret.

Krönung Napoléons

■ *2. Dezember 1804*

An einem nebeligen Tag bereitet sich die Hauptstadt auf die Krönung Napoléons vor. Notre-Dame ist üppig dekoriert. Schon seit der Morgendämmerung hört man Kanonendonner und Glockenläuten. Die Einwohner von Paris erwarten ungeduldig die Ankunft des kaiserlichen Geleitzugs. Um elf Uhr fährt Napoléon in einer goldenen Kutsche vor. Er trägt eine mit Goldbienen bestickte weiße Samthose, eine Halskrause im Stil Heinrich IV. und sein Jagdkostüm. Bei seiner Ankunft an der Kathedrale vervollständigt er seine Garderobe durch Anlegen der kaiserlichen Abzeichen. Als Napoléon und Joséphine am Altar angelangt sind, stimmt das Volk das »Veni Creator« an und die Zeremonie nimmt ihren ordnungsgemäßen Lauf. Gerade als der Papst im Begriff ist, Napoléon zu krönen, kommt dieser ihm feierlich zuvor und setzt sich selbst die Krone auf. Gleich danach wiederholt er diese Geste an seiner Frau, die ebenfalls von seiner Hand gekrönt wird. Der Papst fühlt sich durch diese Initiative gedemütigt. Das Volk aber jubelt dem kaiserlichen Paar zu. Anschließend sagt Napoléon feierlich: »Ich habe mir die Krone nicht widerrechtlich angeeignet. Ich habe sie aus der Gosse aufgelesen. Das Volk hat sie auf mein Haupt gesetzt.« Napoléon leistet einen Schwur auf die Verfassung, um dem französischen Volk die bestmögliche Zukunft zu gewährleisten. Am Spätnachmittag kehren die Eheleute zur Feier des Ereignisses in den Palais des Tuileries zurück. Auf der Straße singt und tanzt das Volk, um die Krönung zu feiern.

Napoléon krönt Joséphine in der Kathedrale Notre-Dame, nachdem er sich vorher selbst zum Kaiser gekrönt hat; Gemälde von Jacques-Louis David.

Die Banque de France wird aktiver

■ *1806*
Die Banque de France ist am 13. Februar 1800 auf die Initiative von Pariser Bankiers und auf den Befehl Napoléons ins Leben gerufen worden. Die Nationalbank wird den bisher auf Paris beschränkten Umlauf der 500-Francs-Banknoten auf das gesamte französische Gebiet ausweiten. Von nun an sollen die 200 bedeutendsten Aktionäre 15 Vertreter der Regierung und drei Aufseher wählen, die den Aufsichtsrat der Bank bilden, welche ihren privaten Status beibehält. Dieses Kreditinstitut, das in erster Linie für wichtige Kaufleute und Bankiers gegründet wurde, soll das wirtschaftliche Wachstum fördern, das am Ende der revolutionären Periode zum Erliegen gekommen war. Der Banque de France ist die Ausgabe von Banknoten vorbehalten.

Blick auf die »Goldene Galerie« der Banque de France nach dem Umbau durch Robert Cotte im Jahre 1713

Napoléons Ehe am Ende

■ *15. Dezember 1809*
Napoléon ist es leid, darauf zu warten, dass Joséphine ihm einen Sohn schenkt. Nach dem Gesetz würde dieser Erbe das Kaiserreich regieren. Da Napoléon seine Brüder für unfähig hält und er sich auch nicht mit der Lösung einer Adoption anfreunden kann, will der Kaiser seine Ehe mit Joséphine auflösen. Als sie davon erfährt, versucht sie, sein Mitleid zu erregen. Aber Napoléon lässt sich nicht mehr umstimmen. Der Senat bestätigt die standesamtliche Scheidung der Ehe. Die kirchliche Auflösung bereitet größere Schwierigkeiten, wird aber schließlich von einem Ausschuss von Prälaten bewilligt; die Gültigkeit dieses Urteils bleibt zweifelhaft.

Napoléon heiratet Marie-Louise

■ *9. – 11. März 1810*
Wer wird die neue Frau des Kaisers? Das Volk ist neugierig und Napoléon selbst weiß recht wenig über seine zukünftige Gattin. Es handelt sich um Marie-Louise, die Erzherzogin von Österreich, eine Habsburgerin. Die Auserwählte hatte sich mit dem Gedanken abgefunden, einen Mann zu heiraten, den sie nicht liebt. Eine Ehe gleicht oft eher einer Annäherung zwischen zwei verfeindeten Kaiserreichen. Berthier, der Prinz von Wagram, hält im Namen des Kaisers um die Hand von Marie-Louise an. Per Vollmacht wird am 9. März 1810 ein Heiratsvertrag unterzeichnet, die Trauung wird am 11. März in der Wiener Augustinerkirche ohne Napoléon abgehalten. Am 13. März begleitet Wagram Marie-Louise nach Frankreich. Ungeduldig kommt Napoléon ihnen bereits auf halber Strecke entgegen. Die Eheleute küssen sich gleich bei ihrer ersten Begegnung und Marie-Louise willigt in eine Hochzeitsnacht mit Napoléon in Fontainebleau ein. Als die Gesandten des österreichischen Kaisers eintreffen, um der standesamtlichen und kirchlichen Trauung beizuwohnen, erfahren sie, dass die Eheschließung bereits vollzogen ist, was sie als Affront werten, während es Napoléon in erster Linie darum ging, seiner Gattin zu zeigen, dass sie ihm gefällt.

König von Rom kommt zur Welt

■ *20. März 1811*
Ein Jahr nach der Eheschließung mit Marie-Louise erblickt der lang ersehnte Erbe Napoléons um neun Uhr morgens das Licht der Welt. Die Geburt war nicht gerade einfach verlaufen, da das Kind mit den Füßen zuerst kam und mit der Geburtszange geholt werden musste. Der Geburtshelfer Antoine Dubois, dem zuvor von Napoléon geraten worden war, so vorzugehen, als würde er das Kind von »irgendeinem Krämer in der Rue Saint-Denis« zur Welt bringen, musste seine ganze Geschicklichkeit anwenden. Der Kaiser verleiht dem Kind den Titel des »Königs von Rom«.

15   ## Die Kirche Sainte-Madeleine

1806 trifft Napoléon die Entscheidung, eine Gedenkstätte zum Ruhm der französischen Armee errichten zu lassen. Für dieses Bauvorhaben nutzt er die Baustelle der Kirche Sainte-Madeleine, deren Bau seit 1790 nicht abgeschlossen worden ist. Der Kaiser beauftragt den Architekten Pierre Vignon, diese Kirche in einen majestätischen griechischen Tempel umzuwandeln, der die Inschrift »L'Empereur Napoléon aux soldats de la Grande Armée« (Kaiser Napoléon zum Ruhm der Soldaten der französischen Armee) trägt. Der Bau wird sich über 80 Jahre erstrecken. Das Innere der als »Madeleine« bezeichneten Kirche des Faubourg Saint-Honoré (VIII. Arrondissement) gegenüber der Rue Royale ist mit Skulpturen und religiösen Fresken dekoriert. Von Außen allerdings weist bis auf Nischenfiguren und das Basrelief der Bronzetüren nichts auf die religiöse Dimension des Ortes hin.

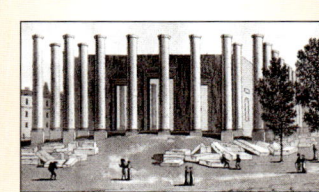

Stand der Bauarbeiten der Kirche Sainte-Madeleine im Jahre 1809.

Hauptstadt des abendländischen Kaiserreichs

■ *1811*

Als am 20. März 101 Kanonenschüsse die Geburt des kaiserlichen Erben verkünden, ist Paris die Hauptstadt eines Reiches, das aus 130 Departements besteht und über 44 Millionen Einwohner zählt, ungefähr ein Viertel der 167 Millionen Europäer. Es erstreckt sich von Hamburg an der Elbe bis Rom (Departement Tibre) und ist von Vassallenstaaten umgeben: Der Rheinbund, Großherzogtum Warschau, der Helvetische Bund und diverse Königreiche. Der Titel des Königs von Rom, den Napoléon seinem Sohn verleiht, zeigt, dass er davon überzeugt ist, dass die ewige Stadt nicht mehr im Besitz des Heiligen Stuhls steht. Paris ist Bonapartes ganzer Stolz und er will daraus eine glanzvolle und prächtige Hauptstadt machen. Große Baudenkmäler werden errichtet oder fertig gestellt. Die Bauarbeiten an der Kirche Sainte-Madeleine werden wieder aufgenommen, die Börse, die Brücken von Austerlitz und von Iéna werden gebaut. Der viel bewunderte Triumphbogen (Abbildung oben) wird zwischen 1806 und 1808 errichtet. Bescheidenere Bauprojekte wie zum Beispiel die Passage des Panoramas haben einen bedeutenden Einfluss auf das alltägliche Leben in Paris. Diese erste öffentliche Passage entsteht am ehemaligen Standort des Hôtel de Montmorency-Luxembourg. Die Passage verläuft parallel zur Rue Vivienne und verbindet die Rue Saint-Marc mit dem Boulevard Montmartre. Diese teilweise gläsern überdachte Passage bietet nicht nur Schutz vor schlechtem Wetter, sondern wird mit ihren zahlreichen Boutiquen, Cafés und Restaurants zu einem der belebtesten Orte der Hauptstadt. Erwähnenswert ist noch die Promenade des türkischen Gartens im Arbeiterviertel um den Boulevard du Temple. Der Ort ist ein beliebter Treffpunkt für Kinder und wird von der Polizei überwacht. Dort kann es passieren, dass man, während man einer Wahrsagerin lauscht, den Diebstahl seiner Börse beklagen muss. Durch den Abriss der Festung Grand Châtelet zwischen 1802 bis 1810 kann die Place du Châtelet geschaffen werden; in der Mitte des Platzes lässt der Kaiser den Siegesbrunnen errichten, der von den Parisern in »Fontaine des Palmiers« (Palmenbrunnen) umgetauft wird. Obwohl die Zollbestimmungen aus der Revolutionszeit für die Wareneinfuhr nach Paris am 19. Februar 1791 aufgehoben wurden, so wird doch die Grenze für die Champs-Elysées zwischen den aktuellen Straßen Rue de Tilsit und Rue de Presbourg wiederhergestellt. Der Pavillon des Architekten Ledoux wird eine zentrale Steuereinziehungsstelle: Die Stadt braucht dringend Einnahmen. Die Weizenhalle, die 1805 abgebrannt war, wird 1807 in der heutigen Rue de Viarmes wieder aufgebaut (I. Arrondissement). Da

Napoléon besichtigt den Louvre in Begleitung der Architekten Pierre François, Léonard Fontaine und Charles Percier; Gemälde von Auguste Couder, Louvre.

Napoléon wegen der Hungersnot einen Aufstand befürchtet, werden Tausende von Weizensäcken gelagert und Tag und Nacht bewacht. Die Ankunft der Postkutschen wird immer mit großer Spannung erwartet, da die Reisen lang (weniger als 15 Stundenkilometer), beschwerlich und trotz der Überwachung der Hauptverkehrsstraßen für die Fahrgäste sehr gefährlich sind.

Der Pont des Arts ist eine 155 m lange und 10 m breite Fußgängerbrücke. Sie ist zwischen 1801 und 1803 errichtet worden. Die Überquerung kostete einen Sou.

Das 1780 erbaute Théâtre de l'Impératrice, heute Théâtre National de l'Odéon, ist mit seinen 1 913 Plätzen das größte Theater von Paris.

Marie-Louise wird Regentin

■ *5. Februar 1813*
Die Verschwörung des Generals Malet deckt die Mängel der kaiserlichen Verfassung auf. Die Konstitution sieht keinerlei Stellvertretung vor. Napoléon unterzeichnet vor seiner Abreise nach Deutschland einen Vertrag, in dem er der Kaiserin die Regentschaft überträgt. Marie-Louise wird darin von Jean-Jacques Cambacérès, den Prinzen und hohen Würdenträgern unterstützt. Napoléon hofft, dass die Beziehungen zwischen seiner Gattin und ihrem Vater, dem Kaiser von Österreich, günstige Bedingungen für den Frieden schaffen. Vor seiner Abreise zieht er die Krönung seiner Gattin und seines Sohnes durch den Papst in Erwägung, der in Fontainebleau gefangen gehalten wird.

Lässt Napoléon die Hauptstadt im Stich?

■ *11. Februar – 30. März 1814*
Die Strategie des Kaisers gibt zu denken: Die schlesische Armee (50 000 Soldaten) konnte er nicht zerschlagen, sondern lediglich von der Hauptstadt fern halten. Unbesorgt wendet Napoléon

Russische Gefangene nach der Schlacht von Montmirail

sich dem Osten zu. Er ist davon überzeugt, dass er die Überlegenheit der Alliierten in einer Schlacht nicht kompensieren kann. Der Mann, gegen den sich ganz Europa verbündet hat, versucht verzweifelt einen Ausweg zu fin-

den, indem er dem Feind die Wege nach Paris überlässt, um ihm entlang der wichtigsten Verbindungslinien aufzulauern. Er geht die gefährliche Wette ein, dass die Alliierten sich auf ihn stürzen werden und sich von Paris fernhalten würden. Diese Wette verliert Bonaparte, denn die Alliierten rücken Richtung Paris vor. Mit den Siegen von Champaubert und Montmirail gelingt es Marschall Ney zwar, die Russen vorübergehend aufzuhalten, dennoch ist Napoléon beunruhigt. Erzkanzler Cambacérès und König Joseph, der Bruder Napoléons, sind keine heldenhaften Kämpfer. Joseph hält es zudem für sicherer, Marie-Louise und ihren Sohn nach Blois in Sicherheit zu bringen. Für die Bonapartisten ist Paris kein sicherer Ort mehr. Die Flucht der Regentin demoralisiert sie endgültig.

Kapitulation vor Zar und Alliierten

■ *29. – 31. März 1814*
Die Verteidigung der Stadt wird von Marmont, Herzog von Raguse, und Mortier, Herzog von Trévise, angeführt. Die beiden Marschalls verfügen über eine kleine Armee von 40 000 Soldaten, während die der Gegner aus dreimal so vielen Soldaten besteht. Am 29. März sind die Alliierten vor der Hauptstadt. Die Tatsache, dass die Kai-

serin und ihr Sohn Paris bereits verlassen haben, ermutigt die Alliierten, die Stadt zu umzingeln. Am Morgen des 30. März wird die Hauptstadt von Norden und Osten aus zwischen Clichy und Vincennes angegriffen. Der Verteidigungsring wird schnell zerschlagen. In Clichy versucht Marschall Moncey, das Stadtviertel durch das Aufschichten von Holzplanken und

Karren in eine Festung zu verwandeln. Mit vier Legionen will er den Feind in Schach halten. Trotz seines vorbildlichen Heldenmutes wird der Hügel von Montmartre eingenommen und der Feind stürmt das Dorf Batignolles. Am 31. März ziehen Zar Alexander I., der preußische König und Schwarzenberg, der den österreichischen Kaiser vertritt, in Richtung Champs-Elysées.

16   Die Vendôme-Säule

Nach dem Sieg von Austerlitz lässt Napoléon die feindlichen Kanonen einschmelzen, um eine Säule mit Bronze-Relief zu errichten, die die Siege der französischen Armee darstellt. Der Bau der 44 Meter hohen Säule wird am 26. August 1806 begonnen und vier Jahre später abgeschlossen. Die Architekten Denon, Lepère und Goudouin hatten sich dabei von der Trajan-Säule in Rom inspirieren lassen. An der Spitze der Säule steht eine von Chaudet erstellte Statue des Kaisers. Napoléon ist mit einer römischen Toga, einem Schwert in der Hand und einem Lorbeerkranz dargestellt. Die Säule wurde 1871 während der Pariser Commune umgestürzt. Zwei Jahre später wurde sie während der III. Republik wieder aufgestellt. Die neue Statue Napoléons des Bildhauers Dumont ist eine perfekte Kopie der ersten Darstellung und kam wieder auf ihren ehemaligen Platz auf der Spitze der Säule. In ihrem Innern ist eine steile Wendeltreppe, die bis zur Spitze der Säule führt, von wo man einen herrlichen Rundblick hat.

Die Alliierten halten Einzug durch das Stadttor Saint-Martin in Paris.

Engländer und Russen belagern die Champs-Elysées

■ *31. März – 11. April 1814*

Nach dem Einmarsch der Alliierten führt der Zar die Soldaten auf die Prachtstraße Champs-Elysées, von der Napoléon ihm vorgeschwärmt hatte. Zu diesem Zeitpunkt hat Alexander I. noch die Absicht, Marschall Bernadotte, seit 1812 Kronprinz von Schweden, auf den französischen Thron zu bringen. Jedoch unter dem Einfluss von Talleyrand, den man den »hinkenden Teufel«

Im Palais-Royal werden neugierig die eleganten Uniformen der russischen Soldaten gemustert.

nennt, lässt sich der Zar zu der Überzeugung hinreißen, dass nur ein Bourbonenkönig in der Lage sei, über Frankreich zu herrschen. Eine provisorische Regierung wird errichtet. Der stets auf seinen Vorteil bedachte Nutznießer Talleyrand übernimmt den Vorsitz der Regierung und verkündet am 3. April die Absetzung des Kaisers. Unterdessen richten die Russen ihr Lager auf der Champs-Elysées in der Nähe der Rue Saint-Florentin ein. Die Fremden aus dem Osten erregen mehr Aufsehen als die Engländer, an deren Anblick sich die Bevölkerung schon seit Jahrhunderten gewöhnen konnte. Aus der Ferne terrorisierten die Russen die Pariser und aus der Nähe betrachtet, setzen sie sie in Erstaunen. Interessiert werden diese disziplinierten, gut gekleideten und vornehmen Ausländer gemus-

Das Lager der Engländer erregt nicht soviel Aufsehen wie die Gegenwart der Russen.

tert. In einer Proklamation an die Bevölkerung wird das Versprechen des Zaren präzisiert: Alexander I. hat den städtischen Behörden den Schutz der Pariser Bevölkerung versichert. Auf der Champs-Elysées werden die ausgehun-

gerten Russen ungeduldig. Denen ging es nie schnell genug, weshalb sie den französischen Wirten immer das russische Wort »Bjistro, bjistro« – »Schnell, schnell« zuriefen. So entstand dann der Begriff »Bistro«.

König Ludwig XVIII. hält Einzug

■ *3. Mai 1814*

Nach der Verbannung Napoléons auf die Insel Elba hält der aus dem Hause Bourbon stammende Ludwig XVIII. in Begleitung der königlichen Garde Einzug in Paris. Der Herzog von Bourbon wird von seinem Vater, dem Prinzen de Condé und Madame Royale, Herzogin von Angoulême, begleitet und jubelnd empfangen. Die Intrigen

Talleyrands gegen Napoléon waren erfolgreich und die Alliierten, wie die Liberalen begrüßen die Rückkehr des Herzogs und hoffen auf mildere Zeiten für Frankreich. In der Tat verpflichtet sich Ludwig XVIII. dazu, die Errungenschaften der Revolution gemäß der Forderungen des Senats in einer Charta festzuhalten und gesetzlich anzuerkennen.

Der Pariser Friede schont Frankreich

■ *30. Mai 1814*

Die erste Aufgabe des Königs besteht in der Bildung einer Regierung. Wieder ist es Talleyrand, der treu seine Dienste anbietet und darauf hofft, den Vorsitz der Regierung zu übernehmen. Der »Wendehals« hat bereits mehrere Male das Lager gewechselt. Er bekommt jedoch nur das Amt des Außenministers und übernimmt die Aufgabe, den Frieden Frankreichs mit seinen Nachbarn wiederherzustellen. Ihm gelingt es, den Feind davon zu überzeugen, dass Frankreichs Rang innerhalb Europas nicht zu stark geschwächt werden dürfe. Deshalb sind die Verhandlungen mit den Siegern schnell abgeschlossen. Der Friede von Paris wird von England, Preußen, Österreich und Russland unterzeichnet. Für Frankreich fällt dieses Abkommen relativ mild aus, da in dem Vertrag keinerlei Kriegsentschädigungen und auch keine permanenten Besatzungsmächte vorgesehen sind. Es wird sogar auf eine Rückgabe der unzähligen Kunstwerke verzichtet, die Napoléon auf seinen Eroberungszügen entwendet hatte. Es werden jedoch die Grenzen Frankreichs von 1792 wiederhergestellt. Einige Eroberungen der Revolution und des Empire blei-

ben jedoch französisch: Die deutschen Festungen Philippsburg, Saarlouis, Saarbrücken, Marienburg, Landau, Mühlhausen und Montbéliard so wie auch ein Drittel Savoyens mit Chambéry und Annecy und die Grafschaft Venaissin. Auch die meisten Überseekolonien kann Frankreich behalten. Der Zar setzt sich persönlich dafür ein, dass Frankreich nicht zu stark geschwächt wird. Als großer Frankreichfreund bedauert er sogar, dass Napoléon nicht in Russland Zuflucht sucht.

Talleyrand kämpft als Außenminister für Frankreichs Rolle innerhalb Europas.

Nach 23 Jahren Exil hält der jüngste Bruder von Ludwig XVI. Einzug in Paris und kehrt in den Palais des Tuileries zurück.

Einweihung der Reiterstatue Henri IV

■ *25. August 1818*

Die Reiterstatue Heinrichs IV. wird auf dem Pont-Neuf eingeweiht; Gemälde von Hippolyte Lecomte.

Drei Monate vor dem Abzug der Besatzungstruppen können die Pariser endlich ihrem geliebten König eine Ehre erweisen, denn die Reiterstatue Heinrichs IV. wird wieder auf dem Pont-Neuf errichtet. Mit ähnlichem Enthusiasmus hatten die Pariser allerdings auch 1810 schon der Einweihung des auf der Vendôme-Säule errichteten Denkmals Napoléons beigewohnt. Zur Herstellung der Bronzestatue Napoléons ist übrigens seinerzeit der so populäre Bourbonenkönig kurzerhand eingeschmolzen worden. Ein riesiger hufeisenförmiger Triumphbogen auf dem kleinen Platz in der Mitte der Brücke, der bis 1789 Place Henri IV hieß, ist zur Einweihung des Reiterdenkmals errichtet worden. Der Pont-Neuf ist die älteste Brücke in Paris, denn Heinrich IV. hatte sie ursprünglich im Jahre 1607 eingeweiht. Der Bourbonenerbe Ludwig XVIII. ist endlich zufrieden: Ein Kapitel französischer Geschichte geht zu Ende. Die Restauration der legitimen Dynastie scheint die Gräueltaten der Revolutionszeit zu verwischen, die der Bruder von Ludwig XVI. im Exil erdulden musste.

Herzog von Berry wird erdolcht

■ *13. Februar 1820*

Gegen 22.50 Uhr, als der Herzog von Berry seine kränkelnde Frau zu ihrer Kutsche vor der Oper begleiten möchte, wird er von einem Unbekannten erstochen. Der im Sterben liegende Herzog wird in einen Nebensaal der Oper getragen. Der König wird verständigt und muss untätig zusehen, wie sein Neffe stirbt. Die Stimmung ist gespannt, da Karl Ferdinand, Herzog von Berry, dritter Thronfolger und zweiter Sohn des Grafen d'Artois, als einziger Bourbon in der Lage gewesen wäre, die Zukunft der Dynastie zu sichern. Bei dem Mörder handelt es sich um einen fanatischen Sattler namens Louvel, der ohne Komplizen gehandelt hatte und die »Rasse der Bourbonen« ausrotten wollte. Am selben Abend gibt jedoch der königliche Arzt die außerordentliche Neuigkeit preis, dass die Herzogin von Berry schwanger sei. Sie erwartet das »Wunderkind«, den zukünftigen Herzog von Bordeaux.

Die Pariser Kanäle sind endlich befahrbar

■ *3. Mai 1821–25. Dezember 1825*

Die massiven und kostspieligen militärischen Unternehmungen haben die städtebaulichen Projekte und vor allem die Fertigstellung der Kanäle Saint-Denis und Ourcq heraus gezögert, die für die Wasserversorgung der Stadt von enorm großer Bedeutung sind. Die Kanäle sollen darüber hinaus aber auch den Fernhandel erleichtern. Nachdem der Frieden Einzug gehalten hat, können die Bauarbeiten nun endlich wieder aufgenommen werden. Der Ingenieur de Villiers de Terrage beendet die zehn Jahre zuvor begonnenen Arbeiten am Kanal d'Ourcq, der ab dem 3. Mai 1821 befahrbar ist. Drei Jahre später wird der 6,6 Kilometer lange Kanal Saint-Denis fertig gestellt. Am 25. Dezember 1825 wird der von dem Architekten Coïc gebaute Kanal Saint-Martin von Karl X. in einer feierlichen Zeremonie offiziell eingeweiht. Der Grundstein für den Bau des Kanals war bereits vor drei Jahren gelegt worden und durch die Eröffnung des Kanals kann die Strecke zwischen La Vilette und den Inseln Saint-Louis und de la Cité in kaum mehr als acht Stunden zurückgelegt werden. Für die gleiche Strecke waren vorher mindestens drei Tage erforderlich.

Der bereits 1520 geplante Kanal Ourcq reicht bis zum Becken von La Vilette.

Der Kanal Saint-Martin: 4,5 km und 9 Schleusen, um das Arsenal zu erreichen

Omnibusse verbessern den Pariser Stadtverkehr

■ *11. April 1828*

Durch Omnibusse wird der Pariser Straßenverkehr radikal verändert. Zum Einheitspreis von 25 Centimes kann man die Wagen der ersten Pariser Omnibusgesellschaft benutzen. Die Herzogin von Berry wollte sich dieses Vergnügen unter keinen Umständen entgehen lassen und zahlte sogar die stolze Summe von 25 Louis, um in aller Diskretion unerkannt mitfahren zu können. Das Unternehmen wurde von einem gewissen Baudry gegründet, der sich beim ersten Anlauf allerdings ruiniert hatte. Das Unternehmen besteht aus rund 100 Wa-

gen, die von Pferden gezogen werden und etwa 30 000 Personen am Tag transportieren. Die berühmtesten Fahrzeuge waren die grün-schwarzen »Omnibusse«. Wortwörtlich: »Fahrzeug für alle«. Später wird die Bezeichnung auf einen Zug übertragen, der überall anhält: Der »Madeleine–Bastille«, der über 14 Plätze verfügt und ständig überfüllt ist. Einer der ersten Reisenden, Maxime Du Camp, schreibt, dass die Wagen wie »Gondeln aussehen« und der Kutscher den Passanten mittels einer Fußpedale, die mit einem Blasebalg verbunden ist, seine Ankunft ankündigt. Indem der Kutscher die

Die Ankunft der Postkutsche ist immer ein aufregendes Ereignis.

Reisende im Omnibus; Karikatur von Fournier aus dem Jahre 1829

Fußpedale betätigt, wird Luft in drei Trompeten gepumpt: Der Vorläufer der Hupe. Ein anderes Fortbewegungsmittel ist das so genannte »Tricycle« mit einem einzigen Vorderrad und gelber Karosserie. Von der Oper kann man ebenfalls in eine der »Dames-Blanches« steigen, einfarbige Wagen, die von drei Pferden gezogen werden. Diese Wagen sind nach einer berühmten Oper von Boieldieu aus dem Jahre 1825 benannt

worden. Die Kutscher der »Béarnaises« tragen ein Baskenkostüm. Die neuen öffentlichen Verkehrsmittel sind zwar praktisch, aber oft reist man in dichtem Gedränge. Um sich von der Konkurrenz deutlich absetzen zu können, erhöhen die Kutscher der Droschken und Cabriolets, die mehr Intimität zu bieten haben, ihre Preise. Von jetzt an hat der Pariser die Qual der Wahl beim Durchqueren der Stadt.

Der Pont de l'Archevêché

■ *1828*

Die Pont de l'Archevêché (Brücke des Erzbischofs) kann seit November überquert werden. Diese vom Architekten Plouard errichtete Brücke verbindet den Quai de l'Archevêché mit dem Quai de Montbello. Sie ist nach dem ehemaligen Erzbischof von Notre-Dame benannt worden. Die 68 Meter lange und

17 Meter breite Brücke besteht aus drei Steinbögen. Mit einer Höhe von 7,96 Meter ist sie die niedrigste Brücke der Seine und die Ursache für viele Schifffahrtsprobleme: Zwischen 1884 und 1900 werden 21 Zwischenfälle registriert, vier Schiffe gehen dabei unter. Kurz nachdem die Brücke restauriert worden war, will man 1857 plötzlich die drei Steinbögen durch einen einzigen Bogen ersetzen. Im Laufe der Jahre werden zahlreiche Projekte zur Veränderung der Brücke entwickelt, aber keines kann sich durchsetzen. An der heutigen Brücke hat sich im Vergleich zum Original nicht viel verändert. Man hat lediglich den Bürgersteig etwas verbreitert.

Stand der Bauarbeiten an der Pont de l'Archevêché im Jahre 1828. Die Brücke wird unter Karl X. eingeweiht.

Für Balzac eine romanhafte Stadt

■ *1829*

Als Ertrag täglicher 15-stündiger Arbeit veröffentlicht der damals 30-jährige Schriftsteller seine Werke »Chouans« und »Physiologie du mariage«. Der unverbesserliche Dandy der Rue Cassini empfängt unermüdlich Gäste und schreibt in erster Linie über provinzielle Sitten und Gewohnheiten. Balzac erlebt Paris wie einen Roman. Er lässt sich von Buisson, dem teuersten Schneider von Paris, Morgenmäntel und gelbe Handschuhe anfertigen. Balzac ist offen für alle Trends und Manien der Epoche. Er schlendert gern durch das alte, geheimnisvolle Paris und kommt oft erst spät nach Hause. Dann geht er nicht schlafen, sondern bringt hunderte von Zeilen zu Papier und trinkt dabei literweise Kaffee, um sich über seinen Blättern wach zu halten.

Die Rue Neuve-Notre-Dame, heute Vorplatz der Kathedrale Notre-Dame; Gemälde von Edouard Gaertner aus dem Jahre 1826

»Hernani«: Eine tumulthafte Premiere

■ *25. Februar 1830*

Die Uraufführung des Fünfakters »Hernani« von Victor Hugo in der Comédie-Française ist als so genannte »Hernani-Schlacht« in die französische Literaturgeschichte eingegangen. Während der Proben wird das Stück stark kritisiert und von der Zensur unter die Lupe genommen. Einige Szenen müssen gestrichen werden. Während der Premiere entsteht im Zuschauerraum der Comédie-Française ein lautstarker Streit zwischen konservativen Kritikern und romantischen Dichtern. Das Versmaß des Fünfakters wird vor der eigentlichen Aufführung des Stückes angegriffen bzw. verteidigt. In dem völlig überfüllten Theatersaal herrscht eine äußerst gespannte und emotionsgeladene Atmosphäre. Die »Hernani-Schlacht« wird von den romantischen Dichtern unter der Führung von Théophile Gautier gewonnen, der Victor Hugo als »aufrührerisches Genie« bezeichnet.

Die »Hernani-Schlacht« in der Comédie-Française wird von der neuen Dichtergeneration gewonnen; Gemälde von Albert Besnard.

»Moniteur« sorgt für Aufruhr

■ *26. Juli 1830*

An diesem Montag stürzen sich gegen sieben Uhr abends die jungen Leute auf die frisch gedruckte Zeitung »Le Moniteur universel«. Für gewöhnlich hat diese Zeitung keine große Leserschaft. Am Palais-Royal haben sich heute aber viele Menschen eingefunden, um wütend die vier von Karl X. veröffentlichten Erlässe zu lesen. Der König will die Pressefreiheit aufheben, die Kammer auflösen und ein neues Wahlrecht einführen, durch das das Bürgertum benachteiligt wird. Die jungen Leute stellen sich zornig auf die Seite der Presse. Mit ihrer Motivation und ihrem Einsatz tragen sie zum Ausbruch der Juli-Revolution bei, die durch diese ungeschickten vier Anordnungen provoziert wurde.

Wütend haben sich diese jungen Leute am Palais-Royal versammelt.

Wiedereinführung des Brückenzolls

■ *1830*

Der Platz und die Brücke Louis XVI wird in Place und Pont-de-la-Concorde umgetauft. Die städtischen Kassen haben unter der Entwicklung der öffentlichen Verkehrsmittel gelitten: Die Wartung der Straßen und Brücken ist mit hohen Kosten verbunden. Deshalb wird der während der Revolutionszeit abgeschaffte Brückenzoll wieder eingeführt. Ein Teil der Einnahmen dient der Fertigstellung vieler begonnener Bauprojekte. Das trifft auch auf den 1824 begonnenen Bau der Hängebrücke des Ingenieurs Navier der Allée d'Antin zu (heutige Avenue Franklin-Delanoe-Roosevelt); sie sollte eine Achse von der Champs-Elysées zum Invalidendom bilden. Auch die seit drei Jahren geöffnete Brücke Pont Grenelle unterliegt dem Brückenzoll. Der Verkehr von einem Ufer zum anderen verbessert sich zusehends für die 750 000 Einwohner von Paris.

SEHENSWÜRDIGKEIT

17

Die Place de la Bastille

Die Place de la Bastille ist im Jahre 1803 angelegt worden. Von der kleinen Bastion, die 1370 erbaut wurde, um das Stadttor Saint-Antoine zu verteidigen, ist heute nichts mehr zu sehen. Anschließend wurde dort das berüchtigte, von den Parisern so sehr gehasste Staatsgefängnis gebaut, das am 14. Juli 1789 während der Revolution von der Bevölkerung gestürmt wurde. Einst wollte Napoléon dort einen 24 Meter hohen Bronzebrunnen in Form eines Elefanten erbauen lassen. Der Grundstein zu diesem Bauprojekt wurde am 2. Dezember 1808 gelegt, doch die Bauarbeiten sind nie abgeschlossen worden. Heute steht auf dem Platz eine 43 Meter hohe Bronzesäule, die so genannte »Juli-Säule«, die nach den Plänen der Architekten Alavoine und Duc errichtet worden ist. Louis-Philippe ließ die Säule 1840 zum Gedenken an die 615 Opfer der Juli-Revolution von 1830 errichten, die ihm zu seiner Machtübernahme verholfen haben. Die Spitze der Bastille-Säule ziert eine vergoldete Statue, die in der einen Hand eine aufgesprungene Kette und in der anderen die Fackel der Zivilisation hält. Die Säule ist zehn Jahre nach der Juli-Revolution am 28. Juli 1840 eingeweiht worden. An diesem Tag spielte man die eigens komponierte »Symphonie funèbre et triomphale« von Hector Berlioz zum Gedenken an die vielen Opfer der Juli-Revolution.

Der Ausbruch der Juli-Revolution entflammt Paris

Besetzung des Rathauses durch die Bourgeoisie; Musée de Versailles.

Dritter Revolutionstag, 29. Juli 1830. »Kämpfe vor dem Pariser Rathaus«; Ölgemälde von Jean Victor Schnetz, Musée du Petit Palais, Paris.

■ *27.–29. Juli 1830*

In diesen Tagen macht nicht nur die Hitzewelle den Parisern zu schaffen. Die Journalisten kochen vor Wut gegen die Erlässe Karls X., vor allem gegen die Aufhebung der Pressefreiheit. In den Redaktionsbüros der Zeitung »National« in der Rue Saint-Marc (II. Arrondissement) verfassen die Journalisten Rémusat und Thiers eine Deklaration, die von einem breiten Publikum unterstützt werden soll. 44 Journalisten unterzeichnen sie und vier Zeitungen wollen den Aufruf veröffentlichen. Die Presse hat der politischen Macht eine Kampfansage erteilt. Am darauf folgenden Tag, am 27. Juli, entsteht am Palais-Royal aus drei umgeworfenen Wagen eine erste Barrikade. Die Unruhen nehmen sehr schnell zu: Pflastersteine werden aus dem Asphalt gerissen, abgesägte Bäume, Fässer und Matratzen sollen gegen den Kugelhagel schützen. Von den Barrikaden herunter weht die dreifarbige Flagge, die Trikolore. Am 28. Juli ertönt ein unerwartetes Glockengeläut von der Kathedrale Notre-Dame. Ein Signal, dem sich andere Kirchen anschließen. Studenten und Arbeiter haben auf dem Nordturm von Notre-Dame die Trikolore gehisst. Die gleiche Flagge weht auf dem Rathaus, als Antwort auf das sture Verhalten des Königs. Am selben Tag werden die Aufständischen mit drei Kanonenschüssen vertrieben und müssen die Brücke verlassen, die die Île de la Cité mit dem Rathaus verbindet. Dabei kommen viele Menschen ums Leben, unter ihnen auch ein 14 Jahre alter Junge namens

Arcole. Der junge Fahnenträger wurde vor den Augen seines Vaters niedergemetzelt. Zum Gedenken an diesen Jugendlichen bekommt die Brücke später den Namen »Pont d'Arcole«. Als der Garnisonschef Marmont noch versucht, den König zum Dialog mit den Aufständischen zu bewegen, haben sich auch schon die »Polytechniciens« (Studenten der polytechnischen Schule) unter den Aufstand gemischt. Mit dem Schwert in der Hand ziehen sie in die Rue Saint-Honoré. Am 29. Juli wird das Pariser Rathaus nach zahlreichen blutigen Auseinandersetzungen schließlich erneut von den Revolutionären besetzt und die schwarze Flagge zum Zeichen der Trauer der unzähligen Opfer gehisst. Der Revolutionär Dubourg erscheint auf dem Balkon und proklamiert: »Frankreich behält diese Farbe so lange, bis es seine Freiheit wiedererlangt hat«. In Saint-Cloud beharrt Karl X. stur auf seiner Position: »Ich habe nun mal meine alten Ansichten!«

Am 31. Juli 1830 verlässt der Herzog von Orléans den Palais-Royal, um sich zum Pariser Rathaus zu begeben; Gemälde von Horace Vernet.

Louis-Philippe wird neuer König

■ *31. Juli – 7. August 1830*
Louis-Philippe, Herzog von Orléans, befindet sich im Palais-Royal, als die Abgeordnetenkammer ihm die offizielle Offerte überreicht. Auf der anderen Seite der Seine erwartet man von ihm, dass er seine Funktion als General-Leutnant des Königreichs weiter ausübt. Louis-Philippe ist sich darüber im Klaren, dass viele einflussreiche Bürger gegen die Wiedereinführung der Republik sind. Er hört auf den Rat des Ministers Talleyrand, der ihm die Vorzüge einer Monarchie darlegt. Der Herzog verlässt den Palast, um eine Abgeordneten-Delegation zu empfangen. Auf dem Weg zum Rathaus wird der Herzog von einem empörten und feindlich gesinnten Menschenzug begleitet. Auf dem Rathausbalkon gibt der General La Fayette dem Herzog von

Fahnenübergabe zwischen Louis-Philippe und der Pariser Nationalgarde; Gemälde von Joseph-Désiré Court

Orléans einen langen Bruderkuss. Tief gerührt von dieser Szene, jubelt das Volk ihnen zu. Der Schriftsteller und Staatsmann Chateaubriand kommentierte diese Geste so: »Der republikanische Kuss von Lafayette hat einen König hervorgebracht«. In Gegenwart der erleichterten Abgeordneten stimmt das Volk schließlich der Wahl der Nationalversammlung zu. Von nun an überstürzen sich die Ereignisse für Louis-Philippe. Der Herzog war nämlich erst am Vortag in Paris angekommen und hatte keine besonderen Pläne im Gepäck. Louis-Philippe unterzeichnet das Protokoll von La Fayette und wird »durch Gottes Gnaden und den nationalen Willen König von Frankreich«. Er verpflichtet sich dazu, die Kammer einzuberufen und die Charta und die Trikolore zu achten.

»Der Glöckner von Notre-Dame« erscheint

■ *1831*
Victor Hugo stellt seinen neuen Roman »Der Glöckner von Notre-Dame« vor. Es ist die Geschichte der schönen Zigeunerin Esmeralda, des buckligen Quasimodo, des schönen Soldaten Phoebus und des Erzdiakons von Notre-Dame, Frollo, der von Esmerala besessen ist. Aufgrund seiner mittelalterlichen Thematik erfährt der Roman einen schnellen Erfolg, auch wenn Hugos Roman nicht unbedingt eine realistische Darstellung des Mittelalters ist. Wie schon der Originaltitel »Notre-Dame de Paris« verrät, steht im eigentlichen Mittelpunkt des Romans die Kathedrale mit ihren Wasserspeiern und ihrem geheimnisvollen Charme. Die Idee zu dem Roman ist Hugo nach einem Besuch der Kathedrale gekommen, die ihn stark beeindruckt hatte.

Frollo hegt eine unglückliche und verbotene Liebe für die schöne Esmeralda; Aquarell von Louis Boulanger, 19. Jahrhundert

Konkurrenz für die Marseillaise

■ *29. Juli 1830*
Um die Juli-Revolution zu feiern, die den Bourbonen Karl X. vertrieben hat und einen König aus dem Hause Orléans an die Spitze brachte, komponierte der Dichter Casimir Delavigne das Lied »La Parisienne«, fast eine neue »Marseillaise«: »Französisches Volk, mutiges Volk, die Freiheit öffnet unsere Arme / Man wollte uns zu Sklaven machen / Doch wir sind lieber Soldaten geworden / Paris hat seinen Glanz und seinen Ruhm wiedererlangt / Immer vorwärts marschieren wir / gegen Ihre Kanonen / durch die Ketten und das Feuer ihrer Gewehre / bis zum Sieg!«

ZUR PERSON

Frédéric Chopin

Der Komponist und Pianist Frédéric Chopin wurde 1810 in Polen geboren. Zur Zeit des polnischen Aufstandes verlässt Chopin Warschau, um sich 1831 in Paris niederzulassen. Bereits durch sein erstes Konzert erobert er die Herzen der Pariser im Sturm und wird sehr schnell von der intellektuellen und künstlerischen Elite aufgenommen. Sein Unterricht ist populär und er kann sich bald einer recht komfortablen finanziellen Situation erfreuen. Auch wenn er in seinen Pariser Jah-

Frédéric Chopin

ren die Zeit findet, zwanzig Konzerte zu veranstalten, ist er doch in erster Linie Komponist. 1837 lernt er George Sand kennen, mit der er zehn Jahre lang eine leidenschaftliche Beziehung hatte. Obwohl er an einer starken Tuberkulose erkrankt, komponiert er zahlreiche Werke. Am 17. Oktober 1849 stirbt Chopin. Die Beerdigungszeremonie wird in der Kirche Sainte-Madeleine abgehalten, der Leichnam wird anschließend auf dem Friedhof Père-Lachaise beigesetzt.

Cholera fordert zahlreiche Opfer

■ *März – September 1832*

Seit März wird in der Zeitung »Journal des débats« bekannt gegeben, dass die Cholera wieder neue Opfer in der Hauptstadt fordert. Aus dem Fernen Osten und Mitteleuropa ist die Krankheit über Calais in die Hauptstadt eingeschleppt worden. Die Seuche breitet sich vor allem unter der Arbeiterschaft aus, während sich die Bourgeoisie zunächst vor der Epidemie in Sicherheit wähnt. Man weiß wenig darüber, wie die Krankheit übertragen wird und die Zeitungen sind voll von Spekulationen über die Ansteckungsgefahr der Cholera. Ende März werden bereits 90 Tote registriert und Premierminister Casimir Perier versucht neue Hygienemaßnahmen einzuführen, um die Verbreitung der Epidemie einzudämmen. Seine Aktionen haben wenig Erfolg, und trotz der Sanierung der Stadtviertel und der Kloaken wächst die Zahl der Opfer täglich. Angesichts der Macht-

losigkeit der Behörden und der Ärzte verbreitet die verängstigte und verwirrte Bevölkerung Gerüchte über vergiftete Brunnen. Die Arbeiterschaft geht sogar soweit, die Krankheit für ein groß angelegtes Komplott unter dem Deckmantel einer Epidemie zu halten. Am 1. April wird daher von Lumpensammlern ein Aufstand organisiert. Sobald die Unruhestifter auf einen Passanten treffen, der angeblich wie ein Giftmischer aussieht, wird er an Ort und Stelle niedergemetzelt oder kurzerhand in die Seine geworfen. Als ihm diese außerordentlichen Vorfälle zu Ohren kommen, bezeichnet Perier die Pariser als ein »Volk von Wilden«. Gegen Ende des Sommers geht die Epidemie, die bereits unzählige Opfer gefordert hatte, endlich langsam zurück. Auch Perier fällt am 16. Mai der Cholera zum Opfer. In sechs Monaten sterben in Paris über 18 000 Menschen an den Folgen der Krankheit.

Erste öffentliche Toiletten in Paris

■ *1833*

Im Interesse der allgemeinen Hygiene lässt der Präfekt des Seine-Departements, Claude Philibert de Rambuteau, die ersten öffentlichen Toiletten in Paris installieren. Anfangs ist die Benutzung kostenlos. Vor allem für die Frauen, die kein öffentliches Café betreten durften, ohne für eine Prostituierte gehalten zu werden, sind die öffentlichen Toiletten eine große Erleichterung. Diese kleinen, vertikalen Kabinen erhalten nach ihrem Initiator den klangvollen Namen »Rambuteau-Säulen«. Endlich braucht man diesen intimen menschlichen Akt nicht mehr in aller Öffentlichkeit zur Schau zu tragen. Die neuen Bedürfnisanstalten werden auf Kosten der Einwohner installiert. Die Bevölkerung braucht jedoch noch eine gewisse Umgewöhnungszeit und steht den innovativen Einrichtungen zunächst misstrauisch gegenüber.

Massaker in der Rue Transnonain

■ *14. – 15. April 1834*

In Lyon hat sich die Gesellschaft für Menschenrechte energisch gegen den Gesetzesentwurf gegen das Vereinsrecht aufgelehnt. Als sich die Protestbewegung bis in die Hauptstadt ausweitet, sind die Soldaten der Nationalgarde fest entschlossen, den Aufstand so schnell wie möglich zu zerschlagen. In der Nacht wird auf die Truppen geschossen und die Schüsse scheinen aus der Rue Transnonain zu kommen. Die Soldaten des Generals Thomas Bugeaud zögern nicht lange und schießen blind-

lings in das Haus, aus dem angeblich auf die Miliz geschossen worden war. Am nächsten Morgen werden die Leichen von 20 unschuldigen Menschen aufgefunden. Unter den Opfern waren überwiegend Frauen, Greise und Kinder, die im Schlaf grausam niedergemetzelt worden waren. Der König fordert die Verurteilung der Verantwortlichen dieses unsinnigen und schrecklichen Massakers. Daraufhin werden über 100 Menschen vor Gericht vernommen und der Prozess endet mit zahlreichen Gefängnisstrafen.

Die Vergessenen der Juli-Revolution

Die Kämpfer der Juli-Revolution von 1830 glauben, dass man sie um ihren Sieg betrogen hat; Gemälde von Philippe-Auguste Jeauron, 1833.

Am Morgen des 15. April 1834 werden in der Rue Transnonain 20 grausam zugerichtete Leichen gefunden; Lithographie von Honoré Daumier.

■ *Frühjahr 1834*

Viele Pariser sind enttäuscht und desillusioniert. Vor vier Jahren waren sie noch bereit, für die neue Republik zu kämpfen. Damals glaubten sie noch an ein gerechteres Regime, das die Lage der Arbeiter zur Zeit der Misere der industriellen Revolution verbessern würde. Sie kämpften für die Demokratie und haben schließlich eine Monarchie mit einem »bürgerlichen König« an der Spitze geerbt, der nie ohne seinen Regenschirm das Haus verlässt und noch

dazu von einem Geschlecht von Königsmördern abstammt. Außerdem war General La Fayette einige Monate nach der Restauration der Monarchie zur Opposition übergewechselt. Der republikanische Widerstand in Lyon wird innerhalb von drei Tagen gebrochen. In Paris befiehlt Thiers General Bugeaud, die Barrikaden in der Nähe des Rathauses zu zerschlagen. Die Kämpfer der Juli-Revolution sind verzweifelt, viele von ihnen obdach- und mittellos der Straße ausgeliefert.

Lacordaire bekehrt Pariser

■ *8. März 1835*

Vor dem großen Tor der Kathedrale Notre-Dame warten 6 000 Menschen voller Spannung auf die Predigt des Dominikaners Henri Lacordaire. Als der Prediger endlich die Kanzel besteigt, herrscht große Stille. Dieser Prediger mit hoher Stirn, bleichem Teint, dunklen und feurigen Augen ist gewiss der größte heilige Redner seiner Zeit. Zur Fastenzeit hatte de Quélen, der Erzbischof von Paris, Lacordaire kommen lassen, der noch nie zuvor in einer Kathedrale eine Predigt gehalten hatte. Der Dominikaner war bereits im Vorjahr durch seine brillanten Reden im Collège Stanislas aufgefallen. Seine Predigten begeistern seine Zuhörer dermaßen, dass er selbst ungläubige Pariser bekehrt.

Louis-Philippe überlebt ein Attentat

Während eines Attentats gegen den König sterben 18 Menschen.

■ *28. Juli 1835*

Seit einiger Zeit geht in der Hauptstadt das Gerücht herum, dass gegen Louis-Philippe ein Attentat geplant sei. Der König weiß sehr wohl, dass gegen ihn Komplotte geschmiedet werden, aber am 28. Juli muss er anlässlich der Gedenkfeier der Juli-Revolution auf die Place de la Bastille. Als er sich zu Pferd in Begleitung seines Sohnes und Marschalls Mortier auf dem Boulevard du Temple befindet, werden Gewehrschüsse abgefeuert. Als der Anführer des Komplotts, der Polizeiagent Fieschi, das Feuer einstellt, werden 18 Tote betrauert. Auch Mortier ist unter den Opfern. Wie durch ein Wunder kommt der König nur mit ein paar Kratzern davon. Die Attentäter, allen voran Fieschi, werden festgenommen und zum Tode verurteilt.

Obelisk für den Place de la Concorde

■ *25. Oktober 1835*

Seit Tagesanbruch haben sich rund 200 000 Menschen zwischen der Place de la Concorde, den Terrassen der Tuilerien und den Champs-Elysées versammelt. Neugierig wartet die riesige Menschenmenge auf das seit acht Tagen angekündigte Spektakel. Der Himmel ist grau, aber wenigstens regnet es nicht. Ein ägyptischer Obelisk aus dem Tempel von Luxor soll auf dem Platz aufgestellt werden. Es handelt sich um ein Geschenk des ägyptischen Sultans Mohammed Ali an den französischen König. In eine Mulde wird eine Schach-

tel aus Zedernholz gegeben, die Goldstücke sowie Münzen mit der Abbildung von Louis-Philippe enthält. Um halb zwölf wird die Errichtung des Obelisken nach und nach unter Anleitung des Marineingenieurs Apollinaire Lebas von Artilleristen durchgeführt. Gegen Mittag erscheint die königliche Familie auf dem Balkon des Marineministeriums. Nach drei Stunden wird die Aufstellung dieses 23 Meter hohen Granitpfeilers mit dem beachtlichen Gesamtgewicht von 250 Tonnen ohne einen einzigen Zwischenfall erfolgreich abgeschlossen.

Paris – Le Pecq nun per Zug

■ *26. August 1837*

Allen Weissagungen und Prophezeiungen zum Trotz können die Pariser ihre erste Eisenbahnreise unternehmen. Der Bahnsteig befindet sich in der Rue de Londres. Der Zug hält in Batignolles, Asnières, Colombes und Chatou. Endstation ist Le Pecq. Eigentlich soll die Strecke von Paris nach Le Pecq 30 Minuten dauern, aber der Zug hat auf seiner ersten Fahrt reichlich Verspätung. Königin Ma-

rie-Amélie lässt sich dieses Vergnügen nicht entgehen. Der Ministerrat hatte den König ausdrücklich gebeten, sich nicht auf dieses gefährliche Abenteuer einzulassen.

Paris – Le Pecq in 30 Minuten

Errichtung des ägyptischen Obelisken aus dem Tempel von Luxor auf der Place de la Concorde; Gemälde von François Dubois

18 Der Triumphbogen

Der Arc de Triomphe de l'Étoile, 50 Meter hoch und 45 Meter breit, wurde zu Ehren der siegreichen französischen Armeen der Revolution und des ersten Kaiserreiches erbaut. Der Bau wurde unter Napoléon 1806 begonnen und unter Louis-Philippe 1836 beendet. Baumeister Jean-François Chalgrin ließ sich bei seinem Entwurf von römischen Vorbildern inspirieren. Die Skulpturen sind von den Bildhauern Rude, Etex und Cortot erstellt worden. 1923 wurde am Fuße des Siegesbogens das Grab des Unbekannten Soldaten errichtet. Alljährlich ist der Triumphbogen Ausgangspunkt der am Nationalfeiertag abgehaltenen Siegesparaden. Er befindet sich mitten auf der Place Charles de Gaulle. Zwölf Avenuen laufen sternförmig auf den Platz zu. Die sterblichen Überreste Napoléons wurden 1840 unter dem Siegesbogen aufgebahrt.

Überführung Napoléons nach Paris

■ *15. Dezember 1840*

Ministerpräsident Thiers unterbreitet den Vorschlag, die Überreste Napoléons von Sankt Helena nach Paris zu überführen. Der König, der auf die Akzeptanz des Volkes erpicht ist, stimmt zu. Es muss jedoch noch über den Ort der Beisetzung entschieden werden. Nachdem kurz erwägt worden war, Napoléon ein Ehrendenkmal am Trocadéro zu errichten, entscheidet sich Louis-Philippe für die Beisetzung der Asche im Invalidendom. Dieser Entschluss entsprach auch dem Willen Napoléons, der sich eine ewige Ruhe am Ufer der Seine gewünscht hatte. Am 15. Dezember 1840 begleiten Tausende Franzosen den Wagen mit seinem Leichnam auf der Champs-Elysées. Bei der Zeremonie im Invalidendom sagt der König feierlich: »Ich empfange ihn im Namen des Volkes«.

Rückführung der sterblichen Überreste Napoléons. Das Volk ist gerührt. Dieser Staatsakt lässt den Bonapartismus in den Herzen der Pariser wieder aufleben.

»Die Geheimnisse von Paris«

■ *Juni – Dezember 1842*

Eugène Sues Journal-Roman »Die Geheimnisse von Paris« ist nicht nur ein literarischer Erfolg, sondern ein echtes Phänomen. Dieser in der Tageszeitung »Journal des Débats« veröffentlichte Fortsetzungsroman fesselt ganz Paris und die Leser können es gar nicht abwarten, jeden Tag aufs Neue den nächsten »Happen« zu genießen. In den Lesesälen kostet die Leihgebühr für die neue Zeitung zehn Sous pro halbe Stunde. Soviel Zeit braucht man ungefähr, um die Abenteuer von Fleur de Marie, dem mutigen Rodolphe und Chourineur zu lesen. Sollte Sue mal wieder wegen Schulden im Gefängnis sitzen, wird er möglichst schnell vom Premierminister wieder freigelassen, um keinen Aufstand der Bevölkerung zu riskieren.

Thiers will eine Festungsmauer

■ *1836–1844*

Die Invasionen der Jahre 1814 und 1815 sind noch allen Parisern lebhaft in Erinnerung. Vom militärischen Standpunkt aus gesehen ist Paris eine offene Stadt; die Hauptstadt braucht einen Schutzwall. 1836 hat ein Ausschuss den Entwurf einer durchgehenden Mauer aus Quader- und Mühlsteinen mit 16 Vorwerken vorgelegt. Doch Thiers gibt sich damit noch nicht zufrieden.

Am 1. August verabschiedet Thiers trotz der Opposition von Lamartine, der die Veränderungen für überflüssig hält, ein neues Gesetz. Die Bauarbeiten werden 1844 unter der Leitung des Generals Dode abgeschlossen. Die neue, von einem Graben geschützte Festung ist 39 Kilometer lang und umfasst 94 Bastionen, 52 Eingänge, 17 Tore, 23 Schranken und zwölf unterirdische Gänge.

Das erste Stadtfoto

■ *1839*

Dem Erfinder Jacques Daguerre gelingt im Alter von 53 Jahren ein erstes Stadtfoto von Paris. 1822 war ihm bereits zusammen mit Nicéphore Niépce, dem Erfinder der Fotografie, die Entwicklung von Dioramen gelungen. Vier Jahre nach dem Tod von Niépce erfindet Daguerre ein fotografisches Verfahren, um Lichtbilder direkt auf Papier zu entwickeln. Einige Jahre später entdeckt er die Fixierung mit Natriumsulfat. Für die Entwicklung benutzt er silberbeschichtete Kupferplatten, die er mit Joddampf entwickelt. Die nach ihm »Daguerreotypien« benannten Bilder waren Positive, von denen kein Abzug möglich war. König Louis-Philippe ist sein erstes Modell. Auch Honoré de Balzac überfällt die unwiderstehliche Lust, durch den Apparat Daguerres unsterblich zu werden.

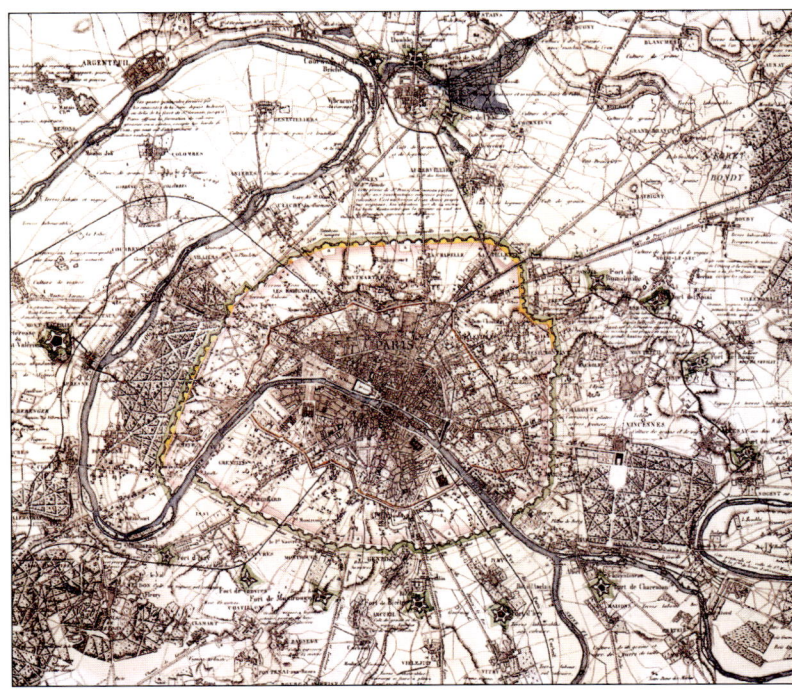

Verlauf der Pariser Stadtmauer. Die Zollmauer ist rot markiert. Die von Thiers geforderten Festungsbauten sind gelb und grün gekennzeichnet.

Erstes Stadtbild fotografiert von Paris wurde von dem Pionier der Fotografie, Jacques Daguerre, von seiner Wohnung aus auf den Boulevard Saint-Martin aufgenommen.

Gare du Nord fertig gestellt

■ 14. Juni 1846

Der erste Entwurf für den Bau des Bahnhofs Gare du Nord stammt aus dem Jahre 1837. Schon damals hatte der belgische Industriepionier John Cockerill eine Bauerlaubnis beantragt, die jedoch nie bewilligt worden war. Das Projekt war unter dem Namen »Belgische Eisenbahnlinie« bekannt geworden. Zwischen 1842 und 1845 wurde neu verhandelt und es war einer Gruppe von Bankiers unter der Leitung des Barons James de Rothschild gelungen, die Eisenbahnstrecke auf Staatskosten bauen zu lassen. 1846 kann der Bahnhof in der Rue des Abattoirs (heutige Rue de Dunkerque) gegenüber der Rue des Magasins (heutige Rue de Saint-Quentin) endlich feierlich eingeweiht werden.

Die republikanische Opposition lädt zum Bankett

Auf dem Bankett im Château Rouge werden offen politische Forderungen diskutiert.

■ 9. Juli 1847

Die republikanische Opposition beharrt nach wie vor auf der Parlaments- und Wahlrechtsreform. Der König und sein Ministerpräsident François Guizot gehen auf die Forderungen nicht ein. Der Abgeordnete Alphonse de Lamartine beschreibt die allgemeine Stimmung mit dem Kommentar: »Frankreich langweilt sich«. Da politische Versammlungen nach wie vor verboten sind, organisieren die Oppositionellen große private Bankette, an denen einflussreiche Bürger teilnehmen. Der Eintrittspreis von einem halben Livre sollte die Teilnahme der Arbeiter von vornherein verhindern. Das erste Bankett wird heute in dem vornehmen Herrenhaus Château Rouge (heute: Rue de Clignancourt) abgehalten. 1 200 Personen, darunter 86 Abgeordnete, nehmen an dem Festessen teil.

Der König dankt ab und flüchtet

■ 24. Februar 1848

Der Rücktritt des Ministerpräsidenten François Guizot hätte das politische Klima eigentlich mildern sollen. Doch gestern hat eine Schießerei neue Opfer unter den revolutionären Demonstranten gefordert und der Aufstand nimmt im Rhythmus der wachsenden Barrikaden von Tag zu Tag zu. Als die Aufständischen sich den Tuilerien nähern, weiß der König, dass ihm keine andere Wahl mehr bleibt. Der Journalist Giradin wagt das auszusprechen, was alle denken: Louis-Philippe muss zugunsten seines Enkels, dem Grafen von Paris, abdanken. Um weiteres Blutvergießen zu verhindern, verfasst der König einen Text, in dem er die Macht an seinen Enkel abtritt. In seinem Büro unterzeichnet er noch in aller Ruhe die Abdankungsurkunde, die Girardin anschließend den Aufständischen zeigt. Aber die Revolutionäre stürmen das Schloss und Louis-Philippe muss mit seinen Angehörigen schweren Herzens in aller Eile das Schloss verlassen. In diesem Augenblick sind die Aufständischen bereits in den Thronsaal eingedrungen, um ihn sofort erbarmungslos zu zerstören.

Am 24. Februar 1848 wird der Wasserturm des Palais-Royal gestürmt; Gemälde von Eugène Hagenauer, Paris; Musée Carnavalet.

Alphonse de Lamartine

Lamartine wurde am 21. Oktober 1790 in Mâcon als Sohn einer Familie von niederem Adel geboren. Als Royalist verbringt er eine unbeschwerte Jugend und wird mit der Überzeugung groß, dass Napoléon nur ein »Usurpator« sei. In der Restaurationszeit dient er als Gardeoffizier von König Ludwig XVIII. Während der »Hundert Tage« Napoléons hält er sich in der Schweiz auf. Als Dichter ist Lamartine vor allem ein Vertreter der Romantik und 1820 veröffentlicht er sein bekanntestes Werk »Méditations poétiques«. Im selben Jahr beginnt er eine Diplomatenkarriere, die ihn nach Italien führt. Ab 1830 wendet er sich der Politik zu, ohne jedoch vollständig die Literatur aufzugeben. Dieses Vorhaben wird allein schon durch seine Aufnahme in die Académie française gestärkt. 1833 wird er zum Abgeordneten gewählt und erhält das Amt des Außenministers. Von allen vergessen, stirbt er im Jahre 1869.

Die Gründung der II. Republik fordert viele Opfer

■ *23. April – 27. Juli 1848*

Die provisorische Regierung, die nach dem Sturz der Juli-Monarchie gebildet wurde, verpflichtet sich, allen Arbeitern, insbesondere aber den Parisern, Arbeit zu beschaffen. Ein von dem Sozialisten Louis Blanc angeführter Ausschuss hatte automatisch alle Arbeits-

losen zum Einsatz der Bauarbeiten an den Bahnhöfen Saint-Lazare und Montparnasse zugeteilt. Angesichts der Aufhebung des Versammlungsverbotes entstehen in Paris viele feministische Clubs, die sich auf die Ideen von George Sand berufen. Durch die Einführung des allgemeinen Wahlrechts werden diese liberalen Tendenzen jedoch nicht bestätigt. Republikaner und Sozialisten zeigen sich sehr enttäuscht über die Wahlergebnisse vom 23. April: Auf 900 Gewählte kommen 300 Monarchisten. Lamartine ist der Held des Tages: Er wird in zehn Departements gewählt und erzielt das beste Ergebnis in Paris. Progressive Sozialisten wie der Abgeordnete Barbès wurden nicht gewählt. Am 4. Mai proklamieren die Abgeordneten auf der ersten Versammlungssitzung erneut die Republik. Zum selben Zeitpunkt versammeln sich die Konservativen in der Rue de Poitiers. Zum Zeichen der Solidarisierung mit den von den Russen unterdrückten Polen stürmen am 15. Mai 150 000 Republikaner den Bourbonen-Palast. Die Umstürzler marschieren zum Rathaus. Die Anführer der Revolte, darunter Barbès, Raspail und Blanqui werden verhaftet. Die bürgerliche Republik setzt sich durch, aber die wirtschaftlichen und sozialen Probleme bleiben ungelöst. Die staatlichen Arbeitsstätten erweisen sich als ein Fehl-

schlag. Die Hoffnung auf eine bezahlte Arbeit zieht viele Arbeitslose nach Paris. Ende Mai sind es über 100 000 enttäuschte und unzufriedene Personen, die die Hauptstadt aufgesucht hatten, um hier ihr Glück zu versuchen. Die geschaffenen Arbeitsmöglichkeiten erweisen sich jedoch als unzureichend. Anfangs werden die Männer alle drei Tage und schließlich nur noch alle vier Tage beschäftigt. Für ihre Inaktivität werden sie mit einer Tagesprämie von einem Franc entschädigt. Da sie für ihr Nichtstun bezahlt werden, verbringen sie ihre Tage mit Karten- und Würfelspielen in der Kneipe. Ihre Untätigkeit nährt ihre Unzufriedenheit. Am 24. Juni wird von der Regierung die Entscheidung getroffen, Junggesellen zwischen 18 und 25 Jahren zum Militärdienst zu verpflichten und ältere Arbeitslose zum Brücken- und Straßenbau in die Provinz zu schicken. Die Neuigkeit schlägt bei der Arbeiterschaft wie eine Bombe ein. Da die Behörden keinerlei Erklärungen abgeben, bewaffnen sich die wütenden Arbeiter. Gegen Mitternacht ist der östliche Teil von Paris, in dem hauptsächlich Arbeiterfamilien leben, von Barrikaden übersät. Die ersten Straßenkämpfe setzten am 23. Juni ein. Kriegsminister Eugène Cavaignac erhält die Vollmacht, den Aufstand niederzuschlagen. Er ruft augenblicklich den Belagerungszustand aus. Am 24. Juni gelingt es den Truppen unter der Leitung von General Bréa auf Kosten vieler Opfer, die Barrikaden in der Rue Clovis zu zerschlagen,

Im Februar 1848 pflanzt Victor Hugo nahe seiner Wohnung auf der Place des Vosges einen »Freiheitsbaum«, um den Sturz der Juli-Monarchie zu feiern.

die den Zugang zum Panthéon versperrt. Mit einer 50 000 Mann starken Truppe geht Cavaignac zum Angriff in den nördlichen Stadtvierteln und im Quar-

tier Latin über. Am 25. Juni wütet ein entsetzlicher Bürgerkrieg im Viertel der Kirche Saint-Gervais. Im Faubourg Saint-Antoine versucht Denis Affre, der Erzbischof von Paris, sich zwischen die Kämpfenden zu stellen und kommt dabei ums Leben. Am 26. Juni stürmt die Armee die Barrikade der Kirche Saint-Denis und verfolgt alle diejenigen, die sich nicht ergeben wollen. Am darauf folgenden Morgen werden die Aufständischen im Steinbruch von Montmartre umzingelt. Die Bilanz des Aufstandes wird mit Schrecken aufgenommen: Unter den Aufständischen zählt man 4 000 Tote, 1 500 Männer werden ohne Prozess erschossen, 15 000 Verhaftungen und Tausende werden ins Gefängnis geworfen oder in die Kolonien deportiert. Auf Seiten des Militärs zählt man 1 600 Opfer, darunter sechs Generäle. Cavaignac verkündet triumphierend: »Die Ordnung hat die Anarchie besiegt«. König Louis-Philippe kommentiert den Aufstand aus dem englischen Exil mit dem Satz: »Die Republik hat das Privileg, dass sie auf das Volk schießen darf.«

12. November 1848: Verfassungsfest auf der Place de la Concorde. Der Präsident wird in allgemeinen Wahlen für vier Jahre gewählt; Gemälde von J.-J. Champin.

Schauspielhäuser, Konzertsäle und Nachtclubs

Paris ist eine lebendige Stadt, wo Unterhaltung eine bedeutende soziale Rolle spielt und Theater, Nachtclubs, Konzertsäle und Kinos sich im Zuge der gewandelten Lebensart vervielfältigt haben.

THEATER

Anfangs traten die Theaterkünstler noch in der Kirche auf. Eine Urkunde belegt, dass die älteste Pariser Aufführung auf das Jahr 1380 zurückgeht und es handelte sich dabei um eine Darbietung der Leidensgeschichte Christi. 1402 wird einer Theatertruppe das Privileg zuteil, sich im Erdgeschoss des Hôpital de la Trinité in der Rue Saint-Denis niederzulassen. Dort kann sie bis 1539 bleiben. Anschließend wechselt diese Truppe ins Hôtel de Bourgogne über, in dem bis 1644 das einzige permanente Theater der Hauptstadt untergebracht war. Um mit dieser prestigeträchtigen Truppe zu konkurrieren, wurden in ganz Paris in den Hôtels und den Innenhöfen Vorstellungen gegeben. Bei der Gründung der Comédie-Française am 21. Oktober 1680 durch Ludwig XIV. werden zwei rivalisierende Truppen zusammengeführt, die die »Comédiens du Roi« werden. Die Künstler ziehen in das Théâtre Guénégaud, wo sie aber schnell vertrieben werden. Sie spielen abwechselnd in der Rue des Fossés-Saint-Germain-des-Prés (heutige Rue de l'Ancienne-Comédie), im Maschinensaal der Tuilerien, um sich schließlich in dem eigens für sie errichteten Theater einzurichten, das 1797 auf den Namen Odéon getauft wird. Es wird allgemein anerkannt, dass der Pariser Theaterszene angemessene Säle zur Verfügung gestellt werden müssen. Vom 18. bis 19. Jahrhundert wird das Theater zur Lieblingsbeschäftigung des Pariser Bürgertums. Ab 1760 werden immer mehr Theater ge-

gründet und viele von ihnen, darunter das bekannte Théâtre des Grands Danseurs du Roi (aus dem später das Théâtre de la Gaîté entsteht) öffnen ihre Türen auf dem Boulevard du Temple. Am 8. Juni 1806 wird die Anzahl der Theater von Napoléon, der es leid war, die Zielscheibe des Spotts der Schauspieler zu sein, stark eingeschränkt. Folgende neun Theater überleben diese Restrukturierungsmaßnahmen: Das Théâtre-Français, das Théâtre de l'Opéra, die Opéra-Comique, l'Odéon, das Théâtre de Vaudeville, das Théâtre des Variétés, das Théâtre Ambigu, das Théâtre de la Gaîté und die Opéra-Buffa. In der Restaurationsphase kann man einen erneuten Aufschwung beobachten und viele Theater entstehen auf den großen Boulevards des rechten Seineufers. 1895 wird das Théâtre du Grand-Guignol gegründet. Dort werden Horrorgeschichten ins Repertoire aufgenommen. Nachdem in den 1950er Jahren hauptsächlich Kriminalgeschichten aufgeführt werden, schließt das Theater 1962. Von 1905 bis 1990 wächst die Anzahl der Theater von 43 auf 118. Aufgrund der Wirtschaftskrise der 30er Jahre werden kaum neue Theatersäle gegründet. Nur das Théâtre Pigalle (1934) und das große Theater des Palais de Chaillot (1937) haben das Privileg, in diesem turbulenten Jahrzehnt eröffnet zu werden. Heutzutage zählt Paris 140 öffentliche und private Theater.

VARIETEE-THEATER

Im Kabarett kann das Volk diverse Unterhaltungsvorstellungen wie z.B. lustige Sketche oder Zauberkunststücke mit dem Trinkvergnügen verbinden. Das moderne Kabarett entsteht mit dem 1881 gegründeten »Cabaret artistique« Le Chat Noir. Diese Mischung aus Musik und Theater wird sehr populär und die Konkurrenz lässt nicht lange auf sich warten. Kurz vor dem Ersten Weltkrieg scheint das Genre aus der Mode zu kommen

und die Tradition der Konzertcafés setzt sich durch. Der 1862 in Frankreich aufkommende Begriff »Music-hall« bezeichnet eine Einrichtung, in der Unterhaltungsmusik, Varietee und großartige Tanzrevuen präsentiert werden. Einige der berühmtesten Nachtlokale werden Ende des 19. Jahrhunderts gegründet. Die Folies-Bergère werden am 13. September 1872 eingeweiht. Ihr Programm inspiriert sich von der Londoner »Alhambra« und die ersten Striptease-Vorstellungen werden in der Hauptstadt aufgeführt. Das Nachtlokal wird bis 1886 von einem gewissen Léon Sari geleitet, der allerdings Pleite macht und die Einrichtung an einen Limonadenhersteller aus

Im 18. Jh. trägt der Boulevard du Temple angesichts der vielen Melodramen, die aufgeführt werden, den Beinamen »Boulevard du crime« (»Boulevard der Verbrechen«).

Marseille verkaufen muss. Gustave Eiffel lässt 1887 ein ehemaliges, noch unter Napoléon errichtetes Theater zum Nachtclub, dem »Paradis Latin«, umbauen. Zur Einweihung des Lokals wird eine Studentenrevue aufgeführt. Große Talente wie z. B. Yvette Guilbert und Xanrof haben dort ihre Anfänge. In den 1970er Jahren wird der Paradis Latin verkauft und in eine Lagerhalle umgewandelt.

① Comédie-Française	⑧ Crazy Horse	⑭ Opéra-Bastille
② Gaîté-Montparnasse	⑨ Folies-Bergère	⑮ Palais Garnier
③ Odéon	⑩ Lido	⑯ Palais Omnisport de Paris-Bercy
④ Komische Oper	⑪ Moulin Rouge	⑰ Zénith
⑤ Palais de Chaillot	⑫ Paradis Latin	⑱ Grand Rex
⑥ Théâtre des Variétés	⑬ Splendid	⑲ MK2 Bibliothek
⑦ Café de la Gare		

○ Theater   ○ Varietees   ○ Musik   ○ Kinos

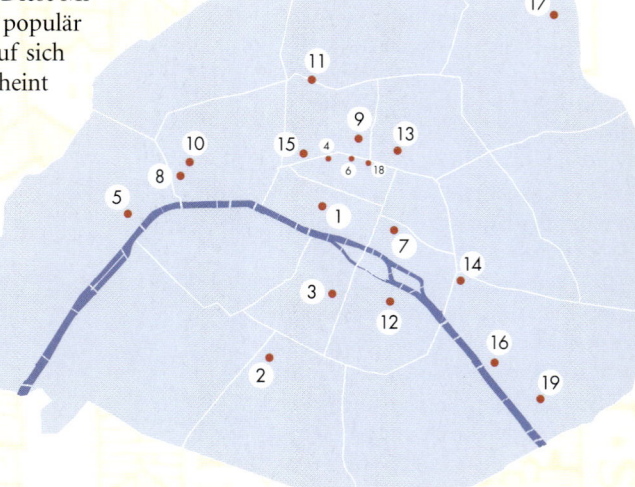

Die Opéra-Bastille wurde rechtzeitig zur Zweihundertjahresfeier der Französischen Revolution fertig gestellt und 1989 eingeweiht.

Als Konkurrenz zum Kabarett Moulin de la Galette öffnet 1889 der berühmt-berüchtigte Pariser Nachtclub Moulin Rouge seine Türen. Zu Anfang des Jahrhunderts ist das Moulin Rouge ein Theater-Konzert-Saal. Zwischen den zwei Weltkriegen wird das Nachtlokal in ein Kino umfunktioniert. In den 60er Jahren entsteht nach dem Umbau des Gebäudes erneut ein Kabarett.

Der Crazy Horse Salon wird am 19. Mai 1951 im Keller eines Gebäudes in der Avenue George-V eröffnet. Dieser Nachtclub widmet sich dem Striptease und durch verschiedenartige Choreographien soll dort die Nacktheit der Tänzerinnen hervorgehoben werden. Ursprünglich besteht die Einrichtung »Le Lido« zum Zeitpunkt der Gründung im Jahre 1928 aus einem Thermalbad, einem Kasino und einem Konzertcafé. Im Jahre 1946 wird die Einrichtung von den Brüdern Chirico zu einem »Dîner-Spectacle« umge-

staltet. 1977 zieht der »Lido« endgültig auf die Champs-Elysées und seine Vorstellungen sind bis heute die am besten besuchten Veranstaltungen in der gesamten Stadt.

In den 1960er Jahren entstehen die Theatercafés. Anfangs finden dort noch keine Vorstellungen statt. Aber die Einrichtungen sind als Antwort der Theaterkünstler ins Leben gerufen worden, die durch klassischere Vorstellungen verdrängt wurden. Der Autor und Schauspieler Romain Bouteille trägt sehr zur Entwicklung der Theatercafés bei, in denen hauptsächlich One-Man-Shows veranstaltet werden. Das Café de la Gare (1969) und das Splendid (1973) sind die ersten berühmten Theatercafés, in denen Varieteestücke mit beißendem Humor aufgeführt werden.

MUSIK

Zu Beginn waren die so genannten »café-chantant«, wo den Gästen der Kaffeegenuss durch den Auftritt herumziehender Sänger oder Gauklern versüßt wurde, eher eine Spezialität des Boulevard du Temple. Kurz vor dem Ausbruch der Revolution ziehen sie jedoch in die Galerien des Palais-Royal. Während des Empire werden die Cafés geschlossen, da sie bei der Polizei als suspekt gelten. Unter der Juli-Monarchie feiern sie ihr Comeback und gegen 1839 werden sie auf der Champs-Elysées immer zahlreicher. Die Blütezeit der Konzertcafés reicht von 1880 bis 1900. Damals zählte man in der Hauptstadt über 150 solcher Einrichtungen. In den 1950er Jahren verliert sich die Mode der Konzertcafés und viele Einrichtungen müssen schließen.

Was die traditionelleren Orte betrifft, so besteht die Opéra de Paris seit 1989 aus zwei Opernhäusern: Dem Palais Garnier und der Opéra-Bastille. Der zwischen 1862 und 1875 von dem Architekten Charles Garnier gebaute Palais Garnier hat eine Kapazität von 2 150 Zuschauern. Die Decke des Opernsaals ist das Werk des Malers Marc Chagall. Die Opéra-Bastille des kanadischen Architekten Carlos Ott wird am 13. Juli 1989 eingeweiht. Die neue Oper verfügt über einen Hauptsaal, der 2 700 Zuschauer aufnehmen kann, einen Saal der 1 500 Personen fasst und ein Amphitheater mit 500 Plätzen. Außerdem sind in der Oper ein Studio und ein Probensaal untergebracht, der 250 Personen fassen kann. Moderne Musiksäle wie der 1984 eingeweihte Zénith oder der Palais Omnisport in Paris-Bercy (1983) bieten den Parisern unzählige Möglichkeiten grandioser Musikveranstaltungen.

KINOS

Die Geschichte der Pariser Lichtspielhäuser beginnt eigentlich schon 1895 mit der ersten öffentlichen Vorführung des Filmtechnikers Louis Lumière, die am 28. Dezember 1895 im Grand Café, Boulevard des Capucines, stattfindet. Schon von diesem Augenblick

Die schöne Fortunia im Nachtclub »Folies-Bergère«

an beginnt man in Paris mit dem Bau von Lichtspielhäusern, damit die Pariser den Beginn der Filmgeschichte erleben können. Das erste Pariser Kino wird am 10. November 1900 eingeweiht. Es handelt sich um das Phono-Cinéma-Théâtre von Clément Maurice und Henri Lioret auf dem Boulevard Bonne-Nouvelle. Die Architektur eines der berühmtesten Kinos der Hauptstadt, Le Grand Rex, das am 8. Dezember 1932 eingeweiht wird, ist die eines gigantischen Palastes. Mit 2 750 Plätzen verfolgte sein Besitzer, Jacques Haïk, das ehrgeizige Projekt, ein Kino zu schaffen, das von seiner Größe her nicht mehr übertroffen werden könnte. Im Jahre 2002 gibt es in Paris 372 Lichtspielhäuser, davon verstehen sich 89 Säle als 'Cinéma d'art et d'essai'. Das jüngste Pariser Kino, MK2 Bibliothèque, das 2003 eingeweiht wurde, zeichnet sich durch die Besonderheit aus, dass die Sitze nur mit einer Armlehne ausgestattet sind. Ein idealer Ort für Liebespärchen.

Der Künstler Toulouse-Lautrec schuf die Plakate für das Moulin Rouge.

Der 1858 in Limoges geborene André Antoine ist stark von Emile Zola geprägt. Sein Interesse gilt den zeitgenössischen naturalistischen Schriftstellern. Im März 1887 gründet er das Théâtre-Libre in der Absicht, die französische Bühne dem Naturalismus und dem Realismus zu öffnen. 1906 wird er Direktor des Odéon und inszeniert prunkvolle Shakespeare- und Molière-Aufführungen. Er stirbt im Jahre 1943.

Ein Bonaparte an der Spitze der Republik

■ *10. Dezember 1848*
Louis-Napoléon Bonaparte, der Neffe des Kaisers, kommt aus dem englischen Exil nach Paris zurück, um sich als Kandidat für die Präsidentschaftswahlen aufstellen zu lassen. Dabei konkurriert er mit dem Kriegsminister Cavaignac, dem Kandidaten der republikanischen Bourgeoisie, Lamartine, dem Linksdemokraten Ledru-Rollin und dem Sozialisten Raspail. Es scheint, als würden sein prestigevoller Name und seine politische Neutralität der letzten Monate Napoléon einen gewissen Vorteil gegenüber seinen Mitbewerbern verschaffen. Tatsächlich gelingt es ihm, 5,5 Millionen Wähler (75%

der Stimmen) für sich zu gewinnen. Eine beträchtliche Niederlage für die anderen Kandidaten. Gemäß der Verfassung, die seit Juni in Kraft ist, wird Louis-Napoléon für vier Jahre zum Präsidenten gewählt. Zehn Tage später leistet er im Beisein der Abgeordnetenkammer einen Schwur auf die Verfassung. Bei der Kammer ist Napoléon nicht sehr beliebt. Sie wirft ihm einen schwachen Charakter vor. Angesichts seiner großen Beliebtheit beim Volk, das in ihm den neuen »Retter der Gesellschaft« sieht, lässt sich der neue Präsident von der feindlichen Haltung der Abgeordneten aber nicht beeindrucken.

Der »Prinz« zieht in den Elysée-Palast

■ *26. Mai 1849*
Der Neffe Napoléons I. beginnt eine triumphale Karriere. Nach seinem haushohen Wahlsieg (75% der Stimmen) und nach dem Sieg der Konservativen bei den Wahlen am 13. Mai mit 450 Abgeordneten, darunter 200 Monarchisten, zieht der Präsident am Tag der Eröffnung der Nationalversammlung in den Elysée-Palast. Das ehemalige Hôtel d'Evreux ist nicht gerade einladend und noch dazu mit einem dunklen Innenhof versehen. Das Gebäude ist in einem jämmerlichen Zustand. Als Mitglied der Versammlung wird Victor Hugo, der sich in seiner Zeitung »L'Evénement« für die Wahl Napoléons stark gemacht hatte, vom Präsidenten zum Essen eingeladen. Der

Schriftsteller hatte über Napoléon gesagt: »Der Mann ist kein Name, sondern eine Idee«. Er ist sehr beeindruckt von dem »Auserwählten des Volkes«. Welchen Titel aber sollte der neue Bewohner des Elysée-Palastes bekommen: »Monseigneur« oder »Monsieur le Président«? Victor Hugo bevorzugt den Titel des »Prinzen«. Das Abendessen ist mittelmäßig, das Silber abgenutzt und die Bedienung schlicht. Der Hausherr versucht, sich bei seinem Gast zu entschuldigen: »Ich bin gerade erst eingezogen und bin froh, wenigstens eine Matratze zum Schlafen zu haben«. Victor Hugo ist etwas verwirrt über diese seltsame Mischung zwischen »einem Bürgerlichen, einem Republikaner und einem Adeligen.«

Der Eingang des Elysée-Palastes, Rue du Faubourg Saint-Honoré, 55. Das 1718 errichtete Gebäude hatte Madame de Pompadour gehört.

Nationalgarde verdreifacht

■ *20. Dezember 1850*
Die 1789 gegründete Nationalgarde war in Wirklichkeit nur in Paris tätig. König Louis-Philippe sprach stets von seiner »Lieblingsgarde«. Hatte aber nicht gerade die Nationalgarde, die sich 1848 auf die Seite der Aufständischen gegen die Armee gestellt hatte, den Fall des königlichen Regimes provoziert? Während seines Einzugs in den Elysée-Palast hatte Louis-Napoléon nur zwei zu Fuß marschierende Wachposten angetroffen. Er beschließt, die Garde im Seine-Departement zu demokratisieren. Zwei Monate zuvor hatten die Regimenter während einer Parade »Es lebe der Kaiser« gerufen. Der General, der sie daraufhin sanktioniert hatte, wurde abgesetzt. Alle Bürger zwischen 20 und 60 Jahren können in die Garde aufgenommen werden.

Die Nationalausstellung schließt

Innenansicht der Hofgalerien während der Ausstellung von Agrarprodukten

■ **11. November 1849**

Der Erfolg der Ausstellungen lässt nicht nach. Die elfte Ausstellung der Produkte der nationalen Industrie auf der Champs-Elysée hat tausende Besucher angezogen. Der Präsident verfolgt den technischen, wirtschaftlichen und sozialen Fortschritt mit großem Interesse. Heute hat er den Ausstellern im Justizpalast eigenhändig 1 671 Orden und Medaillen überreicht. So wird die letzte Nationalausstellung feierlich beendet. In Zukunft werden diese Messen einen internationalen Charakter bekommen und nicht mehr in Paris, sondern in der ganzen Welt veranstaltet werden. Louis-Napoléon will sich am englischen Vorbild orientieren, das er während seines Exils eingehend studieren konnte.

Balzac stirbt erschöpft

■ *18./19. August 1850*

»Nur Biachon könnte mich jetzt noch retten!« »Biachon«, so hieß eine von Balzac geschaffene Arztfigur in der »Comédie Humaine« (»Die menschliche Komödie«). Als Balzac diesen Satz ausspricht, weiß er, dass seine letzte Stunde geschlagen hat. Dieser bedeutende französische Schriftsteller stirbt im Alter von 50 Jahren an Hypertrophie und Wassersucht. Vor allem aber stirbt Balzac wohl vor Erschöpfung. Über 20 Jahre hatte er vergeblich versucht, sich aus seiner finanziellen Notlage zu befreien. Er schrieb im Durchschnitt 17 Stunden am Tag und trank dabei literweise Kaffee. Der Autor des »Père Goriot« und anderer Meisterwerke stirbt in seinem Haus in der Rue Fortunée (heute Rue Balzac) im Beisein seiner Frau. Die Polin Eva Hanska, die er jahrelang als »Unbekannte« bezeichne-te, hatte endlich seinem Heiratswunsch nachgegeben und am 14. März hatten sie in der Nähe von Kiev in der Ukraine geheiratet. Kurz zuvor war zum zweiten Mal seine Kandidatur zur Aufnahme in die Académie française abgelehnt worden. An der Unsterblichkeit seiner Werke hat das nicht viel geändert. An seiner Stelle haben die »Académiciens« den Stuhl von Chateaubriand mit dem völlig unbekannten Grafen von Saint-Priest besetzt. Diese Wahl war mehr als enttäuschend für ihn. Victor Hugo, der an sein Sterbebett geeilt war, äußerte, dass »Europa einen seiner großen Denker verliert«. Honoré de Balzac, der Erfinder von über zweitausend Romanfiguren richtet seine letzten Worte an Hugo: »Ich gehöre zur Opposition, die sich das Leben nennt«.

Honoré de Balzac war ein billanter Beobachter.

Bahn gilt als sicher und Bahnhöfe werden erweitert

Gare Saint-Lazare: Rechts im Bild die »Buddicom«, die erste französische Lokomotive

Gare du Nord: Der Wartesaal ist mit Schiebetüren ausgestattet.

■ *1829*

Louis-Napoléon Bonaparte ist sehr beeindruckt von der Entwicklung der Eisenbahn und fordert, dass die Bahnsteige durch richtige Bahnhöfe ersetzt werden. Auf diese Weise würde Paris mit ganz Europa verbunden werden. Der erste richtige Bahnhof Frankreichs, der Gare Saint-Lazare, entstand 1837. Anfangs hatte man sogar die Idee, eine prachtvolle Allee bauen zu lassen, die bis zu den Bahnsteigen führen sollte. Der zweite Bahnhof, der Gare d'Orléans, an der Place d'Austerlitz, entsteht 1840 für die Strecke von Paris nach Tours. Der Bahnhof wird zwischen zwei Elendsvierteln errichtet, wo die Todesrate der Choleraopfer am höchsten war. Die Sanierungsarbeiten für diesen Stadtteil sollen in den nächsten zwei Jahren in Angriff genommen werden. Der von dem Architekten Victor Lenoir erbaute Gare Montparnasse stellt die Verbindung mit Westfrankreich her. Die Entwicklung der französischen Eisenbahn ist nicht mehr zu bremsen. Die Bevölkerung hat inzwischen blindes Vertrauen in dieses neue Transportmittel gewonnen.

STICHWORT

Das Argot

1850 wird das Wörterbuch »Dictionnaire de l'argot parisien« veröffentlicht. Ursprünglich ist das Argot eine Geheimsprache. Die kodierten Ausdrücke konnten nur von eingeweihten Gruppenmitgliedern verstanden werden. Das neue Wörterbuch ergänzt das Werk »Bas langage« (wörtlich: »niedere Sprache«). Das Argot war zunächst das Kommunikationsmittel von Gaunern und Dieben. Diese Definition als »Gaunersprache« zeigt deutlich, dass »Argot« nicht gleich Synonym für eine vulgäre Ausdrucksweise ist. Gerichtsakten belegen im 15. Jahrhundert bereits die Verwendung kodierter Ausdrücke unter den Mitgliedern der verbrecherischen »Bande des Coquillards«, welche die Wege der Pilger unsicher machten. Der Dichter François Villon verewigte kurz nach ihrer Festnahme die Aktivitäten dieser Bande in mehreren Balladen und trug dazu bei, ihre Geheimsprache, welche sie lange vor polizeilichen Repressalien schützte, zu entschlüsseln.

Der Pont Marie wird saniert

■ *1850*

An vielen Brücken werden umfangreiche Sanierungsarbeiten durchgeführt. Um den Verkehr auf der Seine zu verbessern, der zwischen der Île Saint-Louis und der Île de la Cité relativ gefährlich ist, wird ein Brückenpfeiler des Pont-au-Double entfernt, der den Quai de Montebello mit dem Vorhof der Kathedrale Notre-Dame verbindet. Die Brücke wurde 1626 errichtet und diente unter anderem der Überdachung eines Krankensaals des Hospitals Hôtel-Dieu. Die 1630 erbaute Brücke Pont Marie wurde nach ihrem Konstrukteur benannt. Ursprünglich war sie eine Holzbrücke, die 1670 zur Steinbrücke umgebaut wurde. Die Kutscher beklagten sich ständig über die »Eselsrücken« der Brücke, da sie aufgrund der vielen Unebenheiten während der Überfahrt kräftig durchgeschüttelt wurden. Vor allem bei Regenwetter war die Brücke deshalb gefährlich und schlecht befahrbar. Um diese Hindernisse zu beseitigen, wurde endlich eine Einebnung der Brücke vorgenommen. Außerdem erwirbt die Stadt Paris 1830 die Zollrechte für die Streikbrücke Pont d'Arcole.

Ungenügende Versorgung

■ *1850 – 15. September 1851*

Wie soll man eine Millionenstadt ernähren, deren Stadtviertel angesichts des großen Straßenlabyrinths nur schlecht zugänglich und befahrbar sind? In der Innenstadt wurden unter Philipp August Gebäude errichtet,

Die alten Markthallen reichen nicht aus.

Arbeiten an der Seine bringen die Geschichte ans Licht

Die Schleuse vor dem Hôtel de la Monnaie (Münzstätte). An dieser Stelle ist die Seine häufig zu eng und zu flach.

■ *1850–1853*

In der Nähe des Quai de Conti stößt man beim Ausbaggern des kleinen Seinearms auf das Pfahlwerk und die Plattform der ehemaligen Fundamente der Tour de Nesle. Laut Volksmund lebten

die als »Halles« bezeichnet wurden. Ursprünglich waren sie den Webern und Tuchhändlern vorbehalten. Schließlich verbreitete sich die Gewohnheit, hier alle möglichen Dinge, aber vor allem Lebensmittel zu verkaufen. Mit der Entwicklung der Eisenbahn können Lebensmittel frischer und besser konserviert nach Paris transportiert werden. Es müssen jedoch dringend neue Gebäude errichtet werden, um den Verkauf der Produkte, die aus allen Gegenden Frankreichs in die Hauptstadt kommen, an Großhändler zu gewährleisten. Louis Napoléon Bonaparte wird sich darum kümmern, diesen täglichen Marktverkehr besser zu organisieren. Am 15. September 1851 legt der Präsident der Republik den Grundstein für den notwendig gewordenen Bau weiterer Markthallen.

im 14. Jahrhundert direkt neben diesem Turm drei Prinzessinnen im Haus König Philipp des Schönen und führten ein ausschweifendes und unzüchtiges Leben. Diese Geschichte hat ein historisches Drama des Schriftstellers Alexandre Dumas inspiriert. Neben den Schlepp- und Lastkähnen verkehrt auf der Seine seit 1825 ein Dampfschiff, das dreimal täglich zwischen Paris und Saint-Cloud hin und her pendelt. Außerdem stößt man bei den Sanierungsarbeiten auf Überreste aus gallisch-römischer Zeit (Tonwaren, Öl- und Weinkrüge). Der geschichtsbe-

geisterte Präsident der Republik verfolgt alle Ausgrabungen mit großer Begeisterung. Oberhalb der Île Saint-Louis entsteht aus einem alten Festungsgraben das Becken des Arsenals. Über dieses Becken wird der Kanal Saint-Martin mit der Seine verbunden. Auf dem Quai Saint-Bernard wird die Weinhalle erweitert und Lagerhallen werden gebaut. Auch wenn das Baden in der Seine seit 1800 verboten ist, entstehen nun die ersten Badeanstalten, in denen das Wasser vorher gefiltert wird. Bei den Parisern stoßen diese Einrichtungen auf große Zustimmung.

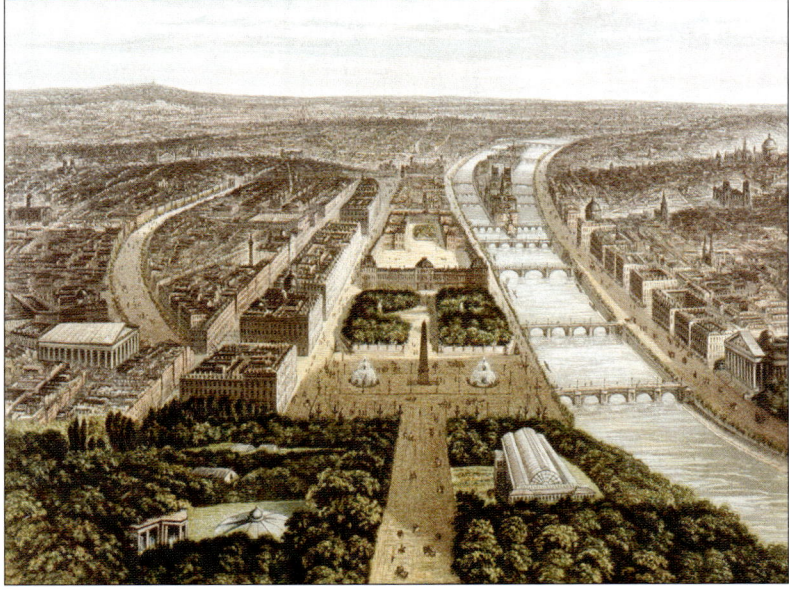

Paris um 1850: Im Vordergrund die Gärten und der Palais des Tuileries.

Der Staatsstreich vom 2. Dezember stürzt die Republik

Die Pariser nehmen das Präsidialdekret zur Kenntnis. Nach einem Staatsstreich ist das Parlament aufgelöst worden.

■ **1./2. Dezember 1851**

Als die Pariser an diesem Morgen ihr Haus verlassen, können sie erahnen, dass sich in der vergangenen Nacht tumulthafte Ereignisse zugetragen haben müssen. Seit Monaten schon hatten sich die Konflikte zwischen dem Präsidenten und dem Parlament verschärft. Da die Verfassung von 1848 nur eine vierjährige Amtszeit des Präsidenten ohne die Möglichkeit einer Wiederwahl

vorsah, hatte Napoléon am 18. Juli dem Parlament einen Entwurf zur Verfassungsänderung vorgelegt. Obwohl 446 der 724 Abgeordneten bereit waren, Napoléon ein zweites Mandat einzuräumen, wurde eine Verfassungsänderung zugunsten einer zehnjährigen Amtszeit abgelehnt. Der Graben zwischen der Exekutive und der Legislative war immer weiter auseinander geklafft und die Nationalversammlung gab zu verstehen, dass sie zu ihrer Verteidigung die Armee nicht nötig hätte. Ein Redner hatte die Situation auf den Punkt gebracht: »Das Parlament wird von einem unsichtbaren Wachposten, dem Volk, behütet.« Louis Napoléon Bonaparte lässt sich vom Parlament nicht beirren und reißt die Regierungsgewalt an sich. Mitten in der Nacht hatten die Arbeiter der Nationaldruckerei Dokumente gedruckt, die sie nicht verstehen konnten, da sie den zerlegten Texten keinen zusammenhängenden Sinn entnehmen konnten. Die Drucker konnten nur ahnen, dass es sich dabei um wichtige Erklärungen handelte, da die Druckerei von Soldaten bewacht wurde. Am nächsten Tag können die Erklärungen auf den Häuserwänden von allen Bürgern gelesen werden: »Im Namen des Französischen Volkes erlässt der Präsident der Republik folgendes Dekret: Artikel 1: Die Na-

Die Abgeordneten versuchen vergeblich, sich Napoléon zu widersetzen.

tionalversammlung wird aufgelöst. Artikel 2: Das allgemeine Wahlrecht wird wieder eingeführt und das Gesetz vom 31. Mai wird aufgehoben. Artikel 3: Das Französische Volk wird zwischen dem 14. und 21. Dezember zur Volksabstimmung aufgefordert. Artikel 4: Der Belagerungszustand wird ausgerufen.« Den Staatsstreich hatte Louis Napoléon Bonaparte sorgfältig vorbereitet: Mit-

ten in der Nacht ernennt er seinen Halbbruder Herzog de Morny zum Innenminister. 40 Kommissare werden losgeschickt, um die schlafenden Parlamentarier noch in ihren Betten zu verhaften. Auch Ministerpräsident Adolphe Thiers gehört zu den Verhafteten. Die Polizei wird ebenfalls damit beauftragt, die Flucht der Generäle zu verhindern, die die Revolution von 1848 unterstützt hatten. 60 Abgeordnete, die gestern ihre letzte Sitzung abgehalten haben, müssen das Parlament räumen. Andere unternehmen den Versuch, sich im Rathaus des XX. Arrondissements zu versammeln. Über 200 Abgeordnete versuchen, sich den Anweisungen Napoléons zu widersetzen. Unter der Führung des Anwalts Berryer stimmen die Abgeordneten für die Absetzung des Präsidenten, die Übernahme der Regierungsgewalt durch das Parlament und die Ernennung des Generals Oudinot an die Spitze der Truppen. Inzwischen hat aber die Polizei das Rathaus längst umstellt. Zwischen fünf und sechs Uhr morgens werden die Abgeordneten entweder ins Gefängnis von Mazas oder in die Kaserne am Quai d'Orsay abgeführt. Louis Napoléon Bonaparte konnte sich kaum einen besseren Tag für den Geburtstag der Kaiserkrönung und der Schlacht von Austerlitz wünschen. Er hat die Republik verraten und sich im Handstreich die Regierungsgewalt angeeignet. Werden die Pariser seinen Staatsstreich und sein autoritäres Regiment ohne Protest anerkennen?

Am 4. Dezember zerschlagen die Truppen eine Straßenbarrikade. Innerhalb von 48 Stunden werden in Paris 380 Personen getötet.

Die sozialen Ideen von Louis Napoléon Bonaparte

■ *1852*

Ein Buchhändler in der Rue Saint-Jacques verkauft die Neuausgabe des 1844 erschienen Werkes von Louis Napoléon Bonaparte: »L'Extinction du Paupérisme.« Dieser Bestseller ist eine Zusammenstellung von Zeitungsartikeln, die der Neffe Napoléon I. regelmäßig für das republikanische Blatt »Progrès du Pas-de-Calais« geschrieben hat. Louis Napoléon Bonaparte fordert Staatsreformen, wie zum Beispiel: Die Rückkehr der arbeitslosen Arbeiter aufs Land, Unterstützung für Arbeitsunfähige und alte Leute, Schulbesuch und Religionsunterricht für Kinder. Sätze wie »Die Arbeiterklasse besitzt nichts und sollte zur besitzenden Klasse gemacht werden«, beeindrucken die Sozialisten.

Vor einer Bäckerei unterhält man sich angeregt über die steigenden Brotpreise.

Kaiserproklamation im Rathaus

■ *1./2. Dezember 1852*

Es war nicht anders zu erwarten: Durch ein Verfassungsplebiszit vom November 1852 und durch eine erneute Volksabstimmung wird das Kaisertum wieder hergestellt. Die Ergebnisse der Volksabstimmung sprechen für sich: 7 800 000 Ja-Stimmen gegen 280 000 Nein-Stimmen. Gegen Mittag wird Louis Napoléon Bonaparte auf dem Platz vor dem Rathaus durch Vorlesung eines Regierungsdekrets durch den Präfekten des Seine-Departements zum Kaiser Napoléon III. erhoben. Vom Ufer der Seine ertönen 101 Kanonenschüsse.

Emile Zola berichtet: »Zu diesem Zeitpunkt vollzog sich in Paris ein interessantes Schauspiel: Die soeben geretteten Einwohner von Paris lagen noch sorglos in ihren Betten, da sie sich jetzt auf eine starke Regierung verlassen konnten, die ihr das Denken abnahm. In dieser Atmosphäre der geordneten Stille und des matten Friedens ließ sich die Bevölkerung in der Hoffnung goldener Illusionen wiegen.«

Am Abend des 2. Dezember hält der neue Kaiser in Begleitung einer eindrucksvollen Kavallerie seinen feierlichen Einzug in die Hauptstadt durch den Triumphbogen. Im Palais des Tuileries wird am selben Abend der erste große Empfang zu Ehren Napoléons gegeben. Napoléon III. wird unter jubelndem Applaus als neuer Kaiser Frankreichs gefeiert. Der Neffe Napoléon I. hat dem Volk viele Versprechen gemacht und ein friedvolles Empire angekündigt. Der sorgenvolle Bürger ist erleichtert und die Arbeiter scheinen ihre Verteidiger von 1848 vergessen zu haben. Der Kaiser verspricht Lohn und Brot für alle und es hat sich herum gesprochen, dass die öffentliche Arbeit vom Kaiser selbst und nicht etwa durch eine Senatsabstimmung angeordnet wird. Als eine der allerersten Maßnahmen hatte er bereits die Verlängerung der Rue de Rivoli und den Bau der Rue Bonaparte angeordnet.

Nach der Zeremonie im Rathaus wird im Beisein der Armee das Kaiserreich ausgerufen.

Napoléon III. heiratet Eugénie de Montijo in Notre-Dame

■ *30. Januar 1853*

Hat das Ausland die Restauration des Kaiserreichs nicht gerade enthusiastisch aufgenommen, so ist man doch neugierig auf die neue Kaiserin. Der eingefleischte Junggeselle Napoléon III ist für seine zahlreichen Liebschaften bekannt und seine offizielle Geliebte ist die schöne englische Schauspielerin Miss Howard, die er im Exil kennen gelernt hatte. Die Tatsache, dass Louis Napoléon Bonaparte der Neffe von Napoléon I. ist, hatte die Schauspielerin zutiefst beeindruckt und es heißt, sie habe ihm ihr ganzes Vermögen gewidmet. Wer hätte schon ahnen können, dass eine Engländerin die Wahlkampagne des ehemaligen Präsidenten der Republik, den Staatsstreich und die Restauration des Kaiserreichs finanzieren würde? Miss Howard wohnte in einem Hotel in der Rue de Marigny, das mit

Napoléon III.; Portrait von Pierre-Honoré Hugrel

dem Elysée-Palast durch einen unterirdischen Gang verbunden war. Vor einigen Monaten war die Engländerin, noch zur Zeit der Republik, auf einem Empfang im Palais des Tuileries erschienen und ihre Anwesenheit hatte viel Anlass zum Geschwätz geboten. Aber seit ein paar Wochen hat die reiche Mäzenin eine Rivalin bekommen: Die schöne Spanierin Eugénie de Montijo, Gräfin von Teba, scheint alle Sinne des Kaisers gefangen zu halten. Sie stammt aus einer andalusischen Familie aus Granada. Am 12. Januar hatte die stolze Spanierin anlässlich eines Balls in den Tuilerien so großes Aufsehen erregt, dass der Kaiser bei ihrer Mutter um ihre Hand angehalten hatte. In Wirklichkeit war Louis Napoléon seiner schönen Auserwählten schon mehrmals auf Gesellschaftsabenden bei seiner Cousine, der Prinzessin Mathilde, begegnet. Der ehemalige Präsident der Republik hatte bereits versucht, Eugénie anlässlich eines intimen Abendessens in Saint-Cloud zu kompromittieren. Der iberische Stolz des jungen Mädchens hatte jedoch die Leidenschaft und die Verführungskünste des 24-Jährigen zähmen können. Eugénie will sich nicht auf ein Abenteuer mit diesem berüchtigten Verführer einlas-

Kaiserin Eugénie; Portrait von Edouard Dubufe

sen, sondern seine Ehefrau werden. Napoléon gibt nach und weiß, dass er keine andere Wahl hat. Will er das Bett mit dieser schönen Spanierin teilen, dann muss er sich auf eine Heirat einlassen. Als einige Heiratskuppler noch eine eventuelle Hochzeit mit der schwedischen Prinzessin Caroline Vasa oder einer Nichte der Königin Viktoria in Erwägung ziehen, gibt der Kaiser aller Erwartungen zum Trotz seine Entscheidung bekannt.

Am Hof verzieht man das Gesicht, aber das Volk amüsiert sich über die Entscheidung des Kaisers. Der Großvater der zukünftigen Kaiserin war nur ein einfacher Händler gewesen, aber ihr Vater gehörte zu den wenigen spanischen Anhängern von Bonaparte und er hatte als Oberst in der Grande Armée gedient und 1814 gegen den Einmarsch der Russen ge-

An diesem Tag wird in Notre-Dame die Vermählung von 28 weiteren Paaren gefeiert.

kämpft. Einige bedeutende Politiker und Schriftsteller befürworten die Wahl des Kaisers, unter ihnen auch Alexandre Dumas Junior. Dumas begrüßt diese »Liebesheirat«, die er als einen »Triumph der Liebe über die Vorurteile, der Schönheit über die Tradition und der Gefühle über die Politik« beschreibt. Eine Herzensentscheidung, die kalte diplomatische Berechnungen in den Schatten stellt. Am 29. Januar wurde die standesamtliche Trauung im Palais des Tuileries vollzogen. Heute hat sich vor der Kathedrale Notre-Dame eine begeisterte Menge eingefunden, die dem Brautpaar zujubelt: »Es lebe der Kaiser! Es lebe die Kaiserin!« In ihrem Herzen ist die Braut eine halbe Französin, da die bedeutenden Schriftsteller Stendhal und Mérimée ihre Hauslehrer gewesen sind. Anfangs sind die Pariser der Braut gegenüber eher überrascht als enthusiastisch eingestellt, da der 26-Jährigen nachgesagt wird, dass sie eine hochmütige Intrigantin sei. Doch als die neue Kaiserin vor die Kathedrale tritt und das Volk in einer langen und graziösen Geste begrüßt, grüßt die Menge begeistert zurück. Zur Feier des Tages werden auf ein kaiserliches Dekret hin 3 000 Gefangene begnadigt.

Haussmann wird Präfekt des Seine-Departements

Der neue Präfekt Haussmann ist 40 Jahre alt und hat 20 Jahre Amtserfahrung.

■ *2. Juli 1853*

An diesem Samstagmorgen leistet Georges Eugène Haussmann im Arbeitszimmer des Kaisers Napoléon III. im Palast von Saint-Cloud den Schwur, der Verfassung und dem Kaiser treu zu dienen. Glücklich schüttelt der Kaiser die Hand des Mannes, den er am 22. Juni zum neuen Präfekten des Seine-Departements ernannt hat. Der ehemalige Präfekt des Gironde-Departements, der ungeduldig die Rückkehr des kaiserlichen Regimes abgewartet hatte, ist erst seit fünf Tagen in Paris. Im Rathaus hatte er bereits seinen Vorgänger Berger kennen gelernt, der anscheinend nichts dagegen einzuwenden hatte, Haussmann sein Amt zu überlassen. Seit langem schon hatte der Kaiser eine groß angelegte Umgestaltung des Pariser Stadtbildes geplant. Um seine hohen Erwartungen zu erfüllen, brauchte er einen erfahrenen Verwaltungsbeamten, der seinen fortschrittlichen Ideen nicht im Weg stand. An der Wand des kaiserlichen Arbeitszimmers hängt ein Stadtplan von Paris, auf dem der Kaiser persönlich die geplanten neuen Hauptverkehrsstraßen je nach Dringlichkeit farblich gekennzeichnet hat. Die Umgestaltung der Hauptstadt konnte nicht mehr aufgeschoben werden: Die Stadt versinkt im Schmutz und die Einwohner ersticken in der Enge des mittelalterlichen Gassenlaby-

rinths. Aufgrund zu geringer Mieteinnahmen sind die Gebäude in einem katastrophalen Zustand. Die Pariser Wasserversorgung ist schlechter entwickelt als die der Stadt Rom zur Zeit von Kaiser Nero und die Cholera hat erst vor kurzem wieder 5 000 neue Opfer gefordert.

Äußerlich ist Haussmann von einer imposanten Erscheinung. Der 1,92 Meter große Präfekt muss sich bücken, um nicht den viel kleineren Kaiser zu brüskieren. Er trägt einen blauen Anzug mit Silberstickereien, eine weiße Weste und einen »französischen Hut« mit schwarzen Federn. Sein Schwert ist mit einem Perlmuttgriff und einer Silberspitze versehen. Den Abschluss seiner offiziellen Kleidung bildet ein dreifarbiger Gurt. Eine der ersten Veränderungen während des II. Kaiserreiches war die Vereinheitlichung der Beamtenkleidung. Zur Zeit der Republik herrschte auf diesem Gebiet ein großes Durcheinander.

In seiner Unterredung mit Haussmann erwähnt der Kaiser die zu stark verschmutzte Stadt und den Mangel an Grünanlagen. Der neue Präfekt, bekannt für sein ausgezeichnetes Gedächtnis, hört dem Kaiser aufmerksam

Der renommierte Architekt Visconti präsentiert dem kaiserlichen Paar die Pläne zur Verbindung des Louvre mit den Tuilerien.

zu. Der aus einer protestantischen, elsässischen Familie stammende Haussmann wurde 1809 in Paris geboren. Seit 20 Jahren hat er in verschiedenen Regionen Frankreichs das Amt eines Präfekten ausgeübt. Überall dort, wo er ein Departement geleitet hat, konnte man deutliche Verbesserungen im Bereich des Städtebaus, des Verkehrsnetzes, der Sicherheit und im Gesundheitswesen feststellen. Dieser Erfolg hat ihm die Auszeichnung des »Kommandeurs« der Ehrenlegion eingebracht. Nach englischem Vorbild will Napoléon das Eisenbahnnetz ausbauen, um Frankreich zu modernisieren und Paris mit ganz Europa zu verbinden. Es ist jedoch nicht selbstverständlich, dass Louis-Napoléon Bonaparte Paris so große Aufmerksamkeit widmet, da er eigentlich kein echter »Pariser« ist und erst seit ein paar Jahren in der Stadt weilt. Keinerlei Kindheitserinnerungen verbinden ihn mit der Hauptstadt. Er kennt Paris eher schlecht und als er anlässlich der Wahlkampagne von 1848 mit Victor Hugo verabredet war, hatte er Schwierigkeiten, die »Place des Vosges« zu fin-

den. Andererseits weiß er aber, dass alle großen Herrscher auch immer Stadtplaner gewesen sind. Deshalb will auch er eine nachhaltige Umgestaltung des Stadtbildes in Angriff nehmen. Außerdem hat Paris in 25 Jahren neun Aufstände erlebt. Durch eine Erweiterung der Straßen und der Boulevards könnte sicherlich der Entstehung von Barrikaden in den Faubourgs vorgebeugt werden. Wie kam er eigentlich auf die Idee, diesen hartnäckigen und ehrgeizigen Stadtplaner zum Präfekten des Seine-Departements zu ernennen? Der Kaiser hatte sich entweder persönlich oder durch seinen Innenminister von den Kompetenzen des Verwaltungsbeamten überzeugt. Napoléon lädt den neuen Präfekten zum Mittagessen ein. Haussmann sitzt zur Rechten der Kaiserin und teilt seiner Tischnachbarin mit seinem blasierten Stolz mit, dass er ein Patenkind des Prinzen Eugène, dem Adoptivsohn Napoléon I., sei.

In den letzten drei Tagen hat Haussmann bereits das städtische Budget überprüft und sogleich dessen Schwächen aufgedeckt: Zum einen ist angesichts der Fehleinschätzung der Steuereinnahmen nicht genug Geld vorhanden. Zum anderen wird durch exzessive Rücklagen für zu zahlende Hypotheken zuviel Geld eingefroren. Durch diese geniale Berechnung kann der energische Präfekt die Umgestaltung der Stadt finanzieren, ohne dass die Steuerzahler zur Kasse gebeten werden. Die Umgestaltung der Hauptstadt wird

1853 ist das Kanalisationssystem nur unzureichend entwickelt.

und soll die Hauptstadt umgestalten

nur von zwei Männern durchgeführt: Vom Kaiser selbst und von dem von ihm bestimmten Verbündeten, dem Präfekten. In seinem geräumigen Büro mit einem herrlichen Blick auf die Seine reibt sich der neue Präfekt hinsichtlich der bevorstehenden Aufgaben die Hände. Seine erste Aufgabe ist die Bildung eines Mitarbeiterstabs auf höchstem Niveau. Ganz wie bei einer militärischen

Kaiser Napoléon III. besichtigt die Baustelle des Louvre; Ölgemälde von Nicolas Gosse, 1854.

Inspektion lässt Haussmann alle im Rathaus tätigen Beamten einzeln vorladen. Der Umgangston des Präfekten mit seinen Mitarbeitern ist klar und deutlich: »Seitdem ich die Verantwortung für meine Untergebenen trage, urteile ich stets selbst über die Kompetenzen eines jeden Mitarbeiters«. Die schnelle Begutachtung wird unvermittelt durch eine Warnung seinerseits beendet: »Vermeiden Sie es, sich auf Empfehlungen zu berufen. Derjenige,

der versucht, sich durch Empfehlungen einen guten Ruf zu geben, zeugt von einem Mangel an Selbstvertrauen oder zweifelt an der Intelligenz seiner Vorgesetzten. In beiden Fällen handelt es sich um eine erniedrigende Haltung«. Als sie das Büro des Präfekten verlassen, haben die Beamten verstanden, dass eine radikale Veränderung ansteht. Dieser Präfekt weiß, was er will und wird seinen Willen durchsetzen. Er steht im Ruf eines rastlosen Arbeiters, der schon um sieben Uhr morgens in seinem Büro anzutreffen ist und abends nach einem offiziellen Treffen erst spät heimkehrt. Was unter seinen Fenstern geschieht, ist das beste Beispiel für die angekündigte Transformation der Stadt: Vor seiner Ernennung zum Präfekten hatte Napoléon III. bereits die Erweiterung des Rathausplatzes angeordnet. Der Platz wird um 70% vergrößert. Geographisch betrachtet, befindet sich Haussmann im Herzen der Veränderungen. Er trifft mustergültige Entscheidungen. Er entwickelt zum Beispiel einen Nachrichtendienst, der Tag und Nacht funktioniert und der einen permanenten Kontakt zwischen ihm und dem Kaiser gewährleistet, egal ob dieser sich in den Tuilerien, in Saint-Cloud, in Compiègne, in Fontainebleau oder auf Reisen befindet. Ein Gerichtsdiener und zwei Reiter sind rund um die Uhr verfügbar, denn unzählige Fragen sind ungeklärt und die Antworten müssen so schnell wie möglich übermittelt werden. Der

Querschnitt eines für diese Epoche typischen Gebäudes

Kaiser und der Präfekt haben sich zu einem perfekten Team entwickelt. Dieses System wird unmittelbar von Neidern kritisiert, da es Vermittler und Vertrauenspersonen ausschaltet, die im Namen der beiden Verbündeten auftreten könnten. Und während sein Kabinettschef seine Visitenkarte bei allen akkreditierten Botschaftern hinterlässt und innerhalb 24 Stunden in ganz Paris bekannt wird, stellt er sein Team von Experten zusammen. Haussmann hat es immer verstanden, Spezialisten zu versammeln, die schnell eine Lösung zu einem Problem finden. Die Originalität von Hausmann liegt in der Tatsache begründet, dass er weder Architekt, Ingenieur, Städteplaner, Landschaftsplaner oder Gärtner ist, sondern es versteht, sich mit den besten Exper-

ten zu umgeben und diese selbst koordiniert. Jean-Charles Alphand und Barillet-Deschamps werden für das Anlegen von Grünanlagen gewählt. Jacques Ignace Hittorf wird der Bau der Bahnhöfe und das Projekt in der Avenue de l'Impératrice (heutige Avenue Foch) anvertraut. Victor Baltard wird im Metallbau eingesetzt und Eugène Belgrand soll sich der schwierigen Frage der Trinkwasserversorgung, des Abwassers und der Kanalisierungsprobleme annehmen. Alle arbeiten rastlos und fast täglich wird vom energischen Präfekten der Stand der Restaurationsarbeiten überprüft. Die Umwälzung des Pariser Stadtbildes ist von einem gigantischen Ausmaß. Haussmann holt die gähnende Stadt der Balzac-Romane aus ihrem Dornröschenschlaf.

Karikatur in einer satirischen Zeitung: Die Pariser fühlen sich durch die ständigen Bauarbeiten bedroht und reagieren bisweilen mit Aggressionen.

Die neuen Markthallen werden der »Bauch von Paris«

■ *Frühjahr 1854*

Im Zentrum von Paris stößt der Präfekt Haussmann auf ein Hindernis, das seinen Ehrgeiz herausfordert. Seine Vorgänger wollten 147 Häuser abreißen lassen. Doch Haussmann gibt sich mit dieser Zahl noch nicht zufrieden und ordnet den Abriss von 185 zusätzlichen Häusern an. Auch die nur drei Jahre zuvor erbauten Markthallen sollen bereits wieder abgerissen werden. Sie sind in einem plumpen Steingebäude neben der Kirche Saint-Eustache untergebracht. Napoléon III. hatte dem Präfekten anlässlich einer Stadtbesichtigung mitgeteilt, dass ihm persönlich wie auch allen Parisern der Bau missfallen würde. Louis-Napoléon bereut es, am 11. September 1852 den Grundstein für dieses Gebäude gelegt zu haben. Damals war er nur Präsident der Republik und der 49-jährige Architekt Victor Baltard hatte überhaupt nicht verstanden, was der Regierungschef von ihm verlangte. Er hatte auch den Namen des Architekten längst vergessen. Drei Jahre später ordnet er

Entwurf der neuen Markthallen: 14 Pavillons aus Glas und Metall

den Bau von neuen, großen Markthallen an: »Wir brauchen einfach große Regenschirme, nichts weiter.« Und schließlich erinnert sich jemand an den Namen des Architekten. Victor Baltard ist ob der Kritik an seiner Arbeit tief betrübt. Der Präfekt überzeugt den Architekten, die Wände durch Glasfenster zu ersetzen und so die Metallstruktur sichtbar werden zu lassen. Nun erfreuen sich die neuen Markthallen allgemeiner Beliebtheit und werden zu einem der Symbole des Zweiten Kaiserreichs.

Der Krimkrieg im Theater

■ *April – Mai 1854*

Die Halbinsel Krim am Schwarzen Meer, wo die verbündeten Armeen der Franzosen und Engländer gegen die russischen Truppen kämpfen ist wirklich zu weit weg, als dass sich die Pariser Bevölkerung für dieses Ereignis interessieren würde. Dann aber machen Theaterplakate auf dieses Thema aufmerksam. Vom Théâtre De Bobino bis hin zum Théâtre Lyrique spricht man auf einmal nur noch über Russen und Kosaken. Sogar der Staatszirkus gibt sich Mühe, den Zuschauern anhand von »künstlerischen Geographiestunden« Nachhilfe zu erteilen. Die Kritik darauf fällt scharf aus: Kriegsarmeen würden als magere Kampfpatrouillen lächerlich gemacht. Der Theaterdirektor der Porte Saint-Martin inszeniert eine Novelle des russischen Schriftstellers Nikolaj Gogol. Man erhofft sich einen großen Erfolg von diesem Stück, das sich aber als Flop erweist. Im Theater versucht man nun, die Aufmerksamkeit auf die Chinesen zu lenken. Die Zuschauer beschweren sich: »Wer will denn schon etwas über China hören, wenn unsere ruhmreiche Armee auf der Krim gegen die Russen kämpft?«

Victor Baltard

Der 1805 geborene Victor Baltard hat an der Ecole des Beaux-Arts in Paris und später in Italien studiert. Er wurde mit dem Grand Prix de Rome ausgezeichnet und ist Pensionsschüler der Villa Médicis, als die Schule noch von dem berühmten Maler Ingres geleitet wurde. Seine Karriere als Architekt beginnt zum Zeitpunkt der Juli-Monarchie. Im Jahre 1849 wird er Chefarchitekt der Stadt Paris und übernimmt die Leitung für den Bau vieler öffentlicher und religiöser Gebäude. Die 1852 von ihm erbauten Markthallen sind ein beruflicher Fehlschlag. Haussmann ermutigt den Architekten drei Jahre später zu einem neuen Entwurf. Baltard wird also die »großen Regenschirme aus Gusseisen« bauen. Der erste große Erfolg im Bereich der Anwendung von Metall in der Architektur. Dieser Erfahrung bedient er sich vor allem bei der Restauration der Kirche Saint-Eustache und der zwischen 1860 und 1868 erbauten Kirche Saint-Augustin. Nach dem Bau des Panthéons erhält die Kirche Saint-Augustin die zweite Kuppel der Hauptstadt. Seine Metallstruktur wird nach der preußischen Belagerung 1870 polemisch als »Pickelhaube« (Anspielung auf den preußischen Helm) bezeichnet. Baltard hinterlässt seine Spuren auch in Saint-Etienne-du-Mont, Notre-Dame-des-Victoires und in Saint-Philippe-du-Roule. In seiner äußerst erfolgreichen Karriere lässt er ebenfalls die protestantische Kirche in der Rue Roquépine (VIII. Arrondissement), das Château de Cestas in der Gironde, das Grabmal von Ingres und die Kandelaber auf dem Pont-Neuf errichten. Nur einer der Pavillons der Markthallen ist nach der Zerstörung erhalten geblieben. Roland Nungesser, der Bürgermeister von Nogent-sur-Marne, hat einen Pavillon gerettet, indem er ihn abbauen und in seiner Stadt wieder aufbauen ließ. Heute werden in diesem Pavillon Buchmessen und Kulturveranstaltungen organisiert. Victor Baltard stirbt hoch geehrt im Jahre 1874.

Der Alltag der Pariser Bevölkerung steht Kopf

■ *1854–1855*

Ähnlich wie in Paris werden auch in anderen französischen Großstädten entscheidende städtebauliche Veränderungen (z. B. in Lyon unter Leitung des Präfekten Vaisse) vorgenommen. Doch in keiner anderen Stadt haben die Umbauarbeiten einen so großen Einfluss auf den Alltag der Einwohner wie in Paris. Eine Karikatur zeigt einen Engländer, der völlig perplex vor einem aufgerissenen Boulevard stehen bleibt und zu seiner Frau, die ebenfalls das Paris von 1840 kaum wieder erkennt, sagt: »Die Londoner Zeitungen haben von diesem fürchterlichen Erdbeben gar nichts berichtet.« Häuser werden abgerissen (24 404), neue Gebäude errichtet (74 597), Straßen aufgerissen, Hügel abgetragen und dabei werden riesige Staubwolken aufgewirbelt. Eine andere Karikatur zeigt einen Pariser, der morgens sein Haus verlässt und es abends nicht mehr vorfindet. Es wurde inzwischen abgerissen und er wird so lange auf Kosten der Stadt woanders untergebracht, bis man eine neue Bleibe für ihn gefunden hat. Die Bevölkerung ist einer widersprüchlichen Situation ausgesetzt. Einerseits verirrt sie sich in dem Durcheinander von Erd- und Betonhaufen und Gerüsten. Andererseits kann sie zu einem sehr niedrigen Einheitspreis auf den noch befahrbaren Hauptverkehrsstraßen mit den 447 Wagen der Omnibusgesellschaft von einem Ende zum anderen Ende der Stadt fahren. Die Stadt hat alle Busunternehmen zusammengelegt, die sich den Transport in der Stadt teilen. Die rustikale Sitzbank der Daumier-Karikatur, als

Die Place Saint-Germain-des-Prés wird zerstört, um den Blick in Richtung des Bahnhofs Gare Montparnasse freizugeben.

die Pariser noch in offenen Gefährten reisen mussten und bei Regenwetter völlig durchnässt wurden, gehört der Vergangenheit an. Mit viel Lärm knattert der meist gelbe Omnibus durch die Pariser Straßen. Er ist ein beliebtes Transportmittel und 1855 werden auf der Strecke Madeleine-Bastille mehrere Millionen Reisende gezählt.

Dadurch vollzieht sich ein tief greifender Strukturwandel: Ein Arbeiter kann heute sowohl auf den Hügeln von Montmartre als auch in den Gräben von Saint-Jacques arbeiten und ein Wäschehändler aus Belleville kann bis zum Marsfeld fahren und dort seine Waren anbieten. Kaum fünf Jahre ist es her, dass ein im Faubourg Saint-Antoine

geborenes Arbeiterkind in seinem Stadtviertel aufwuchs, dort in die Lehre ging, dann arbeitete, heiratete und auch dort starb, ohne einen anderen Stadtteil zu Gesicht zu bekommen. Von jetzt an sind alle zwölf Arrondissements und 20 Stadtviertel miteinander verbunden. Jetzt endlich mischen sich in Paris die sozialen Klassen.

Zerstörung des Théâtre-Français zur Errichtung der Avenue de l'Opéra

Auch die Rue Delambre wird bald von ihren Anwohnern kaum wiedererkannt werden.

Während der Weltausstellung 1855 kann ganz Europa

Kaiser Napoléon III. weiht den Maschinensaal ein, der die Besucher empfängt. Rechts sieht man ihn auf einem Rundgang mit der Königin Victoria.

■ **15. Mai – 15. November 1855**
Während der Krimkrieg bis zur Einnahme Sewastopols weitergeht, treffen sich die Bürger aus aller Welt in Paris zur ersten von Frankreich organisierten Weltausstellung. Der Kaiser war der eifrige Initiator dieses Ereignisses und er hatte noch als Präsident zur Zeit der Republik die Errichtung eines Gebäudes beschlossen, in dem öffentliche Veranstaltungen aller Art abgehalten werden können. Vorbild war dabei vor allem der berühmte Londoner Kristallpalast, wo 1851 die erste Weltausstellung stattfand. Von jetzt an werden in Paris nicht mehr ausschließlich nationale Produkte ausgestellt. Die Veranstaltung ist von internationaler Größe. Aus Platzmangel muss ein Nebengebäude, die Cours-la-Reine (gegenüber des Elysée-Palastes), errichtet werden. Dort haben die Architekten Viel und Desjardins ein ellipsenförmiges 250 Meter langes und 100 Meter breites Gebäude errichtet: Eine lange Halle aus Gusseisen, Stein und Milchglas. Den Vorsitz der Ausstellung führte ein Cousin des Kaisers Napoléon III. und es mussten mehrere Dekrete erlassen werden, bevor ein Einklang zwischen den rivalisierenden Ideen von Kaiser und Cousin bezüglich der Themen Landwirt-

schaft, Industrie und Kunst gefunden werden konnte. Anders als in London werden in Paris sämtliche Veranstaltungskosten von der Staatskasse finanziert. Die Ausstellung sollte beweisen, dass Paris trotz der großen wirtschaftlichen und industriellen Entwicklung immer noch eine Stadt der Künste ist. Nach den blutigen Umwälzungen von 1848 und der Rückkehr des Kaiserreichs erwarteten die europäischen Nachbarn dieses Ereignis mit einer Mischung aus Skepsis und Neugier. Eine Ausstellung von ausländischen Produkten auf französischem Boden ist für Napoléon III.

eine Vertrauensgarantie für freien Handelsaustausch. Die Champs-Elysées ist von unzähligen kleinen Kiosken übersät. Diese Buden sind zwar furchtbar hässlich, aber unerlässlich für den Kartenverkauf und den Erhalt von praktischen Hilfen und Informationen in mehreren Sprachen für die Besucher aus aller Welt und die angereisten Journalisten. Die Ausstellung versteht sich als Zeichen des Friedens. Angesichts der Kämpfe der französischen und englischen Truppen gegen die russische Armee am Schwarzen Meer und verschiedener Attentate in ganz Europa (Herzogtum Parma, Spanien, Dänemark) muss dieser Anspruch jedoch relativiert werden. Es wird viel über die Neuheiten geredet. Neu ist beispielsweise der Kunstpavillon, wo Franz Xaver Winterhalter mit viel Erfolg sein Gemälde »Die Kaiserin Eugénie und ihre Hofdamen« ausstellt. Im Gegensatz zu Gustave Courbet, dem die Ausstellung seines Gemäldes »Begräbnis in Ornans« verweigert wurde, verfügen Jean Auguste Ingres und Eugène Delacroix jeder über einen eigenen Saal. Neu sind auch die industriellen Luxusgüter. Dort bewundert man versilbertes Kupfer aus dem Hause Christofle. Und man munkelt, dass die kaiserliche Familie für die Tuilerien bei einem Goldschmied ein Service bestellt habe, das nach einem besonderen Silberverfahren hergestellt worden sei. Aber abgesehen von der Ausstel-

lung kommen die Besucher und 20 000 internationale Aussteller vor allem um die Veränderungen von Paris aus nächster Nähe zu betrachten. Zwei Jahre dauert nun schon dieser spektakuläre Umbau. Man spürt die Weltoffenheit der Hauptstadt und ihr zukunftsorientiertes Flair. Die Pariser Hotels beherbergen während der Ausstellung 500 000 Gäste, aber ihre Kapazität reicht nicht aus. Es mussten neue Gebäude errichtet werden, um alle Besucher unterbringen zu können. Innerhalb eines Jahres hat die Immobiliengesellschaft von Emile Pereire das

Die Bilanz der Weltausstellung 1855: 11,5 Millionen Francs Ausgaben, drei Millionen Francs Einnahmen

das von Haussmann modernisierte Paris bewundern

Der Palais de l'Industrie, der von dem Architekten Jean-Marie Viel für die Weltausstellung von 1855 gebaut worden ist

erste große Hotel, das Hôtel du Louvre an der Place du Palais Royale bauen lassen. Das Gebäude ist das erste Hotel, das über einen Aufzug verfügt. Haussmann hätte den Gästen gern ein »fertiges« Paris präsentiert, aber der letzte Winter war sehr rau und kalt und Überschwemmungen hatten großes Unheil angerichtet. Die Bauarbeiten konnten nur zögernd fortgesetzt werden. Der Pont d'Alma (die Brücke trägt zum Zeichen des Sieges gegen Russland den Namen eines Flusses der Krim) hätte schon vor 15 Tagen fertig gestellt werden sollen. Der Präfekt hatte sogar Prämien (aber auch Sanktionen) versprochen. Dieses Mal hatte der ehrgeizige und autoritäre Präfekt jedoch keine Wahl. Er blieb nachsichtig, denn die Arbeiter hatten wirklich alles gegeben, was in ihrer menschlichen Kraft stand. Vier Stunden vor Einweihung der Weltausstellung stehen die Besucher Schlange. Gegen 13 Uhr kündigt ein Kanonenschuss das kaiserliche Geleit an. Ein Orchester stimmt die berüchtigte Melodie »Partant pour la Syrie« an, die die verbotene revolutionäre »Marseillaise« ersetzte. Mittels der 500 Omnibusse können Tausende von Personen transportiert werden. Angesehene Gäste bleiben nicht aus. Innig erwartet wird Königin Viktoria, ihr Mann, Prinz Albert und ihr 13-jähriger Sohn Eduard, Prinz von Wales, die am 16. August in Paris eingetroffen sind. Für den ersten Besuch eines britischen Herrschers seit Heinrich VI. hatte sich Haussmann etwas Besonders einfallen lassen. Seit einem Jahr ist eine breite Straße zwischen dem Rathausplatz und der Rue Saint-Denis entstanden. Sie trug den Namen Boulevard de l'Hôtel-de-Ville.

Die Nebengebäude entlang der Seine zwischen Concorde und Alma. Die Pavillons sind für Kunstausstellungen und industrielle Luxusgüter reserviert.

Mit der enthusiastischen Zustimmung des anglophilen Napoléon III., der als Erster ein »Lunch« im Elysée servieren ließ, wird der Boulevard am 23. August in Avenue Victoria umgetauft. Haussmann ist sehr stolz darauf, den Stand der Renovierungsarbeiten erklären zu dürfen und die Einweihung der Rue des Crimée anzukündigen. Er kann zufrieden darauf verweisen, dass Saint-Sulpice restauriert worden ist und der Verkauf von Pferden jetzt in einer öffentlichen Halle stattfinden wird. Aber die radikalste Veränderung ist nicht etwa ein neuer Boulevard oder ein neuer Palais, sondern eine nicht sichtbare Verbesserung: Saubere Luft! Angesichts der Verbesserung der Wasserversorgung, der Beseitigung stinkender Kloaken und der alten Kanalisation können die Pariser endlich bessere Luft atmen. Paris ist jetzt zu einer sauberen Stadt geworden. Die abscheulichen Gerüche sind verjagt worden. Ein Reporter der »Times«, der die Königin Victoria auf ihrer Reise begleitet, schreibt: »Bravo, Herr Präfekt! Ihre Stadt riecht wunderbar! Nur weiter so!« Am 27. Mai, am Tag der offenen Tür, zählt man 105 000 Besucher. Der Rekord wird jedoch am Sonntag, den 9. September, mit dem Besuch von 123 000 Personen gebrochen. Mit einem Durchschnitt von 25 000 Besuchern täglich, kamen über fünf Millionen Menschen zur Weltausstellung. Abgesehen von einer militärischen Belagerung ist eine Stadt niemals zuvor von so vielen Menschen besucht worden. Die Ausstellung ist ein wahrer Erfolg. Aus Paris ist eine Geschäftsstadt geworden.

Luftaufnahme von Paris aus einem Ballon während der sechs Monate dauernden Weltausstellung.

Der Thronfolger wird geboren

■ *16. März 1856*
Um vier Uhr morgens erblickt er das Licht der Welt. Wie zur Zeit der französischen Könige muss die Niederkunft der Kaiserin im Beisein des Hofstaates stattfinden. Die Wehen dauern mehrere Stunden; schließlich wird per Zangengeburt ein kleiner Junge geboren. Alle haben sich um Eugénie gesorgt. Sie ist noch immer bewusstlos. Napoleon III. hat dem Doktor Darralde mit einer vor Angst erstickten Stimme zugerufen, er solle die Kaiserin retten. Im Alter von 50 Jahren ist der Kaiser endlich Vater geworden. Er ist außer sich vor Freude. Die Kanone am Invalidendom, die 101 Schüsse abfeuert, wird von einem alten Adjutanten kommandiert, der schon 1811 die Ankündigung der Geburt des Königs von Rom gehört hat.

14. Juni: Taufe des Prinzen in der Kathedrale von Notre-Dame

Die Kaiserin Eugénie bestimmt die Mode

Die Krinoline wird gegen 1833 erfunden. Diese Art, den Stoff zu raffen und das Ganze mit einer gefälligen Drehung aufzulockern, wird 1840 patentiert.

■ *1856–1858*
Die große, schlanke Herrscherin verkörpert in ihrer vornehmen Haltung und Diskretion die Eleganz einer mondänen, glänzenden europäischen Gesellschaft. Eugénie mag keine Extravaganzen. Sie kleidet sich schlicht. In der Mode ist sie nicht eigentlich die Vorläuferin, aber sie weiß sie zu tragen und bewirkt damit den Wunsch, sie nachzuahmen. In dieser, für die Frauen so glänzenden und erfolgreichen Epoche lehnt die Kaiserin auf Grund ihrer Erziehung und ihres Ranges alle Exzesse ab. Zunächst die der adeligen Damen wie zum Beispiel die Grillen der Prinzessin von Metternich oder der Gräfin von Pourtalès. Und dann das aufdringliche, geschmacklose Flittergold der Parvenüs, das von zu schnell errungenem Wohlstand zeugt. Die Krinoline wurde erfunden, bevor die Kaiserin in andere Umstände kam, aber die Form dieses Kleidungsstücks kann während ihrer Schwangerschaft nur vorteilhaft sein. Die Kaiserin verurteilt alle Exzentrizität und sichert durch ihre Bestellungen und Einkäufe den Ruf der Hut-, Handschuh- und Schirmmacher.

Neues Abwassernetz

■ *1856*
Haussmann kommt das Verdienst zu, den Mann entdeckt und gefördert zu haben, dessen immense Aufgabe es dann wird, die Trinkwasserversorgung der Hauptstadt zu sichern und die Abwässer zu entsorgen. Eugène Belgrand lehnt das alte System der mit Dampf betriebenen Pumpen an der Seine ab. Von einem Marnezufluss, der Dhuys, leitet er das Wasser durch ein 131 km langes Aquädukt bis zum Wasserturm in Ménilmontant, welcher 100 000 m³ fassen kann. Er schlägt die Schaffung eines neuen Abwassernetzes vor. Von zunächst 200 km Länge wird das Netz auf 600 km ausgeweitet. Die Kanalisationsarbeiter können sich mit Booten fortbewegen.

ZUR PERSON

Charles Frederic Worth

1825 in England geboren, zunächst Lehrling in London, kommt er 1846 nach Paris, wo er in einem Seidenwarengeschäft arbeitet. Er verkauft Modeschmuck und Kaschmirschals. Im Mai 1853 baut er die Abteilung für Kleider aus Lyoner Stoffen auf. 1858 gründet er sein eigenes Geschäft in der Rue de la Paix. Er gilt als Erfinder der Haute Couture, die für den Stil und die Machart tonangebend ist. Dieser erste Modeschöpfer steht im Adressbuch noch unter der Rubrik »Konfektion und Neuheiten«. Tatsächlich erscheint die Bezeichnung Couturier erst in den letzten Monaten des II. Empire. Die Unterstützung der Kaiserin und der Prinzessin von Metternich sind ausschlaggebend für die Bekanntheit von Charles Frederic Worth. Die Prinzessin Mathilde bleibt hingegen ihren Schneiderinnen treu. Worth stirbt 1895, seine Firma schließt 1954 endgültig.

Pariser Kongress organisiert Frieden

Der Kaiser weiht den Pont de l'Alma ein

Die Versammlungen im Quai d'Orsay machen aus Paris das politische Zentrum der Welt; Edouard Dubufe, Museum von Versailles.

Verlegung der Metallrohre, die oberhalb der Brücke die Abwasserleitungen enthalten sollen. Bei Hochwasser wird die Brücke zu einem gefährlichen Staudamm.

■ **26. Februar – 30. März 1856**

Die Wahl der französischen Hauptstadt als Verhandlungsort nach dem Krimkrieg vervollständigt die dort herrschende ständige Feststimmung. Im Empfangsraum des Außenministeriums sind die wichtigsten bevollmächtigten Abgesandten der europäischen Mächte versammelt. Von links nach rechts: Graf Cavour vertritt Piemont-Sardinien, Graf Orlow Russland, Graf Walewsky Frankreich, Lord Clarendon Großbritannien, Graf von Buol das österreichische Kaiserreich und Ali Pascha das Osmanische Reich. Der am 30. März unterzeichnete Vertrag ist ein diplomatischer Sieg für Napoléon III., der so die 1815 in Wien erlittene Erniedrigung zu tilgen hofft. Das neue Europa entsteht in Paris.

■ **2. April 1856**

Mit der um fast elf Monate verzögerten Einweihung des Pont de l'Alma will Napoléon III. seine Generäle Saint-Arnaud und Bosquet für den Sieg ehren, mit dem sie am 19. September 1854 Mentschikows Russen zum Rückzug gezwungen hatten. Der vernichtende Frontalangriff hatte den militärischen Erfolg der Engländer und Franzosen in dieser Schlacht mitbegründet und war eines der wenigen Manöver im Krimkrieg gewesen. Zwischen den Bögen, über den Brückenpfeilern, stellen Soldatenstatuen die verschiedenen Truppengattungen dar, die bei Sebastopol eingesetzt waren. Diebolt hat einen Zuaven und einen Dragoner gemeißelt, Arnaud einen Jäger und einen Kanonier.

Ein Brand vernichtet einen Flügel des Louvre

■ **1856**

Die Eroberungen des ersten Empire hatten das Museum bereichert. Es trug daraufhin den Namen Napoléons bis es 1848 vom Staat erworben wurde und den alten Namen Louvre zurückerhielt. Aus ungeklärten Gründen wird das Gebäude 1856 teilweise zum Raub der Flammen. Noch steht das genaue Ausmaß der Schäden nicht fest. 25 Offiziere, hunderte von Unteroffizieren und Feuerwehrmännern kämpfen gegen die Flammen. Es kann möglich sein, dass das Feuer von einer der zahlreichen Baustellen ausgeht, die Visconti, vom Staatspräsidenten zum »Architekten der Verbindungarbeiten von Louvre und Tuilerien« ernannt, seit 1852 eröffnet hat. Außer der Museumserweiterung bezweckt Napoléon III. mit diesen Arbeiten die Vereinigung aller Entscheidungszentren in einem lokal begrenzten Raum, der sich ebenfalls nahe der privaten Residenz befindet. Ursprünglich sollten diese Arbeiten für ein Gesamtbudget von mehr als 25 Millionen im folgenden Jahr abgeschlossen werden.

Das Feuer zerstört einen Flügel des Louvre. Napoléon III. wünscht eine Verbindung zwischen Louvre und Tuilerien; Gemälde von Frederic-Henri Schopin.

Sogar in der Nacht wird gearbeitet

Nachts beendet man die Verlängerung der Rue de Rivoli bei Beleuchtung.

■ *1857*

Besorgt um die Einhaltung der Baufristen hat der Präfekt des Seine-Departements angeordnet, dass die Bauarbeiten selbst nachts bei elektrischem Licht fortgesetzt werden. Es wird jedoch nicht möglich sein, alle Baustellen mit elektrischem Licht auszustatten. Die Bilanz stellt Haussmann zufrieden: Die Kirche Sainte-Clotilde ist fertig gestellt; in der Rue de Reuilly ist eine neue Tabakmanufaktur entstanden; die Thermen von Cluny sind freigelegt worden und die Rue de la Harpe ist aufgerissen worden. Die Rue des Annelets, die Rue des Ardennes und die Rue du Cadran sind geöffnet worden. Außerdem hat der Staat gerade das Hôtel Beauvau gekauft, um das Innenministerium dort unterzubringen.

Wiederaufbau des Pont Saint-Michel

■ *1857*

Diese Brücke aus dem 17. Jahrhundert wird seit vielen Jahren als baufällig, gefährlich und zu eng angesehen. Sie wird nun durch die neue Brücke des Architekten Vaudrey ersetzt und verbindet den Boulevard du Palais mit der Place Saint-Michel. Der Platz verdankt seinen Namen einer ehemaligen, 1782 zerstörten Kapelle. An diesem Ort ist Philipp August 1165 getauft worden. 1387 wurde zuerst eine Holzbrücke errichtet, für deren Bau man Straßendiebe heranzog. 1408 war die Brücke samt den darauf befindlichen Trödler- und Möbelläden vom schweren Eisgang der Seine davongetragen vorgen. Aufgrund von großer Kälte hat sich diese Katastrophe in den Jahren 1476, 1547, 1549 und 1616 wiederholt. Und jedes Mal ist der Pont Saint-Michel anschließend als Steinbrücke wieder aufgebaut worden. Die letzten Häuser darauf sind vorsichtshalber zwischen 1786 und 1809 abgerissen worden. Die neue Brücke ist 62 Meter lang und 30 Meter breit.

Oppositionelle bei Prinzessin Mathilde

Der Salon der Prinzessin Mathilde; Gemälde von Sébastien-Charles Giraud, 1859

■ *1857*

In ihrem Haus in der der Rue de Courcelles 10 gibt die Cousine des Kaisers Abendveranstaltungen, die nichts mit den prunkvollen und affektierten Gesellschaftsabenden der Tuilerien gemeinsam haben. Prinzessin Mathilde empfängt alle literarischen und künstlerischen Talente von Paris: Die Brüder Goncourt, Théophile Gautier, Alexandre Dumas, Viel-Castel, Gustave Flaubert. Der intellektuelle Austausch ist ihr wichtiger als die kulinarischen Genüsse. Die Tatsache, dass man es wagt, auf diesen geselligen Abenden das Regime zu kritisieren, wirft ein schlechtes Licht auf den Salon. Der Kaiser, der über seine Cousine – und Beinahe-Ehefrau – seine Gemahlin Eugénie kennen gelernt hatte, unternahm nichts dagegen.

ZUR PERSON

Graf von Nieuwerkerke

Der am 16. April 1811 in Paris geborene Alfred-Emilien O'Hara, Graf von Nieuwerkerke, ist einer der bedeutendsten Männer des II. Empire. Leider ist sein Name in Vergessenheit geraten. Vor allem im künstlerischen Bereich hat er bedeutende Werke geschaffen. Als Bildhauer verdankt man ihm eine Reiterstatue von Heinrich IV. in Pau und eine Statue von Napoléon I., die lange Zeit in Lyon ausgestellt worden war. 1849 nimmt er die französische Staatsangehörigkeit an, lernt Prinzessin Mathilde Bonaparte kennen und wird ihr Liebhaber. Diese Beziehung erweist sich für seine Karriere von großem Nutzen. Nieuwerkerke gilt als großer Frauenheld.

Seinem Verhältnis zu der Cousine des Prinz-Präsidenten und seinen Fähigkeiten im musischen Bereich verdankt er seine Stellung als Direktor der Museen der Stadt Paris. Die Abteilungen Ägyptologie und Klassische Antike haben ihm viel zu verdanken. Er reorganisiert den Louvre, der nun täglich außer montags geöffnet ist und bereichert die Sammlungen. Jeden Freitag finden in seiner Amtswohnung Abendveranstaltungen statt. Dem persischen Schah zeigt er den Louvre nachts bei Fackellicht. 1869 löst er seine Verbindung zu Mathilde auf. Nachdem er seine Sammlung verkauft hat, flüchtet er nach Italien. Dort stirbt er am 16. Januar 1892 in der Toskana.

Baudelaires »Fleur du mal« zensiert

■ *20. August 1857*

Nachdem der Roman »Madame Bovary« von Gustave Flaubert vor Gericht durch die Mangel genommen wurde, müssen sich nun Charles Baudelaire und sein Herausgeber Poulet-Malassis vor den Richtern rechtfertigen. Der Autor der »Blumen des Bösen« wird wegen Gefährdung der Sittlichkeit angeklagt. Auch in der Presse wird der Gedichtzyklus heftig kritisiert. Ausgangspunkt der Hetzkampagne ist ein im »Figaro« erschienener Artikel von Gustave Bourdin, der Baudelaire scharf angreift. Generell wird das Werk von der Kritik als eine »Monstrosität« verrissen. Die Konservativen fordern die Beschlagnahme dieses »unmoralischen« Werkes. Baudelaire wird wegen Erregung öffentlichen Ärgernisses verurteilt, woraufhin er nicht nur eine Geldstrafe zahlen, sondern auch sechs als besonders unmoralisch eingestufte Gedichte zurückziehen muss. Der 36 Jahre alte Charles Baudelaire hatte sein Werk 15 Jahre lang reifen lassen.

Louvre und Tuilerien vereint

■ *14. August 1857*

Fünf Jahre dauert es, bis die Renovierung des so genannten Neuen Louvre und seine Verbindung zu den Tuilerien, dem Wohnsitz des Kaisers, abgeschlossen ist. Dieser Komplex von künstlerischer und politischer Größe mitten im Herzen von Paris ist eine Besonderheit. Leider ist der Architekt Visconti 1853 während des Umbaus gestorben und musste durch Hector Lefuel ersetzt werden. Die mittelalterlichen Sammlungen des Museums sind erweitert worden. Der Kaiser fördert die Kontinuität, indem er die ursprünglich von Louis-Philippe stammende Idee eines Museums der »Französischen Geschichte« in die Tat umsetzt.

Der Palais des Tuileries mit den kaiserlichen Wohnräumen und der Empfangshalle. Im Hintergrund ist der Louvre abgebildet; Gemälde von V. J. Chavet.

Boitelle wird Polizeipräfekt

■ *16. März 1858*

Muss man sich auf einen neuen Haussmann einstellen? Es stimmt, dass der neue Polizeipräfekt, den der Kaiser zum Nachfolger von Pierre Piétri ernannt hat, in vielerlei Hinsicht dem Präfekten des Seine-Departements ähnelt. Wie Haussmann ist der 45 Jahre alte Symphorien-Joseph Boitelle ein Verwaltungsbeamter mit eisernem Willen. Im Gegensatz zu ihm ist der ehemalige Unterleutnant durch Immobilienspekulationen in dem eleganten Badeort Deauville aber zu Reichtum gekommen. Der aus Nordfrankreich stammende Boitelle war zunächst der Präfekt der Departements Aisne und Yonne (wie Haussmann). Er stammt aus einer reichen Kaufmannsfamilie und ist ein gebildeter Mann von Welt. Seine Lieblingsbeschäftigung ist die Restauration von alten Gemälden. Seine Ernennung vollzieht sich im Anschluss an das Attentat von Orsini, das die Schwächen von Piétri aufgedeckt und der Kaiserin Angst und Schrecken eingejagt hatte. Sie hatte danach die Absetzung Piétris verlangt. Der neue Polizeipräfekt und Haussmann hatten sich darauf geeinigt, die Sicherheitsmaßnahmen zu verschärfen und die wahren Verschwörer zu verfolgen. Er wollte auf polizeilicher Ebene ebenso aktiv sein wie der Präfekt von Paris im Städtebau.

Paris erstickt im Mief

■ *1857*

In den Gassen der Hauptstadt ist die Luft so verpestet, dass man die Abenddämmerung kaum kommen sieht. Um Abhilfe zu schaffen, werden die Umbauarbeiten beschleunigt. Große Straßenöffnungen entstehen: Die Verlängerung des Boulevard de Strasbourg mit dem Boulevard de Sébastopol bildet das Nord-Süd-Kreuz bis zum Boulevard Saint-Michel. Um den Panthéon herum entstehen die Rue Soufflot und die Rue Gay-Lussac. Der andere Arm der Kreuzung führt von der Bastille über die Rue de Rivoli, die immer noch mitten im Bau der Nordgalerie der Tuilerien steckt, bis zur Etoile. Unter den Fenstern des Büros des Präfekten wird auf dem Rathausplatz die Gasbeleuchtung getestet.

Neue Straßen erhalten eine vorgeschriebene Breite

■ *1859*

Eine zentrale Bedeutung wird der Straßenerweiterung beigemessen. Die sechs Meter breite Rue de Richelieu galt zur Zeit von Rambuteau als eine der breitesten Straßen von Paris. Es ist äußerst schwierig, die alten Straßen zu erweitern, aber die neuen Straßen werden den Anforderungen einer modernen Stadt angepasst. Als der Architekt Hittorff Haussmann für die Avenue de l'Impératrice (heutige Avenue de Foch) eine Breite von 60 Metern vorschlägt, antwortet der Präfekt aufgebracht: »Das ist nicht genug! Es handelt sich doch um eine bedeutende Straße, eine Verlängerung der Champs-Elysées, die sich bis zum Bois de Boulogne erstreckt. Ich will wenigstens 120 Meter. Und Seitenalleen!« Außerdem muss eine Durchfahrt für die Feuerwehr vorgesehen werden.

Der Saint-Martin wird überdacht

■ *1859*

Auf dem Kanal Saint-Martin, der das Becken der unteren Seine mit dem Becken des Arsenals verbindet, wird die Schifffahrt regelmäßig durch ins Wasser gestürzte Bäume blockiert. Trotz der neun Schleusen kann der Wasserspiegel nicht stabilisiert werden. Außerdem verursachen Ablagerungen von Baumaterialien (Ton, Stein, Gips) eine starke Verschmutzung des Kanals. Nach einer Sitzung mit dem Präfekten, Belgrand und weiteren Ingenieuren wird beschlossen, den Abschnitt zwischen der Bastille und der Rue Rampon (heute Boulevard Richard-Lenoir, XI. Arrondissement) mit einer Überdachung zu versehen. Und entlang dem Quai de Valmy und dem Quai de Jemmapes soll ein Boulevard entstehen.

Die Erweiterung der Hauptstadt wird beschlossen

■ *6. Februar 1859*

Der Kaiser und der Präfekt träumen schon seit Jahren von einer Erweiterung der Hauptstadt. Sie wollen die Zollmauer und den militärischen Schutzwall (die 1841 von Thiers geforderten Festungsbauten) abreißen. Aus geographischer Perspektive droht Paris zu ersticken. In einem Text, der diesen Sommer durch ein Gesetz ergänzt werden soll, wird festgelegt, dass die Zollmauer durch äußere Boulevards und Grenzgemeinden ersetzt werden soll. Die Dörfer Vaugiraud, Grenelle, La Vilet-

te und Belleville sollen vollständig integriert werden. Andere, wie Auteuil, Passy, Les Batignolles, Monceau, Montmartre, La Chapelle-Saint-Denis, Charonne und Bercy werden größtenteils integriert. Die Eingemeindung von Ivry, Gentilly, Montrouge, Neuilly-sur-Seine und Saint-Mandé vollzieht sich nur in geringfügigem Ausmaß. Nach einer abschließenden Unterredung zwischen Napoléon III. und Haussmann werden die Grenzen von Paris bis zu den militärischen Verteidigungsstraßen erweitert. Durch diese spektakuläre Entscheidung wird die Fläche von Paris verdoppelt: Sie erhöht sich von 3 370 auf 7 800 Hektar und die Bevölkerungszahl vermehrt sich um 350 000 Einwohner. Die neue Hauptstadt zählt eine Gesamtbevölkerung von 1 600 000 Einwohnern. Bei der neuen Nummerierung der Arrondissements (es werden neue gegründet) verleiht der Präfekt den Tuilerien, dem Wohnsitz der kaiserlichen Familie, die Nummer eins und das Rathaus-Viertel erhält die Nummer zwei. Die adminis-

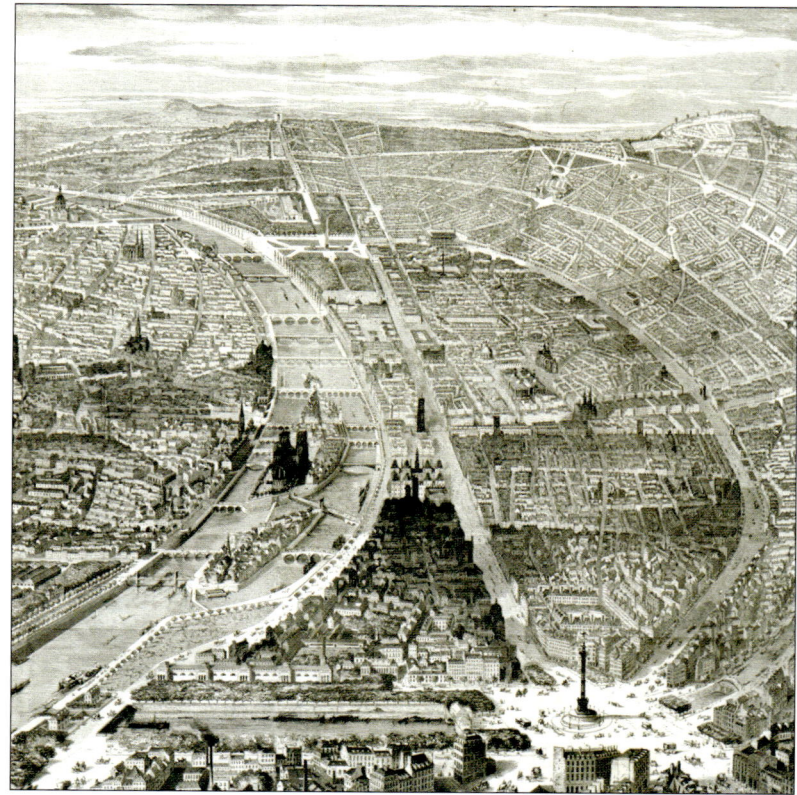

Paris aus der Vogelperspektive: Vor der Erweiterung zählt Paris 1 250 000 Einwohner.

Napoléon III. überreicht Haussmann das Dekret bezüglich der Eingemeindung der außerstädtischen Gemeinden.

trative Nähe spiegelt das enge Verhältnis zwischen dem Kaiser und seinem Präfekten wider. Diverse Gründe sprechen für eine Erweiterung der Hauptstadt: Der schlechte Zustand der Häuser, die mangelnde Infrastruktur, das unzureichende Bildungsniveau und die kaum vorhandene polizeiliche Überwachung. Außerhalb der Stadtmauern ist ein Polizist für 56 Hektar und 5 165 Einwohner zuständig. Die Außenbezirke sind eine Schande für die fortschrittliche Hauptstadt. Es ist zu befürchten, dass die Einwohner ärmerer Schichten in die neue Peripherie abgedrängt werden.

Die Fontaine Saint-Michel

Damit der Boulevard Saint-Michel in einer Linie zur Sainte-Chapelle bleibt, lässt Haussmann die ursprüngliche Nord-Süd-Achse verlegen. Um zu vermeiden, dass die Sicht auf die neuen Gebäude verstellt wird, beauftragt Haussmann den Architekten Gabriel Davioud mit dem Bau eines dekorativen Wandbrunnens. Davioud arbeitet zusammen mit den Künstlern Flament, Simonet und Halo. Der Brunnen wird am 15. August 1860 zusammen mit der neuen Brücke Pont-au-Change eingeweiht. Die 26 Meter hohe und

15 Meter breite Anlage besteht aus vier Becken. Ein Medaillon mit dem Pariser Stadtwappen wird von zwei Engelchen getragen. In der Mitte erhebt sich der mit dem Drachen kämpfende Saint Michel, eine Bronzestatue von Francisque-Joseph Duret. Die anderen Standbilder stehen für die vier Kardinaltugenden: Gerechtigkeit, Tapferkeit, Weisheit und Enthaltsamkeit. Der ehemalige Giebel stellte die Waffen Napoléons III. dar. Im Lauf der Zeit wird der Brunnen ein beliebter Treffpunkt der Pariser Studenten.

Krasse soziale Gegensätze prägen Paris

■ *1859*

Die gigantischen städtebaulichen Umwälzungen haben unzählige Konsequenzen zur Folge. Die sozialen Gegensätze verschärfen sich und zwei Welten prallen aufeinander: Das von Emile Zola angeklagte industrielle Bürgertum und die von Victor Hugo beschriebene Welt der im Elend lebenden Pariser. Hinter neu errichteten Wohnhäusern und lackierten Toreinfahrten wittert man den Reichtum der aufsteigenden Klasse des Industrie- und Handelsbürgertums. Die luxuriösen Wohnpaläste sind nicht zuletzt dank Spekulationen mit enteigneten Grundstücken entstanden. Auf der anderen Seite brechen heruntergekommene Gemäuer ohne menschliches Einwirken zusammen. So sterben fünf Frauen bei dem Einsturz ihres Hauses in der Rue de la Tannerie.

Mit dem Wachsen der Großstadt steigen auch die Mietpreise. Die Arbeiter können es sich bald nicht mehr leisten, in den von ihnen errichteten Häusern zu leben. Die Arbeit wird zwar angemessen bezahlt und auch über Arbeitsmangel kann man nicht klagen, aber die hohen Lebenshaltungskosten sind nicht mehr finanzierbar.

Die Pariser überleben Europas größte Baustelle

■ *1859*

Tausende Provinzler zieht es in die Hauptstadt. Wenn sie mit ihrem Bündel über der Schulter am Bahnhof ankommen, verlieren sie sich schnell im Labyrinth der Baustellen. Aus ganz Frankreich stammen die Neuankömmlinge: Elsäßer, Lyonaisen, Bretonen, Pikarden und Basken eröffnen in ihrem neuen Stadtviertel Hotels, Cafés und Bistros. Man hört alle nur möglichen Dialekte und Akzente. Sie alle benutzen das neue Verkehrsnetz und die Omnibusse haben jetzt einen festen Fahrplan. Aufgrund der Verbesserungen im Straßenbau und der Verwendung neuer Baustoffe (Granit, Schotter und Holz) wird man auf der Busfahrt jetzt weniger durchgeschüttelt als noch vor zehn Jahren. Die Pariser wissen schon gar nicht mehr, wie sie diesen ständigen »Verschönerungen« ausweichen sollen. Ein zwischen Bewunderung und Angst hin und her gerissener Abgeordneter bemerkt, dass »jeden Augenblick mit einem Hammer ein neues Stadtviertel in Angriff genommen wird«. Der ohrenbetäubende Lärm der schreienden Arbeiter, der Baugeräte, der ratternden Schuttkarren ist unerträglich. Zwischen all den Staubwolken hängen die Schaulustigen interessiert in ihren Fenstern. Als der Bau der breiten Boulevards endlich abgeschlossen ist, schöpft man neue Hoffnung. Der Alptraum hat lange genug gedauert, aber das Warten hat sich gelohnt. Trotz der unerträglichen Situation haben viele Pariser immer an das Positive der Veränderungen geglaubt. So beschreibt etwa der unersättliche Flaneur und Bewunderer der Renovierungsarbeiten Théophile Gautier den neuen Louvre: »Unter dem Wirrwarr von Gerüsten, deren Komplexität und Höhe an ein gelungenes Babel erinnern, entsteht der neue Louvre mit einer unglaublichen, ja fast magischen Geschwindigkeit. Man kann bereits die Seitenansichten des gigantischen Gebäudes erkennen, das von seiner Größe her selbst die berühmten Paläste von Ninive, Palmyra und Rom übertrifft. Das Unmögliche gelingt unter dem Impuls eines höheren Willens. Kaum ist die Tinte auf den Plänen der Architekten getrocknet, da werden auch schon die Steine behauen und ein Traum, den man bisher nur als Hirngespinst betrachtet hat, wird vor unseren Augen Wirklichkeit.« Niemand außer Haussmann selbst kann voraussagen, wann diese gigantischen Renovierungsarbeiten endlich abgeschlossen sein werden. Die Bevölkerung ängstigt sich auch vor den möglichen Konsequenzen der Dauerbaustellen (Einsturzgefahr, Verschüttungen, Überschwemmungen). Die Abgeordneten erwägen vor allem die finanziellen Probleme. Sie sorgen sich in erster Linie darum, dass die wiederhol-

Pont Louis-Philippe, Panorama-Ansicht (1859) vom Kirchturm Saint-Gervais aus gesehen

ten Anleihen eine schlechte Wahlpropaganda darstellen könnten. Zwanzig Tage lang musste im Parlament heftig debattiert werden, bevor man einen 60-Millionen Francs-Kredit für weitere Umgestaltungsarbeiten bewilligte. Der Dichter Henri Derville hat übrigens einen Preis für sein Gedicht »Paris nouveau« (Das neue Paris) erhalten, in dem er dazu aufforderte, für die zukünftigen Jahrhunderte weiter bauen zu lassen.

Musterung der Truppen; damals existierten noch die Pavillons der Zollbehörde.

Palais und Jardin du Luxembourg: Maria von Médici ließ hier 2 000 Ulmen pflanzen.

Pariser Gärten, Plätze, Parks und Wälder

Der Pavillon auf dem Square Trousseau (XI. Arrondissement): typisch für den Stil des Architekten Hittorf.

Seit dem Mittelalter gibt es in Paris zahlreiche umfriedete Gärten. Hier äußert sich das Streben der zwischen den vielen Straßen eingezwängten Stadt nach einem Stück Natur. Dieses Bedürfnis nach Grünem wächst im Lauf der Jahrhunderte ständig und so entstehen nach und nach die Grünanlagen der Stadt Paris. Die 430 Parks, Wälder, öffentlichen Gärten und Plätze der Stadt Paris entsprechen bzw. entsprachen fünf verschiedenen Ansprüchen.

DIE KÖNIGLICHEN GÄRTEN

Der älteste Garten in Paris sind die Tuilerien. Bereits Katharina von Medici hatte an dieser Stelle schon 1564 einen ersten Palast inmitten prächtiger Renaissancegärten errichten lassen. Unter Ludwig XIV. nimmt der Architekt André Le Nôtre grundlegende Veränderungen vor und gibt den Gärten ihre heutige Struktur. Als der Hof nach Versailles umsiedelt, werden sie der Öffentlichkeit zugänglich gemacht. Ludwig XV. veranstaltet hier prunkvolle Feste. Später werden die Tuilerien zum Beispiel mit der Feier zur Ehrung des »Höchsten Wesens« am 8. Juni 1794

zu einem der Hauptspielplätze der Französischen Revolution. Nach dem großen Brand zur Zeit der Kommune, der neben dem Palast auch den Garten stark beschädigt, wird dieser nach Osten hin durch den Louvregarten erweitert. Das Areal besteht aus drei großen Abschnitten. Zur Concorde hin das Oktogon mit dem großen Bassin, eine bewaldete zentrale Fläche und im Osten das große Karree, in dem Blumenbeete ein weiteres rundes Wasserbecken umschließen. 1991 und 1995 werden zur Bewahrung von Le Nôtres Werk Restaurierungsarbeiten unternommen.

Der Garten des Palais du Luxembourg ist ebenfalls das Werk einer Italienerin, der Gemahlin Heinrichs IV., Maria von Medici. Für ihren Palast wünscht sie einen Garten florentinischer Inspiration. Sie lässt 2 000 Ulmen pflanzen, Beetanlagen schaffen und Brunnen graben. 1778 schenkt Ludwig XVI. diesen Palast seinem Bruder, dem Grafen der Provence und zukünftigen Ludwig XVIII., welcher dem Publikum gegen ein kleines Entgelt den Besuch der Gärten ermöglicht. Während der Revolution hält man hier Verdächtige fest und vom Direktorium bekam der erste französische Senat seine Bleibe im Palais du Luxembourg. Außer im südwestlichen Teil ist der Garten im französischen Stil konzipiert. Dem Palast gegenüber befindet sich ein weites, achteckiges Wasserbecken, das von Terrassen mit Geländern umgeben ist.

Der Garten des Palais-Royal bildet ein zwei Hektar großes Viereck. Vier Doppelreihen Linden spenden den angrenzenden Rasenflächen angenehmen Schatten und lassen den Garten so zu einem friedlichen Zufluchtsort werden. In den umliegenden Gebäuden sind der Staatsrat, das Kultusministerium, das Verfassungsgericht, die Comédie-Française und das Théatre du Palais-Royal untergebracht. In der Rue de Montpensier und

der Rue de Beaujolais gibt es darüber hinaus einige Wohnhäuser.

DIE PARADEGÄRTEN

Die nicht eingezäunten und ständig zugänglichen Anlagen dienten militärischen Paraden und Vorführungen, Spielen und Spaziergängen. 1616 lässt Maria von Medici den Cours-la-Reine anlegen, eine breite, von Bäumen gesäumte Allee, die von den Tuilerien bis zum heutigen Almaplatz führt. 1667 beschließt Ludwig XIV. die Schaffung einer Promenade in der Fortsetzung des Tuilerienparks. Le Nôtre wird mit der Verwirklichung betraut. Um sie vom Cours-la-Rei-

Die Parkanlagen am Palais du Luxembourg um 1890: Das ideale Ausflugsziel für die Familien der »besseren Gesellschaft«.

ne zu unterscheiden, nennt man sie zunächst »le Grand Cours« und dann, zu Beginn des 18. Jahrhunderts in Anlehnung an die griechische Mythologie »Champs-Elysées«. 1765 erneuert der Marquis von Marigny, der Bruder der Gräfin von Pompadour den Pflanzenbestand von Grund auf; die ersten Privathäuser werden im Faubourg Saint Honoré gebaut. Die Champs-Elysées wird im November 1792 staatliches Eigentum. Zu Beginn des II. Empire machen mehrere Cafés und Läden an der Allee gute Geschäfte und sie wird zum beliebten Spazierweg. 1858 verwandelt Jean-Charles Alphand, der Verkehrsdirektor der Stadt Paris, die Promenade in einen englischen Garten, ohne jedoch die bestehenden Baumreihen anzutasten. Er lässt Rasenflächen anlegen und pflanzt seltene Sträucher an. Seitdem hat sich der Garten nicht mehr geändert.

1765 war das Marsfeld Manövergelände für die nahe gelegene Militärakademie. Bis zu 10 000 Mann Fußvolk hatten darauf Platz. 1780 wird hier, nach einem aus England eingeführten Brauch, das erste Pferderennen abgehalten.

Am 14. Juli 1790 wird auf diesem Platz zum Jahrestag des Sturms auf die Bastille ein »Fest der Föderation« gefeiert. Auf dem Marsfeld findet 1798 auch die erste Industrieausstellung statt, ebenso wie 1878, 1889 und 1900 die Weltausstellungen. Gleichzeitig mit der Schaffung von Parks werden zwischen 1907 und 1927

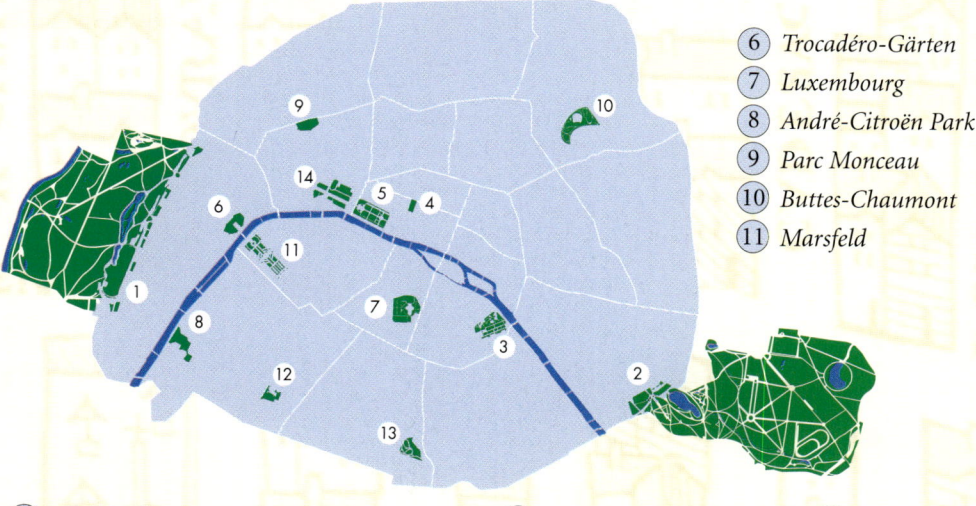

1. Bois de Boulogne und Bagatelle
2. Schloss von Vincennes mit Park und Zoo.
3. Botanischer Garten
4. Garten des Palais-Royal
5. Tuilerien
6. Trocadéro-Gärten
7. Luxembourg
8. André-Citroën Park
9. Parc Monceau
10. Buttes-Chaumont
11. Marsfeld
12. Georges-Brassens Park
13. Parc Montsouris
14. Champs-Elysées

Die Exedra im Parc Monceau ist ein Überrest der von Katharina von Medici bestellten Kapelle.

rings umher auch Wohnstraßen angelegt. Die Gärten des Marsfeldes werden von zahlreichen Wegen durchquert. Sie grenzen von beiden Seiten an eine zentrale Rasenfläche, die sich von der Militärakademie bis zum Eiffelturm erstreckt.

BOTANISCHE GÄRTEN UND ERHOLUNGSPARKS

Sie sind entweder von wissenschaftlichem Interesse (Botanischer Garten) oder dienen der Flucht aus dem Alltag (Parc Monceau). Der 1626 gegründete Botanische Garten war ursprünglich der königliche Heilkräutergarten. Der Graf de Buffon sorgt ab 1739 für neuen Aufschwung. Als Verwalter richtet er ein großes wissenschaftliches Zentrum ein. 1793 wird der Botanische Garten per Erlass zum Naturkundemuseum. Das Interesse des Publikums an diesem Garten erwacht am 30. Juni 1827 mit der Ankunft einer Giraffe, einem Geschenk des ägyptischen Paschas an den König wieder neu. Heute kann man hier einen

Der Park Buttes-Chaumont im Sommer 1905. Die Pariser steigen in die Kähne, um endlich die Frische des künstlichen Sees zu genießen.

französischen Garten, einen Garten mit seltenen Pflanzen, Gewächshäuser und einen zoologischen Garten bewundern.

Die Geschichte des Parc Monceau beginnt 1769, als der Fürst von Chartres, der Großvater von Louis-Philippe, Grundstücke im damals außerhalb von Paris gelegenen Dörfchen Monceau erwirbt. 1778 beschließt er die Anlage eines chinesisch-englischen Gartens, mit dessen Entwurf er den Maler Carmontelle beauftragt. Die »Mauer der Steuereintreiber« teilt ihn 1786 in zwei Teile. Der Architekt Ledoux baut dort

das berühmte runde Zollhaus, das heute noch der Eingang für die Besucher ist. 1852 kauft der Staat den Park auf. Alphand überarbeitet die 8,5 Hektar Land, legt Bassins und Wasserfälle an, baut eine Brücke und eine Exedra. Der bezaubernde neue Park wird 1861 eingeweiht. Da er sehr gut gepflegt wurde, ist er heute noch genauso ansprechend.

Als Belleville an Paris angegliedert wird, kommen alle verlassenen Gelände in öffentliche Hand und werden zum Parc des Buttes-Chaumont gemacht. Der Stadtteil bekommt so seine erste Grünanlage. Alphand erfindet Kanalanlagen, ein Reservoir, einen zwei Hektar großen künstlichen See, Brücken, Täler, Wasserfälle und sogar einen griechischen Tempel. Der Montsourispark im XIV. Arrondissement (16 Hektar) wird ab 1867 von Alphand angelegt. 1878 wird er fertig gestellt und hat ebenfalls einen englischen Garten und einen See. Zahlreiche Jogger trainieren dort jeden Tag.

BOIS DE BOULOGNE UND BOIS DE VINCENNES

Philipp der Schöne ließ in dem damals dichten Wald eine Kapelle zu Ehren von Notre-Dame-de-Boulogne-sur-Mer errichten. Der Wald wurde königliche Jagd, im 18. Jahrhundert wurden Jagdschlösser gebaut. Das reizende Schloss Bagatelle zum Beispiel wurde 1776 innerhalb von zwei Monaten für den Grafen von Artois errichtet. 1848 geht das Gelände an den Staat. 1852 wird das ganze Grundstück der Stadt Paris einverleibt. Alphand und Davioud werden von Napoléon III. mit gigantischen Arbeiten beauftragt. Um die Liebhaber von Pferderennen zufrieden zu stellen wird 1858 die Pferderennbahn von Longchamp mit der berühmten Mühle eröffnet. Im Osten der Stadt entspricht der Bois de Vincennes dem Bois de Boulogne. Als sehr wildreicher Forst wurde Vincennes von den Herrschern oft aufgesucht. Philipp August lässt dort einen Herrensitz bauen und Ludwig XI. die beachtliche Anzahl von fast 1,5 Millionen Eichen pflanzen. 1676 wird der Wald zur königlichen Jagd erklärt. Ludwig XV. gibt ihm eine neue Struktur, stellt einen Obelisken auf, baut ein Rondell und öffnet den Park für Besucher. 1852 gehört er Louis Napoléon Bonaparte, dem Präsidenten der II. Republik, persönlich. 1858 wird er wieder verändert und 1860 als XII. Arrondissement an Paris angegliedert. Man findet dort drei Seen, große Rasenanlagen und die

Pferderennbahn von Vincennes (1863). Zuletzt wurde das Gelände 1983 grundlegend umgestaltet.

DIE NEUEN GÄRTEN

Historisch gesehen sind die Trocadérogärten die ersten dieser Reihe. Der Plan wird 1937 während der

Exotische Pflanzen wachsen im Botanischen Garten vor der zoologischen Galerie des Naturkundemuseums in der Nähe des Gare d'Austerlitz.

Ausstellung entworfen. Das neue Palais de Chaillot ersetzt den alten Trocadéro, dessen Name aber erhalten bleibt. Die neuen Gärten erstrecken sich über zehn Hektar. Das lange zentrale Becken mit den 56 Fontänen bietet inmitten der rechteckigen Rasenflächen ein eindrucksvolles Schauspiel.

Der Parc Georges-Brassens befindet sich Rue des Morillons 38. Mit seinen 7,5 Hektar ist er zum Zeitpunkt seiner Eröffnung 1982 der größte Park in Paris seit dem II. Empire. Man findet dort ein Bassin, einen mit österreichischen Kiefern bestandenen Hügel und sogar Reben von der Sorte Pinot Noir, die jedes Jahr geerntet werden.

Die jüngste Anlage ist der Jardin André-Citroën. Am Seineufer entlang erstreckt er sich über 16 Hektar und bedeckt das Gelände der ehemaligen Citroën-werke. Der 1992 eröffnete Park besteht aus drei Teilen: ein großer zentraler Park mit zwei Gewächshäusern, ein schwarzer Garten, der von dunklen Sträuchern bestanden ist und ein weißer Garten, in dem vor allem ausdauernde Pflanzen wachsen.

Jean-Charles Alphand kommt 1817 in Grenoble zur Welt. Nach einem Studium an der Ecole Polytechnique wird er Straßenbauingenieur. Er begegnet Haussmann, welcher ihn 1854 zu sich ruft. Ein sicheres Gefühl für das Schöne verbindet er mit technischer Effizienz und wird so zum obersten Gärtner des II. Empire. Er stirbt 1891.

Paris zählt zwanzig Arrondissements

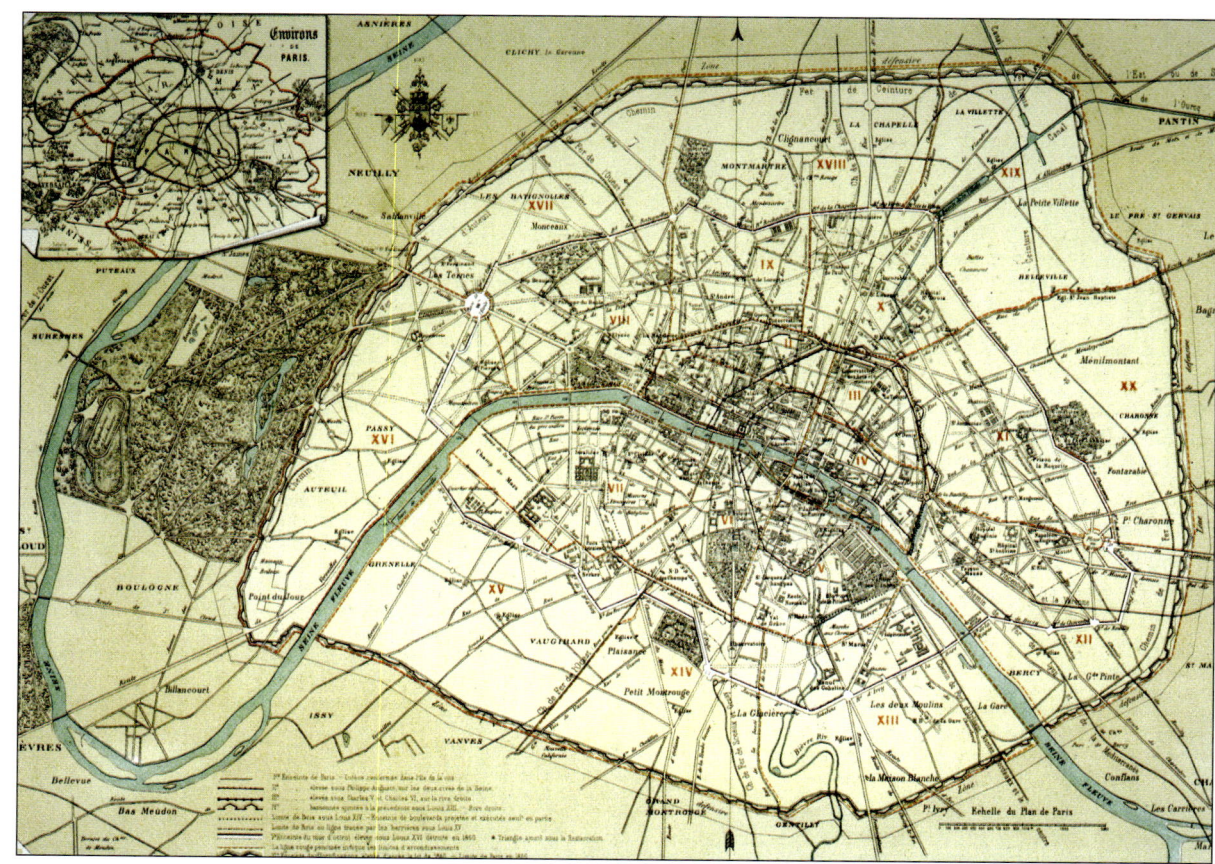

Paris verdoppelt seine Stadtfläche. Der Stadtrat erweitert seinen Machtbereich. Die Einheit von Paris ist nun Realität.

■ *1. Januar 1860*
Ein bedeutendes Ereignis in der Geschichte der Hauptstadt. Gemäß der Gesetze vom 28. Mai und 16. Juni 1859 werden die Grenzen von Paris bis zur Stadtmauer erweitert. 18 Gemeinden werden entweder vollständig oder teilweise integriert. Folglich gehören nun auch der Bois de Boulogne und der Jardin d'Acclimatation, dessen Öffnung für Oktober geplant ist, zu Paris. Angesichts der acht neuen Arrondissements wird die Nummerierung geändert. Von jetzt ab zählt Paris nicht mehr zwölf, sondern 20 Arrondissemts und die Zahl der Stadtviertel hat sich von 24 auf 48 erhöht. Die Stadtfläche hat sich verdoppelt. Im Parlament und im Stadtrat wurden heftige Debatten geführt, aber der Präfekt hat gesiegt. Ein Abgeordneter bemerkt, dass es sich um eine »für beide Seiten unangenehme Vernunftehe handelt, die auf einer politischen Notwendigkeit beruht. Eine industrielle Stadt ohne Einheit und ohne gemeinsame Amtsgewalt hat sich wie eine gefährliche Kreatur um eine politische Stadt gelegt und profitiert von den Schulen, Krankenhäusern, Theatern und allen anderen Vorteilen der Nachbarstadt, ohne dafür Steuern zu zahlen«. Die Einwohner der Vorstäd-te beklagen sich nicht über den Rückstand in puncto Abgaben: Seit 1857 zählt die Bevölkerung von La Villette einen Steuerbetrag von fünf Francs pro Einwohner. Schon 1844 hatte der Schriftsteller Charles Nodier vorausschauend den Ausdruck »Environs de Paris« (Umgebung von Paris) geprägt und prognostiziert, dass ehemals unabhängige Städte wie Poissy, Mantes, Saint-Germain und Saint-Denis mitten in einem Ozean von Häusern untergehen würden. Wie Recht er mit seiner Vorhersage doch hatte.

Die Leser reißen sich um die »Elenden«

■ 15. Mai 1862

Schon frühmorgens stehen sie vor dem Büro des Herausgebers Lacroix Schlange. Diese Situation währt jetzt schon seit dem 3. April. Die Leser von Victor Hugo warten auf den zweiten und dritten Teil des Romans »Die Elenden«. Die Kritik und die Leser sind sich darüber einig, dass es sich um ein Meisterwerk handelt. In seinem Exil auf der englischen Insel Guernsey hat Hugo jeden Grund zur Freude. Der Autor will jedoch erst nach Frankreich zurückkehren, wenn dort wieder »Freiheit herrscht«. Aufgrund eines neuen Vertrages kann er im Exil jedoch anständig leben. Die Idee der Abenteuer des Jean Valjean war ihm bereits 1840, inspiriert durch die Sozialromane von Honoré de Balzac und Eugène Sue, gekommen. Victor Hugo hatte sich schon immer für das Schicksal der kleinen Leute interessiert. Die Hauptfigur des Romans, Jean Valjean, wird nach 19 Jahren Gefängnis wegen des Stehlens von einem Laib Brot auf Bewährung entlassen. Über die Begegnung mit dem

Die arme kleine Cosette steht unter dem Schutz von Jean Valjean.

Bischof Digne, gelingt es ihm, seinen Hass auf die Gesellschaft zu bewältigen. Sein Widersacher ist der unmenschliche Polizist Javert. Bei fast allen Romanfiguren ließ Hugo sich von realen Figuren leiten.

Sarah Bernhardts Karrierestart

■ 1862

Es ist kein Geheimnis mehr: Der allmächtige Herzog de Morny lässt an der Comédie-Française die 18-jährige Anfängerin Rosine Bernard (Foto von Nadar) engagieren, die unter dem Künstlernamen Sarah Bernardt in die Theatergeschichte eingehen wird. Der Verwalter des Theaters (dieses vom Staat vergebene Amt existiert seit 1850) konnte einem so mächtigen und dem Kaiser nahe stehenden Theaterliebhaber nichts ausschlagen. Wird jedoch das ausdrucksvolle junge Mädchen ihr Publikum genauso verführen wie den Herzog de Morny? Sie ist Iphigenie, Tochter Agamemnons und der Klytämnestra, die eines Opfertodes sterben soll, in der von Euripides inspirierten Tragödie von Racine »Iphigénie in Aulis«. Für die junge Schauspielerin ist das eine herausfordernde Rolle. Sarah Bernardt macht ihre Sache umwerfend und ihre außergewöhnliche Ausdrucksweise wird so schnell nicht in Vergessenheit geraten. Hinter den Kulissen wird jedoch gemunkelt, dass der junge Schützling ein recht energisches Temperament hätte. Als sie für diesen ersten Auftritt nicht den – ihrer Meinung nach – gebührenden Applaus bekommt, gerät sie außer sich vor Wut und beleidigt das Publikum. Ein Journalist berichtet, dass sie sogar einen Kollegen geohrfeigt hätte. Diese Ohrfeige stand jedoch nicht auf dem Programm, es war ihr Temperament.

Der Kaiser sorgt sich um das Schicksal der Arbeiter

■ 1862

Napoléon III. sorgt sich um das Schicksal der Arbeiter, die im Rahmen der groß angelegten Umbaumaßnahmen und Renovierungsarbeiten von Paris bei der Stadt beschäftigt sind. Da er seinen Überzeugungen, die er aus dem Exil mitgebracht hat, treu geblieben ist, versucht der Herrscher Maßnahmen zu ergreifen, um die schlimmsten Notstände zu beseitigen. Kindertagesstätten, Waisenhäuser, Altenheime und andere fürsorgliche Einrichtungen werden gegründet. Auch die Kaiserin geht in ihrer barmherzigen Wohltätigkeitsrolle auf. Wenn sie sich in Paris oder der Umgebung aufhält, stattet sie täglich mit einem anonymen Wagen – lediglich begleitet von einer Hofdame – den Wohltätigkeitseinrichtungen einen Besuch ab und ist auch in den ärmeren Vierteln aktiv, in denen sie Hilfsgüter abliefert. Bei der Geburt ihres Sohnes hat sie ein von den Parisern gesammeltes Geschenk von 80 000 Francs abgelehnt und das Geld stattdessen für den Bau eines Waisenhauses für Mädchen im Viertel Saint-Antoine gestiftet. Napoléon III. lässt Arbeiterviertel sowohl in Paris als auch in den Provinzen errichten, um den Fabrikarbeitern eine angemessene Behausung zu gewährleisten.

Die Pariser Handwerker können sich in den Abendstunden weiterbilden.

1862 errichtete Sozialbauwohnungen in der Avenue Daumesnil

Eisenbahngürtel für Paris

■ 1863

Das Streckennetz zwischen Paris und der Provinz wird weiter ausgebaut und die Erweiterung der Hauptstadt erfordert das Anlegen einer kreisförmig verlaufenden Bahntrasse. Ein neues Bauprojekt sieht eine Eisenbahnlinie innerhalb der Stadtmauern vor. Diese Linie wird »petite ceinture« (kleiner Gürtel) genannt und ist ca. 33 Kilometer lang. Eine andere Linie, la »grande ceinture« (der große Gürtel) ist für eine Strecke von 111 Kilometern bei einer durchschnittlichen Entfernung von zehn Kilometern von Paris geplant. Diese beiden Eisenbahnstrecken sind für den Personenverkehr zwischen Paris und den eingemeindeten Vororten und für den täglichen Warentransport unbedingt erforderlich. Auf Anfrage des Kaisers müssen die Bahngesellschaften ein Bahnmodell entwickeln, das eine optimale Geschwindigkeit auf Kurzstrecken garantiert. Die Ingenieure schlagen vor, ähnliche Modelle wie die bei Manövern verwendeten Lokomotiven mit einem integrierten Federantrieb einzuführen. Dadurch kann Zeitverlust vermieden werden. Es muss jedoch noch ein günstiger Einheitspreis festgesetzt werden.

Der Kaiser verfolgt die Umbauten

Arbeitsbüro Napoléons III. im Palais des Tuileries mit der Karte von Paris

■ *Mai 1863*

Wenn er auf dem letzten Empfang auch etwas übermüdet gewirkt hat, so lässt sich der Kaiser jedoch keine Gelegenheit entgehen, um die Entwicklung der Umbauarbeiten zu verfolgen. In seinem Arbeitsbüro im Palais des Tuileries hängt eine riesige Vergrößerung des Stadtplans. Dem Präfekten Haussmann hat er erneut das Amt des »Ministers für Paris« verweigert, auf das dieser so sehnlichst hofft. Der Monarch begibt sich oft persönlich auf die Baustellen. Den ersten Spatenstich des vom Ingenieur Albert Bassompierre erbauten Viaduktes d'Auteuil lässt er sich nicht entgehen. Der Viadukt soll 31 Arkaden umfassen. Er ist ebenfalls bei der Einweihungsfeier des berühmten Brunnen von Passy 1857 dabei gewesen.

Die Verlängerung der Rue de Rivoli

■ *Mai 1863*

Der erste zwischen 1800 und 1835 entstandene Abschnitt wurde zu Ehren des Sieges Bonapartes von 1797 eröffnet. Die Verlängerung der Rue de Rivoli vollzieht sich unter Einverleibung vieler kleiner Straßen. Seit 1856 sind insgesamt 40 Straßen des mittelalterlichen Paris verschwunden. Einige dieser Straßen trugen pittoreske Namen wie etwa die Rue des Mauvaises-Paroles (wörtlich: »Straße der bösen Wörter«). In diesem anfänglichen Abschnitt durften gemäß einer alten Vorschrift aus dem I. Kaiserreich keine Handwerksstätten und Backstuben eingerichtet werden. Außerdem dürfen immer noch keine Plakate und Schilder installiert werden. Wenn die Besitzer sich an diese Vorschriften hielten, brauchten sie 30 Jahre lang keine Grundsteuer zu bezahlen. Der letzte Abschnitt steht jedoch im Zeichen reger Handelsgeschäfte. Auf dem von dem Lyoneser Ruel gegründeten Basar vor dem Rathaus herrscht dichtes Gedränge. Der Kaufmann hatte zuvor in verschiedenen Stadtteilen Rentabilitätsstudien betrieben, indem er überall die gleiche, von zwölf Straßenhändlern transportierte Ware anbot.

Eine Parade von Zuaven in der Rue de Rivoli

Der Hausmeister weiß über alles Bescheid

■ *Dezember 1863*

Einige Romanfiguren nehmen reelle Züge an. In dem berühmten Feuilleton-Roman »Die Geheimnisse von Paris« hatte Eugène Sue einen gewissen M. Pipelet, einen Pförtner, erfunden, der stets über alles Bescheid weiß, was im Haus, das er für den Besitzer hütet, vor sich geht. Monsieur Pipelet ist ein unverbesserlicher Schwätzer, der die meiste Zeit damit verbringt, über Gott und die Welt herzuziehen. Auf diese Weise wird der Ausdruck »Pipelet« oder das weibliche Gegenstück »Pipelette« (im Sinne von »Klatschtante«) in die französische Sprache aufgenommen. Die neuen Gebäude haben alle mindestens einen Hausmeister, der auf seinem Wachposten in der »Loge« sitzt. Mit großem Misstrauen überwacht er die Post, die Lieferungen, die Heizung, das Kommen und Gehen der Hausbewohner (und unbekannter Personen natürlich). Seinem wachsamen Auge entgeht nicht die geringste Kleinigkeit. Ehemals wurden die Pförtner

als Polizeispitzel eingesetzt und sind auch noch unter Napoléon III. treue Informanten für Kommissare und Journalisten. Außerdem ist es ihre Aufgabe, verspätete Mietzahlungen einzutreiben. Am liebsten halten sie sich jedoch im Treppenhaus auf. Unter dem Vorwand des Fegens spionieren sie ihren Mitbewohnern nach und verbreiten ihren Klatsch von Etage zu Etage.

SEHENSWÜRDIGKEIT

21   **Rathaus (L'Hôtel de Ville)**

Das heutige Gebäude ist nicht mehr das ursprüngliche Rathaus, das 1533 unter Franz I. von dem florentinischen Architekten Dominique de Cortonne, Le Boccador genannt, errichtet worden ist. Das 1628 fertig gestellte Bauwerk bestand nur aus einem Zentralgebäude mit einer Etage und zwei Pavillons, die einen quadratischen Hof umschlossen. Unter Louis-Philippe wird das Gebäude 1836 bis 1850 von den Architekten Etienne Hippolyte Godde und Jean-Baptiste Cicéron Lesueur rechts und links jeweils mit zwei neuen Pavillons versehen (Darstellung). 1871, zur Zeit der Kommune, wird das herrliche Hôtel de Ville in Brand gesteckt. Nachdem wieder friedlichere Zeiten eingekehrt sind, organisiert die Stadt einen Wettbewerb für die Rekonstruktion des Gebäudes unter Beibehaltung der Boccador-Fassade. Als Preisträger gehen die Architekten Edouard Deperthes und Théodore Ballu hervor. Unter Einbeziehung des Renaissance-Stils verbreitern und erhöhen sie die Fassade. Die Inneneinrichtungen sind im prachtvollen Stil der III. Republik (»Salle des Fêtes«, »Salon des Arcades«, historische Malerei von Gervex, Laurens, Puvis de Chavannes). Die Einweihung des neuen Hôtel de Ville findet am 30. Juni 1882 statt.

Die Börse wird zum Geldtempel

Im neoklassizistischen Palais Brongniart lassen sich die Finanzjongleure nieder.

■ *1863–1864*

Das Gebäude mit dem großen Peristyl aus korinthischen Säulen hatte Napoléon III. bei dem Architekten Alexandre Brongniart in Auftrag gegeben. Der 1808 begonnene Bau des Palais Brongniart wurde erst nach seiner Einweihung im Jahre 1826 fertig gestellt. Die Aufgänge der Pariser Wertpapierbörse sind mit vier allegorischen Statuen geschmückt, die die Justiz, den Handel, die Industrie und die Landwirtschaft darstellen. An diesem Ort, an dem das Schicksal der Aktiengesellschaften besiegelt wird, an dem Börsenmakler und Spekulanten eine rasende Geschäftigkeit entwickeln und wo man ständig auf wichtige Depeschen wartet, herrscht jeden Nachmittag eine Atmosphäre wie auf einer Auktion.

Die Krinoline hält der neuen Mode stand

■ *1863–1864*

Nach den letzten Lieferungen des »Petit Messager« und des »Petit Courrier« zu urteilen, ist die Krinoline von der Konkurrenz noch lange nicht entthront worden. Seit über 30 Jahren gehört dieser formgebende Rock mit Wespentaille zur Garderobe eleganter Frauen. Die Kaiserin Eugénie und ihre Hofdamen gehen mit gutem Beispiel voran. Die Reifen aus leichtem Weidengeflecht nehmen viel Platz ein. Man muss sich vor Gegenständen auf niedrigen Tischen in Acht nehmen und in der Oper sollte Charles Garnier besser breite Sessel einplanen. Was für eine Eleganz aber, wenn die Paare nach Emil Waldteufels »Die Schlittschuhläufer« einen Walzer tanzen. Da wiegt die Krinoline rhythmisch mit.

Ab jetzt wird rechts gefahren

■ *1864*

Nach diversen Gesprächen mit Omnibusfahrern und Kutschern trifft der Präfekt des Seine-Departements die Entscheidung, den Verkehr gemäß präziser Vorschriften neu zu regeln. Diese Maßnahme war dringend nötig, denn die Unfälle häufen sich und jeder hält den anderen für verantwortlich. Um das herrschende Durcheinander zu beenden, wird entschieden, dass von nun an auf der rechten Seite gefahren wird. Auch für die Fußgänger wird das Leben dadurch erheblich sicherer.

Die Oper von Charles Garnier erschüttert das Zentrum

■ *1864*

Schon seit 1820 teilen sich das Opernensemble und das Ballett den engen Saal in der Rue Le Peletier. Wo aber soll ein neues Theater errichtet werden? Vor vier Jahren ist die Entscheidung für den Boulevard des Capucines gefallen. Das Bauprojekt sieht einen großen Platz und eine lange Avenue vom Palais-Royal aus vor. Das ganze Straßenlabyrinth rings um die Oper soll aufgerissen werden. Man will schließlich eine moderne Oper, die es mit der Wiener Oper aufnehmen kann. Im Rahmen eines Wettbewerbs sind 170 verschiedene Projekte vorgestellt worden. Schließlich fällt die Wahl auf den Entwurf eines völlig unbekannten Architekten, den 35 Jahre alten Charles Garnier. Das Bauprojekt wird am 21. Juli in Angriff genommen. Die am Tag der Grundsteinlegung gesetzten Baufristen können jedoch aufgrund riesiger technischer Probleme hinsichtlich des Fundaments und der unvorhergesehen hohen Kosten nicht eingehalten werden. Garnier ist sehr besorgt. Nach der Entdeckung eines unterirdischen Flusses, muss das Wasser abgepumpt und umgeleitet werden. Da soll doch tatsächlich ein See unter der Oper liegen. Der Architekt verzweifelt am langsamen Fortschritt der Bauarbeiten und den immer wieder auftretenden technischen Hindernissen.

Die Oper und die Avenue werden überschwemmt. Die Bauarbeiten kommen nur langsam voran.

Bürgersteige nur für Fußgänger

■ *1864*

Man kann in Paris nicht mehr in Ruhe über die Straße gehen. Entweder setzt man sich der Gefahr aus, von den unterschiedlichsten Vehikel überfahren zu werden oder man wird von oben bis unten nass gespritzt. Es versteht sich von selbst, dass im Zuge der Umgestaltungsmaßnahmen der Hauptstadt auch an die wachsende Zahl der aus den Kaufhäusern und Bahnhöfen strömenden Fußgänger und das beachtliche Wachstum der Pariser Bevölkerung gedacht werden muss. Im Rathaus wird die Bezeichnung »Trottoir« neu definiert. Im 16. Jahrhundert verstand man unter »Trottoir« eine Piste, auf der man Pferde traben ließ. Später wurden dann die zur Promenade dienenden erhöhten Bürgersteige entlang von Brücken und Quais so genannt. Von jetzt an schließt die Straße nicht mehr auf der Ebene der Gebäude ab und die neu geschaffenen Trottoirs dürfen ausschließlich von Fußgängern benutzt werden. Außerdem verhindert jetzt ein Straßenbelag die Bildung von Pfützen und Staubwolken.

Die Entstehung des modernen Konsums:

■ *1865*

Vor zwölf Jahren schon hatte sich ein ehemaliger Verkäufer des Kleidergeschäfts Petit Saint-Thomas in der Rue de Sèvres dazu entschlossen, sein eigenes Kaufhaus zu eröffnen. Man wird wohl nie erfahren, ob sich der Erfinder des modernen Kaufhauses Aristide Boucicaut damals bewusst war, dass er damit den Grundstein des modernen Konsums für Paris und für ganz Frankreich gelegt hat. Sein 1852 eröffnetes Kaufhaus nannte er »Au Bon Marché«, das auch heute noch existiert. Mit einfachen Ideen revolutionierte er das Kaufverhalten der damaligen Zeit. Sein Konzept wurde in den folgenden Jahren von anderen Geschäftsleuten kopiert. Die eingeführten Neuerungen umfassten die gezielte Steigerung des Warenumsatzes durch niedrige, aber feste Preise. Egal ob es sich um ein Stück Stoff oder um Küchenutensilien handelt, die Ware ist mit etikettierten Festpreisen versehen. Die Kundschaft wird so vor unangenehmen Überraschungen bewahrt. Die spektakulärste Innovation ist jedoch die Gewähr eines freien und zwanglosen Geschäftszutritts. Man kann jetzt bummeln und sich die Waren anschauen, ohne von einem Verkäufer angesprochen zu werden. Die Kunden können sich ohne Zwang ihren Träumereien hingeben. Eine andere große Neuheit betrifft die Möglichkeit, Waren zurückzugeben oder umzutauschen, wenn der Kunde nicht zufrieden ist. Doch Monsieur Boucicaut hatte noch weitere Ideen. Durch die Schaffung einer angenehmen Atmosphäre und einem sehr üppigen Angebot wird die Kundschaft zum Kaufen verführt. Außerdem sind die unterschiedlichen Waren verschiedenen Abteilungen zugeordnet, so dass der Kunde weniger Zeit bei der gezielten Auswahl der gesuchten Waren verliert. Die Abteilung für weibliche Mode ist besonders anziehend. Die einzelnen Modelle werden auf Kleiderpuppen ausgestellt und können der Kleidergröße der Kundin angepasst werden. Die Kundinnen kannten diese Modelle bereits von Bildern aus dem »Journal des Dames«. Jetzt aber kann man das Modell aus nächster Nähe in allen Einzelheiten begutachten. Eine andere revolutionäre Neuheit des genialen Boucicaut war der Handel mit unverkaufter Ware zur Räumung des Lagers durch Einführung der »Soldes« (Ausverkäufe). Die Kundschaft wird durch besonders niedrige Preise in den Laden gelockt und hat die Ge-

Der Handelspionier Aristide Boucicaut wurde 1810 in Paris geboren.

wissheit, ein gutes Geschäft gemacht zu haben und der Händler ist seine Ware los geworden. Jeder kommt dabei auf seine Kosten. Dieser raffinierte Gedanke kam Boucicaut an einem verschneiten Januartag, zu einer Zeit, zu der die Geschäfte nie gut laufen. Er beginnt zunächst mit dem Ausverkauf von weißer Wäsche. Aus diesem Grund ist in dieser schwierigen Geschäftsperiode die so genannte »Saison du blanc« (weiße Saison) entstanden. Der Erfolg dieser neuen Verkaufsstrategie ließ nicht lange auf sich warten. Andere Geschäfte ziehen nach. Boucicaut jedoch belässt es nicht dabei. Er ist ebenfalls der Pionier eines neuen Kundenservices. Er weiß aus Erfahrung nur zu gut, dass es schwieriger ist, einen neuen Kunden zu gewinnen als einen alten an sich zu binden. Um seiner Kundschaft das Schleppen von großen Paketen und die mühselige Anreise durch die unzähligen Baustellen und Umleitungen zu ersparen, ruft er den Service der Lieferung frei Haus ins Leben. Die dabei entstehenden Kosten werden allein schon durch die Reklame seiner zehn gelb-rosa gestreiften Geschäftswagen gedeckt. Außerdem ist er sich der Tatsache bewusst, dass Paris nicht mehr isoliert ist und alle Entwicklungen, die die Hauptstadt betreffen, auch auf die Provinz übergreifen. Um Kunden in ganz Frankreich anzusprechen, verschickt Boucicaut il-

Die Kundschaft lässt sich in den üppig eingerichteten Geschäften zum Kauf verführen.

Kunden werden in die Kaufhäuser gelockt

lustrierte Kataloge und Warenmuster. Der moderne Versandhandel ist geboren. Ganz gleich ob man nun in Marseille, Straßburg, Brest oder in Lyon wohnt, die Kunden von »Bon Marché« sind stets über die neuesten Artikel informiert. Im ersten Geschäftsjahr 1852 erzielt Boucicaut einen Umsatz von 450 000 Francs. Dieses Jahr hat er schon die 15-Millionen-Grenze überschritten. Das ursprüngliche Geschäftsgebäude platzt aus allen Nähten. Daran ändert auch der Aufkauf der benachbarten Boutiquen nichts. Die ehemaligen Besitzer rächen sich, indem sie sich über die »brutalen Verkaufsmethoden« von Boucicaut auslassen. Sie kritisieren ebenfalls das Überangebot an Waren, das in einem krassen Gegensatz zu der allgemeinen Misere steht. Sollte das blühende Geschäft des Aristide Boucicaut sich im gleichen Tempo weiterentwickeln, kann der Besitzer bald ein Gebäude bauen lassen, das speziell den Bedürfnissen seines Kaufhauses angepasst wird. Die Organisation eines solchen Kaufhauses würde eine beachtliche Personalaufstockung erfordern. Die neuen Verkäufer werden besser ausgebildet und vor Ort untergebracht. Außerdem soll eine Kantine eingerichtet werden. Die neuen Mitarbeiter arbeiten in Uniform, um von der Kundschaft schneller identifiziert werden zu können. Für Aristide Boucicaut ist das Wie des Verkaufs von großer Bedeutung. Trotz seiner Errungenschaften im Bereich des modernen Handels mangelt es dem Kaufmann nicht an menschlichen Qualitäten. Die Mitarbeiter werden am Umsatz beteiligt, eine Rentenkasse und so-

ziale Fürsorge geschaffen. Zur kulturellen Bildung der Angestellten wird sogar eine Bibliothek eingerichtet. Aufgrund seines großzügigen und väterlichen Charakters erhält Aristide Boucicaut den Beinamen »Aristide le Juste« (der Gerechte). Auch seine wohltätige Gattin unterstützt seine Aktionen. »Bon Marché« ist das erste Unternehmen in Frankreich, das seinen Mitarbeitern freie Tage und Jahresurlaub gewährt. Werden seine Konkurrenten, die bei ihm schon soviel abgeguckt haben, ihm auch auf diesem Gebiet folgen? Eine andere wichtige Innovation Boucicauts ist der systematische Einsatz einer Vielzahl von Werbestrategien wie zum Beispiel ganzseitige Zeitungsanzeigen. Auch seine Konkurrenten sind gezwungen, für sich und ihr Geschäft zu werben. Ein Kleidungsgeschäft in der Rue du Pont-Neuf verwendet Slogans, die ohne Zweifel von den Verkaufsmethoden Boucicauts geprägt sind: »Sollte Ihnen ein Artikel nicht mehr gefallen, dann können Sie Ihr Geld zurückverlangen«. Es gibt auch unloyale Werbesprüche, in denen die Rivalen direkt oder indirekt angegriffen werden. Im Zusammenhang kommerzieller Errungenschaften muss unbedingt auch die Erfolgsgeschichte des Kaufmanns Alfred Chauchard erwähnt werden. 1855 hat er im Anschluss an die Verlängerung der Rue de Rivoli mit

Hilfe der Brüder Pereire im Louvre seine Geschäfte eröffnet. Es wird gemunkelt, dass auch in der Nähe des neuen Opernhauses neue Geschäfte entstehen sollen. Durch die Verzögerung der Bauar-

Der erste Lieferwagen des »Au Bon Marché« nach der Eröffnung des riesigen Kaufhauses.

beiten wird diese Hoffnung jedoch zerschlagen. Erwähnenswert ist auch die Entstehung der Geschäfte »A la Samaritaine«. Die Gründer dieser Handelskette waren das Ehepaar Ernest und Marie-Louise Cognacq. Die kommerzielle Revolution greift auch auf andere Aktivitäten über. Im Lebensmittelbereich hat bereits vor 15 Jahren ein gewisser Felix Potin den ehemaligen Kolonialwaren-Basar umgewandelt. Er bietet dort jetzt frische, appetitliche und neue Produkte an. Die Kundschaft nimmt weite Anfahrten in Kauf und weiß auch das große Angebot an Spezialitäten aus ganz Frankreich oder aus dem Ausland zu schätzen. Es existieren bereits mehrere Geschäftsfilialen, die direkt über Eisenbahntransporte versorgt werden. Der ehemalige Notariats-

angestellte Felix Potin hatte bereits 1844 im Alter von 24 Jahren auf den Lebensmittelbereich umgesattelt und gründete sein erstes Geschäft am strategisch günstigen Standort des zukünftigen Bahnhofs Saint-Lazare. Ein paar Jahre später wurde dann ein zweites Geschäft auf dem Boulevard Sébastopol eröffnet. Ähnlich wie Boucicaut bot auch Felix Potin einen Lieferservice an. Er belieferte vor allem die Kunden in den Arbeitervierteln und in den Vororten mittels eines von zwei Pferden gezogenen Wagens. Angesichts all dieser kommerziellen Veränderungen und neuen Verkaufsgewohnheiten muss man sich um die kleineren Läden sorgen, die im Vergleich mit den großen Warenhäusern und deren breiten Angebot zukünftig nicht mehr konkurrenzfähig sein werden.

Das erste Kaufhaus »Au Bon Marché« in der Rue de Sèvres

Die neuerdings angebotene Möglichkeit, auf Kredit einzukaufen, wird gern genutzt.

Jacques Offenbach wird der »Mozart der Champs-Elysées«

Offenbach erobert die Herzen der Pariser.

■ *1855–1867*

Schon auf der Weltausstellung 1855 hatte eine neue und fröhliche Musik die ersten Vorstellungen begleitet, die der Unterhaltung der Besucher dienten. Der Kaiser hatte sich unter dem Einfluss des mächtigen Herzogs Charles Auguste von Morny dazu verleiten lassen, das alte seit 1806 existierende Privilegiensystem abzuschaffen, nach dem die Anzahl der Schauspielhäuser der Stadt limitiert war. Bereits am 15. Juni wurde einem gewissen Jacques Offenbach die Konzession für ein altes, baufälliges Theater mit 300 Plätzen am Rande der gerade stattfindenden Weltausstellung erteilt. Gemäß der Konzession darf er nur Stücke mit maximal drei Sängern auf der Bühne bringen. Geschickt umgeht Offenbach die Auflage mit stummen Darstellern oder sogar Puppen, die im entsprechenden Moment Spruchbänder mit Text tragen. Seine ersten am 5. Juli aufgeführten Stücke »Deux Aveugles« (Zwei Blinde) und »Une nuit blanche« (Eine weiße Nacht) sind auf Anhieb ein großer Erfolg. Die Zuschauer fühlten sich sofort von dem fröhlichen und beschwingten Charakter der Musik angezogen und sangen mit. Der Name des Komponisten dieser fröhlichen Revolution spricht sich schnell herum. Der in Köln geborene Jacques Offenbach war 1833 im Alter von 14 Jahren nach Paris gereist, um dort am Konservatorium zu studieren. Dieses verlässt er nach einigen Monaten aber wieder und wird im Orchester der Komischen Oper als Cellist engagiert. Aufgrund seines außergewöhnlichen Talents nennt man ihn den »Liszt des Cellos«. Auch der große Meister Rossini ist so von dem Kompo-

nisten beeindruckt, dass er ihn als »Mozart der Champs-Elysées« bezeichnet. Das Publikum lässt sich keine seiner Aufführungen entgehen. Am 31. August 1885 verhilft Offenbach der jungen Sängerin Hortense Schneider durch ihren Auftritt in »Le Violonneux« zum Durchbruch. Nach der Weltausstellung zieht der Musiker mit dem Gesicht einer geschundenen Katze und dem starken deutschen Akzent mit seinem Ensemble von dem provisorischen an seinen endgültigen Standort. Das Theater behält aber den Namen »Bouffes-Parisiens« bei. Am 29. Dezember 1855 wird er mit »Ba-Ta-Clan« als König der musikalischen Karikatur gefeiert. Durch geistreichen Witz parodiert Offenbach die gesellschaftlichen Erscheinungen und wird somit ein Kritiker des Zweiten Kaiserreichs. Der Kaiser lädt ihn in die Tuilerien ein und amüsiert sich blendet über das freche, respektlose Auftreten des Komponisten. Gleichzeitig schützt er ihn so vor der Zensur. Aufgrund seines großen Erfolgs stellt Offenbach die Opposition in den Schatten. Da er darauf beharrt, weder Jude noch Deutscher, sondern Pariser zu sein, wird Offenbach 1861 französischer Staatsbürger und mit dem Orden der Ehrenlegion ausgezeichnet. Seine große Zeit beginnt 1858 mit »Orphée aux Enfers« (Orpheus in der Unterwelt), einer Vorstellung, die sich auch sein enthusiastischer Anhänger Napoléon III.

Eine schöne Mezzostimme: Hortense Schneider

nicht entgehen ließ. Im Jahre 1864 verlässt Offenbach nach 40 Werken das Theater »Bouffes-Parisiens« und wechselt zum Théâtre des Variétés. Zusammen mit seinen treuen Gefährten Henri Meilhac und Ludovic Halévy nimmt er das Projekt einer Satire der griechi-

»La Vie parisienne« (1866)

schen Antike, »La Belle Hélène«, in Angriff. Die Wahl der schönen Helena fällt auf Hortense Schneider, die sich jedoch nicht sofort für die Rolle begeistern kann. Er überredet sie mit einer berauschenden Musik und sie nimmt für eine monatliche Gage in Höhe von 2 000 Francs an. Eine stolze Summe, aber Offenbach ist von dem großen Erfolg der Operette überzeugt. Er ist jedoch fast der Einzige, der an den Erfolg glaubt. Der Direktor des Theaters, Monsieur Coignard, lässt sich von dieser neuen Theaterlaune nicht beeindrucken. Deshalb kürzt er das Budget der Kostüme und des Dekors. Glücklicherweise ändert sich aber nichts an der vorgesehenen Besetzung der Rollen. Die Proben beginnen mit einem energischen Jacques Offenbach, der sich bei jeder Probe verausgabt und dessen Perfektionsansprüchen die Sänger anfangs nicht gewachsen sind. Oft enden die Proben mit dem Kommentar des erschöpften Offenbachs: »Sehr schön,

Kinder. Das war ganz charmant. Aber lasst uns noch einmal von vorn anfangen. So geht das wirklich nicht!« Die Premiere kann am 17. Dezember 1864 endlich stattfinden. Die Vorstellung wird ein unvergleichlicher Erfolg. Die schöne Partitur, die witzigen Anachro-

»La Grande-Duchesse« (1867)

nismen, die Anspielungen auf das Argot und die geistreiche Parodie der Missgeschicke der trojanischen Helena werden mit großem Applaus belohnt. Für die Interpretin Hortense Schneider ist die Vorstellung auch ein immenser persönlicher Erfolg und innerhalb von drei Stunden ist sie der Star des Boulevards. Zwei Jahre später wird das Stück »La Vie parisienne« (Pariser Leben) mit der selben Besetzung aufgeführt. Diese neue Opera buffa ist eine nette Karikatur auf eine vergnügungssüchtige Gesellschaft. Das Stück handelt von den zu erwartenden Besuchermengen, die im neuen Paris flanieren möchten. Das Stück wurde ein großer Renner und stellte selbst den Erfolg der »Schönen Helena« in den Schatten. Offenbachs großer Triumph zur Weltausstellung 1867 ist »La Grande-Duchesse de Gérolstein« (Die Großherzogin von Gerolstein). Die Rolle der Großherzogin war eine der Paraderollen von Hortense Schneider. Selbst der russische Zar lässt sich zwei Plätze in der Ehrenloge reservieren. Sämtliche erlauchten und gekrönten Häupter, die zur Weltausstellung kamen, besuchten das Stück. Hortense Schneider setzte sich mit der Rolle der Großherzogin selbst ein Denkmal. Das Stück war ein Publikumsmagnet. Unter Offenbachs Regie entsteht eine neue Lebensfreude in der Stadt und er wurde als wahrer König von Paris gefeiert.

Einige Talente erschüttern die alten Traditionen

Charles Baudelaire: Er stirbt 1867.

■ *1860–1867*

Inwieweit haben die wirtschaftlichen, technischen und sozialen Veränderungen in Paris und in ganz Frankreich die Literatur, die Kunst, die Musik und alle anderen intellektuellen Aktivitäten der Epoche beeinflusst? Alle entsprechenden Künstler haben große Schwierigkeiten, ihre materiellen Bedürfnisse zu befriedigen. Die dominierenden Strömungen gehen von der Romantik und dem Realismus aus. Das Publikum hält jedoch nicht unbedingt Schritt mit den neuen Anschauungen. Nichtsdestotrotz ist Paris die einzige Stadt, in der ein Künstler sein Talent unter Beweis stellen kann. In ihren kleinen und schlecht geheizten Dachzimmern träumen Tausende von Schriftstellern und Dichtern davon, eines Tages von ihrer Feder leben zu können. Aber nur ein kleiner Anteil von ihnen schafft tatsächlich den Durchbruch. Einige wenige Schriftsteller leben von einem offiziellen Gehalt:

Théophile Gautier ist Bibliothekar der Prinzessin Mathilde, Prosper Mérimée schlägt sich als literarischer Mentor der Kaiserin durchs Leben und Octave Feuillet bestreitet seinen Unterhalt als Archivar von Compiègne. Die Presse ist für viele Schriftsteller ein Sprungbrett, um Bekanntheit zu erlangen. Diese hat sich dank zweier mutiger Unternehmer beachtlich entwickelt: Charles-Louis Havas gründet die erste Nachrichtenagentur der Welt und Emile de Girardin erfährt einen spektakulären Erfolg mit seiner am 1. Juli 1836 gegründeten Zeitung »La Presse«, deren Leserschaft ständig wächst. »La Presse« ist die erste Zeitung, die bezahlte Anzeigen abdruckt. Als Erfinder des modernen Journalismus hat Girardin alle Aspekte seines Berufes von der technischen Entwicklung bis zur öffentlichen Meinungsbildung sorgfältig durchdacht. Die Autoren kämpfen um die Veröffentlichung ihrer feuilletonistischen Beiträge auf der ersten Seite. Die Auflagenzahl schwankt und hängt stark vom Bekanntheitsgrad des Autors ab. Eine Karikatur des berühmten Fotografen Nadar zeigt eine Schlange von Lesern, die schon seit Tagesanbruch vor der Redaktion oder den Zeitungskiosken fiebernd auf eine Fortsetzungsgeschichte von Alexandre Dumas Senior warten. Am nächsten Tag, als der literarische Beitrag von irgendeinem Unbekannten veröffentlicht wird, ist der Ansturm vorbei und die Auflage fällt dementsprechend gering aus. Alle Gattungen umfassend zählt man in Paris 500 neue Publikationen. Diese Zahl entspricht der Hälfte aller Veröffentlichungen in ganz Frankreich. Die 1861 gegründete Zeitung »Le Temps« will eine offene Auseinandersetzung mit dem politischen Regime vermeiden. Jedoch kann die Grundhaltung zu politischer Neutralität nicht immer eingehalten werden; ideologische Kontroversen sind deshalb keine Ausnahme. Die Errungenschaften der energisch verteidigten Pressefreiheit stellen einen Fortschritt dar, der sich aber nicht in allen intellektuellen Aktivitäten widerspiegelt. Was die Malerei betrifft, so haben avantgardistische Künstler wie Gustave Courbet große Schwierigkei-

Félix Tournachon (1820–1910), der sich den Beinamen Nadar gegeben hat

ten, ihre freizügige Malweise der Öffentlichkeit näher zu bringen. Courbets ganzes Leben stand im Zeichen der Auflehnung gegen konventionelle Sichtweisen. Sein Bild »Begräbnis von Ornans«, das eine Beerdigung in seiner Heimatstadt zeigt, rief wegen der profanen Darstellung einer sakralen Zeremonie große Proteste hervor. Die konservativen Kritiker zeigten sich auch über das aus dem Jahr 1853 stammende Gemälde »Die Badenden« schockiert. Die darauf abgebildeten freizügigen Damen wurden genauso schonungslos abgelehnt wie die obskuren Heldinnen Charles Baudelaires. Courbet ließ sich von der Kritik jedoch nicht beirren und wenn der »Salon« seine Bilder ablehnte, organisierte er auf eigene Kosten eine Ausstellung seiner Bilder. 1863 lehnt eine von der kaiserlichen Regierung bestellten Jury die Rekordzahl von 4 000 Gemälden ab.

Die jungen Künstler beginnen, öffentlich ihren Unmut kundzutun und eine Petition macht die Runde. Schließlich stellt der Kaiser, in manchen Dingen liberaler als seine Beamten, den abgelehnten Malern eine andere Bühne zur Verfügung. Auf diese Weise entsteht der berühmte »Salon des Refusés«, der kunsthistorisch betrachtet eine starke symbolische Bedeutung angenommen hat, die das künstlerische Verdienst der dort ausgestellten Bilder womöglich übersteigt. Der Renner der Ausstellung wird das Bild »Frühstück im Grünen« von Edouard Manet, auf dem eine nackte Frau inmitten von schwarz gekleideten Männern abgebildet ist. Zwei Jahre später stellt derselbe Manet sein Gemälde »Olympia«, eine nur mit einem schwarzen Halsband bekleidete kleine Venus, aus. Sowohl die Kritiker als auch die Bourgeoisie sind empört. Gegen alle künstlerischen Bereiche, besonders gegen die Fotografie, macht sich der gleiche Widerstand gegen das Neue und Unkonventionelle bemerkbar. Diese einheitliche Reaktion verstärkt die Solidarität unter den kritisierten Künstlern. Mussten Charles Baudelaire, Gustave Flaubert und die Brüder Goncourt sich auch vor dem Strafgericht rechtfertigen, so haben sie doch mehr unter der Heuchelei einer aufsteigenden Klasse gelitten, die stur alle neuen Werte ablehnte und nicht mit den herkömmlichen Traditionen brechen wollte. Der Bildhauer Jean-Baptiste Carpeux wurde mit der Dekoration der Fassade der neuen Oper beauftragt. Sein Werk fiel der Zerstörungswut schockierter Passanten zum Opfer. Während Daniel Auber, Charles Gounod und Giacomo Meyerbeer triumphieren, gelingt es Hector Berlioz, ebenso wenig wie Richard Wagner, seinen mu-

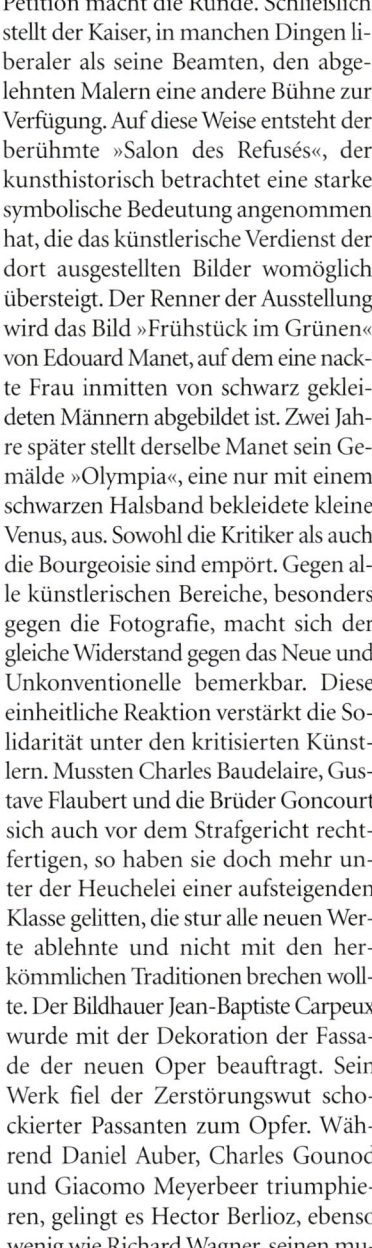

sikalischen Konzeptionen Gehör zu verschaffen. Unter den Schriftstellern konnte sich besonders Victor Hugo einen Namen machen. Aber selbst die Kinder haben ihre Lieblingsautorin: Die Comtesse de Ségur. Seit 1857

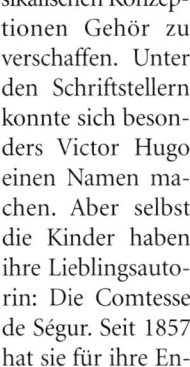

Gustave Courbet: »L'Origine du monde«, (1866), Musée d'Orsay

hat sie für ihre Enkelkinder 20 Romane veröffentlicht, die von einem bedeutenden dokumentarischen Wert sind. Ihre Werke stellen ein unschätzbares Zeugnis des Zweiten Kaiserreichs für die Nachwelt dar.

»L'Atelier« von Gustave Courbet. Das 1854 begonnene Werk wird 1855 von der Kritik entsetzt abgelehnt.

Mit der Weltausstellung 1867 macht sich

Napoléon III. und die gekrönten Häupter, die er zur Weltausstellung geladen hat; Gemälde von Charles Porion

■ *April – November 1867*

Für Paris und Frankreich steht dieses Jahr ganz im Zeichen der Weltausstellung. Tausende von Unternehmern und Handwerkern haben ein einzigartiges Gemisch aus Pavillons, Ständen, Galerien und provisorischen Palästen errichtet. Sechs Monate lang strömen die Besucher aus aller Welt in die Hauptstadt, um die künstlich errichtete Märchenstadt der Weltausstellung zu besichtigen und gleichzeitig aber auch das veränderte, neue Paris zu entdecken. 24 Staaten oder Staatenbünde haben ihre Delegationen, ihre kulturellen und industriellen Reichtümer und Erfindungen nach Paris geschickt. Die Vorbereitung der durch kaiserliche Dekrete vom 22. Juni 1863 und 1. Mai 1865 bewilligten Ausstellung wurde in fast zwei Jahren intensiver Arbeit bewältigt. Die Behörden und die Bevölkerung sind äußerst bestürzt, als am 22. September 1865 eine erneute Cholera-Epidemie ausbricht. Schon wieder wird die Stadt von dieser Plage heimgesucht. Trotz verbesserter Hygiene werden 4 349 Todesfälle betrauert. Das kaiserliche Paar besucht die Betroffenen in den Krankenhäusern Beaujon, Lariboisière, Hôtel-Dieu, Saint-Antoine sowie in den Militärhospitälern von Val-de-Grâce und Gros-Caillou. Die Katastrophe machte deutlich, dass die Sanierungsarbeiten im Bereich des Wohnungsbaus und der Wasserversor-

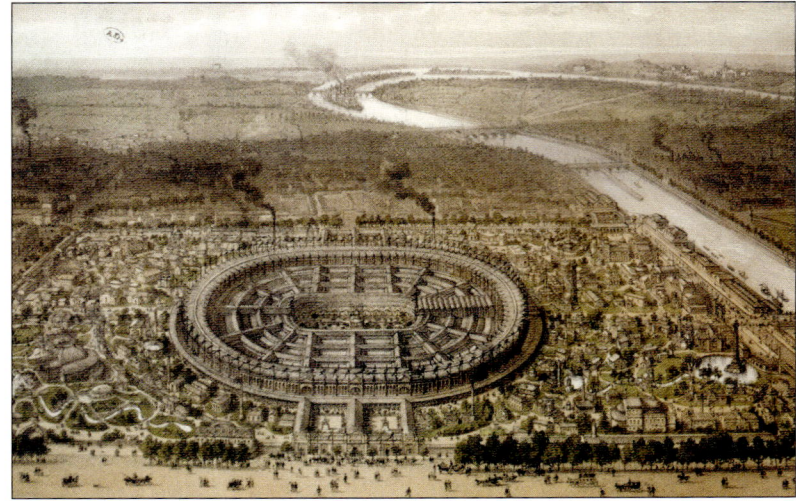

Jacques Offenbach aus der Sicht von Gill

gung deutlich beschleunigt werden müssen. Das Kaiserpaar machte sich viele Gedanken um die bevorstehende Weltausstellung: Würde man rechtzeitig mit den Arbeiten fertig werden? Könnte man sich angesichts der Bedrohung, die der preußische Sieg über Österreich in Sadova darstellte, auf der Ausstellung überhaupt amüsieren? Und konnte man die Misserfolge einer unglücklichen Intervention in Mexiko verdrängen? Seit einem Jahr schon ist der Abzug der französischen Truppen aus Mexiko geplant und viele fragen sich immer noch, was Napoléon III. mit diesem riskanten Mexiko-Abenteuer erreichen wollte. Als Austragungsstätte der künftigen Ausstellung hatte man sich schnell auf das Marsfeld festgelegt. Dort wird ein einzigartiges Ensemble aus Gartenanlagen, neuen Bäumen, Alleen und Rasenplätzen errichtet. Zu den Themenpavillons gehören zum Beispiel die Rekonstruktion eines russischen Dorfes oder eine Kopie des Tadsch Mahals in Indien. Bei den offiziellen Ausstellungshallen dominieren Glas und Eisen, Baustoffe, die an die Markthallen von Viktor Baltard erinnern. Ein Gartenpavillon diente der Präsentation internationaler Währungen, Maßeinheiten und Gewichte. Verblüfft bleibt man vor einem ägyptischen Tempel, einem griechischen Säulengang, einer chinesischen Pagode oder einer Tiroler Herberge stehen. Eine große Anzahl an Kuppeln und Minaretten weist sichtbar darauf hin, dass der Orient mit seinen Traditionen und Geheimnissen auf der Ausstellung dominierend vertreten ist. In

Das Marsfeld: In der Mitte sieht man den Ausstellungspalast.

Paris endgültig zur wahren Hauptstadt der Welt

der Mitte des Expo-Parks erhebt sich der Ausstellungspalast. Man stelle sich ein einstöckiges modernes Amphitheater auf einer 16 Hektar großen Fläche vor. Das weitläufige Gebäude zieht sich von der Seine bis zur Militärakademie. Ein Glanzpunkt architektonischen Erfindungsreichtums war das Innere des Palastes. Der Grundriss gliederte sich in sieben, nach innen schmaler werdende konzentrische Ringe, die jeweils einem bestimmten Ausstellungsthema gewidmet waren. Radiale Gänge, die die einzelnen Galerien miteinander verbanden, teilten das Innere des ovalen Baus in «Tortenstücke», entsprechend der Zahl der ausstellenden Nationen. In der Mitte des Gebäudes gab es eine «Oase», einen offenen Innenhof mit Palmengarten, Springbrunnen und Skulpturen, in dem sich die Besucher vom hektischen Treiben erholen konnten. Im Maschinensaal werden neben den Dampfmaschinen aller Kaliber Spiegel aus Saint-Gobain, Porzellan aus Sèvres, Wandteppiche der Manufaktur Gobelin, Bleikristall aus Baccarat, Silbergeschirr von Christofle und Goldwaren aus dem Hause Froment-Meurice ausgestellt. Als Konkurrenz zur Dampfmaschine werden neue Energiequellen wie Gas und komprimierte Luft vorgestellt. Ein neues widerstandsfähiges Leichtmetall wird vorgeführt: das Aluminium. Wie zuvor dem Petroleum wird diesem neuen Metall eine große Zukunft prophezeit. Außerdem wurden auf der Ausstellung verbesserte Wohnkonzepte erörtert. Dass

Ein Bankett im Theatersaal der Tuilerien während der Weltausstellung; Gemälde von Henri Baron

man dieses soziale Anliegen in einer Zeit sich zuspitzender sozialer Konflikte besonders hervorhob, ist auch Kaiser Napoleons persönlichem Beitrag zur Ausstellung zu verdanken. Er präsentierte den Entwurf eines Arbeiterhauses, das von der Jury erwartungsgemäß mit einem Preis ausgezeichnet wurde. Angesichts der gescheiterten Intervention in Mexiko wurde diese verheißungsvolle Weltausstellung am 1. April in einem eher missmutigen Klima eröffnet. Doch schließlich wurde sie – auch auf diplomatischer Ebene – ein großer Erfolg: Nahezu alle Fürsten Europas kamen nach Paris. Allen voran die belgischen Herrscher, die Königin von Portugal, die russische Großherzogin, der Prinz Oskar von Schweden und der junge japanische Prinz. Zar Alexander II. trifft am 1. Juni gut gelaunt in Paris ein. Seine Laune erhält jedoch einen Dämpfer, als jemand ihm aus der Menge zuruft: »Es lebe Polen!« Wütend kehrt Alexander II. in den Elysée-Palast zurück, wo er während der Weltausstellung untergebracht

ist. Er zieht sich schnell um, bevor er in Begleitung von zwei Polizisten in Zivilkleidung unbemerkt das Théâtre des Variétés betritt. Der preußische König Wilhelm I. kündigt an, dass er die Militärparaden anderen Ereignissen vorzieht. In Longchamp wird ein Attentat auf den russischen Zaren verübt. Bei dem Täter handelt es sich um den Polen Berezowski, der sein Land rächen will. Am 10. Juni findet ein Ball im Rathaus statt, an dem die österreichische Familie aufgrund eines Trauerfalls nicht teilnimmt. Eine Nichte Sissis ist durch ein tragisches Unglück gestorben. Die

Nachricht einer weiteren Tragödie, die seit Wochen befürchtet wurde, erreicht Paris aus Washington und wird am 3. Juli von der Zeitung »Le Moniteur« bestätigt: Maximilian, der Kaiser von Mexiko, ist am 19. Juni in Querétaro erschossen worden. All diese traurigen Geschehnisse werfen einen Schatten auf die fröhliche Atmosphäre der Weltausstellung. Von jetzt an können die Vereinigten Staaten nicht mehr übersehen werden und das Augenmerk der Europäer wird sich in Zukunft verstärkt auf den nordamerikanischen Kontinent richten.

Pavillon mit orientalischem Zauber

Das Attentat von Berezowski auf Zar Alexander II.; Gemälde von J.-B. Carpeaux

Intrigante Spiele am Hof

■ *1867*

Die Gräfin von Castiglione, die Nichte des Premierministers von Piemont, Camillo Cavour, war bekannt für ihr schlechtes Benehmen. Durch ihre feinen Verführungskünste will sie Napoléon III. gewinnen, um ihn für die italienische Einheit zu gewinnen. Sie setzt ihre Schönheit zur politischen Intrige ein, vernachlässigt aber ihren Verstand. Die eitle Verführerin war ihrer Aufgabe nicht gewachsen. Das kurze Liebesverhältnis zwischen ihr und dem Kaiser hatte keinen weiteren Einfluss auf die diplomatischen Beziehungen.

Die verführerische Gräfin von Castiglione

Haussmann des Amtes enthoben

■ *5. Januar 1870*

Seit der Ernennung des neuen Ministers Ollivier hatte sich die erwartete Neuigkeit schnell herum gesprochen. Der Präfekt Haussmann hatte in seiner Umgebung bereits angekündigt: »Wenn Ollivier Ministerpräsident wird, werde ich ihm per Telegraf meinen Rücktritt mitteilen.« Die erste Funktion des neuen Kabinetts besteht also darin, den Präfekten des Seine-Departements von seinem

Das Werk Haussmanns: Am Place de l'Etoile laufen zwölf Avenuen auf den Triumphbogen zu.

Amt zu entheben. Er wird durch Henri Chevreau ersetzt, der bei der Kaiserin beliebter war als Haussmann. Die Absetzung Haussmanns erfolgt durch den Ministerrat, obwohl diese Entscheidungen bisher vom Kaiser selbst oder von seinem Innenminister vorgenommen worden sind. Haussmann hat seinen Rücktritt geplant, weil er es immer abgelehnt hatte, sich einer ministeriellen Autorität zu unterstellen. Seit 17 Jahren hatte er immer nur dem Herrscher gedient. In den politischen Lagern gehen die Meinungen auseinander. Die Republikaner nehmen die Verdrängung Haussmanns eher zuversichtlich auf, während die Konservativen seine Absetzung als ein Zeichen der Schwäche der kaiserlichen Autorität ansehen. Napoléon III. erscheint überfordert und will jede öffentliche Polemik vermeiden. Die riskante Finanzwirtschaft Haussmanns, welche die Stadt mit einer großen Schuldenlast beladen hatte, und einige gravierende Fehler im Bereich der Bauleitung sprachen für die Absetzung des Präfekten. Die Bauarbeiter, die während Haussmanns Amtszeit die Stadt verändert hatten, bedauern jedoch seinen Rücktritt.

Tod eines jungen Journalisten

■ *10. Januar – Februar 1870*

Die Umstände, unter denen Prinz Bonaparte, Neffe Napoléons des III., den 22-jährigen Journalisten Yvan Salmon, der unter dem Synonym Victor Noir arbeitete, erschossen hat, sind noch ungeklärt. Trotzdem lastet die Opposition diesen Mord dem kaiserlichen Regime an. Das Begräbnis des bis dahin unbekannten Journalisten artet in eine anti-kaiserliche Demonstration aus. Das Volk betrauert einen »Märtyrer der Demokratie«. Dank der Intervention des Direktors der Zeitung »La Marseillaise«, Henri Rochefort, der Victor Noir beschäftigt hatte, können erste Ausschreitungen auf der Champs-Elysées verhindert werden. Am 7. Februar wird der am 22. Januar zu drei Monaten Gefängnis verurteilte Rochefort verhaftet. In der darauf folgenden Nacht werden in Belleville und im Faubourg du Temple Barrikaden errichtet. 300 Aufständische werden umgehend festgenommen.

Barrikade im Faubourg du Temple

Das Volk bestätigt den Kaiser

■ *20. April – 10. Mai 1870*

Trotz seines Bruchs mit den Republikanern, da er die Anführer der Sozialistischen Internationale verfolgt, ist Emile Ollivier davon überzeugt, dass die Mehrheit der Franzosen hinter ihm steht. In der Provinz ist man den revolutionären Ideen eher feindlich gesinnt. Um die parlamentarische Ebene auszuweiten, soll der Senat in eine zweite gesetzgebende Kammer mit verfassungsändernder Kompetenz umgewandelt werden. Die Entscheidung soll jedoch von einer Volksabstimmung getragen werden. Die von Léon Gambetta angeführte Linke protestiert und die gemäßigten Minister treten zurück. Am 20. April nimmt der Senat den Geset-zesentwurf an. Die Volksabstimmung soll am 8. Mai stattfinden. In Paris und im Seine-Departement wird mit einem deutlichen »Nein« gegen den Gesetzesentwurf gestimmt (184 000 Nein gegen 138 000 Ja, 83 000 Enthaltungen und 9 500 ungültige Wahlzettel). Im Château-d'Eau, im Faubourg du Temple und in Belleville kommt es zu Ausschreitungen und die Bürger fordern: »Es lebe Rochefort! Es lebe die Republik!« Nach der Auswertung der Wahlergebnisse im übrigen Frankreich kommt es jedoch am nächsten Morgen zu einer spektakulären Umkehrung des Wahlausgangs: Im Norden, im Osten und im Südwesten spricht sich eine deutliche Mehrheit der Wähler für das bestehende Regime aus.

Kriegsangst lässt keine Euphorie zu

■ *17. August 1870*

Ein kaiserliches Dekret, das den General Jules Trochu zum Militärgouverneur von Paris ernennt, wirft einen Schatten auf den euphorischen Wahlsieg. Ist Paris wirklich bedroht? Vor fünf Wochen wurde auf den Straßen ein Racheschrei laut: »Auf nach Berlin!« Zur Überraschung der Republikaner stimmten die patriotischen Pariser »La Marseillaise« an. Das Parlament und der Senat hatten für die Kriegskredite gestimmt. Die wenigen Kriegsgegner, Adolphe Thiers war auch darunter, wurden des Verrates bezichtigt und man ging sogar soweit, sie als »Preußen« zu beschimpfen. Am 6. August wurde ein Sieg verkündet, auf den aber eine Stunde später gleich wieder

Vor der Börse in Erwartung des Sieges

eine Niederlage folgte. General Mac-Mahon war in Reichshoffen geschlagen und das Elsaß besetzt worden. Drei Tage später wurde die Regierung von Ollivier gestürzt und der Ministerpräsident wurde durch Graf von Palikao ersetzt. Seitdem hat sich die Situation zugespitzt. Die Kaiserin, die seit dem 28. Juli regiert, bereitet sich auf eine Verteidigung von Paris vor.

Kaiserin verlässt die Tuilerien

■ *4. September 1870*

In den Tuilerien erwacht die Kaiserin nach einer schlaflosen Nacht. Seit gestern Abend weiß ganz Paris, dass der Kaiser in Sedan kapituliert hat und gefangen genommen worden ist. Was soll aus dem Empire und dem kaiserlichen Prinzen werden? Eugénie bereitet sich auf ihre Frühmesse vor. Um 8.30 Uhr tritt sie mutig vor den Ministerrat. Der Polizeipräfekt schickt einen Boten: »Paris steht kurz vor dem Aufstand!« Soll sie fliehen? Als eine Gegnerin der Feigheit antwortet sie: »Wenn ich ein Hindernis darstellen sollte, dann soll meine Absetzung angeordnet werden. Ich werde mich nicht darüber beklagen. Auf diese Weise könnte ich mein Amt ehrenvoll ablegen«. Der ehemalige Minister Graf Daru, der den Stolz der Kaiserin und ihren Hang zur Demütigung kennt, versucht auf sie einzureden. Sie hat die Wahl zwischen einer legalen oder einer durch den Volksaufstand erzwungenen Revolution. An ihre Mutter in Spanien schreibt sie: »Ich werde meine Pflicht erfüllen«. Um drei Uhr steht das Volk schon vor dem Palast und schreit: »Nieder mit der Spanierin!« Mit Hilfe des österreichischen und des italienischen Botschafters verlässt die Kaiserin in Begleitung einer ihrer Hofdamen unbemerkt die Tuilerien.

Das Ende des Zweiten Kaiserreichs

■ *4. September 1870*

Gegen Ende des Vormittags hat sich das Volk vor dem Parlament eingefunden. Niemand kann mehr die Demütigung einer Niederlage und die Gefangennahme des Kaisers leugnen, der sein Schwert an den preußischen König abgeben musste. Der Versammlungssaal wird gestürmt. Léon Gambetta erklärt: »Napoléon regiert nicht mehr über Frankreich.« Die Erklärung wird mit einem kräftigen Beifall aufgenommen. Einige Augenblicke später wird die Republik ausgerufen. Von Jules Favre angeführt, zieht das Volk in Richtung Rathaus, wo um 17.30 Uhr erneut die Republik ausgerufen wird. Zur nationalen Verteidigung wird eine aus elf Pariser Abgeordneten bestehende vorläufige Regierung zusammengesetzt. Gambetta wird Innenminister, Favre Außenminister und der »treue« Tro-chu behält seine Funktion als Militärgouverneur und übernimmt gleichzeitig noch das Amt des Kriegsministers. Früh morgens hatte er noch der Kaiserin geschworen, dass er sie nur über seine Leiche verlassen würde. Gegen sechs Uhr wird an alle Präfekturen eine telegrafische Depesche gesendet, um sie über die neue Situation zu informieren. Das Zweite Kaiserreich ist innerhalb eines Tages ohne jedes Blutvergießen zusammengebrochen. Die Errichtung der Republik war ohne Revolution erreicht worden. Das Regime von Napoléon III. hatte 18 Jahre, die Herrschaft der Kaiserin nur 39 Tage gedauert. Das Volk ist verblüfft, aber auch traurig und um die Zukunft besorgt. Ein unzufriedener Abgeordneter aus der Provinz bemerkt: »Wieder mal haben die Pariser dem übrigen Frankreich ihr Diktat aufgezwungen.« Frankreich bekommt tatsächlich eine Pariser Regierung, aber das ändert auch nichts an der Tatsache, dass der Feind das französische Territorium besetzt hält.

Vor dem Palais Bourbon wartet das Volk ungeduldig auf den Ausruf der Republik.

Die Regierung zählt auf die Unterstützung des Volkes

■ *4. – 30. September 1870*
Etienne Arago wird Bürgermeister von Paris und das Amt des Polizeipräfekten fällt an Emile de Kréatry. Am 5. September fordert der neue Bürgermeister die Einwohner dazu auf, sich angesichts der wachsenden Bedrohung solidarisch hinter die Regierung zu stellen. In den Arrondissements werden provisorisch 20 Bürgermeister ernannt. Léon Gambetta lässt die Nationalgarde um 20 weitere Bataillone aufstocken. Am 7. September wird Jules Ferry von der Verwaltung des Seine-Departements zum Delegierten der Regierung und des Innenministeriums ernannt. General Jules Trochu mustert die Pariser Armee, zählt die verfügbaren Truppen und beklagt sich: »Viele Männer, aber nur wenige Soldaten.«

Die Republik ist proklamiert; die preußische Armee ist auf im Anmarsch.

General Trochu ist gegen die Bildung einer Kommune

■ *3. – 10. Oktober 1870*
Regierungspräsident General Trochu, der Weizen- und Mehlreserven requiriert hat, lässt weitere Bataillone für die Nationalgarde aufstellen. Die Nationalgarde besteht derzeit aus 194 Bataillonen (insgesamt 350 000 Männer). Zur Steigerung des Patriotismus ordnet er an, dass das Pariser Standbild in Straßburg in Bronze gegossen und mit einer heroischen Inschrift versehen wird. Am 7. Oktober steigt Gambetta, immer noch Innenminister, um elf Uhr in Montmartre in den Ballon »Armand-Barbès«, um nach Tours zu flüchten und von dort aus den Wi-

Der als Verräter angesehene General Trochu: eine Karikatur des »Judaskusses«

derstand vorzubereiten. Eine begeisterte Menge jubelt ihm zu. Angesichts der Belagerung ist die Atmosphäre in der Stadt sehr gespannt. Am darauf folgenden Tag verlangen Demonstranten die Wahl einer Kommune. Trochu lässt den Kommandanten Sapia festnehmen, der versucht hatte, mit seinem Bataillon das Rathaus zu stürmen. Um zehn Uhr kündigt eine Depesche die Landung Gambettas in Tours an. Unterdessen wird auf der Place du Panthéon ein großes Plakat ausgerollt: »Bürger, das Vaterland ist in Gefahr. Die Nationalgarde nimmt alle Freiwilligen auf!« Ohne einen Augenblick zu zögern, melden sich viele mutige Männer bei der Armee.

Hugo aus dem Exil zurück

■ *5. September 1870*
Wie er es versprochen hatte, kehrt Victor Hugo kurz nach dem Sturz des zweiten Kaiserreichs aus seinem englischen Exil auf der Insel Guernesy nach Frankreich zurück. Bei seiner Ankunft am Gare du Nord wird er von einer gewaltigen Menschenmenge jubelnd in Empfang genommen. Während seines 19-jährigen Exils hat der Dichter an Weisheit dazu gewonnen und sich zu einem humanistischen Sozialisten entwickelt. Abends im Theater liest man »Les Châtiments« (Die Züchtigungen), Hugos Hassgedichte auf Napoléon III. Mit den dabei erzielten Einnahmen kauft man Kanonen, die seinen Namen tragen.

Über 300 000 preußische Soldaten belagern Paris

■ *Herbst 1870*

Bismarck fordert Waffenstillstandsbedingungen, die der französische Außenminister Jules Favre nicht anerkennt. Bei Friedensverhandlungen zwischen Favre und Bismarck im Château Ferrières, dem prachtvollen Landsitz des Pariser Bankiers Rothschild, erklärt der Franzose, dass Frankreich nicht bereit sei, auch nur einen Quadratmeter Land abzutreten. Er lehnt die Bedingungen des preußischen Kanzlers, der eine Abtretung Straßburgs und des Elsass fordert, ab. Angesichts dieser ausweglosen Situation wird der Krieg und die Belagerung der Hauptstadt weiter fortgesetzt. Der am 7. Oktober mit einem Ballon nach Tours geflüchtete Innenminister Gambetta bereitet von dort den Widerstand vor. Mit der Unterstützung des jungen Charles Louis de Freycinet übernimmt er die militärische Aufrüstung und Reorganisation. Er ist der einzige Minister, der verstanden hat, dass es ein Fehler ist, in Paris zu bleiben. Die meisten Pariser sind davon überzeugt, dass sie durch die Verteidigung der Hauptstadt den Feind zurückdrängen können. Den militärischen Anführer, darunter Trochu, werden Schwäche und Unfähigkeit vorgeworfen. Entlang der 30 Kilometer langen Festungsmauer verfügt der

Gambetta und sein Sekretär Eugène Spuller steigen mit den Ballon »Armand-Barbès« auf.

General über 700 Geschütze. Trotz ihrer patriotischen Begeisterung fehlt es den angeworbenen Pariser Bürgern an Erfahrung. Sie sind mit der schwierigen Aufgabe konfrontiert, sowohl die Verteidigung als auch die Versorgung zu sichern. Am 13. Oktober spitzen sich die Kämpfe um Paris zu. Die preußische Armee belagert Le Bourget. In dieser schwierigen Stunde erweist sich Thiers, dessen Weitsichtigkeit zur Zeit der Kriegserklärung endlich erkannt worden ist, als unentbehrlich. Er unternimmt eine Reihe von diplomatischen Verhandlungsreisen, aber kein europäisches Land ist bereit, zuguns-

ten Frankreichs eine Vermittlerrolle zu übernehmen. In Tours hat Gambetta den Patriotismus wachgerüttelt und konnte dank eines von der englischen Bank Morgan bewilligten Kredits in Höhe von 200 Millionen Francs 600 000 Männer anwerben. Gleichzeitig festigt der große preußische Taktiker, General Helmuth von Moltke, die Pariser Blockade. Paris ist völlig von der Außenwelt abgeschlossen und eine Kommunikation kann nur noch durch Ballons oder Brieftauben aufrechterhalten werden. Zwei Drittel der Streitkräfte, die Paris verteidigen, bestehen aus unerfahrenen Männern. Bei einer Offensive könnte man nur schlecht auf sie zählen. An Ideen mangelt es jedoch in dieser völlig von der Welt abgeschnittenen Hauptstadt nicht. Eifrig wird Munition hergestellt und man denkt sogar daran, den preußischen Feind wie im Mittelalter mit griechischen Feuern zurückzudrängen. Angeblich könnte man mittels dieser »teuflischen Raketen« 1 000 Preußen in der Minute umbringen. Man kommt sogar auf die Idee, die wilden Tiere des Zoologischen Gartens auf die Preußen zu hetzen. Wie sollte man allerdings den Löwen und Tigern verständlich machen, dass sie nur die preußischen Soldaten verschlingen, die Pariser aber in Ruhe lassen sollten? Bei

Jules Ferry: Bürgermeister von Paris

all diesen wahnwitzigen Einfällen richtet man schließlich mit realistischeren Hoffnungen sein Augenmerk auf Metz. Dort wird der Marschall Bazaine gefangen gehalten. Trotz seiner Fehlschläge in Mexiko und seiner Passivität vor dem Sturz des Kaiserreichs erfreut er sich bei der Bevölkerung allgemeiner Beliebtheit. Als Bazaine am 27. Oktober mit einer 173 000 Mann starken Truppe kapituliert, sind die Franzosen tief erschüttert. Die unglaubliche Neuigkeit verbreitet sich wie ein Lauffeuer und wird laut Gambetta als Hochverrat am Volk angesehen. In den darauf folgenden Tagen bricht in Paris ein Aufstand los. Wutentbrannt wird die Unfähigkeit des Marschalls Bazaine und der gesamten Regierung angeklagt. Das in Belleville stationierte 106. Bataillon der Nationalgarde stürmt das Rathaus. Wird sich der Aufstand ausbreiten? Geschickt mustern die Regierungsmitglieder die verzweifelten Truppen. Sie beruhigen das allgemeine Klima und das Volk steht wieder auf ihrer Seite. Am 3. November ist die öffentliche Ordnung wiederhergestellt. Bald wird aber ein Dekret erlassen, dass die Einberufung aller Junggesellen und Kinderlosen Witwer anordnet. Am 2. Dezember wird die nach Paris ziehende Loire-Armee in Vendôme von der preußischen Armee vernichtend geschlagen (siehe mittlere Darstellung). Hunger und Kälte haben den Parisern ihre letzte Hoffnung genommen.

Die Belagerung und Bombardierung der Hauptstadt 1870: König Wilhelm I., General Moltke, Bismarck (v.l.n.r.)

Drei Monate lang sterben die Pariser an Hunger und

■ *27. Dez. 1870 – 28. Jan. 1871*

Es regnet Bomben vom Himmel über der Hauptstadt. Bei einem Rhythmus von 18 Bomben pro Stunde geraten selbst die großartigsten Widerstandspläne gegen die preußische Armee in Vergessenheit. Das Stadtviertel Auteuil und besonders die Rue Boileau und die Rue La Fontaine sind betroffen. Angesichts der Regelmäßigkeit der Bombardierungen haben die Einwohner jedoch Gelegenheit, sich rechtzeitig in Sicherheit zu bringen. In dieser Krisensituation spitzen sich vor allem die Versorgungsprobleme zu. Wird man heute Abend etwas essen? Und vor allem, was wird man essen: Rattenfleisch, Katzenfilet oder gar Elefantenrüssel? Die Hungersnot ist so groß, dass soziale Unruhen nicht lange auf sich warten lassen. Das Fleisch der wilden Tieren aus dem Jardin des Plantes (zoologischer und botanischer Garten) wird zu Wucherpreisen versteigert, während sich die ärmeren Schichten mit einem beschämenden Essensplan anfreunden müssen: Ausgezehrte Hunde und Katzen stehen auf dem Tagesmenü. Die kürzlich erschienene Zeitung »Les Nouvelles« schlägt den ausgehungerten Lesern folgende Speisekarte vor: »Hundesuppe mit Hirse, Hundeleberspieß à la Maître d'hôtel, Katzenrücken in Mayonnaise-Sauce, Hundefilet in Tomatensauce, Katzenragout mit Champignons, Hundekoteletts mit Erbsen«. Mit Vorliebe werden Ratten, die es in Paris in großen Massen gibt, gejagt. Die schlauen

Die Belagerung von Paris. Selbst General Moltke ist von dem Durchhaltevermögen der Pariser beeindruckt; Gemälde von Ernest Meissonier.

Tiere sind allerdings nur schwer zu fangen. Denjenigen, die ein altes, klappriges Pferd schlachten können, wird als Nachtisch Pudding mit Pferdemark empfohlen. Ratten erfreuen sich einer besonders großen Beliebtheit, da ihr Fleisch laut eines Feinschmeckers an den Geschmack von Schweine- und Rebhuhnfleisch erinnert. Der »Rattenmarkt« wird vor dem Rathaus abgehalten und eine Ratte kostet zwischen zehn und 15 Sous das Stück. Die Kundschaft kann sich auf die Qualität der

Ware verlassen. Mittels eines Stäbchens wird das ausgewählte Tier in einen anderen Käfig geführt. Dort wird die Ratte von einer dressierten Bulldogge tot gebissen. Bulldoggen sind deshalb die einzigen Tiere, die noch vernünftig ernährt werden. Der Vorstellungskraft der Pariser sind keine Grenzen gesetzt. Und gerade die Fleischer bieten immer abwechslungsreichere Waren an. In einer Metzgerei auf dem Boulevard de Rochechouart werden Raben zu 100 Sous und Spatzen zu 1,25 Francs verkauft. Der Pferdemarkt findet in der Rue d'Enfer statt. Je nach Herkunft der Pferde schwankt der Kilopreis zwischen 40 und 50 Centimes. Für Pferde aus den kaiserlichen Ställen kann man mehr verlangen als für ausgezehrte Fiakerpferde, die jahrelang von einem Ende der Stadt zum anderen gejagt worden sind. Die Pferde, die der russische Zar Alexander II. Napoléon vor drei Jahren geschenkt hatte, sind eigentlich 56 000 Francs wert. Sie werden jetzt für 800 Francs geschlachtet und zu Wurst verarbeitet. Die Versorgung ist inzwischen besser organisiert und jeder Pariser Bürger hat alle drei Tage Anrecht auf 33 Gramm Pferdefleisch. Um dieses Fleisch zu bekommen, das die körpereigene Widerstandskraft gegen die Blutarmut fördert, muss man allerdings bei −12° C Schlange stehen. Auch beim Bäcker muss man stundenlang warten. Im Prinzip wird das Brot aus Weizen, Reis und Hafer gebacken. Aufgrund seiner unappetitlichen Farbe sind die

Kunden jedoch äußerst skeptisch. Auch in diesen schlechten Zeiten fehlt es nicht an Luxusgütern. Auf dem Boulevard Haussmann verkauft der zur Zeit des Kaiserreichs bekannte englische Metzger Roos zu stolzen Preisen Zebu-, Büffel-, Yak-, Känguruh-, Bären-, Zebra- und Kamelfleisch. Der 30. Dezember ist ein besonders trauriges Datum, da die beiden Elefanten Castor und Pollux geschlachtet werden müssen. Sechs Soldaten sind für diese außergewöhnliche Schlachtung der Zootiere erforderlich. Einem Metzger gelingt es, die beiden Dickhäuter für die Rekordsumme von 27 000 Francs zu erstehen. Um auf seine Kosten zu kommen, bietet er das Rüsselfleisch zu dem Wucherpreis von 80 Francs das Kilo an. Der Schriftsteller Edmond de Goncourt reserviert zur Weihnachtszeit einen Tisch in dem berühmten Restaurant Voisin: »Heute Abend werde ich wieder diese herrliche Elefantenwurst essen«. Wenn man nicht erfriert (an Holz heranzukommen, ist genauso schwer wie die Nahrungssuche), begibt man sich auf Spitzeljagd. Auf der Place des Ternes bemerken die Einwohner grünrote Lichtsignale an einem Fenster. Sicherlich handelt es sich um feindliche Spione. Die Polizei umstellt das Gebäude. Nachdem niemand aufmacht, wird kurzerhand die Tür eingetreten und verblüfft entdeckt man einen rotgrünen Papagei, der einem Stubenmädchen gehört. Der Vogel, dessen Käfig vor einer Petroleumlampe steht, empfängt die Polizisten und die Hausmeisterin mit dem leiernden Gekräch-

Schlange stehen für eine Schüssel Suppe; Gemälde von Pille, Musée Carnavalet

Metzger werden zu dieser Zeit außerordentlich freundlich gegrüßt.

Kälte, dann fordert die Stadt den Waffenstillstand

ze: »Haben Sie gut gefrühstückt?« Das städtische Amt für Hygiene registriert alle Tiere und achtet darauf, dass sie »ordnungsgemäß getötet« werden. Innerhalb von drei Monaten landen 25 523 Ratten im Kochtopf. Am 6. Januar, als die preußische Armee zum ersten Mal mit den Bombardierungen des Zentrums der Hauptstadt beginnt, hat General Trochu, dem man nicht mehr viel zutraute, der Bevölkerung zugerufen: »Ich werde nicht kapitulieren«. In der Nacht auf den 8. Januar wird ein Schlafsaal des Pensionats Saint-Nicolas in der Rue Vaugirad von einer Bombe getroffen. Dabei werden fünf Kinder getötet und sechs weitere verletzt. Angesichts der allgemeinen Entrüstung werden neue Maßnahmen ergriffen. Der amerikanische Philanthrop Richard Wallace schlägt dem Außenminister Jules Favre vor, Familien, deren Behausungen bombardiert worden sind, umzuquartieren. Am 14. Januar überreicht er der Stadt 100 000 Francs und am darauffolgenden Tag weitere 30 000 Francs für die Armen. Am 16. Januar werden die Gewächshäuser des Jardin des Plantes von Bomben zerstört. Am 18. Januar verbietet der Bürgermeister Jules Ferry die Herstellung von so genanntem »Luxusbrot« und schreibt den Bäckern vor, nur an Inhaber einer Lebensmittelkarte Brot zu verkaufen. Die Tagesration wird auf 300 Gramm Brot pro Person reduziert. Sämtliche verlassenen Wohnungen einschließlich der Einrichtung werden beschlagnahmt. Am selben Tag wird die Neuigkeit der Kaiserkrönung

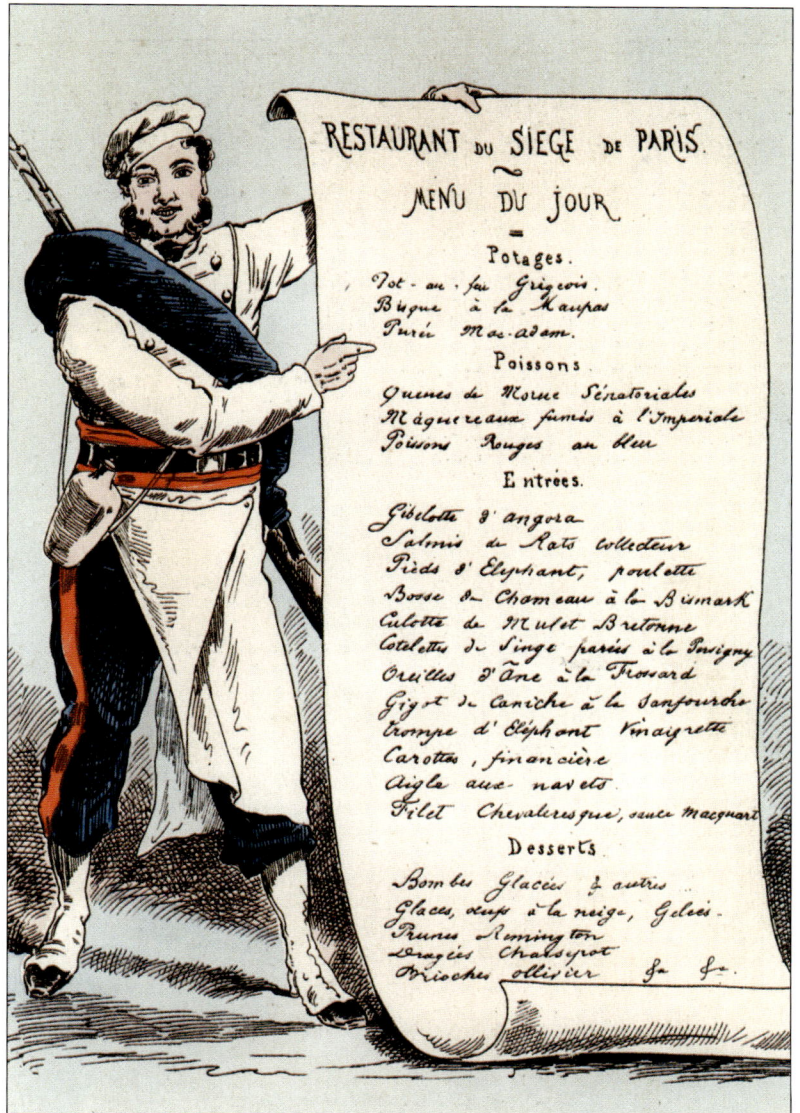

Eine satirische Zeichnung zur Hungersnot: Kälte und Hunger fordern im Dezember 1871 jede Woche 5 000 Opfer. Die Stadt steht kurz vor dem Kollaps.

des preußischen Königs Wilhelm I. im Spiegelsaal von Schloss Versailles als eine unermessliche Geschmacklosigkeit und Provokation aufgenommen. Die deutsche Einheit ist vollzogen, die preußische Vorherrschaft bestätigt und Frankreich ist zum Spottbild degradiert. Am 19. Januar unternimmt die Pariser Armee in Saint-Cloud einen letzten, vergeblichen Befreiungsversuch. Am 22. Januar versucht das 101. Bataillon der Nationalgarde das Rathaus zu stürmen. Die Soldaten werden durch die Nationalgarde von Vendée und der republikanischen Pariser Nationalgarde abgewehrt. Die Auseinandersetzung hält sich in Grenzen, aber in den östlichen Stadtvierteln werden Stimmen laut: «Vive la Commune»! Am nächsten Tag begibt sich Jules Favre nach Versailles, um die Waffenstillstandsbedingungen zu verhandeln. Am 26. Januar wird um Mitternacht auf beiden Seiten eine Feuereinstellung angeordnet. Am 27. Januar wird die Bevölkerung darüber informiert, dass die Verhandlungen bald abgeschlossen sein werden. Am darauf folgenden Tag kapituliert Paris. In Versailles wird der Waffenstillstand von Favre und Reichskanzler Bismarck unterzeichnet. Der Vertrag ist 21 Tage gültig. In Paris macht sich Wut und Enttäuschung breit, als man erfährt, dass Bismarck Entschädigungsgelder in Höhe von 200 Millionen Francs und die völlige Entwaffnung der Hauptstadt fordert. Von Bordeaux aus erklärt der wutentbrannte Léon Gambetta: »Paris ist besiegt, aber nicht Frankreich!«

Das Schlachten der Elefanten. Auch Victor Hugo isst das Fleisch dieser Tiere.

Obdachlose Kälteopfer im Foyer der Comédie-Française

Die preußische Armee besetzt Paris für einen Tag

Der erste preußische Offizier auf der Champs-Elysées

Französische Karikatur über die preußischen Besatzungstruppen in Paris

■ *1. – 2. März 1871*

Vor der französischen Nationalversammlung in Bordeaux bekräftigt Adolphe Thiers die Wiederherstellung des Friedens und den Wiederaufbau von Paris. Der neue Regierungschef hat zusammen mit Jules Favre die Friedensbedingungen verhandelt. Bismarck zeigt sich relativ versöhnlich. Laut Artikel 4 des am 28. Januar unterzeichneten Abkommens wird der preußischen Armee während des Waffenstillstands der Zutritt zur Hauptstadt untersagt. Dem preußischen Kanzler fällt jedoch ein besserer Tauschhandel ein: Belfort bleibt angesichts der tapferen Verteidigung des Oberst Denfert-Rochereau französisch, dafür aber darf die preußische Armee einen Tag lang Paris besetzen. Eine rein symbolische Besetzung, aber für die Einwohner angesichts des bereits unterzeichneten Waffenstillstandes ein äußerst demütigendes Ereignis. Die Nationalversammlung stimmt mit großer Mehrheit (546 gegen 107 Stimmen) für diese merkwürdige Friedensbedingung. Paris zahlt den Preis für ein freies Belfort. Die per Telegraph informierten Pariser nehmen mit Unbehagen die Tatsache auf, dass eine nach Bordeaux geflüchtete Gruppe von Abgeordneten über das Schicksal der Hauptstadt verfügt. Streitkräfte der Garde Nationale stürmen die Arbeiterviertel und beschlagnahmen 227 Kanonen, damit sie nicht den Besatzern in die Hände fallen. Die Geschütze werden in den westlichen Stadtvierteln versteckt, wo das »Volk über sie wachen soll«.

Heute herrscht in Paris ein allgemeiner Trauerzustand und Edmond Goncourt beschreibt die Stimmung in der Hauptstadt wie folgt: »Die Stadt erscheint leer und unbewohnt. Nur einige preußische Reiter durchforsten vorsichtig den Bois de Boulogne«. Der feindliche Siegeszug führt über die Avenue de l'Impératrice (heutige Avenue Foch), die Avenue de la Grande-Armee, am Triumphbogen vorbei und über die ausgestorbene Champs-Elysées. Kaiser Wilhelm I. reitet an der Spitze von 30 000 Soldaten und aus Anstandsgründen werden die Truppen erst am Rennplatz von Longchamp gemustert. Trotzdem fühlt sich die Bevölkerung gedemütigt. Die Pariser empfinden schon diese symbolische Besetzung als einen Angriff auf ihre große Tapferkeit, die sie während der Blockade bewiesen haben.

Nach der Unterzeichnung der Friedensverträge und der Mitteilung an das feindliche Hauptquartier wird bis zum Verlassen des letzten preußischen Soldaten die besetzte Zone durch Zäune von der restlichen Stadt abgetrennt. Neue Gerüchte machen in der Stadt ihre Runde. Es heißt, dass die Nationalversammlung in Bordeaux der Hauptstadt feindlich gesinnt sei und dass die Monarchie wieder einmal restauriert werden soll. Das Zentralkomitee der Nationalgarde verfasst deshalb folgende Proklamation: »Da die Republik die einzig rechtmäßige Regierungsform ist, kann ihr Bestehen auch nicht durch das von ihr eingesetzte Verfahren der allgemeinen Wahlen in Frage gestellt werden«.

Einige Delegierte der Nationalgarde verabschieden folgende Drohung: Sollte die Nationalversammlung in Bordeaux auf den Gedanken kommen, Paris seinen Sitz als Hauptstadt streitig machen zu wollen, dann würde das Seine-Departement in jedem Fall eine unabhängige Republik konstituieren.

Die Regierung zieht nach Versailles

■ *10. März 1871*

In der Annahme, sie könnten Bordeaux ohne Gefahr verlassen und in den Pariser Raum zurückkehren, entschließen sich die Abgeordneten dazu, den Regierungssitz nach Versailles zu verlegen. Unter allgemeiner Zustimmung der Nationalversammlung hebt Thiers den provisorischen Charakter des republikanischen Regimes hervor. Verschiedene Verordnungen werden verabschiedet. Unruhestifter wie Blanqui und Flourens werden zum Tode verurteilt. Schließlich werden Truppen nach Paris entsendet, wo der Ausnahmezustand verhängt wird. Die von der Belagerung geschwächten Pariser fühlen sich angesichts der Wahl des Regierungssitzes verraten. Sie werfen der Regierung Feigheit vor. Ein Abgeordneter versucht die Verlegung des Regierungssitzes nach Versailles mit folgenden Worten zu rechtfertigen: »Wir wollen nicht alle zwei Wochen per Telegraph über Revolutionen informiert werden!« Die feindliche Gesinnung der Nationalversammlung lässt das aufständische Klima in Paris noch mehr entfachen.

Karikatur des vom Volk verhassten Adolphe Thiers

Zwei Generäle aus Versailles werden erschossen

■ *18. März 1871*

Die Aufständischen wollen die Kanonen, die sie »sichergestellt« haben, nicht herausgeben. Thiers lässt deshalb folgende Erklärung anschlagen: »Bürger von Paris, seit einiger Zeit haben böswillige Männer die Herrschaft über einen Teil der Hauptstadt an sich gerissen. Sie geben vor, die preußische Armee bekämpfen zu wollen, die sich aber nicht mehr in unserer Stadt aufhält. Die dem Staat entwendeten Kanonen sollen zurück ins Arsenal geschafft werden. Zur Verrichtung dieser dringenden Aufgabe hoffen wir auf Ihre Unterstützung«. Gegen 8 Uhr morgens versuchen Truppen der Nationalversammlung bei eisigem Regen die Geschütze abzuholen. Plötzlich ertönt die Sturmglocke und die Nationalgar-

Erschießung der Generäle Lecomte und Thomas durch Deserteure.

disten stürmen mit erhobenen Gewehrkolben das Stadtviertel. Die Frontlinie der Streitkräfte besteht aus Frauen und Kindern und man schreit den Soldaten zu: »Ihr werdet doch wohl nicht auf uns schießen!« Unmittelbar danach verbrüdern sich die Soldaten mit den Streitkräften der Nationalgarde. Einer der Divisionskommandeure, General Lecomte, wird in die Rue des Rosiers (IV. Arrondissement) abtransportiert, wo sich widersinnigerweise der Sitz des Militärausschusses des XVIII. Arrondissements befindet. Auch ein Veteran von 1848, General Clément Thomas, wird festgenommen. Der Pöbel tritt die Tür ein und die beiden Generäle werden in den Garten gebracht. Dort werden sie gegen 18 Uhr von Deserteuren erschossen.

Die Nationalgarde greift zu den Waffen

Barrikaden werden im Faubourg Saint-Antoine und in Ménilmontant errichtet.

■ *18./19. März 1871*

Ein junger Arzt namens Georges Clemenceau, Abgeordneter und Bürgermeister des XVIII. Arrondissements, hat versucht, die Erschießung der beiden Generäle zu verhindern. Obwohl er auf der Seite der Aufständischen steht, beklagt er das Drama in der Rue des Rosiers. Bei Anbruch der Nacht hat sich der Aufruhr in der ganzen Stadt ausgebreitet. Die Streitkräfte der Nationalgarde bewaffnen sich und besetzen die Hauptverkehrsverbindungen. Vereinzelt entstehen Barrikaden und die desorientierten Soldaten fragen sich, ob sie sich mit den Deserteuren verbünden oder ihrem Eid folgen sollen. In der allgemeinen Konfusion beruhigt

sich der Tumult an der Place de la Bastille. Dort zieht gerade ein Leichenzug vorbei, der von Victor Hugo angeführt wird. Sein verstorbener Sohn Charles soll auf dem Friedhof Père-Lachaise beerdigt werden. Gegen 8 Uhr, morgens rücken die letzten treuen Einheiten vom Rathaus ab. Vergeblich versucht der Regierungsbeauftragte Jules Ferry die Soldaten zurückzuhalten. Wenn das Rathaus gestürzt wird, muss man mit dem Schlimmsten rechnen. Schon stürmen die Nationalgardisten das Rathaus und Ferry und seinem Sekretär Jules Cambon bleibt nichts anderes übrig, als am Bahnhof Montparnasse in den letzten Zug nach Versailles zu springen, um sich in Sicherheit zu bringen.

Die Kommune eignet sich die Macht an

■ *28. März 1871*

Seit einigen Tagen versuchen einige Bürgermeister der Hauptstadt, mit der Nationalversammlung in Versailles eine Einigung zu erzielen. Aber Thiers will sich auf keine Einigung mit einem »Haufen von Halunken mit blutrünstigen Idealen« einlassen, die es gewagt haben, sich in Paris die Macht anzueignen und das Rathaus zu stürmen. Der Bruch zwischen Versailles und der Hauptstadt ist nicht mehr aufzuhalten. Vor zwei Tagen sind angesichts der Gemeinderatswahlen der Kommune zahlreiche Bürger geflüchtet. Der Anteil der Enthaltungen ist so hoch, dass man lediglich 230 000 Stimmen für 470 000 Wähler zählt. Die gewählte Kommune

repräsentiert in Wirklichkeit nur die Hälfte der Pariser Bevölkerung. Der Maler Gustave Courbet befindet sich unter den Mitgliedern der Kommune. Einige hundert Männer mit rotem Halstuch erscheinen auf dem Podium vor dem Rathaus. Diese Männer lösen das am 15. Februar gewählte Zentralkomitee der Nationalgarde ab. Der Bürgermeister von Belleville, Gabriel Ranvier, proklamierte: »Im Namen des Volkes rufe ich die Kommune aus!« Zusammen stimmt man die Marseillaise an. Gegen 10 Uhr abends sucht man einen Versammlungssaal. Mit Hilfe eines Schlossers lässt man sich eine Tür aufschließen und die Mitglieder der Kommune halten ihre erste Sitzung ab.

Vor dem Rathaus wird die Kommune ausgerufen.

Die Kommune erhält offiziell die rote Fahne

■ *29. März 1871*

Drei Tage nach seiner Wahl macht sich der Rat der Kommune an die Arbeit. Als Ministerien werden zehn Kommissionen gebildet. Abgesehen von den schwierigen Lebensbedingungen in Paris handelt es sich theoretisch um eine kohärente Organisation. Die Aufrechterhaltung des Zentralkomitees der Nationalgarde, das durch die militärische Kommission ersetzt werden sollte, hat eine Machtpolarität zur Folge, die den Verwaltungsablauf behindert. Außerdem ist die Kommune von einer großen ideologischen Vielfalt geprägt und es ist nicht immer einfach, sich auf Kompromisse zu einigen. Zu den Kommunarden gehörte natürlich auch der Linksradikale und »ewige Revolutionär« Auguste Blanqui, der die Hälfte seines Lebens im Gefängnis verbracht hat. Dann gab es da noch den Barrikaden-Veteran Charles Delescluze. Der ehemalige Kanzlist ist ein überzeugter Republikaner mit radikalen sozialistischen Ansichten. Auch der talentierte Schriftsteller Jules Valès und der engagierte Journalist Arthur Arnould, sind mit von der Partie. Die Kommune datiert ihre Aktionen nach dem republikanischen Kalender, der infolge der Französischen Revolution geschaffen wurde. Ihr ehrgeiziges und großzügiges Programm wird verkündet: »Trennung von Staat und Kirche, Abschaffung des Militärs, des Beamtentums, der Ausbeutung, der Börsenspekulation, der Monopole, der Privilegien.« Aus praktischen Gründen wählt die Kommune die rote Fahne. Näherinnen bringen Hunderte von Metern roten Stoffes für die Fahnen der offiziellen Gebäude. Die Kommunarden bestätigen die Beschlagnahme der Kirchengüter. Täglich werden neue Entscheidungen getroffen: Beschränkung der Arbeitszeit auf zehn Stunden täglich, Abschaffung der Nachtarbeit in den Bäckereien, Verlängerung der Zahlungsfristen, niedrigere Mieten, Einstellung des Verkaufs verpfändeter Gegenstände des Pfandhauses Mont-de-Piété, Einfrieren gewisser Schulden. Die allgemeine Wehrpflicht und das stehende Heer werden abgeschafft. Im Falle eines Angriffs soll das Volk selbst zu den Waffen greifen.

Die dreizehn Mitglieder der Kommune und höhere Offiziere im Sitzungssaal des Rathauses: Dasserat, Bernard, Lacour, Landrin, Cluseret, Lindy, Parent, Pindyjeune, Lyat, Gaspard, Delescluze, Boulé und Avrial.

Rache für den Tod Gustave Flourens

■ *3. April 1871*

Während Jules Favre mit Bismarck in Frankfurt die Friedensbedingungen verhandelt, gelingt es Adolphe Thiers, eine Truppe von 130 000 Streitkräften aufzustellen. Das Kommando wird General Mac-Mahon übergeben. Obwohl die Föderierten in der Überzahl sind, gelingt den Versailler Truppen aufgrund einer besseren militärischen Führung ein schneller Vorstoß. Gestern wurden die Kommunarden auf dem linken Seineufer der Pont de Neuilly und heute an der Place de la Défense zurückgedrängt. Nach den Kämpfen in Rueil wird heute Professor Gustave Flourens in Chatou getötet. Er war erst 31 Jahre alt. Das linksradikale Mitglied der Kommune, das 1866 auf der Seite der Kreter gegen die Türken gekämpft hatte, starb zwar eines tapferen, aber aufgrund eines schlecht vorbereiteten Einsatzes auch einen höchst überflüssigen Tod. 300 Frauen schwören, seinen Tod zu rächen.

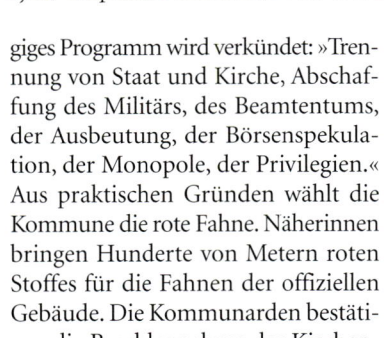

Mehrere Frauen hatten sich in den Reihen der Föderierten einen Namen gemacht. Die berühmteste von ihnen war jedoch Louise Michel. Sie wurde am 29. Mai 1830 als Tochter eines Zimmermädchens und eines unbekannten Vaters in Vroncourt (Haute-Marne) geboren. Sehr früh entdeckte sie die Schriften von Voltaire, Hugo und Lamennais. Die großmütige Idealistin hat einen eisernen und willensstarken Charakter. Als sie 1853 zur Lehrerin ernannt wird, schafft sie als erstes das Morgengebet ab und ersetzt es durch die Marseillaise. Als sie ihren Geburtsort verlassen muss, geht sie nach Paris und entdeckt dort die soziale Ungerechtigkeit. Zur Zeit der Kommune wird Michel Vorsitzende des republikanischen Wachkomitees von Montmartre und trennt sich nicht mehr von ihrer Waffe. In ihrer schwarzen Lehreruniform mit rotem Gürtel zieht sie bewaffnet gegen die Versailler Truppen. Als erste Frau wird sie Gardistin im 61. Bataillon, gründet den »Club der Revolution« und erhält den Beinamen »Rote Jungfrau«, denn sie zögert nicht Wohnungen der Kommunarden anzuzünden, die sich zurückziehen, um den Vormarsch der Truppen ihres Erzfeindes Thiers aufzuhalten. Als sie ihre verhaftete Mutter befreien will, wird sie selbst eingesperrt und zur Deportation verurteilt. 1873 wird sie nach Neukaledonien deportiert. Als sie nach Frankreich zurückkehrt, beginnt sie wieder das Land in ihrem Sinne zu missionieren. Geschwächt durch eine Lungenentzündung stirbt

»Geiseldekret« veröffentlicht

■ *5. April 1871*

Die Hinrichtung der beiden Kommunarden Flourens und Duval während der Kämpfe in Rueil erregt die Empörung der Hauptstadtbevölkerung. Mehr als 200 000 Pariser folgen dem Leichenzug auf der Champs-Elysées und schwören Rache. Heute Morgen veröffentlicht die Kommune ein so genanntes »Geiseldekret«. Dieser Erlass sieht vor, dass für »jede Hinrichtung eines Kriegsgefangenen oder eines Partisanen der Kommune drei Mal so viele Geiseln hingerichtet werden«. Vor zwei Tagen haben die Kommunarden mehrere hohe Beamte, darunter den Präsidenten des Obersten Gerichtshofes, Bonjean, festgenommen.

Eugène Pottier kämpft für die Ideen des Proletariats

Eugène Pottier: Sozialist und Verfasser revolutionärer Lieder.

■ *April 1871*

Die beliebtesten revolutionären Lieder stammen aus der Feder des 1816 geborenen Arbeitersohnes Eugène Pottier. Er hatte bereits an den Aufständen von 1848 teilgenommen und nach deren Scheitern hatte er offen gegen das kaiserliche Regime demonstriert. Der Liedermacher war als Packer, Maler und Zeichner tätig und gründete die Gewerkschaft der Künstler, die sich der I. Internationalen anschließt. Er gilt als aktives Mitglied der Kommune des XX. Arrondissements. Er kämpft jedoch auch mit seiner Feder und träumt davon, die Ideen der Arbeiterbewegung über seine Lieder zu verbreiten. Der Verfasser der »Internationale« gilt als der bekannteste Liedermacher der Kommune.

Mac-Mahon greift die Festungen an

■ *11. – 24. April 1871*

Am 11. April beginnt Thiers seine große Offensive auf Paris. Er beauftragt den General Mac-Mahon (Foto), den Herzog von Magenta, mit der Öffnung der eisernen Umklammerung der Hauptstadt. Der Herzog hatte zwar während des französisch-preußischen Kriegs eine Niederlage erlitten, aber die Versailler Abgeordneten haben Vertrauen in einen General, der sich im Krimkrieg tapfer geschlagen hat. Die erste Hürde des Generals besteht in der Einschätzung der Gesinnung der Soldaten, deren Freilassung Bismarck auf ein Gesuch Thiers bewilligt hatte. Keine einfache Aufgabe: Nach den harten Bedingungen im Krieg gegen Preußen sollen nun die gleichen Männer gegen Franzosen und Pariser kämpfen, die die Revolution wollen. Thiers ist sich der Solidität der Festungsbauten bewusst, die er selbst 1840 errichten ließ. Diese Festung schützt die Kommunarden. Innerhalb von acht Tagen errichtet Mac-Mahon eine Batterie in Montretout. Anschließend ziehen die Versailler Truppen auf dem rechten Seineufer Richtung Asnières.

Der Mut der Kommunarden

■ *April – Mai 1871*

Die Frauen haben einen entscheidenden Beitrag bei der Errichtung und der Verteidigung der Kommune geleistet. Viele von ihnen, wie Hortense David oder Joséphine Marchais führen Männertruppen an. Die Russin Elisabeth Dimitrijev übernimmt sogar das Kommando eines Frauentrupps im Viertel Batignolles. Diese Frauen in Uniform teilen Befehle aus, tragen Waffen und achten auf die kämpferische Gesinnung der Truppen. Sie gründen den Frauenverband »Union des femmes« zur Verteidigung von Paris.

Zahl der Zeitungen wächst

■ *April 1871*

Seit dem 11. März sind sechs linksextremistische Zeitungen verboten worden, die den sozialen Hass schüren. Trotz der herrschenden Papierknappheit gelingt den Föderierten innerhalb nur eines Monats die Veröffentlichung von 70 neuen Zeitungen. Folgende Zeitungen dienen der Revolte der Kommunarden: »Le Mot d'ordre« des gefürchteten Polemikers Henri Rochefort, »Le Père Duchesne« von Vermeersch, »Le Vengeur« von Félix Pyat, »Le Réveil« von Delescluze, »La Commune« von Millière und vor allem das populäre Blatt »Le Cri du Peuple« von Jules Valès. Diese aufstrebenden Zeitungen können leider nicht außerhalb von Paris gelesen werden.

Regierung von Versailles will die Kommune in die Knie zwingen

■ *8. Mai 1871*

Thiers ist mit seiner Geduld am Ende. Drei Wochen dauern die Kämpfe schon und die Kommune ist immer noch nicht geschlagen. Mit einem massiven Angriff auf den Westen und den Süden von Paris, sollen die Kommunarden in die Knie gezwungen werden. Die Föderierten haben viele Niederlagen erlitten und konzentrieren sich hauptsächlich auf die Verteidigung des Stadtzentrums. Auf der Rue de Rivoli ist eine besonders starke Barrikade errichtet worden. Am 5. Mai haben die Versailler die Föderierten aus Clamart vertrieben. Am 8. Mai ist die Festungsmauer bombardiert worden. Die Versailler Truppen haben Grenelle, Fort Issy und Passy eingenommen. Während sich in Frankfurt die Friedensverhandlungen in die Länge ziehen, befürchtet Thiers, von Bismarck diskreditiert zu werden, sollte die Kommune nicht bald besiegt werden. Als er von Spionen darüber informiert wird, dass die Barrikaden nicht mehr besonders stark sind, verlangt er die Entwaffnung der Aufständischen. Die Kommune antwortet mit der Zerstörung des Wohnhauses von Thiers an der Place Saint-Georges. Da die Friedensverträge noch nicht unterzeichnet sind, führen die Versailler gleichzeitig einen Krieg gegen Paris und gegen Deutschland.

Adolphe Thiers bleibt unerbittlich.

Frankfurter Friedensvertrag

■ *10. Mai 1871*

Nach sechs schwierigen Verhandlungstagen hat Jules Favre im Namen Thiers und der von Deutschland anerkannten Regierung zusammen mit Bismarck den Friedensvertrag unterzeichnet. Der Kanzler erklärt, dass der Aufstand von Paris die Friedensbedingungen kompromittiert hätte. Nach der Unterzeichnung fügt der Kanzler hinzu, dass es jetzt vor allem auf eine freundschaftliche Annäherung der beiden Nationen ankäme. Jules Favre antwortet ihm verbittert: »Angesichts der auferlegten Bedingungen sind wir noch weit davon entfernt!« Mit dem Messer an der Kehle hatte Frankreich einer Entschädigung in Höhe von fünf Milliarden Francs und einer Abtretung der Gebiete Elsass-Lothringen an das deutsche Reich zustimmen müssen. Charles Delescluze, der neue Delegierte der militärischen Kommission, wendet sich mit folgenden Worten an die Aufständischen: »Ihr kämpft für soziale Gerechtigkeit, für die Befreiung Frankreichs und die der ganzen Welt. Euer Triumph ist die Rettung des Volkes. Es lebe die universelle Republik! Es lebe die Kommune!« Die Pariser Bevölkerung erwartet die Versailler mit einer verzweifelten Willenskraft.

Die Vendôme-Säule wird gestürzt

■ *16. Mai 1871*

Da es unmöglich wurde, den Vorstoß der Versailler Truppen aufzuhalten, vergreift sich die Kommune an einem berühmten Kriegssymbol. Ähnlich wie das 1789 gestürmte Gefängnis der Bastille gilt die Vendôme-Säule als Inbegriff des imperialistischen Despotismus. Die Idee der Zerstörung der Säule geht offiziell auf den 12. April zurück, als ein Journalist der revolutionären Zeitung »Père Duchesne« die Figur Napoléons auf der Spitze der Säule angreift: »Wirst schon sehen, alter Schuft.

Die Vendôme-Säule wird unter dem Beifall des Volkes gestürzt.

Wir werden dich wie deinen Neffen hinunterstürzen!« Für die Kommunarden ist die aus feindlichen Kanonen geschmolzene Bronzesäule ein »Monument der Grausamkeit, eine Verherrlichung der Kriege, eine Negation der internationalen Rechte, eine permanente Beleidigung der Sieger über die Besiegten«. Nach langen Diskussionen besinnt man sich der Idee des Malers und Kommunarden Gustave Courbet.

In Wirklichkeit hatte Courbet schon lange vor der Kommune nämlich 1870, zur Zeit der Belagerung, vorgeschlagen, man könnte doch die

berühmten Liedes »Le Temps des cerises«, ist mit diesem Vorschlag nicht einverstanden. Er versucht, eine radikalere Idee durchzusetzen: »Nieder mit der ganzen Säule!« Seine Forderungen waren sehr viel extremer als die von Gustave Courbet.

Heute soll die Aktion durchgeführt werden. Der Place Vendôme erhält den Namen Place des Piques, den der Platz schon während der Französischen Revolution bekommen hatte. Der nördliche Teil des Platzes ist mit Stroh und Reisigbündeln bedeckt. Die Säule, die bereits an zwei Stellen angesägt worden ist, soll auf diese Seite fallen. Auf der Südseite erscheinen gegen 15 Uhr Ehrengäste auf dem Balkon des Justizministeriums. Um 15 Uhr 30 soll die Säule mittels einer Winde gestürzt werden. Doch die Taue reißen. Der Ingenieur, dem die Operation anvertraut wurde, hat eine finstere Miene. Jetzt muss noch mal von vorn begonnen werden und die ganze Aktion dauert ungefähr zwei Stunden. Die nicht schulpflichtigen Kinder feuern den Ingenieur mit Zurufen kräftig an. Die Menge wird ungeduldig und gegen 17 Uhr stimmt man unzufrieden die Marseillaise an. In diesem Augenblick hört man ein düsteres Knacken und schließlich einen fürchterlichen Aufprall. Der Platz geht in einer Staubwolke unter. Als man endlich wieder etwas sehen kann, stellt man fest, dass die einzelnen Abschnitte der Säule unvorhergesehenerweise in Richtung Rue de la Paix gefallen sind. Die zur Hälfte geköpfte Statue Napoléons I. liegt mitten auf dem Schutthaufen. Der Ruf: »Tot dem Tyrannen!« ertönt; die erregten Kommunarden stürzen sich auf den leeren Sockel und dekorieren ihn mit einer roten Fahne.

Ist Gustave Courbet ein Randalierer?

■ *16. Mai 1871*

Während sich die Versailler Armee in Satory, in der Nähe von Versailles, versammelt, beschäftigen sich die Kommunarden mit einer seltsamen und müßigen Frage: Wer hat die Zerstörung der Vendôme-Säule angeordnet? Es sieht so aus, als würde man Gustave Courbet zum Sündenbock in dieser Affäre machen. Angesichts der Tatsache, dass sich die Versailler Truppen auf den nächsten Angriff vorbereiten, halten viele Pariser diese Diskussion für lächerlich und überflüssig. Als es darum ging, die Säule abzureißen, hatten schon einige – der Kommune feindlich gesinnte – Zeitungen Karikaturen über den Maler veröffentlicht. In der Zeitung »Le Grelot« (siehe Darstellung) wurden zwei

Illustrationen von Heinrich IV. und Ludwig XIV. veröffentlicht, die den Maler darum bitten, nicht in Bronze gegossen zu werden. In Wirklichkeit aber ist anzunehmen, dass der Künstler unschuldig ist. Wiederholt hatte man ihn schon für die Zerstörung von Kunstobjekten im Louvre verantwortlich gemacht. Bei der Abstimmung vor zwei Tagen war er nicht dabei gewesen und niemand kann seine Anwesenheit auf dem Platz während der Zerstörung der Säule nachweisen. Die Anschuldigungen scheinen demnach ungerechtfertigt zu sein. Nach den lautstarken und radikalen Wortgefechten, die der zerstörerischen Aktion vorausgegangen waren, sind die wahren Schuldigen nun plötzlich verstummt.

Bronzesäule zur Herstellung von Kanonen einschmelzen. Ohne auf seine anfängliche Idee zurückzukommen, schlägt der heftig umstrittene Maler in einem eher gemäßigten Ton vor, den Unterbau zur Errichtung einer neuen Säule in Gedenken an den Aufstand vom 18. März zu bewahren. Aber der Dichter Jean-Baptiste Clément, Verfasser des

Vom Sockel geholt: In der Rue de la Paix liegt die Statue Napoléons I.

Delescluze führt die Föderierten an

Der 1809 geborene Delescluze ist schon seit 1830 in der Opposition.

■ *10. Mai 1871*

Der Kriegsminister der Kommune, Gustave Paul Cluseret, wird des Hochverrates bezichtigt. Er steht unter dem Verdacht, als Spitzel für die Spione von Thiers gearbeitet zu haben und wird am 30. April festgenommen. Sein Amt wird heute mit dem Vertrauensmann Charles Delescluze besetzt. Dieser ehemalige Kanzlist ist ein überzeugter Republikaner mit radikalen sozialistischen Ansichten. Schon seit langem hatte er die Verurteilung der Minister der »Regierung der Nationalen Verteidigung« verlangt. Der neue Kriegsminister der Kommune war während des Kaiserreichs sechs Jahre lang nach Cayenne in Französisch-Guyana in Südamerika verbannt worden. Die Föderierten begrüßen diese Wahl.

Die Kommunarden bewaffnen sich

Männer und Frauen der Kommune greifen zur Verteidigung von Paris zu den Waffen.

■ *21. Mai 1871*

Die Neuigkeit hat sich wie ein Lauffeuer verbreitet: Die Versailler sind durch die Bastion Point-du-Jour in die Stadt eingedrungen. Die Föderierten sind nicht auf den Angriff vorbereitet. Schnell wird versucht, die Barrikaden zu verstärken. Um den Vormarsch der Versailler Truppen ins Zentrum und in den östlichen Teil aufzuhalten, müssen die Kommunarden ihre Verteidigung verstärken. An jeder Straßenecke werden regelrechte Forts errichtet. Am äußeren Ende der Rue Royale wird eine solide Barrikade aus Erdsäcken und einer Zementwand errichtet. Aus den Arbeitervierteln eilen die Handwerker und die Ladenbesitzer herbei, um den Föderierten zu helfen. Sogar Jugendliche werden bewaffnet. Alles deutet darauf hin, dass der Angriff unerbittlich sein wird. Delescluze ruft alle Aufständischen zum erbitterten Widerstand gegen die Armee auf.

Einmarsch der Versailler in Paris

■ *21. Mai 1871*

Um 3 Uhr morgens klettert ein Soldat der regulären Armee auf die Bastion Point-du-Jour und informiert einen Offizier darüber, dass sie völlig verlassen ist. »Nur herein, es ist niemand da!« Der Offizier kehrt sogleich in den Graben zurück und telegrafiert die Nachricht an die Generäle in Versailles. Die Batterien stellten ihr Feuer ein. Thiers ordnet den Einmarsch in Paris an. Abends haben die Truppen Chaillot eingenommen. Delescluze lässt eine Nachricht aushängen: »Geht dem Feind entgegen! Eure revolutionäre Energie soll ihm beweisen, dass man Paris zwar verkaufen, dass man es aber weder ausliefern noch besiegen kann!«

General Galliffet verspricht schonungslosen Kampf

■ *23. Mai 1871*

Seit zwei Tagen verteidigen die Pariser mit allen Kräften ihre Stellung. Angesichts der wenig präzisen Befehle seitens des Zentralkomitees können die unzähligen Barrikaden gegen die Versailler Kanonen jedoch nicht standhalten. Auf Befehl von Thiers kündigt General Galliffet einen schonungslosen Kampf an. Gestern Abend wurden die Bahnhöfe Batignolles und Saint-Lazare eingenommen. Heute Nacht ist der Bahnhof Montparnasse den Versaillern zum Opfer gefallen. Aber an der Place de la Concorde steht die Barrikade noch. Aus der Rue de Rivoli ertönt ein Schrei: »Lieber Moskau als Sedan!« In der allgemeinen Aufregung verbreitet sich die Rachebotschaft: »Sie wollen Paris? Sie können einen Trümmerhaufen haben!« Die Soldaten, verzweifelt darüber, dass die Straßenkämpfe sich so in die Länge ziehen, beginnen mit der Erschießung der Gefangenen. Sie haben es vor allem auf die alten Kommunarden abgesehen, weil »die schon 1848 dabei gewesen sind«. Diese fürchterliche Verfolgung ruft wiederum andere Grausamkeiten hervor. Die Versailler Truppen, fast ausschließlich aus Provinzsoldaten bestehend, haben Angst vor den Kämpfen, schießen wie besessen in die Menge. Die Förderierten, die den Vorteil haben, sich in Paris besser auszukennen, schlagen zurück und ein fürchterlicher Bürgerkrieg entflammt.

Der Vorstoß der Versailler von Westen ins Zentrum hinterlässt viele Leiche auf den Pariser Straßen; Gemälde von Maximilien Luce.

Der Verrat schürt den Hass

■ *24. Mai 1871*

Die Föderierten haben ihre Drohung in die Tat umgesetzt: Sie haben Paris angezündet. In einem Akt der Verzweiflung hat man die Petroleumreserven hervorgeholt, um die öffentlichen Gebäude anzustecken: Der Rechnungshof, das Verwaltungsgericht, der Palast der Ehrenlegion und das Rathaus sind übergossen und in Brand gesteckt worden. Vor allem Frauen haben sich an diesen verzweifelten Verteidigungsaktionen beteiligt. Die Brandstifterinnen fallen über das Finanzministerium und den verhassten Palais des Tuileries her. Unter der Hitze des Feuers bleibt die Uhr des Palastes um neun Uhr fünf stehen. Die Versailler nehmen alle vermeintlichen Brandstifterinnen fest. Alle Personen mit schwarzen Händen werden an Ort und Stelle hingerichtet. Tausende von Männern, Frauen und Kindern mit schmutzigen Händen werden getötet; ihre Leichen werden in ein Massengrab geworfen.

Paris ist ein einziges brennendes Inferno

■ *24. – 28. Mai 1871*

Paris gleicht einem einzigen Höllenfeuer. Wenn auch einige Brände durch die Versailler Kanonen ausgelöst worden sind, so sind doch die meisten Gebäude den Brandstiftern der Kommune zum Opfer gefallen. Zu dieser verzweifelten Verteidigungstaktik gehörte auch die Anwendung von Petroleum. Selbst die Frauenrechtlerin Louise Michel versuchte, dieses Mittel zu rechtfertigen: »Nur das Feuer kann die Monster zurückhalten!« Von der Rue Royale bis zu der Place Saint-Sulpice einschließlich der Häuser der Rue du Bac und der Rue de Lille steht alles in Flammen. Gleichzeitig werden widerwärtige Gerüchte verbreitet: Die Feuerwehrmänner, heißt es, würden alle Häuser mit einer leicht entzündbaren Flüssigkeit übergießen. Die »Brandstifterinnen« trügen angeblich Arsenfläschchen unter ihren Röcken, um die Versailler Soldaten zu entstellen und erblinden zu lassen. Am frühen Morgen ist der Tuilerien-Palast in Brand gesteckt worden. Ein entsetzter Zeuge berichtet: »Noch nie hatte ein Fest die Fenster des Palastes so hell erleuchtet wie heute Morgen. Unter der Höllenglut stürzte der Palast nach und nach in sich zusammen. Die noch stehenden Mauern glichen einem Paravent vor einer fürchterlichen irrealen Welt. Der nächste Morgen jedoch brachte einen anderen Anblick: Ein ausgehöhltes und vollständig verglühtes Gebäude«. Die Versailler rückten, obwohl leicht schockiert von dieser Höllenvision, trotzdem bis zur Handelsbörse, zur Banque de France und bis zum Palais-Royal vor. Die Kommune beabsichtigt auch, das Rathaus nieder-

Ein flammendes Inferno: Die Kommunarden haben große Teile der Stadt angesteckt.

zubrennen, obwohl sie doch vor 50 Tagen in diesem Gebäude so hoffnungsvoll gegründet worden war. Im Innern des Gebäudes haben sich 15 Mitglieder der Kommune um Charles Delescluze versammelt. Der Kriegsminister ist am Ende. Müde und erschöpft unterschreibt er Befehle. Kurz darauf leert sich das Rathaus und der Gouverneur Jean-Louis Pindy erhält den Befehl, dieses architektonische Meisterwerk der Renaissance anzustecken. Nach ein paar

Stunden wird an der Oper und in Charonne geschossen. In der Rue Saint-Jacques werden 40 Kommunarden ohne Urteil hingerichtet. Die Hinrichtung gegen vier Uhr morgens bringt die Menge in Rage. Dieser grausame Vorfall bedeutet das Ende von Kriegsminister Delescluze. Verzweifelt, ohne sich noch einmal umzudrehen, klettert der Jakobiner auf die Barrikaden an der Place du Château und bricht unter einem Kugelhagel zusammen. Angesichts der

ausweglosen Lage hat Delescluze den Weg in den Tod gewählt. Am darauf folgenden Tag fällt gegen zwei Uhr am Nachmittag die letzte Barrikade in der Rue de Tourtille (heutige Rue Ramponneau). Die letzten Stunden der Kommune sind geprägt von blutigen Kämpfen zwischen den Gräbern des Friedhofs Père-Lachaise. Die völlig erschöpften Verbündeten werden umgehend und ohne Urteil an den Hauswänden der Rue Repos erschossen.

Selbst das Rathaus, in dem die Kommune ihre verheißungsvollen Anfänge gefeiert hatte, wird von den Flammen verschlungen.

Im Roquette-Gefängnis werden die Geiseln ohne Urteil hingerichtet, darunter der Erzbischof von Paris, Darboy, und der Präsident des Obersten Gerichtshofes.

Nach dem Aufstand ist Paris ein Trümmerhaufen

■ *29. Mai 1871*

Seit gestern haben die Massaker aufgehört. Die letzten drei Tage glichen einem einzigen grausamen Wahnsinn, blind vor Hass und ohne jeden Ansatz von Menschlichkeit und Verstand haben sich Versailler und Kommunarden zu Tausenden gegenseitig massakriert. Verwundete wurden sogar noch im Krankenhaus getötet und wegen eines Paar Schuhen wurde man zum Mörder. In einer einzigen Nacht haben die Regierungstruppen 1 900 Menschen auf dem Hof des Roquette-Gefängnisses getötet. Der zynische General Marquis de Galliffet hatte seine düstere Mission abgeschlossen. Diese grausamen Tage und Nächte gehen als die so genannte »Blutwoche« in die französische Geschichte ein. Heute Morgen haben ein paar Überlebende auf dem Pont-Neuf eine lange Blutspur entdeckt, aber es gibt noch Schlimmeres. Der Geruch der verbrannten Stadt vermischt sich mit dem Gestank der Leichen, die in improvisierte Gräben geworfen wurden. Es riecht auch nach Petroleum, diesem fürchterlichen Komplizen der Verbrechen der Kommune. Das größte Opfer dieser endlosen grausamen Schlacht ist die Stadt selbst: Wo man auch hinschaut, nichts als Ruinen. Jedes Mal wenn die Kommunarden aus einem Stadtviertel verdrängt wurden, steckten sie es anschließend an. Fast schon ein Wunder, dass die Gebäude auf der Place de la Concorde und der Louvre (bis auf die Tuilerien) dem Feuer entgehen konnten. Vor dem niedergebrannten Rathaus hängt an einem Zaun ein zerrissenes Plakat der letzten Proklamation der Kommune. Ludovic Halévy, ei-

In der Rue de Rivoli ist das Finanzministerium nur noch ein Trümmerhaufen. Der Bürgerkrieg hat die Stadt verwüstet.

ner der Librettisten Jacques Offenbachs, ist gestern in Paris angekommen, um zu sehen, was von der Stadt übrig geblieben ist. Er ist jedoch nicht der einzige Neugierige. Ausländische Zeitungen haben ihre Fotografen nach Paris geschickt, um ihren Lesern das traurige Ereignis des Pariser Bürgerkrieges zeigen zu können. In diesen Tagen bildet Paris die Kulisse für ein seltsames Szenario. Während die Feuerwehrmänner noch versuchen, die rauchen-

den Ruinen zu löschen, stellen die Journalisten aus London, Mailand und Berlin unter ihren schwarzen Tüchern ihre Objektive scharf. Sie wollen die Spuren dieser grausamen Zeit einfangen. Der noch qualmende Trümmerhaufen Paris ist gewiss ein ergiebiges Thema für diverse Reportagen. Von dem Théâtre de la Porte Saint-Martin ist nur noch die Bühne übrig geblieben. Die Munitionsfabrik Rapp ist bis auf die Grundmauern niedergegebrannt. Der Justiz-

palast ist nur noch ein spärliches Gerippe. Und was ist aus der Rue du Bac und der Rue de Lille geworden? Sie sehen so aus, als hätte Haussmann die Straßen aus Sanierungsgründen aufreißen lassen. Die Rue de Rivoli mit ihren berühmten Arkadengängen gleicht nur noch einem Steinbruch mit gusseisernen Balkonen. Tief betrübt über diese Zerstörungswut schreibt Victor Hugo: »Wie schlimm ist diese Stadt verhöhnt und beleidigt worden«.

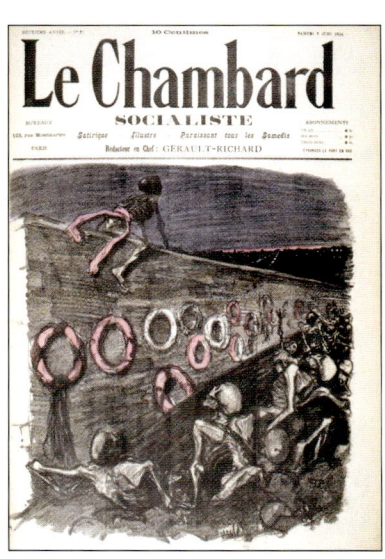

»Die Toten an der Mauer« – Die Gräueltaten bleiben im Gedächtnis.

Louise Michel hält durch

■ *28. Mai 1871*

Mit der roten Fahne und der Waffe in der Hand hat sie ihre Barrikade bis zum letzten Moment verteidigt. Am Armgelenk verletzt und halb erschlagen, wird sie für tot erklärt. Aber Louise Michel kommt wieder zu Bewusstsein und kann den Versailler Soldaten entkommen. Sie erfährt, dass ihre Mutter an ihrer Stelle hingerichtet werden soll. Als sie ihre verhaftete Mutter befreien will, wird sie selbst eingesperrt. Die legendäre Kämpferin für soziale Gerechtigkeit wird in das Lager von Santory nahe Versailles gebracht.

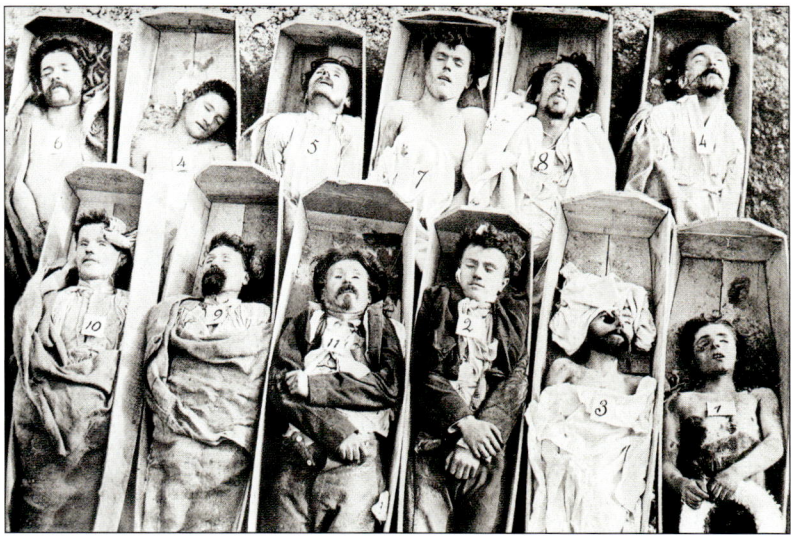

Während der so genannten »Blutwoche« werden die Leichen der Aufständischen auf grausamste Weise zusammengepfercht; Aufnahme von Eugène Disdéri.

Die Bilanz ist grausam

■ *Juni 1871*
Die Kommune ist ein auf Paris beschränktes Phänomen geblieben. Ihre Unterdrückung war blutiger als der Aufstand selbst. Die Provinz hat als entsetzter Zuschauer nicht mitgezogen. Das ganze Land sehnt sich nach Ordnung und Frieden. Hierfür setzt es sein Vertrauen in Thiers. Aber die Pariser können die auf beiden Seiten vergossenen Blutströme und den ganzen Hass nicht vergessen. Während Thiers sich daran macht, Frankreich neu zu organisieren, führt Galliffet, »der Henker der Kommune«, den Vorsitz in improvisierten Kriegsgerichten. Die Bilanz ist entsetzlich: 36 309 Personen, davon 1 858 Frauen und 651 Kinder, werden verhaftet. 10 000 Urteile werden verhängt, davon 285 Todesurteile (acht Frauen) und 7 500 Personen werden nach Neukaledonien deportiert. Gustave Courbet wird in Sainte-Pélagie eingekerkert. Die militärische Gerichtsbarkeit stellt fest, dass 20 000 Menschen auf den Barrikaden oder durch Hinrichtung ums Leben gekommen sind. Mac-Mahon spricht von 877 Toten auf Seiten der Regierung. Da viele der Aufständischen ins Ausland entkommen konnten, werden 3 313 Urteile in Abwesenheit verhängt. Noch schrecklicher: Es hat mehr als 300 000 Denunziationen gegeben.

Paris erwacht wieder zu neuem Leben

»Journal des Demoiselles«: Die Krinoline wird vom »Cul de Paris« verdrängt.

■ *Frühjahr bis Herbst 1872*
Während Frankreich alle seine Ersparnisse aufbringt, um die fünf Milliarden Kriegsschulden zu tilgen, die Bismarck fordert, während die Bürger massiv zwei staatliche Anleihen zeichnen, um die östlichen Departements zu befreien, heilt Paris seine Wunden. Der aufmerksame Beobachter und Schriftsteller Ludovic Halévy berichtet, wie überrascht er war, dass die Cafés nur einen Monat nach der so genannten »Blutwoche« schon wieder gefüllt sind. Man reibt sich die Augen: War dieser unsagbare Schrecken nur der schlimmste Alptraum, den Paris je hatte? Im Palais-Royal hat Eugène Labiche großen Erfolg mit seiner Komödie »Doit-on le dire?« (Soll man es sagen?) Ja, Paris will wieder leben.

Die zerstörten Gebäude werden wieder aufgebaut

■ *1872–1874*
Die verkohlten Ruinen, die eingestürzten Mauern, die Krater voller Schutt und Asche verstellen die Schönheit der Hauptstadt. Die Abgeordneten sind immer noch in Versailles und kommen wohl erst dann nach Paris zurück, wenn die Spuren der Zerstörung beseitigt sind. Überall dieselbe Parole: Reparieren und wieder aufbauen. Der Justizpalast wird wieder errichtet. In der Rue Nicole werden beim Bau einer Markthalle die Reste eines römisch-gallischen Friedhofs entdeckt, was zeigt, dass Geschichte nur eine Folge von Vernichtung und Neubeginn ist. Es ist unmöglich, den Überschwang zu beschreiben, mit dem die Totengräber am 24. Oktober in einem Restaurant in der Avenue Wagram (XVII. Arrondissement) ein großes Bankett veranstalten. Ein »Totenkopfkäse« wird aufgetischt und beim Nachtisch erklärt ein Arzt, dass es für Bestattungsunternehmer

Man restauriert die Vendôme-Säule und beseitigt so die erlittene Schmach.

unpassend sei, auf die Gesundheit einer Person, »wer auch immer sie sei«, anzustoßen. Ein junger Maler, Edouard Detaille, stellt im Salon ein Werk mit dem Titel »Die Sieger« aus, mit dem er die Plünderer, die der deutschen Armee gefolgt sind, bloßstellt. Das neue Théâtre de la Porte-Saint-Martin entsteht an der Stelle, wo sich das in der Blutwoche abgebrannte Restaurant Defieux befand. Direkt daneben wird das Théâtre de la Renaissance gebaut. Die 1865 begonnene Synagoge in der Rue de la Victoire (IX. Arrondissement) wird fertig gestellt und zwei neue Kirchen werden errichtet. Eine in Ménilmontant, die andere auf der Avenue de la Grande Armée. Die wieder aufgerichtete und restaurierte Vendôme-Säule ist ein mächtiges Symbol der zurückgekehrten Ordnung. Auf der Place des Pyramides legt das Volk Blumenkränze zur Einweihung der neuen Jeanne-d'Arc-Statue nieder.

Sollen die Tuilerien wieder aufgebaut werden?

■ *1872–1873*

Hunderte von Arbeitern schaufeln Notre-Dame frei und richten das Krankenhaus Hôtel-Dieu wieder her. Jetzt stellt sich die schwierigste Frage: Ist es technisch möglich, die Tuilerien wieder aufzubauen? Und wenn ja, ist es dann politisch und finanziell wünschenswert? Dieser Palast war mit der Monarchie so eng verknüpft, besonders in den schwierigsten Momenten, dass die Anhänger der Republik nichts davon hören wollen. Was sollte man überhaupt aus diesem Palast machen? Der neue Staatspräsident Mac-Mahon – von Haus aus ein Monarchist – hat sich für sieben Jahre im Elysée-Palast eingerichtet. Aus Sicherheitsgründen hat man allerdings schon den Flügel abgetragen, der zur Rue de Rivoli hin lag. Ein schwarz gekleideter Herr betrachtet gerührt die Ruinen der Tuilerien. Es ist der ehemalige Präfekt Baron Haussmann, der gerade von einer Mission in Konstantinopel zurückkehrt. Er setzt sich für die Erhaltung der Pavillons de Flore und de Marsan ein, die noch un-

Die schwarzen und zerfallenen Überreste des Tuilerien-Palastes

beschadet da stehen. Haussmann ist Mitglied der Akademie der Bildenden Künste. Als solches beteuert er, die Vernichtung der Tuilerien sei ein Verbrechen gegen die Vergangenheit. Der Abgeordnete Georges Clemenceau überwacht die Äußerungen des Mannes, der

einmal Napoléon III. gedient hat, denn er hasst sie beide. Er erinnert ihn: »Sie haben ja auch den Luxembourg-Palast verschandelt!« »Das glaube ich keinesfalls« antwortet der Baron, »und ich fürchte mich nicht vor dem Urteil der Männer, die Geschmack haben.«

Schah schläft in Marie-Louises Bett

■ *6. Juli 1873*

Seine kaiserliche Hoheit, Nasir-ad Din, der Schah von Persien, wird von Marschall Mac-Mahon und dem Fürsten de Broglie empfangen. Der Schah soll 13 Tage in Paris bleiben. Er ist der erste Monarch, der seit 1870 empfangen wird. Der mit Rubinen, Smaragden und Diamanten besetzte Gürtel des Herrschers zieht alle Blicke auf sich.

Der Schatzmeister des persischen Hofes behauptet, er sei eine Million Francs wert. Der Schah wohnt im Petit-Bourbon (heute Hôtel de Lassay). Er schläft dort in einem mit vier vergoldeten Füllhörnern verzierten Bett mit Straußenfedern und Seidenvorhängen. Dieses Bett wurde aus dem Möbellager geholt und hat früher der Kaiserin Marie-Louise gehört.

Die Kriegsschulden sind getilgt

■ *September 1873*

Der deutsche Kaiser und Bismarck sind überrascht: Obwohl Frankreich besiegt und besetzt ist, erholt es sich schnell und leistet die letzten Raten seiner

Schuld in Vorauszahlung. Thiers hatte der unter Napoléon III. erworbenen finanziellen Solidität des Landes vertraut. Die zweite große Anleihe hätte 14-mal abgedeckt werden können. An diesem Tag bringen Wagen mit Eskorte das restliche Geld zum Sonderzug, der es transportieren soll. Eine Milliarde, deren Zahlung im Juni erst begonnen hat. Im Gegenzug werden die letzten besetzten Departements (Meuse, Meurthe-et-Moselle, Ardennen und Vogesen) geräumt. In ganz Frankreich wird Thiers »der Befreier des Territoriums« genannt.

Die Anleihen sind für die Banken sehr vorteilhaft.

Wallace-Brunnen in La Villette

■ *September 1872*

Vor zwei Jahren war man schon auf diesen großzügigen, 52-jährigen frankophilen Briten aufmerksam geworden. Sir Richard Wallace ist der Erbe einer reichen Familie. Er liebt Paris und möchte dazu beitragen, das Leben dort angenehmer zu gestalten. Voriges Jahr hat er der Stadt vorgeschlagen, in manchen Vierteln ähnliche Brunnen aufzustellen, wie er sie aus London kennt. Dort kann man unentgeltlich frisches, klares Wasser trinken. Wallace hat den Bildhauer Charles Lebourg beauftragt, zwei Brunnenmodelle anzufertigen. Nach siebenmonatiger Vorarbeit wird der Guss des Brunnens in Angriff genommen. Wallace hat 80 Exemplare zu einem Stückpreis von 675 Francs bestellt. Die Stadt bezahlt die Aufstellung. Der erste Wallace-Brunnen wird auf dem Boulevard du Combat (heute Boulevard de la Villette) in Betrieb genommen. Er kommt bei den Passanten auf Anhieb gut an.

Sacré-Cœur kommt auf den Montmartre

■ *24. Juli 1873*

Der Regierungschef Fürst de Broglie hat beschlossen, die moralische Ordnung wiederherzustellen und gegen den allgemein verbreiteten Radikalismus und revolutionären Geist anzukämpfen. Wallfahrten sind wieder erstaunlich beliebt. »Rettet Rom und Frankreich im Namen des Sacré-Cœur«, rufen die monarchistischen Abgeordneten. Und

die Legitimisten haben einen Gesetzentwurf durchgesetzt, der zur Buße der Sünden der Pariser Kommune auf dem Hügel von Montmartre den Bau eines Heiligtums vorsieht. Ein Architektenwettbewerb im Industriepalast soll den zukünftigen Konstrukteur von Sacré-Cœur ermitteln. Trotz zahlreicher Proteste unter den Republikanern soll der Bau in zwei Jahren beginnen.

Maler stellen bei Nadar aus

■ *4. Oktober 1874*

Felix Tournachon, genannt Nadar, hat ganz Paris und auch die Katakomben erforscht und fotografiert. Wenn er nicht gerade unter der Erde ist, befindet er sich in der Luft, in einem Ballon. Er ist Mitglied der Gesellschaft zur Förderung der Luftfahrt. Der Krieg hat ihn ruiniert; er hat 200 000 Francs Schulden angehäuft. Die Zeiten sind schwer, die wohlhabenden Kunden der guten Zeiten sind verschwunden. Um neue Kundschaft zu gewinnen, stellt er die Werke fast unbekannter Maler mit einem revolutionären Talent aus. Darunter befinden sich Bilder von Claude Monet, Degas, Renoir, Sisley und Cézanne. Ein Kritiker nennt sie ironisch »Impressionisten«.

Die städtischen Museen von Paris

Der Petit Palais mit seinem monumentalen Portikus und seiner Kuppel ist anlässlich der Weltausstellung 1900 errichtet worden.

In Paris haben Kunstliebhaber die Qual der Wahl. In der Hauptstadt können mehr als 40 Museen besichtigt werden. Allerdings werden nur 16 von ihnen von der Stadt Paris verwaltet. Für die Verwaltung der anderen Museen sind die staatlichen Behörden zuständig. Seit 1977 unterstehen die städtischen Museen der Abteilung für kulturelle Angelegenheiten der Stadt Paris. Jedes einzelne Museum wird von einem Konservator verwaltet.

LE MUSEE D'ART MODERNE

Die Sammlung des städtischen Museums für moderne Kunst ist seit 1961 im schönen Palais de Tokyo untergebracht, der für die Weltausstellung 1937 errichtet wurde. Das Museum ist eine der wichtigsten Adressen für zeitgenössische Kunst und die Kunst des 20. Jahrhunderts in Paris und es können Werke von Picasso, Braque, Modigliani, Soutine, Matisse, Derain und Vlaminck besichtigt werden. Das 60 Meter lange und 10 Meter hohe Werk von Raoul Dufy, die »Fée Electricité« ist in einem speziellen Raum untergebracht.

Das Musée d'Art moderne ist in dem 1937 errichten Palais de Tokyo untergebracht.

LA MAISON DE BALZAC

Das Haus in der Rue Raynouard, in dem Balzac zwischen 1840 und 1847 gelebt hat, liegt im Herzen des ehemaligen Dorfes Passy und ist der einzige noch existierende Wohnsitz des Schriftstellers. In dem ehemaligen Arbeitszimmer des Autors der »Comédie humaine« ist das Mobiliar teilweise wieder hergerichtet worden. Die anderen Räume dienen der Ausstellung persönlicher Gegenstände und der Manuskripte des Autors, anhand derer das Leben und das Werk des großen Schriftstellers verfolgt werden kann.

LE MUSEE BOURDELLE

1929 stirbt der Bildhauer Antoine Bourdelle in seinem Wohnhaus im XV. Arrondissement. Nach seinem Tod kümmert sich seine Frau Cléopâtre um die Einrichtung eines Museums, in dem die wichtigsten Werke ihres Mannes untergebracht werden sollen. Das Projekt wird finanziell von Gabriel Cognacq unterstützt. Schließlich wendet sie sich an die Stadt Paris, die ihr 1949 die Genehmigung zur Eröffnung des Musée Bourdelle erteilt. Das interessante Atelier, das zusammen mit den Wohnräumen unverändert blieb, versetzt die Besucher in die authentische Atmosphäre der Epoche.

LE MUSEE CARNAVALET

Das Museum im Hôtel Carnavalet – mitten im Stadtviertel Marais gelegen – verfolgt die Geschichte der Stadt Paris von den Anfängen bis zur heutigen Zeit. Viele berühmte Namen werden mit dem Museum assoziiert: Der Bildhauer Jean Goujon hinterließ hier seine Spuren und 1677 mietete sich hier die Schriftstellerin Marie de Rabutin ein, besser bekannt unter dem Namen »Marquise de Sévigné«. Das 1989 vergrößerte Museum besteht aus 140 Sälen, in denen man anhand zahlreicher bedeutender Dokumente der Pariser Geschichte eine Reise durch die vergangenen Epochen der Hauptstadt unternehmen kann.

DIE KATAKOMBEN

In der Zeit zwischen 1785 und 1814 wurden die Skelette der verstorbenen Pariser in die noch aus der gallisch-römischen Zeit stammenden Steinbrüche unter den drei Hügeln (Montparnasse, Montrouge und Montsouris) umgebettet. Der Eingang zu den Katakomben von Paris befindet sich am Platz Denfert-Rochereau.

Das Atelier des Malers Ary Scheffer aus dem 19.Jh. ist bis heute nahezu unverändert erhalten geblieben.

LE MUSEE CERNUSCHI

Im Jahre 1873 ließ der reiche und leidenschaftliche Sammler asiatischer Kunst Henri Cernuschi ein herrschaftliches Gebäude zur Ausstellung seiner Kunstobjekte am Rande des Parc Monceau errichten. Nach seinem Tod wird der Besitz der Stadt Paris überlassen und 1898 wird dort das Musée Cernuschi eingeweiht.

LE MUSEE COGNACQ-JAY

Die Sammlung europäischer Kunst aus dem 18. Jahrhundert des Gründers des Warenhauses »La Sama-

① *Musée d'Art moderne*
② *Maison de Balzac*
③ *Musée Bourdelle*
④ *Musée Carnavalet*
⑤ *Die Katakomben*
⑥ *Musée Cernuschi*
⑦ *Musée Cognacq-Jay*
⑧ *Musée Galliéra*
⑨ *Mémorial Leclerc*
⑩ *Musée Jean-Moulin*
⑪ *Petit Palais*
⑫ *Pavillon des Arts*
⑬ *Musée de la Vie romantique*
⑭ *Musée Zadkine*
⑮ *Maison de Victor Hugo**

* Ein zweites Haus gibt es auf der Insel Guernsey.

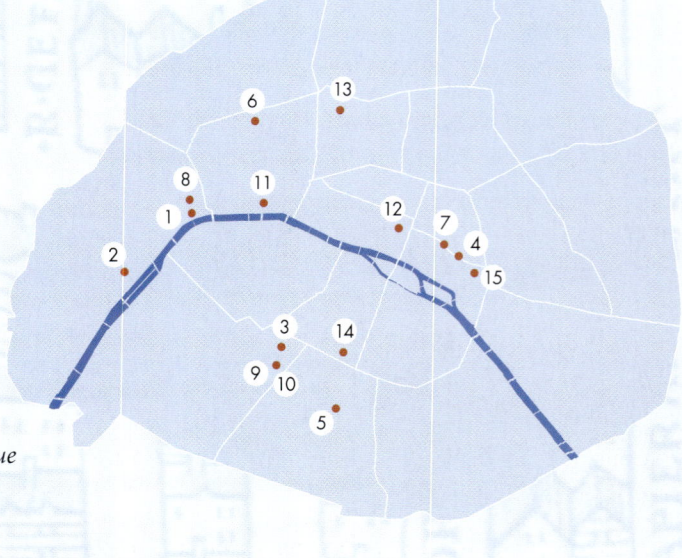

Auf dem Innenhof des Musée Carnavalet erhebt sich ein Bronzestandbild von Ludwig XIV.; ein Meisterwerk des Künstlers Coysevox (1689).

ritaine« Ernest Cognacq und seiner Frau Marie-Louise Jay ist in dem herrschaftlichen Hôtel Denon aus dem 16. Jahrhundert im Marais-Viertel zu sehen. Werke niederländischer und flämischer Meister; außerdem Möbel, Keramiken, Porzellan aus Meißen und Sevres, Tapeten und Skulpturen können hier bewundert werden. Nach dem Tod von Ernest Cognacq im Jahre 1928 gründet die Stadt Paris ein Museum mit den Namen der Spender.

LE MUSEE GALLIERA

Der im Renaissance Stil erbaute Palais Galliéra wurde ursprünglich für die Herzogin von Galliéra errichtet, die den Palast 1880 der Stadt Paris hinterließ. Dank der Schenkungen berühmter Damen – u. a. die Herzogin Greffulhe, Prinzessin Murat, Anna Goulde, Madame Edmond de Galéa – konnte eine reichhaltige Sammlung zusammengestellt werden. Aus dem ursprünglich der Ausstellung dekorativer Gegenstände gewidmeten Museum wird 1977 das Musée de la Mode et du Costume. Erst 20 Jahre später erhält das Museum den Namen »Musée de la Mode de la Ville de Paris«. In regelmäßigen Abständen werden hier Sonderausstellungen gezeigt.

MEMORIAL LECLERC UND MUSEE JEAN-MOULIN

Anlässlich der 50. Jahresfeier der Befreiung von Paris wurden am 24. August 1994 die Gedenkstätte des Marschalls Leclerc de Hautecloque und am 3. September 1994 das Musée Jean-Moulin eingeweiht. Diese im XV. Arrondissement untergebrachte Gedenkstätte dient den Besuchern als Ort der Dokumentation und der Erinnerung. Die beiden Museen informieren über das Wirken der zwei legendären französischen Geschichtshelden und illustrieren anschaulich ihren Lebensweg. Anhand von Originalunterlagen und einer Fotodokumentation kann man die wichtigsten Etappen der Befreiung von Paris nachvollziehen.

LE PETIT PALAIS

Der Petit Palais wurde 1900 von dem Architekten Charles Girault für die Weltausstellung gebaut und beherbergt das Musée des Beaux-Arts de la Ville de Paris. Die Sammlungen bestehen aus drei verschieden Schenkungen: Die Stiftung Dutit umfasst Kunstgegenstände aus der Antike, dem Mittelalter und der Renaissance. Die Sammlung Tuc ist dem 18. Jahrhundert gewidmet. Das eigentliche Interesse des Museums gilt jedoch der französischen Malerei des 19. Jahrhunderts: Courbet, Manet, Bonnard, Renoir. Im Garten können die Skulpturen von Maillol, Bourdelle und Renoir bewundert werden. Zwischen 2001 und 2004 wurde das Museum umfassend renoviert und erweitert.

LE PAVILLON DES ARTS

Der 1983 gründete Pavillon des Arts wird als ein Museum der Stadt Paris angesehen. In Wirklichkeit handelt es sich aber um einen zeitgenössischen Ausstellungsort im Rahmen des Forum des Halles.

LE MUSEE DE LA VIE ROMANTIQUE

In diesem charmanten, in den Jardins de Tivoli 1830 errichteten Haus lebte und arbeitete der Maler Ary Scheffer. Bei ihm verkehrten alle bedeutenden Vertreter der Romantik: George Sand, Chopin, Augustin Thierry und Ernest Renan. Die Erben von Renan und Scheffer haben bis 1956 in diesem Haus gelebt. Anschließend wurde es der Stadt Paris überlassen. Die Sammlung besteht aus Erinnerungs- und Kunstgegenständen, die George Sand gehört haben. Das Atelier von Scheffer ist zeitgerecht hergerichtet worden. Das Museum versetzt die Besucher in die Atmosphäre des romantischen Paris des 19. Jahrhunderts.

LE MUSEE ZADKINE

Wenn man von der Straße her die schwere Tür der Hausnummer 100 in der Rue d'Assas betrachtet, hat man nicht den Eindruck, dass sich dahinter ein kleiner entzückender Skulpturengarten verbergen könnte. Hier befand sich das Atelier von Osip Zadkine. Der russisch-französische Bildhauer und Dichter kam 1909 nach Paris und ließ sich 1928 in der Rue d'Assas nieder. Er

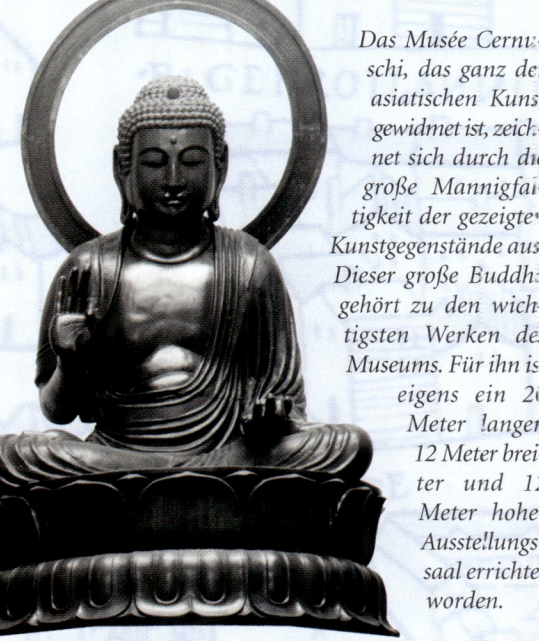

Das Musée Cernuschi, das ganz der asiatischen Kunst gewidmet ist, zeichnet sich durch die große Mannigfaltigkeit der gezeigten Kunstgegenstände aus. Dieser große Buddha gehört zu den wichtigsten Werken des Museums. Für ihn ist eigens ein 20 Meter langer, 12 Meter breiter und 12 Meter hoher Ausstellungssaal errichtet worden.

gab hier seinen Ideen in Holz und Stein Gestalt und lebte in diesem Haus bis zu seinem Tod 1967. Seine Witwe hinterließ den Besitz der Stadt Paris zusammen mit zahlreichen Werken. Daraufhin konnte 1982 das Musée Zadkine eingeweiht werden.

MAISON DE VICTOR HUGO

Der bedeutende französische Schriftsteller der Romatik und Maler wird von der Stadt Paris gleich mit zwei Museen geehrt.

Von 1832 bis 1848 lebte Victor Hugo in einer Wohnung auf der zweiten Etage des Hôtel de Rohan-Guéménée auf der Place Royale, die heutige Place des Vosges. Dort hat er »Lucrèce Borgia«, »Ruy Blas« und einen Teil seines Erfolgsromans »Les Misérables« geschrieben. Anlässlich der 100-Jahresfeier der Geburt Victor Hugos konnte das Museum 1902 dank einer Schenkung von Paul Meuri, eines treuen Freundes Victor Hugos, gegründet werden.

Das Hauteville House auf der englischen Insel Guernsey, in dem sich der Dichter zwischen 1856 und 1870 aufhielt, gehört seltsamerweise auch zu den Museen der Stadt Paris. Von hier aus fluchte der überzeugte Demokrat und Anhänger der Zweiten Republik gegen »Napoléon le Petit«. 1927 hinterließen die Erben des Dichters den Besitz der Stadt Paris.

Das Hauteville House auf der Insel Guernsey enthält von Hugo hergestellte Möbel und Gegenstände.

Bourdelle stand zwar unter dem Einfluss des großen Meisters Rodin (Foto), hat aber auch einen eigenen, poetischen Stil entwickelt.

Der unbeliebte und versteckte Gare d'Austerlitz

■ 1875
Dieser weitab im Osten gelegene Bahnhof ist eines der Opfer der plötzlichen Unterbrechung der Haussmannschen Arbeiten. Für die komplette Verwirklichung der Stadtplanung des Präfekten war keine Zeit mehr und im Lauf der Jahre hat sich der Eindruck der Armut und der Verlassenheit, der diesem Viertel anhaftet auch nicht gemildert. Dabei war der Standort des Bahnhofs der Linie Paris–Orléans am Seineufer gut gewählt. Ein Hafen hätte den Personen- und Frachtverkehr auf dem Wasserweg Richtung Baskenland und Spanien weiterleiten können. Die ersten 1840 errichteten Gebäude erfuhren mehrere Veränderungen, vor allem 1846 und 1852. Der Ingenieur Louis-Charles

Ansicht von der Place Mazas auf den verborgenen Bahnhof Gare d'Austerlitz

Sévène und sein Mitarbeiter Pierre-Louis Renaud haben zwischen 1865 und 1868 sogar einen neuen Bahnhof gebaut. Obwohl er jetzt zehn und nicht mehr vier Hektar einnimmt, wirkt er weiterhin diskret. In Wirklichkeit sieht man ihn gar nicht, da er von einem Verwaltungsgebäude der Eisenbahngesellschaft verdeckt wird. Das Ganze ist weder praktisch noch schön. Daher hält sich das Interesse der Pariser an ihrem Süd-Ost-Bahnhof in Grenzen.

Garnier muss Eintritt selber zahlen

■ 5. Januar 1875
Mit 14-jähriger Verspätung wird die neue Oper endlich eingeweiht. Trotz der eisigen Kälte drängen sich davor etwa 8 000 Schaulustige. Der Marschall Mac-Mahon und seine Gattin empfangen den Bürgermeister von London und den Abgesandten der Königin Viktoria. Der spanische König und der Bürgermeister von Amsterdam sind ebenfalls anwesend. Auf dem Programm stehen die Ouvertüren der Opern »Die Jüdin« und »Wilhelm Tell«, Auszüge aus den »Hugenotten« und das Ballet »Die Quelle« von Léo Delibes. Den Architekten Charles Garnier hat man allerdings – keiner weiß warum – vergessen und nicht eingeladen. Voller Empörung kauft er für sich selbst und seine Frau Eintrittskarten.

Hohe Gäste sind zugegen, die große Treppe ist festlich beleuchtet: Die Oper des Architekten Garnier wird eingeweiht. Allerdings hat man vergessen, ihn einzuladen.

Auf dem Dach ist es billiger

■ Sommer 1875
Der Omnibus der Linie E mit der roten Karosserie und den gelben Rädern ist einer der beliebtesten von Paris. Diese Madeleine-Bastille-Verbindung fährt über den Boulevard Montmartre und die Porte Saint-Martin. Die Angestellten tragen das »O« für »Omnibusgesellschaft« vorn auf ihrer Schirmmütze. Hinten am Wagen ermöglichen neue Trittbretter den Zugang zu den langen Holzbänken. Auf das Verdeck aber dürfen nur männliche Fahrgäste steigen: Der Aufgang zu dieser Dachgalerie ist für Damen verboten. Der Fahrpreis beträgt 30 Centimes im Innenraum, auf dem Dach inklusive Regen kostet er hingegen nur 15 Centimes.

Gentlemen unter sich

■ 18. August 1875
Ob es gerade in Mode ist, wegen jedem Widerwort handgreiflich zu werden? Zu Beginn der Börsensitzung im Palais-Brongniart schlägt ein gewisser Herr Legrand einen bekannten Bankier mit seinem Stock. Der Angegriffene zieht darauf seinen Revolver und leert die Trommel. Wie durch ein Wunder ist Herr Legrand nur leicht verletzt. Der für das Börsenviertel zuständige Polizeikommissar führt die Streithähne aufs Revier, wo sie Ihren Zwist austragen können. Für eine Nacht wenigstens sind sie in Sicherheit.

Ein neues und größeres Rathaus wird errichtet

■ 1875

Wann würde man endlich das von der Kommune in Brand gesteckte Rathaus wieder aufbauen? Die Stadtverwaltung hat im Palais du Luxembourg eine vorläufige Bleibe gefunden. Der Renaissancebau soll aber aus seinen Trümmern wieder auferstehen. Der vorläufige Kostenvoranschlag dafür beträgt drei Millionen Francs. Bei einer Ausschreibung wurde der Entwurf der Architekten Ballu und Deperthes prämiert. Die Fassade wird 22 Meter länger und drei Meter höher sein als zuvor. Im obersten Geschoss befindet sich eine doppelte Reihe verschieden großer Dachfenster, zwischen denen allegorische Statuen der französischen Städte angeordnet sind.

Rechts die Rathausbaustelle: Die Kosten überschreiten alle Voranschläge.

»Petit Parisien« erobert Paris

■ 14. Oktober 1876

Ab 1871 machten die willkürlichen Regierungsmaßnahmen der Presse, die so mundtot gemacht werden sollte, sehr zu schaffen. Seit heute Morgen erscheint das neue Blatt »Le Petit Parisien«. Die von dem Rhône-Abgeordneten Andrieux gegründete Zeitung steht der republikanischen Partei nahe. Sie versteht sich als Verteidigerin der Demokratie und ist frei von allen Konfessionen. Dank telegrafischer Korrespondenzen versteht sie sich als ein großes Presseorgan mit umfassender Berichterstattung. Schon vor zehn Uhr morgens werden Tausende von Exemplaren der ersten Ausgabe verkauft.

Ein Abend bei Arsène Houssaye

■ 1876

In seiner Wohnung in der oberen Avenue de Friedland ist er der perfekte Hausherr. Der 60-jährige Arsène Houssaye (Housset ist sein richtiger Name) empfängt alle, die in Paris im Bereich der Literatur, des Theaters und der Geschichtsschreibung Rang und Namen haben. Er gehörte zu den obersten Verwaltern der

Abendkleidung: Der Frack ersetzt den Gehrock.

Comédie-Française. Diesen Posten hatte er sieben Jahre lang inne und lernte so alles Facetten rund um die Schauspielkunst. Inzwischen leitet er das Théâtre-Lyrique und hat gerade seinen neuen Roman »Die Frauen des Teufels« veröffentlicht, auf den die Leserinnen schon sehr gespannt sind.

Die Boulevards sind ein Spektakel

■ 1875–1877

Wer als Ausländer die Pariser Lebensart erlernen will, sollte ein wenig Geld für das Wichtigste, nämlich das Überflüssige und Angenehme übrig haben. Natürlich darf man sich morgens nicht blicken lassen. Wenn man gesehen werden will, isst man die ersten Austern bei den Markthallen im Restaurant »L'escargot Montorgueil«, einem der Pariser Lokale, in dem man sicher ist, sie frisch zu bekommen. In der nächsten Umgebung kann man dann abends Kaldaunen »à la mode de Caen« (auf normannische Art) genießen. Bevor man seine Gäste in einen der Privatsalons im ersten Stock bei Pharamond dazu einlädt, sollte man sich allerdings vergewissern, dass sie die dampfenden Kutteln auch mögen. In der Zwischenzeit geht man vielleicht auf den ersten Opernball (13. Januar 1877), der übrigens schon seit langem ausverkauft ist. Die Herren Johann Strauss und Olivier Metra, zwei Meister des Walzer, teilen sich die Orchesterleitung. Man kommt sich vor wie in Wien. Die 5 123 verkauften Eintrittskarten haben 83 900 Francs eingebracht und über 400 Tänzer sind angemeldet.

Mit Jules Verne nach Russland reisen

■ 1876

Vor zwei Jahren hatte Jules Verne seine Leser mit »In achtzig Tagen um die Welt« (siehe Abbildung) fasziniert. Mehr als 100 000 Exemplare wurden davon in den Buchhandlungen verkauft. Dieses Jahr geht die Reise bis ins Herz des zaristischen Russland. Sein Roman heißt »Michel Strogoff«. Der erste Titel »Die Botschaft des Zaren« war vom Herausgeber Hetzel abgelehnt worden, weil er befürchtete, die Zensurbeamten des Zaren Alexander II. könnten diese romanhafte Darstellung seines Reichs ablehnen. Seit elf Monaten veröffentlicht eine Zeitschrift die Romanfolgen. Und das Erscheinen jeder einzelnen Nummer sorgt für einen fröhlichen Tumult bei den Buchhändlern.

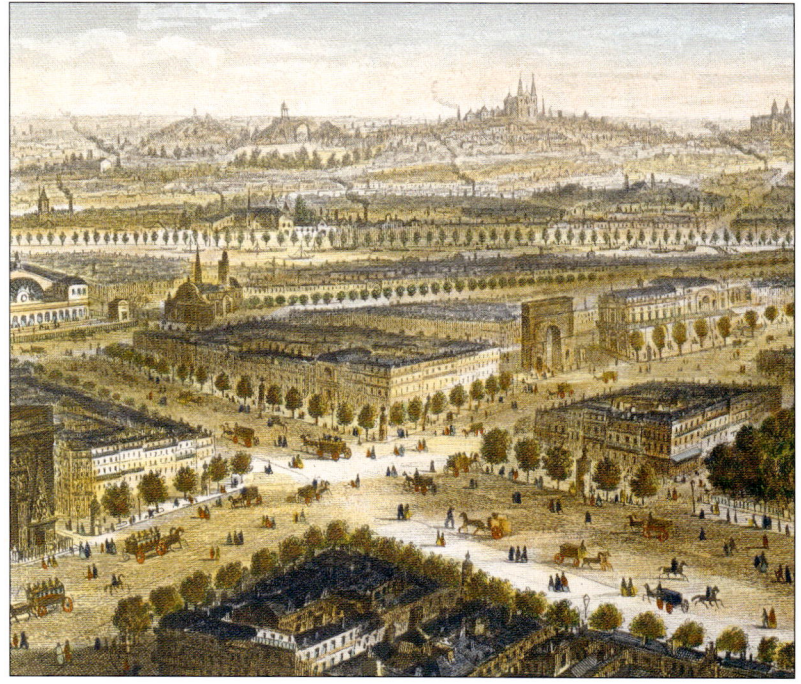

Luftaufnahme der Kreuzung der Boulevards Saint-Denis, Sébastopol, Saint-Martin und Strasbourg. Dank der öffentlichen Beleuchtung ist das Nachtleben sehr rege.

Die Weltausstellung 1878 sorgt für ein Hochgefühl

Zur Ausstellungseröffnung präsentiert König Alfons XII. von Spanien Marschall Mac-Mahon stolz den Pavillon seines Landes in der Straße der Nationen.

Vertreter aus dem pazifischen Raum während einer Völkerkundeausstellung

■ *1. Mai – 20. Oktober 1878*

Die Ausstellenden und die Gäste, die im Frühjahr 1878 nach Paris kommen, finden die Hauptstadt eines Landes vor, das wieder Hoffnung schöpft. Die Stadtratswahlen vom 6. Januar haben den klaren Sieg der Republikanhänger bestätigt. Marschall Mac-Mahon ist bereit, sich dem Willen des souveränen Volkes zu unterwerfen. Der mit einer mehrheitlich linken Kammer konfrontierte rechte Staatspräsident lässt das Erstarken der Republik gelassen zu, denn das ist es, was Frankreich braucht.

Trotz der Verluste an Menschenleben und Territorien ist Frankreich noch ein reiches Land. Allerdings ist der technische Aufschwung des II. Empire mittlerweile erlahmt und es ist dringend nötig, die Modernisierung der Verkehrswege wieder in Angriff zu nehmen. Die Eisenbahn verbindet zwar die großen Städte schon mit Paris und untereinander, aber der Staat muss schnellstens für die fehlenden Nebenlinien sorgen, die man ironisch Wählerlinien nennt, weil manche Parlamentarier sich darüber beschwert haben, dass die Eisenbahn immer noch nicht bis in ihren Wahlbezirk kommt. Die Wirtschaft leidet auch unter ungenügenden Kanalverbindungen und altertümlichen Hafenanlagen. Der Minister für Bauarbeiten der öffentlichen Hand, Charles-Louis de Freycinet, wird sich mit einem Modernisierungsplan einen Namen machen. Die Weltausstellung hat die Aufgabe, weniger als zehn Jahre nach dem Zusammenbruch die Genesung Frankreichs zu dokumentieren. Paris muss also einen guten Eindruck erwecken.

An diesem 1. Mai ist die Hauptstadt von oben bis unten mit blau-weiß-roten Fahnen geschmückt. Man erwartet auf dem 42 Hektar großen Ausstellungsgelände Hunderttausende von Besuchern. Beidseitig der Seine erheben sich die Pavillons. In der Stadt herrscht eine fröhliche Atmosphäre. In den Straßen trifft man sich zum Tanz, unbefangene Studenten, Arbeiter und Bürgerliche versammeln sich zum Festschmaus im Freien. Auf den Boulevards singt man die pazifistischen Lieder des Lyonesen Pierre Dupont. In ihrer Sonderausgabe vom Morgen schreibt die sehr konservative Zeitung »Le Monde«: »Man merkt, dass das Volk von Paris den scheinbaren Sieg der Republik feiert«. Die Angst vor einem royalistischen Staatsstreich und dem damit verbundenen Bürgerkrieg ist verschwunden. Die Ausstellung muss ein Erfolg werden und dazu beitragen, den Rückstand aufzuholen, den Frankreich den anderen Ländern gegenüber zu verzeichnen hat. Um 14 Uhr erscheint der Marschall in seiner Kutsche unter den Lampions und den dekorierten Fenstern. Es folgen ihm Seine Königliche Hoheit, der Prinz von Wales (der zukünftige Eduard VII.), und andere gekrönte Häupter. Manche sind zurückhaltend, andere prahlen mit ihrem Reichtum, um sicher zugehen, dass sie Aufsehen erregen. Der Schah von Persien zum Beispiel erweckt mit seinen Pelzen und Diamanten den Neid der Pariserinnen. Seine Majestät ist für sich allein schon ein wahres orientalisches Ausstellungsobjekt. Die Expo zieht große Menschenmengen an. Dem Kartenverkauf nach zu urteilen, beträgt die durchschnittliche Besucherzahl in den ersten acht Tagen etwa 150 000 Personen täglich. Am Rand der Ausstellung gibt es noch andere beliebte Attraktionen: der von Henri Giffard konstruierte Fesselballon in den Tuilerien hat ein Volumen von 35 000 Kubikmetern. Für ein bescheidenes Entgelt kann man damit in 500 Metern Höhe über Paris seine Lufttaufe erlangen. Eine andere Neuheit sind die aus Amerika stammenden Rollschuhe, die man in der Avenue du Bois ausprobieren kann. Großen Anklang finden auch die treffenden Karikaturen von Honoré Daumier. Er hatte die Juli-Monarchie schon unbarmherzig aufs Korn genommen.

Mit den Kutschern, die zur Ausstellung ihre Preise verdoppelt haben, gibt es manchen Zusammenstoß. Weil man beim Polizeipräsidium gegen sie An-

Ungewöhnlicher Anblick auf dem Marsfeld: links der Stier des Bildhauers Isidore-Jules Bonheur, rechts der riesige Kopf der Freiheitsstatue von Auguste Bartholdi. Da sie zur Eröffnung am 1. Mai nicht fertig war, konnte sie erst Ende Juni ausgestellt werden.

Rue Montorgueil am Feiertag (30. Juni 1878); Gemälde von Claude Monet: »Die Begeisterung des Volkes«

nach sieben Jahren Trauer und Verzweiflung

Panorama der Paläste rechts und links der Seine, die gleichzeitig Grenze und Bindeglied der Ausstellung ist.

und an eine selbstlose Vaterlandsliebe.« Die Besucherzahlen (16 Millionen) beweisen, dass die Weltausstellung ein großer Erfolg war. Eingebracht hat sie nur 17 500 000 Francs, und die Stadt Paris muss noch sechs Millionen zuschießen. Moralisch gesehen ist der Triumph eindeutig: Diejenigen, die sich noch an 1867 erinnern, können vergleichen und stellen fest, dass die Ausstellung von 1878 die vorige weit hinter sich lässt und den größeren Symbolwert besaß. Es gab nur eine Klage: Alles war zu streng und zu ordentlich. Man hat sich weit weniger amüsiert als beim letzten Mal, aber das ist eigentlich unwichtig. Die junge III. Republik hat die Welt des II. Kaiserreichs vergessen lassen. Und die Pariser, die finden, dass die Preise erheb-

zeige erstattet hat, streiken sie. Als ihnen dann aber bewusst wird, dass man sehr gut auf ihre Dienste verzichten kann, ist der Streik schnell beendet. Auf dem Hügel von Chaillot kann man neben dem Palais du Trocadéro zwei seltsame Minarette in den Himmel ragen sehen. Die meisten Besucher sind angesichts dieses ausgefallenen und schwerfälligen Monuments sprachlos. Der Journalist der Zeitschrift »Revue de France« schreibt: »Zu allererst ist man erstaunt. Das ist assyrisch oder maurisch oder byzantinisch. Auf jeden Fall ist es hoch! Man kann nicht sofort erfassen, was man da sieht! Das Monument an sich kommt einem nicht so riesig vor; eher erscheint der Mensch zu seinen Füßen winzig. Dieser Stil gehört zu keiner

Epoche, obwohl er etwas von allen Stilrichtungen hat. Von weitem bietet der Trocadéro, vor allem tagsüber, einen großartigen Anblick. Abends, von den Fenstern der Militärakademie aus gesehen, erscheint er allerdings eher merkwürdig: Die milchige Silhouette, die durch den dunklen Dunst scheint, ähnelt einer Narrenkappe mit zwei langen Eselsohren«. Eine andere Sehenswürdigkeit, die ein großer Erfolg ist, ist der Dampfhammer der Firma Schneider der Industriedynastie aus dem Creusot. Die enorme, 80 Tonnen schwere Maschine beeindruckt die Besucher.

Am 30. Juni feiert Paris das »Fest des Friedens«. Merkwürdigerweise führen politische Anspielungen im Zusammenhang mit dem 14. Juli zu einem

Im Palais du Trocadéro wird an die Einnahme einer spanischen Festung durch französische Truppen im Jahr 1823 erinnert.

Besucher aus dem Ausland und der Provinz strömen in die großen Kaufhäuser.

Verbot des Nationalfeiertags – jedenfalls für dieses Jahr.

Die Preisverleihung an die Aussteller findet am 21. Oktober im Palais de l'Industrie statt. Marschall Mac-Mahon erinnert noch einmal daran, dass die Durchführung einer solchen Ausstellung, so kurz nach einer solch schwierigen Zeit ein gewagtes, aber schließlich doch gelungenes Unternehmen war. Nachdem er sich über den erfolgreichen Ablauf zufrieden geäußert hat, apelliert Mac-Mahon noch ein letztes Mal an »den Geist der Eintracht, den absoluten Respekt vor den Institutionen und dem Gesetz

lich gestiegen sind, betrachten ihren neuen Trocadéro doch mit großer Verbitterung: »Wir dürfen ihn behalten, aber er ist wirklich einfach zu hässlich«, spotten sie.

Der Pont des Invalides ist eingestürzt und wird provisorisch durch eine Notbrücke ersetzt.

Wie soll man diesen harten Winter überstehen?

■ *22. – 24. Januar 1879*
Die Pariser können sich nicht daran erinnern, jemals unter einer solchen Kälte gelitten zu haben. Gestern Morgen gegen 10 Uhr zeigte das Thermometer –4 °C an und ein Eisregen setzte ein. Die Kälte hält jetzt schon seit 36 Stunden an und es regnet dicke Eistropfen auf die Stadt. Auf das bereits tief verschneite Paris legt sich eine dicke Eisschicht. Die Bäume in den Parks bilden eine einzigartige Kristalllandschaft. Der Zutritt zu den öffentlichen Grünanlagen ist verboten, da die vom Eisregen befallenen Bäume eine Gefahr darstellen. Sind die Äste und Stämme der Bäume nicht kräftig genug, zerbrechen sie unter der schweren Last der Eisschicht. Die städtischen Behörden haben auch eine Einschränkung des Verkehrs angeordnet. Paris ist völlig lahm gelegt. Seit sechs Wochen schon werden die Pariser von diesem sibirischen Klima heimgesucht. Heute Abend ist das Thermometer auf –10 °C gesunken. Eine telegrafische Depesche aus Moskau meldet ähnliche Temperaturen. Der Verkehr der Omnibusse und der Fiaker ist stark gestört. Zwischen Bercy und Boulogne ist die Seine völlig eingefroren und der Schifffahrtsverkehr liegt still. Auch die Holzlieferungen erfolgen nur noch sporadisch. In der ganzen Stadt herrscht eine eigenartige Stille. Das öffentliche Leben funktioniert im Zeitlupentempo. Wenigstens die Glühweinverkäufer machen ein gutes Geschäft. Wie in Österreich und Bayern wird allerorten Glühwein verkauft, der die Pariser wieder zum Leben erwecken soll.

Die Rue de Tournan ist eine einzige Eisbahn.

Die köstlichste Schokolade

■ *1879*
Seit sechs Jahren schon kommen die Schokoladenkenner ins Café »Les Deux Magots« an der Straßenecke des Boulevard Saint-Germain und der Place Saint-Germain-des-Prés. Doch wissen nur wenige, dass bis 1873 ein Stoffladen in diesem Gebäude untergebracht war und das Café seinen Namen zwei aus dem 18. Jahrhundert stammenden chinesischen Porzellanfiguren zu verdanken hat. Diese zwei Statuetten sind der ganze Stolz des Cafés und wachen von ihrem privilegierten Platz aus über die Kundschaft. Schade nur, dass der Philosoph Diderot 100 Jahre zu früh gestorben ist, sonst hätte er sicherlich in der »Encyclopédie« ein Stichwort dieser süßen Sünde gewidmet.

Eine Welle der Begnadigung

■ *19. Juni 1880*
Niemand kann die Grausamkeiten aus der Zeit der Kommune vergessen. In regelmäßigen Abständen protestieren die Überlebenden gegen die furchtbaren Ereignisse der »Blutwoche«. Als am 8. Juni der Nationalfeiertag auf den 14. Juli festgesetzt werden soll, vertreten einige Abgeordnete die Ansicht, man müsse die Schuldigen der »Verbrechen der Kommune« begnadigen. In einem ersten Anlauf geschieht dies mit 3 500 Verurteilten. Victor Hugo hält diese Zahl für unzureichend. Seiner Meinung nach mangelt es der Republik an klaren Entscheidungen. In einem endgültigen Beschluss werden doch alle Täter, deren Verbrechen im Zusammenhang mit den Aufständen von 1870 bis 1871 stehen, begnadigt.

Der 1831 geborene Eugène René Poubelle hat durch die Erfindung des Mülleimers mit seinem Namen den Begriff »Poubelle« (im Französischen bezieht sich der Begriff sowohl auf den Behälter als auch auf den Inhalt) geprägt. Als der ehemalige Diplomat das Amt des Präfekten des Seine-Departements übernimmt, reglementiert er das Problem der Müllbeseitigung. Auf einen Erlass vom 16. Januar 1884 werden von der Stadt gestellte Mülleimer verteilt. Diese müssen jeden Morgen vor die Tür gestellt werden, damit eine städtische Müllabfuhr sie einsammeln kann. Die Lumpensammler protestieren, da sie befürchteten, dass die neue Erfindung sie in der Verrichtung ihrer Arbeit behindern wird. 40 000 Lumpensammler rufen daraufhin zum Streik auf und lähmen so die neu eingeführte Müllbeseitigung. Es ist bedauernswert, dass mit seinem Namen vor allem der Schmutz und nicht etwa die ihm zu verdankende Sauberkeit assoziiert wird. Poubelle stirbt im Jahre 1907.

Verdi dirigiert »Aida« in der Oper

■ *22. März 1880*

Was für ein großer Tag für die Pariser Oper. Die Aufführung des Dramas der schönen Aida, der Tochter des Äthiopierkönigs Amonasro, die als Sklavin von den Ägyptern gefangen gehalten wird, ist ein bedeutendes Ereignis. Beim Finale des zweiten Aktes, der den Triumph des jungen ägyptischen Feldherrn Radamès in Szene setzt, erhebt sich das gerührte Publikum. Vor vier Jahren hatte der Komponist Giuseppe Verdi »Aida« bereits im Théâtre-Italien dirigiert. Heute Abend dirigiert der Maestro sein Werk zum ersten Mal in der Opéra de Paris. Obschon an die Manier der französischen Musiker mittlerweile gewöhnt, hat der Komponist erst im letzten Moment zugesagt. Er muss seine Entscheidung nicht bereuen, denn der Staatspräsident der Republik hat ihm zu Ehren ein Bankett

Verdi dirigiert seine »Aida«.

organisiert und ihn darüber hinaus auch noch zum Großoffizier der Ehrenlegion erhoben.

Rodin zieht in die Rue de l'Université

■ *1880*

Dank der Unterstützung Gambettas erhält der Bildhauer Auguste Rodin den wichtigsten Auftrag seiner Karriere. Die Bestellung betrifft die Gestaltung eines Portals für das zukünftige »Musée des Arts décoratifs« (Museum der dekorativen Künste). Für die so genannte »Porte de l'Enfer« (Höllentor) wählt er Dantes »Inferno« als Thema. Das Werk wird über viele Jahre die Energie des Bildhauers beanspruchen. Für die Realisierung des Auftrags bietet sich Rodin außerdem die Möglichkeit, in ein größeres Atelier umzuziehen. Er bezieht das staatliche Marmordepot in der Rue de l'Université im XII. Arrondissement am linken Seineufer. In diesem großen Lager bewahrt der Staat die Marmorblöcke auf, die irgendwann einmal von irgendeinem Bildhauer bearbeitet werden sollen, der würdig ist, staatliche Fördergelder zu beanspruchen. Am selben Ort wird vorübergehend auch das Mobiliar des Königshofes beherbergt. Auguste Rodin ist mehr als zufrieden: Er ist auf Staatskosten untergebracht, erhält einen Kohlevorrat für den Winter und verfügt über den nötigen Platz, den er für seine Arbeit benötigt. Zahlreiche Persönlichkeiten stehen für ihn Modell. Dem brillanten Polemiker und Mitarbeiter der Zeitung »L'Intransigeant«, Henri Rochefort, wird die von Rodin angefertigte Büste jedoch nicht gefallen und er verstaut sie schließlich auf seinem Dachboden. Offiziell ist der große Frauenverführer mit Rose Beuret verheiratet. Des öfteren hängt an der Tür des Ateliers ein Zettel, der unerwartete Besucher und natürlich auch die zornige Rose darüber informiert, dass der Bildhauer gerade angeblich die »Kathedralen besichtigt«.

»Der Denker« von Rodin; Musée des Beaux-Arts, Lyon

Der 14. Juli wird in Longchamp gefeiert

■ *14. Juli 1880*

Dieser Zustand konnte nicht länger andauern: Die Republik hatte immer noch keinen Nationalfeiertag. Heute wird der weltliche und volkstümliche Feiertag zum ersten Mal offiziell veranstaltet. In der ganzen Stadt werden Paraden, Tanzbälle und Feuerwerke abgehalten und die »Marseillaise« wird endlich zur Nationalhymne erklärt. Die Regimegegner schließen beim Vorbeiziehen der Paraden ihre Fensterläden und erinnern an die Verbrechen der Revolution. Auf der Rennbahn von Longchamps wird eine Militärparade gegeben, an der die wichtigsten politischen Persönlichkeiten teilnehmen: Präsident Jules Grévy, Léon Gambetta, Charles Freycinet und Jules Ferry.

Werbeplakat, das auf die Feierlichkeiten am 14. Juli auf der Place de la Bastille hinweist

Paris erhält sein Rathaus zurück

■ *13. Juli 1882*

Morgen ist Nationalfeiertag. Ein besserer Anlass könnte sich den Pariser Bürgern nicht bieten, um nach zehn Jahren ständiger Bauarbeiten endlich den Wiederaufbau ihres Stadtpalastes zu feiern. Ein riesiger Umzug wird bis zu dem neuen, hell erleuchteten Rathaus organisiert. Der Präsident Jules Grévy, der Ministerpräsident Charles de Freycinet und der Präfekt des Seine-Departements Charles Floquet werden von dem vollständig versammelten Stadtrat (80 Mitglieder) empfangen. Eine Erinnerungsmedaille mit den Namen der Herren Alphand, Bauleiter der Umbauarbeiten, Ballu, Chefarchitekt des neuen Rathauses, und Deperthes, der zweite Architekt, wird überreicht. Wenn Jules Ferry dem Stadtrat auch immer mehr Kompetenzen einräumt, so ändert das nichts an der Tatsache, dass Paris immer noch keinen Bürgermeister hat.

Zehn Jahre dauerten die Arbeiten zum Wiederaufbau des Rathauses (Hôtel de Ville); Gemälde von Victor Dargaud, Musée Carnavalet.

Man lässt sich gern beleidigen

■ *1881*

Im Kabarett »Le Chat Noir« am Boulevard de Rochechouart Nr. 84 steht das Publikum dicht gedrängt. Der Inhaber, ein rothaariger Hüne, der ehemalige Maler Rodolphe Salis, beleidigt dort mit großer Genugtuung die Zuschauer, die davon begeistert sind. Das Kabarett ist soeben eröffnet worden. Dort kann man Paul Verlaine, Alphonse Allais, Maurice Donnay, Jean Lorrain und Caran d'Ache hören und sehen. Vor Willettes Plakat mit dem schwarzen Kater im roten Heiligenschein ruft Salis jeden Abend aus: »Montmartre du freie Stadt! Montmartre du heiliger Hügel!« Den Prinzen von Wales fragt er: »Na, geht es Ihrer Frau Mama immer noch so gut?« Und um das Lachen im Publikum zu kaschieren, trommelt er auf der Pauke.

Paris wird zur Stadt des Lichts!

Erste elektrische Straßenbeleuchtung auf der Place du Carousel

■ *10. August – 20. November 1882*

Zu Tausenden besuchen die Pariser die Pavillons des Palais de l'Industrie auf der Champs-Elysées. Tags und nachts kann man diese internationale der Elektrizität gewidmete Ausstellung von der Place de la Concorde aus mit der elektrischen Straßenbahn erreichen. Im Erdgeschoss des Palastes könnte man sich in die Welt Jules Vernes versetzt fühlen: Riesige Stromgeneratoren treiben dort beeindruckende Maschinen an. In den oberen Stockwerken wird die Elektrizität als Hauptelement des zukünftigen Alltags inszeniert. Man sieht Telefone, Musikanlagen, Lichtschalter und die Glühbirnen des Amerikaners Alva Edison. Abends steht die große Halle in leuchtendem Glanz und die umliegenden Plätze und Boulevards sind hell illuminiert.

Paris – Konstantinopel mit dem Orient-Express

■ *4. Oktober 1883*

Heute Abend herrscht große Aufregung im Bahnhof Gare de Strasbourg (jetzt Gare de l'Est). Die Crampton-Lokomotive zieht hinter dem Kohlenwagen zwei Güterwaggons, zwei Schlafwaggons und einen Speisewagen. Das ist der erste Orient-Express, konzipiert vom Gründer der Internationalen Schlafwagengesellschaft, dem belgischen Ingenieur Georges Nagelmackers. Über Metz, München, Wien, Budapest und Bukarest soll der Orient-Express die Seine mit dem 3 000 km entfernten Bosporus verbinden.

Der Orient-Express ist die erste direkte internationale Zugverbindung; Man kann ohne Umsteigen die Grenzen passieren.

60 000 leben von der Mode

■ *1884*

Seit den letzten Jahren des II. Empire beherrscht die französische Modeindustrie die Verbreitung von Damen- und Herrenkleidung in der ganzen Welt. Die Art, wie sie organisiert ist, hat wesentliche Auswirkungen auf die Textilindustrie; Paris ist tonangebend für den Geschmack, die Wahl der Stoffe, der Materialien und der Kleidung. Das anspruchsvolle mondäne Leben fordert häufiges Umkleiden. Die Pariser Mode ist sowohl Industrie als auch Kunst geworden. Ihre Ausstrahlung wirkt auch in das Theater und die Malerei.

Das Standbild für die Republik

■ *14. Juli 1884*

1879 hat der Stadtrat einen Bildhauer- und Architektenwettbewerb für den Entwurf einer Statue zu Ehren der republikanischen Staatsform ausgeschrieben. Der Wettbewerb wurde im darauf folgenden Jahr von Léopold Morice gewonnen und sein allegorisches Standbild 1883 aufgestellt. Heute wird es auf der Place du Château-d'Eau (jetzt Place de la République) eingeweiht. Die »Republik« trägt eine antike Toga und die Jakobinermütze. In der rechten Hand hält sie einen Ölzweig; in der anderen die Gesetzestafeln mit einem Auszug aus der Erklärung der Menschenrechte.

Transport der Statue durch Paris

Staatsbegräbnis für Victor Hugo

■ *1. Juni 1885*

Der Dichter, Dramatiker, Romanautor und Geschichtsforscher Victor Hugo ist am 22. Mai verstorben. Die beiden Kammern haben ein Staatsbegräbnis angeordnet, das heute stattfinden soll. Der Leichnam wird unter dem Triumphbogen ausgestellt und dann, dem Wunsch Hugos entsprechend, auf dem Leichenwagen für die Armen bis zum Panthéon transportiert. Eine religiöse Feier findet nicht statt. Zwei Millionen Personen erweisen ihm die letzte Ehre und Victor Hugo selbst hat Frédéric Chopins Trauermarsch gewählt, mit dessen letzten Klängen die Bestattungszeremonie endet.

Der Katafalk unter dem Triumphbogen; Zeichnung von Charles Garnier

Der Fortschritt schreitet voran

Peu à peu hält der Fortschritt Einzug in das bürgerliche Leben.

■ *1887*

Die Neuerungen der letzten Jahre verändern allmählich die Gewohnheiten. Mit dem elektrischen Strom, dessen Wohltaten in den reicheren Vierteln immer weiter verbreitet sind, mit der Zentralheizung im Keller, sind jetzt für Mieter und Vermieter »alle Etagen beheizt«. Der Wohnstil wird bürgerlich – mit vielen Vorhängen und zahlreichen Zimmerpflanzen. Die Annehmlichkeiten des technischen Fortschritts fördern auch die von Jules Ferry gewünschte, allgemeine Bildungspolitik. In Paris hat sich die Schulbildung sehr verändert. Es gibt 132 Kindergärten und 380 Grundschulen, von denen einige mit Schreinereien und Nähstuben ausgestattet sind. Seit 1883 gibt es die Berufsschulen: Diderot und Germain-Pilon für praktisches Zeichnen, die Bernard-Palissy-Schule für bildende Kunst im industriellen Bereich, die Estienne-Schule für Buchdruck und die

École Boulle für Kunstschreinerei. Das Straßenbild selbst ändert sich im Rhythmus der Unterrichtszeiten. Die Stadt Paris verwaltet mehrere Bildungsanstalten, unter anderem die Collèges Chaptal, Rollin und Turgot. Die ersten höheren Schulen für junge Mädchen, wie zum Beispiel das Racine-Gymnasium, das am 19. Oktober 1887 eingeweiht wird, können einen großen Erfolg verzeichnen. Dass Eltern es wagen, für eine gründliche Ausbildung ihre Töchter einer öffentlichen, nicht konfessionellen Schule anzuvertrauen, ist wahrhaftig revolutionär. Leider macht die Hygiene in den Privathaushalten nur langsame Fortschritte. Man lüftet zu wenig und man geht sparsam mit Wasser um. Ist die Badewanne noch selten anzutreffen und wird verschämt im hintersten Winkel versteckt, ist doch die verzinkte englische »tub« beim Pariser Durchschnittsbürger immer häufiger anzutreffen.

Boulanger: »General der Revanche«

■ *14. Juli 1886*

Frankreich ist noch von der Niederlage von 1870 erschüttert, vom Elysée-Skandal entmutigt und wenig erfreut über die ständig wechselnden Minister, da erobert ein noch nicht einmal 50-jähriger General die Herzen. Es ist Georges Boulanger, der Nachfahr einer alten bretonischen Adelsfamilie. Er ist schlank, hat einen freundlichen Gesichtsausdruck, trägt einen blonden Bart und ist unwiderstehlich. Ein Anführer? Dessen ist man sich gewiss. Ein Verführer? Ganz sicher! Und ein besonders tapferer Soldat – vom Krimkrieg bis zur Kommune wurde er fünf Mal verletzt. Seit 1886 ist der Divisionskommandeur Kriegsminister. Er ist mit einem dringenden Plan für eine Reorganisierung der Armee im Ministerium in der Rue Saint-Dominique eingetroffen. Seine Ideen finden Anklang und er weiß sein Amt zur Steigerung seiner Popularität zu nutzen. So schafft er das Bartverbot ab, ersetzt die Näpfe durch Teller und die Strohsäcke durch Matratzen. Und er erlaubt sogar, dass Gabeln zum Essen verwendet werden. Seine tief greifenden Reformen werden ebenfalls geschätzt: Das alte Gewehr muss einem modernen Repetiergewehr weichen und das Fahrrad hält als Transportmittel Einzug; außerdem werden die ersten Kolonialtruppen nach Tonkin entsendet. Boulanger liebt markante Formeln und Aussprüche, die Furore machen. Er kündigt eine Reform des Militärdienstes an und das Ende der Freistellung von Studenten und Priesteramtsanwärtern. »Einen Tornister für die Priester!« fordert er und handelt sich dafür viel Applaus ein. Seine republikanische Einstellung wird dadurch offenkundig, dass er monarchistische Offiziere degradiert oder entlässt, was ihm die Sympathie vieler Linker, darunter auch Clemenceau, einbringt. Als er auf seinem berühmten Pferd »Tunis« für die Parade in Longchamp eintrifft, sieht die Menge in ihm den Rächer für erlittene Schmach und Niederlagen. Man ruft: »Es lebe Boulanger!« Abends im Alcazar singt der bekannte Sänger Paulus ein Lied, das ganz Paris übernimmt: »Ich tat ihn nur bewundern/den tapf'ren Boulanger.«

Auszeichnungen gegen »Unkosten«

Jules Grévy: »Zurück ihr Geier!«

■ *23. Februar 1888*

Nach einem achttägigen Prozess, hat die 10. Kammer des Strafgerichts ihr Urteil gefällt: Daniel Wilson, Schwiegersohn des Staatspräsidenten – der vor zwei Monaten wegen ihm zurücktreten musste – und Abgeordneter des Departements Indre-et-Loire wird zu zwei Jahren Zuchthaus, 3 000 Francs Geldbuße und zu fünf Jahren Entzug der Bürgerrechte verurteilt. Er hatte den Elysée-Palast in einen Umschlagplatz für Auszeichnungen und Medaillen verwandelt. Je nach der »Kundschaft« kostete die Ehrenlegion zwischen 25 000 und 50 000 Francs. Manche Medaillen konnten »mit Kanzleiunkosten«, den enormen Preis von 200 000 Gold-Franc erzielen.

Der Eiffelturm ist der absolute

Stand der Bauarbeiten am 15. März 1888

... am 11. Juli 1888

... am 14. Oktober 1888

■ 6. Mai – 5. November 1889
In der ganzen Stadt spricht man nur noch über den Eiffelturm. Er ist der berühmteste Bürger von Paris geworden. Seit Monaten hat man ihn Stück für Stück wachsen sehen und er ist dem Himmel immer näher gerückt. Dieser Gustave Eiffel ist schon ein Teufelskerl. Mit rigoroser Entschlossenheit hat er es geschafft, einen 300 Meter hohen gusseisernen Turm an der Seine zu errichten und noch dazu die Baufristen einzuhalten. Der 57-jährige Ingenieur hatte nach seinem Ingenieurstudium ein Architekturbüro gegründet, das mit seinen Stahlskelettbauten Weltruhm erwirbt. Ihre Fähigkeiten im Umgang mit dem Baustoff Eisen konn-

ten Eiffel und seine Ingenieure besonders beim Bau der Gitterbrücke Ponte Maria Pia über den Douro bei Porto 1875 und vor allem bei dem spektakulären Bau des 165 Meter weit spannenden Garabit-Viadukts über den Truyère 1884 eindrucksvoll unter Beweis stellen. Für die Weltausstellung schreibt die Stadt Paris einen Wettbewerb aus. Am 8. Januar 1887 wird unter 700 konkurrierenden Vorschlägen der Entwurf von Eiffel, der in Wirklichkeit von seinem Mitarbeiter, dem Schweizer Bauingenieur Maurice Koechlin stammt, ausgewählt.
Unmittelbar darauf versuchen prominente Künstler und Persönlichkeiten den umstrittenen Bau des Turmes durch eine Petition zu verhindern. Zu den Unterzeichnern gehören die Maler Meissonier und Bonnat, der Komponist Gounod und die Schriftsteller Sardou, Dumas Junior und Leconte de Lisle. François Coppé seufzt über diese »wahnsinnige Pyramide«, Huysmans vergleicht den Turm mit einem »hohlen Kerzenständer« und Guy de Maupassant will gar aus Paris flüchten, um die »zusammengeschraubte Blechsäule« nicht mehr sehen zu müssen. In einer Protestresolution an den Bauleiter der Weltausstellung, Jean-Charles Alphand, heißt es: »Selbst das kommerzielle Amerika will diesen Eiffelturm nicht, der Paris für immer entehren wird. Der lächerliche Turm ähnelt einem barbarischen Fabrikschlot, der die Kathedrale Notre-Dame, die Sainte-Chapelle und

Die New Yorker Freiheitsstatue von 1886; die tragende Metallstruktur stammt von Eiffel.

den Invalidendom in den Schatten stellt«. Der Turm wird nicht als ein zukünftiges Wahrzeichen der Stadt, sondern als Schandfleck der Geschichte gesehen. Eiffel hat auf dieses Schreiben mit einer freundlichen, aber resoluten Antwort reagiert. Er ruft den Gegnern in Erinnerung, dass es in Amerika sehr wohl Konstrukteure gegeben hat, die ähnliche Bauvorhaben in An-

Karikatur von Gustave Eiffel (1889).

griff genommen haben, die aber nie zum Abschluss gekommen sind. 1885 wurde in Washington ein 155 Meter hoher Obelisk errichtet. Der Eiffelturm soll doppelt so hoch werden und auf den drei Plattformen sollen Restaurants eingerichtet werden. Das Bauvorhaben wird allerdings vollends in Frage gestellt, als ein Hausbesitzer auf dem Marsfeld eine Beschwerde einreicht. Sollte der Turm einstürzen, würde von seinem Wohnhaus nicht viel übrig bleiben.

Höhepunkt der Weltausstellung von 1889

... am 16. Dezember 1888

Die Protestkampagnen gegen den Bau des umstrittenen Turms dauern bis zu Beginn der Bauarbeiten am 27. Januar 1887. Der Eiffelturm war nicht umsonst »revolutionär«, da er ja ebenfalls zur Hundertjahrfeier der französischen Revolution errichtet wurde. Aus diesem Grund lehnten viele europäische Herrscher ihre Teilnahme an der Weltausstellung ab. Der belgische König Leopold II., der Schah von Persien und der Prinz von Wales ließen sich das Ereignis jedoch nicht entgehen.

Es ist erstaunlich, dass angesichts einer täglichen Arbeitszeit von zehn bis zwölf Stunden einschließlich Mittagspause in einer auf dem ersten Stockwerk eingerichteten Kantine die Arbeiten am Turm unfallfrei verliefen. Die Fundamente liegen fünf Meter unter dem Wasserspiegel der Seine. Jeder der vier Füße des Turms ruht auf jeweils vier

Aufzug auf den Eiffelturm

Am 31. März 1889 sind die Bauarbeiten abgeschlossen.

Betonfundamenten von 26 Meter Kantenlänge. Der Unterbau, bei dem über 40 000 m³ Erde bewegt worden sind, ist am 30. Juni 1887 abgeschlossen. Im April 1888 wird die erste Plattform fertig gestellt und im darauf folgenden August existiert bereits die zweite. Im Herbst beschweren sich die von Eiffel angestellten Arbeiter, dass ihr Lohn im Verhältnis zur Schwierigkeit der Ausführung der Arbeiten zu niedrig sei. Je mehr der Turm in die Höhe schießt, desto niedriger die Temperaturen. Sie rufen zum Streik auf und diejenigen, die besonderen Gefahren ausgesetzt sind, bekommen eine Gehaltserhöhung. Mit dem Einbruch der kälteren Jahreszeit versuchen sie um die Weihnachtszeit vergeblich, einen erneuten Streik zu organisieren. Der Turm ist pünktlich zur technischen Einweihung am 31. März fertig. Als Belohnung gewährt Gustave Eiffel seinen Technikern, die er persönlich kannte,

eine Prämie in Höhe von fünf Louis. Die Techniker sind sehr stolz auf ihre triumphale Leistung und mathematische Präzisionsarbeit, die sie bei Wind und Wetter ausgeführt haben. Dieses riesige umgekehrte »Y« hat den Himmel von Paris verändert.

Am 31. März beginnt Eiffel um 13.30 Uhr mit dem Aufstieg auf seinen Turm über die der Treppe des Nordpfeilers. Dabei wird er von dem Ministerpräsident Tirard (der allerdings wegen eines Herzleidens nicht weit kommt), dem ehemaligen Handelsminister Lockroy und einigen anderen Ehrengästen begleitet. Auf der ersten Plattform existieren bereits vier Restaurants. Auf der zweiten Aussichts-

plattform, in 125 Meter Höhe, sind die Teilnehmer nicht mehr ganz so mutig und völlig außer Atem. Laut eines nicht bestätigten Gerüchtes sollte die Treppe aufgrund einer von Eiffel gewählten symbolischen Zahl in Anlehnung an die Geburt der Republik 1 792 Stufen zählen. Die merklich geschrumpfte Gruppe erreicht endlich die dritte Plattform. Man holt tief Luft und stimmt die Marseillaise an, die aber sonst niemand hören kann. Gustave Eiffel bittet den Minister darum, die Fahne zu hissen. Dabei erinnert er ihn würdevoll daran, dass der Turm ohne ihn nicht gebaut worden wäre. Der Minister antwortet ihm feierlich: »Das stimmt nicht, Herr Eiffel. Wenn überhaupt jemandem die Ehre zuteil wird, die Farben Frankreichs von der Spitze dieses höchsten Bauwerks der Welt wehen zu lassen, dann sind Sie es!« Tief gerührt steigt der Ingenieur an die Spitze des Turms, zieht an dem vorgesehenen Seil und sogleich erscheint die 7,50 Meter mal 4,50 Meter große Nationalfahne am Pariser Himmel. In diesem Augenblick wird von der ersten Etage eine Salve von zwanzig Kanonenschüssen abgefeuert. Eiffel hat selbst Artillerie auf den Turm geholt!

Mit viel Erfolg werden viele Festlichkeiten um den Turm herum organisiert. Im Laufe des Sommers werden die Überreste von Lazare Carnot, General Marceau und des 1848 auf der Barrikade getöteten Abgeordneten Baudin aus der Tour d'Auvergne ins Panthéon überführt. Die Republik verwächst nach und nach mit der Nation. Und zum ersten Mal seit 1870 bricht Frankreich aus der diplomatischen Isolierung, in die Bismarck das Land getrieben hatte. Kurze Zeit vor Ende der Weltausstellung wird auf der Place de la Nation die Gipsausführung einer zukünftigen Bronzefigur des Bildhauers Dalou »Le Triomphe de la République« enthüllt. Eiffel und sein gusseiserner Turm sind die großen Sieger der Ausstellung. Schon am ersten Tag besichtigen 7 000 Menschen den Turm, obwohl die Aufzüge erst am 26. Mai in Betrieb genommen werden. Am Ende der Weltausstellung beläuft sich die Anzahl der Turm-Besucher bereits auf unglaubliche zwei Millionen.

Die Exoten aus Asien und Afrika begeistern

Präsident Sadi Carnot verleiht im Palais de l'Industrie auf dem Platz vor dem Invalidendom die Auszeichnungen.

■ **5. Mai – 5. November 1889**
Der hundertste Jahrestag der französischen Revolution als Anlass für die Weltausstellung wird nicht von jedem begrüßt. Von den an 60 Staaten gerichteten Einladungen werden nur 29 angenommen. Franz-Joseph, der Kaiser von Österreich und König von Ungarn, kann natürlich nicht vergessen, dass Marie-Antoinette, die österreichische Erzherzogin, von den Revolutionären aufs Schafott gebracht worden war. Die preußische Regierung erinnert sich gleichermaßen daran, dass sie nach der Hinrichtung Ludwigs XVI. gegen die

Konvention zu den Waffen gegriffen hat. Und Königin Viktoria hat unter Einsatz ihres Taktgefühls Botschafter Lord Lytton unter einem fadenscheinigen Vorwand nach London zurückgerufen, damit er »im Mai 1889 nicht in Paris anwesend sei«. Manche Zeitungen heben diese Abtrünnigkeit verstimmt hervor. Der »Petit Parisien« mit einer Auflage von 600 000 Exemplaren schreibt zum Beispiel: »Die Könige schmollen. Was interessiert uns das? Die Völker sind ja auf unserer Seite!« Die Stimmung zu Anfang der Zeremonie ist kühl, trotz der Worte des Präsi-

34 000 aus Frankreich. Wie bei den letzten Weltausstellungen gibt es auch diesmal auf dem Platz vor dem Invalidendom Exotisches zu bewundern. Die Franzosen entdecken voller Stolz und Begeisterung, wie sich ihr Kolonialreich in Afrika und in Asien festigt. Präsident Sadi Carnot verteilt Auszeichnungen an Delegationen aus Übersee, an arabische Handwerker oder an javanische Tänzerinnen. Alle besichtigen die Pagoden von Tonkin, die Zelte der Kabylen und die Hütten aus dem Kongo. Es gibt sogar eine riesige Nachbildung des Tempels von Angkor. Die Besucher verweilen lange vor den fremdländischen Pavillons. Denn bis jetzt war ihnen alles, was mit den Kolonien in Afrika und erst recht mit jenen in Asien zusammenhängt, eher unbekannt.
Im Abgeordnetenhaus waren sowohl die Rechte als auch die radikale Linke aus verschiedenen Gründen gegen die Expeditionen in ferne Länder gewesen.

Das Kabarett Moulin Rouge wird in Montmartre am Ende der Ausstellung 1889 eingeweiht. Später wird es von Toulouse-Lautrec in seinen Werken verewigt.

Die Maschinenhalle: Ein riesiges Glasgebäude, in dem alles elektrisch betrieben wird.

denten Sadi Carnot, der das Volk aufruft, »sich im gemeinsamen, leidenschaftlichen Streben nach dem öffentlichen Wohl, im Namen der Freiheit und des Vaterlandes zu versöhnen«. Nach zahlreichen Skandalen muss Frankreich seine politische und diplomatische Glaubwürdigkeit wiederfinden. Das Land verfügt über ein beachtliches Kolonialreich, das die französische Präsenz weit von Paris entfernt immer weiter ausbreitet. Eine Tatsache, die England und auch Deutschland wenig behagt. Das Gelände der Weltausstellung ist 95 Hektar groß und reicht vom Marsfeld über den Vorplatz des Invalidendoms und den Hügel von Chaillot bis zum Quai d'Orsay. Über 60 000 Aussteller sind anwesend, davon

Die Kosten der Kolonialverwaltung erschienen ihnen wie ein Luxus. Niemand konnte das traurige Schicksal Elsass-Lothringens vergessen oder seinen Blick von den Vogesen abwenden. Nur einige wenige Berufsgruppen wie die Seefahrer, die Missionare und die Kaufleute der großen Hafenstädte dürften sich für die Eroberung neuer Gebiete interessieren. Eine intellektuelle und wissenschaftliche Bewegung ist aber damit doch einhergegangen. Man denke nur an die erfolgreichen Romane Jules Vernes oder an die verschiedenen geographischen Gesellschaften. Schon 1874 hatte der Wirtschaftswissenschaftler Leroy-Beaulieu in seinem viel gelesenen Buch »Von der Kolonisation bei den modernen Völkern«

Millionen von Besuchern auf der Weltausstellung

die Aufmerksamkeit des Publikums auf die Vorteile des Exotischen gelenkt. Nachdem die Republikaner 1875 wieder an die Macht gekommen waren, war es Jules Ferry immerhin gelungen, um die Niederlage bei Sedan vergessen zu machen, dem Bei von Tunis den Bardo-Vertrag aufzunötigen. Im Fernen Osten hatte sein Handeln ebenfalls entscheidende Ergebnisse erzielt. Nach mehreren dramatischen Vorfällen und dem Verlust einiger Menschenleben konnte ein Abkommen mit den Annamiten, in deren Königreich sich auch die Provinz von Tonkin befand, geschlossen werden. Sie hatten das französische Protektorat akzeptiert und duldeten einen Statthalter in ihrer alten Hauptstadt Hue. Allerdings hielten die Annamiten ihre Versprechen nicht und fügten sich – aus Hass gegen die Franzosen – chinesischen Anweisungen. Die Kampfhandlungen begannen 1882 von neuem, aber der Kommandant Ri-

Zu Füßen des Eiffelturms, der von nun an zum Stadtbild gehört, befinden sich die Paläste der Schönen und der Freien Künste.

Montmartre ist ein Ort regen Nachtlebens geworden und das »Moulin de la Galette« fungiert jetzt als Ballsaal; Gemälde von Auguste Renoir, Orsay-Museum.

vière, der das Tonkin-Delta zurückerobert hatte, wurde im Mai 1883 von Gruppen der »Schwarzen Flagge« getötet. Daraufhin schickte Ferry Admiral Courbet vor Ort. Es gelang ihm, das Protektorat zu festigen, aber er musste sich gegen die Chinesen verteidigen. Ein Strom von falschen und frei erfundenen Nachrichten von der »Katastrophe von Lang Son« kam ins Mutterland. In Wirklichkeit – aber das sollte man erst später erfahren – war Lang Son ein französischer Sieg. In der ersten Ungewissheit über den Ausgang der Schlacht wurde die Panik eines Obersts für das Zeichen der Niederla-

ge gehalten. Den Gegnern des Ministers kam die Nachricht gelegen; von parteiischen Zeitungen wurde sie verbreitet und sollte den Sturz Ferrys herbeiführen. Das geschah dann auch am 31. März 1885 bei einer besonders dramatischen Sitzung des Parlaments. Seitdem hatte Frankreich, von Vertrag zu Vertrag, unter großen menschlichen und finanziellen Opfern in Annam, in Madagaskar und an der Elfenbeinküste Fuß fassen können.

Für die Besucher ist die Weltausstellung die erste, wenn nicht die einzige Gelegenheit, mit fremden Völkern und Kulturen in Verbindung zu kommen,

andere Gesichter zu sehen und die seltsame Kleidung zu bewundern. Man muss gestehen, dass die »Eingeborenen«, wie auch der Eiffelturm, ihren Teil zur pittoresken und besonderen Atmosphäre der Ausstellung beitragen. Am 6. November, dem letzten Tag der Ausstellung, verbringt der Staatspräsident den ganzen Nachmittag auf dem Marsfeld. So wie für die Eröffnung, muss er jetzt auch für einen gelungenen Abschluss sorgen. Die Menge folgt dem Staatsoberhaupt und strömt plötzlich in die algerischen und tunesischen Bazare in der Hoffnung, es seien noch günstige Geschäfte möglich. Welch ein Irrtum,

denn noch nie waren die exotischen Produkte so teuer. Das annamitische Theater und die tunesischen Musiker, die den ganzen Tag eine ununterbrochene Vorstellung geben, sind schon erschwinglicher. Am Abend scheint die Kairoer Straße erstaunlich realistisch. Die Bäume auf dem Vorplatz sind mit bunten Ballons geschmückt und bengalisches Feuer erleuchtet ihn.

Innerhalb der Weltausstellung war die Kolonialausstellung ein Ereignis für sich und unterrichtete die Besucher in Geschichte, Erdkunde und Völkerkunde. Gleichzeitig war sie ein Zeichen der Hoffnung auf eine internationale Wiedergeburt Frankreichs.

Am Kiosk werden nun die Schlagzeilen angebracht. Auch Reklame ist akzeptiert.

Haussmann stirbt in Paris

■ *11. Januar 1891*
Um 11 Uhr 30 stirbt der Baron Haussmann in seiner Wohnung Rue Boissy-d'Anglas – 18 Tage nach dem Tod seiner Frau. Der ehemals so mächtige und ehrgeizige Präfekt des Seine-Departements unter Napoléon III. stirbt verarmt, da er zu Amtszeiten weder spekuliert noch Bestechungsgelder angenommen hat. Ohne die Mitgift seiner Frau wäre er wohl in große finanzielle Schwierigkeiten geraten. Nach dem Sturz des Kaiserreichs wird er Berater von mehreren ausländischen Hauptstädten, darunter Konstantinopel und Kairo. Er wurde ebenfalls zum Abgeordneten von Korsika gewählt (gegen den bonapartistischen Kandidaten) und setzte sich für den Bau einer Eisenbahnlinie auf der Insel ein. Der Ausbau des Verkehrsnetzes war seine große Leidenschaft. Gaston Calmette, der Direktor vom »Figaro«, fordert ein Staatsbegräbnis. Die Chancen sind gering, dass diese Forderung erhört wird. Georges Eugène Haussmann hatte zwei Töchter und wurde am 27. März 1809 in Paris zur Zeit Napoléon I. geboren.

Wagner-Oper erregt erneut die Gemüter

Am dritten Abend der Unruhen vertreibt die Kavallerie die Wagner-Gegner vor der Oper.

■ *19. September 1891*
Selbst acht Jahre nach seinem Tod haben die Pariser ein gespanntes Verhältnis zu Richard Wagner. Vor drei Tagen ist die erste Aufführung von »Lohengrin« (in der französischen Übersetzung von Charles Nuitter) in der Opéra ausgepfiffen worden. Vorgestern sind die drei Akte von Zuschauern unterbrochen worden, die sich darüber beklagten, dass man die Oper des deutschen Komponisten zur Zeit der Besetzung der Gebiete Elsass-Lothringen in Paris aufführte. Die Polizei hatte mehrere Verhaftungen vorgenommen. Gestern kam es zu neuen Zwischenfällen und weiteren Verhaftungen. Heute sind die Wagner-Gegner vor die Oper gezogen und haben eine gewalttätige Demonstration initiiert. Dieses Mal hat die Polizei die Kavallerie mobilisiert, um die Demonstranten zu vertreiben. Glücklicherweise wurden dabei nur ein paar Teilnehmer leicht verletzt. Schon 1861 war es in der Opéra in der Rue Pelletier während der Aufführung von »Tannhäuser« zu Ausschreitungen gekommen. Damals hatte die wütende Gemahlin des österreichischen Botschafters Metternich ihren Fächer auf dem Kopf eines unzufriedenen Zuschauers zerbrochen.

Der Anarchist Ravachol wird verraten und verhaftet

■ *30. März 1892*
Seit fünf Wochen schon wird Paris aufgrund zunehmender anarchistischer Attentate von einer wahren Bombenpsychose heimgesucht. Am 1. März wird eine Explosion im Hôtel Prince de Sagan in der Rue de Berri ausgelöst. Am 11. März kommt es um 21 Uhr in einem Gebäude auf dem Boulevard Saint-Germain zu einem gewaltigen Knall: Man hatte es auf die Wohnung des Magistraten Benoît abgesehen, der an dem Abend aber glücklicherweise im Restaurant aß. Am 15. März kam es zu einem neuen Attentat in der Kaserne Lobau unweit vom Rathaus. Eine Untersuchung der Fälle ermittelt einen Zusammenhang der Verbrechen mit dem Prozess gegen zwei Anarchisten, die das Schwurgericht der Seine vor zehn Monaten wegen einer gewalttätigen Schlägerei zu einer Gefängnisstrafe verurteilt hatte. Der Magistrat Benoît führte den Vorsitz der Verhandlung. Unter den Trümmern der Portierslo-

ge auf dem Boulevard Saint-Germain fand man eine Ausgabe der vor vier Jahren gegründeten anarchistischen Zeitung »Le Père Peinard«. Vor acht Tagen erhielt der Untersuchungsrichter Athalin einen anonymen Brief, in dem ein gewisser Léon Léger, besser bekannt unter dem Namen Ravachol (Foto), der Verbrechen beschuldigt wird. Vor drei Tagen hat eine noch schlimmere Explosion in der Rue Clichy 39 die Bevölkerung in Angst und Schrecken versetzt. Fünf Verletzte werden gemeldet. Die zerstörte Wohnung auf der fünften Etage gehört dem Staatsanwalt Bulot, der unversehrt geblieben war. Die Rachetäter gaben keine Ruhe. Ravachol tappt jedoch in seine eigene Falle, als er einen jungen Kellner im Restaurant Véry auf dem Boulevard Ma-

Um Ravachols Festnahme zu rächen, wird das Lokal Véry im April durch eine Bombe zerstört.

genta in seine Pläne einweihte. Als er am darauf folgenden Tag in das Restaurant zurückkehrt, wird er von der Polizei festgenommen. Er trug zwei Revolver, Patronen und Geld bei sich. In seiner Wohnung fand man anschließend jede Menge hoch explosives Material und Falschgeld.

»La Libre Parole« enthüllt den Panama-Skandal

■ *20. November 1892*

In einem Abkommen vom 28. Mai 1878 hatte Kolumbien Frankreich mit dem Bau eines Kanals beauftragt, der die Landenge von Panama durchschneiden und den Atlantik mit dem Pazifik verbinden sollte. Geographisch gesehen gehörte diese Zone zum kolumbianischen Territorium. Der Ingenieur Ferdinand Lesseps, der bereits den Bau des Suez-Kanals erfolgreich abgeschlossen hatte, sollte dieses gigantische Projekt durchführen. Aufgrund der hohen Investitionen musste Lesseps auf eine Finanzierung privater Fonds zurückgreifen, die größtenteils von dem Baron von Reinach und Cornelius Hertz eingeworben wurden. 1887 musste Lesseps schließlich einsehen, dass ein Kanal auf Meereshöhe nicht zu realisieren war. Er beauftragte daraufhin Gustave Eiffel mit dem Bau von Schleusen. Inzwischen hatten sich die Kosten für das riesige Unternehmen immer höher getürmt. Um einen Bankrott abzuwenden, erlaubte das französische Parlament auf den Rat von Reinach und Hertz 1888 der Kanalgesellschaft schließlich, über eine Lotterie neue Aktionäre anzuziehen. Diese Maßnahme ist jedoch zu spät ergriffen worden. Im Februar 1889 musste die Gesellschaft unter einer ungeheuren Schuldenlast den Bankrott erklären. Man hatte anderthalb Milliarden Francs Nationalvermögen verschleudert und 85 000 Kleinsparer ruiniert. Die Wut der Betroffenen war groß, als sie erfuhren, dass vor der Abstimmung über das Lotteriegesetz etliche Parlamentarier von der Kanalgesellschaft bestochen worden waren. Letzten September hat Edouard Drumont in seiner kürzlich von katholischen Kreisen gegründeten antisemitischen Zeitung »La Libre Parole« eine Hetzkampagne gegen das Regime gestartet, das er in der Angelegenheit für schuldig hält. In einer Reihe von Zeitungsartikeln beklagt er eine gewaltige Korruptionswelle, in die zahlreiche Parlamentarier und Journalisten verwickelt sind. Sie hatten ermöglicht, dass der Skandal um den Panamakanal über Jahre hinweg vertuscht werden konnte. Die Zeitung »La Cocarrde« veröffentlicht schließlich sogar eine Liste der in die Affäre verwickelten Abgeordneten. Die Öffentlichkeit ist schockiert. In diesem Klima der allgemeinen Empörung entsteht das satirische Lied »La Gigolette de Panama«, das die Affäre thematisiert. Vor fünf Tagen hat der Justizminister angesichts dieser erschütternden Enthüllungen beschlossen, gegen Jacques de Reinach, den Finanzverwalter der Gesellschaft, ein Strafverfahren anzustrengen. Als die Polizei Reinach verhaften will, findet sie ihn tot in seiner Wohnung auf. Hatte er sich selbst das Leben genommen oder handelte es sich um Mord? Was Cornelius Hertz betrifft, so hatte dieser inzwischen die Flucht ergriffen.

Die im »Le Petit Journal« veröffentlichte Karikatur »Das goldene Kalb« bezieht sich auf die korrupten Parlamentarier.

SEHENSWÜRDIGKEIT

22

Das Institut Pasteur

Das Insitut Pasteur wurde kurz nach der Entdeckung des Impfstoffs gegen die Tollwut von Louis Pasteur im Jahr 1885 gegründet. In Folge einer nationalen Spendenaktion konnte ein 11 000 m² großes Areal in der Rue Dutot (heutige Rue Dr Roux) im XV. Arrondissement erworben werden. 1888 werden die ersten im Stil Ludwig XIII. erbauten Gebäude durch den Präsidenten Sidi Carnot eingeweiht. 1936 werden das Labor und die Wohnräume von Pasteur zu einem Museum umgebaut. Nach dem Tod von Louis Pasteur im Jahre 1895 wurde unter dem Hauptgebäude eine Krypta eingerichtet. Die Familie des Wissenschaftlers hatte immer eine Überführung der Überreste ins Panthéon abgelehnt. Die prunkvolle Kapelle ist mit Mosaikgewölben auf goldenem Hintergrund versehen. Aber lediglich seine Frau liegt hier neben ihrem Mann begraben. Die private Stiftung konnte mit Hilfe von zahlreichen Spenden den Anbau weiterer Gebäude realisieren.

Toulouse-Lautrec malt im Moulin Rouge

■ *1893*

Der Maler Toulouse-Lautrec brach sich als 14-jähriger Junge beide Beine. Als Folge davon wuchsen diese nicht mehr, während der übrige Körper sich normal weiterentwickelte. Wohl gerade wegen der großen Belastung seines körperlichen Defizits, entfaltete er sehr früh sein Talent für die Malerei. Der Sohn einer adeligen Familie aus dem Südwesten Frankreichs schöpfte seine Inspiration vor allem aus dem Nachtleben im Amüsierviertel Montmartre. Im Kabarett Moulin de la Galette hat er die blonde Tänzerin mit dem Spitznamen »La Goulue« (Die Gierige) kennen gelernt. Er ist derart von dieser Frau fasziniert, dass er sie auf Schritt und Tritt verfolgt. Jeden Abend sitzt er als begeisterter Zuschauer in der ersten Reihe. Er malt und zeichnet alles, was das Pariser Nachtleben zu bieten hat. Vor zwei Jahren schmückte ein von ihm gemaltes Plakat des Moulin Rouge alle Hauswände von Paris. Dieses Plakat machte ihn sowie auch das Kabarett berühmt. Als treuer Freund aller Künstler, die sich im Moulin Rouge produzieren, schließt Henri de Toulouse-Lautrec ebenfalls mit der Tänzerin Yvette Guilbert und mit allen anderen Cancan-Tänzerinnen Freundschaft.

Henri de Toulouse-Lautrec und Tremolada, der stellvertretende Direktor des Moulin Rouge

Ende des Panama-Prozesses: Es hagelt Verurteilungen

■ *9. Februar 1893*

Die Panama-Affäre hat seit ihrem Ausbruch im Vorjahr wiederholt Verwirrung gestiftet. Im Dezember veröffentlichte der nach Großbritannien geflohene Cornelius Hertz eine Liste mit 104 Abgeordneten, die in den Skandal verwickelt waren. Doch konnte die mit diesen Korruptionsfällen beauftragte Untersuchungskommission nicht die Namen der Chéquards ausfindig machen. Am 9. Februar 1893 hat die erste Kammer des Seine-Landgerichts die Verantwortlichen verurteilt. Aufgrund seines Alters von 88 Jahren war Ferdinand de Lesseps bei dem Prozess nicht anwesend. Er und sein Sohn Charles wurden zu fünf Jahren Gefängnis sowie einer Geldstrafe von 3 000 Francs verurteilt. Auch Gustave Eiffel wurde zu zwei Jahren Haft verurteilt.

Charles de Lesseps, Gustave Eiffel, Cottu und Marius Fontane bei ihrem Prozess

»Le Petit Parisien« geht an die Börse

■ *24. März 1893*

Am 15. Oktober 1876 gründete Louis Andrieux, zukünftiger Polizeipräfekt und späterer Botschafter, die Zeitung »Le Petit Parisien«. Zwei Jahre später war der Geschäftsführer Jean Dupuy alleiniger Eigentümer. Als exzellenter Betriebswirt gelang es ihm, die Auflage zu erhöhen. Am 24. März 1893 lag sie bei 690 000 Exemplaren. Mit einer wirkungsvollen Strategie wurde die Zeitung zu einer direkten Konkurrenz für »Le Petit Journal«, deren Auflage eine Million überstieg. Der wachsende Wohlstand des »Petit Parisien« veranlasste Dupuy zum Börsengang. Er glaubte an sein Blatt und war davon überzeugt, eines Tages die Verkaufszahlen des »Petit Journal« zu übertreffen.

Das Varietee L'Olympia wird eröffnet

■ *12. April 1893*

Auf einem alten, zwischen zwei Häusern eingekeilten Gelände wollte Joseph Oller fünf Jahre zuvor eine Attraktion errichten, die in Europa Aufsehen erregen sollte: Eine Achterbahn. Infolge von mehreren Unfällen ließ die Polizeipräfektur das Fahrgeschäft im Vorjahr schließen. Am 12. April kompensierte Oller seine Niederlage, indem er auf dem Boulevard des Capucines Nummer 28 (IX. Arrondissement) das erste Varietee in Paris eröffnete. Ganz nach dem englischen Vorbild gab es – alles musikalisch untermalt – Gesangs-, Ballett-, Zirkus- und Zauberaufführungen. Der Architekt Léon Carle und der Dekorateur Marcel Jambon hatten sich für einen Stil entschieden, der, ihren Worten zufolge, die Musik Offenbachs in Aquarell-Form wiedergab. Das bedeutet zwar ein legeres, keinesfalls aber ein qualitätsarmes Repertoire. Joseph Oller beabsichtigte, große Persönlichkeiten zu engagieren und sich dabei in der Schicht der gesellschaftlich bekannten und beliebten Namen zu bedienen: die Goulue, Liane de Pougy, die Belle Otéro und andere Frauen, die die Konventionen ins Schwanken brachten und von einem zweifelhaften Ruf umgeben waren. Das Olympia hatte einen guten Standort auf dem großen Boulevard und ein Kutschendepot wurde praktischerweise direkt vor dem Eingang eingerichtet. Die Pariser hatten es sich auch schon zur Gewohnheit gemacht, auf dem Pflaster der Boulevards zu flanieren.

Das Olympia, das erste Pariser Varietee, öffnet seine Pforten am Boulevard des Capucines 28.

Die Blüte der Zeitungskioske

■ *Winter 1893*

Als Reaktion auf die unüberschaubare Anzahl der Druckerzeugnisse und auf die Nachfrage der Leser war Paris nun mit Zeitungskiosken eingedeckt. Die technische und industrielle Revolution erlaubte das gleichzeitige Bestehen der Regenbogenpresse neben anspruchsvollen Zeitungen, ohne dabei die Fachpresse für Finanzen, Literatur und Sport zu vergessen, wie die Zeitschrift »Le Vélo«, die seit zwei Jahren erschien. Die Kioske kompensierten außerdem den Rückgang von Abonnements sowie die Zunahme des Verkaufs von Sonderheften, je nach Ereignis. Denn diese Epoche brachte fast täglich neue empörende Enthüllungen mit sich.

Kunst im IX. Arrondissement

■ *1893*

Die Veränderungen des Viertels um die Rue de la Chaussée d'Antin, wo früher die Bürgerhäuser des 18. Jahrhunderts in den Himmel ragten, setzten sich fort. Vor dem Bahnhof Saint-Lazare hatte man mit dem Bau eines Hotels begonnen. Neue Geschäfte wurden eröffnet. Die Menschenmasse wurde zwischen zwei Zügen und den täglichen Einkäufen immer dichter. Aus diesem Grund richtete sich die Galerie »L'Art indépendant« im Herzen dieses Ameisenhaufens ein. Zwischen Gemälden und Büchern würde es sicher weniger gehetzte, aber interessierte Besucher geben.

Eine Bombe im Palais Bourbon

■ *9. Dezember 1893*

Am 9. Dezember 1893 um vier Uhr nachmittags verließ der Abgeordnete aus Reims, M. Louis Mirman, die Rednertribüne des Abgeordnetenhauses, um Platz für den nächsten Redner zu machen, als eine starke Explosion die Nationalversammlung erschütterte. Ein Hagel von kleinen Geschossen, bestehend aus Nägeln, ergoss sich über den Raum und verletzte die Parlamentarier sowie das Publikum. Ministerpräsident Charles Dupuy verkündete jedoch: »Meine Herren, die Sitzung wird fortgesetzt!« Selbstverständlich kam es nicht dazu. Zunächst mussten die Verletzten geborgen und evakuiert werden – glücklicherweise gab es keine Toten. Die Bombe war von der Zuhörertribune aus geworfen worden, so dass die Polizei, nachdem sie alle Ausgänge gesperrt hatte, sich entschloss, die Identität aller anwesenden Besucher zu kontrollieren, auch von den Verletzten. Einer von ihnen zog die Aufmerksamkeit der Polizei besonders auf sich.

Es handelte sich um einen rothaarigen Mann mit Bart, dessen Bein verletzt worden war. Die Finger dieses Verdächtigen waren mit Spuren von Pulver übersät. Auguste Vaillant wurde sofort ins Zentralkrankenhaus transportiert, doch entwischte er der Polizei nicht. Inspektor Agron eilte ihm nach, befragte ihn mit einiger Geschicklichkeit und erhielt so noch in derselben Nacht ein volles Geständnis. Er sei ein Anarchist, gab er an. Wenn er nicht in dem Moment, als er die Bombe werfen wollte, gestört worden wäre, wäre die Bombe nicht in der Luft explodiert, sondern hätte »100 Abgeordnete dem Erdboden gleichgemacht«. Der uneheliche Sohn einer Dienerin und eines Gendarmes wollte Ravachol rächen und von sich reden machen. Noch vor dem Attentat war er extra zu einem Fotografen gegangen, um Porträts anfertigen zu lassen, so sehr war er sich der Aufmerksamkeit der Presse sicher. Von diesem Zeitpunkt an konnte sich niemand mehr vor anarchistischen Attentaten sicher fühlen.

Festnahme von Dreyfus

■ *15. Oktober 1894*

Nachdem er einem von Kommandant Paty de Clam auferlegten Diktat unterworfen worden war, wurde Hauptmann Dreyfus wegen Hochverrats festgenommen. Diese Affäre ging auf einen Vorfall zurück, der sich einige Monate zuvor ereignet hatte. In der deutschen Botschaft hatte eine als Putzfrau getarnte französische Geheimagentin eine in vier Teile zerrissene Liste in einem Papierkorb entdeckt. Dieses Dokument war nach Deutschland adressiert und enthielt Informationen der höchsten Geheimhaltungsstufe. Die Liste, die zuerst dem Stabschef, dann dem Kriegsminister und anschließend dem Präsidenten Casimir-Perier zugegangen war, enthielt Informationen darüber, dass ihr Verfasser die Absicht hatte, zu Manövern aufzubrechen. Die Schrift, die der in der Liste am meisten ähnelte, schien die des Hauptmanns Dreyfus zu sein.

Die Auto-Rallye Paris–Bordeaux–Paris

■ *10. – 13. Juni 1895*

Es ist bekannt, dass die Automobilhersteller einen Konkurrenzkampf austragen, um einen zwar noch kleinen, jedoch sehr anspruchsvollen Kundenkreis anzusprechen. Gerade erst hatte eine neuartige Initiative es den verschiedenen Marken ermöglicht, in direkte Konkurrenz zueinander zu treten.

Unter der Schirmherrschaft des »Petit Journal« wurde eine 1 178 Kilometer lange Rallye von Paris nach Bordeaux und zurück organisiert. Auf der Startlinie zählte man 16 mit Benzin betriebene Fahrzeuge, fünf, die mit Dampf fuhren und ein Elektroauto. Der Wettkampf stellte sich für zahlreiche Teilnehmer als unüberwindbar heraus.

Mehrere Fahrzeuge versagten auf der langen Route. Der 52-jährige Emile Levassor kam als Erster ins Ziel, an Bord eines Zweisitzers mit drei Gängen. Der Fahrer war völlig erschöpft, denn seit dem Start hatte er nicht eine Minute geschlafen. Er hatte die Strecke in 48 Stunden, 47 Minuten und 30 Sekunden bei einer Durchschnittsgeschwindigkeit von 24,2 km/h zurückgelegt. Dabei hatte er vor dem nachfolgenden Wagen fünf Stunden Vorsprung und sogar 11 Stunden vor dem Drittplatzierten. Dennoch wurde er nicht zum Sieger erklärt, da der erste Platz einem Fahrzeug mit vier Plätzen vorbehalten war. Laut Vorschrift des Wettbewerbs wurde daher Paul Koechlin zum Sieger erklärt, der das Rennen in einem Peugeot Phaeton gefahren war.

Die Automobilhersteller wetteifern mit ihren Ideen, um Kunden zu gewinnen.

Die neue Mode Telefon

■ *1895*

Der magische Apparat, der es möglich macht, über eine größere Distanz hinweg mit entfernten Leuten zu sprechen, hat die Gewohnheiten seiner Besitzer verändert. Dieses Gerät, das nun Einzug ins Haus hält, stellt auch Ansprüche. Wenn das Telefon klingelt, muss man sich bewegen und so schnell wie möglich abheben. Dies inspirierte einen Humoristen zu folgendem Ausspruch: »Man klingelt nach Ihnen und Sie gehen auch noch hin?« Paris war die erste europäische Stadt, die von 1879 an mit einem Telefonnetz ausgestattet wurde. Ende des Jahres 1881 zählte man 1 602 Anschlüsse, zwei Jahre später bereits 3 000. Im Jahre 1889 hatte der Staat die Telefongesellschaft aufgekauft. Zwischen Paris und London wurde eine internationale Leitung eingerichtet. Weitere neue Verbindungen zwischen den großen Städten waren vorgesehen und die Liste von Neuanschlüssen in Paris wurde immer länger und brachte viele Neider mit sich.

London und Paris sind per Telefon miteinander verbunden. Zur Einweihung lässt der Prinz von Wales dem französischen Präsidenten eine Nachricht zukommen.

Zug fährt aus dem Montparnasse-Bahnhof hinaus

■ *22. Oktober 1895*

Es handelte sich um einen sehr schweren, aber auch sehr seltenen Unfall, der sich an diesem Nachmittag um genau 16 Uhr am Gare Montparnasse ereignete. Der Expresszug Nummer 56, der am Morgen um 8.45 Uhr in Granville abgefahren war, wurde um 16.03 Uhr erwartet. Doch der Zug kam an Gleis Nummer 6 früher als erwartet an und fuhr mit hoher Geschwindigkeit ohne zu bremsen ein. Die Zeugen sahen die Katastrophe kommen: Der Bahnsteig leerte sich. Inmitten von Schreien und Dampfstößen zertrümmerte die 36 Tonnen schwere Lokomotive den Prellbock und bohrte sich durch die Wand. Sie zerbrach die große Fensterfront und fiel auf den 20 Meter tiefer gelegenen Platz, direkt vor die Geschäftsstelle der Straßenbahngesellschaft. So auf den Kopf gestellt, türmten sich der Tender und der erste Gepäckwagen auf die Lok. Der zweite Gepäckwagen, der Postwagen und die zehn Passagierwagen waren nicht entgleist und blieben am Rande des klaffenden Lochs hängen, das sich am Bahnhof der Compagnie de l'Ouest aufgetan hatte. In dieser ganzen unglaublichen Geschichte gab es noch ein Wunder: Es gab nur ein einziges Opfer. Nur eine Sekunde später wäre eine der überfüllten Straßenbahnen zerquetscht worden. Ein immenser Ordnungstrupp mit 300 Polizisten unter der Leitung von Präfekt Lépine war direkt vor Ort. Die Unfallursache blieb zunächst unbekannt.

Erste Kinovorführung in Paris

Programm und Plakat der ersten Vorführung von »L'Arroseur arrosé«

■ *28. Dezember 1895*

Ein Plakat am Boulevard des Capucines Nummer 14, das den Kinematographen Lumière lobte, erweckte die Neugier der Passanten. Eine weitere Laterna magica? Doch am unteren Ende einer kleinen Treppe von 20 Stufen kam der Neugierige in einen bescheidenen Raum mit dem Namen »Indischer Salon«. Die Wände waren dunkel ausgeschlagen und auf dem Boden lag ein einfacher Teppich. Weiter hinten im Raum war ein Bettlaken angebracht. »Das ist die Leinwand«, informierte ein Platzanweiser vor den Sitzreihen. Doch aufgepasst: »Was Sie sehen werden, ist etwas Besonderes!« Einige Augenblicke später, sobald es dunkel wurde, war ein ungewöhnliches Klappern zu hören und gleichzeitig schlug eine elektrische Kette gegen die Leinwand. Doch wieder Schattentheater? »Kinematograph Lumière« war dann zu lesen. Doch diese Buchstaben blieben nicht stehen, sondern sie begannen zu flackern, um schließlich zu verschwinden. Die Leinwand war zum Leben erweckt worden und es schien wie Zauberei. Diese Erfindung war das Werk der beiden aus Lyon stammenden Brüder Louis und Auguste Lumière. Die beiden Forscher hatten ihr erstaunliches Verfahren am 13. Februar patentieren lassen. Diese weltweit erste öffentliche Kinovorführung fand vor 35 Zuschauern statt.

Paris empfängt den Zar von Russland

■ 5. – 9. Oktober 1896

Der junge, erst im Mai gekrönte Zar Nikolaus II., seine Gemahlin Alexandra und ihre kleine Tochter, die Großherzogin Olga, begeben sich zu einem offiziellen Besuch nach Paris. Am 6. Oktober reisen sie mit einem Sonderzug zum Bahnhof Bois de Boulogne an, der speziell zu diesem Anlass gebaut wurde. Eine Million Pariser haben sich an der Champs-Elysées eingefunden, um sie mit Beifall in ihrer Kutsche zu begrüßen. Zahlreiche Schilder und Transparente ragen aus der Menschenmenge: »In Frankreich nur fünf Tage, in unseren Herzen alle Tage!« Dieser Staatsbesuch bekräftigt die französisch-russische Allianz, die der Vater des Zaren, Alexander III., beschlossen hatte. Ein nahezu endloses und prachtvolles Programm war für ihn organisiert worden: Geschäftsessen, eine Gala in der Oper (deren Giebel mit einem enormen Adler des russischen Reichs aus Gasflammen dekoriert wurde), ein Abend in der Comédie-Française, der voller Andacht am Grab von Napoléon I. im Invalidendom seinen Abschluss fand, sowie ein Abend in Versailles mit der Schauspielerin Sarah Bernhardt. Jeder war über die außerordentliche Höflichkeit von Nikolaus II. entzückt und ein wenig enttäuscht über die mürrische Miene der Zarengattin Alexandra. Doch Paris war über diesen Besuch so erfreut, dass das gemäßigte Blatt »Journal des débats« vorschlug, alle in diesen Tagen neugeborenen Französinnen Olga zu taufen.

Das russische Herrscherpaar auf der Champs-Elysées

Métro-Arbeiten schreiten vor

■ 1897

Bereits seit dem Zweiten Kaiserreich war ein U-Bahn-Projekt im Gespräch. Die Befürworter dieses Transportmittels waren enthusiastisch, doch die Gegner beunruhigt, wie etwa diejenigen, die sich schon 60 Jahre zuvor gegen den Bau der Eisenbahn ausgesprochen hatten: Sie befürchteten Lungenentzündungen aufgrund durchsickernden Wassers in den Tunneln und tödliche elektrische Schläge durch das Antriebssystem. Gleichwohl hatte der Verkehrsminister Louis Barthou die U-Bahn als eine Eisenbahn von lokalem Interesse eingestuft, indem er die Arbeiten der Stadt übertrug. Zwei Jahre später, nach vielen Studien und Diskussionen, nahm der Stadtrat das Projekt an und plante sechs Linien, mit deren Bau der Ingenieur Fulgence Bienvenüe beauftragt wurde. Für diese neuartigen Arbeiten wurden 2 000 Arbeiter mobilisiert, die in sich abwechselnden Trupps Tag und Nacht am ersten Streckenabschnitt »Vincennes–Maillot« arbeiteten. Jeden Tag mussten 1 000 m³ Aushub bewältigt werden.

Der Brand im Bazar de la Charité

■ 4. Mai 1897

Harry Blount hatte verschiedene wohltätige Aktivitäten an einen einzigen Ort zusammengelegt, den »Bazar de la Charité« (Basar der Wohltätigkeit). In diesem Jahr hatte Michel Heine den Organisatoren einen Kinosaal in der Rue Jean-Goujon (VIII. Arrondissement) zur Verfügung gestellt. Der Baron Mackau bat einen Dekorateur der Oper, in der Halle eine mittelalterliche Straße aus Holz, Stoff und Pappmaschee zu bauen. Junge Frauen und Mädchen mit den bekanntesten Namen aus dem »Gotha« hielten an den Ständen die Stellung. Die Hitze war erdrückend. »Ich erstícke!«, stieß die Baronin von Alençon aus, jüngste Schwester der Kaiserin von Österreich. Kurz nach 16 Uhr hatte sich der Äther aus dem Filmprojektor entzündet. In wenigen Augenblicken verwandelte die brennende Dekoration die Besucher und Verkäuferinnen in lebende Fackeln. Von da an hieß es nur noch »Rette sich, wer kann.«, doch die Türen der Halle wurden den verzweifelten Opfern zum Verhängnis, denn sie ließen sich nur nach innen öffnen. Die Feuerwehr, die um 16.24 Uhr eintraf, konnte das Schlimmste nicht mehr verhindern. Ganz Paris trauert um die 130 Tote, die aus einer Fahrlässigkeit heraus sterben mussten.

Der Basar in Flammen; »Petit Journal«

Cyrano de Bergerac umjubelt

■ 27. Dezember 1897

Der 29 Jahre alte Theaterautor Edmond Rostand war zum ersten Mal an der Comédie-Française mit »Les romanesques« erfolgreich, anschließend verzeichnete er nur mittelmäßige Erfolge. Doch dieser Abend war für ihn eine glänzende Wiedergutmachung. Sein neues Stück, »Cyrano de Bergerac«, brachte dem Théâtre de la Porte-Saint-Martin einen unbeschreiblichen Erfolg ein. Constant Coquelin spielte den prahlenden Banditen, unerschrocken im Kampf, doch scheu in der Liebe. Niemand konnte seiner ungeheuer langen Nase widerstehen. An seiner Seite spielte Maria Legault eine entzückende Roxane, verführerisch und leichtgläubig zugleich. Der Begeisterungssturm der Zuschauer, nachdem sie 6 000 Verse in fünf Akten in einer großartigen Sprache genossen hatten, war von unbeschreiblichem Ausmaß. Das Publikum war so berauscht, dass der Regisseur sich entschloss, den Vorhang einfach offen zu lassen, nachdem die Schauspieler 40 Mal auf die Bühne zurückkehren mussten. Hunderte von Bewunderern trugen Rostand auf Händen vom Theater zu seiner Wohnung in der Plaine de Monceau. Eine solche Ehrerbietung hatte es zuvor noch niemals gegeben.

Cyrano de Bergerac und Roxane

Das Wiederaufleben der Dreyfus-Affäre

■ *1898–1899*

Seit 1894 hatte sich das Interesse an Alfred Dreyfus gelegt. Er war verurteilt und wegen Hochverrats auf die Teufelsinsel verbannt worden. Kommandeur Picquart, neuer Chef des französischen Nachrichtendienstes, nahm sich die Akten noch einmal vor und fand Ähnlichkeiten zwischen der Schrift der wohl bekannten Liste und der des Kommandeurs Esterhazy. Daraufhin forderte Picquart eine Wiederaufnah-

me des Prozesses. Er erreichte allerdings lediglich eine Vorladung Esterhazys vor das Kriegsgericht und dieser wurde Anfang Januar 1898 freigesprochen. Picquart wurde verhaftet und nach Tunesien ausgewiesen. Mit Nachdruck ließ die Regierung verkünden: »Es gibt keine Dreyfus-Affäre.« Aus diesem Anlass griff Emile Zola zur Feder und schrieb für »L'Aurore« (Abbildung links) einen offenen Brief mit dem Titel: »Ich klage an.« Und Frankreich war in zwei Lager gespalten. Zola wurde zu einem Jahr Gefängnis sowie einer Geldstrafe von 3 000 Francs verurteilt. Von da an war die Dreyfus-Affäre in aller Munde (Abbildung rechts). Als gefälschte Angaben in der Akte entdeckt wurden, kam die Affäre wieder ins Rollen. Oberst Henry, Urheber der Fälschung, gestand, aus Patriotismus gehandelt zu haben. Henry beging Selbstmord, und dieses »Geständnis« zog die Wiederaufnahme des

Verfahrens nach sich. Dreyfus kam vor den Kriegsrat, der ihn erneut zu zehn Jahren Freiheitsstrafe verurteilte und mildernde Umstände aussprach. Zehn Tage später wurde Dreyfus vom Präsidenten Emile Loubet begnadigt.

Stahlbeton in der Rue Danton

■ *1898*

Es war das Ergebnis der Leidenschaft zweier Baumeister. In der Rue Danton (VI. Arrondissement), die seit zehn Jahren zugänglich und 1895 verlängert worden war, zog das Haus Nummer 1 mit einer unübersehbaren Kuriosität die Aufmerksamkeit auf sich: Das erste Gebäude aus Stahlbeton in Paris. Der Unternehmer François Hennebique hatte dieses Haus nach den Plänen des Architekten Edouard Arnaud für sich selbst gebaut. Die beiden Männer begeisterten sich für diese Mischung aus Zement, Sand und mit Metall-Armierungen verstärktem Granulat. Einige Passanten befanden die erkennbaren Metallstangen für wenig elegant, ebenso wie den matten, nicht gestrichenen Beton selbst. Doch hieß es, Beton sei solide und von langer Haltbarkeit.

Der Liebestod von Präsident Faure

■ *16. Februar 1899*

Um 18 Uhr hatte der Staatspräsident im Elysée-Palast einen Schlaganfall erlitten. Seitdem befürchtete man das Schlimmste. Um neun Uhr abends verstarb Félix Faure. Der Staatschef hatte einen strapaziösen Tag. Überzeugt von der Unschuld Dreyfus' hatte er Prinz Albert I. von Monaco zu einer Audienz empfangen, danach Kardinal Richard, den Erzbischof von Paris. Den beiden Besuchern war die extreme Unruhe des Präsidenten aufgefallen. Scheinbar war es anschließend noch zu einem romantischen Rendezvous mit einer im Elysée-Palast wohl bekannten Besucherin gekommen: mit der Russin Madame Steinheil. Der für seine Heißblütigkeit bekannte Präsident hatte ein Aphrodisiakum genommen und daraufhin sein Bewusstsein verloren.

Polizeisturm auf das Fort Chabrol

■ *20. September 1899*

Am 13. August hatte sich ein bislang friedliches Haus in der Rue de Chabrol Nr. 51 (IX. Arrondissement) in eine Festung verwandelt. Niemand durfte hinein oder hinaus. Die Polizei belagerte das Gebäude rund um die Uhr und sobald sie sich zeigte, flogen Steine. Ein gewisser Jules Guérin, Dreyfus-Feind, berüchtigter Gegner der Freimaurer und Präsident der Antisemitismus-Liga, war rasend vor Wut geworden, als er erfuhr, dass der von der französischen Armee verbannte Offizier Dreyfus wahrscheinlich rehabili-

tiert werden würde. Die Polizei wollte den Aufgebrachten dingfest machen, bevor er gewalttätig würde. Doch er schaffte es, sich im Sitz seiner Liga zu verschanzen, dem Gebäude, das von da an in Paris unter dem Namen »Fort Chabrol« bekannt war. Während seiner »Besetzung« wurde Guérin von den Nachbarn, die diese Situation amüsierte, über die Dächer mit Nahrung versorgt. Am frühen Morgen, nach fünf Wochen, gab er, als die Feuerwehr mit der Überflutung des Gebäudes drohte, schließlich auf. Eine Droschke brachte ihn ins Gefängnis Santé.

Das schwere Los der Wasser-Vorkoster

■ *Herbst 1899*

Im Jahre 1800 fragte Bonaparte seinen Innenminister Chaptal: »Was brauchen die Pariser?« Antwort: »Gebt ihnen Wasser!« Dank spektakulärer Verbesserungen konnte das Pariser Wassernetz umfassend erweitert werden. Brunnen dienten immer weniger der Wasserversorgung als vielmehr der Dekoration. Um die Qualität der Was-

serversorgung sicherzustellen wurde ein städtischer Dienst von Wasser-Vorkostern eingerichtet. Neben der Analyse des Wassers hatten diese städtischen Beamten die Aufgabe, mehrmals am Tag den Geschmack des Trinkwassers zu überprüfen. Ganz in der Art von Weinkennern schluckten sie jedoch niemals das Wasser herunter – und das mit gutem Grund.

SEHENSWÜRDIGKEIT

23   Pont Alexandre III

Die erst vor kurzem restaurierte Brücke wurde zwischen 1897 bis 1900 errichtet. Die Grundsteinlegung fand am 7. Oktober 1896 im Beisein des jungen Zaren von Russland, Nikolaus II., statt. Die Brücke durfte nicht die Sicht auf die Champs-Elysées und den Invalidendom versperren, musste in Einklang mit den angrenzenden Verkehrsadern stehen und nicht einer ihrer Pfeiler durfte im Wasser stehen, um eine Beeinträchtigung des

Schiffsverkehrs zu verhindern. Diese drei Vorgaben wurden von den Ingenieuren Jean Résal und Amédée d'Alby hervorragend umgesetzt. Die nur aus einem Element bestehende Stahlbrücke hat eine Spannweite von 109 Metern und eine Breite von 40 Metern. Getragen wird sie von je zwei Pylonen auf jeder Seite der Seine. Das Bauwerk ist mit zahlreichen gusseisernen und bronzenen Jugendstilskulpturen geschmückt.

Die erste Métro-Linie geht in Betrieb

■ 19. Juli 1900

An diesem Tag der Inbetriebnahme der Linie Nummer 1 »Maillot–Vincennes« lag die Temperatur bei 38 °C im Schatten. Welcher Schatten könnte besser gegen die Gluthitze schützen, als der in den Métro-Tunneln? Die Reisenden, von den Wundern der Weltausstellung verwöhnt, und diejenigen, die mehr als drei Jahre schwerster Arbeiten an dem Bau der unterirdischen Eisenbahn auf sich genommen hatten, wollten nun das Resultat beurteilen. Ursprünglich hatte die erst an diesem 19.

eröffnete Station Maillot bereits zum 14. Juli fertig sein sollen.

Doch der Polizeipräfekt Lépine hatte aus Furcht vor Demonstrationen den großen Tag auf den 18. verschoben. An diesem Tag bestieg eine Delegation mit dem Verkehrsminister und dem Präfekten den ersten Triebwagen. Die Strecke von Maillot nach Vincennes wurde problemlos gemeistert. Am 19. Juli konnten sich dann die zahlenden Fahrgäste in die Tiefen des Pariser Untergrundes begeben, um eine Reise in der Métro anzutreten. Das Abenteuer begann mit der Entdeckung des erstaunlich kleinen Bahnhofs Maillot, der nach Meinung vieler Leute wie ein Häuschen in Form einer umgedrehten Libelle oder eines umgedrehten Regenschirms aussah. In der Bahnhofshalle war es erheblich kühler als draußen und in der Luft lag sogar ein unbekannter Duft. Die Reisenden kauften ihre Fahrkarten und bewunderten den Zug am Bahnsteig: Drei mit lackiertem Holz verkleidete Wagen (siehe Abb.), die von jeweils zehn Lampen beleuchtet wurden. Zwei Waggons schlossen sich gleich an den Triebwagen an, der den Strom aus einem Schleifkontakt mit einer dritten Schie-

ne schöpfte, wie aus einer Steckdose. Einer der Waggons der ersten Klasse war mit Polsterbänken aus rotbraunem Leder ausgestattet und der Preis war mit 0,25 Francs vergleichsweise günstig. Die anderen Waggons der zweiten Klasse waren aus verschiedenen Materialien gebaut und verfügten über saubere und bequeme Sitze aus lackierten Holzstangen. Der Fahrpreis für diese Klasse lag bei 0,15 Francs und beinhaltete auch ein Rückfahrticket, was nur in dieser Klasse möglich war. In diesen Waggons konnten bis zu 30 Passagiere sitzend befördert werden und im Mittelgang gab es etwa zehn Stehplätze. Die Métro-Gesellschaft hielt bereits 161 Waggons bereit, damit sie von diesem Tag an die Züge im Fünf-Minuten-Takt fahren lassen konnte, zu Stoßzeiten auch im Zwei-Minuten-Takt. In jedem Abteil achtete ein Angestellter auf das ordnungsgemäße Schließen der Türen. Der Zug fuhr ab und gleich fiel ein Unterschied zur Eisenbahn ins Auge: Die Métro fuhr auf der rechten Seite, genau wie die Straßenbahnen. Sie fuhr mit einer Durchschnittsgeschwindigkeit von 25 bis 30 km/h sehr schnell und konnte eine Spitzengeschwindigkeit von 40 km/h erreichen. Die Strecke war etwas länger als zehn Kilometer und der Zug passierte die bislang noch nicht fertiggestellten Haltestellen ohne Halt. In einer halben Stunde hatte man Paris von West nach Ost durchquert und fand sich an der Porte de Vincennes wieder. Entgegen der Befürchtungen der Pessimisten war kein einziger Tunnel eingestürzt, wurde kein Passagier

Die Métro-Station Saint-Michel: Gigantische Senkkästen umhüllen den zukünftigen Tunnel.

von irgendwelchem Rauch erstickt und es war noch nicht einmal zu rüpelhaftem Verhalten während der Fahrt gekommen. Darüber ließen sich die schrecklichen technischen Schwierigkeiten vergessen. Die Arbeiten am Place de la Concorde kamen denen an einem 70 Meter hohen Berg gleich. Und schließlich war für die Unterführung unter der Seine für die Abzweigung in Richtung Süden der Einsatz von Senkkästen notwendig gewesen, um unter dem breiten und dem schmalen Sei-

tenarm des Flusses bauen zu können. Sie wurden flussabwärts von dem Pont-au-Change und von dem Pont Saint-Michel angebracht und anschließend 15 Meter in den Tiefen der Seine versenkt. Auch wenn es während der langen und schwierigen Arbeiten fünf Tote zu beklagen gab, so waren doch unvermutete Schätze zutage getreten: Geologisch interessante Bodenschichten, Sarkophage und sogar Mammutgebeine erlaubten eine spannende Reise in die Pariser Vergangenheit.

Eine Métro-Station im Stile des Jahres 1900

Die fünfte Weltausstellung verzeichnet trotz

Alle Stilrichtungen, alle Länder. Die Ausstellung ist ein siebenmonatiger Tapetenwechsel.

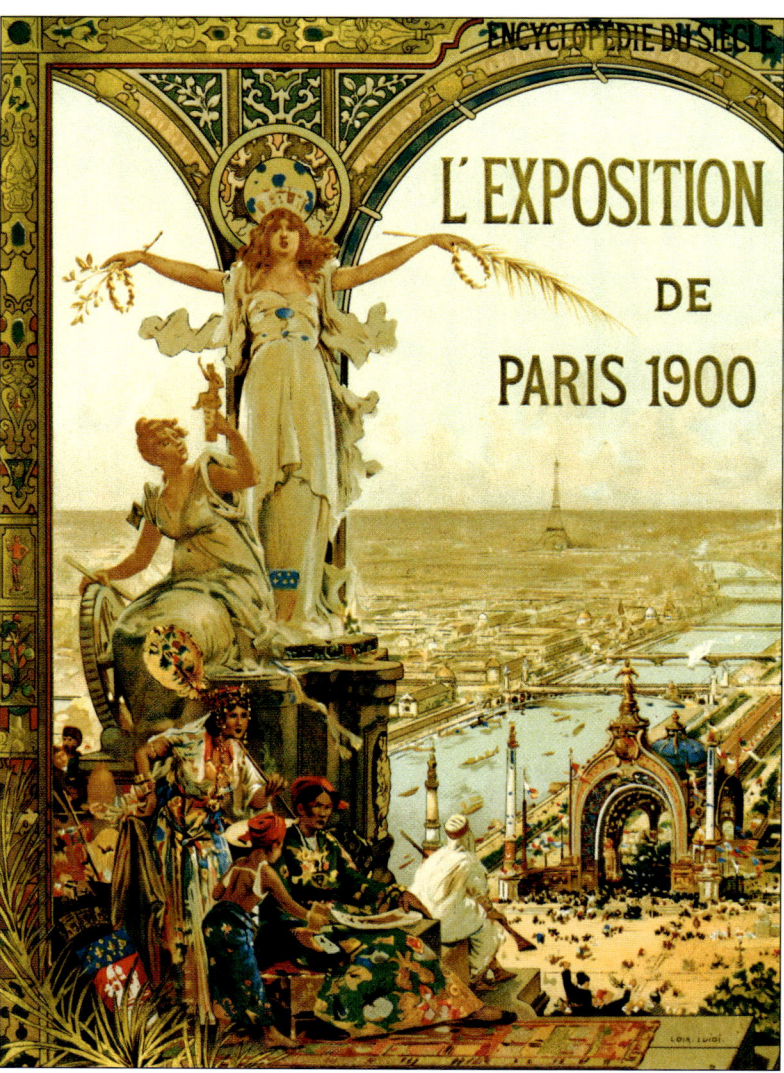

■ *14. April – 12. November 1900*
Im Jahre 1892 traf man die Entscheidung, im Jahr 1900 erneut eine Weltausstellung zu organsieren. Mit Sicherheit handelte es sich um die großartigste Veranstaltung dieser Art, die jemals in Paris stattgefunden hat. Sie erstreckte sich über den Invalidenplatz, das Marsfeld, über den Trocadéro, die Uferpromenaden zwischen dem Pont de la Concorde und dem Pont d'Iéna und dem ganzen rechten Seineufer zwischen der Avenue des Champs-Elysées und dem Cours-la-Reine.
Es war ein außergewöhnliches Gefühl, die Expo durch eines der 36 Tore betre-

Die olympischen Spiele finden in Paris statt

■ *14. Mai – 14. Juli 1900*
Die Tradion der Olympiaden war wieder auferstanden. Erste Versuche hatte es dank eines gut betuchten Griechen namens Zappas bereits 1859 gegeben. Doch erst der Baron Pierre de Coubertin initiierte am 25. September 1892 an der Sorbonne wirklich neue Spiele. Ein internationaler Kongress, der im Jahre 1894 in Paris zusammenkam, beschloss einstimmig die Wiederaufnahme der Spiele und die Einrichtung eines internationalen olympischen Komitees. 1896 fanden in Athen die ersten olympischen Spiele der Neuzeit statt. Und im Jahre 1900 empfing und organisierte Paris die Spiele im Rahmen der Weltausstellung. Die USA schnitten am besten ab, doch die Franzosen konnten dank ihrer Fechter, Schützen und Turner immerhin 25 Goldmedaillen erkämpfen. Wie lautet doch gleich das fröhliche Motto von Pierre de Coubertin? – »Dabei sein ist alles.«

Sogar der Bois de Boulogne wird für olympische Wettkämpfe genutzt.

ten zu können. Um den Besucherstrom in geordnete Bahnen zu lenken und um sicherzustellen, dass der Weg für niemanden zu anstrengend wurde, hatte man die Wahl zwischen zwei neuartigen Transportmitteln, die dieselbe Strecke abfuhren. Diese Rundfahrt umfasste 3,4 Kilometer und ging in einer Schleife über die Avenue de La Bourdonnais, den Quai d'Orsay, über den Vorplatz des Invalidendoms und die Avenue de La Motte-Picquet. Zum einen war es möglich, mit einem elektrischen Zug zu fahren, der die Strecke im Uhrzeigersinn befuhr. Zum anderen gab es den – das Publikum in Erstaunen versetzenden – rollenden Gehsteig, der in der Gegenrichtung zirkulierte. Im Prinzip handelte es sich dabei um drei aneinander grenzende Rollsteige, einen fest installierten, einen langsamen und einen schnellen, der mit zwei Metern auch der breiteste war. Der Preis für eine Fahrt auf diesem Rollband lag bei 50 Centimes und beinhaltete einen kompletten Rundgang von etwa 20 Minuten. Es ist kaum verwunderlich, dass diese Attraktion sich höchster Beliebtheit erfreute. Den Besuchern wurden zahllose Attraktionen geboten. Da gab es zunächst die ausländischen Pavillons, jeder einzelne von ihnen Aufsehen erregend. Der osmanische Pavillon glich einem vom Bosporus stammenden Marmorpalast. Der italienische Pavillon war ein Nachbau der St.-Marco-Basilika in Venedig. Die Vereinigten Staaten von Amerika hatten eine Nachbildung des Kapitols in Washington geschickt, die Briten das elisabethanische Schloss Kingston House und das Russische Reich hatte eine Art Kreml entworfen, der das ewige und heilige Russland symbolisierte. Alle diese am Quai d'Orsay aufgereihten Pavillons spiegelten sich in der Seine und wurden so zu einer schwimmenden internationalen Prachtstraße.
Der Effekt war besonders bei Sonnenuntergang spektakulär. Dabei sollte der deutsche Beitrag nicht vergessen wer-

sengender Hitze mehr als 50 Millionen Besucher

den, der den Besucher mit einer Demonstration deutscher Technik leicht ins Schaudern brachte: Chemikalien, optische Instrumente, Modelle von Elektrizitätswerken, Schiffsmodelle. Um dieses doch sehr industrielle Bild etwas abzumildern, hatte Kaiser Wilhelm II. glücklicherweise seine Lieblingsgemälde geschickt: »Einschiffung nach Kythera«, »Gersaints Ladenschild« und »Französische Komödianten« von Watteau. Nicht unerwähnt bleiben sollten noch zwei weitere Wunderwerke, und zwar die beiden Paläste, der Grand Palais und der Petit Palais, die sich an der Avenue Nicolas gegenüber stehen. Sie waren ganz den schönen Künsten gewidmet. Der Petit Palais stellte antike Kunst aus, im Grand Palais gab es Exponate der letzten zehn Jahre mit Gemälden von Edouard Detaille, Roybet und Alfred Roll. Unter dem Glasdach waren mächtige Skulpturen zu sehen, die den ganzen Hauptsaal einnahmen. Werke von Monet, Degas, Renoir, Cézanne oder Vuillard suchte man hier allerdings vergeblich, denn diese Künstler waren nicht eingeladen worden. Und da man auch Rodin um keinen Beitrag gebeten hatte, stellte er seine Skulpturen selbst in einer Ecke an der Avenue de l'Alma aus. Doch was die meisten Leute anzog, befand sich ganz am Ende des Gartens des Marsfeldes: Der Palast der Elektrizität. Dies war ein wirklich wunderliches Gebäude, ohne Eingang und Fassade. Es handelte sich um ein Gebilde in Form eines Diadems oder eines Fächers oberhalb der Springbrunnen und Wasserspiele. Er wurde von zahlreichen Statuen dekoriert. Die auffälligste stammte vom Bildhauer Marquestre und stellte die Elektrizitäts-Fee dar, die aufrecht in ihrem von Pegasus

Die Weltausstellung vom Trocadéro aus gesehen. Sogar eine Kopie der Transsibirischen Eisenbahn gab es zu bestaunen.

und einem Drachen gezogenen Wagen stand. Ohne Frage musste man dieses zauberhafte Schauspiel am Abend genießen, denn zur Feier der Fee wurde alles hell erleuchtet, so dass man sich bei einem großartigen Feuerwerk wähnte. Um diesen Effekt noch zu verstärken, waren in die Zink-Konstruktion zusätzlich Verglasungen eingelassen worden, die durch ihre Transparenz noch strahlender wirkten. An der Spitze waren 5 700 Glühlampen angebracht. Und dahinter waren elf Projektoren installiert, die mit ihren Lichtkegeln die Kaskaden und Fontänen erleuchteten. Allerdings spielte sich dieses phänomenale und einzigartige Spektakel nur an Sonn- und Feiertagen ab. Davon abgesehen gab es ja auch noch die Gartenkunst und die Tanzvorführungen, die »Rue de Paris« mit ihren unzähligen Vergnügungen, das Schweizer Dorf, das Riesenrad, das die Avenue de Suffren dominierte. Trotz der sengenden Hitze, die mit über 38 °C auf Paris lastete, erklärt dies alles, warum mehr als 50 Millionen Besucher die Pforte zur Traumwelt durchschritten.

Der »rollende Gehsteig« oder auch »mobile Plattform« war eine der Hauptattraktionen dieser Weltausstellung.

SEHENSWÜRDIGKEIT

24   **Der Petit Palais und der Grand Palais**

Diese beiden sich gegenüber liegenden Gebäude waren Teil der Gesamtplanung für die Weltausstellung von 1900. Der Architekt baute beide Gebäude im selben Stil. Der Petit Palais sollte eine Rückblende auf die französische Kunst beherbergen. Ein allegorisches Bild von Paris, von den Musen eingekreist, thront oberhalb seines Portalvorbaus und seine Fassade ist mit Säulen verziert. Der Innenhof ist von äußerster Eleganz. Heute befindet sich darin das Museum der Schönen Künste. Der Grand Palais (siehe Foto), der für die französische Kunst um 1900 bestimmt war, sollte über eine sehr helle Halle verfügen. So entwarf Charles Girault ein immenses zweischiffiges Glasdach in Form einer Kuppel. In der Halle erstreckt sich eine beachtliche Jugendstiltreppe mit zwei Läufen. Für die Weltausstellung von 1937 wurde ein Teil des Grand Palais in den »Palais de la Découverte« (Palast der Entdeckung) umgewandelt, dessen Eingang sich an der Avenue Franklin-Delano-Roosevelt befindet. Seit 1971 beherbergt der Grand Palais wichtige Ausstellungen. In Anlehnung an den »Palais de l'Industrie« (Industriepalast) aus dem Jahre 1900 haben die Architekten hier Metallkonstruktionen und klassische Steinmauern in einem Gebäude vereinigt.

Die Verkehrsmittel in Paris

Wie soll man sich in einer Stadt wie Paris fortbewegen? Diese Frage ist ebenso alt wie die Stadt selbst. Gestern wie heute, ob es einige Tausend oder mehrere Millionen Einwohner gibt – das Problem verändert sich kaum, nur sein Ausmaß.

Ganz offensichtlich war die Seine der erste Verkehrsweg in Paris. Seit dem Mittelalter, zu Zeiten der Renaissance bis zu Zeiten der Marquise de Sévigné waren schwimmende Kutschen, die von Pferden auf Treidelpfaden am Flussufer gezogen wurden, ein langsames, aber sicheres Verkehrsmittel für wenige Leute – von den Gütern, die transportiert wurden einmal ganz abgesehen. Die Seine war damals ein natürlicher Verkehrsweg, der jedoch voller Tücken steckte: starke Strömung, Versandungen, Eisgang, Hochwasser, das Brücken mit sich riss und den Fluss nicht nur unbefahrbar machte sondern auch eine Gefahr für die Menschen war, die nicht in der Lage waren, sich ausreichend zu schützen. Einige Verbesserungen sind unternommen worden, wie z.B. Staumauern flussaufwärts, Rückhaltebecken, Seiten- und

Linienverkehr auf der Seine um 1900. Schon damals trugen die öffentlichen Verkehrsmittel Werbung.

Verkehrskanäle. Doch die Seine blieb trotz allem unberechenbar. Man weiß um ihre Kraft spätestens seit dem Hochwasser im Winter des Jahres 1910. Das Wasser strömte damals auf der linken Flussseite über

die Bahnlinie Austerlitz–Orsay und auf der rechten Seite durch die Baugruben für die Métro. Auf dem Boulevard Haussmann und auf dem Boulevard Saint-Germain fuhr man mit Booten! Diese Gefahr ist immer noch präsent – im Winter 2002/2003 hat die Stadt einen Hochwasserplan erarbeitet und veröffentlicht. Eine neue Katastrophe, eine vielleicht noch größere als die von 1910, soll um jeden Preis verhindert werden. Denn die Zahl der Tunnel und Gänge im Pariser Untergrund hat sich seit jenen Zeiten vervielfacht und es ist kaum vorstellbar, auf welche Weise sich das Wasser in der Stadt ausbreiten könnte. Heutzutage ist die Seine – von den Last- und Frachtkähnen abgesehen – vor allem ein touristischer Verkehrsweg für Ausflugsschiffe und Gesellschaften. Im 19. Jahrhundert waren mehrere, regelmäßig verkehrende Linien in Betrieb genommen worden, insbesondere für die Weltausstellungen seit 1867. Diese Flussverbindungen sind erst kürzlich wieder in Mode gekommen, und zwar in Form des »Batobus« (Bootsbus). Zwischen den acht Haltestellen der Linien wurden im Jahr 2003 etwa 540 000 Personen befördert, das entspricht 3,2% des gesamten Pariser Fahrgastaufkommens.

Auf dem »Festland« hat schon immer ein Gewirr von Straßen und Gassen existiert, die ein wahres Labyrinth bilden. Dieser Irrgarten war auch Schauplatz für einen Königsmord ganz neuer Art, der die Franzosen damals schockierte, nämlich der Mord an dem beliebten König Heinrich IV. Seine Staatskutsche war in der Rue de la Ferronerie (heute Quai de la Mégisserie, nahe des Pont-Neuf, I. Arrondissement) von ei-

nem Karren blockiert worden. Dem Attentäter Ravaillac wurde seine Tat durch das Gewirr an Gassen erleichtert. Das war am 14. Mai 1610. Etwa ein halbes Jahrhundert später wetterte ein in Paris geborener Bourgeois gegen das höllische Getöse und die ständigen Staus in der Stadt. Es handelt sich um Nicolas Boileau, Historiograph König Ludwigs XIV., ein exzellenten Schriftsteller und ein satirisches Talent. Mit noch nicht einmal 30 Jahren verfasste er einen bissigen Text über die Zustände in der Hauptstadt. Ihm zufolge war es nicht möglich, zu Hause seine Ruhe zu finden, da einen die Nachbarn ständig störten, doch wenn man das Haus verlassen wollte, war

es noch schlimmer! Diese sehr berühmt gewordene Satire trägt den Titel »Les Embarras de Paris« (»Pariser Unanehmlichkeiten«). Dreieinhalb Jahrhunderte später sind sein Realismus und seine Aktualität noch immer frappierend: Das Paris des 17. Jahrhunderts stand mit seinen Staus der heutigen Situation in nichts nach. In diesem unbeschreiblichen Chaos muss man sich anstatt von Pferden, Rindern und Maultieren einfach Autos, LKWs und Busse vorstellen. Interessanterweise beschreibt Boileau sogar das Gedränge der Fußgänger: »Wo man auch hingeht, muss man sich einen Weg bahnen, durch ein aufdringliches und unaufhörlich wimmelndes Volk.«

Die Idee zur Einführung öffentlicher Verkehrsmittel kam im ersten Drittel des 19. Jahrhunderts auf. Im Jahr 1828 wurde eine Busgesellschaft gegründet. Für

① *Gare d'Austerlitz*   ④ *Gare de Lyon*   ⑦ *Gare Saint-Lazare*

② *Gare de l'Est*   ⑤ *Gare du Nord*   ● *Métro-Stationen*

③ *Gare des Invalides*   ⑥ *Gare Montparnasse*

25 Centimes konnte man das romantische Paris von Balzac und Hugo durchqueren. Bald war der Erfolg so groß, dass die von mehreren Pferden gezogenen Kutschen täglich mehrere tausend Personen transportierten! Doch bereits zu dieser Zeit begann sich mit der Vermehrung von Fiakern und Kabrioletts der Pariser Individualismus durchzusetzen. Dies waren zwar intimere, aber natürlich auch teurere Transportmöglichkeiten. Im Jahre 1853 erhielt ein französischer Ingenieur vom neuen Präfekten der Seine Haussmann die Erlaubnis, versuchsweise eine Straßenbahn zwischen den Haltepunkten »L'Alma« und »Iéna« verkehren zu lassen. 1855 dann richtete eben dieser Präfekt Haussmann die Omnibus-Gesellschaft ein, die von je zwei Pferden gezogene Wagen mit 24 Plätzen in der Stadt fahren ließ. Der Fahrpreis lag bei 30 Centimes für einen Platz im Inneren des Wagens und beinhaltete auch das Recht umzusteigen. Auf dem Oberdeck (die Sitze dort konnten ab 1853 genutzt werden) kostete ein Platz 15 Centimes, al-

Elektrische Straßenbahnen gehörten bis zu ihrer Einstellung im Jahr 1937 zum vertrauten Stadtbild.

lerdings durfte man mit dieser Fahrkarte nicht umsteigen. Zur gleichen Zeit und auch in der Folgezeit kamen weitere Transportmittel hinzu, wie Ringbahnen, dampfbetriebene und später elektrische Straßenbahnen, denn die Stadt hatte sich nach 1860 beträchtlich vergrößert.

Im Jahre 1900 waren die ersten Métro-Linien eine wahre Revolution: Man fuhr unter der Straße, ohne Gefahr zu laufen, im Stau stecken zu bleiben. So war es also möglich, seine Reisezeit zu kalkulieren, ohne Verspätungen einplanen zu müssen. Die ersten benzinbetriebenen Autobusse gab es im Jahre 1905, in der Rue de Rennes (VI. Arrondissement). Ihre Durchschnittsgeschwindigkeit lag bei 14 km/h. Die letzten Pferde-Omnibusse, die noch auf der Strecke La Vilette–Saint Sulpice fuhren, wurden 1913 abgeschafft. Dasselbe galt für die von Pferden gezogenen Straßenbahnen auf der Strecke Pantin–Opéra. Die letzte elektrische Straßenbahn fuhr am 15. März 1937 auf der Strecke Vincennes–Porte de Saint-Cloud. Anschließend wurden die Schienen entfernt. Allerdings wurde die Straßenbahn als ein schnelles und sauberes Verkehrsmittel im Jahre 2003 wieder entdeckt und

nach lebhaften Debatten haben auf dem Boulevard des Maréchaux bereits die ersten Bauarbeiten begonnen. Es zeigt sich also, dass in Transportfragen, ebenso wie in der Mode, Neues häufig etwas Altes ist, das in Vergessenheit geraten war. Die Autobusse, seit 1927 mit Gummireifen ausgestattet, haben alle alten oberirdischen öffentlichen Transportmittel überlebt und bilden bis in die Gegenwart mit ihren zahlreichen Linien ein enges Spinnennetz, das sich über die ganze Stadt erstreckt. Im Jahr 1948 entstand die RATP (»Régie autonome des transports parisiens«), eine kommerzielle öffentliche Einrichtung, die das Monopol der ober- und unterirdischen Beförderungen innehat. Weitere Fortschritte wurden mit der Métro auf Reifen erzielt, mit dem Etagen-Bus (1968), mit Gelenkbussen (1983) und mit dem Einsatz von umweltfreundlichen Treibstoffen. Zeitgleich mit dem Métro-Netz entstand ab 1971 ein Schienennetz, das über Paris hinaus in die weiter außerhalb gelegenen Vororte verkehrt. Es handelt sich um den RER (»Réseau express régional«), der gemeinsam mit der SNCF (»Société nationale de chemins de fer, die französische Eisenbahngesellschaft«) bewirtschaftet wird, um die Verkehrsanbindung der neu entstandenen Städte sicherzustellen. Dieses Zusammenspiel funktioniert über Verbindungsbahnhöfe in Paris und insbesondere über die SNCF-Bahnhöfe. Die größte Innovation in der heutigen Zeit stellte die 1998 eröffnete Linie »Météor« dar, die Bercy, Tolbiac, den Gare de Lyon und den Gare Saint-Lazare miteinander verbindet. Die Erscheinungsform dieses Zuges und die seiner Bahnhöfe sind von futuristischer Ästhetik geprägt und er fährt vollautomatisch, ohne Fahrer.

Gleichzeitig hat das Auto in Paris mehr und mehr Platz eingenommen. Es wurden immense Anstrengungen unternommen, um einen schnelleren Verkehrsfluss in Paris und um Paris herum zu ermöglichen. Der erste Stadtring wurde dort errichtet, wo früher die Befestigungsanlagen der Stadt standen. Dies sind die Boulevards des Maréchaux, die von 1960 bis 1973 nach außen noch durch eine Umgehungsstraße erweitert wurden. Weiterhin erlauben Straßen auf den ehemaligen Uferwegen im Prinzip ein schnelles Durchqueren der Stadt entlang der Seine. Sie gehen auf den Wunsch des Präsidenten Georges Pompidou zurück, der sogar von einer Autobahn quer durch Paris träumte. Die Zeiten haben sich jedoch geändert, denn diese Fahrbahnen werden zur Zeit heftig diskutiert. Die Uferstraßen werden bereits jetzt zu bestimmten Anlässen gesperrt, z.B. an-

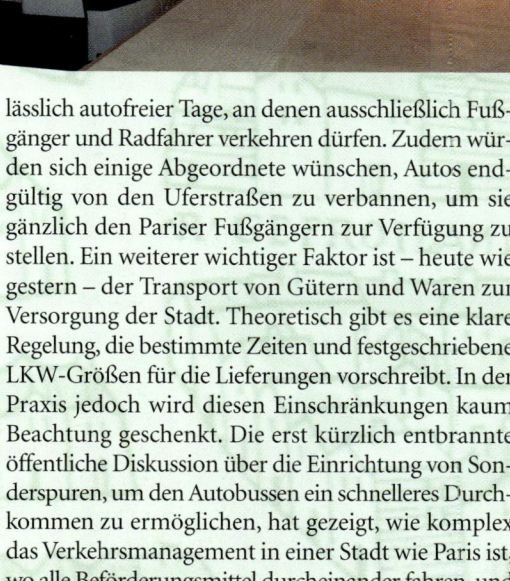

lässlich autofreier Tage, an denen ausschließlich Fußgänger und Radfahrer verkehren dürfen. Zudem würden sich einige Abgeordnete wünschen, Autos endgültig von den Uferstraßen zu verbannen, um sie gänzlich den Pariser Fußgängern zur Verfügung zu stellen. Ein weiterer wichtiger Faktor ist – heute wie gestern – der Transport von Gütern und Waren zur Versorgung der Stadt. Theoretisch gibt es eine klare Regelung, die bestimmte Zeiten und festgeschriebene LKW-Größen für die Lieferungen vorschreibt. In der Praxis jedoch wird diesen Einschränkungen kaum Beachtung geschenkt. Die erst kürzlich entbrannte öffentliche Diskussion über die Einrichtung von Sonderspuren, um den Autobussen ein schnelleres Durchkommen zu ermöglichen, hat gezeigt, wie komplex das Verkehrsmanagement in einer Stadt wie Paris ist, wo alle Beförderungsmittel durcheinander fahren, und dabei sind noch nicht einmal die vielen Taxis berücksichtigt. Auf diese Weise bleibt die Verkehrsproblematik in Paris wie im Mittelalter, wie unter Heinrich IV., wie zu Zeiten Boileaus, ein ewig aktuelles Thema, das die Gemüter erhitzt.

Mit der Einrichtung öffentlicher Beförderungsmittel entstanden neue Berufe. Die Autobusse beispielsweise waren lange Zeit für das Empfangspersonal auf dem Oberdeck bekannt, welches die Glocke betätigte, um das Abfahrtsignal zu geben und das auch für die Fahrscheinkontrolle mit einem speziellen, am Gürtel befestigten Gerät zuständig war. Die Métro war nur zugänglich, wenn man seinen Fahrschein durch eine Person am Zugang hatte lochen lassen. Diese Kontrolleure hat Serge Gainsbourg mit seinem Chanson »Le Poinçonneur des Lilas« unsterblich werden lassen. Bis 1972 gab es auf den Bahnsteigen Stationsvorsteher. Im gleichen Jahr wurden Fahrscheinautomaten eingeführt und seitdem ist das Personal auf die Métro-Fahrer und Fahrkartenverkäufer reduziert. In den Autobussen gibt es nur noch einen Fahrer, der auch die Fahrscheine verkauft.

Telefonieren vom Café aus

■ *6. Februar 1901*
Für diejenigen, die noch kein Telefon zu Hause hatten, gab es bislang keine andere Möglichkeit, als von der Post aus zu telefonieren. Von nun an konnten sie auch von einem benachbarten Café oder vom nächstgelegenen Bahnhof aus anrufen. Die so genannten automatischen Fernmelder wurden in mehreren Cafés und Bahnhöfen installiert. Man musste eine Münze von 25 Centimes einwerfen, um mit der zentralen Vermittlung verbunden zu werden. Die Café-Besitzer geben ihren Kunden jedoch deutlich zu verstehen, dass die Benutzung dieser Apparate nur mit dem Verzehr wenigstens eines Getränkes möglich ist.

Ein Unfall in der Métro

Die Feuerwehr macht eine grausige Entdeckung auf den Bahnsteigen.

■ *11. August 1903*
Zwei Métro-Züge hatten Feuer gefangen und an der Station Couronnes, nahe Belleville, einen Stromausfall verursacht. Am späten Nachmittag, zur Hauptverkehrszeit, fand sich die Menschenmenge auf den Bahnsteigen in einer dunklen Rauchfalle wieder. Die Rauchwolke war so dick, dass es keinerlei Möglichkeit gab, die Leute zu retten. Als die Feuerwehr endlich Zugang zu den Bahnsteigen hatte, präsentierte sich ihnen ein schreckliches Bild. 84 Personen hatten den Tod gefunden. Die Temperatur in der Station war auf 80 °C angestiegen. Es handelt sich um den ersten schweren Unfall in der Métro seit Inbetriebnahme.

Eine neue Entente cordiale?

Während seines Besuchs in Paris wohnt Eduard VII. einer Operngala bei.

■ *1. – 3. Mai 1903*
Eduard VII. ist zu einem dreitägigen offiziellen Besuch in Paris. Er war es, der auf Druck des Außenministers Théophile Delcassé um die Einladung beim französischen Präsidenten ersucht hatte. Der Außenminister, wie der König sehr anglophil, wünschte sich nach dem Zerwürfnis von Fachoda eine neue »Entente cordiale«. Allerdings sah er sich schon bei seiner Ankunft feindseligen Rufen wie »Es lebe der Händler« ausgesetzt, die auf die Sabotage bei der französischen Mission in Fachoda, im Sudan, anspielten. Doch dank seines diplomatischen Geschicks, seines Humors und seiner Gutmütigkeit konnte der Monarch die Situation umkehren und die Herzen der Pariser erobern.

Erste Vergabe des Goncourt-Preises

■ *21. Dezember 1903*
Edmond Goncourt hatte testamentarisch eine Akademie in Erinnerung an seinen im Jahre 1870 verstorbenen Bruder Jules gegründet. Er hatte sogar die ersten Mitglieder bestimmt, unter ihnen Flaubert, Zola, Banville und Fromentin. Alphonse Daudet sollte das Testament verkünden. Nach Goncourts Tod 1896 fochten die Erben das Testament erfolglos an. Die aus zehn Mitgliedern bestehende Akademie hat die Aufgabe, jedes Jahr einen Preis von 5 000 Francs für ein literarisches Werk zu verleihen. Die Akademie existiert seit 1902, doch sie verleiht erst an diesem 21. Dezember 1903 ihre erste Auszeichnung. Im Restaurant Champeaux wird der Preis an John-Antoine Nau für »Force ennemie« überreicht.

Die Einrichtung der PLM-Gesellschaft (Paris-Lyon-Mittelmeer) geht auf 1842 zurück. Die Konzession der Herren Lafitte und Blount wurde im Jahr 1848 von der Regierung zurückgekauft. Ein erster Bahnhof wurde zwischen 1847 und 1852 gebaut. Er wurde viermal vergrößert, bevor er 1895 für die Weltausstellung im Jahr 1900 komplett umgebaut wurde. Der Architekt war Marius Toudoire. Der Bahnhof wurde von Präsident Loubet am 6. April 1901 eröffnet. Die Fassade wird von einem 64 Meter hohen Turm dominiert. Die Turmuhr hat vier Zifferblätter, die von Paul Garnier hergestellt wurden; die Stunden- und Minutenzeiger sind 1,95 und 3 Meter lang. Im Innern ruht das Glasdach, das über den Gleisen schwebt, auf einer schönen Stahlkonstruktion. Die Abfahrtshalle ist mit Fresken geschmückt, die an Lyon, Avignon, Arles und Monte Carlo erinnern. Das Restaurant in der ersten Etage, das »Train bleu« (siehe Abbildung), ist ebenfalls das Werk von Toudoire. Es ist wirklich ein Bravourstück der französischen Kunst um 1900: Originalgetreue Malereien in vergoldeten Rahmen und rote Vorhänge rühmen Südfrankreich. Ein Dekor, das die abfahrbereiten Reisenden ins Träumen bringt – so formulierte es der spanische Maler Salvador Dalí voller Entzücken.

Die Löwinnen des Pariser Nachtlebens

Verführt durch Tanz: Cléo de Mérode

Liane de Pougy: Eine Frau von Welt?

■ **1900–1910**

Zur Jahrhundertwende hätte die Pariser Welt nicht gewusst, wie sie ohne die Halbwelt hätte existieren sollen. Elegante und wohlhabende Herren zeigten sich mit sehr hübschen Damen an ihrer Seite, die sie in prunkvollem Stil aushielten. Sie stellten ein Element ihres sozialen Status dar und nicht selten wurden die Damen aus dem Ballett-Ensemble der Opéra ausgewählt. So hatte etwa die berühmte Cléo de Mérode ihr Debüt in dieser illustren Szene, doch ihre Berühmtheit verdankte sie eher einem »Verhältnis« mit Léopold II., König von Belgien. Emilienne d'Alençon wurde dadurch zur Legende, dass sie ihre nackten Beine im Folies-Bergère zeigte. Nachdem sie die Maîtresse des Herzogs von Uzès war, wurde sie es auch von Léopold II. und von vielen anderen. Auch die Belle Otéro hatte eine beeindruckende Liste von Eroberungen: Der Prinz von Spanien, der Prinz von Wales, Wilhelm II., aber auch Aristide Briand, Parlamentarier und späterer Bildungsminister. Sie sammelte Männer und außergewöhnliche Brillianten, die sie sogar auf der Bühne trug. Liane de Pougy, ehemalige Schülerin des Sacré-Cœur, verführte den Prinzen von Wales und heiratete anschließend den Prinzen Ghyka und stieg so von der Halbwelt in die Welt der High Society auf.

Auto-Ausstellung im Grand Palais

■ **Oktober 1904**

Das Automobil übte eine außergewöhnliche Anziehung aus. Die expandierende Automobilindustrie zog Menschenmassen in den Grand Palais, und Staatspräsident Emile Loubet persönlich eröffnete diese 7. Automobilausstellung. Mit einem Anstieg von 3 000 Fahrzeugen im Jahre 1887 auf 21 000 im Jahre 1904 hatte nicht nur die Produktion dieser Branche Zuwächse zu verzeichnen, sondern auch die einzelnen Hersteller brachten immer neue Modelle auf den Markt. Damit jeder Aussteller einen Platz bekam, musste man auch auf die Gewächshäuser des Cours-la-Reine ausweichen. Verspätet kam Präsident Loubet am Stand von Richard-Brazier an, wo das Fahrzeug mit der Nummer 5 auf einem Sockel thronte. Mit diesem Fahrzeug war der Pokal Gordon-Bennett gewonnen worden, dessen amerikanischer Namensgeber den »New York Herald Tribune« gegründet hatte. Der Staatschef zeigte sich begeistert angesichts der Schönheit der Karosserien und des allgemein spürbaren Fortschrittes bei der Federung.

Das Unternehmen der Brüder Renault stellt seine Modelle im Grand Palais aus.

Die Straßen werden asphaltiert

■ **1900–1904**

Asphalt oder auch Erdpech ist ein sehr altes Material. Es wurde bereits im alten Ägypten und in Assyrien als Baustoff und für Wasser undurchlässige Straßendecken verwendet. Danach wurde Asphalt vor allem für das Abdichten von Schiffsrümpfen eingesetzt. In der Antike kam Asphalt vor allem im Toten Meer vor. Seitdem wurden noch andere Vorkommen entdeckt, u. a. auch in Frankreich. Seit 1838 sind die Pariser Bürgersteige asphaltiert. Aber es dauerte noch bis 1854, bis eine ganze Straße asphaltiert war, nämlich die Rue Bergère. Von dieser Zeit an wurde in Paris, London, Berlin oder Wien fast ausschließlich Asphalt als Straßenbelag eingesetzt. Das Gemisch aus Bitumen, Gesteinsmehl, Sand und Splitt, das erhitzt und anschließend ausgebracht wird, hat viele positive Eigenschaften: Es ist wasserdicht, dämmt Geräusche, ist widerstandsfähig und falls Schäden entstehen, sind sie leicht auszubessern. Der Nachteil ist, dass Asphalt für Fahrzeuge bei Regen sehr glatt wird. Die Pariser Hauptverkehrsstraßen wurden nach und nach mit Asphaltdecken versehen.

ZUR PERSON

Louis Lépine

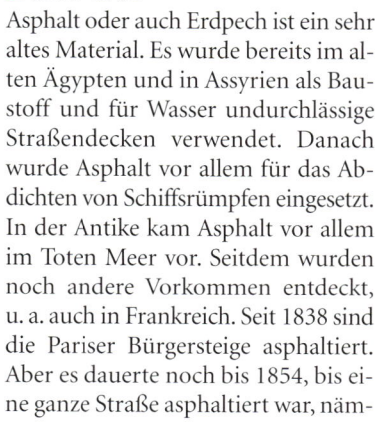

Der am 6. August 1846 in Lyon geborene Louis Lépine, seines Zeichens Ministerialrat der Präfekturen, war zunächst Präfekt in der Provinz, bevor er von 1893 bis 1898 zum Polizeipräfekten von Paris ernannt wurde. Danach stieg er zum Generalgouverneur von Algerien auf, doch angesichts der Widerstände gegen seine Reformprojekte musste er dieses Amt schnell wieder aufgeben. Von 1899 bis 1912 war er wieder Polizeipräfekt und widmete sich ganz der Mobilität der Polizei. So richtete er Fluss- und Fahrradbrigaden ein. In einigen kritischen Momenten musste er kühlen Kopf bewahren: Im Rahmen der Dreyfus-Affäre und bei der Umsetzung des Gesetzes zur Trennung von Kirche und Staat. Im Jahre 1902 gründete er den berühmten Lépine-Wettbewerb, mit dem er Pariser Künstler und Erfinder fördern und sie gegen ausländische Konkurrenz stärken wollte. Dieser Wettbewerb existiert noch heute und wird jährlich anlässlich der Paris-Messe ausgerichtet. In den Jahren 1913 und 1914 war Lépine Abgeordneter und veröffentlichte ein Buch über das Bäckerhandwerk. Sein Bruder Raphaël war ein bekannter Medizinprofessor, der sich auf Nierenleiden und Diabetes spezialisiert hatte. Louis Lépine starb am 10. November 1933.

Die ersten Taxis in der Hauptstadt

■ *1905*

Sich in Paris fortzubewegen war trotz der ständigen Verbesserungen im öffentlichen Nahverkehr schon immer ein schwieriges Unterfangen. Doch nicht jeder war körperlich in der Lage, Trittbretter zu erklimmen, die beschwerlichen Treppen zu meistern und sich durch die häufig rücksichtslose Menschenmenge zu schlagen. Natürlich gab es damals schon das Auto, doch das war ein kostspieliges Transportmittel: Zunächst musste die Anschaffung eines Fahrzeuges bestritten werden und dann war man noch auf die regelmäßige Hilfe eines Fahrers und eines Mechanikers angewiesen. Seit 1904 gibt es in Paris noch eine andere Möglichkeit: Das Taxi. Es handelte sich dabei um zweizylindrige rote Renaults mit einem Chauffeur, der jedem seine Dienste anbot, der sich in Paris fortbewegen wollte. Die Taxis waren mit einem Taxameter ausgestattet, der die zu zahlende Summe je nach gefahrener Entfernung anzeigte.

Kircheninventar wird umverteilt

Polizeipräfekt Louis Lépine bei der Kirche Sainte-Clotilde

■ *1906*

Das am 9. Dezember 1905 verabschiedete Gesetz zur Trennung von Staat und Kirche war Anlass für eine Reihe von Zwischenfällen. Das Gesetz schrieb vor, dass das Mobiliar der Kirchen an kulturelle Einrichtungen abgegeben werden musste, während die Immobilien in öffentlichen Besitz übergingen. Einige katholische Persönlichkeiten, unter ihnen auch Mitglieder der Académie française, hatten einen offenen Brief geschrieben, der vom »Figaro« veröffentlicht wurde. Darin baten sie die Bischöfe, die neue Gesetzeslage anzuerkennen. Doch seit der Enzyklika des Papstes Pius X., der aufs Schärfste den einseitigen Bruch des Konkordats verurteilte, waren zahlreiche französische Katholiken bestürzt und sogar verärgert. In Paris verliefen die Abwicklungen in den meisten Gemeinden jedoch problemlos. Im Allgemeinen waren die Pfarrer bei den Arbeiten nicht dabei. Dennoch ging es nicht überall friedlich zu. Die Kirche Saint-Clotilde (VII. Arrondissement) wurde von den Gemeindemitgliedern in einen wahren Belagerungszustand versetzt. Die Polizei musste sich einen Weg durch aufgestapelte Stühle und umgestürzte Beichtstühle bahnen. Beleidigungen waren zu hören und es kam sogar zu einigen Stockschlägen. In Gros-Caillou waren die Demonstranten besonders brutal. Polizeipräfekt Lépine musste die Feuerwehr rufen, um die tobende Menge »abzukühlen«. Die Regierung hatte ihrer Verwaltung eine wirklich undankbare Aufgabe übertragen.

Galeries Lafayette renoviert

■ *1906*

Im Jahre 1894 schlossen sich Théophile Bader und Alphonse Kahn zusammen. Letzterer hatte gerade eine Boutique für Accessoires an der Ecke Rue La Fayette und Rue de la Chaussée-d'Antin eröffnet. Seitdem vergrößerte sich ihr Geschäft unaufhaltsam, zunächst zur Rue La Fayette hin, später, 1899, zum Boulevard Haussmann. Zwei Jahre hatten die Arbeiten unter der Leitung von Georges Chedanne gedauert, um die Innenausstattung des Kaufhauses zu renovieren. Von 1906 an gab es zwei monumentale Hallen. Dies war der Wunsch von Théophile Bader gewesen, der wollte, dass man in seinem Kaufhaus »alles« finden könne. Die Art und Weise, wie diese Hallen ausgebaut waren, führte dazu, dass die Galeries Lafayette einem orientalischen Basar ähnelten. Auch das war auf Wunsch Théophile Baders geschehen: Ohne es zu erwähnen, wollte er eigentlich seinem Nachbarn und Vorgänger, dem im Jahre 1865 gegründeten Kaufhaus »Au Printemps«, Konkurrenz machen.

Die prunkvolle neue Kuppel der Galeries Lafayette

Sorgt der Cancan für einen Skandal?

■ *1905–1906*

Der Cancan war das Aushängeschild des Moulin Rouge und wurde von Tänzerinnen in schwarzen Strümpfen und weißen Unterröcken zum Leben erweckt. Am Ende der Vorstellung tauchten sie noch einmal auf der Bühne auf und stießen gellende Schreie aus. Sie schlugen Räder und führten Spagate vor oder glänzten mit einer ausgezeichneten Koordination in der Kunst, ihre Beine so hoch wie nur möglich in die Luft zu werfen. Dieser Tanz war 1850 dank Céleste Mogador entstanden. Es handelte sich damals um eine Quadrille. Der Tanz war 1861 in London mit einem unglaublichen Erfolg vorgeführt worden, und Charles Monton, Erfinder des modernen Varietees, taufte ihn auf den Namen »French Cancan«. Er dauert acht Minuten und wird nach einem wilden Galopp von Offenbach getanzt.

In dem Moment, wo jede Tänzerin ihre eigene Vorführung beendet hat, muss sie einem Zuschauer ihrer Wahl mit einer flinken Fußbewegung den Hut vom Kopf stoßen und ihn durch die Luft fliegen lassen. Selbstverständlich wurde die Zurschaustellung der schwarz bestrumpften Beine als anstößig empfunden. Deshalb musste ein »Strumpfinspektor« sicherstellen, dass die Höschen der Damen ordnungsgemäß mit einer Sicherheitsnadel befestigt waren, damit ihre wilden Bewegungen kein Schamgefühl verletzen konnte.

Die Polizei hat ein Auge auf Cancan-Tänzerinnen

BIC / SWIFT

BMARES2M

ES63 ~~xxx~~ zwilbd
~~xxx~~
zwanzig
digits

BIC

BMt

Pathé zeigt Weltnachrichten

■ *31. März 1909*

Das Kino erfreute sich immer größerer Beliebtheit, was auch Dokumentarfilme über den Alltag entlegener Völker oder größere Ereignisse mit einschloss. Aufgrund dieser gestiegenen Nachfrage entschloss sich die in Vincennes ansässige Gesellschaft Pathé, Reisefilme und Nachrichten zu zeigen. Dank einer Vielzahl von Kameraleuten, die weltweit eingesetzt wurden, erhoffte man sich, jede Woche einen aktuellen Beitrag zeigen zu können. Die Filmemacher zögerten nicht, sich in das tiefste Afrika oder in die vereisten Steppen Russlands zu begeben. Jede Woche filmten sie markante Geschehnisse: Katastrophen, Gerichtsprozesse, Sportwettkämpfe, aber auch künstlerische und gesellschaftliche Ereignisse. Die Zuschauer bekamen also außer dem von ihnen gewählten Spielfilm jede Woche noch verschiedene aktuelle Berichte zu sehen. In Paris stellten sich mehrere Kinos darauf ein, ihr Programm auf diese Art und Weise zu bereichern.

Die Pathé-Brüder schicken ihre Kameraleute bis ans Ende der Welt, um von aktuellen Ereignissen zu berichten.

Das Ballets russes begeistert Paris

■ *19. Mai 1909*

Sergej de Diaghilev war ein wahrhafter Magier. Dieser Kunstkritiker und Impresario hatte dem russischen Publikum die moderne Musik Frankreichs zugänglich gemacht (Claude Debussy, Maurice Ravel), im Jahre 1906 die Ausstellung »Deux Siècles d'art russe« (»Zwei Jahrhunderte russische Kunst«) nach Paris gebracht und die russische Oper »Boris Godounov« mit der großen Bassstimme von Chaliapine im Palais-Garnier inszeniert. In diesem Jahr verwöhnte er die Pariser aufs Neue im Théâtre du Châtelet mit seinen erstaunlichen »Ballets russes«. Dieses Mal hatte er eine Gruppe hervorragender Tänzer zusammengestellt, die an der berühmten Ballettschule des Kaiserlichen Theaters in Sankt Petersburg ausgebildet worden waren. Dieses Ballett wurde von einer Novelle des französischen Schriftstellers Théophile Gautier inspiriert, doch auch von »Coppelia«,

Die Tänzer Nijinskij und Pavlova

das auf dem Roman »Der Sandmann« von E.T.A. Hoffmann basiert. Die Schönheit und Anmut der Tänzer Anna Pavlova und Vladislav Nijinskij entzückte das Publikum.

Die Seine führt ein noch nie da gewesenes Hochwasser

■ *29. Januar 1910*

Im Laufe des Januars hatte man begonnen, sich über das ungewöhnliche Ansteigen der Seine zu sorgen. Das schlammige Wasser des Flusses strudelte förmlich unter den Brücken hervor. Und man sah mit Schrecken zu, wie die Zuaven-Statue an dem Pont de l'Alma im Wasser versank. Kurz darauf stand sie ganz unter Wasser, denn bereits seit einer Woche waren die Uferpromenaden überschwemmt. An diesem Tag war Paris nicht wiederzuerkennen, denn die Straßen entlang der Seine waren zu Flüssen geworden und der Platz vor dem Invalidendom glich einem großen See. Die Fluten schossen aus dem Gare d'Orsay und überschwemmten den Boulevard Saint-Germain. Der Boulevard Haussmann hatte sich förmlich in einen Kanal verwandelt und man sah Boote darauf fahren. Im botanischen Garten tollten die Bären in großen Seen herum. Ministerpräsident Aristide Briand war zusammen mit dem Präfekten Lépine in einem Boot gekommen, um das Ausmaß der Schäden an der Rue Saint-Lazare zu begutachten und der Bevölkerung Mut zuzusprechen. Doch konnte man nichts weiter machen, als den Rückgang des Hochwassers abzuwarten. Indessen fragte man sich, wo die Ursachen für dieses Desaster lagen, denn Eugène Belgrand hatte seit 1878 ein scheinbar wirkungsvolles Schutzsystem gegen Hochwasser entwickelt. Er hatte einen doppelten Schutzwall gebaut, um den Fluss der Seine durch Paris einzudämmen. Er hatte den Wall so angebracht, dass das Netz der Abwasserkanäle nicht vor Asnières auf die Seine traf. Diese Eindämmung war allerdings an zwei Stellen durchbrochen worden: Zum einen war beim Bau der Zuglinie Austerlitz–Orsay eine Lücke in den Schutzmauern entstanden. Zum anderen war beim Bau der Nord-Süd-Linie der Métro ein weiteres großes Loch während der Bauarbeiten geschlagen worden.

Paris ist vom Wasser fast verschlungen; die Notre-Dame ist noch nicht betroffen.

Die Mona Lisa ist verschwunden

■ *22. August 1911*
An diesem Tag war das geheimnisvolle Lächeln der Mona Lisa, das Meisterwerk von Leonardo da Vinci, verschwunden. Hunderte von Besuchern, die in den Louvre kamen, um sie zu bewundern, konnten nicht mehr beim Anblick des Gemäldes ins Träumen versetzt werden. Das Bild war am 21. August 1911 gestohlen worden, an einem Montag, dem Ruhetag des Museums. Die Polizei vermutete, dass der Dieb sich am Sonntagabend hatte ins Museum einschließen lassen und am Morgen des 22. August 1911 diskret verschwand. Rein zufällig hatte die Leitung des Louvre kurz zuvor begonnen, sich Gedanken über den Schutz der Kunstwerke zu machen.

100-jähriges Bestehen der Feuerwehr

»Le Petit Journal« zeigt die Entwicklung von Uniformen von 1811 bis 1911.

■ *18. September 1911*
In Paris ist die Gefahr von Bränden allgegenwärtig. In früheren Zeiten behalf man sich, indem man eine Menschenkette mit Wassereimern bildete. Nachdem es unter dem König im 17. Jahrhundert einzelne Brandmeister gegeben hatte, richtete der Herrscher im Jahre 1716 den Posten des Feuerwehrleiters ein. Im Jahre 1722 wurde die erste Kompanie von Brandschützern ins Leben gerufen. Doch erst unter Napoléon I. wurde per Dekret vom 18. September 1811 das erste Bataillon von Feuerwehrmännern gegründet. Eine Folge des schrecklichen Brandes in der österreichischen Botschaft vom 1. Juli 1810. Seit dieser Zeit sind die Feuerwehrmänner, die dem Militär angehören, mit Automobilen ausgestattet.

Das Gaumont bietet 3 400 Plätze

■ *11. Oktober 1911*
An der Place de Clichy hatte auf Initiative von Léon Gaumont das größte Kino der Welt eröffnet: Der Gaumont-Palast. Das monumentale Gebäude war ein Umbau der ehemaligen Pferderennbahn. Der Architekt Auguste Bahrmann hatte einen Saal mit 3 400 Sesseln entworfen. Jede Filmvorführung wurde von einem Orchester mit 30 Musikern und einem Chor begleitet. Im Winter wurden für die Beheizung eines derart großen Saales täglich fünf Tonnen Kohle benötigt. Hinter den Sitzreihen war ein breiter Gang für die Zuschauer freigelassen worden, wo ein regelmäßig neu bestücktes Büffet aufgebaut war, an dem man sich stärken konnte. Zwischen den Filmvorführungen wurden ausgezeichnete Varietee-Nummern dargeboten.

Der Gaumont-Palast im Jahr 1913 bei der Uraufführung von »Quo Vadis«

Die Bonnot-Bande schlägt wieder zu

■ *28. Februar 1912*
An diesem Abend waren in der Rue d'Amsterdam viele Leute unterwegs, als um 20 Uhr ein Delaunay-Belleville auf die Menge zuraste und einen Autobus anfuhr. Ein beherzter Polizeibeamter versuchte die drei Insassen zu verhaften, die daraufhin das Feuer eröffneten und den Polizisten töteten. Sie flohen in dem Fahrzeug, das im Übrigen gestohlen war. Diese anarchistischen Kriminellen hatten ihre ersten Taten im vorherigen Dezember begangen. Schließlich konnte man sie identifizieren. Ihr Chef war Jules Bonnot und Raymond la Science sein Assistent.

Im Théâtre des Champs-Elysées

■ *31. März 1913*
Das Théâtre des Champs-Elysées in der Avenue Montaigne wurde stark kritisiert, weil die Architekten, die Brüder Ferret, für den Bau Beton gewählt hatten. Dennoch sah die klassische, vom Bildhauer Bourdelle gestaltete Fassade sehr vornehm aus. Der Saal ist von einer Kuppel in vergoldetem Metall überwölbt, die mit Malereien von Maurice Denis verziert ist. Auf der rechten Seite befindet sich die Comédie des Champs-Elysées, ein hinreißendes Theater mit Fresken von Edouard Vuillard.

Ein Triumph für Paul Poirets Talent

»Die Kirschen« von Poiret nach Lepape

■ *1913*

Er befreite die Frauen aus dem Korsett und gab ihnen das Aussehen von Sultaninnen, mit Röcken oder Hosen, die nach unten hin eng zusammenliefen und aus luxuriösem Satin oder aus leichten, bestickten Stoffen geschneidert waren. Paul Poiret war mit Sicherheit der emblematischste Modemacher dieser Zeit. Er tat mehr als nur Modelle zu kreieren. Vielmehr bat er seine Zeichner, seine Skizzen in den illustrierten Broschüren »in Szene zu setzen«. Poiret sprach zunächst Paul Iribe an, später Georges Lepape, um die Modelle in einem Universum von Luxus zu zeigen.

Métro-Eingänge verändern sich

■ *1913*

Die Pariser hatten sich an den Jugendstil der Métro-Stationen gewöhnt, so wie sie von Hector Guimard entworfen worden waren. Die Konzessionäre der ersten Linien hatten im Jahre 1900 die Gestaltung so in Auftrag gegeben. Bis 1913 waren 141 Eingänge dieser Art gebaut worden. Man erkennt sie an ihrem pflanzenähnlichen Aussehen und an ihren Glasdächern, die an Flügel von riesigen Libellen erinnern. Alle waren aus Gusseisen gebaut. Dennoch waren sie seit ihrer Eröffnung wegen der als überladen empfundenen Ornamente häufig kritisiert worden. Von 1904 an stellte man sich eher nüchterne Eingänge vor, wie z.B. für die Station Opéra, mit niedrigen Umrandungen und Balustern aus sehr neoklassizistischen Ziegeln. Derselbe schmucklose Stil war für die Stationen République, Concorde und Champs-Elysées gewählt worden. Sollte der 141. Jugendstil-Eingang zur Métro der letzte sein?

Eine Station im Stil von Hector Guimard

Jean Jaurès wird in Paris ermordet

■ *31. Juli 1914*

Am Tag zuvor war er aus Brüssel vom Zweiten Internationalen Sozialistischen Kongress zurückgekehrt. Seitdem machte Jean Jaurès, Führer der SFIO (Französische Sektion der internationalen Sozialistenbewegung), einen finsteren Eindruck. Er hatte begriffen, dass der Krieg, den er sehr fürchtete, von nun an nicht mehr zu vermeiden war. An diesem 31. Juli, nach einer Sitzung in der Kammer und einem schnellen Abendessen im »Coq d'or«, schrieb er einen Artikel für sein Blatt »L'Humanité« und gab ihm den Titel »Notwendige Gelassenheit«. Jean Jaurès wollte noch daran glauben, dass »es immer noch eine Chance auf eine friedliche Lösung« gab. Da es sehr heiß war, entschloss er sich, mit drei Freunden ins Café du Croissant an der Rue Montmartre zu gehen. Um 21.30 Uhr nahm er an einem Tisch Platz, und im selben Moment wurde drei Mal auf ihn geschossen. Jean Jaurès ging kopfüber zu Boden. Der Angreifer war 24 Jahre alt und hieß Raoul Villain. Er hasste Jaurès, weil er ihn für »schädlich für das Vaterland« hielt. Eine Menschenmenge strömte zur Rue Montmartre. Jaurès war tot. Ganz Paris war in Aufruhr und aus allen Stadtteilen und Vorstädten kamen Demonstranten zusammen. Der Ministerpräsident verkündete: »Jean Jaurès, der große Redner auf den politischen Tribünen Frankreichs, ist einem feigen Mord zum Opfer gefallen.«

Madame Caillaux tötet Calmette

■ *16. März 1914*

Henriette Caillaux, die sehr schöne und mondäne Ehefrau des Finanzministers Joseph Caillaux, wurde an diesem Abend zu einem Empfang in der Botschaft Italiens erwartet. Sie ließ sich jedoch in die Rue Drouot zum Sitz des »Figaro« fahren, wo sie vom Direktor der Zeitung empfangen wurde. Sie streckte ihn mit vier Revolverkugeln nieder. Die Waffe hatte sie in ihrem Muff versteckt. Gaston Calmette starb. Als Erklärung für ihre Tat gab Madame Caillaux an, dass sie ihren Ehemann für eine Verleumdungskampagne rächen wollte, die vom »Figaro« inszeniert worden war.

Grasset bringt Proust heraus

■ *November 1913*

Marcel Proust, von einigen Pariser Salons hoch verehrt, von anderen gehasst, hatte große Schwierigkeiten, einen Verleger für sein letztes Manuskript »Du côté de chez Swann« (Eine Liebe von Swann) zu finden. André Gide, Chef von »La Nouvelle Revue française«, wollte es auch nicht. Einzig Bernard Grasset stimmte zu, sein Werk zu veröffentlichen. Der Asthmatiker Proust begeisterte sich für die Kunst und für die Literatur und hatte leidenschaftlich gern in der großen Gesellschaft verkehrt.

Die Einberufenen reisen an die Front

■ *3. August 1914*
Das Dekret zur Generalmobilmachung war zwei Tage zuvor erschienen und man sah das berühmte weiße Plakat überall angeschlagen. Die Jahrgänge 1891, 1892 und 1893 waren bereits an der Front. Alle Männer über 24 Jahren mussten sich den Reservedivisionen anschließen. Die neu Einberufenen kamen in Schüben am Gare de l'Est an, der seit der Besatzung des Elsass auch Gare de Strasbourg genannt wurde. An einige Waggons war mit Kreide der Zielort »Berlin« gekritzelt worden. Um 19 Uhr an diesem 3. August 1914 reißt man sich förmlich die Sonderausgabe des Abendblattes aus den Händen und die Straßenverkäufer wiederholten immer wieder »Deutschland hat Frankreich offiziell den Krieg erklärt!«.

Mit einem Lächeln und Blumen im Knopfloch reisen die Reservisten ab.

Die Regierung ist bereits geflohen

■ *2. September 1914*
Aus Paris war ein gigantisches befestigtes Lager geworden. Doch der Pariser Gouverneur General Gallieni gab zu bedenken, dass die Befestigungsanlagen nicht modernisiert worden waren und es stark an Männern mangele. Dem Präsidenten Raymond Poincaré gestand er: »Paris verfügt zu seiner Verteidigung lediglich über vier Bodendivisionen. Die Stadt kann nicht gehalten werden und ich rate Ihnen, sie zu verlassen«. Ohne lange zu überlegen, verkündete die Regierung ihren Rückzug nach Bordeaux.

Die Deutschen stehen kurz vor Paris

■ *3. September 1914*
Am Morgen des 3. September 1914 informiert eine Meldung darüber, dass die kaiserlichen Truppen zwischen Compiègne und Senlis angekommen sind. Mit einem Mal spukt in den Gemütern wieder das Gespenst der schrecklichen Belagerung von 1870 umher. Tausende von Zivilisten und Soldaten bauen Barrikaden auf, fällen Bäume und spannen riesige Netze aus Eisendraht zu einem monströsen Spinnennetz. Zur gleichen Zeit bereitet General Gallieni seinen Gegenangriff vor, denn er hat einen Fehler des Gegners ausgemacht. Er hat bereits einen geheimen Plan.

Gallieni beschlagnahmt die Pariser Taxis für die Soldaten

■ *7. September 1914*
General Gallieni schätzt, dass er mit den 150 000 verfügbaren Männern eine Generaloffensive gegen die Deutschen starten und sie zur Marne hin einkreisen könne. Doch wie soll er neue Truppen an die Front schicken, wo doch kaum Züge zur Verfügung stehen und die Schienenwege überladen oder blockiert sind? Gallieni kam die Idee eines völlig neuen, obschon außergewöhnlich simplen Manövers: Er beschlagnahmt alle Taxis, um die Soldaten zu befördern. Einen Tag lang halten Beamte die Mietdroschken an, fordern die überraschten Fahrgäste auf auszusteigen und weisen die Fahrer an, sich auf direktem Wege zur Invaliden-Esplanade und zur Militärschule zu begeben. Bis zum Abend durchfahren etwa 250 Fahrzeuge das Tor zu La Villette und machen sich in Richtung Tremblay auf. In jedem Taxi finden neben dem Fahrer noch fünf Soldaten Platz. Dasselbe Schauspiel wiederholt sich am nächsten Morgen. An den östlichen Toren der Stadt warten Infanteristen auf die nummerierten Autos und steigen mit Waffen und Munition ein, um sich an der Marne der Joffre-Offensive anzuschließen. Die Taxifahrer haben ihre Taxameter eingeschaltet und werden natürlich für jede Fahrt bezahlt.

Start einer seltsamen Rallye vor dem Invalidendom: Taxis, die zur Marne fahren.

Die Verteidigung der Stadt hat Vorrang

Die Pariser schützen ihre Stadt. Hier die Arbeiten für die Verteidigung des befestigten Lagers an der Porte Maillot.

■ *September 1914*
Schon vor dem Ausbruch der Kampfhandlungen hatte der deutsche Generalstabschef Helmuth von Moltke die Notwendigkeit von Flugzeugen im militärischen Bereich vorausgesehen. Er hatte verkündet, dass Deutschland über eine Luftwaffe mit 324 Maschinen verfügen müsste, die unter einem unabhängigen Kommando stehen sollte und nur »einer einzigen zentralen Obrigkeit unterstehen darf, die sich aus der Notwendigkeit der Errichtung einer neuen Waffe zwingend ergibt«. Daher führen die Pariser ihr Leben mit ständig auf den Himmel gerichteten Augen, um feindliche Flugzeuge auszumachen. Viele sind aus der Hauptstadt geflüchtet. Das Auftauchen der »Taube«-Flugzeuge (benannt nach ihrem österreichischen Konstrukteur) über Paris ab Ende August löste große Panik aus. Dies wurde noch durch Zeitungsberichte über Gräueltaten der deutschen Truppen in Belgien und in Nordfrankreich verschlimmert. Zu Beginn des Monats folgten mehrere Luftangriffe aufeinander, doch sie verursachten mehr Angst unter der Bevölkerung als Schaden.

Poincaré zurück im Elysée-Palast

■ *20. Dezember 1914*
Die Regierung kehrt nach Paris zurück, nachdem man die Offensive der Deutschen durch den Schlag an der Marne hatte aufhalten können. Joffre hatte dieser Möglichkeit zugestimmt, als er in Chantilly angekommen war. Ministerpräsident Viviani wünschte sich dies mehr, als das Verschwinden hoher Persönlichkeiten nach Bordeaux. Am 20. Dezember 1914 kehrt Poincaré nach Paris zurück.

Kämpfe auch in Val-de-Grâce

■ *11. August 1915*
Die Kommission der Chemie-Forschung im Kriegsministerium hatte verlauten lassen, dass in der Val-de-Grâce-Klinik, dem Pariser Militärkrankenhaus, ein toxikologisches Labor eingerichtet werden sollte. Außerdem sollten 200 Labore an die Front geschickt werden. Obwohl man Tests mit Gas-Granaten dementierte, war inoffiziell bekannt, dass dies bereits geschehen war. Die Einrichtung dieses Labors geschah als Reaktion auf Informationen des Chemikers Daniel Berthelot, dessen Angaben zufolge Deutschland Giftgase entwickelt hatte. Scheinbar konkurrierten Deutschland und Frankreich nicht nur auf dem militärischen Gebiet, sondern auch in der Wissenschaft.

Paris nachts von Zeppelinen bombardiert

■ *21. März 1915*
Den Parisern war bekannt, dass die deutsche Armee mit 26 militärischen Luftschiffen ausgerüstet war. In der Tat hatte die Firma Zeppelin seit 1911 zivile Luftschiffe gebaut, die vier Jahre lang am deutschen Himmel umhergeflogen waren und so sehr gefährliche Erfahrungen gesammelt hatten. Diese Luftfahrzeuge waren vom Grafen von Zeppelin gebaut worden und wurden auf Wunsch des deutschen Generalstabs als Kriegsmaschinen genutzt. In der Nacht zum 21. März 1915 bombardierten sie mehrere nördliche Arrondissements. Der Himmel war mit Lichtkegeln und Streifen von Leuchtspurgeschossen überzogen, als diese enormen »Würste« Leuchtraketen und Bomben auf Paris fallen ließen.

Paris ist ganz und gar nicht von den Zeppelinen beeindruckt.

Die Frauen ersetzen die Männer

■ *1. Juli 1915*
Fast alle Männer waren an der Front. Infolgedessen war die Rolle der Frauen grundlegend verändert: Viele ersetzten die Männer als Arbeiterinnen in den Waffenfabriken. Andere wurden Schaffnerinnen in der Métro oder den Straßenbahnen. Sie sorgten für den Unterhalt ihrer Nächsten und wurden faktisch zu Familienoberhäuptern, obwohl sie vor dem Gesetz unmündig blieben. Um ihnen für die Dauer des Krieges die elterliche Gewalt zu übertragen und um ihnen zu erlauben, Behördenangelegenheiten zu erledigen, sollte ihnen ein Gesetz zeitweilig die entsprechenden Vollmachten geben – allerdings unter der Voraussetzung, dass das Gericht die Notwendigkeit anerkennen würde.

Frauen bei der Arbeit: Leider nur in Kriegszeiten »emanzipiert«

Hunger und Kälte in Paris

Vor der Oper steht man nicht für Konzertkarten an, sondern für Kohle.

■ Februar 1917

Um sämtlichen Spekulationen vorzubeugen, war bereits ein Jahr zuvor der Preis für bestimmte Lebensmittel (Zucker, Kaffee, Kartoffeln, Milch, Margarine, Getreide, Öl, getrocknetes und eingelegtes Gemüse) festgelegt worden. Ebenso hatte die Regierung einen landesweiten Dienst für die Verteilung von Brennstoffen eingerichtet, wobei die Kohle natürlich den ersten Platz einnahm. Nach einigen Monaten Krieg wurde das Leben für die Pa-

riser immer schwieriger. Der Winter schien einen Vertrag mit den Feinden geschlossen zu haben, denn die Temperaturen stiegen selten über −10 °C. Jeden Tag lautete die Frage aufs Neue: »Haben Sie Kohle?« Die Stadtverwaltung verkaufte Kohle zu sehr niedrigen Preisen, doch um einen 20-kg-Sack zu bekommen, musste man eine Stunde im Freien vor der Oper anstehen, wo das Brennmaterial erhältlich war. Weitere Einschränkungen der Lebensmittel wurden angekündigt.

John Joseph Pershing

John Joseph Pershing wurde 1860 in Missouri geboren. Nachdem er als Kavallerist West Point verlassen hatte, nahm er an den Indianerfeldzügen in Arizona und New Mexico teil, sowie an der Besetzung Kubas im spanisch-amerikanischen Krieg von 1898. Außerdem war er bei der Friedensmission auf den Philippinen (1900 bis 1904) dabei, anschließend war er 1905 im russisch-japanischen Krieg Militärattaché im japanischen Hauptquartier. Als die USA 1917 dem Krieg beitraten, wurde er zum Oberbefehlshaber der amerikanischen Streitkräfte an der französischen Front. Er nahm für die Bewaffnung

23. Juni 1917: Pershing auf dem Balkon des Hôtel Crillon

und das Training seiner Truppen Anweisungen des französischen Oberkommandos entgegen. Sie kamen erstmals im April 1918 in Seicheprey zum Einsatz und wurden anschließend nach und nach von Marschall Foch in den Militärapparat integriert. Im Folgenden machen sie sich im Bois Belleau (Juni), in Soissons (Juli) und in Saint-Mihiel (September) bezahlt. Pershing kämpfte zwischen den Argonnen und der Maas und kam am 11. November in Sedan an. Er wurde in Washington zum Chef des Generalstabes ernannt (1921 bis 1924). Er starb am 15. Juli 1948.

Krieg hält das »Ballets russes« nicht auf

■ 18. Mai 1917

Der Enthusiasmus, den Sergej de Diaghilev mit der Inszenierung seines »Ballets russes« im Châtelet ab 1909 ausgelöst hatte, war den Parisern noch gut in Erinnerung – insbesondere »Der Feuervogel« von Stravinsky. Trotz der sehr düsteren Stimmung aufgrund der Nachrichten von der Front wurde im selben Theater das neue Ballett »Parade« aufgeführt. Das Argument für eine solche Veranstaltung war, dass bei einer solchen Parade, wo jeder Künstler seine eigene Nummer aufführte, das Publikum veranlasst sein würde, ins

Von Pablo Picasso entworfenes chinesisches Kostüm für das Ballett »Parade«

Ein Kostümprojekt von Léon Bakst für das Ballett »Der Feuervogel«

Theater zu gehen. Die Choreographie war von Leonid Massine, das Libretto von Jean Cocteau, die Musik von Erik Satie, das Dekor und die Kostüme waren zunächst von Léon Bakst und später von Pablo Picasso. Diaghilev schockierte sein Publikum aufs Neue, indem er ein wahrhaftes Manifest des Kubismus präsentierte. Das Werk hatte mittelmäßigen Erfolg. Der Kritiker Louis Schneider sprach von einer »Beleidigung des guten Geschmacks und des gesunden Menschenverstandes«.

Soldaten auf Urlaub genießen Paris

■ Oktober 1917

Trotz des großen Gütermangels, der Einschränkungen und der Preise blieb Paris dennoch eine sehr attraktive Stadt. Mit ein wenig Geld konnte man immer noch einige Orte finden, wo man sich vergnügen konnte, wie z.B. das Maxim's, das Larue, das Café de la Paix und das Ritz. Die Soldaten auf Urlaub wollten ihren Sold ausgeben und vor allem die Schrecken der Front verdrängen. Alles war darauf ausgerichtet, sie für einige Stunden, ja sogar einige Tage, die Hölle der Schützengräben und der Luftkämpfe vergessen zu lassen. Die Urlaubstage lagen manchmal sogar an Wochenenden und die Terrassen der Cafés wie die des berühmten Café de la Paix an der Place de l'Opéra waren überaus kosmopolitisch, denn man sah dort nicht nur französische Fronturlauber, sondern auch Alli-

ierte. Seite an Seite sah man hier Belgier, Briten, Italiener und neuerdings auch Amerikaner, die erst kürzlich in den Krieg eingetreten waren. Unbekümmertheit, Fröhlichkeit, Alkohol, raffinierte Speisen, doch auch hübsche Frauen, eine eleganter als die andere, trugen dazu bei, dass der Urlaub für die Soldaten zu einem unvergesslichen Moment wurde. Diese Erinnerungen wurden also für die Rückkehr der Soldaten an die Front unerlässlich und gaben ihnen neuen Mut.

Die Terrasse des Café de la Paix

Gigantische Kanone feuert auf Paris

Nach der Bombardierung wird nach Überlebenden in den Trümmern der Saint-Gervais-Kirche gesucht.

■ *29. März 1918*

Die gigantische Kanone, die von den Deutschen »Pariser Kanone« genannt wurde, war die neueste Waffe der Krupp-Fabrik und der ganze Stolz des deutschen Kaisers. An diesem 29. März 1918 tötete sie 88 Gläubige während der Karfreitagsmesse in der Saint-Gervais-Kirche (IV. Arrondissement). Vier der 40 Meter langen Kanonen mit einem Kaliber von 210 Millimetern und einer Reichweite von 100 Kilometern waren auf speziellen Waggons montiert und anschließend auf dem Schienenweg nach Crépyen-Laonnais auf den Berg von Montjoie gebracht worden. Aufgrund von Luftaufnahmen konnte die Pariser Verteidigung ihre Lage aufspüren und man hatte gehofft, dass die Alliierten diese Monster schnell zerstören würden.

Eine riesige Siegesparade

■ *14. Juli 1919*

Am 14. Juli 1919 feiert man in Paris, von der Place de l'Etoile bis zur Place de la Concorde, einen ganz besonderen Nationalfeiertag, nämlich den des Sieges, an dem die mit Frankreich alliierten Truppen teilnehmen. Georges Clemenceau hatte eine grandiose Parade gewünscht. Sie beginnt mit dem erschütternden Aufmarsch der Überlebenden: Eintausend Männer, erblindet, von Giftgas verletzt oder amputiert auf Bahren liegend. Sie sind das schmerzliche Zeugnis eines Krieges, aus dem 1 357 800 Männer nicht zurückgekehrt sind. Dahinter folgen die siegreichen Marschalls, Foch, ganz in blau gekleidet, und Joffre, in schwarzer Schnürenjacke und roter Hose. Hinter ihnen reitet General Weygand, Fochs Generalstabschef. Daran schließen sich die Frontsoldaten an, mit Marschall Philippe Pétain an der Spitze. Und schließlich folgen die Alliierten: Briten (Reiter in schottischen Kilts und mit Sikh-Turbanen), Amerikaner, angeführt von General Pershing, Italiener und Belgier. Vier Stunden lang bahnt sich dieser farbenprächtige Umzug den Weg durch eine immense Menschenmenge. Am Abend schreibt Clemenceau, der Vater des Sieges, an Marschall Pétain: »Diejenigen von uns, die diesen Tag miterlebt haben, haben wirklich gelebt.« Ganz Paris feiert diesen historischen Tag.

Parade der italienischen Truppen

Endlich ist der Krieg zu Ende

■ *11. November 1918*

Mit großer Erleichterung nehmen die Pariser die Nachricht auf, dass die Waffenstillstandsvereinbarung im Morgengrauen des 11. November 1918 im Wald von Compiègne, auf der Lichtung von Rethondes unterzeichnet worden ist. Seit einigen Tagen waren Verhandlungen über die genauen Klauseln des Waffenstillstands im Gange. Doch dieses Mal unterzeichnete die deutsche Delegation – im Speisewagen Nummer 2419 der internationalen Schlafwagen- und europäischen Expresszug-Gesellschaft, der Teil des Sonderzuges von Marschall Foch war. Selbiger sowie General Maxime Weygand unterzeichneten im Namen Frankreichs. Um 16 Uhr verkündet Weygand vor dem Parlament: »In dieser Stunde, die schrecklich, wichtig und großartig zugleich ist, ist meine Aufgabe erfüllt ... Ich grüße im Namen des vereinten und unteilbaren Frankreichs das Elsass und Lothringen.« Und er fügt hinzu: »Wir haben den Krieg gewonnen. Nun gilt es, den Frieden zu gewinnen und dies wird möglicherweise um einiges schwieriger.« Man darf nicht vergessen, dass er seit seiner Ernennung zum Ministerpräsidenten 1917 durchgehend Krieg geführt hatte.

SEHENSWÜRDIGKEIT

26   **Sacré-Cœur**

Im Dezember 1870 wurde von einer privaten Initiative der Bau einer heiligen Stätte zu Ehren des Herz Jesu zum Wohle Frankreichs beschlossen. Trotz der Widerstände stimmte die Nationalversammlung dieser Entscheidung am 25. Juli 1873 zu. Der für den Bau gewählte Ort war der Montmartre-Berg. Der erste Stein wurde am 16. Juni 1875 in Anwesenheit des Präsidenten Marschall Mac-Mahon gelegt. Architekt war Paul Abadie, nach seinem Tod 1884 setzten fünf Architekten sein Werk fort. Die teilweise am 19. November 1886 eröffnete Basilika wurde endgültig erst am 16. Oktober 1919 eingeweiht, nachdem sie 1906 in den Besitz der Stadt Paris übergegangen war. Das Bauwerk ist stark vom byzantinischen Stil der Saint-Front-Kathedrale in Périgueux inspiriert. Der zentrale Dom ist von Kuppeln umringt. Das Innere ist reichlich mit Mosaiken verziert. Trotz der häufig kritisierten Ästhetik ist Sacré-Cœur durch seine dominierende Position, sein strahlendes Weiß und wegen seines Aufgangs über die legendären Treppen eines der meistbesuchten Bauwerke von Paris.

Abschied von den Befestigungen

■ *1920*

Louis-Philippe hatte den Bau der Befestigungsanlangen veranlasst, um die Erinnerung an die Invasion der Jahre 1814 und 1815 zu verdrängen. Am 1. August 1841 wurde Thiers mit der Errichtung der Anlagen beauftragt. Der Bau aus Kalkstein wurde 1844 beendet und bestand aus 94 Bastionen und 52 Eingängen sowie einem 15 Meter breiten und 39 Kilometer langer Graben. Nach innen war die Stadtmauer durch eine strategische Straße verstärkt. Die Zerstörungen im Zentrum Paris durch die »Dicke Bertha« im Ersten Weltkrieg hatten aber die Nutzlosigkeit dieser altertümlichen Befestigungsanlagen gezeigt. Der Abriss ging im Jahre 1920 dem Ende zu und schuf dringend notwendige Flächen für neue Bauten.

Ein symbolischer Schlag mit der Hacke beendet den Abriss der alten Befestigungen.

Der »Tiger« muss gehen

■ *18. Januar 1920*

Georges Clemenceau schien zum Zeitpunkt des Waffenstillstandes auf dem Höhepunkt seiner Popularität, hinzu kam noch der Vertrag von Versailles und vor allem die Siegesparade. Der »Tiger«, wie er auch genannt wurde, war überzeugt davon, zum Staatspräsidenten gewählt zu werden, obwohl die Parlamentswahlen vom 16. November 1919 für seine Partei nicht sonderlich vielversprechend waren. Doch dann war es Paul Deschanel, der die Wahlen für sich entscheiden konnte. »Die Franzosen haben den Dümmsten gewählt!« hörte man vom Besiegten. Am 18. Januar 1920 reicht er seinen Rücktritt ein.

Die Eisenbahner legen den Schienenverkehr lahm

■ *März 1920*

Seit Anfang des Jahres waren die Gewerkschafter in Aufruhr. Zwar war durch ein Gesetz der 8-Stunden-Tag eingeführt worden, so dass die Arbeitswoche sich auf 48 Stunden beschränkte, doch das reichte nicht aus, um die Unzufriedenen zu besänftigen. Bei den Bergarbeitern im Norden gab es teilweise gewalttätige Streiks. Nun waren es die Eisenbahner, die sich der Bewegung anschlossen. Die Pariser Bahnhöfe waren komplett lahmgelegt, der Fernverkehr funktionierte nicht mehr, geschweige denn die Nahverkehrszüge. Es kam sogar soweit, dass die Einwohner des Pariser Umlandes sich zu Fuß über die Schienen auf den Weg machen mussten.

Die Schienenwege ohne Züge, zu beschwerlichen Überlandwegen umfunktioniert

Die Pariserin ändert ihren Stil

■ *1920*

Vier Jahre Krieg hatten beträchtlich dazu beigetragen, die weibliche Silhouette zu verändern. Der Umstand, dass die Frauen häufig zu Fuß gehen und in Betrieben arbeiten mussten, führte dazu, dass sie ihr Aussehen und ihre Kleidung überdachten. Kein Korsett mehr, keine schwer zu frisierenden langen Haare mehr, keine langen Röcke mehr, die die Beine und den Gang eingten. All diese durch die Zeitläufe entstandenen Notwendigkeiten spiegelten die Kollektionen der Modeschöpfer wider. Aber auch wenn sie knöchelfreie und kurzärmelige Kleider entwarfen, verzichteten sie keineswegs auf Stoffe und Stickereien, die der neuen Mode einen Hauch von Luxus verliehen. Perlen und Pailletten bedeckten die leichten Stoffe, so dass nicht selten stilvolle Muster entstanden. Und es gab eine weitere Neuheit: Ein sehr tief ausgeschnittener Rücken.

Weiblich und raffiniert

Colette schockiert

■ *Januar 1920*

Die Schriftstellerin Colette ist eine frei denkende Frau, die sich nicht scheut, ihre Leser zu erschüttern. Ihr Roman »Chéri« war gerade in die Buchläden gekommen, nachdem er als Fortsetzung in »La Vie parisienne« veröffentlicht worden war. Die Romanheldin Léa überwindet nur schwer die Trennung von ihrem jüngeren Liebhaber, dem 25-jährigen Chéri. Er hatte sie verlassen, um eine reiche Erbin zu heiraten. Beiden wird klar, dass ihre Beziehung weit von Banalität entfernt und eine große Liebesgeschichte war.

Der unbekannte Soldat wird beigesetzt

■ *28. Januar 1921*

Anlässlich des zweiten Jahrestages des Waffenstillstands vom 11. November 1918 hielt der Staatspräsident Alexandre Millerand im Rahmen einer feierlichen Zeremonie im Panthéon eine Ansprache für den »unbekannten Soldaten, der anonym und voller Triumph für die heldenhafte Schar der Kämpfer an der Front steht.« Am Abend zuvor war die Leiche eines nicht identifizierten Soldaten, der in Verdun gefallen war, ausgewählt worden, um unter dem Triumphbogen zu ruhen. Um 8 Uhr am Morgen des 28. Januar 1921 wird der Sarg in das vorbereitete Grab in die Erde gelassen. Die Zeremonie findet in Anwesenheit des Kriegsministers Louis Barthou und der Marschalls Joffre, Foch und Pétain statt.

Im Morgengrauen wird der Sarg des unbekannten Soldaten überführt.

Die Tuberkulose ist bald besiegt

■ *August 1921*

Albert Calmette und Camille Guérin, Biologen des Institut Pasteur, einer privaten Einrichtung mit Sitz in Paris, entwickelten einen Impfstoff gegen Tuberkulose. Der Name des Impfstoffs trägt die Initialen BCG (»Bazillus von Calmette und Guérin«). Nach 13 Jahren Arbeit hatten sie es geschafft, eine abgeschwächte Form des Tuberkelbakteriums zu schaffen, welches für diese schreckliche Krankheit verantwortlich ist. Im Monat zuvor waren die ersten Kinder geimpft worden. Man kannte sehr gut die schrecklichen Ausmaße der Tuberkulose und dank des neuen Impfstoffes gibt es nun ein Mittel, diese Krankheit auszurotten.

Das Kaufhaus Printemps in Flammen

Der Kampf gegen die Flammen

■ *28. September 1921*

An diesem Morgen um 7.45 Uhr verwüstet ein durch einen Kurzschluss im Fahrstuhlschacht ausgelöster Brand das Kaufhaus Printemps am Boulevard Haussmann. Das Feuer breitete sich trotz des schnellen Einsatzes der Feuerwehr in einer unglaublichen Geschwindigkeit aus. Der Druck ihrer Strahlrohre war nicht ausreichend, um die Flammen zu löschen. Zur Erinnerung: Ein Brand hatte das Geschäft bereits im Jahre 1881 zerstört. Die Schäden beziffern sich auf mehrere Millionen Francs. Dennoch verkündet der Direktor: »Das Personal des Kaufhauses wird nicht leiden. Alle Mitarbeiter werden in drei Tagen wieder an die Arbeit gehen.«

Jean Patou, ein gefragter Modeschöpfer

Die eleganten Mäntel von Jean Patou

■ *Herbst 1922*

Der im Jahr 1887 geborene Jean Patou hatte kurz vor 1914 begonnen, Modelle zu zeichnen. Er eröffnete im Jahre 1919 seinen Modesalon in der Rue Saint-Forentin (I. Arrondissement). Im Herbst 1922 ist er einer der von den modebewussten Frauen meist geschätzten Modeschöpfer. Seine Abendmäntel aus besticktem Samt mit Pelzkragen sind auf allen Pariser Festen zu sehen. Seine »Modelle für den Tag« sind dagegen in eher knabenhaftem Stil: Dieser Trend wird durch weiße Hemdblusen aus Seide mit Krawatten, so wie sie zu Herrenhemden getragen werden, noch verstärkt. Ebenso begeisterte er sich für gerade Mäntel und für Regenjacken.

»Das Rind auf dem Dach«

■ *Juni 1922*

Innerhalb eines Jahres war ein Etablissement mit dem seltsamen Namen »Le Boeuf sur le toit« (Das Rind auf dem Dach) in der Rue Boissy-d'Anglas zum Pflichtprogramm der Pariser Nachtschwärmer geworden. Man traf hier Jean Cocteau, der sich freiwillig ans Schlagzeug setzte, wenn der Musiker Wiener am Piano war. Seite an Seite sah man hier die Literaten wie André Gide, Künstler wie Pablo Picasso, Leute aus den Varietees wie Maurice Chevalier, die Filmemacher um Yves Allégret und auch Leute aus der Adelswelt.

Die Olympischen Spiele der Frauen finden in Paris statt

Die amerikanische Athletin Miss Voorkus beim Hochsprung im Pershing-Stadion

■ *20. August 1922*

Am 20. August 1922 werden die Olympischen Spiele der Frauen (die ersten ihrer Art) eröffnet. 77 Sportlerinnen treten gegeneinander an. Elf verschiedene Wettkämpfe finden im Pershing-Stadion im Bois de Vincennes statt, das die Amerikaner Frankreich geschenkt hatten. Anlässlich der Eröffnung des Stadions am 22. Juni 1919 verkündete der ehemalige Oberbefehlshaber der amerikanischen Truppen in Frankreich, dass dieses Stadion dazu beitragen solle, »den internationalen Sport zwischen unseren Alliierten zu verbreiten und die Körperkultur durch unsere jeweiligen Vaterländer zu fördern.«

Mistinguett verlässt Casino de Paris

Mistinguett im Casino de Paris

24. Mai 1923
Seit dem 20. Dezember 1922 trug sie im Casino de Paris ihr Lächeln, ihre Spottlust und ihre Beine in der Revue »En douce« zur Schau. Mit dem Titel-Chanson hatte Mistinguett großen Erfolg. Sie musste sich sogar ins Wasser begeben, obwohl sie gar nicht schwimmen konnte. Das Publikum störte dies wenig und klatschte Beifall. Am heutigen 24. Mai 1923 gibt sie ihre letzte Vorstellung. Die »Miss« macht sich zu einer Südamerika-Tournee auf. In ihren Koffern nimmt sie 200 Kleider mit auf die Reise sowie 70 Hüte und ein Paar Schuhe für 5 000 Francs, die ganz mit Strasssteinen besetzt sind, damit sie auf einem leuchtenden Spiegel tanzen kann.

Dr. Knock: Gratis-Sprechstunde

Iza Reyner in der »Sprechstunde«

15. Dezember 1923
Alles, was in Paris Rang und Namen hat, war gekommen, um Louis Jouvet Beifall zu klatschen, denn er hatte das Stück »Knock oder der Triumph der Medizin« von Jules Romains inszeniert. Die Zuschauer krümmten sich vor Lachen über die Methoden des Dr. Knock. Um Patienten zu gewinnen, lockte er sie mit einer kostenlosen Sprechstunde und überzeugte sie, dass sie krank seien. Durch seine anschließende »Behandlung« erlangte er einen guten Ruf als Arzt. Louis Jouvet stellte in bewundernswerter Weise die Quacksalberei durch eine minutiöse Beschreibung dar und er eroberte das Publikum durch diese Ausbeutung der menschlichen Leichtgläubigkeit.

Radiguet stirbt im Alter von 20 Jahren

12. Dezember 1923
Innerhalb weniger Tage war Raymond Radiguet vom Typhus dahingerafft worden. Der junge Schriftsteller hatte einen ebenso schnellen wie großen Ruhm erlangt. Anlässlich der Veröffentlichung seines Romans »Le Diable au corps« (Den Teufel im Leib) war eine noch nie da gewesene Werbekampagne gestartet worden. Die unheimliche Geschichte einer Liebesbeziehung während des Krieges zwischen einem jungen Mann und einer Frau, deren Ehemann an der Front kämpfte, hatte einen Skandal ausgelöst. Im Winter 1922 erschien sein zweiter Roman mit dem Titel »Le Bal du comte d'Orgel« (Der Ball des Comte d'Orgel).

Ernest Hemingway wird in Paris herausgegeben

Ernest Hemingway vor der Buchhandlung »Shakespeare and Co.«

Dezember 1923
Er war Amerikaner und er liebte Paris. Ernest Hemingway war Soldat, anschließend Krankenwagenfahrer in Italien, wo er mit 19 Jahren schwer verletzt wurde. Nach einer kurzen Rückkehr in die USA um dort zu heiraten, war er im Dezember 1923 Korrespondent in Paris für den »Toronto Star.« Doch er war auch Schriftsteller und hatte soeben seine »Drei Geschichten und zehn Gedichte« auf Englisch veröffentlicht. Er beabsichtigte, weiterhin zu schreiben und dabei seine Erfahrungen aus Italien zu verwenden. Dazu kam seine fundierte Kenntnis über Paris, wo ihn alles bezauberte, von der Bar des Hotel Ritz bis hin zu den Bistros in Montparnasse, immer in Begleitung hübscher Frauen.

André Breton: »Die Manifeste des Surrealismus«

5. Oktober 1924
André Breton, mit Louis Aragon und Philippe Soupault Gründer der anarchistischen Zeitschrift »Littérature«, hatte sich zunächst dem Dadaismus angeschlossen, hatte dann aber im Jahre 1922 wieder Abstand davon genommen. Am 5. Oktober 1924 veröffentlicht er »Die Manifeste des Surrealismus«. Darin verleiht er seinem Glauben Ausdruck, dass es »einen psychischen Automatismus« gibt, »durch den man bereit ist, verbal oder auf andere Art, das wirkliche Funktionieren unserer Gedanken auszudrücken.« Nach André Breton geht es dabei darum, »Traum und Wirklichkeit in Einklang zu bringen« und so »die totale Freiheit des menschlichen Daseins« zu fördern.

»Die Surréalisten, oder das Treffen der Freunde«; von Max Ernst

Notre-Dame oder Kilometer Null

22. Januar 1924
Es ist allgemein bekannt, dass die Île de la Cité Ausgangspunkt der Pariser Geschichte war. Seit dem 22. Januar 1924 wird im Herzen der Seine-Insel das Herz Frankreichs offiziell in Form eines Bronzesterns dargestellt. Er wird an diesem Tag auf dem Vorplatz von Notre-Dame eingelassen und gibt den Kilometer Null für alle Straßen an, die in Richtung Paris führen und dort zusammenlaufen. Seitdem beziehen sich alle Kilometersteine mit der Angabe »Paris, ... Kilometer« auf diese Stelle bei Notre-Dame.

New York kommt ins Moulin Rouge

■ *Dezember 1924*

Seit dem Brand, der das Moulin Rouge 1915 verwüstet hatte, lag es in einem langen Dornröschenschlaf. Nach der kompletten Renovierung durch den neuen Besitzer Francis Salabert wurde im Dezember 1924 eine neue Revue mit dem Titel »New York – Montmartre« aufgeführt. Der Schöpfer dieser spektakulären Ausstattungsrevue Jacques-Charles verlieh dem Comeback der berühmten »Mühle« als Varietee-Theater seine eigene Handschrift, denn er war sowohl Autor als auch künstlerischer Leiter der Show. Es gelang ihm, aus New York die berühmten Hoffmann Girls kommen zu lassen, deren verblüffendes und akrobatisches Ballett das Pariser Publikum überraschte und zu Begeisterungsstürmen hinriss.

Paul Poiret eröffnet seinen neuen Modesalon

Paul Poirets Einweihungsfest am Rond-Point der Champs-Elysées

■ *Weihnachten 1924*

Sein erster Modesalon stammte aus dem Jahre 1904. Paul Poiret kleidete weiterhin die Prominenz von Paris ein, nachdem der Modeschöpfer vor dem Krieg so hervorragend die Üppigkeit des »Ballets russes« in seine Kreationen hatte einfließen lassen. Weihnachten 1924 war Anlass für eine große Feier, worauf er sich bekanntlich gut verstand, denn die Eröffnung seines neuen Modesalons am Rond-Point der Champs-Elysées stand an. Mit demselben sicheren Geschmack, durch den er in seinem Handwerk glänzte, schuf Paul Poiret leidenschaftlich gern zauberhafte Inszenierungen. Für diese große Nacht der Mode gingen seine Gäste zu Fuß mit venezianischen Laternen von seiner alten Adresse in der Rue du Faubourg-Saint-Honoré zum neuen Modetempel am Rond-Point.

»Train bleu« – Ein innovatives Ballett

■ *20. Juni 1924*

An diesem Abend war das Théâtre des Champs-Elysées ausverkauft. Grund war die Uraufführung von Sergej de Diaghilev und seinem »Ballets russes«. Der Text war von Jean Cocteau, die Musik von Darius Milhaud, der Bühnenvorhang von Picasso und die Kostüme von Coco Chanel. Die Choreographie trug die Handschrift von Bronislava Nijinskaja, der Schwester des fabelhaften Nijinskij, dem Star des »Ballets russes«. Die Tänzer stellten die kosmopolitische, aristokratische und snobistische Gesellschaft dar, die für die Fahrt zu den Stränden der Côte d'Azur den neuen Luxuszug »Calais-Méditerranée Express« nahmen. Die prunkvollen Schlafwagen waren nachtblau.

Die Vorstellung der Tänzer weist einen neuen choreographischen Trend auf.

Abschluss der Siebten Olympischen Spiele

■ *27. Juli 1924*

Paris war zehn Wochen lang Olympische Hauptstadt gewesen und hatte die Spiele unter Beteiligung von 44 Ländern zum zweiten Mal ausgerichtet. Am 4. Mai war das sportliche Ereignis vom neuen Staatspräsidenten Gaston Doumergue eröffnet worden. 3 092 Teilnehmer hatten sich zu den Wettkämpfen zusammengefunden, unter denen sich der finnische Läufer Paavo Nurmi auszeichnete und fünf Goldmedaillen erkämpfte, sowie der amerikanische Schwimmer Johnny Weissmüller mit zwei Goldmedaillen.

Jean Jaurès ins Panthéon überführt

■ *28. November 1924*

Diese symbolische Maßnahme war von Edouard Herriot ergriffen worden, der seit dem 14. Juni Ministerpräsident war. Er bestimmte die Überführung der sterblichen Überreste von Jean Jaurès, dem großen sozialistischen und pazifistischen Tribun, der am 31. Juli 1914 getötet worden war, ins Panthéon. Die Gründe waren politischen Ursprungs. Er suchte die Zustimmung der Linken im Parlament, ohne dabei die Rechte zu sehr zu provozieren. Für die grandiose Zeremonie war das Panthéon mit riesigen Trikolore-Vorhängen geschmückt worden. Zugleich wurden einige medienwirksame Maßnahmen ergriffen: Amnestie für einige Verhaftete und Wiedereinstellung von Tausenden von Eisenbahnern, die nach den Streiks von 1920 ihrer Ämter enthoben worden waren.

SEHENSWÜRDIGKEIT

27   Die Moschee von Paris

Der Bau der Moschee war im Jahre 1920 beschlossen worden, um den 100 000 Moslems, die für Frankreich im Ersten Weltkrieg gestorben waren, die Ehre zu erweisen. Die Stadtverwaltung stellte ein Grundstück im V. Arrondissement zur Verfügung, wo früher das ehemalige Hôpital de la Pitié gestanden hatte. Am 19. März 1922 wurde der Grundstein gelegt und am 15. Juli 1926 wurde die Moschee von Staatspräsident Doumergue eröffnet. Die Architekten Heubès, Fournez und Mantout verliehen dem Bauwerk einen spanisch-maurischen Stil. Die Moschee umfasst mehrere Gebäude, die von dem 26 Meter hohen Minarett überragt werden. Eines der Gebäude dient Gottesdiensten und hat einen mit Mosaiken verzierten Innenhof mit einem Marmorbrunnen so-

wie eine Gebetshalle. In einem anderen Gebäude befinden sich Büros und ein Konferenzsaal. Außerdem befinden sich dort auch eine Bibliothek, ein Bad, ein Restaurant, ein arabisches Café sowie ein Basar.

Die Ausstellung für Kunstgewerbe ist ein Triumph

Während der Ausstellung ist der Pont-Alexandre-III nicht wiederzuerkennen: er ist mit Pavillons bebaut.

■ **Mai 1925**

Ein neuer Ausdruck war in Paris in aller Munde: Art déco. Darin ließ sich die Begeisterung zusammenfassen, die die Internationale Ausstellung für Kunstgewerbe und moderner Industriekunst erregte. Seit ihrer Eröffnung am 28. April hatte ein Superlativ den nächsten gejagt. Die Veranstaltung fand nicht nur im Pariser Zentrum statt, sie erstreckte sich auch auf der rechten Seite der Seine vom Grand Palais bis hin zum Cours-la-Reine und zum Pont-Alexandre-III. Auf der linken Seite der Seine dehnte sie sich vom Seineufer bis zur Invaliden-Esplanade aus. Allerorts widmete man sich in aller Form der modernistischen Kunst. Aus politischen Gründen war zwar Deutschland nicht eingeladen worden und die USA hatten die Einladung abgelehnt, doch Österreich, Belgien, Großbritannien, China und Japan waren beteiligt. Der Großteil der Pavillons waren leichte Bauten aus Gips oder Holz und die meisten waren mit Gärten verziert. Die beleuchteten Brunnen wirkten wie ein optisches Echo auf die außergewöhnliche Beleuchtung des Eiffelturms: In gigantischen Buchstaben strahlte der Name Citroën über die ganze Höhe des Bauwerks. Ein 300 Meter hohes Werbeschild. Allerdings gab es nicht nur Pavillons – der Modeschöpfer Paul Poiret hatte unterhalb des Pont-Alexandre-III drei Kähne festmachen lassen. Als offenkundiges Symbol für Romantik nannte er sie »Liebe«, »Freuden« und »Orgeln« und es fanden dort Tanzveranstaltungen statt. Jacques-Emile Ruhlmann, dessen Werke die Verkörperung des Art déco schlechthin waren, stellte seine Schöpfungen in seinem eigenen Pavillon aus, den er »Das Hotel eines Sammlers« nach dem Vorbild seines eigenen Hauses taufte. Der Pavillon von René Lalique war mit Reliefs aus Glas verziert, die das Haus so berühmt gemacht hatten. Er stellte die besten Stücke seiner Produktion aus: Von Tafelgläsern bis hin zu Parfumflakons. Vor diesem Pavillon wurde abends ein pyramidenförmiger, gläserner Springbrunnen erleuchtet. Ein zauberhaftes Schauspiel. Dank einer großzügigen Spende des Ministeriums der Schönen Künste war auf der Invaliden-Esplanade eine französische Botschaft nachgebaut worden. Dabei handelte es sich um eine imaginäre Diplomatenwohnung, in der verschiedene ausgewählte Künstler je einen Raum gestaltet hatten. Die Diele war vom Architekten Mallet-Stevens entworfen worden, der Speisesaal ging auf Henri Rapin zurück. Der Salon wurde mit Stühlen von Leleu bestückt, über die Wände waren geblümte Seidentapeten von Bianchini Ferier gespannt worden. Den Schlafraum der Botschafterin hatte man André Groult anvertraut, der Möbel aus Fischhaut entworfen hatte. Die Firma Christofle, eine seit 1820 etablierte Silberschmiede, teilte sich einen Pavillon mit dem Kristallglasunternehmen Baccarat. Tradition wurde durch Innovationen wiederbelebt. Der Sèvres-Pavillon, komplett mit Fayencen bestückt, stellte die neuesten Kreationen aus: Sowohl Porzellan als auch Steingut-Geschirr. In einem der Räume sah man ein Möbelstück komplett mit Kacheln aus der Sèvres-Fabrik dekoriert, nach einem Entwurf von Henri Rapin. Doch auch Juwelen wurden nicht vergessen, denn Boucheron und Cartier ließen den Besucher angesichts prunkvollen Schmuckes, der auf einem Frisiertisch im Art-déco-Stil arrangiert war, ins Träumen geraten. Im Limoges-Pavillon waren mehrere Porzellan-Fabriken unter einem Dach, u. a. Haviland, dessen Geschirr von Suzanne Lalique, der Tochter des berühmten Glasermeisters, gestaltet worden war. Die Möbel waren häufig lackiert und mit gegerbter Haifischhaut überzogen, man sah auch zahlreiche Elfenbein- und Perlmuttintarsien. Jeden Tag aufs Neue zeigte der Zustrom des Publikums, dass sie diese kreativen Ausschweifungen sehr schätzten. Doch wie immer und überall gab es auch hier Nörgler: Louis Aragon hasste, was er »den Triumph der Rationalisierung« nannte und forderte, dass man die Ausstellung in die Luft sprenge!

Art déco aus der Sicht der Zeitschrift »Le Rire«; Ausgabe vom 13. 8. 1925

Ein Arbeitszimmer im Stil von Maurice Dufrène.

Mit dem Flugzeug unter dem Eiffelturm hindurch

■ *24. Februar 1926*

Man erinnerte sich, dass Charles Godfroy sich am 7. August 1919 durch einen Flug in seinem Doppeldecker unter dem Triumphbogen hindurch ausgezeichnet hatte. Es hatte sich damals um eine Protestaktion gehandelt. An diesem 24. Februar 1926 versuchte sich ein anderer Flieger in einer vergleichbaren Heldentat, allerdings mit einer ganz anderen Motivation: Es handelte sich schlicht um eine dumme Wette. Und tatsächlich versuchte Oberleutnant Léon Collet mit seiner Maschine unter dem Eiffelturm herzufliegen. Doch entweder aufgrund eines falschen Manövers oder wegen des böigen Windes streifte er das Kabel einer Radioantenne und stürzte zu Boden. Der Pilot war auf der Stelle tot.

Collet fliegt unter dem Eiffelturm hindurch, kurz vor seinem Aufprall auf dem Boden.

Preisgünstige Wohnungen

■ *30. Dezember 1928*

Mit dem Ziel, bedürftige Familien zu unterstützen, trieb die Stadt Paris seit vier Jahren den Bau von Unterkünften auf den alten Bastionen, die entlang der abgerissenen Stadtmauern standen, voran. Die Bauunternehmen konnten sich direkt vor Ort der Bruchsteine bedienen, die für die Fundamente und die Mauern bis zur ersten Etage notwendig waren. Der Rest der Gebäude wurde aus Ziegelsteinen gebaut. Die Grundstücke wurden den Immobiliengesellschaften, die diese Gebäude bauten, kostenlos zur Verfügung gestellt. Die Bewirtschaftung oblag der Stadtverwaltung. Nach 75 Jahren gingen sie in den Besitz der Stadt über.

Joséphine Baker tanzt im Folies-Bergères

Joséphine Baker mit Federn geschmückt

■ *24. April 1926*

Paul Derval, der das Folies-Bergères seit 1921 besaß, wollte mit seiner neuen Revue »La Folie du jour« (Die Verrücktheit des Tages) einen großen Coup landen. Daher engagierte er die Entdeckung der »Revue nègre«: Joséphine Baker, die schwarze Perle. An diesem Abend waren die Zuschauer in der ersten Reihe wie betäubt von ihrem wirbelnden Charleston mitten im Urwald. Wohlgemerkt: Die Baker war einzig mit einem Gürtel aus Bananen bekleidet. In einer anderen Szene bestand ihr Bühnenkostüm aus einem einfachen Fächer aus Federn, die in prächtiger Form angeordnet waren. Innerhalb eines Abends wurde Joséphine Baker der Liebling von Paris.

Roland-Garros wird eröffnet

Roland-Garros: Das Finale zwischen Borotra-Brugnon und Cochet-de Buzelet.

■ *28. Juni 1928*

Für das Daviscup-Finale im Jahre 1928 hatten die Architekten Roussel und Faure-Dujarric ein neues Stadion gebaut, und zwar an der Porte d'Auteuil (XVI. Arrondissement), am Rande des Bois de Boulogne. Die Bauarbeiten wurden in Rekordzeit durchgeführt. Das Stadion, das ein »Mekka« des Tennis werden sollte, erhielt den Namen von Roland Garros. Es soll an den berühmten Flugpionier und –konstrukteur erinnern, der 1913 als erster Mensch mit dem Flugzeug das Mittelmeer erfolgreich überquerte. 1918 wurde er bei einem Luftkampf über dem Ärmelkanal abgeschossen. In erster Linie aber war Roland Garros ein begeisterter Tennisspieler.

Straßenbahnen verschwinden

■ *1929*

Der Stadtrat hatte es beschlossen: Die Straßenbahnen sollten abgeschafft und durch Busse ersetzt werden. Diese Entscheidung kam überraschend, denn das Streckennetz war in den vergangenen Jahren immer besser geworden. Doch es hatte scharfe Kampagnen gegen die Straßenbahnen gegeben. Sie wurden als zu langsam verurteilt. Schließlich gewannen die Gegner und man sah den Zeiten der Autobusse entgegen. Sie fuhren mit einer Geschwindigkeit von 45 km/h und waren mit Vollgummireifen ausgestattet.

Einstein wird die Ehrendoktorwürde verliehen

■ *8. November 1929*

Jedes Jahr werden bei der Zeremonie zu Beginn des neuen Studienjahres einige bedeutende Vertreter der Wissenschaft aller Länder geehrt. In diesem Jahr 1929 war es der deutsche Physiker Albert Einstein, der den Ehrendoktortitel verliehen bekam. Der berühmte Gelehrte hatte bereits im Jahre 1921 den Nobelpreis für Physik für seine Forschungsarbeiten zum Photoeffekt und »seine Arbeiten in der theoretischen Physik« erhalten. Die Relativitätstheorie von Albert Einstein hat die moderne Physik revolutioniert. Im Auditorium Maximum der Sorbonne wurde ihm den Titel verliehen.

Paris, die Hauptstadt des Luxus

Das Grand Véfour im Palais-Royal: Colette und Jean Cocteau waren hier Tischnachbarn.

Luxus hat es schon immer gegeben, in allen Zivilisationen. Luxus bezieht sich auf alle Lebensbereiche: Sich kleiden, sich parfümieren, sich schmücken, sich amüsieren, sich entspannen. Im allgemeinen ist Luxus teuer und ein gewisses Know-how ist auch erforderlich. Hinzu kommt die Qualität der benutzten Materialen oder Produkte sowie deren geringe Verbreitung. Von den Römern bis hin zum Ancien Régime war der Luxus in Paris immer präsent. Doch man kann sagen, dass Paris im 19. Jahrhundert die Hauptstadt des Luxus wurde, und zwar durch die Juwelierkunst (im Ersten Kaiserreich), durch die Mode (im Zweiten Kaiserreich), durch das Parfum, durch die Lederwaren und durch der Tischkultur.

HAUTE COUTURE

Die erste Modeschöpferin, die von sich reden machte, war ohne Zweifel Rose Bertin, die Hutmacherin von Marie-Antoinette. Durch ihren Einfallsreichtum und ihr Talent schaffte sie es, der unermüdlichen Koketterie der Königin zu genügen. Doch ihre Kundschaft beschränkte sich auf die Gemahlin von Ludwig XVI. und auf einen kleinen Kreis von Privilegierten.

Der erste große Pariser Modeschöpfer etwa ein Jahrhundert später war paradoxerweise ein Engländer: Charles Frederic Worth. Nach seiner Lehrzeit in London kam er nach Paris und errichtete im Jahre 1858 seinen Modesalon in der Rue de la Paix. Die Kaiserin Eugénie und die Prinzessin von Metternich, die Gemahlin des Botschafters von Österreich, waren zwei seiner Kundinnen. Sie brachten ihm einen weltweiten Ruf ein, was dazu führte, dass auch die Kaiserin von Österreich (Sissi) zu seiner Kundin wurde und bei ihm ihr berühmtes ungarisches Kleid bestellte, das sie bei ihrer Krönung zur Königin von Ungarn in Budapest am 8. Juni 1867 trug.

Weitere große Namen wurden in Paris bekannt: Paul Poiret. Er befreite die Frauen vor dem Ersten Weltkrieg 1914 vom Korsett, erfand für sie ein orientalisches Aussehen, das ab 1909 vor allem durch das »Ballets russes« inspiriert war. Dann, nach dem Ersten Weltkrieg, kam die Zeit der großen Innovationen, natürlich mit Coco Chanel, die den Jersey und »das kleine Schwarze« erfand, außerdem die Mischung aus echtem und falschem Schmuck, die Sporthose, doch auch Hosen für den Abend. Außerdem ist da noch Madeleine Vionnet zu nennen, deren Kleider ein Wunder an Präzision und Ausgewogenheit bei den Einsätzen und Drapierungen darstellten. Nicht zu vergessen ist auch Jean Patou. Während er seine Kundinnen sowohl für den Tag als auch für den Abend einkleidete, eröffnete er für sie in seiner Boutique eine »Sportecke«, denn die Frau hatte nun ein sportlicheres Aussehen bekommen. Diese großen Modeschöpfer entwarfen Kleider für das Theater, für das Ballet und für das Kino, und dies alles zu ihrem eigenen Gefallen, doch auch, um die Bekanntheit ihrer Salons zu erhöhen. Jeanne Lanvin stattete Georgette Leblanc aus, die Hauptdarstellerin in »L'Inhumaine« (Die Unmenschliche) von Marcel L'Herbier, wie auch die Schauspielerinnen der Stücke von Giraudoux. Coco Chanel entwarf die Kostüme des Balletts »Le Train bleu« und die für den Film »La Règle du jeu« (Die Spielregel) von Jean Renoir.

Nach dem Zweiten Weltkrieg erschienen neue Namen am Himmel der Haute Couture: Christian Dior, der das Aussehen der Frau revolutionierte (der Ausdruck New Look stammt nicht von ihm, sondern von dem US-amerikanischen Journalisten Carmel Snow), der Spanier Cristobal Balenciaga und seine spektakulären Drapierungen, Pierre Balmain und seine »Jolie Madame« (die hübsche Madame). In ihre Fußstapfen traten dann ihre brillanten Assistenten: Hubert de Givenchy, dessen Muse Audrey Hepburn war, und Yves Saint Laurent, der praktisch alles neu erfand. Es gab außerdem den großen Neuerer Pierre Cardin und den Futuristen André Courrèges. Jedes Jahr wurde aufs Neue der Tod der Haute Couture verkündet: In der Tat verschwanden einige Salons, während neu eröffnete Häuser die harte Aufnahmeprüfung für den schwer zugänglichen Club ablegten. Diese sah mittlerweile eine neue Zielgruppe: Nicht nur ausschließlich wohlhabende Kundinnen sollten eingekleidet werden, die im übrigen immer weniger wurden. Vielmehr wollte man nun auch in Schaufenstern und bei Veranstaltungen präsent sein, um die Namen der Salons bekannt zu machen sowie alles, was die Mode wirklich zum Leben erweckt:

Parfums, Kosmetik und Accessoires. Die Frauen, die solche Stücke besaßen, sollten glauben, ein kleines Stück Haute Couture gekauft zu haben.

PARFUM

Eine elegant gekleidete Frau muss Parfum tragen. Die erste große Parfümerie war Guerlain, die im Jahre 1828 gegründet wurde und wo ein kaiserliches Parfum während des Zweiten Kaiserreichs erfunden wurde. Seitdem hat Guerlain immer weiter neue Düfte hervorgebracht, die sehr eng mit der Mode verbunden waren, wie etwa das unvergessliche Shalimar aus dem Jahr 1925. Aber in der Welt der Parfums waren die Frauen Coco Chanel und Jeanne Lanvin die Vorreiterinnen für eine neue Art von Parfums, denn sie kreierten sie in Verbindung mit ihrer Mode. 1921 brachte Chanel ihr legendäres No. 5 auf den Markt. Chanel gab im Unterschied zu ihren Konkurrenten ihren Kreationen keine Namen, sondern Nummern. Jean Patou folgte ihr auf dem Fuße und brachte im Jahr 1925 drei Parfums heraus. Doch der Durchbruch gelang ihm 1930 mit Joy, was allgemein als das teuerste Parfum der Welt bezeichnet wurde. Seitdem haben alle Modesalons auch ihre eigenen Parfums und bringen regelmäßig neue Düfte hervor, von Dior bis hin zu Saint Laurent (siehe Abbildung), von Givenchy zu Nina Ricci.

LEDER UND ACCESSOIRES

Der Lederwarenhandel und die Gepäckwaren sind Teil des Luxus-Universums. Das Unternehmen Hermès regiert seit 1837 die Welt des Leders. In der Rue du Faubourg-Saint-Honoré hatte es sich auf Sättel und Reit-Geschirr spezialisiert, doch seit den 1920er Jahren erweiterte man das Programm: Handschuhe, Seidentücher, legendäre Kleidungsstücke und Taschen, darunter die berühmte Kelly. Grace Kelly hatte bereits bevor sie Fürstin von Monaco wurde, ihre Handschuhe bei Hermès gekauft und sie war es, die diese Tasche berühmt gemacht hat, woraufhin Hermès sie nach ihr benannte.

Das Reisen ist ebenfalls ein Teil der Lebenskunst.

Louis Vuitton stellte bereits seit 1854 Taschen und Koffer her, die aus Leder oder aus mit Monogrammen versehenem Stoff waren. Für Überseereisende oder für Liebhaber von Kreuzfahrten stellte er Kabinenkoffer nach ihren Vorstellungen her. Das waren wahrhafte Umkleideräume. Er hat auch flache Koffer entwickelt, die eher für die Zugreise angemessen waren. Seitdem hat sich das Sortiment vergrößert, wobei die Tasche dennoch das Aushängeschild des Unternehmens blieb.

SCHMUCK

Ohne Schmuck und Juwelen kein Luxus. Der hervorragendste Ort für Juweliere ist die Place Vendôme. Hier ließ sich auch Chaumet nieder, der 1810 Geschmeide für die Kaiserin Marie-Louise kreierte, ebenso Boucheron, Mauboussin, Van Cleef und Arpels. Um die Jahrhundertwende richtet sich das im Jahre 1847 gegründete Unternehmen Cartier in der Rue de la Paix ein. Der Juwelier Cartier eroberte

dert zum Aufschwung der Hersteller von Kristallglas, Porzellan und Tischsilber bei. In der Tat besitzt man unterschiedliche Gläser für Bordeaux oder Sherry, Elsässer, Likör oder Branntwein. Außerdem benötigt man spezielle Karaffen für Wasser, Wein, Portwein oder Orangensaft. Für Artischocken, Spargel, Schalentiere und Salat benutzt man unterschiedliches Besteck. Das Silberbesteck steht dem in nichts nach: Christofle erfand spezielle Scheren und Traubenbehälter. Man erfand ebenfalls Messerhalter, Flaschenständer und Telleruntersetzer. Ebenso tauchten Fisch-, Frucht- und Käsemesser auf. Praktisch alle Speisen und Gerichte führten zur Erfindung außergewöhnlicher Gegenstände der Tischkultur.

Der Juwelier Cartier hat bis heute die ursprüngliche Außendekoration vom Anfang des 20. Jahrhunderts beibehalten.

Zu Zeiten, als F. Scott Fitzgerald und seine Frau Zelda das Ritz oft besuchten: Zwei elegante Damen trinken Tee im kultivierten Garten des Hotels.

SYMBOLE DES LUXUS

Für all diese großen Unternehmen ist es von besonderer Bedeutung, ein Symbol zu kreieren, mit dem man den Namen unmittelbar in Verbindung bringt. Bei Christian Dior sind dies die berühmten Initialen CD, das Perlgrau und der Glücksbringer in Form eines Maiglöckchens. Bei Chanel sind es die beiden Cs auf weißem Untergrund. Der Name Hermès ist unzertrennlich mit seinen orangefarbenen Verpackungen verbunden, die mit einem braunen Einband versehen sind. Cartier verkauft seine Kostbarkeiten ausschließlich in weißen Schachteln und

verbunden, wie etwa das Grand Véfour im Palais-Royal (Ende des 18. Jahrhunderts). Oder etwa zu wirtschaftlich besonders guten Zeiten, wo das Maxim's das Wahrzeichen der Belle Epoque war. Die große Pariser Gastronomietradition geht auf die Restaurationszeit zurück. »Der Tisch ist der einzige Ort, wo man sich während der ersten Stunde niemals langweilt« lautet der Sinnspruch des Kochs aus Leidenschaft Brillat-Savarin aus dem Jahre 1826. Das 19. Jahrhundert ist auch das der kulinarischen Revolution. In diesem Jahrhundert kam das moderne Restaurant auf mit einer zusätzlichen Karte neben der Speisekarte, mit einer Rechnung und einem persönlichen Tisch. Einige Etablissements boten ihren Gästen die Diskretion von gesonderten Salons an, deren Zutritt durch einen Portier geregelt wurde. Heute bringen alle Luxushotels, vom Crillon zum Ritz, vom George-V zum Plaza-Athéné, vom Bristol zum Meurice, ihre Gäste nicht nur durch ihr Ambiente, ihren Service und ihre Speisen ins Träumen, sondern vielleicht viel mehr durch ihre sagenhafte Kundschaft, die noch in den Gemäuern umherspukt.

eine treue Kundschaft und macht sich schnell einen Namen. Er belieferte 15 Königshäuser in ganz Europa und die gehobene Pariser Gesellschaft, in der er zu verkehren pflegte. Er wurde zu einem der großen Schöpfer des Art déco. Eines der beliebten Motive des Juweliers war der Panther. Die Herzogin von Windsor war eine seiner treuesten Kundinnen. Das Unternehmen verstand es auch, ein Sortiment erschwinglicher Schmuckstücke anzubieten. So sollte ein breiteres Publikum angesprochen werden, das danach verlangt, sich mit dem Prestige dieser Marke selbst zu verwöhnen.

TISCHKULTUR

Die Tischkultur triumphierte im 19. Jahrhundert mit der allgemeinen Einführung des Esszimmers. Die Porzellane von Sèvre und von Limoges hatten bereits die Tische der französischen Könige vor der Revolution geschmückt. Diese Unternehmen mussten ihre Geschäfte auch in Paris haben. Für die traditionsreichen Kristallglasunternehmen Baccarat und Saint-Louis war dies selbstredend. Das Unternehmen Christofle triumphierte mit versilbertem Stahl, das es unter Napoleon III. u. a. an die Tuilerien und an das Rathaus lieferte. Das Einführen immer neuer Gegenstände, die für das angemessene Decken eines Tisches notwendig waren, trug im 19. Jahrhun-

Beuteln, die mit rotem Wachs versiegelt sind. Wenn die Identität ein essentielles Bedürfnis ist, gehört auch der Ort, wo sich die Schaufenster befinden, dazu. Am Anfang war der Faubourg Saint-Honoré Objekt aller Begierden. Später kamen die Avenue Montaigne und die Rue François-Ier hinzu. Heute haben alle Luxushäuser wenigstens eine Dependance auf der linken Seineseite.

LUXUSHOTELS UND NOBELRESTAURANTS

Das echte Gefühl von Luxus kommt nur auf, wenn man auch an die großen Restaurants und die mystischen Hotels von Paris denkt. Restaurants mit gutem Ruf sind im Überfluss vorhanden, doch die Seele einiger Häuser ist mit einer langen Geschichte

Die am 19. August 1883 geborene Gabrielle Chasnel machte sich im Waisenhauses in Aubazine in Corrèze mit der Schneiderei vertraut und prägte den legendären Stil ihrer Mode. 1913 eröffnete sie in Deauville ihr »Chanel mode« und ließ die eleganten Damen Strohhüte, Plisseeröcke und Jerseys entdecken. Man nannte sie auch »Coco«. 1919 eröffnete sie in Paris ihren Modesalon in der Rue Cambon 21. Sie war dort mit verschiedenen Luxusartikeln (Mode, Parfum, Juwelen) erfolgreich. Die Wirtschaftskrise nach dem Ersten Weltkrieg führte zu einem Einbruch. Mit 70 Jahren eröffnete sie ihren Modesalon wieder und setzte mit ihrem Tweedkostüm und ihren raffinierten schwarzen Kleidern erneut Akzente. In der Filmbranche kleidete sie Jeanne Moreau für »Les Amants« ein und auch Romy Schneider verdankte ihr ihre Pariser Eleganz. Sie starb am 10. Januar 1971 in Paris.

Der Tonfilm lässt Varietee-Theater verschwinden

■ *25. April 1930*

René Clair präsentiert heute einen Film, der »zu 100 Prozent auf Französisch gesprochen und gesungen« ist: »Unter den Dächern von Paris«. Da die Ausbreitung des Tonfilms immer mehr Zuschauer in die Kinos lockt, müssen die Kinosäle technisch aufgerüstet werden. Diese Begeisterung hat die Konsequenz, dass zwei Varietee-Theater zu Kinos umfunktioniert wurden. Nach dem Ausstieg von Jacques-Charles, dem legendären Leiter des Moulin Rouge, wurde aus diesem Theater 1929 ein prächtiges Kino mit 1 500 Plätzen. Ebenso läuft das Olympia zur Filmkunst mit Ton über. Die Liebhaber der Varietees trösten sich, indem sie die Varietee-Darbietungen anschauen, die bei den Morgen- und Abendvorstellungen als Filmvorschau gezeigt werden.

Zuerst Varietee-Theater, dann Kino: das Olympia und das Moulin Rouge.

Maurice Chevalier kehrt wieder heim

■ *22. August 1930*

Der Film »Die Liebesparade«, den Maurice Chevalier in Hollywood gedreht hatte, war bereits herausgekommen. Doch er hatte Paris seit zwei Jahren nicht mehr gesehen. An diesem Morgen wird er von seiner Frau Yvonne Vallée und zahlreichen Anhängern am Gare Saint-Lazare empfangen. Er hatte das amerikanische Publikum mit Erfolgen wie »La chanson de Paris« und seinem Akzent erobert. Der Star, der mit zwölf Jahren in einem Café zu singen begonnen hatte, konnte mit Mistinguett im Casino de Paris zahlreiche Erfolge feiern. Das Pariser Publikum hofft, ihn bald wieder auf einer großen Bühne sehen zu können.

Die Pariser Polizei bekommt Motorräder

■ *September 1930*

Der Polizeipräfekt Jean Chiappe ist über die erneute Zunahme von Attentaten und bewaffneten Überfällen in der französischen Hauptstadt besorgt. Daher richtet er nach dem Vorbild der New Yorker Polizei eine Brigade von Motorradfahrern ein. Das gegen Ende des vorherigen Jahrhunderts in Deutschland erfundene Motorrad wurde während des Krieges häufig eingesetzt, vor allem von den britischen Alliierten auf ihren großen und sehr effektiven BSAs. Henri Dresh, Leiter von General Motor Cycles, schlägt vor, Paris zehn Maschinen zu schenken. Sie werden im September 1930 der Pariser Polizei übergeben. Im übrigen hat Chiappe den Verkehrsfluss in der französischen Hauptstadt entscheidend verbessert, indem er Einbahnstraßen, Ampeln und Notruf-Telefone einrichten ließ.

Die erste Motorradbrigade der Polizei ist zum Einsatz bereit.

Die aktuelle Nummerierung geht auf das Jahr 1805 auf eine Idee des Präfekten Nicolas Frochot zurück. Die Straßen, die parallel zum Fluss verliefen, erhielten ein rotes Schild mit gelbem Hintergrund und die Straßen, die im Winkel zum Fluss verliefen, erhielten ein schwarzes Schild mit gelbem Hintergrund. Nach einigen Veränderungen gab es ab dem Jahr 1847 die Schilder mit weißen Zahlen auf blauem Grund, wie sie noch heute verwendet werden. Seit etwa 20 Jahren werden der Beruf oder das Werk der im Straßennamen genannten Personen und bekannten Persönlichkeiten hervorgehoben. Am 15. Januar 1927 wurde das letzte Teilstück des Boulevard Haussmann von Staatspräsident Gaston Doumergue eröffnet. Doch erst am 13. September 1989 weihte der Pariser Bürgermeister Jacques Chirac auf eben diesem Boulevard die Statue des Präfekten ein, die seit 1930 im Kunstdepot der Stadt Paris lagerte.

Staatspräsident Doumergue eröffnet die Kolonialausstellung

■ *6. Mai 1931*

Die Kolonialausstellung hat das Ziel, 100 Jahre nach Beginn der Eroberungen, die mit dem Algier-Feldzug ihren Anfang nahmen, das französische Kolonialreich in seiner Gesamtheit zu präsentieren. Marschall Lyautey selbst wurde zum Chefbeauftragten ernannt – für diese Art von Veranstaltung eine beispiellose Wahl. Der Marschall

steht sinnbildlich für dieses Reich, denn nachdem er von 1879 bis 1882 in Südalgerien gedient hatte, wurde er 1894 als Generalstabschef von Joseph Simon Gallieni nach Indochina geschickt. Er wurde anschließend, bevor er im Jahre 1912 zum Gouverneur von Marokko ernannt wurde, nach Algerien gerufen. In Briands Kabinett war

er von 1916 bis 1917 Kriegsminister. Danach kehrte er bis 1925 nach Marokko zurück. Um diesen großen Soldaten – mit etwas Verspätung – zu ehren, begeht Staatspräsident Gaston Doumergue einen bemerkenswerten Verstoß gegen das Protokoll, indem er ihn an seine Seite mit in die Präsidentenlimousine nimmt, die sie am frühen Nachmittag vom Elysée-Palast zum Bois de Vincennes fährt, wo die Ausstellung stattfindet. Tatsächlich steht prinzipiell ausschließlich dem Ministerpräsidenten dieses Recht zu. Jeder der diversen Pavillons verkörpert einen Teil des französischen Imperiums: Indochina, die Niederlassungen in Indien, die Inselgruppe Saint-Pierre et Miquelon, Guyana, die Antillen, Polynesien, Neu-Kaledonien, Französisch-Westafrika, Französisch-Äquatorialafrika, Algerien, Marokko, Tunesien, Madagaskar, La Réunion, die Komoren und die somalische Küste. Am spektakulärsten aber ist der Nachbau von Angkor, deren Basreliefs aus Gips von den Originalen in Kambodscha gegossen wurden. Die afrikanischen Pavillons sind zwar pittoresk, doch das Herz der Ausstellung stellt das Kolonialmuseum dar. Lyautey hatte die Umsetzung dieses Gebäudes dem Architekten Albert Laprade an-

Vorbereitungsarbeiten: Im Hintergrund der faszinierende Nachbau von Angkor

vertraut, der bereits in Casablanca und in Rabat bei einigen städtebaulichen Projekten für ihn gearbeitet hatte. Dieses Gebäude ähnelt einem Tempel, dessen 88 Meter lange Fassade aus dem Wasser der ihn umgebenden Brunnenbecken zu steigen scheint – so wie die Kolonien, die von den Ozeanen umgeben sind. Eine majestätische Treppe führt zu einem monumentalen Portalvorbau, der von vier Säulen eingerahmt ist. In der Mitte der Außentreppe erhebt sich die Statue des Bildhauers Drivier mit dem Titel »Frankreich bringt den Kolonien Frieden und Wohlstand«. Die Mauer wird von einem immensen Basrelief bedeckt, das von Alfred Janniot aus sehr schönem gelben Stein geformt wurde. Fast wie ein Teppich wirkt dieses Relief und erweckt Afrika mit seiner Flora, Fauna und seinen wirtschaftlichen Aktivitäten zum Leben. Auch das Innere des Museums ist grandios: Die Ehrenhalle wurde von Raymond Subes mit Eisengittern und Kandelabern dekoriert. Für die verschiedenen Hoheitsgebiete sind drei verschiedene Ministerien zuständig: Das Kolonialministerium, das Innenministerium und das Außenministerium. Das Büro des Kolonialministers Paul Reynaud ist mit sehr afrikanisch anmutenden Wandmalereien von Louis Bouquet versehen, während das Mobiliar von Jacques-Emile Ruhlmann stammt. Zur Rechten befindet sich der Salon Französisch-Asiens, der mit Fres-

ken von Ivana und Hubert Lemaître verziert wurde. Das Mobiliar von Eugène Printz ist aus echtem Palmholz. Hinter dem Ehrensaal liegt der Festsaal: Er erstrahlt durch ein Fresko von Pierre Ducos de La Haille und der Fußboden ist mit einem von den Khmer inspirierten Mosaik ausgelegt. In diesem prächtigen Museum hält Marschall Lyautey seine offizielle Rede und auch die zahlreich erwarteten Staatsgäste des 100 Millionen Einwohner zählenden Frankreichs werden hier empfangen. Für den 18. Juli ist der Besuch des Herzogs von York, dem jüngsten Sohn von König George V., und seiner Frau angekündigt.

Der Staatspräsident verlässt das außergewöhnliche Kolonialmuseum.

Im Sommer schwimmen, im Winter Eis laufen

■ *7. November 1931*

Nur zwei Schritte vom Roland-Garros-Stadion entfernt hat das wunderbare Molitor-Schwimmbad im Jahr zuvor seine Tore geöffnet. Der Architekt Lucien Pollet hat eine Sportstätte nach ganz moderner Bauart entworfen. Es gab zwei Schwimmbecken, davon war eines überdacht und 33 Meter, das Außenschwimmbecken 50 Meter lang. Der Schwimmbereich wurde von zwei Etagen mit Umkleidekabinen eingerahmt. Ab heute kann man von der Sportstätte auch im Winter profitieren, denn bis zum Frühjahr wird das Schwimmbad zu einer großartigen Eisbahn umfunktioniert. Von Musik begleitet, können hier alle Schlittschuh-Begeisterten ihre Runden drehen.

Nur im Molitor-Schwimmbad möglich: Im Winter wird es zu einer Eisbahn.

Neue Mode von Nina Ricci

■ *1932*

In der Pariser Haute Couture hat ein neuer Modesalon eröffnet. Nach Madeleine Vionnet, Jeanne Lanvin und Coco Chanel wagte wieder eine Frau den Schritt in diese angesehene und schwierige Kunst. Sie ist Italienerin, hat einen vornehmen Stil und ihr Name ist Nina Ricci. Die sehr erfahrene Frau eröffnet ihren Salon in der Rue des Capucines 20, nahe bei der Rue de la Paix und der Place Vendôme, den Treffpunkten für Luxus und den guten Geschmack. Die Modeschöpferin, selbst sehr elegant und erlesen gekleidet, zieht sofort zahlreiche Kundinnen, die ihren Geschmack mögen, an.

Präsident Doumer niedergeschossen

■ *8. Mai 1932*

Paris und ganz Frankreich sind erschüttert. Noch am Vortag hatte sich der Staatspräsident zur Rothschild-Stiftung begeben, wo der alljährliche Bücherverkauf von Autoren, die an der Front gekämpft hatten, stattfand. Als Paul Doumer mit Claude Farrère sprach, von dem er dessen Werk »Die Schlacht« gekauft hatte, schoss ihn ein Mann von riesiger Statur nieder. Drei Schüsse trafen den Präsidenten. Claude Farrère wurde nur leicht verletzt. Als Täter überwältigte man den 35-jährigen Russen Paul Gorgulov, der offenbar geistig verwirrt war. Doumer wurde ins Beaujon-Krankenhaus gebracht, wo er an diesem Morgen verstarb.

Méliès, das vergessene Genie

■ *8. Dezember 1932*

Am Gare Montparnasse betreibt ein ehrenwerter Herr ein Geschäft für Spielzeug und Süßwaren. Doch kaum jemand weiß, um wen es sich dabei handelt. Es ist einer der genialen Wegbereiter des Kinos, einer der beachtlichsten Erfinder und Vorläufer für Trickaufnahmen: Georges Méliès. So schoss er beispielsweise mit einer Leuchtrakete durch das Auge des Mondes. Ab 1913 musste er aufgrund finanzieller Engpässe vom Kino Abschied nehmen. 1923 ging er bankrott. Es ist schon traurig, dass so schnell vergessen wurde, was das Kino dem Filmpionier Georges Méliès zu verdanken hatte.

Madame Nina Ricci; von Gaston Cirmeuse im Jahre 1932 gemalt

Das Art-déco-Kino Rex bietet 3 000 Zuschauern Platz

■ *1932*

Auf dem Boulevard Poissonnière ist nichts anderes mehr zu sehen. Die Beton-Architektur des neuen Kinos ist das Werk von Auguste Bluysen und John Eberson. Ein Turm, auf dem in gigantischen Neon-Buchstaben der Name »Rex« leuchtet, dominiert die sehr einfach gehaltene Fassade, auf der riesige Filmplakate besser zur Geltung kommen sollen. Auch das Innere ist sehenswert: 3 000 Besucher können im Zuschauerparkett und auf den zwei Balkonen Platz finden. Die Bühne wird von einem leuchtenden Bogen eingerahmt. Wenn man die Augen nach oben richtet, entdeckt man eine Wölbung, die wie ein Sternenhimmel aussieht. Dieser Himmel wird von Hunderten elektrischer Birnen erleuchtet.

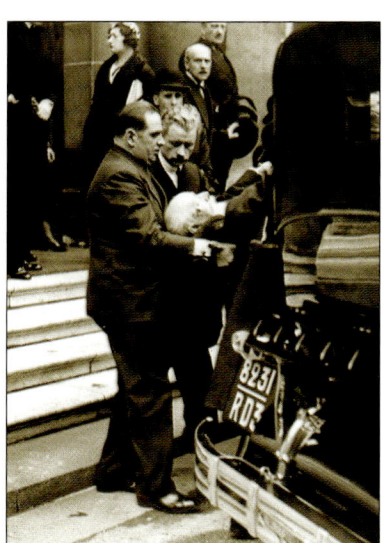

Präsident Paul Doumer wird schwer verletzt nach Beaujon gebracht.

Das Innere des Rex: Allein der Zuschauersaal ist ein Spektakel.

Gewaltsame Unruhen fordern Tote und Verletzte

An der Place de la Madeleine dauern die Schlägereien bis spät in die Nacht an.

■ 7. Februar 1934

Die sich immer weiter verschlechternde wirtschaftliche Situation, neue Skandale und ungeschickte politische Entscheidungen haben dazu geführt, dass Paris gestern Schauplatz schrecklicher Zusammenstöße wurde. Es war bekannt, dass nach dem schwarzen Donnerstag 1929 an der Wall Street nach und nach der Rest der Welt von der Krise heimgesucht wurde. Frankreich litt unter den Nachwirkungen: Finanzielle Pleiten häuften sich und die Arbeitslosigkeit stieg immer weiter. Nach dem Sturz des radikalen Ministerpräsidenten Edouard Herriot am 14. Dezember des letzten Jahres war in diesem feindseligen Klima der radikalsozialistische Edouard Daladier an die Macht gekommen. Die Krise, die er bewältigen musste, war nicht nur wirtschaftlicher, sondern auch sozialer und politischer Art. Die Linke war gespalten und geschwächt. Einerseits verbrachten die Kommunisten ihre Zeit damit, die »Sozialverräter« anzuprangern, auf der anderen Seite gab es eine gespaltene sozialistische Partei und eine radikale Partei, die sich in verschiedene Lager und Tendenzen gesplittet hatten. Diverse Skandale und Affären sowie immer mehr gestürzter Minister führten zu einer extrem antiparlamentarischen Atmosphäre. So entstand beispielsweise die »Action française« von Charles Maurras, die sich eine solche Haltung zu eigen machte, doch seine Verurteilung durch den Vatikan 1926 führte dazu, dass sich viele seiner Anhänger abwandten. Bei der 1927 gegründeten Bewegung »Croix-de-Feu« des Oberstleutnants La Rocque handelte es sich um eine Vereinigung ehemaliger Frontsoldaten. Der katholische und der Rechten sehr nahe stehende La Rocque griff die Abgeordneten sehr scharf an. Seit dem Vorjahr rekrutiert »Croix-de-Feu« viele junge Leute, vor allem aus der breiten Mittelschicht: Es handelte sich um freiwillige Patrioten. Dies war ein Pulverfass und der Funke, der zur Explosion führte, war der Skandal um die Bank »Crédit municipal« in Bayonne. Hinter dem Bankrott dieser Institution deckte man einen Riesenschwindel auf, bei dem sich alles um den geflohenen Alexandre Stavisky drehte. Doch seine Komplizen wurden verhaftet und nach und nach kam ein Netzwerk zutage, das Gehilfen in der Finanzwelt, in der Politik und sogar bei der Polizei hatte. Die »Action française« hatte sich der »Stavisky-Affäre« bemächtigt. Der Skandal erreichte seinen Höhepunkt, als man am 8. Januar die Leiche von Stavisky entdeckte, der in seiner Hütte in der Nähe von Chambéry Selbstmord begangen haben soll. Stavisky konnte nun nicht mehr reden. Dennoch musste das Kabinett von Camille Chautemps zurücktreten und Edouard Daladier wurde Ministerpräsident. Er glaubte, die Sache beruhigen zu können und entließ den Polizeipräfekten Jean Chiappe, ein Mann der Rechten und unter Verdacht, mit »Croix-de-Feu« zu sympathisieren. Damit hatte Daladier einen schweren Fehler begangen, denn Chiappe als ehemaliger Leiter der Sicherheitspolizei hätte die Krawalle sicherlich aufhalten können. Zwei Demonstrationen waren für den 6. Februar vorgesehen, als Daladier sein Kabinett dem Abgeordnetenhaus vorstellen sollte. Die ehemaligen Frontsoldaten marschierten in Richtung Champs-Elysées und die Kommunisten bewegten sich in einer großen Menschenmenge auf den Pont de la Concorde zu. Sie warfen einen Bus um und skandierten diverse Parolen. Auf der linken Seite der Seine näherten sich die Anhänger von Croix-de-Feu dem Palais-Bourbon. Die Abgeordneten flohen Hals über Kopf. Gegen 20 Uhr eröffneten die mobilen Sicherheitskräfte das Feuer auf die Menschenmenge. Damit war die Verwirrung vollends auf dem Höhepunkt. Auf der einen Seite gab es Zusammenstöße zwischen den Demonstranten und der Polizei, auf der anderen Seite Auseinandersetzungen zwischen den zwei Demonstrationszügen selbst. Die Bilanz war erschreckend: 17 Tote und über 700 Verletzte. Daraufhin verkündet die Regierung von Edouard Daladier am 7. Februar geschlossen ihren Rücktritt.

Die ehemaligen Frontsoldaten marschieren mit ihren Flaggen auf.

Kommunisten marschieren gegen »das Regime des Profits und der Skandale«.

Ein Bus wird von Demonstranten demoliert.

Ein Sandstrand mitten in Paris

In diesem Sommer wird an der Porte Maillot ein Strand eingerichtet.

■ *Sommer 1934*

Selbst Kinder aus den schönen Gegenden am Rande von Neuilly und des Bois de Boulogne fahren nicht in die Ferien. Trotz des im Vergleich zur Bevölkerungsdichte Frankreichs starken Rückgangs der Pariser Bevölkerung (16% 1926, 12% 1934) halten sich in diesem Sommer viele Menschen in der Stadt auf: Die finanziellen Schwierigkeiten schränken viele Familien ein; ein Urlaub am Wasser ist unerschwinglich. Der Bürgermeister des XVI. Arrondissements möchte den Kindern eine Ferienlandschaft bieten. Lastwagen fahren Sand aus der Umgebung heran und schaffen einen perfekten Strand mit Badekabinen und organisierten Strandspielen wie an den Küsten der Normandie oder der Bretagne.

Guitry und Sorel spielen – aber getrennt

■ *2. Oktober 1934*

An diesem Abend feiert Sacha Guitry einen brillanten Erfolg im Théâtre de la Madeleine, wo er in dem Stück »Das neue Testament« auftritt, dessen Autor er selber ist. Die hinreißende Schauspielerin Jacqueline Delubac, die seit anderthalb Jahren mit Guitry zusammen lebt, spielt die Rolle der Sekretärin, die sich als uneheliche Tochter der von Guitry gespielten Rolle entpuppt. Zur gleichen Zeit taucht der Name des Meisters auch auf den Plakaten des Casino de Paris auf, dieses Mal als Autor einer Revue. In der Tat spielt die viel bewunderte Célimène der Comédie-Française, Cécile Sorel, die Hauptrolle einer Revue mit dem Titel »Die Maitressen des Königs«. Mit 60 Jahren vollzieht sie somit eine spektakuläre Umorientierung. Um diese Revue zu schreiben, hat Guitry einfach sein Stück »Geschichten aus Frankreich«, das er im Jahre 1929 im Pigalle-Theater mit seiner Frau Yvonne Printemps gespielt hatte, umgearbeitet. Damals war das Stück eher verhalten aufgenommen worden. Dennoch gab es zwischen dem Duo Armande Béjart (Yvonne Printemps) und Molière (Sacha Guitry) warnende Vorzeichen, denn danach hatte Yvonne Printemps ihn für die schönen Augen von Pierre Fresny verlassen. Doch was soll's! Cécile Sorel triumphierte.

Sacha Guitry, Autor für Cécile Sorel

Lebrun besucht den Zoo von Vincennes

■ *2. Juni 1934*

Der Zoo war der Öffentlichkeit vor zwei Jahren anlässlich der Kolonialausstellung präsentiert worden. Er kam so gut an, dass man beschloss, ihn zu erweitern. Die Eröffnung findet am 2. Juni 1934 mit Staatspräsident Albert Lebrun statt. Der Zoo, mitten im Bois de Vincennes gelegen, ist 14 Hektar groß. Der Architekt Charles Letrosne wollte einen Eindruck von Freiheit sowohl für die Besucher als auch für die Tiere vermitteln. Er hat auf Gitter verzichtet und stattdessen Gräben konzipiert, die diskreter und auch sicherer sind. Die Dienstgebäude, die Ställe und die Unterstände für schlechtes Wetter sind verkleidet mit einem Dekor falscher Felsen aus rötlicher Erde.

Lebrun bei der Eröffnung des Zoos

Violette Nozières zum Tode verurteilt

Violette Nozières wegen Doppelmordes vor dem Schwurgericht

■ *12. Oktober 1934*

Im August 1933 war Violette Nozières im Alter von 18 Jahren des Mordes an ihren Eltern beschuldigt worden. Nach einem Aufsehen erregenden zweitägigen Prozess ist sie sich über ihr Schicksal im Klaren. Sie wird beschuldigt, ihrer Mutter (die gerettet werden konnte) und ihrem Vater (der starb) Schlafmittel zugeführt zu haben. Die Presse druckte Sonderausgaben zu dieser Affäre und über den Prozess. Obschon die Surrealisten, unter ihnen André Breton und Paul Eluard, in ihr »eine Heldin der Freiheit der Liebenden« sehen (sie vergiftete ihre Eltern, um ihre Liebesabenteuer ausleben zu können), wird das Mädchen mit dem sanften Gesicht zum Tode verurteilt.

Die Métro erweitert ihr Streckennetz

■ *1934*

Seit der Eröffnung der ersten Métro-Linie im Jahr 1900 (Maillot–Vincennes) wuchs das Streckennetz der Métro-Gesellschaft und ihres Konkurrenten Nord-Süd unaufhörlich weiter. Das gesamte Streckennetz umfasst mittlerweile 150 Kilometer und jährlich werden 840 Millionen Reisende befördert. Mit der Eröffnung der Station Pont-de-Sèvre durchstößt die Linie Nummer Neun die Grenzen der Pariser Innenstadt und verkehrt vom Bois de Boulogne bis zur Seine. Der Ministerpräsident Gaston Doumergue reist persönlich an, um eine Rede zu halten. Der Regierungschef zeigt großes Interesse am Alltag der Pariser Bevölkerung.

Gaston Doumergue eröffnet die Station Pont-de-Sèvres.

Eine Demonstration für Léon Blum

Eine Demonstration junger »Falken«, der Jugendorganisation der Sozialisten

■ **16. Februar 1936**

Drei Tage zuvor war der sozialistische Abgeordnete Léon Blum, als er das Abgeordnetenhaus verließ, mit seinem Auto auf dem Boulevard Saint-Germain stecken geblieben. Ursache für den Stau war der Trauerzug für den Historiker Jacques Bainville, an dem militante Anhänger der Action française und militante Royalisten teilnahmen. Als Léon Blum erkannt wurde, beleidigte man ihn und er wurde im Gesicht verletzt. Bauarbeiter, die sich auf einem nahe gelegenen Gerüst befanden, gingen dazwischen und brachten Blum in einem

Innenhof in Sicherheit. Im Krankenhaus Hôtel-Dieu stellte man eine Verletzung an der Schläfe fest. Léon Blum verzichtete aber auf eine Anzeige und kehrte nach Hause zurück. Die Abgeordnetenkammer war in Aufruhr, als sie davon hörte. Am Abend beschloss der Ministerrat die Auflösung der Bündnisse mit der Rechten und Staatspräsident Lebrun unterzeichnete das Dekret. Trotz dieser Reaktion marschiert die Linke an diesem 16. Februar 1936 vom Panthéon zur Place de la Nation, als Zeichen des Protestes und um Léon Blum den Rücken zu stärken.

Edouard Bourdet

Der 1887 in Saint-Germain-en-Laye geborene Edouard Bourdet zeigte schon in jungen Jahren eine Vorliebe für das Theater. Sein erstes von ihm geschriebenes Stück, die Komödie »Der Rubikon«, wurde im Jahre 1910 im Théâtre Michel aufgeführt und war ein großer Erfolg. Seine größten Triumphe aber erlebte er nach seinem 40. Geburtstag: »Das schwache Geschlecht« (1929), »Die Erbsenblume« (1932), »Schwierige Zeiten« (1934). Sein meisterhaftes dramaturgisches Geschick stellte er in einer beißenden Analyse der bürgerlichen Gesellschaft in den Jahren zwischen den Weltkriegen unter Beweis. Nachdem er 1936 zum Intendanten der Comédie-Française ernannt worden war, holte er die größten Regisseure ins Haus: Jacques Copeau, Charles Dullin, Louis Jouvet und Gaston Baty. 1940 trat er von diesem Amt zurück. Er starb am 17. Januar 1945.

Die Pariser erhalten neue Busse

■ **März 1936**

Die Renault-Werke haben kurz zuvor der Leitung der STCRP (Transportgesellschaft für Paris und Umgebung), die die Omnibusgesellschaft abgelöst hat, neue, »aerodynamische« Autobusse geliefert. Bislang kann man die neuen Fahrzeuge ausschließlich auf der Linie 91, Bastille–Gare Monparnasse, bewundern und benutzen, wo sie versuchsweise eingesetzt werden. Man hofft auf schnellen Erfolg und dass bald andere Linien mit ihnen ausgestattet werden können. Diese neuen Busse haben einen Vorteil: Man steigt über eine Rampe im hinteren Teil des Fahrzeugs ein. Wer Frischluft und stehen mag, dem bietet dieser Platz einen idealen Aussichtspunkt, um die Bilder von Paris zu ge-

nießen. Denn Paris ist zu einem Dauerspektakel geworden. Es gibt zahlreiche Stadtteilfeste: Die Foire du Trône und das Volksfest am Invalidendom bieten neue Attraktionen, darunter eine Achterbahn mit Schwindel erregenden Aussichten auf Paris.

Edith Piaf in einem Mordfall verhört

■ **7. April 1936**

Die Presse bringt an diesem Tag eine seltsame Meldung. Der 21-jährige Louis Leplée, Besitzer eines bekannten Restaurants in der Rue Pierre Charron und einer Bar in der Rue de Port-Mahon, daneben im Übrigen auch Impresario der Sängerin Edith Piaf, ist ermordet worden. Die Leiche des Mannes war mit drei Kugeln im Bauch in seiner Wohnung in der Avenue de la Grande Armée aufgefunden worden. Laut Zeugen-

aussage des Zimmermädchens war sie von vier jungen Leuten gefesselt worden, nachdem sie ihnen die Tür geöffnet hatte. Im Zimmer des Opfers wurde die beträchtliche Summe 20 000 Francs sowie Frauenkleider gefunden, da Leplée sich gern als Dame kostümierte. Ein Sittenskandal? Die Polizei verhörte daraufhin lange Edith Piaf: Sie hatte den Abend vor dem Drama gemeinsam mit dem Opfer und der Schauspielerin Suzy Prim verbracht.

Volksfront genehmigt bezahlten Urlaub

■ **13. August 1936**

Nach dem Sieg der Volksfront bei den Parlamentswahlen vom 26. April und vom 3. Mai hat die Regierung Blum mit den Gewerkschaften die Matignon-Vereinbarung ausgehandelt. Die spektakulärsten Ergebnisse dabei waren die 40-Stunden-Woche sowie 15 Tage bezahlten Urlaub pro Jahr. Dafür war es höchste Zeit: Frankreich ist durch Streiks völlig lahm gelegt. Anfang des Monats hatte der Staatssekretär für Tourismus Fahrkartenhefte für jedermann eingeführt. Sie werden an diesem 13. August in den Bahnhöfen ausgegeben. Viele können so einmal das Meer oder die Berge sehen. Wer nicht per Zug reist,

Gare Montparnasse: Die Warteschlange wird länger.

fährt mit dem Fahrrad. Bei schönem Wetter wird gezeltet. Junge Leute profitierten durch die gelockerten Regelungen auch von den Jugendherbergen, von denen es mittlerweile 400 in Frankreich gibt.

Die Expo von 1937: ein Spiegel der Weltpolitik

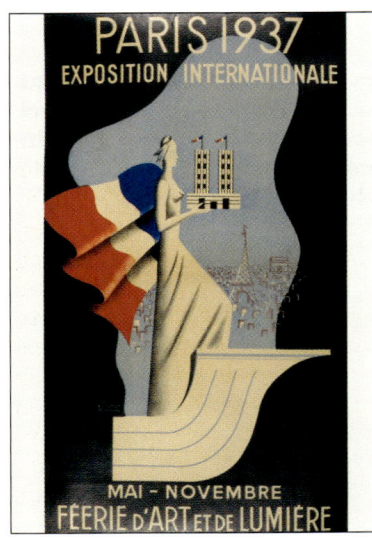

■ **24. Mai 1937**

Staatspräsident Albert Lebrun eröffnet an diesem Tag die Weltausstellung von 1937. An und für sich eine sonderbare Veranstaltung, denn der französische Pavillon ist noch nicht fertig gestellt. Ministerpräsident Léon Blum war die Klüngelei der französischen Arbeiter bereits seit Februar bekannt. Er war vor Ort erschienen und hatte sie mit folgenden Worten ermahnt: »Dieses Werk, das Sie gerade fertig stellen, wird ganz Frankreich zugute kommen und ganz Frankreich wird stolz darauf sein«. Worte, die seine Zuhörer leider wenig beeindruckten. Da die Verzögerung nicht aufgeholt werden konnte, wurde der Pavillon erst einen Monat später vollendet. Wenn erst einmal alles fertig gestellt sein wird, wird man in diesem Pavillon die Werke der »Vereinigung moderner Künstler« bewundern können, in der sich Architekten, Dekorateure und solche Künstler zusammengeschlossen haben, die von der Notwendigkeit überzeugt sind, Formen zu schaffen, die an ihre Funktionen angepasst sind und die den Anforderungen des modernen Lebens entsprechen. Für sie besteht Schönheit in »der Form, der Ausgewogenheit und der Reinheit«. Präsident dieser Vereinigung ist Robert Mallet-Stevens. Die Pavillons von Deutschland, Japan und Italien sind dagegen schon seit März fertig. Und so hat Staatspräsident Lebrun einen sehr geschäftigen Tag. In der Tat: Die Ausstellung, die die »Kunst und Technik der heutigen Zeit« zum Thema hat, nimmt ein ganzes Pariser Stadtviertel ein, vom Chaillot-Hügel bis hin zur Place d'Iéna, über den Pont d'Iéna und einen Teil der Esplanade vor dem Invalidendom. Für die erschöpften Besucher verkehrt ein kleiner Reifen-Zug von einem Pavillon zum anderen. Der alte Trocadéro, unbegnadeter Zeuge der Weltausstellung von 1878, war abgerissen worden, um Platz für den Chaillot-Palast zu schaffen. Der mittlere Teil wurde komplett

Hinter den Nymphen der Bildhauer Drivier und Guenot, die das zentrale Becken umringen, sieht man ein Basrelief von Alfred Janniot.

freigelegt und es entstand eine weitläufige Terrasse, die von zwei monumentalen Pavillons eingerahmt wird, die sich in gebogenen Flügeln von 195 Metern Länge erstrecken. Unterhalb der Esplanade befindet sich ein großes Becken, dessen Wasserspiele bei Ankunft des Staatspräsidenten in Betrieb gesetzt wurden. Von besonderem Interesse erweist sich der Palast von Tokio zwischen der Avenue du Président-Wilson und dem Quai de Tokyo (die heutige Avenue de New-York). In diesem Palast der schönen Künste wird das monumentale Werk »Die Elektrizitätsfee« des Malers Raoul Dufy auf 600 m² ausgestellt. Außerdem ist ein Teil des Grand Palais, der für die Weltausstellung von 1900 errichtet worden war, umgebaut worden. So entstand der Palais de la Découverte (Palast der Entdeckung). Der Maler Fernand Léger stellt hier sein Werk »Transport der Kräfte« aus. Am Seineufer erinnert das Kolonial-Zentrum an die Weltausstellung von 1931. Auch die ausländischen Pavillons wetteifern um die Gunst des Publikums. Vor allem abends kann man die futuristische Architektur des rumänischen Pavillons bewundern. Im spanischen Pavillon lässt das Gemälde »Guernica« von Pablo Picasso, ein ergreifendes und schmerzliches Zeugnis des spanischen Bürgerkriegs, seine Betrachter erschaudern. Der Schock ist nicht weniger spektakulär, wenn man die gegenüberliegenden Pavillons von Deutschland und der Sowjetunion besucht. Sie befinden sich unterhalb des Chaillot-Palastes, auf beiden Seiten des Pont d'Iéna. Sie sind von identischer Architektur und fast symmetrisch. Der entscheidende Unterschied ist jeweils auf den Spitzen ihrer Dächer auszumachen: Ein deutscher Adler mit weit ausgebreiteten Flügeln gegenüber einem Paar sowjetischer Arbeiter, die triumphierend und entschlossen marschieren. Dies ist ein Thema, über das sehr viel diskutiert wurde, doch reichte es nicht aus, um von der Missstimmung abzulenken, die durch den nicht fertig gestellten Pavillon der Franzosen entstanden ist. Umso ärgerlicher, da man von sich oft gern behauptete, im Vergleich zu den 52 anderen an der Weltausstellung teilnehmenden Nationen im Besitz eines außergewöhnlichen Know-hows zu sein.

SEHENSWÜRDIGKEIT

28   **Die Freiheitsstatue**

So wie der fast zur gleichen Zeit entstandene Eiffelturm war die Freiheitsstatue in allen Größen und Materialien millionenfach nachgebildet und an verschiedenen überraschenden Orten aufgestellt worden. So waren etwa Anfang des 20. Jahrhunderts Kopien in Poitiers und in Bordeaux zu sehen. Das Bauwerk in seiner Originalgröße ist das Werk des Bildhauers Auguste Bartholdi, das Metallgestell wurde von Gustave Eiffel gefertigt. Es wurde am 28. Oktober 1886 in New York eingeweiht. Der Bau war im Jahre 1875 begonnen worden. Zwei Jahre vor der Zeremonie in New York schenkte die amerikanische Gemeinde in Paris

1884 der Stadt eine kleine Ausgabe der Statue. Ursprünglich war die Nachbildung auf der kurz zuvor angelegten Place des Etats-Unis aufgestellt worden. Danach wurde sie anlässlich der Weltausstellung von 1889 zur Île des Cygnes vor den Pont de Grenelle gebracht. Dort befindet sie sich noch heute mitten in der Seine, auf der Grenze zwischen dem XV. und XVI. Arrondissement. Ihr Gesicht war damals nach Osten gerichtet, das heißt in Richtung Paris, damit sie ihren Rücken nicht dem Staatschef zuwendete. Nun blickt sie nach Westen und schaut so ihre große amerikanische Schwester jenseits des Atlantiks an.

Die Plakate sind schmucklos, doch die Pavillons sind innovativ. Art déco – schwer und monumental.

Ab heute Pflastersteine auf der Champs-Elysées

■ *21. Januar 1938*

An diesem Morgen begannen die städtischen Arbeiter, die Avenue des Champs-Elysées aufzureißen, um das alte Holzpflaster zu ersetzen. Sicherlich war es biegsam und widerstandsfähig und genügte somit perfekt den Ansprüchen von Pferdekutschen und guten Reitern. Doch durch die Entwicklung des Automobil- und Busverkehrs war dieser Belag nicht länger geeignet. Außerdem hatte er sich im Laufe der Jahre stark abgenutzt und wurde bei Regen gefährlich glatt. Man ersetzt daher alle einzelnen Teile durch Pflastersteine, die man für unverwüstlich hält. Die Bautrupps müssen sich beeilen, um den Verkehr nicht zu behindern, doch das Ersetzen der unzähligen Stücke gleicht ein wenig der Anfertigung eines gigantischen Mosaiks.

Der Abschied vom traditionellen Straßenbelag aus Holz ist gekommen.

Die Frauen sind bereit zu handeln

■ *23. September 1938*

Trotz der wiederholten Hinweise der fünf Jahre zuvor gegründeten Luftschutz-Kommission sind keine Vorkehrungen getroffen worden, um die Zivilbevölkerung im Falle eines feindlichen Angriffs zu schützen. Ein Notstandsgesetz, das schnell verabschiedet wurde, veranlasst einige Maßnahmen wie etwa die Verteilung von Gasmasken, die genaue Festlegung von Schutzräumen und die Verhaltensregeln im Alarmfall. Unverzüglich eilen zahlreiche Frauen zu den Bezirksämtern, um dort die notwendigen Anweisungen zu erhalten und so zu gewährleisten, dass niemand allein gelassen würde oder die beschlossenen Maßnahmen nicht kennen würde.

Jubel für Daladier bei seiner Rückkehr

Eine Menschenmenge feiert Daladier in der Rue Royale. Paris ist lahm gelegt.

■ *30. September 1938*

Seit Hitlers Erklärungen vom 12. und 13. September in Nürnberg ist die Sudetenkrise auf ihrem Höhepunkt angelangt. Hitler will die deutsche Minderheit in der Tschechoslowakei dem Reich einverleiben. Er verlangt von der Prager Regierung, diese Gebiete spätestens bis zum 1. Oktober zu räumen. Um einen Krieg zu vermeiden, unterzeichnen der britische Premierminister Neville Chamberlain und der französische Ministerpräsident Edouard Daladier am 29. September in München nach zwölfstündigen Verhandlungen ein Abkommen. Die Erleichterung darüber, dass die Kriegsgefahr gebannt zu sein scheint, ist so groß, dass rund 500 000 Menschen Daladier bei seiner Rückkehr aus München einen triumphalen Empfang bereiteten.

Weinlese auf dem Montmartre

■ *15. Oktober 1938*

Im 8. Jahrhundert war der Berg Montmartre für seine Weingärten bekannt. Sie gehörten zum größten Teil den Mönchen des Priorats Saint-Martin. Im Jahre 1133 überließen sie sie den Ordensfrauen der Erlösung, den Äbtissinnen des Montmartre. Diese Weinberge dienten der Versorgung der ersten Nachtlokale des Montmartre. Der Maler Francisque Poulbot hatte mit einigen Freunden eine Parzelle an der Ecke Rue des Saules und Rue Saint-Vincent erworben. Sie hatten fünf Jahre zuvor 3 250 Weinstöcke der Sorte Thomery und drei Morgon-Setzlinge angepflanzt. An diesem 15. Oktober 1938 beginnt in Anwesenheit einer großen Menschenmenge die erste Lese.

An der Flanke des Hügels entlang der Rue des Saules ernten die Weinleser die Trauben am Montmartre. Eine Menschenmenge, die sich am Zaun zusammengefunden hat, schaut den Arbeiten zu.

Bateaux-mouches, die Ausflugsdampfer auf der Seine

Der Transport von Passagieren auf der Seine geht bis ins 17. Jahrhundert zurück, als man »Wasserkutschen«, die von Pferden vom Seineufer aus gezogen wurden, einsetzte. Seit 1825 wurden Paris und Saint-Cloud durch eines der ersten Dampfboote miteinander verbunden. Anlässlich der Weltausstellung von 1867 hatte ein Lyoner die Idee, einen Omnibus-Service auf dem Wasser einzurichten. Die kleinen Boote wurden »mouche« (Fliege) genannt. Die ersten Erfolge konnten diese Bateaux-mouches Ende des 19. Jahrhun-

derts feiern. Mehrere Unternehmen setzten bis zu 500 Boote ein, doch die Konkurrenz durch die Métro und das Auto führte 1939 zur Einstellung des touristischen Verkehrs. Die im Jahre 1947 neu gegründete Gesellschafft der »bateaux-mouches« hat mittlerweile wieder 13 Boote, 200 Angestellte und befördert 500 000 Passagiere pro Jahr. Einige Spaßvögel nutzten die Leichtgläubigkeit der Leute aus und organisierten sogar eine Zeremonie zum Andenken an Jean-Sébastien Mouche, der jedoch niemals existiert hat.

Die Pariser machen sich mit dem Luftschutz vertraut

■ *Anfang 1939*
Trotz der Versprechungen von München scheint der Krieg immer unausweichlicher zu werden. Damit die Pariser im Angriffsfall nicht völlig unvorbereitet getroffen werden, wird der Luftschutz eingerichtet. Jede Familie erhält ihren Anteil an Gasmasken, denn der Einsatz von Giftgas hatte die Bevölkerung im Ersten Weltkrieg schwer traumatisiert. Weiterhin wird Paris nach Häuserblöcken aufgeteilt und jeder einzelne wird einem Block-Leiter unterstellt. Dieser muss im Falle eines Bombenangriffs die Aufteilung der Bewohner seines Sektors auf die Schutzräume (meistens sind dies Keller) organisieren. Man erhofft sich, dass die Bevölkerung dank dieser Maßnahmen die Ruhe bewahren wird.

Eine Luftschutzübung mit Gasmasken in den Straßen von Paris

150-jähriges Jubiläum der Revolution

Der Staatspräsident Lebrun hält vor dem Chaillot-Palast eine Rede.

■ *14. Juli 1939*
Die Regierung hat eine besonders feierliche Zeremonie im Chaillot-Palast organisiert, um das 150-jährige Jubiläum der Revolution zu feiern. Staatspräsident Albert Lebrun, der seine zweite Amtszeit nach seiner Wiederwahl antrat, und die Regierung von Edouard Daladier sind fest entschlossen, ihr Vertrauen in die Zukunft zum Ausdruck zu bringen. Diese optimistische Haltung begründet sich mit der Macht des großen französischen Reiches in Afrika und in Fernost. Man befürchtet dennoch, dass das Münchner Abkommen und der deutsch-französische Freundschaftsvertrag, der am Quai d'Orsay unterzeichnet worden war, Hoffnungen auf Frieden geweckt hatten, die angesichts der Entschlossenheit Hitlers nun völlig aussichtslos zu sein scheinen. Frankreich versucht, sich mit seinen Kolonien im Rücken gegen die Mächtigkeit des Deutschen Reiches abzusichern. Trotz aller Ängste hat sich eine sehr große Anzahl von Menschen durch den strömenden Regen aufgemacht, um der Zeremonie beizuwohnen. Eine Frage liegt allen auf der Zunge: Falls Frankreich in den Krieg gegen das große Deutschland eintreten würde, wäre dies wegen des Korridors von Danzig oder gegen den Nationalsozialismus? Daladiers Kabinett hat klare und beruhigende Antworten versprochen. Doch die Abgeordneten sind eher unentschlossen. Sollte der Krieg ausbrechen, wäre es ein langer und defensiver Kampf. Kann man der Maginot-Linie vertrauen?

Kulturschätze werden gesichert

■ *17. November 1939*
Man beschließt, alles was am empfindlichsten ist, besonders zu schützen. So werden die Kirchenfenster von Notre-Dame abmontiert. Nicht transportfähige Statuen werden verhüllt. Die wertvollen Gemälde aus dem Louvre werden in die Provinz gebracht. Der Museums-Konservator Germain Bazin hat den Transport der Bilder organisiert. Die großen Leinwände konnten nicht gerollt werden, so dass man Géricaults Meisterwerk »Das Floß der Medusa« auf einem Lastwagen stehend die Weizenfelder der Beauce auf dem Weg in sein Versteck, einem großen Schloss an der Sarthe, durchqueren sah.

Die Statue von Ludwig XIV. wurde mit zahlreichen Sandsäcken vor eventuellen Angriffen geschützt.

Deutscher Einmarsch auf der Champs-Elysées

Ein langer Aufmarsch von Soldaten, Pferden und Kanonen auf der Avenue Foch

■ **14. Juni 1940**

Drei viertel der Pariser Einwohner sind kopflos aus der Hauptstadt geflohen. Bei Tagesanbruch des 14. Juni ist die Wehrmacht in die französische Hauptstadt einmarschiert. Der Pariser Militärgouverneur General Dentz hat General Küchler, Kommandeur der 18. Deutschen Armee, zugesichert, dass die Stadt keinen Widerstand leisten wird.

Vier deutsche Infanteriedivisionen, gefolgt von unzähligen Einheiten, die aus Saint-Denis gekommen sind, haben mit ihrem Aufmarsch begonnen. In einer ersten symbolischen Geste haben die neuen Besatzer die Trikolore vom Marineministerium abgehängt und sie durch eine Hakenkreuzfahne ersetzt. Auf der Place de l'Etoile spielt Militärmusik im Rhythmus zum unendlich scheinenden Aufmarsch der 18. Armee. In der Ferne erinnern große Rauchwolken am Himmel daran, dass die Kraftstofflager von Pecq, Port-Marly und Colombes seit dem Vorabend in Flammen stehen. Die französischen Truppen hatten diese Feuer gelegt, um die Deutschen daran zu hindern, sich dieser Treibstoffvorräte zu bemächtigen. Gleichzeitig wird an die Pariser per Lautsprecher appelliert, Ruhe zu bewahren: »Einwohner von Paris! Innerhalb der nächsten 48 Stunden werden die deutschen Truppen in Paris einmarschieren. Bleiben Sie in ihren Häusern!« Andere Aufrufe fordern sie auf, alle Waffen, die sich in ihrem Besitz befinden, in den Kommissariaten abzugeben. Zum ersten Mal verkriechen sich die Menschen, die nicht geflohen sind, in ihren Häusern. Ab dem späten Nachmittag bilden sich die ersten Gruppen von Schaulustigen an verschiedenen Plätzen, vor allem am Rathaus. Die Ausgangssperre ist nun für 20 Uhr verhängt. Polizeipräfekt Langeron hat im Laufe des Tages 16 Selbstmorde aufgenommen.

Am 23. Juni, dem Tag nach dem Waffenstillstand, verbringt Hitler drei Stunden in der französischen Hauptstadt.

Die Besatzung wird Wirklichkeit

■ **12. Juli 1940**

Die Deutschen beschlagnahmen die Kasernen für ihre Soldaten. Überall tauchen neue Hinweisschilder auf Deutsch auf und auch der Verkehr wird nun von den Besatzern geregelt. Das Hôtel Meurice in der Rue de Rivoli wird zum Sitz der Kommandantur des Großraums Paris und der Senat zum Hauptquartier der Luftwaffe. Die ganze Avenue Kléber wird beschlagnahmt, um dort die deutschen Behörden einzurichten. Des weiteren sind vier Soldatenheime geplant, das größte davon an der Place Clichy im Café Wepler. Außerdem haben die Besatzer sich mehrere Theatersäle reserviert: Kinos wie das Margnan, das Paris und das Rex, dazu noch verschiedene Theater wie das Empire und das Théâtre de Chaillot. Sie eignen sich weiterhin eine Reihe von Restaurants an und sogar einige Bordelle. In allen Restaurants und Cafés in der französischen Hauptstadt sind die Speisekarten von nun an zweisprachig. Um der Pariser Bevölkerung die Situation schmackhaft zu machen, unternimmt die deutsche Propaganda einige Anstrengungen: Jeden Tag bringen Blechkapellen Morgenständchen auf den Straßen und an den Sonntagen werden an der Place de l'Opéra, an der Place Notre-Dame und in den Tuilerien Konzerte veranstaltet.

Die Pariser verkaufen an die deutschen Soldaten kleine Souvenirartikel ihrer Stadt.

Napoléon II. findet letzte Ruhestätte

■ **15. Dezember 1940**

Der Herzog von Reichstadt, Sohn von Napoléon und Marie-Louise, der den Beinamen »L'Aiglon« (Junger Adler) trug, war im Jahre 1832 in Schönbrunn gestorben. Seitdem lagen seine sterblichen Überreste in Wien, in der Krypta der Kapuziner. Sein trauriges Schicksal hatte die Franzosen schon immer bewegt. Um die Lage zu beschwichtigen, beschließt Hitler, dessen Sarg nach Paris überführen zu lassen und ihn neben seinem Vater beizusetzen. Als Folge der anhaltenden Krise nach Pierre Lavals Entlassung aus der Regierung gibt Marschall Pétain allerdings bekannt, dass er an dieser Zeremonie nicht teilnehmen werde. Die geplante Feier wird abgesagt. »L'Aiglon« kommt in einem Sonderzug am Gare de l'Est an. Seine Überreste werden von einem Gefolge durch das nächtliche Paris, das aufgrund der Ausgangssperre wie ausgestorben ist, zum Invalidendom geleitet. Fackeln begleiten ihn bis an das Grab seines Vaters, während die Republikanische Garde ihm die letzte Ehre erweist. In einer Stadt, die unter Hunger und der Kälte leidet, löst diese Geste allerdings nicht die erhoffte Reaktion aus, sondern sie wird von der Bevölkerung mit drastischen Worten verspottet: »Es fehlt uns an Kohle und sie schicken uns Asche!«

Die sterblichen Überreste des Herzogs von Reichstadt erreichen den Invalidendom.

Die Pariser übertreffen einander durch Einfallsreichtum

■ *1941*

Seit dem Waffenstillstand geht das Pariser Leben wieder weiter. Das Folies-Bergères kündigt eine neue Revue an, die Bars des Pigalle werden wieder eröffnet und auf der Champs-Elysées gibt es in fünf Kinos Vorstellungen. Dennoch hat sich der Alltag der Pariser deutlich verändert. Die Knappheit an allem zwingt sie, ihre Gewohnheiten zu ändern. Außer den Fahrzeugen der deutschen Armee sieht man nur wenige Autos auf den Straßen fahren und der Antrieb mit Generatoren, die mit Holzkohle betrieben werden, erforderte einen großen Zylinder auf dem Wagendach, was den Fahrzeugen ein seltsames Aussehen verleiht. Als Taxis werden Fahrrad-Droschken genutzt, die bald in »petit bis« (kleine Fahrräder) umgetauft werden. Zwei Personen können in ihnen Platz finden. Überall ist die Rationierung zu spüren, man erhält nichts ohne die entsprechenden Wertmarken. Stoffe sind knapp, man flickt alte Kleider und arbeitet Vorhänge und Bettbezüge um, wenn es gelingt, Garn aufzutreiben. Die Frauen tragen keine Strümpfe mehr: Sie bestreichen ihre Beine mit einer verdünnten Jodtinktur, damit es so wirkt, als trügen sie Strümpfe. Die Einfallsreichsten malen mit einem weichen Bleistift sogar eine falsche Naht hinten auf ihre Beine. Leder ist nirgends mehr zu bekommen und so tauchen ganz neuartige Schuhe auf: Sohlen werden aus Holz gefertigt und das Obermaterial besteht aus Linoleum oder Kautschuk. Bei den Nahrungsmitteln ist alles knapp: Butter, Fleisch, Käse, Kaffee, Öl, Brot. Glücklicherweise gibt es Ersatzprodukte. Der Kaffee besteht aus gerösteter Gerste, Schokolade aus einem Block gesüßten Teigs, der hauchdünn mit Schokolade überzogen wird. Da es außer Steckrüben kein Gemüse mehr auf den Märkten gibt, pflanzt jeder auf dem nur kleinsten verfügbaren Fleckchen Erde etwas an, sogar an den ungewöhnlichsten Orten.

Die Landwirtschaft breitet sich aus: Einwohner sammeln Heu am Invalidendom.

Es gibt immer mehr Fahrrad-Droschken in den Straßen von Paris.

Die Lage für die Juden verhärtet sich

■ *Mai 1941*

Zahlreiche deutsche und europäische Juden hatten nach den ersten von Hitler angeordneten radikalen Gesetzen Zuflucht in Frankreich und insbesondere in Paris gefunden. Ihre Situation hatte begonnen, prekär zu werden, nachdem die Vichy-Regierung am 3. Oktober 1940 ein Gesetz verabschiedet hatte, das den Status der Juden definierte. Dieses Gesetz untersagte ihnen in Frankreich zahlreiche Aktivitäten und machten sie zu Ausgestoßenen. Dadurch dramatisierte sich ihre Situation weiter. Ab dem 14. Mai 1941 beginnen die ersten Razzien in Paris. Die Ausgewiesenen werden in Gruppen zusammengefasst und zu den Bahnhöfen geleitet, von wo aus sie nach Deutschland gefahren werden.

Paris erfährt von der Invasion Russlands

■ *22. Juli 1941*

Die Pariser wussten, dass der deutsch-sowjetische Vertrag von Hitler gebrochen worden war und die deutschen Truppen in die Sowjetunion eingefallen sind. Einige sahen in dem Entstehen dieser neuen Kriegsfront eine Chance, wie der deutsche Schraubstock sich lösen und so eventuell Anlass zu ersten Niederlagen geben würde. Um diesen Gerüchten entgegenzuwirken, waren die Besatzer sehr darauf bedacht, die Dinge umgehend klarzustellen. Deshalb wird auf dem Abgeordnetenhaus ein riesiges Transparent angebracht, das auf Deutsch verkündet: »Deutschland siegt an allen Fronten«. Alle Mittel waren recht, um der besetzten Stadt klarzumachen, dass sie es auch noch für lange Zeit bleiben würde.

Die Juden werden von der französischen Polizei zum Gare d'Austerlitz gebracht.

Die Banderole macht deutlich, dass Hitlers Propagandamaschine in Gang ist.

Antisemitische Ausstellung zieht Massen an

■ *September – Oktober 1941*

Die Besatzer setzen alle verfügbaren Mittel ein, um den Antisemitismus zu einer französischen Angelegenheit zu machen. Deshalb wird im Berlitz-Palast eine Ausstellung mit dem Titel »Der Jude und Frankreich« organisiert, damit jeder, der die Ausstellung besucht hat, auf den ersten Blick einen Juden erkennen kann: »Hakennase, nachlässiges Aussehen, feuchte Augen und besondere Gesichtsmimik«. Der Pseudo-Ethnologe Georges Montandon gibt der Ausstellung den nötigen wissenschaftlichen Anstrich. Es werden Plakate, Fotos und Statistiken im Überfluss gezeigt. Diese Dokumentenflut soll den »Durchschnitts-Franzosen« in seinem Antisemitismus bestärken.

Die Polizei wird von Pétain vereidigt

■ *20 Januar 1942*

Am 4. Oktober des Vorjahres war im Rahmen der neuen Verfassungsgesetze das Abkommen mit der Nummer zehn verkündet worden: Es verpflichtete alle Beamten, einen Treueschwur vor dem Staatschef Marschall Pétain abzulegen. Diese Neuerung, die bereits in den 20er Jahren in Italien vom Mussolini-Regime in Kraft gesetzt worden war, brach mit der republikanischen Tradition Frankreichs. Um der Anwendung dieses Gesetzes eine besondere Feierlichkeit zu verleihen, ist im Chaillot-Palast an diesem 20. Januar 1942 eine Zeremonie organisiert worden. Die Pariser Polizei hat die Ehre: In Paradeuniformen leisten die Mitglieder einen kollektiven Eid vor dem Staatspräsidenten Marschall Pétain.

Pariser Polizisten legen ihren Schwur vor Marschall Pétain ab.

Juden ins Stadion gesperrt

■ *17. Juli 1942*

Um neun Uhr an diesem Morgen machen sich 900 französische Polizisten in Begleitung der Gendarmerie auf, um die jüdischen Familien zu wecken, die bei den Behörden registriert sind und pferchen sie in beschlagnahmten Bussen zusammen. Im Rahmen der Operation »Frühjahrswind«, die die Verhaftung einer größtmöglichen Zahl von Juden zum Ziel hat, werden 8 160 Personen mit gelbem Stern, darunter mehr als 4 000 Kinder, in die Winter-Radrennbahn gebracht. Diese groß angelegte Razzia ist dennoch nur ein kleiner Teil der Ziele, die sich die Deut-

schen gesetzt haben. Dieses Stadion, das für das große Sechs-Tage-Rennen bekannt ist, ist für eine solche Menschenmenge nicht geeignet, obgleich es bereits vorher für Razzien genutzt worden war: Die »Gefangenen« verfügen weder über Wasser noch über Nahrungsmittel, geschweige denn über sanitäre Anlagen. Die Gluthitze macht die Bedingungen dieser Haft noch schlimmer, insbesondere für Kleinkinder. Jeder fragt sich, was ihr nächstes Ziel sein würde. Den meisten Juden ist sehr wohl bewusst, dass sie Gefahr laufen, in die Lager nach Deutschland transportiert zu werden.

Bomben auf Paris schüren Angst

Anwohner stehen fassungslos vor den Trümmern einer bombardierten Straße.

■ *3./4. März 1942*

Die Pariser hatten sich daran gewöhnt, mitten in der Nacht vom Heulen der Sirenen geweckt zu werden, die einen Bombenangriff aus der Luft ankündigten. Im Halbschlaf verließen sie ihre Wohnungen und begaben sich in die Keller, die als Schutzräume dienten. In dieser Nacht des 3. März 1942 ist Paris nicht umsonst alarmiert worden und erleidet den ersten schweren Bombenangriff seit Kriegsbeginn. Die Flieger des britischen Bomberkommandos waren einige Luftangriffe nördlich der Pariser Region geflogen. Ziel waren die Renault-Werke in Boulogne-Billancourt, die die Deutschen mit Lastwagen und Fahrzeuge belieferten. Die britische Royal Air Force hat ihr Ziel erreicht, denn die Werke sind teilweise zerstört worden, doch auch Paris muss einen hohen Preis zahlen. Der Schaden war nicht nur materiell (es sind zahlreiche Gebäude zerstört worden), sondern es gibt auch mehr als 630 Tote zu beklagen und 9 250 Pariser sind seit dieser Nacht obdachlos. Diese nationale Katastrophe war ein großer Schock und wurde von der Nazi-Propaganda unverzüglich ausgeschlachtet.

»Die tote Königin« in der Comédie-Française

■ *8. Dezember 1942*

Dem Pariser Theater geht es trotz der Umstände verhältnismäßig gut: Nach dem charmanten Stück »Hören Sie nicht zu, meine Damen« von Sacha Guitry kommt nun das Drama »Die tote Königin« von Henry de Montherlant auf die Bühne. Dies ist das erste Theaterstück dieses Schriftstellers, der sich bereits vor dem Krieg mit einigen Romanen einen Namen gemacht hatte. »Die tote Königin« wird an der Comédie-Française von Pierre Dux inszeniert. Der alte König Don Ferrante treibt die geheime Gemahlin seines Sohnes Don Pedro, Inès de Castro, in den Tod. Nach dem Tod des Vaters lässt Don Pedro, mittlerweile König, eine tote Königin krönen: Inès, seine große Liebe.

Dieses Drama versetzt die Zuschauer ins Portugal des 14. Jahrhunderts.

Hunger lässt den Schwarzmarkt boomen

■ *1943–1945*
Die Rationierung sämtlicher Lebensmittel wurde immer strenger. Dies zwang die Vichy-Regierung, dringende Appelle an das bürgerliche Pflichtgefühl zu richten: Die Bevölkerung sollte nichts verschwenden und alles aufheben. Sogar Knochen konnten gegen Seife und Waschpulver ausgetauscht werden. Da von der Propaganda alles unternommen wurde, um die Pariser in dieser Situation zu trösten, lobte man ihre Anpassungsfähigkeit als ein Zeichen von Vitalität und Genialität. Es wurden Kampagnen veranstaltet, um Nichteisenmetalle, Textilien und sogar alte Papiere wieder zu verwerten, was allerdings den Schülern vorbehalten blieb. Angesichts dieser Entbehrungen und der Folgen verging den Menschen jedoch nicht das Lachen. Selbst eine Ausstellung im Grand Palais über die Ersatzprodukte im Jahre 1943 verhinderte nicht die Verschlechterung der Situation und das Entstehen eines parallelen Wirtschaftszweiges. Die Bevölkerung war hungrig und die äußerst pro-deutsch eingestellte Rundfunkstation »Radio Paris« brachte im Juni 1943 sogar eine Sendung mit dem Titel »Die große Revolte der leeren Mägen«. Sie stellte die alltäglichen Probleme der Pariser heraus und hatte damit triumphalen Erfolg. Die Vichy-Regierung war sich der Lage bewusst und versuchte, die Franzosen davon abzubringen, sich auf dem Schwarzmarkt zu versorgen, der als »Verbrechen gegen die Allgemeinheit« eingestuft wurde. Die Regierung veranstaltete eine groß angelegte Plakat-Kampagne, die besonders an die Gemüter appellierte

(siehe Abbildung links). Dennoch: Obwohl Vichy seine Entschlossenheit betonte, Zuwiderhandlungen hart zu bestrafen, sahen sich die Pariser vom Hunger und ihrer Bedürftigkeit gezwungen, auf den Schwarzmarkt zurückzugreifen. Offiziell konnte man dank der Lebensmittelkarten, die mehrere Coupons enthielten, alles Notwendige bekommen. Doch seit der Einführung dieser Karten produzierten Druckereien im Untergrund Fälschungen und verkauften sie für teures Geld. In der Praxis boten skrupellose Händler die vielfältigsten Waren zu astronomischen Preisen an, ohne die Coupons auch nur anzusehen. Ein Beispiel dafür waren Restaurants, wo jene, die die nötigen Mittel besaßen, wie vor dem Krieg schlem-

Warteschlange vor einer Pariser Bäckerei

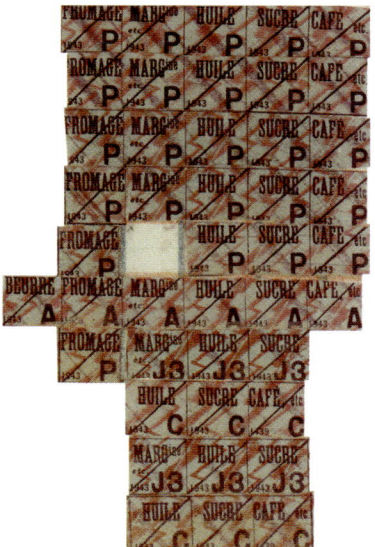
Lebensmittelkarten

men konnten, allerdings mit der Einschränkung, dass sie für ihr Essen einen hohen Preis zahlen mussten. Diese Privilegierten waren nicht sehr zahlreich. Als Reaktion auf diese missbräuchlichen Praktiken eröffnete die Regierung Restaurants für die Allgemeinheit, die sich jedoch nur eines mäßigen Erfolges erfreuten. Für die Mittellosesten wurden von der staatlichen Hilfsorganisation »Secours national« (Nationale Hilfe) karitative Aktionen durchgeführt. Diese Organisation war im Jahr 1914 gegründet worden, um den zivilen Opfern des Ersten Weltkrieges zu helfen. Sie wurde durch ein Gesetz vom 10. November 1940 wieder ins Leben gerufen und Marschall Pétain unterstellt. Ergänzend zum Schwarzmarkt wurde das Tauschgeschäft zu einer Art festen Institution: Tabak gegen Butter, getragene Kleidung gegen Fleisch oder Fisch.

Vor dem Louvre: Vom »Secours national« angepflanzter Porree

Franzosen gehen an die russische Front

Abreise eines Jahrgangs von Freiwilligen für die französische Einheit der Waffen-SS

■ **September 1943**

Den Deutschen fehlen nicht nur für den Betrieb ihrer Fabriken die nötigen Kräfte, sondern auch in den Reihen ihrer Armee. Seit Juni 1942 versorgt ein Vermittlungsservice die Deutschen mit französischen Arbeitskräften, um ihre Industrie in Betrieb zu halten. Zu dieser Zeit eröffnen in Paris Rekrutierungsbüros für die Waffen-SS, um eine möglichst hohe Zahl junger Franzosen zu bewegen, den deutschen Truppen beizutreten. Um sie besser zu überzeugen, werden sie mit plakatierten Slogans animiert, für »das neue Europa« zu kämpfen. Dieses Angebot hat zahlreiche enthusiastische Freiwillige überzeugt, die sich per Zug nach Deutschland aufmachen, um sich für die russische Front vorzubereiten.

Paris wird weiter bombardiert

Die Pariser flüchten bei einem Alarm in die Métro-Station Pyrénées.

■ **April 1944**

Die Bombardierungen Frankreichs durch die Alliierten nehmen immer weiter zu. Die Intensität der Luftangriffe lässt auf eine geplante Großoffensive schließen. Auch Paris wird nicht verschont. Jede Nacht werden die Bahnhöfe und andere strategische Punkte anvisiert. Die Einwohner leben mit der ständigen Angst vor neuen Angriffen.

Mittlerweile hat sich eine Routine eingestellt und man findet sich folgsam in der nächsten Métro-Station ein, die jeweils als Schutzraum ausgewiesen ist. Da man so gezwungen ist, Seite an Seite mit denselben Gesichtern die Zeit im Schutzraum zu verbringen, lernt man sich schließlich näher kennen und findet durch die Anwesenheit von Leidensgenossen etwas Trost.

In Paris formiert sich der Widerstand

■ **18. – 19. August 1944**

Im Laufe des Nachmittags des 18. August haben die CGT (die kommunistisch orientierte Gewerkschaft) und die CFTC (die christliche Gewerkschaft) in Abstimmung mit dem Nationalrat der Résistance zum Streik aufgerufen. Oberst Rol-Tanguy, Chef der Streitkräfte für Paris, lässt überall Plakate mit dem Aufruf anbringen, »den Feind, wo er sich auch befindet, auf der Straße oder in seinen Räumen, anzugreifen«.

Nach der Einnahme der Polizeipräfektur verteidigt die Résistance ihre Posten.

Der Aufstand beginnt erst richtig am 19. August um sieben Uhr morgens, als 20 000 Pariser Polizeibeamte die Polizeipräfektur stürmen und 700 Deutsche gefangen nahmen. Die Streitkräfte der Résistance nehmen den Kampf auf und bemächtigen sich mehrerer öffentlicher Gebäude. Die Gefechte sorgen für Aufruhr in den Straßen. Rol-Tanguy verlegt sein Hauptquartier in einen geheimen Schutzraum. Dieser Aufstand, der sicherlich willkommen ist, aber doch etwas verfrüht kommt, beunruhigt Alexandre Parodi, Abgeordneter der Übergangsregierung der französischen Republik, denn die alliierten Truppen sind noch mehr als vier Tage von Paris entfernt. Sie fürchten, dass die Aufständischen nicht zahlreich genug und ausreichend bewaffnet sind, um den Besatzern trotzen zu können. Der Gegenschlag zu einer solchen Revolte wäre von fürchterlichem Ausmaß. Alles hängt nun von der Haltung des deutschen Militärkommandanten des Großraumes Paris, General Dietrich von Choltiz, ab.

Nach vier Jahren Besatzung wird Paris befreit

Nach der Befreiung von Paris marschieren amerikanische Soldaten über die Champs-Elysées.

■ **25. – 26. August 1944**

Seit dem 19. August fanden innerhalb Paris Kämpfe statt. Am 23. August erhielt General von Choltitz, Kommandant für den Großraum Paris, um 11 Uhr per Telegraf den Befehl Adolf Hitlers, den Aufstand in der Stadt mit allen verfügbaren Mitteln in den Griff zu bekommen und die Stadt um jeden Preis zu halten. Notfalls sollten auch ganze Stadtteile zerstört werden und öffentliche Hinrichtungen vorgenommen werden. Falls die Alliierten es dennoch schaffen sollten, in Paris einzumarschieren, sollten sie nur noch Ruinen vorfinden. In diesen letzten Tagen unternahm ein Einzelner den Versuch weiteres Blutvergießen zu vermeiden und stellte sich als Vermittler zwischen der Widerstandsbewegung und den Deutschen zur Verfügung: Es handelte sich dabei um Raoul Nordling, dem Generalkonsul von Schweden. Zur gleichen Zeit waren die Alliierten näher an Paris herangerückt und die 2. Panzerdivision von General Leclerc erhielt den Befehl, in die Stadt einzumarschieren. Am 24. August um 21.30 Uhr gelang es einer ersten Kolonne, den Platz vor dem Rathaus zu erreichen. Einen Tag später rückten General Leclerc und seine Panzer in Paris ein. Um 14.45 Uhr war das Hôtel Meurice, Hauptquartier von von Choltitz, umzingelt. Der Kommandant wurde zur Polizeipräfektur gebracht, wo schon General Leclerc auf ihn wartete, damit sie die Kapitulation der deutschen Garnison unterzeichnen konnten. Der sichtbar kranke und müde von Choltitz unterzeichnete daraufhin die Übergabeerklärung. Die anderen Unterzeichner waren, neben General Leclerc, Jacques Chaban und Oberst Rol-Tanguy. Dank der gemäßigten Haltung von Choltitz', der sich dem Befehl Hitlers widersetzt hatte, und der Hartnäckigkeit von Nordling war Paris der totalen Zerstörung entgangen. General De Gaulle war aus Rambouillet angereist und wurde um 17 Uhr von General Leclerc in seiner Befehlsstelle am Gare Montparnasse empfangen. Charles De Gaulle hielt eine kurze Ansprache und beglückwünschte Leclerc und Rol-Tanguy zu ihrem Erfolg. Nachdem er Montparnasse verlassen hatte, fand er sich im Kriegsministerium ein und ging anschließend zu Fuß zum Rathaus. Von dessen Balkon aus verkündete er: »Paris wurde beleidigt! Paris wurde gebrochen! Paris wurde gepeinigt! Paris wurde befreit!«. Dabei erwies er nicht nur der Pariser Bevölkerung die Ehre, sondern auch den »Truppen Frankreichs«. Als Georges Bidault, Präsident des Nationalrats der Résistance, ihn aufforderte, die Wiederherstellung der Republik zu verkünden, antwortete De Gaulle: »Nein, die Republik hat niemals aufgehört zu existieren. Das freie Frankreich, das kämpfende Frankreich, das staatliche Komitee zur Befreiung der Nation haben sie der Reihe nach aufgebaut.« Zu diesem Zeitpunkt war die Waffenruhe in Kraft getreten, obwohl es noch einige vom Feind eingekesselte Stadtteile gab. Am 26. August hatte General De Gaulle darauf bestanden, am Nachmittag eine Parade vom Triumphbogen bis zur Notre-Dame zu veranstalten. Als er um 15 Uhr, gefolgt von Leclerc und Koenig, die Champs-Elysées unter dem Jubel der Menschenmassen entlang fuhr, kam es an der Place de la Concorde zu einem Schusswechsel. De Gaulle und seine Begleiter waren gezwungen, ein Auto zur Notre-Dame zu nehmen. Auf dem Vorhof der Kathedrale führte eine erneute Schießerei zum Ausbruch einer Panik. Waren die Heckenschützen auf den Dächern Deutsche, Milizsoldaten oder unzufriedene Kämpfer der Résistance? Man hat es niemals erfahren.

Der im Jahre 1902 in der Somme geborene Philippe de Hauteclocque, genannt »Leclerc«, schloss als Jahrgangsbester die Militärakademie ab. Nachdem er im Mai und im Juni 1940 zwei Mal gefangen genommen und wieder geflüchtet war, schloss er sich De Gaulle in London an, welcher ihn nach Afrika schickte. Nach Einsätzen im Kamerun, in Französisch-Äquatorialafrika und im Tschad schloss er sich im Februar 1943 der Armee von General Montgomery in Tripolis an. Er nahm am Tunesienfeldzug teil und schließlich an der Invasion der Normandie im Jahr 1944. An der Spitze der Zweiten Panzerdivision rückte er in Paris ein und erzwang die Kapitulation der deutschen Garnison am 25. August 1944; drei Monate später befreite er auch Straßburg. Im Jahre 1945 wurde er zum Oberbefehlshaber der französischen Truppen in Indochina ernannt und erreichte für Frankreich die Kapitulation Japans. Am 28. November 1947 kam er bei einem mysteriösen Flugzeugunfall in der Sahara ums Leben. Er wurde am 8. Dezember feierlich im Invalidendom beigesetzt. 1969 weihte Georges Pompidou eine Statue des Marschalls an der Porte d'Orléans ein, an derselben Stelle, wo er an der Spitze der berühmten Zweiten Panzerdivision nach Paris einmarschiert war.

De Gaulle, Vorsitzender des Komitees zur Befreiung der Nation, salutiert vor dem Grab des unbekannten Soldaten.

Die Pariser feiern jubelnd den Waffenstillstand

Auf der Place de l'Opéra feiern die Pariser ausgelassen die Befreiung ihrer Stadt.

■ *8. Mai 1945*

Die uneingeschränkte Kapitulation Deutschlands hatte in der ganzen Welt zu Freudenbekundungen geführt – in New York ebenso wie in Moskau und in London und ganz besonders natürlich auch in Paris. Einige Frauen hatten sich Kleider in den Farben der Alliierten geschneidert: Der Union Jack, das Sternenbanner sowie Hammer und Sichel gingen Seite an Seite mit der französischen Trikolore. Um die Stimmung noch anzuheizen – sofern dies denn überhaupt notwendig war – gab man an jeden Erwachsenen eine Flasche Wein aus. Am Abend erhellten mehrere Feuerwerke den Himmel über Paris. Nach fünf schweren und dramatischen Jahren konnte man endlich seiner Freude wieder freien Lauf lassen.

Kino und Theater: Zwei Meisterwerke

■ *März 1945*

Seit dem 22. März drängten die Pariser in die Kinos, um Arletty, Pierre Brasseur und Jean-Louis Barrault in »Die Kinder des Olymp« von Marcel Carné zu bewundern, der in prachtvoller Weise das Theatermilieu um 1830 wiederbelebte. Außerdem waren auch »Der Boulevard des Verbrechens« und »Der weiße Mann« sehr beliebt, die in einer Vorstellung gezeigt wurden. Im Theater machte der junge Schauspieler Gérard Philipe in »Caligula« von Albert Camus auf sich aufmerksam. Der bereits durch seine Romane berühmt gewordene Autor zeichnet den römischen Herrscher als einen Mann, den die Absurdität der menschlichen Existenz dazu bringt, Gut und Böse zu negieren und so zu einem blutrünstigen Tyrannen zu werden.

Es gibt weiterhin Einschränkungen

■ *Herbst 1945*

Die Pariser hofften, dass es mit dem Kriegsende auch leichter werden würde, sich mit Lebensmitteln und den Produkten des täglichen Bedarfs zu versorgen. Doch dem war nicht so. Nach wie vor gab es Lebensmittelkarten und es stand nicht zur Debatte, diese in naher Zukunft abzuschaffen. Die Menschen waren ratlos, denn nachdem sie sich so sehr über den Abzug der Deutschen gefreut hatten, sahen sie sich nun denselben materiellen Problemen wie zur Zeit der Besatzung gegenüber. Die Regale waren leer, es war immer noch schwierig Stoff zu bekommen und man war froh, von Zeit zu Zeit aus den Beständen der Armee schöpfen zu können. Die Vorzüge des Friedens ließen noch auf sich warten.

Die Avenue de Tokyo ändert ihren Namen

Während der Eröffnungszeremonie der Avenue de New-York salutieren französische Militärs und Zivilisten, als die Nationalhymnen gespielt werden.

■ *Ende 1945*

Im 16. Jahrhundert hieß der Abschnitt des Seineufers zwischen Alma und Trocadéro »Avenue des Bons-Hommes«, da sich ein Kloster mit demselben Namen ganz in der Nähe befand. Im Jahre 1610 wurde sie nach der königlichen Teppichmanufaktur, die sich dort befand, in »Avenue de la Savonnerie« umbenannt. 1769 erhielt sie dann einen neuen Namen: »Avenue de la Conférence«. Anschließend hieß die Straße dann »Quai de Chaillot« oder »Chemin de Paris à Versailles«. Schließlich beschloss Napoléon im Jahre 1807, als der Pont d'Iéna gebaut wurde, dass sie den Namen des Generals Billy tragen sollte, der in der Schlacht von Jena gefallen war. Erst im Jahre 1918 erhielt sie den Namen »Avenue de Tokyo«. In einer symbolischen Geste entschied Paris, die »Avenue de Tokyo« in »Avenue de New-York« umzutaufen. Dadurch sollte zum einen Japan gebrandmarkt werden, welches sich mit Deutschland verbündet hatte. Zum anderen sollten die alliierten Amerikaner geehrt werden. Die Zeremonie fand unter dem Vorsitz des französischen Außenministers Georges Bidault statt. Selbstverständlich waren auch der Botschafter der Vereinigten Staaten Jefferson Caffrey sowie sein Militärattaché bei der Feier anwesend.

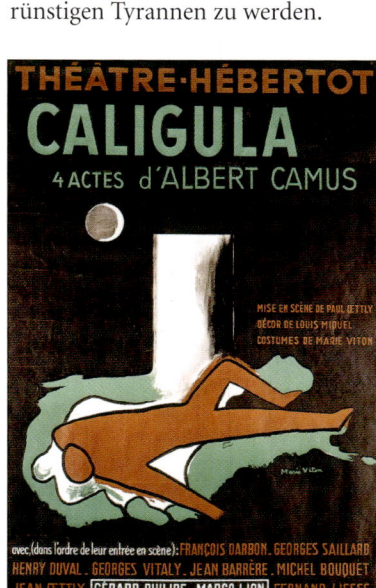

Die Koffer fällen das Todesurteil über Doktor Petiot

■ *5. April 1946*
Das Schwurgericht fällt sein Urteil: Doktor Marcel Petiot wird zum Tode durch die Guillotine verurteilt. In der Besatzungszeit hatte er Menschen, denen die Verhaftung drohte, insbesondere Juden, vorgeschlagen, ihnen die Flucht nach Südamerika zu ermöglichen. Dabei sollten sie nur einen einzigen Koffer bei sich haben, der ihre wertvollsten Gegenstände enthielt. Nachdem er sie in sein Stadthaus gelockt hatte, tötete er sie, verbrannte ihre Leichen in seiner Heizungsanlage und behielt ihre Koffer samt Inhalt für sich. In seiner Wohnung fand man die Koffer sowie 27 verkohlte Leichen: Durch diese belastenden Beweise war Petiot verloren.

Doktor Petiot trotzt seinen Richtern, als er des Mordes an 27 Personen angeklagt wird.

Die Modewelt trauert um Jeanne Lanvin

■ *8. Juli 1946*
Jeanne Lanvin ist im Alter von 79 Jahren gestorben. Neben Coco Chanel und Madeleine Vionnet war sie 1927 eine der ersten Frauen gewesen, die einen Modesalon eröffnete. Sie hatte als kleine Schneiderin in einer Mansarde begonnen, bevor sie für ihr Geschäft ein Gebäude in der Rue du Faubourg-Saint-Honoré kaufte. Sie kleidete zwischen den Weltkriegen die Prominenz von Paris mit ihren einfachen und prachtvollen Kleidern ein. Zunächst hatte sie für ihre Tochter Marie-Blanche Kleidung entworfen und wurde danach zur Pionierin für Kindermode.

Portrait von Jeanne Lanvin in ihrem Büro. Die Unternehmerin war nicht nur Geschäftsfrau, sondern sie erwarb sich auch durch ihr Mäzenatentum einen herausragenden Ruf.

Große Hitzewelle lastet über Paris

Die ausgetrocknete Seine erregt Neugier.

■ *September 1946*
Der heiße Sommer lähmte nicht nur die Pariser Bevölkerung, sondern hatte auch fatale Auswirkungen auf die Umwelt. Am spektakulärsten war mit Sicherheit der Tiefstand der Seine. Das Wasser war so weit zurückgegangen, dass man an einigen Stellen trockenen Fußes von einem Ufer zum anderen gelangen konnte. Die Kühnsten wagten sich weit hervor, in der Hoffnung, ungewöhnliche Gegenstände zu finden. Die »Schatzsucher« waren freilich die einzigen, die sich an der Austrocknung des Flusses erfreuten: Der Schiffsverkehr wurde eingestellt, was für einen Teil von Paris die Versorgung mit Lebensmitteln gefährdete. So wurde der nächste Herbstregen mit Ungeduld erwartet.

Dior kreiert den New Look

■ *12. Februar 1947*
Dank der finanziellen Hilfe von Marcel Boussac eröffnet Christian Dior mit 42 Jahren seinen Modesalon in der Avenue Montaigne (VIII. Arrondissement). An diesem 12. Februar 1947 stellt er seine erste Frühjahrs- und Sommerkollektion vor, die er »New Look« getauft hat. Es handelt sich um eine wahre Revolution, denn trotz des Mangels an Stoff entwarf er sehr weite und lange Röcke. Die Taille wurde in enge Jacken gezwängt. Die Frauen, die während des ganzen Krieges ihr Knie gezeigt hatten, mussten lernen, mit diesem völlig anderen Aussehen umzugehen. Die Kollektion ist eine riskante Herausforderung, allerdings wird Dior durch die offene Begeisterung der amerikanischen Presse und der französischen Modejournalisten bestärkt. Ihm war es letztlich zu verdanken, dass Paris wieder die Welthauptstadt der Mode wurde und dass die gesamte Branche wieder zum Leben erweckt wurde.

Jean Vilar wird Intendant am TNP

Jean Vilar und Gérard Philipe

■ *1. November 1951*

Das TNP, das Théâtre national populaire im Chaillot-Palast, das im Jahre 1930 gegründet worden war, bekam einen neuen Intendanten: Jean Vilar. Der Schüler von Charles Dullin wollte das Theater von seinen Konventionen befreien, um ein breites Publikum im tiefsten Innern zu berühren. Der Bühnenvorhang wurde abgeschafft und die Dekorationen wurden auf ein Minimum reduziert, um der Aufführung mehr Ausdruckskraft zu verleihen. Einzig der Text, die Schauspieler und die Inszenierung waren wichtig. Die erste Vorstellung, die damals regelmäßig gespielt wurde, war »Der Prinz von Hamburg« mit Vilars Lieblingsschauspieler Gérard Philipe.

Colette stirbt im Palais-Royal

■ *3. August 1954*

Seit einiger Zeit schon verließ die französische Schriftstellerin Colette ihr Zimmer, das zum schönen Garten des Palais-Royal hinausging, nicht mehr, denn sie litt unter schweren Arthritis-Anfällen. Sie stirbt an diesem 3. August 1954 um 20 Uhr. Colette war tief durch ihre Kindheit im Burgund geprägt worden, die sie an der Seite ihrer Mutter

Sido verbracht hatte. Eine weitere Person, die einen großen Einfluss auf ihr Leben hatte, war ihr erster Ehemann Willy, der sie zum Schreiben gebracht hatte. Eine ihrer letzten Freuden war die Verfilmung ihres berühmten Romans »Grüner Weizen« durch Claude Autant-Lara gewesen. Aus diesem Anlass hatte sie ihr letztes gefilmtes Interview gegeben.

Abbé Pierre hilft den Armen

■ *1954*

Am 1. Februar wurden die Franzosen durch einen mitreißenden Aufruf zu einem »Aufstand der Güte« mitgerissen, der von einem gewissen Abbé Pierre über Radio Luxemburg verbreitet wurde. Wer war dieser 41-jährige Mann, der mit seiner Überzeugungskraft eine Großzügigkeit hervorrief, wie man sie kaum zuvor gesehen hatte? Henri Grouès, auch Abbé Pierre genannt, entstammte einer gut

situierten Familie aus Lyon. Mit 18 Jahren trat er in einen Orden ein und wurde zum Geistlichen in Vercors. Nach dem Krieg wurde er Abgeordneter im Departement Meurthe-et-Moselle. Seinem Radioaufruf ging auf ein schreckliches Drama zurück, dessen Zeuge er geworden war: Ein Baby war in der Nacht erfroren, in der die Regierung es abgelehnt hatte, Kredite für den Bau von Notunterkünften zur Verfügung zu stellen. Damit es in diesem eisigen Winter keine weiteren Opfer mehr geben würde, entschloss er sich, sich für die Obdachlosen zu engagieren. Er bat Leute, die über leer stehende Räumlichkeiten verfügten, diese seinen Schützlingen zur Verfügung zu stellen. Um seinen Kreuzzug wirkungsvoller zu gestalten, entschloss er sich am 23. März eine Altkleidersammlung zu gründen. Sein Appell an die Großzügigkeit, den er Anfang des Jahres verbreitet hatte, hatte Früchte getragen, so dass er seinen Kampf gegen die Armut mit dem gesammelten Geld fortsetzen konnte.

Saint-Germain-des-Prés kommt in Mode

■ *1954*

Im Schatten des Glockenturms der romanischen Kirche, einem der ältesten in Frankreich, gaben sich die Gläubigen von Saint-Germain-des-Prés neuen Kulten hin, ohne dass das eine mit dem anderen etwas zu tun gehabt hätte. Zuerst kam die Literatur in Mode und belebte berühmte Cafés wie das Flore, die Brasserie Lipp und das Deux Magots wieder. Jean-Paul Sartre und Simone de Beauvoir, die schon während des Krieges regelmäßig hierher gekommen waren, diskutierten über den Existentialismus und faszinierten die leidenschaftliche Jugend. Boris Vian verfasste einen »Leitfaden für Saint-Germain-des-Prés«, denn in dieser »Gemeinde« lebte man nicht wie andernorts in Paris. Mit langen Röcken, Wespentaillen, Ballerinas an den Füßen und pechschwarzen Haaren sah man Juliette Gréco und ihre Freundin Anne-Marie Cazalis. Die schöne Juliette sang wunderbare Texte im Tabou. Albert Camus zündete sich noch eine Zigarette an und Jacques Prévert träumte mit nach hinten geschobenem Hut von seinem geliebten Paris in schwarz-weiß. Die Buchhandlung La Hune auf dem Boulevard Saint-Germain war die einzige in ganz Paris, die bis Mitternacht geöffnet hatte. Und tatsächlich: Die Menschen in Saint-Germain-des-Prés, gingen noch nicht

Bei Nacht wird das Caveau de la Huchette lebendig: Maxim Saury und sein Jazzorchester.

schlafen. Das Programm ging dann in den Kellerbars weiter, die sich ein bisschen weiter entfernt in Richtung des Boulevard Saint-Michel befanden. Man stieg einige Treppen hinab und wurde vom Jazz, der aus Rauchwolken heraus erklang, gefangen. Im Caveau de la Huchette brachten Maxim Saury und sein Orchester die Liebhaber des New-Orleans-Jazz mit ihrer unwiderstehlichen Musik zum Tanzen. Claude Luter und Sidney Bechet verwandelten im Lorentais diesen Teil des Pariser Untergrunds in eine Dependance von New Orleans. Man hörte ihnen bis zum Morgengrauen zu und Paris wurde eine schlaflose Stadt, in der man die Nacht zum Tag machte.

SEHENSWÜRDIGKEIT

29　　Das Unesco-Gebäude

Die Vereinten Nationen hatten sich gewünscht, in Paris einen Sitz für die Unesco, ihre Organisation für Bildung, Wissenschaft und Kultur, zu bekommen. Für den Bau des Gebäudes war eine Stelle in sehr exponierter Lage im VII. Arrondissement an der Place Fontenoy gewählt worden. Ganz im Sinn der Unesco wurde der Bau des 1958 eröffneten Gebäudes mehreren Architekten unterschiedlicher Nationalitäten anvertraut. Dies waren der Amerikaner Marcel Breuer, der Italiener Pier Luigi Nervi und der Franzose Bernard Zehrfuss. Das siebenstöckige Hauptgebäude hat die Form eines Ypsilons und steht auf – durch Glasscheiben sichtbaren – Betonpfeilern. In diesem Gebäude ist die Geschäftsstelle der Organisation untergebracht. Daran angeschlossen ist ein zweites Gebäude, in dem sich der große Sitzungssaal befindet. In einem dritten, kugelförmigen Gebäude, das von einem japanischen Garten eingerahmt wird und den Komplex vervollständigt, befindet sich das Sekretariat. Künstler wie Joan Miró und Pablo Picasso haben das Innere des Gebäudes und den Garten gestaltet.

De Gaulle für die Fünfte Republik

■ *4. September 1958*
General De Gaulle ist seit dem 1. Juni Ministerpräsident und will die Institutionen der Republik grundlegend ändern. So plant er eine neue Verfassung, die die Macht des Staatspräsidenten stärken und die des Parlaments schwächen soll. Die größte Änderung besteht darin, dass der Staatspräsident dieser Fünften Republik im allgemeinen Wahlrecht gewählt werden soll. An diesem 4. September stellt er die Verfassungspläne in einer feierlichen Rede an der Place de la République vor und bittet seine Mitbürger bei diesem Anlass auch um ihre Unterstützung, da sie am 28. September in einem Referendum über folgende Frage entscheiden müssen: »Stimmen Sie der Verfassung der Fünften Republik zu?«

De Gaulle erklärt sein großes Vorhaben.

Ein originelles Hochhaus entsteht

Modell des ersten Wolkenkratzers

■ *1958–1961*
In der Rue Croulebarbe 33 wird ein neues Wohnhaus gebaut. Dieses von den Architekten Edouard Albert, Roger Boileau und Jacques-Henri Labourdette entworfene Gebäude ist 70 Meter hoch und in mehr als einer Hinsicht originell: Es handelt sich um den ersten Pariser Wolkenkratzer und zum ersten Mal hat man sich nicht an der Bauhöhe der Gebäude in der Umgebung orientiert. Des weiteren hat dieses Gebäude 22 Etagen, wovon 21 bewohnbar sind. Die sechste Etage ist eine Terrasse, die die oberen Etagen stützt. Die Decke dieser Terrasse, die für die Bewohner zugänglich ist, hat Jacques Lagrange mit gläsernen und bunten Elementen dekoriert.

Das Tabarin ist nach wie vor »in«

Finale des French Cancan im Tabarin

■ *1958*
Dieses Varietee ist von neuen Modeerscheinungen verschont geblieben. Am Fuße des Montmartre in der Rue Victor-Massé zieht dieses Nachtlokal nach wie vor viele Zuschauer an. Es war von Auguste Box gegründet und am 20. Dezember 1904 eröffnet worden. Es hat bis 1934 mit seinen originellen Attraktionen seine Glanzzeit erlebt: Umzüge mit Wagen, Schönheitswettbewerbe, eine Manege mit hölzernen Pferden, wo sich die schönsten Mädchen von Paris zur Schau stellten. Das obligatorische Finale ist der von Pierre Sandrini und Pierre Dubout dirigierte French Cancan.

Marlene Dietrich tritt wieder auf

■ *28. November 1959*
Nach fünf Jahren Bühnenabstinenz gibt Marlene Dietrich wieder Vorstellungen im Théatre de l'Etoile vor einem begeisterten Publikum. Ihre raue Stimme hat sich nicht verändert und sie sieht immer noch blendend aus, egal, ob sie einen für sie gefertigten Herrenanzug trägt oder ein von Pierre Balmain kreiertes Paillettenkleid, das direkt an ihr genäht wurde, bevor sie die Bühne betrat. Dazu ein Zylinder zum Anzug oder ein langer weißer Fuchspelzmantel, der ihr Kleid wie eine Schatulle umschließt. Paris liebt den »blauen Engel« nach wie vor.

Putsch von Algier löst Angst in Paris aus

Zum Schutz der Nationalversammlung fahren Panzer vor.

■ **24. April 1961**

Seit dem Putsch der Generäle in Algier vor zwei Tagen fürchtet die Regierung, dass die militanten Rebellen sich entschließen könnten, Paris zu umzingeln. Konkret befürchtet man, dass die Männer des Ersten Fallschirmregiments der Fremdenlegion über Paris abspringen könnten. Am Vorabend hatte Premierminister Michel Debré über das Radio

die Pariser dazu aufgerufen, die Fallschirmspringer mit allen Mitteln aufzuhalten, »zu Fuß, zu Pferd und mit dem Auto«! Auch wenn noch nichts passiert ist, lässt De Gaulle die Nationalversammlung durch Sherman-Panzer schützen und via Fernsehen wird eine Rede ausgestrahlt, die mit den Worten endet: »Französinnen und Franzosen: Helft mir!«

Jackies Charme betört die Franzosen

■ **31. Mai – 2. Juni 1961**

Der offizielle Besuch des amerikanischen Präsidentenehepaars bringt ein unerwartetes Phänomen mit sich: Die schöne Jacqueline erobert die Herzen der Pariser, allen voran das von General Charles De Gaulle. Er charakterisiert sie als »brillant und kultiviert«. Ihre perfekte Eleganz in jeder Situation, sei es im kurzen Kostüm oder im Abendkleid, ruft eine tiefe Bewunderung hervor. Diese ging so weit, dass der amerikanische Präsident bei einer Pressekonferenz sagt: »Ich bin der Kerl, der Jacqueline Kennedy begleitet!«

Polizei geht hart gegen Algerier vor

■ **17. Oktober 1961**

Die Ausgangssperre, die für alle Algerier in Paris verhängt wurde, machte diese wütend. Die algerische Nationale Befreiungsfront (FLN) bringt dies durch eine vom Polizeipräfekten Maurice Papon untersagte Demonstration zum Ausdruck. Eine extrem hohe Zahl an Ordnungskräften zerschlägt den dennoch stattfindenden Protest mit

brutaler Härte. Mehr als 10 000 Algerier werden verhaftet und es gab etwa 100 Tote, von denen einige in die Seine geworfen wurden. Journalisten protestieren beim Innenminister Roger Frey gegen diese Aktion und stellen sie in Frage. Dieser rechtfertigt das harte Vorgehen, weil Paris sonst von den aufgebrachten Demonstranten der FLN in Brand gesetzt worden wäre.

Marais-Viertel erlebt eine neue Blüte

■ **1961**

Kulturminister André Malraux ist den alten und historischen Gebäuden in Paris sehr verbunden. Er wünscht sich, dass sein Name mit einem groß angelegten »Reinigungsplan« für die wichtigsten Gebäude in Verbindung gebracht werden wird, die vom Straßenstaub und der Luftverschmutzung über die Jahre schwarz geworden waren. Die Schönheit der Architektur käme besser zur Geltung, wenn die Stadt gereinigt und strahlender wäre. Zu den gefährdetsten Stadtteilen zählt das Marais mit seiner Vielzahl an herrschaftlichen Stadthäusern, von denen sich viele in einem sehr schlechten Zustand befinden. Mehrere Initiativen zum Schutz der alten Gebäude und Stadtteile haben bereits die Öffentlichkeit darauf aufmerksam gemacht und auf diese Weise verhindert, dass gefährdete Gebäude zerstört wurden: Bis 1943 hatte man geplant, das Hôtel de Beauvais und das Hôtel de Sens abzureißen und an ihre Stellen ein Verwaltungszentrum einzurichten. Doch diese privaten Initiativen hatten keinen offiziellen Charakter, ihre Aktionen waren schlecht koordiniert und vor allem waren sie durch fehlende fi-

Das Hôtel de Sully erstrahlt in neuem Glanz.

nanzielle Mittel machtlos. Einzig der Staat ist in der Lage, ein groß angelegtes Projekt in Angriff zu nehmen. Zufälligerweise ist das Hôtel de Sully, einer der Juwelen des Marais, seit 1945 Eigentum des Staates und Sitz der Nationalbank. Dank André Malraux wird es prächtig restauriert. Dieses Unternehmen war der erste Schritt in einer großen Restaurierungskampagne für das ganze Marais: Der Minister plant nun ein Gesetz zur Erhaltung des gesamten historischen Erbguts.

SEHENSWÜRDIGKEIT

31   **Der Sportpalast**

An der Stelle der ehemaligen Winter-Radrennbahn, die 1959 abgerissen worden war, hat Paris sich mit einer neuen Halle ausgestattet, in der sowohl sportliche Wettkämpfe als auch Varietee-Veranstaltungen oder politische Versammlungen stattfinden können. Der Sportpalast ist vom Architekten Pierre Dufau entworfen worden und wurde innerhalb von sechs Monaten gebaut und 1960 eröffnet. Die Enge des Geländes zwang die Konstrukteure, einen kreisförmigen Bauplan zu wählen. Die Kuppel ist eine 60 Meter hohe Halbkugel und mit 1 100 rautenförmigen

Aluminiumplatten gedeckt. Dadurch entsteht der Eindruck, dass »Bienenwaben« das Licht der Sonne reflektieren. Im Innern befindet sich eine rechteckige Fläche im Zentrum des Gebäudes. Sie wird durch Seitenbühnen verlängert. Sitzreihen aus Holz, die an der höchsten Stelle sechs Meter über der Sportfläche liegen, vervollständigen die Halle. Die Halle kann bis zu 6 000 Personen aufnehmen, je nach Art der Veranstaltung. Ein- und Ausgänge für die Zuschauer befinden sich oberhalb der Sitzreihen auf derselben Höhe wie der Boulevard Victor.

Frankreich und Deutschland söhnen sich aus

■ *22. Januar 1963*
Ein Ereignis von größter Wichtigkeit: Der deutsche Bundeskanzler Konrad Adenauer und General De Gaulle, die beide zwei Kriege zwischen ihren Ländern miterlebt hatten, unterzeichnen an diesem Tag einen Kooperationsvertrag. Der so genannte Paris-Vertrag, zeigte die aktuellen Prioritäten der französischen Außenpolitik und die Beziehungen zu Deutschland. In den letzten Monaten hatte De Gaulle dieser Partnerschaft Vorrang vor der mit Großbritannien gegeben. So hatte er mehrfach die Kandidatur Großbritanniens für den Eintritt in die EG heftig zurückgewiesen. Zum Abschluss der Zeremonie umarmen sich die beiden Unterzeichner, um die Wärme der deutsch-französischen Beziehungen zu demonstrieren.

Der deutsche Bundeskanzler Konrad Adenauer und General De Gaulle unterzeichnen im Murat-Salon des Elysée-Palastes den Paris-Vertrag, der die Aussöhnung besiegelt.

Die Beatles spielen im Olympia

■ *16. Januar 1964*
Die vier Jungen aus Liverpool, das musikalische Phänomen aus dem Vereinigten Königreich, lösten bei jedem ihrer Konzerte eine Mischung aus Sympathie und Hysterie bei ihren Bewunderern aus, die dafür ein Wort erfunden hatten: Beatlemania. Am 16. Januar 1964 begeisterten sie Paris. Bei ihrem Konzert im ausverkauften Olympia konnten sie sich davon überzeugen, dass ihre Popularität in Frankreich ebenso groß war wie auf der anderen Seite des Ärmelkanals: Sie konnten nicht einen Schritt tun, ohne von Fotografen und Fans verfolgt zu werden.

Spaziergang der Beatles auf der Champs-Elysées vor ihrem Konzert

Paris wird ein Departement

■ *10. Juli 1964*
Schon 1961 hatte der Premierminister angeregt, über Reformen nachzudenken, um dem Durcheinander bei der Administration der Pariser Region ein Ende zu setzen. In der Tat war der Großraum aufgrund seiner räumlichen und demographischen Ausdehnung nicht mehr zu verwalten. Am 10. Juli 1964 wurde ein Dekret erlassen, demzufolge die Departements Seine und Seine-et-Oise verschwanden und sieben neuen Departements Platz machten, darunter auch dem von Paris.

Chagall bemalt die Decke der Oper

■ *23. September 1964*
An diesem Abend wohnen der Staatspräsident und André Malraux dem Ballet »Daphnis et Chloé« von Maurice Ravel bei. Noch bevor der Vorhang sich öffnet, beginnt die Vorstellung mit der Enthüllung der neuen Decke der Oper. Der Maler Marc Chagall hatte unter höchster Geheimhaltung das 200 m² große Werk geschaffen. Die Leinwand, die über dem alten, erhalten gebliebenen Dekor angebracht worden war, war von Chagall mit Motiven nach Balletts und Opern wie »Die Zauberflöte« von Mozart, »Tristan und Isolde« von Wagner, »Der Feuervogel« von Stravinsky oder auch »Der Schwanensee« von Tschaikowskij bemalt worden. Die Meinungen des Publikums über das

Kunstwerk waren geteilt: Einige schätzten die Frische der Komposition sehr, andere bedauerten den fehlenden Zusammenhang mit dem übrigen Dekor des Palais-Garnier.

Jean Moulin ins Panthéon überführt

■ *19. Dezember 1964*
Jean Moulin, der Held des letzten Krieges und ein führendes Mitglied der Résistance, war verraten und an Deutschland ausgeliefert worden. Er starb am 8. Juli 1943 an den Folgen seiner Folterungen. Seine Leiche war nach Paris gebracht und auf dem Friedhof Père-Lachaise eingeäschert worden. Am 19. Dezember 1964 werden seine sterblichen Überreste ins Panthéon überführt. Anlässlich der Zeremonie, die auch eine Hommage an die Widerstandsbewegung sein soll, hat die Regierung eine prunkvolle Feier organisiert. Kulturminister André Malraux hält eine mitreißende Rede.

Der neue Trône-Jahrmarkt wird eröffnet

In Reuilly haben die Schausteller einen neuen Platz für ihre Buden gefunden.

■ *1964*

Die Jahrmarkt-Tradition in Paris ist sehr alt und der Trône-Jahrmarkt ist dafür ein gutes Beispiel. Er war im Jahr 957 entstanden und hieß zunächst »Pfefferkuchenmarkt«. In der Zeit bis zur Revolution hieß er »Saint-Antoine-Jahrmarkt«, nach der Abtei, die sich ganz in der Nähe befand. Nach und nach bewegte er sich immer mehr in Richtung zur Place du Trône (dem heutigen Place de la Nation) und erhielt so seinen Namen »Trône-Jahrmarkt«. 1880 war sein Erfolg so groß, dass er sich bis zum Bürgermeisteramt im XI. Arrondissement ausdehnte. Die Pfefferkuchenschweinchen, das Wahrzeichen dieser Veranstaltung, haben ihn beliebt gemacht. Doch Anfang der 1960er Jahre war seine Existenz bedroht. Schließlich schlug das Bürgermeisteramt 1962 vor, seinen Standort an die Grenze des Bois de Vincennes auf das Gelände von Reuilly zu verlagern. Nach Ende der Bauarbeiten zur Erschließung dieses etwa zehn Hektar großen Areals wurde der Trône-Jahrmarkt wieder eröffnet.

Nobelpreise am Institut Pasteur

■ *15. Oktober 1965*

Niemals zuvor war das Institut Pasteur zu solchen Ehren gekommen. Am 15. Oktober 1965 wird den Biologen André Lwoff, Jacques Monod und François Jacob der Nobelpreis für Medizin für ihre Arbeiten im Bereich der Zellregulation verliehen. Eine solche Ehrung schien für keinen von ihnen vorbestimmt zu sein: Einige Jahre zuvor noch war Lwoff auf der Suche nach einem Labor, in dem er arbeiten konnte; Monod, dessen Doktorarbeit nicht gut bewertet worden war, wollte sich von der Medizin abwenden und Jacob wollte an die Verwaltungshochschule ENA. Schließlich war es das Institut Pasteur, das es ihnen ermöglichte, ihre Forschung zu betreiben.

Wer hat Ben Barka entführt?

■ *29. Oktober 1965*

Mehdi Ben Barka, Führer der Opposition gegen den marokkanischen König Hassan II., ist heute um 12.30 Uhr auf dem Boulevard Saint-Germain entführt worden. Ben Barka hatte verlauten lassen, dass er sich seit einigen Wochen bedroht fühlte. Zum Zeitpunkt seiner Entführung war Georges Figon an seiner Seite. Die Anwesenheit dieses Mannes war höchst verdächtig, denn er war ein Polizeispitzel, den man verdächtigte, auch für den marokkanischen Geheimdienst zu arbeiten. Unverzüglich kamen Gerüchte auf, dass zwei französische Polizisten an der Entführung beteiligt waren. Diese Information versetzten die Angehörigen des Opfers in größte Sorge.

In Paris wird es keine Zugpferde mehr geben

■ *5. März 1966*

In Paris waren keine Pferdekutschen mehr zu sehen, denn die Kleinlaster hatten ihnen den Rang abgelaufen und die Preise für die Ställe waren nicht mehr zu bezahlen. Der letzte Besitzer von Zugpferden, Henry Magne, war enteignet worden. Er muss die Räumlichkeiten vor dem 31. März verlassen. Allerdings befinden sich noch neun Pferde in seinem Besitz: César, Lamy, Bazille, Fritz, Papillon, Arthur, Kiki, Bijou und Milo. Ein großzügiger Tierfreund kauft fünf der Tiere an diesem 5. März 1966 und bringt sie in die Provinz. Es bleibt zu hoffen, dass die restlichen vier ebenfalls einen friedvollen Lebensabend verbringen werden.

Das Haus des Rundfunks

Das Haus des Rundfunks in der Avenue Président-Kennedy 116 (XVI. Arrondissement) wurde 1963 von General De Gaulle eröffnet und war vom Architekten Henri Bernard entworfen worden. Zusammen mit dem Unesco-Gebäude ist es eines der ersten wirklich modernen Bauwerke im Paris der Nachkriegszeit. Ursprünglich sollte an dieser Stelle am Seineufer zwischen Auteuil und Passy ein Stadion entstehen. Die Struktur des Gebäudes ist einfach: Drei konzentrische Kränze umschließen den zentralen Turm. Der untere Kranz beherbergt fast 1 000 Büros für die Verwaltung und Redaktionen von Radio France. Die Studios, wo die Sendungen entstehen, befinden sich im mittleren Kranz. Die Ausstrahlung erfolgt über den dritten Kranz. Anschließend werden die Sendungen in dem 23-stöckigen Turm gelagert und archiviert. Das Innere des Gebäudes, das aus Hallen, Foyers, Konzertsälen und Studios besteht, wurde mit Holzskulpturen von François Stahly dekoriert, sowie mit Mosaiken von Jean Bazaine und einem Fresko des Malers Georges Mathieu. 2003 wurde eine umfassende Restaurierung des Gebäudes notwendig, die einen Teil des Personals zwang, umzuziehen.

Tutenchamun herrscht im Petit Palais

■ *17. Februar 1967*

Zum ersten Mal verlieh das Museum in Kairo einen Teil der Schätze, die 1922 im Tal der Könige von Howard Carter entdeckt worden waren. Die schönsten Stücke aus dem Grab des Pharaos Tutenchamun werden in einer glanzvollen Ausstellung im Petit Palais vom 17. Februar 1967 gezeigt. Dank des diplomatischen Geschicks der Chefkonservatorin der Abteilung für ägyptische Antiquitäten im Louvre ließ die ägyptische Regierung sich überzeugen, der Ausfuhr der Wunderwerke zuzustimmen. Es handelt sich dabei um Grabmasken aus massivem Gold, um vergoldete Holzsarkophage und um große Holzstatuen, die über den Verstorbenen wachten.

Die Totenmaske aus massivem Gold wird vorsichtig ausgepackt.

Mai '68: Auf Initiative der Studenten

Die Revolte der studentischen Ultralinken hat mehrere Gesichter: Hier die Maoisten.

■ *Mai 1968*
Die Ereignisse vom Mai 68 werden auf Initiative der Pariser Studenten losgetreten. Am Donnerstag, den 2. Mai wird in der Universität Nanterre ein »anti-imperialistischer« Tag organisiert. Hinter diesem sehr politischen Anstrich verbirgt sich eine viel tiefer sitzende Missstimmung: Die Universität hat sich als unfähig erwiesen, mit der Ankunft der Kinder des Babybooms in ihren Hörsälen fertig zu werden. Im Jahr 1939 zählten die Universitäten mehr als 60 000 Studenten, zwischen 1955 und 1965 waren es 150 000 und zwischen 1967 und 1968 bereits 605 000. Die daraus resultierenden schwierigen Arbeitsbedingungen haben die Studenten aufgebracht. Der Unterricht kann sie kaum auf das zukünftige Berufsleben vorbereiten. Die Studenten aus Nanterre, die ihre Revolte nach der Einstellung ihrer Vorlesungen im März begonnen hatten, halten am 3. Mai eine Versammlung in der Sorbonne ab und folgen so dem Aufruf von Jacques Sauvageot, dem Präsidenten der UNEF, dem Nationalen Studentenverband und der wichtigsten Studentenvertretung. Obwohl nur 400 Personen an der Versammlung teilnehmen, entscheidet Innenminister Alain Peyrefitte dennoch deren Umzingelung und schließlich die Evakuierung der Sorbonne. Diese als unverhältnismäßig beurteilte Reaktion bringt das Fass zum Überlaufen und zieht eine Welle von Solidaritätsbekundungen nach sich. Nach zwei Nächten voller Ausschreitungen wird die erste Barrikade in der Rue Le Goff am 10. Mai errichtet: Autos, Zäune und Pflastersteine werden aufgetürmt. Um Mitternacht haben an die

30 Barrikaden von mehr als zwei Metern Höhe das Quartier Latin in ein befestigtes Lager verwandelt. Die Ordnungskräfte umzingeln das Viertel, während die Bewohner des Stadtteils sich solidarisch zeigen und die Studenten versorgen. Am frühen Morgen, nachdem die Verhandlungen zwischen dem Rektor der Sorbonne und den Studenten gescheitert waren, greifen 500 Bereitschaftspolizisten der CRS (Elitepolizei) an. Sie werden mit Buhrufen empfangen. Um deren Heran-

Die Studenten engagieren sich als erste in der »Revolution«. Sie errichten Barrikaden und lassen Pflastersteine fliegen.

bricht eine Revolution in den Straßen von Paris aus

rücken zu verhindern, beginnen die Studenten, die Barrikaden und geparkte Autos in Brand zu stecken. Doch ihr Widerstand ist vergebens. Die letzten Kämpfer ziehen sich in eine Grundschule zurück, als einer der drei Anführer der Studentenbewegung, Daniel Cohn-Bendit, um 5.30 Uhr den Befehl gibt, sich zu zerstreuen. Am 13. Mai folgen fast eine Million Studenten dem Aufruf der drei Anführer der universi-

tären Auseinandersetzung, Daniel Cohn-Bendit, Jacques Sauvageot und Alain Geismar, und marschieren von der Place de la République zur Place Denfert-Rochereau. Dieser Tag ist der zehnte Jahrestag der Machtübernah-

me von De Gaulle und die Studenten skandieren: »13. Mai 1958, 13. Mai 1968: 10 Jahre – das reicht!« Das Frankreich des Babybooms will nicht länger von einem Greis regiert werden, der nichts von den Sehnsüchten und Zielen dieses Landes versteht (siehe Abb. links). An der Seite der wichtigsten Führer der Gewerkschaften (Georges Séguy für die CGT und Eugène Descamps für die CFDT) befinden sich François Mitterrand und Guy Mollet. Dieses Mal sind die linken Parteien und die Gewerkschaften auf der Seite der Studenten. Sie schließen sich der Bewegung in der Hoffnung an, die Macht wiedererobern zu können. Forderungen nach einem Generalstreik werden laut und die Demonstranten verkünden lauthals: »Die Revolution ist auf der Straße!« Unverzüglich schließt sich alles dem Streik an: Es fahren keine Züge, Busse und Metros mehr und die Postämter bleiben geschlossen. Paris, wie auch der Rest Frankreichs, ist lahm gelegt. Es erscheinen keine Zeitungen mehr und auch die staatliche Rundfunkanstalt ORTF befindet sich im Streik. Um sich zu informieren, lauschen die Pariser ihren Transistorradios. RTL und Europe N°1 stellen mit ihren Live-Reportagen sicher, dass es stündlich Nachrichten gibt. Zu diesem Zeitpunkt befindet sich General De Gaulle auf einem Staatsbesuch in Rumänien. Bei seiner Rückkehr erklärt er: »Reform ja, Chaos nein!« Doch der Streik weitet sich

Studenten und Arbeiter demonstrieren gemeinsam gegen die Regierung von De Gaulle. Die brutalen Ausschreitungen fordern zahlreiche Verletzte.

aus und im Quartier Latin kommt es weiter zu nächtlichen Ausschreitungen. Am 25. Mai beginnen Verhandlungen zwischen der Arbeitgeberschaft und den Gewerkschaften in der Rue de Grenelle, denen Premierminister Georges Pompidou als Schiedsmann beiwohnt. Die Gewerkschaften erreichen sehenswerte Erfolge: Erhöhung des SMIG (Mindestlohn für alle Berufssparten) und der Löhne, Verkürzung der Arbeitszeit, Herabsetzung des Renteneintrittsalters, Akzeptierung der Einführung von Betriebsräten und Lohn für die Hälfte der Streiktage. Diese »Grenelle-Verträge« werden dennoch von der Basis zurückgewiesen, die sich gegen die Wiederaufnahme der Arbeit am 27. Mai ausspricht. Am selben Tag wird von Jacques Sauvageot und einigen Gewerkschaften in aller Eile eine Versammlung im Charléty-Stadion organisiert. Charles De Gaulle, von der nicht mehr kontrollierbaren Welle an Protesten völlig aufgerieben, hat sich in der Zwischenzeit die Unterstützung der Armee gesichert, denn er hatte sich heimlich in Baden-Baden mit General Massu getroffen. Am Tag darauf erklärt er um 16.30 Uhr über das Radio, dass das Abgeordnetenhaus aufgelöst worden ist. Unverzüglich formieren sich gewählte Vertreter der UNR (Vereinigung für die neue Republik) mit ihren Schärpen in den Farben der Trikolore zu einem Umzug vor dem Palais-Bourbon. Mit Michel Debré und André Malraux an ihrer Spitze bewegen sie sich zur Champs-Elysées, wo sich

ihnen zahlreiche Demonstranten anschließen. Nach dieser beeindruckenden Demonstration erlischt das revolutionäre Fieber nach und nach. Dennoch geht De Gaulle aus dieser Krise geschwächt hervor, deren Ausmaße er offenbar falsch eingeschätzt hatte. Er begeht einen weiteren Fehler, indem er seinen Premierminister Georges Pompidou entlässt. Dieser hatte gegenüber den Aufrührern Intelligenz bewiesen, indem er die Grenelle-Verträge mit auf den Weg brachte. Dieses Verhalten machte ihn populärer als De Gaulle. Als Speerspitze der Bewegung können die Universitäten nun ihre Wünsche hervorbringen: Dezentralisierung, Autonomie und Demokratisierung.

ZUR PERSON

Daniel Cohn-Bendit

Der Anführer der Studentenbewegung von 1968 ist deutscher Herkunft und wurde am 4. April 1945 geboren. Er erhielt den Beinamen »Der rote Dany«, eher wegen seiner politischen Gesinnung als wegen seiner Haare. Als die Sorbonne besetzt wurde, wurde er schnell bekannt. Und noch mehr bei der Besetzung des Théâtre de l'Odéon, auf dessen Bühne er mehrere berühmte Reden über die Verwerfung aller existierenden bürgerlichen Strukturen hielt. Sein Aufenthaltsverbot in Frankreich ab dem 22. Mai und seine heimliche Rückkehr eine Woche später am 28. Mai machten ihn zum Helden der Studenten: Seine Persönlichkeit und sein Charisma stellten die anderen Anführer der Bewegung – Geismar und Sauvageot – in den Schatten. Seine Wortgewandtheit machte ihn zum Liebling der Medien. Daniel Cohn-Bendit wurde von allen Radiostationen interviewt und sein Foto erschien in allen Zeitschriften. Er liebte es, die Kontrastfigur zum gutgläubigen Bürgertum zu sein. Als die Revolution vorbei war, ging er nach Deutschland zurück.

800 000 Personen bekunden ihre Unterstützung für Präsident De Gaulle.

Ost–West S-Bahn geht in Betrieb

■ 14. Dezember 1969
Die Pariser Verkehrsbetriebe treiben die Verbesserung ihres Streckennetzes weiter voran, um dem erheblichen Anstieg der Zahl der Reisenden zu begegnen. Sie konzentrieren alle Kräfte auf die Modernisierung der Banlieue-Linien und gründen einen regionalen Expressbetrieb, den RER (Réseau express régional). Die erste Linie wurde zwischen Nation et Boissy – Saint-Léger in Betrieb genommen. Im darauf folgenden Jahr wurde die Strecke Charles-de-Gaulle – Etoile/La Défense auf den Weg gebracht. Nach der Verkehrsanbindung von Osten nach Westen planen die Verkehrsbetriebe nun die Verbesserung des Streckennetzes von Norden nach Süden.

Klein-Manhattan in Beaugrenelle

Die Freiheitsstatue vor dem Turm von Beaugrenelle

■ 1970
Die Skyline des alten Viertels Beaugrenelle, das sich zwischen der Pont de Grenelle und der Pont Bir-Hakeim befindet, änderte sich grundlegend, nachdem dort eine Reihe baufälliger Fabriken abgerissen wurden. Man machte daraus ein »Manhattan an den Ufern der Seine«: Es wurden zahlreiche Hochhäuser errichtet, die hauptsächlich als Wohngebäude dienten. Im Zusammenspiel mit der Miniaturausgabe der Freiheitsstatue wirkt dieses architektonische Gesamtbild wie ein Stück Amerika, auch wenn der ästhetische Zusammenhang der Stadtplanung strittig ist.

Die Concorde das erste Mal über Paris

Die Concorde kehrt nach ihrem Paris-Überflug nach Toulouse zurück.

■ 29. Mai 1969
Der französische Prototyp des Überschallflugzeugs setzte seine Versuchsflüge von Toulouse aus fort. An diesem 29. Mai 1969 fliegt es das erste Mal über Paris. Das Flugzeug, 1963 auf den Namen Concorde getauft, ist das Ergebnis einer Kooperation zwischen der französischen Sud-Aviation und der British Aircraft Corporation. Das gesamte Unternehmen stellte sowohl in technischer als auch in kommerzieller Hinsicht eine große Herausforderung dar. Die 60,1 Meter lange vierstrahlige Maschine mit einer Spannweite von 25,55 Metern sticht besondes durch seine dreieckige Form und die gebogene Nase ins Auge. Seit ihrer Fertigstellung ist es möglich, in weniger als vier Stunden nach New York zu gelangen.

Die Markthallen werden abgerissen

■ 13. Juli 1971
Seit dem Bau des Großmarktes in Rungis vor zwei Jahre waren die Pavillons der alten Markthallen überflüssig geworden. Sie waren unter dem Zweiten Kaiserreich vom Architekten Victor Baltard in einer wagemutigen Metall-Architektur errichtet worden. Deshalb rief der kurz zuvor vom Pariser Stadtrat beschlossene Abriss die Wut der Liebhaber des alten Paris hervor. Heute begannen die Abrissarbeiten. Dieser Eingriff führte zu brutalen Protestaktionen. Der leere Fleck, der im Zentrum von Paris entstand, beunruhigte Anwohner und Besucher, denn die Umbaupläne für diese Stelle waren noch sehr nebulös. Der »Bauch von Paris«, wie der Markt von Emile Zola bezeichnet worden war, war verschwunden.

Der Abriss der Markthallen von Paris geht bedauerlicherweise voran.

Leonid Breschnew zu Besuch

■ *25. – 30. Oktober 1971*

Der neue Kreml-Chef unternimmt seine erste offizielle Reise in ein kapitalistisches Land. Er reagiert damit auf den Staatsbesuch von Georges Pompidou in der UdSSR kurz zuvor. Bei dem französisch-sowjetischen Gipfel trifft Breschnew auf Staatspräsident Pompidou und verleiht so der sowjetischen Entscheidung, eine Politik der Öffnung zum Westen hin zu verfolgen, eine ganz besondere Bedeutung. In einer wohlwollenden Geste kündigt Breschnew an, dass die sowjetischen Museen dem Pariser Museum für moderne Kunst 25 Gemälde von Picasso als Leihgabe zur Verfügung stellen werden. Bei seiner Ankunft protestierten zahlreiche politische Flüchtlinge gegen die Ankunft eines Mannes, dessen Regime Dissidenten inhaftiert und verfolgt.

Leonid Breschnew im Wagen von Georges Pompidou bei der Fahrt durch Paris.

Montparnasse-Turm fertig gestellt

■ *1972*

Nach dreijährigen Bauarbeiten ist eines der wichtigsten Elemente der Umstrukturierung des Stadtteils Montparnasse fertig gestellt: der Turm von Montparnasse, der jetzt mit 300 000 m² Nutzfläche der größte Immobilienkomplex Europas ist. Der 210 Meter hohe Turm hat einen ovalen Grundriss und verfügt über 58 Etagen sowie einen Hubschrauber-Landeplatz. Das Hochhaus beherbergt hauptsächlich Büros, daneben aber auch Geschäfte und Firmenrestaurants. 27 Aufzüge fahren zwischen den Etagen auf und ab. In der 56. Etage befindet sich ein Restaurant und eine Aussichtsplattform für Besucher, die den Ausblick genießen wollen. Somit ist alles verfügbar, um die Wiederbelebung des Stadtteils zu einem Erfolg werden zu lassen.

Die Bauarbeiten für den Turm von Montparnasse schreiten zügig voran.

Schließung des Gaumont-Palace

■ *31. März 1972*

Das Gaumont-Palace an der Place de Clichy, mit 6 000 Plätzen das größte Kino Europas, schließt heute seine Tore. Man plant an seiner Stelle die Errichtung eines Einkaufszentrums. Das im Jahre 1911 auf dem Gelände einer Pferderennbahn erbaute Kino war für seine Besitzer nicht länger rentabel zu betreiben. Größtes Kino in der Hauptstadt ist nun das Rex.

Das Kino-Museum wird eröffnet

■ *14. Juni 1972*

Das an diesem Tag eröffnete Kinomuseum im Chaillot-Palast ist das Werk von Henri Langlois. Im Verlauf von 37 Jahren hatte der begeisterte Kinoanhänger, der sein ganzes Leben seiner Liebe zum Film gewidmet hatte, 80 000 Werke zusammengetragen, die den Grundstock des Filmarchivs bilden und die das Museum zu einer einzigartigen Einrichtung machen.

Vergnügungspalast in Flammen

Beträchtlicher Feuerschaden

■ *27./28. September 1972*

In der Nacht verwüstete ein Großbrand den Vergnügungspalast Publicis und drei weitere Gebäude am oberen Ende der Champs-Elysées. Mit Ausnahme der Kartenverkäuferin des Kinos konnten alle Personen, die sich im Inneren befanden, rechtzeitig evakuiert werden. Obwohl die palästinensische Terrororganisation »Schwarzer September« sich zu der Brandstiftung bekannte, ging die Polizei eher von einem kriminellen Hintergrund aus.

Pariser Verträge unterzeichnet

■ *27. Januar 1973*

Mit der Unterzeichnung der Pariser Verträge im Hotel Majestic tritt die Waffenruhe in Vietnam in Kraft. Die Verträge sind das Ergebnis langer und zäher Verhandlungen zwischen dem nordvietnamesischen Vertreter Le Duc Tho und dem amerikanischen Außenminister Henry Kissinger.

Nguyen Thi Binh unterzeichnet den Vertrag zur Waffenruhe in Vietnam.

Ein Brand in der Pailleron-Schule

■ *6. Februar 1973*

Achtzehn Kinder und zwei Erwachsene verbrannten in den Flammen der Edouard-Pailleron-Schule. Das Feuer hatte sich in rasender Geschwindigkeit ausgebreitet: In weniger als einer halben Stunde brach die Schule wie ein Kartenhaus zusammen. Ein 14-jähriger Junge hatte die Katastrophe ausgelöst: Er wollte sich für die Schikanen rächen, denen er sich ausgesetzt sah. Das Schulgebäude war 1970 in Rekordzeit gebaut worden. Das Bauunternehmen wurde verdächtigt, mit der Verwendung von brennbarem Material die Sicherheitsvorschriften nicht beachtet zu haben. Die anstehenden Untersuchungen sind von größter Bedeutung, denn Hunderte von Schulen sind nach demselben Modell gebaut worden.

---

33   Der Parc des Princes

Der an der Stelle des 1959 abgerissenen Stadions und der Radrennbahn errichtete Parc des Princes (XVI. Arrondissement) war von Anfang an ein Objekt kontroverser Diskussionen, nachdem der Architekt Roger Taillibert die Pariser mit seinen Plänen für die Betonellipse überrascht hatte. Das wie eine Skulptur wirkende Stadion ist am 4. Juni 1972 von Präsident Pompidou anlässlich des Finales um den französischen Fußballpokal eröffnet worden. 26 Kilometer Sitzreihen ermöglichen den 50 000 Zuschauern eine perfekte Sicht auf die Spielfläche, ohne dass sie von einem einzigen Pfosten gestört werden. Der Prinzenpark ist nicht nur Austragungsstätte der Heimspiele von Paris St.-Germain, dem wichtigsten Pariser Fußballclub, und Schauplatz von Rugbyländerspielen. So las beispielsweise 1980 Papst Johannes Paul II. hier eine Messe vor katholischen Jugendlichen und zahlreiche internationale und nationale Künstler wie z. B. Johnny Hallyday gaben hier Konzerte. Als einziges Manko des Parks hat sich im Laufe der Jahre die unzureichende Kapazität für große Zuschauermassen herausgestellt.

Valéry Giscard d'Estaing gewählt

■ *24. Dezember 1974*
Valéry Giscard d'Estaing war am 19. Mai mit 50,8% der Stimmen zum Präsidenten der Republik gewählt worden. Er ist der bisher jüngste Amtsinhaber. Vom Beginn seiner Amtszeit an versteht er es, Akzente zu setzen. Seine ersten Entscheidungen brachten die Leute zum schmunzeln: So ließ er z.B. im Hof des Elysée-Palastes Orangenbäume in Töpfen aufstellen. Bemerkenswerter sind schon die Änderungen der »Marseillaise«. Die Nationalhymne wurde nach alten Partituren neu arrangiert und in einem langsameren Tempo gespielt. Um Bürgernähe zu demonstrieren, lässt er sich regelmäßig bei »Durchschnittsfranzosen« einladen.

Die Uferstraßen werden eröffnet

■ *15. Januar 1976*
Präsident Pompidou wollte zur Lösung der Pariser Verkehrsprobleme »eine Autobahn entlang der Seine« bauen. Das Projekt wurde auf den Bau einer Einbahn-Schnellstraße von Westen nach Osten entlang des rechten Seineufers reduziert. Fast zwei Jahre nach dem Tod des Präsidenten wird sie am 15. Januar 1976 eröffnet. Das erste Teilstück erstreckt sich von dem Pont du Garigliano bis zum Pont Bir Hakeim, das zweite von dem Pont-Neuf bis zum Quai Henri-IV. Neben der Verbesserung des Verkehrsflusses bringen die Schnellstraßen noch einen weiteren Vorteil: Die Autofahrer können nun die Sehenswürdigkeiten von Paris aus einer Perspektive bewundern, wie sie sie vorher noch nie gesehen haben.

Eine außergewöhnliche Hitzewelle herrrscht in Paris

Hitzewelle: Fischsterben in der Seine

■ *Sommer 1976*
Die Wetterwarte im Parc Montsouris registriert in diesem Sommer eine Höchsttemperatur von 35,4 °C. Seit 1959 war es in der französischen Hauptstadt nicht mehr so heiß gewesen. Die lang anhaltende extreme Hitze war für die Pariser schwer zu ertragen. Wasser wurde zu einem wertvollen Lebensmittel und die Wasserquellen wurden gestürmt (Abbildung rechts). Auch der Rest von Frankreich wurde nicht verschont und es war sogar schon eine Trockenheitssteuer im Gespräch.

Der Brunnen am Lamartine-Platz

André Malraux wird geehrt

■ *27. November 1976*
André Malraux war am 23. November im Alter von 75 Jahren gestorben. Seine Leiche ist seit vier Tagen im großen blauen Salon des Château de Louise de Vilmorin aufgebahrt. An diesem 27. November 1976 wird ihm in Anwesenheit von Staatspräsident Giscard d'Estaing die Ehre der Nation im Innenhof des Louvre erwiesen. Für sein bekanntestes Buch »La Condition humaine« (So lebt der Mensch) war Malraux im Jahr 1933 mit dem Prix Goncourt ausgezeichnet worden. Neben seiner Begeisterung für Literatur und Kunst engagierte Malraux sich auch in der Politik: Er war im spanischen Bürgerkrieg und in der Résistance aktiv. 1959 wurde er Kulturminister unter General de Gaulle.

SEHENSWÜRDIGKEIT

34 **Das Kongresszentrum**

1974 wurde das Kongresszentrum, auch »Internationales Zentrum von Paris« genannt, nach vierjährigen Bauarbeiten an der Place de la Porte Maillot (XVII. Arrondissement) eröffnet. In den Kongresshallen finden Seminare, Ausstellungen, Aufführungen und andere Veranstaltungen statt. Dazu wurde ein Auditorium mit 750 Sitzen gebaut, sowie etwa 20 weitere Säle unterschiedlicher Größe. Der Hauptsaal fasst 3 500 Personen und dort werden auch Theaterstücke, Balletts und Musicals aufgeführt und Konzerte veranstaltet. Es wurde nach den Plänen von Guillaume Gillet, Henri Guibout und Sergej Maloletenkov gebaut. Der obere Teil des Gebäudes hat die Form einer abgeschnittenen Pyramide und wird von zwei kleinen Flügeln flankiert. Mit seiner beachtlichen Grundfläche wirkt das Kongresszentrum wie eine eigene kleine Siedlung mit Parkplätzen, Busbahnhof, Einkaufsgalerie und Kinos. Der Komplex wird vom Turm des Hotels Concorde-La-Fayette überragt, aus dessen Bar sich dem Besucher ein einzigartiger Blick über den gesamten Pariser Westen bietet.

Das Centre Georges Pompidou öffnet seine Tore

■ *2. Februar 1977*

Zehn Jahre zuvor hatte Staatspräsident Pompidou den Bau eines Zentrums für moderne Kunst entschieden. Der Plan für die sehr moderne Architektur des Gebäudes stammte aus dem Architekturbüro des Italieners Renzo Piano und des Engländers Richard Rogers. Die Eröffnung hat vor zwei Tagen stattgefunden. Dieser große Glaswürfel mit seinen mehrfarbigen Röhren mitten im Herzen des historischen Stadtteils Marais hat heftige und polemische Diskussionen hervorgerufen. Es handelt sich um ein Museum, das die Kunst demokratisieren sollte und das für verschiedenste Anlässe sowohl Ausstellungsflächen als auch eine Bibliothek umfasst. Zur Eröffnung kamen 20 000 Besucher in das Gebäude.

Traditionalisten besetzen eine Kirche

■ *27. Februar 1977*

An diesem Tag wurde eine Messe durch Traditionalisten gestört, die friedlich die Saint-Nicolas-du-Chardonnet-Kirche einnahmen. Sie fordern, dass man ihnen eine Kultstätte zuweist, damit sie dort nach dem alten Ritus von Sankt Pius V. Messen in lateinischer Sprache abhalten können. Diese Katholiken widersetzen sich den Anweisungen des vatikanischen Konzils. Ihr Führer ist Marcel Lefebvre, der ehemalige Erzbischof von Dakar und Bischof von Tulle, der im Jahre 1968 seine Ämter niedergelegt hatte, um die »Priesterliche Bruderschaft des Heiligen Pius X.« zu gründen. Danach hatte er ein Priesterseminar in Ecône gegründet.

Paris hat wieder einen Bürgermeister

■ *25. März 1977*

An diesem Tag wurde der Neogaullist Jacques Chirac der erste Bürgermeister von Paris, nachdem dieses Amt zum letzten Mal im Jahre 1871 von Jules Ferry bekleidet worden war. Er erzielte einen klaren Sieg gegen Wirtschaftsminister Michel d'Ornano, der dem Präsidenten Giscard d'Estaing nahe steht. D'Ornano war als erster am 12. November 1976 von der regierenden Mehrheit als Kandidat für das Bürgermeisteramt benannt worden, wohingegen Chirac seine Kandidatur erst am 17. Januar bekannt gab. Für Jacques Chirac ist dies nach seiner schweren Niederlage vom 25. August 1976 eine Wiedergutmachung. Die Aufgabe, die

Das erste Bad in der Menge für den neuen Bürgermeister Jacques Chirac

ihn erwartet, ist von immensem Ausmaß: Es muss ein Pariser Bürgermeisteramt geschaffen werden, das die 20 Bürgermeisterämter der Arrondissements leitet und koordiniert. Außerdem müssen die Linien der Paris-Politik definiert werden, die sich mit den verschiedensten Themen, sozialen Angelegenheiten, wichtigen Bauarbeiten, der Kultur, dem Steuerwesen usw. beschäftigen. Die kommunale Schlacht hinterließ tiefe Narben bei der Regierungsmehrheit: Der Staatspräsident wurde durch die Niederlage seines Schützlings stark geschwächt, während Jacques Chirac nun eine günstige Position innehat, um ihm die Stirn bieten zu können.

Rettung für Pharao Ramses II.

■ *15. Mai 1977*

Am 26. September 1976 war die von Insekten und Pilzen zerfressene Mumie von Ramses II. in Orly angekommen, wo sie mit militärischen Ehren empfangen wurde. Der Pharao hatte einst 65 Jahre über Ägypten geherrscht und war 1224 v. Chr. mumifiziert worden. Nach seiner Ankunft im Völkerkundemuseum wurde der weitere Zerfall der Mumie durch die Bestrahlung mit Gammastrahlen gestoppt. Am 15. Mai 1977 ist die Behandlung beendet und der Leichnam wieder bandagiert worden, so dass sie wieder ins Museum nach Kairo, der letzten Ruhestätte, gebracht werden kann.

Claude François stirbt an einem elektrischen Schlag

■ *11. März 1978*

Die zahlreichen Fans von Claude François sind geschockt: Der Sänger ist im Bad seiner Pariser Wohnung am Boulevard Exelmans (XVI. Arrondissement) offenbar Opfer einer defekten Stromleitung geworden und an einem elektrischen Schlag gestorben. Mit 49 Jahren hinterlässt »Clo-Clo«, wie er auch genannt wurde, zwei Söhne und ein nunmehr verwaistes Publikum. Der große Perfektionist war für viele Franzosen ein Idol. In Begleitung seiner Tänzerinnen, den berühmten »Clodettes«, hatte er mit seinen energiegeladenen Disco-Shows immer wieder die Massen begeistert.

Erster Start der Rallye Paris-Dakar

■ *26. Dezember 1978*

Nachdem er bereits das Strandrennen von Touquet ins Leben gerufen hatte, verfolgte Thierry Sabine den Plan, die legendären Rallyes aus der Zeit zwischen den Weltkriegen wiederzubeleben. Er schlug vor, von Paris aus quer durch die Sahara bis nach Dakar zu fahren. Am 2. Weihnachtstag brechen die 170 Teilnehmer mit Motorrädern, Autos und Lastwagen zur ersten Etappe auf. Nachdem sie per Schiff das Mittelmeer überquert haben, erwartet sie in Afrika eine 10 000 Kilometer lange Herausforderung.

Die Bürgermeister von Paris

Bürgermeister während der Revolutionszeit

Auch wenn man nicht von einem Bürgermeister von Paris vor der Revolution sprechen kann, so geht doch das Siegel der Stadt, also ihr Emblem, das noch heute benutzt wird, auf das Jahr 1212 zurück. Es zeigt ein Schiff. Um jedoch der Siedlung keine allzu große Bedeutung angesichts der königlichen Macht, die sich deutlich erkennbar zeigen wollte, beizumessen, war dies noch nicht das Wappen von Paris, sondern vielmehr das der Pariser »Handelsflotte«. Mit der Zeit kam es zu grafischen Veränderungen des dargestellten Segelbootes. 1472 sprach man vom »Siegel der Feldgendarmerie der Händler in Paris« und danach im Jahre 1577 vom »Siegel der Feldgendarmerie der Stadt Paris«. Die unter dem Schiff gezeichneten Wellen waren in Bewegung. Schließlich verschwanden 1734 die auf dem Schiff dargestellten Waren. Das Schiff mit der Lilie, dem Emblem der französischen Könige, wurde in einem Oval dargestellt. Die Bezeichnung für das Siegel lautete dann »Siegel der Gendarmerie und der Magistraten der Stadt Paris«. Das Siegel wurde auf das Wappen von

Paris übertragen, das man heute kennt. Die fünf Türme, die an die alten Stadtmauern und Befestigungsanlagen erinnern, gehen auf das Jahr 1809 zurück und stammen von Napoléon I. Sie symbolisieren die Hauptstadt. Auf der linken Seite sieht man einen Ritter in Rüstung mit Schwert und Schild, der die Verteidigung von Paris darstellt. Auf der rechten Seite des Wappens ist ein Zivilist zu erkennen, der den rechten Fuß auf ein Buch gestellt hat. Bei diesem Buch handelt es sich um die Verfassung. Im Jahr 1900 wurde das Pariser Wappen durch den Orden der Ehrenlegion ergänzt, 1919 kommt das Kriegsverdienstkreuz hinzu und 1945 noch das Kreuz der Befreiung (siehe Abbildung, rechte Seite). Die Wahl der Farben der Stadt, blau und rot, hat einen lang zurückliegenden Ursprung und wird bis heute diskutiert. Es handelt sich um die Farbe des königlichen Mantels (blau) und der Oriflamme, dem alten französischen Königsbanner (rot). Mit anderen Worten: Das Pariser Stadtwappen ist dem des Königreichs bis heute sehr ähnlich. Im Laufe seiner häufig chaotischen und tragischen Geschichte hat die Stadt stark geschwankt, wäre fast gekentert aber hat letztendlich nicht Schiffbruch erlitten.

DIE HERRSCHER MISSTRAUEN PARIS

Paris war vor Juli 1789 keine wirkliche Kommune. Der rechtliche Status der Hauptstadt wurde in einem Dekret vom 21. Mai 1790 anerkannt. Jean-Sylvain Bailly wurde zum Bürgermeister ernannt, doch er wurde von einem Stadtrat unterstützt, der von den aktiven – wohlhabenden – Bürgern gewählt wur-

de. Bailly spielte eine wichtige Rolle, vergleichbar mit der von Lafayette. Doch nachdem man ihn beschuldigt hatte, den König zu unterstützen, wurde er guillotiniert. Und sein Nachfolger, der 1791 gewählte Jérôme Pétion, hatte versucht, die Normandie gegen den Nationalkonvent aufzubringen und beging 1794 Selbstmord.

Der Bürgermeister und die Magistratsbeamten der Stadt Paris unter dem Ancien Régime; Gemälde von Nicolas de Largillère, Louvre

Während des Ersten Kaiserreichs wurde der Hauptstadt ein Sonderstatus zuerkannt. Es gab keinen Bürgermeister für ganz Paris, vielmehr nur die Bürgermeister der damaligen zwölf Arrondissements, die vom Stand der Bürger ernannt wurden und in dessen Auftrag sie handelten. In Wirklichkeit aber unterstand Paris zwei Autoritäten, dem Präfekten des Seine-Departments und dem Polizeipräfekten. Am 20. April 1834 gab es zwar immer noch keinen Bürgermeister, doch durch ein Gesetz wurde zwischen

Das Bürgermeisteramt des XVIII. Arrondissements ist repräsentativ für die während der Dritten Republik errichteten Bauwerke.

DIE BÜRGERMEISTER VON PARIS

1	Bailly, Jean-Sylvain, gewählt,	15. 07.1789 bis 18. 11.1791
2	Pétion, Jérôme, gewählt,	14.11.1791 bis 15.10.1792
		(suspendiert vom 06.–13.07.1792)
3	Borie, Philibert, Interimslösung,	6.–13.07.1792
4	Boucher, René, Interimslösung,	15.10. bis 02.12.1792
5	Lefèvre d'Ormesson, Henri, gewählt,	21.11.1792 (lehnt das Amt ab)
6	Chambon, Nicolas, gewählt,	30.11.1792 bis 02.02.1793
7	Pache, Jean Nicolas, gewählt,	14.02.1793 bis 10.05.1794
8	Fleuriot-Lescot, Jean-Baptiste, ernannt,	10.05.1794 bis 27.07.1794
9	Garnier-Pagès, Louis-Antoine, ernannt,	24.02.1848 bis 05.03.1848
10	Marrast, Armand, ernannt,	09.03.1848 bis 19.07.1848
11	Arago, Etienne, ernannt,	04.09.1870 bis 15.11.1870
12	Ferry, Jules, ernannt,	15.11.1870 bis 05.06.1871
13	Chirac, Jacques, gewählt,	25.03.1977 bis 22.05.1995
14	Tibéri, Jean, gewählt,	22.05.1995 bis 25.03.2001
15	Delanoë, Bertrand, gewählt,	seit dem 25.03.2001

der Vertretung des Seine-Departements und dem Stadtrat unterschieden. Der Stadtrat wurde im Februar 1848 durch einen von ihm ernannten und ihm ergebenen Bürgermeister vertreten: Louis-Antoine Garnier-Pagès. Er blieb nur für zwei Wochen im Amt. Am Tag des Zusammenbruchs des Zweiten Kaiserreichs, am 4. September 1870, wurde Etienne Arago Bürgermeister, kaum dass die Republik ausgerufen war. Sein Nachfolger Jules Ferry wurde am 15. November 1870 ernannt und blieb bis zum 5. Juni 1871 im Amt. Aufgrund des herrschenden Hungers während seiner Amtszeit wurde er auch »Ferry, die Hungersnot« genannt.

1977 ERHÄLT PARIS WIEDER EINEN BÜRGERMEISTER

Nach den tragischen Ereignissen der Pariser Kommune 1871 wird im Gesetz vom 4. April 1884 zur Stadtverwaltung in Frankreich Paris nicht berücksichtigt. Zwar gab es einen Stadtratspräsidenten, doch dieser hatte ausschließlich repräsentative Funktionen. Die eigentliche Autorität war der Präfekt des Seine-Departements. Im Sommer 1944 übernahm das Pariser Befreiungskomitee bis März 1945 die Aufgaben der Departementvertretung und des Stadtrats. Anlässlich der ersten Kommunalwahlen der Nachkriegszeit im April waren es die Pariserinnen, die nach dem Willen von Charles De Gaulle, als erste Französinnen von ihrem Wahlrecht Gebrauch machen durften. Die Kommunistische Partei erhielt mehr als 30 % der Stimmen. Anschließend wurde das Rathaus bis 1947 mit dem Sozialisten André Le Troquer von der Linken regiert.

Dann gab es eine spektakuläre Wende: Die gaullistische RPF (Rassemblement populaire français) erhielt mit 55% der Wählerstimmen die Mehrheit. Pierre De Gaulle, ein Neffe des Generals, wurde zum Stadtratspräsidenten gewählt. Von 1953 an unterstützte die Unabhängige Partei (Parti des Indépendants) die Rechte im Rathaus. Die folgenden Präsidenten hießen Edouard Frédéric-Dupont, Bernard Lafay, Jacques Féron und Pierre Ruais. Der neue Status von Paris, so wie ihn der 1974 gewählte Staatspräsident Valéry Giscard d'Estaing wollte, kam in der Hauptstadt sehr gut an und führte das Amt des Bürgermeisters wieder ein. Im November 1976 wurde der Wirtschaftsminister und Bürgermeister von Deauville, Michel d'Ornano, vom Elysée-Palast als Kandidat benannt. Doch am 11. Januar 1977 gab der ehemalige Ministerpräsident Jacques Chirac seine Kandidatur mit Nachdruck bekannt: »Ich komme aus Frankreich in die Hauptstadt, denn in unserer Geschichte ist seit der Revolution von 1789 Frankreich jedes Mal besiegt worden, wenn die Hauptstadt gefallen war«. Zwischen dem 13. und 20. März wurde Jacques Chirac zum 13. Bürgermeister von Paris gewählt und erhielt 67 von 109 Stimmen im Stadtrat, der ihn am 25. März wählte.

Im Juni 1982 kündigte die sozialistische Regierung von Pierre Mauroy an, dass die Hauptstadt in 20 Bürgermeisterämter, eines pro Arrondissement, aufgeteilt werden sollte. Paris wurde so zum Spielball in

Am 25. März 2001 stürmen die Pariser den Rathausplatz: Sie feiern den Sozialisten Bertrand Delanoë, der trotz einer Mehrheit der Rechten im Stadtrat zum 15. Bürgermeister gewählt wurde.

einer Schlacht zwischen dem Bürgermeister Chirac und dem Staatspräsidenten François Mitterand. Die Wählerlisten des Sozialisten Paul Quiliès und des Neogaullisten Chirac rivalisierten miteinander.

Bei den Wahlen von 1983 gewannen die Wählerlisten von Jacques Chirac alle 20 Bürgermeisterämter. Der Neogaullist schien im Rathaus wie die Hauptkraft der Opposition und wurde 1989 in seinem Amt bestätigt. Am 22. Juni 1995 wurde Jean Tibéri 14. Bürgermeister von Paris. Jacques Chirac war mittlerweile zum Staatspräsidenten gewählt worden. Im Laufe des Jahres 2000 führte eine Reihe von Ereignissen zur Schwächung von Jean Tibéri: Juristische Kontroversen, Unstimmigkeiten in der RPR, ein – fehlgeschlagener – Machtübernahmeversuch durch den ehemaligen Minister und Bürgermeister des XIII. Arrondissements, Jacques Toubon, sowie die halbherzige Kandidatur von Philippe Séguin. Am 18. März 2001 erhielt die Rechte wieder die Mehrheit in Paris (50,4%), doch der Sozialist Bertrand Delanoë wurde neuer und 15. Bürgermeister der Hauptstadt, der erste Linke, der seit dem Ende des 19. Jahrhunderts das Rathaus regiert.

PARIS, STADT UND DEPARTEMENT

Seit 1945 wurden im Rahmen einer Neustrukturierung Frankreichs (Regionen, Distrikte, neue Departements usw.) verschiedene Maßnahmen und Ideen ergriffen oder verworfen. Festzuhalten bleibt, dass die Region Île-de-France die Region Paris ersetzte.

Schließlich hatten Gesetze von 1975 und 1982 Paris zwar die kommunale Autonomie zurückgegeben, doch galt das nicht für die sensiblen Bereiche Polizei und öffentliche Ordnung.

Auch wenn zahlreiche Kompetenzen des Präfekten von Paris nun dem Bürgermeister übertragen worden waren, blieb er doch der einzige Stadtvorsteher Frankreichs, der nicht über alle Befugnisse eines Bürgermeisters verfügte. Denn auch der Polizeipräfekt behielt seine Macht. So kommt es zum Beispiel, dass die Pariser Taxis den Namen der Polizeipräfektur tragen und nicht den der Stadt Paris. Heute stellt Paris weniger als vier Prozent der Bevölkerung Frankreichs dar, doch es handelt sich immerhin um einen Ballungsraum von zehn Millionen Einwohnern. Schon der deutsche Dichter Goethe sagte Ende des 18. Jahrhunderts: »Stellen Sie sich nur diese universale Stadt vor, wo jeder Schritt auf einer Brücke, auf einem Platz an eine große Vergangenheit erinnert, wo sich an jeder Straßenecke ein Stückchen Geschichte abgespielt hat«.

Jacques Chirac, 1977 gewählt, ist der erste Pariser Bürgermeister seit 1871. Insgesamt 18 Jahre hatte er dieses Amt inne.

Razzia gegen freie Radiostation

■ *28. Juni 1979*
Heute ist eine Polizeirazzia gegen die freie sozialistische Radiostation »Radio Riposte« durchgeführt worden, die die Beschlagnahmung des kompletten Materials zur Folge hatte. Die Radiostation befindet sich aber in den Pariser Geschäftsräumen der sozialistischen Partei und deshalb drangen Ordnungskräfte das erste Mal seit Ende des Kriegs in den Sitz einer politischen Partei ein. Sozialistische Parlamentarier, unter ihnen François Mitterrand, protestieren scharf gegen diese rabiaten Methoden und werfen der Regierung vor, auf verlorenem Posten gegen die Erhaltung des Monopols der Rundfunkübertragung zu kämpfen.

Ende der Flucht für Jacques Mesrine

■ *2. November 1979*
Heute um 15.30 Uhr wird der bewaffnete Jacques Mesrine am Steuer seines BMWs von sieben Scharfschützen der Abteilung zur Bekämpfung der Bandenkriminalität an der Porte de Clignancourt niedergeschossen. Seine Gefährtin wird schwer verletzt. Das Leben dieser beiden Gesetzlosen bestand aus Raubüberfällen und Morden. Mesrine war mehrfach aus dem Gefängnis getürmt. Immer wieder hat er die Haftbedingungen in Hochsicherheitstrakten angeprangert. 1977 veröffentlichte er sogar ein Buch darüber. Dank einiger Informationen, die Kommissar Broussard einige Wochen lang gesammelt hat, konnte Mesrine heute in diese Falle gelockt werden.

Jacques Mesrine, Staatsfeind Nummer eins, erschossen in seinem Wagen

Das Forum des Halles wird eröffnet

Vom Forum des Halles aus bietet sich ein Panoramablick auf das Zentrum von Paris.

■ *4. September 1979*
Sieben Jahre nach dem ersten Anrücken der Planierraupen, die die Markthallen von Victor Baltard zerstörten, eröffnet Bürgermeister Jacques Chirac das neue Forum des Halles. Da der neue architektonische Komplex über einem riesigen unterirdischen Bahnhof gebaut wurde, wo mehrere Untergrundbahnen aufeinander treffen, sind Les Halles sehr gut zu erreichen. Die Architekten Georges Pencreac'h und Claude Vasconi haben ein weitläufiges Viereck konzipiert, dessen vier gläserne Etagen einen offenen Platz umgeben. Das Forum ist kein reines Einkaufszentrum, denn man findet hier u.a. Kinos und auch ein Holographie-Museum. Ein großzügig angelegter Garten bietet das nötige Grün.

Der Heilige Vater zu Gast in Paris

■ *1. – 3. Juni 1980*
Johannes Paul II. ist mit einem Hubschrauber auf der Champs-Elysée gelandet, wo ihn bereits Staatspräsident Giscard d'Estaing und seine Gattin erwarten. Der Empfang, den die Stadt ihm bereitet, ist grandios, denn zwei Millionen Pariser haben sich eingefunden. Die in Frankreich lebenden Polen schwenken ihre Flagge zu Ehren desjenigen, der in ihren Augen den Widerstand der polnischen Kirche gegenüber dem Kommunismus verkörpert. In Le Bourget hält er eine Jugendmesse, an der 300 000 Gläubige teilnehmen. Der anschließende Empfang vor dem Elysée-Palast wird durch den Regen verdorben und die 5 000 geladenen Gäste drängen sich in den Räumen, um dem Heiligen Vater nahe zu sein.

Letzte Ehre für Jean-Paul Sartre

■ *19. April 1980*

Jean-Paul Sartre ist am 15. April im Alter von 74 Jahren gestorben. Heute findet seine Beisetzung auf dem Montparnasse-Friedhof in Anwesenheit von 200 000 Personen statt. Nachdem er sich von der kommunistischen Partei infolge der Ereignisse in Budapest und in Prag abgewendet hatte, bekannte er sich zur extremen Linken. So war er auch Leiter der maoistischen Zeitschrift »La Cause du peuple« (Die Sache des Volkes). Der Vater des Existentialismus war durch seine Bücher, seine Theaterstücke und durch seine politischen Stellungnahmen zur unangefochtenen intellektuellen Leitfigur der französischen Linken geworden.

Die Synagoge in der Rue Copernic wird Ziel eines Attentats

Die Rue Copernic ist nach der Explosion einer Bombe in der Nähe der Synagoge verwüstet.

■ *3. Oktober 1980*

Um 18.30 Uhr explodiert eine Bombe, die sich in der Tasche eines vor der Tür geparkten Motorrads befand. Zu diesem Zeitpunkt nehmen 300 Personen an dem Gottesdienst in der Synagoge in der Rue Copernic teil. Vier Tote und 20 Verletzte sind zu beklagen. Es hätte durchaus mehr Opfer geben können, denn die Bombe sollte eigentlich am Ende der Messe hochgehen. Die Polizei weiß noch nicht, ob es sich um eine von Rechtsextremisten verübte Tat oder um einen antizionistischen Akt von Palästinensern handelt. Es bildet sich ein spontaner Protestzug in der Rue Copernic. Die geschockte jüdische Gemeinde plant, morgen ihre Entrüstung in Form einer Demonstration zum Ausdruck zu bringen.

Montand kehrt ins Olympia zurück

■ *14. Oktober 1981*

Yves Montand kehrt 13 Jahre nach seinem letzten Auftritt in das Olympia zurück. Sein Repertoire trägt er vor ausverkauftem Haus vor. Er bleibt dort drei Monate und erklärt: »Auch wenn ich einige Chansons aus dem Programm genommen habe, um nicht zu sehr auf den Nostalgie-Hebel zu drücken, schätze ich doch, dass andere nicht gealtert sind. Ich wünsche mir nicht, die Jugend wieder zurück, sondern ich möchte ihnen vielmehr einen neuen Montand präsentieren.« Trotz seiner Filmkarriere findet er sein größtes Glück auf den Varietee-Bühnen.

Der Gare d'Orsay wird zum Museum des 19. Jahrhunderts

Der alte Gare d'Orsay wird bald in ein Museum umgestaltet werden.

■ *1983*

Die von Staatspräsident Giscard d'Estaing getroffene Entscheidung, im Gare d'Orsay ein dem 19. Jahrhundert gewidmetes Museum einzurichten, wird in die Tat umgesetzt. Der Bahnhof, der zur Weltausstellung von 1900 gebaut worden war, ist seit 1939 stillgelegt. Das später dort angesiedelte Hotel schloss seine Tore 1973 und bereits seit 1961 wollte die französische Eisenbahngesellschaft SNCF den Bahnhof verkaufen. Es waren Pläne laut geworden, die den Abriss des Bahnhofs und den Bau eines Luxushotels befürworteten. Doch dank des Museums konnte der Bahnhof, ein Zeugnis der Belle Epoque, erhalten werden.

Paris bekommt endlich Fahrradwege

■ *1982*

Liebhaber von umweltfreundlichen Lösungen fahren immer häufiger mit dem Fahrrad, doch schon seit einigen Jahren gibt es immer lebhaftere Diskussionen zwischen Auto- und Fahrradfahrern, die sich die Fahrbahn teilen müssen. Die Autofahrer beklagen sich über die Unberechenbarkeit der Radfahrer, die sich wiederum einer ständigen Gefahr durch die Autos ausgesetzt sehen. So entscheidet man im Rathaus, versuchsweise Fahrradwege anzulegen. Diese stellen sich in Form von grünen Linien auf der Fahrbahn dar. Allerdings kommt es nun auf die Disziplin beider Parteien an, damit diese Maßnahme ihre Wirkung zeigt.

Sportpalast in Bercy ist fertig gestellt

■ *Dezember 1983*

Die Stadt Paris hatte 1979 beschlossen, auf dem Gelände der ehemaligen Lagerhallen von Bercy eine Radrennbahn zu bauen, um die seit 1959 geschlossene Winter-Radrennbahn zu ersetzen. Doch schließlich wurde daraus ein Projekt für eine Mehrzweckhalle. Hier sollen sportliche oder kulturelle Veranstaltung jeder Art stattfinden. Die Architekten entwarfen einen Pyramidenstumpf, dessen rasenbedeckte Fassaden eine Neigung von 45 Grad aufweisen und der von einem stählernen Dachstuhl gekrönt wird. Die 128 Meter lange und 103 Meter breite Halle kann je nach Veranstaltung zwischen 3 500 und 17 000 Zuschauer aufnehmen.

Der neue Sportpalast von Bercy

Konzerthalle für Rock und Pop

■ 12. Januar 1984
Auf dem Gelände des Parc de la Villette ist an der Ecke des Canal de l'Ourcq und des Boulevard Serrurier eine neue Veranstaltungshalle entstanden: Der Konzertsaal Zénith, bestimmt vor allem für Rock- und Popkonzerte. Die Architekten Philippe Chaix und Jean-Paul Morel entwarfen eine quadratische Halle aus einer Stahlkonstruktion. Der umwandelbare Saal kann bis zu 6 000 Zuschauer aufnehmen. Eine doppelte Bühne macht wechselnde Vorstellungen möglich. An dem alten Betonturm, der früher als Vorratskammer für die Ställe des Schlachthauses diente, hängt nun als markantes Wahrzeichen ein rotes Flugzeug.

Picasso bekommt sein Museum

■ 23. September 1985
Heute eröffnet der Staatspräsident das Picasso-Museum. Um sich der Erbschaftssteuer zu entledigen, haben die Erben dem Staat eine beachtliche Anzahl an Picasso-Werken vermacht. Dieser hat als Dank einen hervorragenden Ort gefunden, um sie der Öffentlichkeit zu zeigen: Das großartige Hôtel Salé, das im 17. Jahrhundert im Marais-Viertel gebaut und mittlerweile komplett restauriert wurde. In den vom Architekten Roland Simounet eingerichteten Räumlichkeiten können die Besucher 251 Gemälde, 168 Skulpturen und 1 500 Zeichnungen bewundern.

Neue Beleuchtung für den Eiffelturm

■ 31. Dezember 1985
Nach fünf Jahren Arbeit erhält der Eiffelturm nach Ende der Renovierung eine neue Beleuchtung. Bislang war er von Außenscheinwerfern beleuchtet worden, deren Lichtstrahlen sich auf seinem Gipfel trafen. Nun aber wird sein nächtlicher Glanz durch 352 Natrium-Scheinwerfer sichergestellt, die im Innern der Stahlkonstruktion angebracht sind. Auch wenn es wegen fehlender Besucher nicht notwendig gewesen wäre, den Turm umzurüsten, ist der Effekt doch spektakulär, denn nun ähnelt der Eiffelturm einem Juwel, das am Himmel von Paris funkelt.

Wiederentdeckung des Pont-Neuf

Der von Christo und seiner Frau Jeanne-Claude verhüllte Pont-Neuf

■ 12 Oktober 1985
Die Brücke Pont-Neuf war 15 Tage lang vor den Augen der Pariser versteckt gewesen. Sie ist von den amerikanischen Künstlern Christo und Jeanne-Claude »verpackt« worden. Die beiden sind für ihre spektakulären Verpackungsaktionen bekannt. So sind sie u.a. mit einem mittelalterlichen Turm in Spoleto in Italien verfahren sowie zehn Jahre später, im Jahr 1995 mit dem Reichstag in Berlin. 40 000 Quadratmeter Tuch und 13 000 Meter Strick wurden benötigt, um den Pont-Neuf verschwinden zu lassen. Die Aktion wurde nur aus dem Verkauf von Zeichnungen zum Projekt von den beiden Künstlern selber finanziert. Die große Neugierde, die diese Aufsehen erregende Verhüllung hervorrief, veranlasste die Pariser anschließend, die Architektur des so wiederentdeckten Pont-Neuf neu zu begutachten.

Wissenschaft und Kino in La Villette

■ 13. März 1986
Auf dem Gelände des ehemaligen Schlachthauses von La Villette wird nach einer Reihe von Zwischenfällen die »Cité des Sciences et de l'Industrie« eröffnet. Präsident François Mitterand eröffnet am 13. März 1986 dieses vor allem didaktische Museum, wie es die vier Dauerausstellungen schon vermuten lassen: »Von der Erde zum Universum«, »Sprache und Kommunikation«, »Die Materie und das Wirken des Menschen« und »Das Abenteuer Leben«. Darüber hinaus gibt es zu wechselnden Themenbereichen wichtige Sonderausstellungen. Dieses der Wissenschaft gewidmete Gelände wird von dem erstaunlichen stählernen Kugelbau des Kinos La Géode, das einen kreisrunden Kinosaal beherbergt, dominiert.

Das hochmoderne Kino La Géode kann 370 Zuschauer aufnehmen.

Ein schweres Attentat schockiert ganz Paris

■ *17. September 1986*

In der Rue de Rennes nahe des Gare Montparnasse richtet um 17.23 Uhr eine heftige Explosion ein grausames Blutbad an. Die Bilanz ist schrecklich: Sechs Tote und 52 Verletzte, einige davon schwer. Die Zeugenaussagen gehen auseinander: Einige sprechen von einem Auto mit Sprengladung, andere sagen aus, dass die Bombe in einem Mülleimer vor dem Geschäft Tati platziert gewesen sei. Dieses neuerliche Attentat geschah in einem von Terroranschlägen überschatteten Klima, das das Verhalten der Pariser verändert hat. Man vermeidet es, in große Kaufhäuser oder Veranstaltungshallen zu gehen und hält sich nach Möglichkeit gänzlich von öffentlichen Orten fern.

Noch in der Rue de Rennes werden die Opfer des Attentats versorgt.

Die Vidéothèque de Paris wird eröffnet

■ *7. Februar 1988*

Die Pariser Stadtverwaltung hat wieder einmal eine Neuheit erschaffen: Im Zentrum des Forum des Halles wird das erste audiovisuelle Archiv von Paris eröffnet. Dieser in der Welt einzigartige Komplex erstreckt sich auf 4 000 Quadratmetern und verfügt über ein extrem ausgeklügeltes Informationssystem. Ziel dieser Einrichtung ist der Erhalt, die Beratung und die Neubildung audiovisueller Archive. Damals verfügte die Vidéothèque bereits über einen Bestand von 2 500 Dokumenten mit Informationen über die Pariser Geschichte. Der Besucher konnte die Dokumente direkt vor Ort, egal welches er wünschte, einsehen.

Alle Künste im Musée d'Orsay vereint

■ *1. Dezember 1986*

Der Staatspräsident weiht an diesem Morgen das Musée d'Orsay ein, das dem 19. Jahrhundert gewidmet ist und das eine Verbindung zwischen dem Louvre und dem Centre Pompidou darstellt. Die italienische Innenarchitektin Gae Aulenti entwarf eine helle Innenausstattung, um alle Aspekte der Kunstwerke von 1848 bis 1914 für den Besucher sichtbar zu machen. In dem Museum sind alle Künste vertreten: Malerei, Bildhauerei, Kunstgewerbe, grafische Künste, Architektur, Fotografie und Filmkunst. Die Sammlungen stammen zum größten Teil aus dem Louvre und vor allem aus seinem Nebengebäude, dem Jeu de Paume. Sie werden durch zahlreiche Anschaffungen ergänzt, die mit Blick auf die Eröffnung dieses Museums in den letzten zehn Jahren gemacht worden sind. Françoise Cachin wird die künstlerische Leitung des Musée d'Orsay übertragen.

Théâtre des Champs-Elysées renoviert

■ *23. September 1987*

Nach dem Ende der zwei Jahre dauernden Renovierungsarbeiten, die die Schließung des Theaters nach sich gezogen hatten, spielt das Théâtre des Champs-Elysées an diesem Abend »Benvenuto Cellini« von Hector Berlioz. Der neue Besitzer, die »Caisse des dépôts et consignations«, hatte 40 Millionen Francs in den Umbau investiert. Das Theater hatten ab 1911 die Brüder Perret bauen lassen. Was die Dekors anbelangt, wurden Antoine Bourdelle die Basreliefs anvertraut, die Skulpturen Maurice Denis und die Malereien Edouard Vuillard. Das Gebäude aus weißem Marmor war von modernistischer Bauart entschieden. Das Théâtre des Champs-Elysées war 1913 fertig gestellt worden und empfing Größen wie Richard Strauss, Paganini oder die »Revue nègre« mit Joséphine Baker und vor allem auch Sergej Diaghilevs »Ballets russes« mit Vaclav Nijinskij.

SEHENSWÜRDIGKEIT

35   Das Institut du monde arabe

Das am 30. November 1987 eingeweihte Institut du monde arabe (Institut der arabischen Welt) öffnete am 8. Dezember seine Tore für die Öffentlichkeit. Dieses Museum ist das Ergebnis eines 1974 entstandenen Projekts. Doch erst 1980 wurden die Pläne umgesetzt, als Frankreich und 19 andere Staaten (ein Jahr später waren es 20) eine Vereinbarung unterschrieben. Das Institut, erbaut nach den Plänen des Architekten Jean Nouvel, befindet sich am Quai Saint-Bernard 23 und umfasst mehrere Gebäude. Im nördlichen Gebäude befindet sich ein Museum: Es hat eine bauchige Form und schmiegt sich der Biegung des Quais an. Das zweite Gebäude, in dem sich die Bibliothek befindet, hat die Form eines weitläufigen Quaders. Die verschiedenen Abteilungen entsprechen den Zielen des Instituts, die in seinen Statuten wie folgt festgelegt sind: »In Frankreich soll das Studium, das Wissen über und das Verständnis für die arabische Welt entwickelt und vertieft werden, und das soll auch für ihre Sprache, ihre Kultur und ihr Bemühen, sich weiterzuentwickeln, gelten«.

Das Louvre hat nun eine Pyramide

■ *4. März 1988*

Im Rahmen der Umbauarbeiten des Louvre hat man unter dem Platz des Cour Napoléon eine weitläufige Empfangshalle gebaut, um die Besucherströme besser unter Kontrolle zu bringen. Für den Bau des Eingangs gewann man den amerikanisch-chinesischen Architekten Jeoh Ming Pei, der eine große Glaspyramide entwarf. Der Bau der Pyramide, von einigen als unpassend beurteilt, hat drei Jahre gedauert und ist heute beendet. Sie war eine Herausforderung für die beauftragte Firma. Denn die sollte ein Glas liefern, das gleichzeitig widerstandsfähig, leicht und komplett durchsichtig ist. Dennoch musste trotz aller Anstrengungen die Stahlkonstruktion, die das Glas trägt, verstärkt werden: Dadurch wird der Effekt der Transparenz etwas gemindert. Die Pyramide ist 21,65 Meter hoch und die Glasbedeckung kostete 75 Millionen Francs. Um sein Werk abzurunden, entwarf Pei zusätzlich noch zwei kleine Pyramiden und Brunnen aus grauem Granit mit Wasserspielen. Auch eine Bronzestatue von Gian Lorenzo Bernini wurde aufgestellt, die Ludwig XIV. darstellt.

Das Finanzministerium zieht nach Bercy um

Das Wirtschafts- und Finanzministerium dominiert durch seinen futuristischen Stil das Seineufer im XII. Arrondissement.

■ *26. Juni 1989*
Das Finanzministerium richtet sich in den neuen Räumlichkeiten in Bercy ein. Dieser Umzug war 1981 von François Mitterand entschieden worden: Der Umbau des Louvre verlangte den Auszug des Finanzministeriums aus dem Richelieu-Flügel, in dem es sich seit 1871 befand. Das neue Ministerium kostete fast vier Milliarden Francs, wovon allein 43 Millionen für die künstlerische Ausstattung ausgegeben wurden. Es umfasst mehrere Gebäude, doch der 400 Meter lange Mittelteil, der leicht in die Seine hineinragt, zieht alle Aufmerksamkeit auf sich. Die Architekten Paul Chemetov und Borja Huidobro haben eine langgliedrige Fassade mit zwei großen Torbögen konzipiert, wovon der eine zur Rue de Bercy geht, der andere auf die Seine hinaus. Es ist dennoch bedauerlich, dass der Komplex die zuvor so berühmte Harmonie der Seine-Uferstraßen bricht.

200-jähriges Jubiläum der Revolution

■ *14. Juli 1989*
Am 14. Juli 1789 hatte mit dem Sturm auf die Bastille die französische Revolution begonnen. Am Tag des 200-jährigen Jubiläums der Revolution lässt der Staatschef eine dreistündige, grandiose Parade auf der Champs-Elysées veranstalten. Die Pariser erscheinen zahlreich: Eine Million Zuschauer drängen sich an der Prachtstraße, um die eindrucksvollen Darbietungen zu bewundern. Chinesen auf Fahrrädern, 1 250 Trommler, die aus allen Ecken Frankreichs angereist sind, Walzertänzerinnen mit gigantischen schwarzen Röcken, die sich mit Hilfe kleiner elektrischer Rollen, die unter ihren Röcken versteckt sind, drehen, russische Fahnenträger unter künstlichem Schnee, eine Dampflokomotive in Originalgröße und weitere Auftritte begeistern die bunt gemischte und friedliche Menschenmenge. An der Place de la Concorde singt Jessye Norman in einem blau-weiß-roten Kapuzenkleid die Marseillaise a cappella. Am Ende des Umzugs taucht ein riesiges Feuerwerk den Himmel über Paris in rote Farbe, während die Menschen auf den Straßen noch lange weiter feiern.

Das Feuerwerk an der Place de la Concorde beschließt die Feierlichkeiten zur 200-Jahr-Feier der Revolution.

Ernte auf der Champs-Elysées

Eine seltener Anblick: Der Triumphbogen erhebt sich inmitten von Weizenfeldern.

■ *24. Juni 1990*
Die französischen Landwirte hatten sich eine Aktion einfallen lassen, die den Parisern lange im Gedächtnis bleiben sollte. In der Nacht vom 23. auf den 24. Juni transportierten 400 Lastwagen 10 000 Paletten mit reifem Weizen auf die Champs-Elysée, um 1,5 Hektar zwischen dem Kreisverkehr und dem Triumphbogen zu bedecken. Dieses Weizenfeld wird von 20 000 m² Rasen eingerahmt. An diesem Tag wird der Weizen geerntet. Die Aktion kostete 27 Millionen Francs, doch das Schauspiel, das sich geboten hatte, war diese Ausgabe allemal wert.

Graffiti-Sprayer in der Métro

■ *12. Januar 1992*
Zufall oder eine wohlgeplante Aktion? An diesem Morgen entdeckten die Pariser, dass fünf ihrer Métro-Stationen mit Graffitis besprüht waren. Es war nicht das erste Mal, dass die Verkehrsgesellschaft RATP solche Schäden hinnehmen musste: Seit 1987 führte sie einen gnadenlosen Kampf gegen Sprayer. So waren ein Jahr zuvor 50 Graffiti-Liebhaber festgenommen worden. Die Reinigung der Stationen ist langwierig und kostspielig. Deshalb stellte die Geschäftsleitung mit Erstaunen fest, dass einige französische Museen sich für diese »Kunst« begeistern, denn es gab zu dieser Zeit eine Graffiti-Ausstellung im Chaillot-Palast. Man fürchtete, dass die Sprayer sich dadurch noch ermutigt fühlen würden.

Johnny Hallyday feiert mit seinen Fans

■ *18. Juni 1993*
Am 15. Juni hat der unangefochtene Star des französischen Rocks seine 50 Geburtstagskerzen ausgepustet. Aus diesem Anlass gibt er am 18. Juni ein Konzert im Parc des Princes vor 50 000 Fans. Sein Sohn David steht mit ihm auf der Bühne, ebenso wie dessen Mutter Sylvie Vartan. Der langjährige Freund Eddy Mitchell, der zur selben Zeit wie Johnny und Sylvie sein musikalisches Debüt hatte, ist auch gekommen, um seinen Beitrag zu dieser Geburtstagsfeier zu leisten. Die begeisterte Menschenmenge hat das Gefühl, einem einzigartigen Moment beizuwohnen. Das Idol der Jungend ist immer noch voller Energie.

Schwimmbad versinkt in der Seine

Dieser plötzliche Untergang ist unerklärlich.

■ *8. Juli 1993*
Das Schwimmbad Deligny, das direkt in der Seine stand, war im Jahre 1796 gebaut worden. An diesem Morgen stellten die Pariser mit Bestürzung das Verschwinden fest. Alles war ganz schnell gegangen: Die zwölf Pontons, die am Kai festgemacht waren, haben sich innerhalb von 40 Minuten gelöst. Es schien, dass ein Leck in einem der Schwimmkörper den Untergang aller anderen, die miteinander verbunden waren, nach sich zog und so die gesamte Konstruktion zerstört wurde. Seitdem liegt das Schwimmbad vier Meter unter der Wasseroberfläche.

Der Richelieu-Flügel wird eröffnet

Der Richelieu-Flügel wird zum 200-jährigen Bestehen des Louvre eröffnet.

■ *18. November 1993*
Die langwierigen Umbauarbeiten des Louvre endeten mit der Eröffnung des Richelieu-Flügels, und zwar exakt 200 Jahre nach dem Dekret des Nationalkonvents, das einst die Grundlage des Museums schuf. Die ehemaligen Räumlichkeiten des Finanzministeriums wurden restauriert, insbesondere die prachtvollen Wohnräume von Napoléon III. Von heute an stehen den Besuchern 165 neue Räume offen. Der Umbau der Innenhöfe, die mit Glasdächern überdacht worden waren, macht es fortan möglich, die großen Skulpturen in einer einzigartigen Umgebung zu präsentieren. Der Louvre ist nun fast komplett fertig gestellt. Es bleibt nur noch die Abteilung für Ägyptologie, die renoviert werden muss.

Attentat an der Station Saint-Michel

■ *25. Juli 1995*
Um 17.30 Uhr explodierte eine Bombe in einem S-Bahn-Waggon – genau in dem Augenblick als die Bahn in die Station Saint-Michel einfuhr. Die Bilanz des Attentats: 7 Tote und 56 Verletzte, davon 14 sehr schwer. Sofort trat ein Notfallplan in Kraft, der das ganze Stadtviertel abriegelte, um die Opfer schnellstmöglich bergen zu können. Dazu wurden mehr als 300 Kräfte mobilisiert. Die Pariser sind geschockt und denken an die todbringende Explosionswelle von 1985 und 1986. Zu diesem Zeitpunkt hat sich noch niemand zu dem Attentat bekannt. Einige verdächtigen islamistische Terroristen, andere vermuten eher einen serbischen Hintergrund.

Ein Wetterbericht der besonderen Art

■ *Juli 1997*
Infolge der steigenden Luftverschmutzung, der die Hauptstadt sich ausgesetzt sah, hatte die Pariser Stadtverwaltung beschlossen, jeden Abend auf Leuchtanzeigen in der Stadt einen Bericht mit meteorologischen Vorhersagen über die Qualität der Luft, die für den nächsten Tag erwartet wird, anzuzeigen. Ebenso wurde geplant, bis Ende des Jahres einen automatisierten Dienst einzurichten, der über die Schadstoffbelastungen und die Luftqualität in Paris informieren soll.

Welttag der Jugend in Paris

Papst Johannes-Paul II. feiert eine Messe auf dem Marsfeld.

■ *18. – 24. August 1997*
Eine Woche lang war Paris Gastgeber für Zehntausende gläubige Jugendliche, die aus der ganzen Welt angereist waren, um dem zwölften Weltjugendtag beizuwohnen. Vom Marsfeld bis hin nach Longchamp wurden zahlreiche Messen, Diskussionsrunden und Tauffeiern abgehalten. Die friedliche Menge, die die katholischen Jugendlichen aus fünf Kontinenten bildeten, zeigte durch ihre Begeisterung, dass der Glaube keine Frage des Alters ist. Papst Johannes Paul II., der Mitte der Woche angereist war, zelebrierte zahlreiche Feierlichkeiten, um bedeutende Personen des Katholizismus zu ehren. Heute am 24. August beendet er das Jugendtreffen mit einer Messe, zu der mehr als eine Million Personen nach Longchamp gepilgert sind.

Lady Diana verunglückt tödlich

Zum Gedenken an Diana legen Passanten an einem in der Nähe des Unfallortes gelegenen Denkmal Blumen nieder.

■ *31. August 1997*
Als Lady Diana und ihr Begleiter, der Ägypter Dodi al-Fayed, am Vorabend das Hotel Ritz in einem Mercedes verließen, wurden sie von Paparazzi verfolgt. Bei dem Versuch ihres – wie sich später herausstellte betrunkenen – Chauffeurs, die Verfolger abzuhängen, rammte der Wagen mit hoher Geschwindigkeit im Alma-Tunnel einen Pfeiler. Dodi und sein Chauffeur waren auf der Stelle tot. Die ins Krankenhaus Pitié-Salpêtrière transportierte Diana stirbt an diesem Morgen gegen vier Uhr. Der einzige, der den Unfall überlebte, war Dodis Leibwächter.

SEHENSWÜRDIGKEIT

36

Die Bibliothèque François Mitterrand

Am 20. Dezember 1996 wurde die Bibliothèque d'études François-Mitterrand am Quai Mauriac (XIII. Arrondissement) eingeweiht. Der imposante Gebäudekomplex der neuen französischen Nationalbibliothek (»Bibliothèque nationale de France«) mit seiner radikalen modernen Architektur wurde von Dominique Perrault entworfen. Die Bibliothek wurde um einen zentralen Garten herumgebaut, der für die Öffentlichkeit leider unzugänglich ist. Mit seiner viereckigen Form bildet er eine Esplanade und um diesen großen Platz herum sind in allen vier Ecken hohe Türme errichtet worden, deren Form an ein aufgeschla-genes Buch erinnern soll. Oberhalb des Gartens bietet die Nationalbibliothek mehreren Tausend Lesern Platz, die in fünf Abteilungen fündig werden: Wissenschaft und Technik; Kunst und Literatur; Politik, Jura und Wirtschaft; audiovisuelle Medien; Philosophie, Geschichte und Gesellschaftswissenschaften. Die Bibliothek hat einen Bestand von über 12 Millionen Bänden. Auf der Ebene des Gartens ist ein Bereich nur den Forschern und Wissenschaftlern vorbehalten. Außerdem verfügt die Bibliothek über zwei Ausstellungsräume, in denen Sonderausstellungen gezeigt werden. Zwei Hörsäle runden den Bau ab.

Fußball-WM begeistert Paris und ganz Frankreich

■ *9. Juni – 12. Juli 1998*
Am 9. Juni zelebriert Paris die Eröffnungsfeier der 16. Fußballweltmeisterschaft, an der 32 Mannschaften mit insgesamt 704 Fußballspielern teilnehmen. Mehr als einen Monat lang können Fußballfans den Begegnungen beiwohnen, die in zehn verschiedenen Stadien in ganz Frankreich stattfinden. Während der Eröffnungszeremonie bewegten sich vier gigantische Figuren, die die Kontinente der Teilnehmer symbolisierten, auf die Place de la Concorde zu. Allerdings bewegten sich diese Riesen viel langsamer als vorgesehen, so dass die Fernsehkommentatoren sich mit einiger Phantasie etwas einfallen lassen mussten, um das Publikum bis zur Ankunft der Giganten zu unterhalten. Und dann konnte das Sportfest endlich beginnen.

Im Finale am 12. Juli im Stade de France köpft Zidane das 2:0 gegen Brasilien und führt Frankreich zum Titel.

Die Polizei setzt auf das Zweirad

■ *12. Juni 1998*
Die Pariser Stadtverwaltung war bemüht, die Arbeit der städtischen Polizei vor allem in den Parks und Gärten zu verbessern. Sie beschloss daher den Einsatz einer Einheit, die sich mit Fahrrädern oder Motorrollern fortbewegte. Die Ordnungshüter konnten dank dieser Maßnahme ihrer Arbeit wesentlich wirkungsvoller nachgehen. Wie bereits in der Vergangenheit traf man nun wieder Polizisten, die auf dem Fahrrad unterwegs waren. Doch mit ihrer modernen Ausrüstung waren sie nicht mit den früheren »Schwalben« zu verwechseln. Helme und praktische Uniformen ersetzten nun die Schirmmützen und Regenumhänge ihrer berühmten Vorgänger.

Das Fest der schwimmenden Kioske

■ *1. – 4. September 1999*
Vier Tage lang war die Seine der lebhafteste Verkehrsweg der französischen Hauptstadt. Auf Initiative des Bürgermeisters Jean Tibéri vereinte eine Veranstaltung die Menschen des rechten und des linken Seineufers. Das »Fest der schwimmenden Kioske« fand zwischen der Allée des Cygnes und Bercy statt. Man hatte die Wahl zwischen Konzerten auf den Uferwegen, Feuerwerken am Trocadéro, Picknicks in Beaugrennelle oder einem venezianischen Karneval im Arsenal. Das schöne Wetter machte durstig und daher öffneten Jean Tibéri und die Winzer von Saint-Emilion, die anlässlich des Festes in die Stadt gekommen waren, die ein oder andere Flasche.

Der Pariser Bürgermeister Jean Tibéri

Ein Zähler auf dem Eiffelturm

■ *26. November 1998*
Die Pariser Stadtverwaltung hatte eine gigantische Lichtinstallation, die so genannte Millenniums-Uhr, am Eiffelturm installieren lassen, damit die Pariser jeden Tag wussten, wie viel Zeit sie noch von diesem magischen und auch ein wenig gefürchteten Datum trennte. Tatsächlich befürchtete man einen allgemeinen Zusammenbruch der Computernetzwerke. Am 26. November sieht man die Zahl 400 von dem alten Turm erstrahlen: Der Countdown für das Jahr 2000 hat begonnen.

Die städtische Polizei setzt Mountainbikes als neue Fortbewegungsmittel ein.

Paris – mitten in Las Vegas

■ *31. Dezember 1999*
Ein 164 Meter hoher Eiffelturm vor brandneuen Gebäuden von überraschender und farbenprächtiger Architektur. Man fragt sich, ob man sich wirklich an den Ufern der Seine befindet. Nein, dies ist Las Vegas, im Herzen der Sierra Nevada. Doch man sollte sich nicht täuschen lassen, denn dieser ganz neue, erst im September eröffnete Hotelkomplex ist nicht ausschließlich errichtet worden, um Paris zu rühmen, denn man findet hier auch Miniaturen anderer europäischer Bauwerke wie des Londoner Tower oder der Seufzerbrücke aus Venedig. Die Kasinos wünschen sich, dass ihre Kunden die Zeit vergessen – doch mit Sicherheit werden sie auch schnell vergessen, an welchem Ort sie sich eigentlich wirklich befinden.

Ehrendoktorwürde für Kofi Annan

UN-Generalsekretär Kofi Annan erhält seinen Ehrendoktortitel an der Pariser Sorbonne.

■ *28. November 1998*
Der neue Generalsekretär der Vereinten Nationen, der Afrikaner Kofi Annan, nutzt das französisch-afrikanische Gipfeltreffen, um Paris einen Besuch abzustatten. Nachdem der Gipfel vorüber war, ehrte die Universität Paris den Generalsekretär. In einer feierlichen Zeremonie an der Sorbonne wird er zum Doktor »honoris causa« ernannt. Obschon er nicht Frankreichs Wunschkandidat für den Posten des Generalsekretärs gewesen ist, schaffen sein Besuch und die Auszeichnung ein gutes Klima zwischen dem hohen Diplomaten und Frankreich.

Paris feiert das Millennium

■ *31.12.1999/1.1.2000*

Mit einem großartigen pyrotechnischen Spektakel wird in Paris das so lang erwartete Jahr 2000 begrüßt. Das Feuerwerk, ein Werk von Yves Pépin, und Christophe Berthonneau, begeisterte die Menschenmenge in ganz Paris ebenso wie die Hunderte Millionen Fernsehzuschauer, die das Ereignis auf ihrem Bildschirm zu Hause miterlebten. Paris symbolisiert für die ganze Welt den Übergang ins neue Jahrtausend. Eine glänzende Entschädigung, die einen Vorfall vergessen lässt, der mit dem Feuerwerk nichts zu tun hat. Zeitweise war die Leuchtanzeige am Eiffelturm erloschen – der (kleine) Computerfehler des Jahres 2000. Wie auf der ganzen Welt wurde in Paris die ganze Nacht durchgefeiert.

Kampf gegen die Umweltverschmutzung

Asbestsanierung an der Universität

■ *2001*

Die Pariser Stadtverwaltung wird nicht müde, entschlossen gegen die Luftverschmutzung vorzugehen. Zur Verringerung der Autoabgase – einem der Hauptverursacher – sollen die öffentlichen Verkehrsmittel Priorität vor dem Individualverkehr erhalten. Aus diesem Grund wurden neue breitere Fahrspuren für Busse gebaut, die durch 70 Zentimeter breite Banketten geschützt werden und nicht überfahren werden können. Die Autofahrer protestierten dagegen, da sie durch diese Maßnahme um den Verkehrsfluss fürchten. Doch es gibt auch noch andere Bereiche der Umweltverschmutzung, die viel schädlicher und nicht sichtbar sind: Dazu gehört Asbest. Der Staat engagiert sich in der systematischen Asbestsanierung und die Stadt Paris steht dem in nichts nach. Ein Beispiel dafür ist die Großbaustelle an der Universität Jussieu, die vollständig vom Asbest befreit wird. Auch Maßnahmen wie die Mülltrennung sollen in Zukunft verstärkt werden.

Geständnis vor dem Schwurgericht

■ *27. März 2001*

Guy Georges, der »Serienmörder des Pariser Ostens«, brach vor dem Schwurgericht zusammen, als eines seiner überlebenden Opfer im Zeugenstand aussagte. Er gab zu, sie angegriffen zu haben. Dieses Geständnis zog noch weitere Enthüllungen nach sich. Er gestand, zwischen 1991 und 1995 sieben junge Frauen vergewaltigt und erwürgt zu haben. Seine Verbrechen hatten im Stadtteil Belleville für Angst und Schrecken gesorgt. Sein Geständnis war eine Erleichterung für die Familien der Opfer und auch für die Polizei.

Konzertsaal wiedereröffnet

■ *8. Januar 2001*

Die Klavierbauer Gaveau hatten im Jahre 1905 in der Rue de la Boétie ein Gebäude errichtet, in dem die Geschäftsräume, die Büros, die Werkstatt und vor allem ein großer Konzertsaal untergebracht waren. Dieser so genannte Gaveau-Saal war in den letzten Monaten von dem Architekten Jacques Hermant renoviert und bis hin zur Farbe der Sitze in seinen Originalzustand zurückversetzt worden. Der weiß-goldene Saal bietet auf dem Parkett und den zwei Balkonen Platz für 1 000 Besucher. Auf der Bühne, über der eine große Orgel angebracht ist, finden 80 Musiker Platz. Am 8. Januar 2001 wird der Konzertsaal wiedereröffnet.

Der Gaveau-Konzertsaal erstrahlt nach monatelangen Restaurierungsarbeiten wieder im alten Glanz.

Das Riesenrad wird endlich angehalten

Marcel Campion hat die Kraftprobe mit der Stadt Paris verloren.

■ *28. Januar 2002*

Das Riesenrad leuchtete über der Place de la Concorde seit dem Übergang ins Jahr 2000. Es stammte von Marcel Campion, dem Chef der Pariser Schausteller, und Jean Tibéri hatte zugestimmt, dass es ein Jahr länger stehen bleiben dürfe. Der neue Bürgermeister Bertrand Delanoë wollte für das Rad jedoch einen neuen Platz finden. Da keine Übereinkunft gefunden werden konnte, entschied die Justiz: Der Betrieb des Riesenrades sollte gestoppt werden. Trotz aller Anstrengungen, darunter sogar Freifahrten für seine Besucher, musste Campion sich fügen und sein Riesenrad abbauen.

Unterm Pflaster liegt der Strand

Zwei Millionen Pariser besuchen den drei Kilometer langen Strand.

■ *Juli – August 2002*
Bürgermeister Bertrand Delanoë hatte den Parisern versprochen, das Leben in ihrer Stadt angenehmer zu gestalten. Denjenigen, die im Sommer nicht in die Ferien fuhren, bot er einen »echten Strand« auf der rechten Uferpromenade der Seine. Es war alles da, um die Illusion Wirklichkeit werden zu lassen: Feiner Sand, der mit Lastwagen angeliefert wurde, blaue Liegestühle und Sonnenschirme und sogar Palmen in Kästen. Der Erfolg stellte sich sofort ein, die Menschen drängten sich, um in der Sonne zu liegen. Der einzige Misston entstand dadurch, dass es keine Koordination mit der Polizei gegeben hatte, was den Start der Aktion anbelangte. So entstanden lange Staus auf den Uferstraßen in Richtung Strand.

Attentat auf den Bürgermeister

Bertrand Delanoë musste nach der Messerattacke notoperiert werden.

■ *5./6. Oktober 2002*
Die Aktion »schlaflose Nacht«, in der die Öffentlichkeit eine ganze Nacht lang unbekannte Orte entdecken sollte, die eigens aus diesem Anlass geöffnet wurden, war ein voller Erfolg. Dennoch, an diese Nacht erinnert man sich nicht wegen dieses Ereignisses, sondern wegen des Mordversuchs an Bertrand Delanoë. Er wurde kurz nach Mitternacht in seinen Amtsräumen Opfer einer Attacke. Aus nie ganz geklärten Gründen hat ein gewisser Azedine Berkane ihm mehrfach ein Messer in den Unterleib gestoßen. Die Verletzungen des Bürgermeisters machten seine Einlieferung ins Krankenhaus notwendig. Er schwebte nicht in Lebensgefahr, doch musste er eine mehrwöchige Pause vom Rathaus einlegen.

Alexandre Dumas wird ins Panthéon überführt

■ *30. November 2002*
Alexandre Dumas, der Vater der »Drei Musketiere« und des »Graf von Monte Cristo«, ruhte seit 1870 auf seinen eigenen Wunsch auf dem Friedhof von Villers-Cotterêts, seiner Heimatstadt. Ein Komitee war gebildet worden, um die Überführung seiner sterblichen Überreste ins Panthéon zu fordern. Und trotz des Zögerns der Einwohner von Villers-Cotterêts, findet heute Abend die Zeremonie statt. In Anwesenheit von Staatspräsident Jacques Chirac hält Alain Decaux, seit seiner frühesten Kindheit ein begeisterter Bewunderer von Dumas, eine Lobrede auf den Schriftsteller.

Der Elysée-Vertrag wird 40 Jahre alt

■ *15. Januar 2003*
Im Salon Murat gedachten Jacques Chirac und Bundeskanzler Gerhard Schröder feierlich der Unterzeichnung des Elysée-Vertrages von vor 40 Jahren. Die Vereinbarung, von General de Gaulle und Bundeskanzler Adenauer geschlossen, war ein Symbol für die deutsch-französische Aussöhnung und zeigte nach dem Zweiten Weltkrieg den festen Glauben der beiden Staatsmänner an die Zukunft und den Frieden. Das deutsch-französische Tandem wurde anschließend die treibende Kraft für den Aufbau Europas.

Die Aktion »Hauptstadt-Zug« ist ein Erfolg

Ein einmaliges Schauspiel: Züge fahren auf der Champs-Elysée.

■ *17. Mai – 15. Juni 2003*
Der französischen Eisenbahngesellschaft SNCF ist eine schöne Aktion gelungen, indem sie 30 Lokomotiven und Waggons auf die Champs-Elysée brachte. Die Ausstellungsstücke erzählten die mehr als 150-jährige Geschichte der französischen Eisenbahn, von den ältesten Lokomotiven bis hin zu den neuesten Zügen des TGV. Gad Weil, der bereits 1990 die Getreideernte auf der Champs-Elysée organisiert hatte, war der Ideengeber für das Spektakel, das mehr als eine Million Schaulustige anzog. Und doch war es ein paradoxes Ereignis: Zur selben Zeit hinderten Streiks zahlreiche Pariser und Bewohner aus den Vororten daran, mit dem Zug zur Aktion zu fahren.

100-jähriges Jubiläum der Tour de France

Lance Armstrong trägt zum fünften Mal das gelbe Trikot in Paris.

■ *27. Juli 2003*
Zu ihrem hundertsten Geburtstag enttäuschte die Tour de France nicht. Drei Wochen lang bietet die große Rundfahrt spannenden Sport bis der Sieger feststeht: Am 27. Juli 2003 geht der Amerikaner Lance Armstrong mit seinem fünften Sieg in die Geschichte der Tour ein, ebenso wie seine legendären Vorgänger: Jacques Anquetil, Eddy Merckx, Bernard Hinault und Miguel Indurain, die auch jeweils fünf Siege erringen konnten. Vor der Ankunft der Rennfahrer belebte eine riesige Parade zu Ehren der Pioniere von 1903 die Champs-Elysées. Die Idee, das Ende der Tour auf der Prachtstraße stattfinden zu lassen, stammt allerdings nicht aus jener Zeit. Erst seit 1975 endet sie hier.

Abkürzungen
u = unten
o = oben
m = mitte
r = rechts
l = links

SP = Sipa Press,
AKG = Archiv für Kunst und Geschichte Paris,
Kharbine = Collection Kharbine,
Gamma = Gamma Presse,
Mary Evans/K = Mary Evans/ Keystone,
RV = Roger-Viollet.

3 • : SP
5 • : aisa
6 • : Wissen Media Verlag
8 • o : RV, u : BN
9 • ol : Lessing/AKG, or : RV, ul : Mary Evans/K, ur : R.G. Ojeda/RMN
10 • o : AKG, ul : Hugo Maertens / RMN, ur : DR/Géoatlas
11 • ol : RV, mr : D.S./ RMN, ul : G. Blot/ RMN, or : Lessing/AKG
12 • o : Harlingue/ RV, u : G. Namur/ Keystone
13 • or : AKG, ul, ur : RV
14 • o : Kharbine, u : JM Labat/Keystone
15 • o : G. Blot/ RMN, ur : RV, ul :RMN
16 • o :Mary Evans/K, u : Explorer archives/ Keystone
17 • o, ur, ul : RV
18 • o :Mary Evans/K, ul, ur : AKG
19 • ol, u : Coll. Grob/ Kharbine, or : Louis Bertrand/ Keystone
20 • o, u : Kharbine
21 • ol : AKG, or, ur : Coll. Jonas/ Kharbine, ul : AKG
22 • ml : Coll. Jonas/ Kharbine, or : Bulloz/ RMN, um : Jérôme ra Cunha/ AKG
23 • o : AKG, um : DR/Géoatlas, ur : Louis Bertrand/Keystone
24 • o, u : RV
25 • o : RV, u : H. Lewandowski/RMN
26 • or, mm : Coll. Grob/ Kharbine, ur : AKG
27 • om : AKG, ul : G. Blot/ RMN, mr : Coll. Grob/Kharbine
28 • om, ur : RV, ul : DR
29 • ml : AKG, or : Coll. Jonas/ Kharbine, um : Kharbine
30 • or : British Library/ AKG, um : Coll Schrotte/ Keystone
31 • ol :Mary Evans/K, mr, ul : Coll. Jonas/ Kharbine
32 • o : Louis Bertrand/ Keystone, ur : Visioars/ AKG, ul : AKG
33 • o : Visioars/ AKG, ur : Coll. Grob/ Kharbine
34 • mr : Ed. Chronique/P, ol : Kharbine, u : Ed. Chronique
35 • or : Keystone, ul : ADPC/ Keystone, ur : H. Lewandowski/ RMN
36 • o : Coll. Grob/ Kharbine, u : Pierre Barbier/ RV
37 • o : Kharbine, um : RV
38 • om : AKG, ul : G. Namur/ Keystone, ur : RV
39 • ml : DR, or, ul : AKG, ur : Kharbine
40 • o : Lessing/ AKG, u : RV
41 • om : AKG, ur : Lessing/ AKG, ul : Coll. Jonas/Kharbine
42 • o : Kharbine, ul : RV, ur : Coll. Grob/ Kharbine
43 • o : Coll. Jonas/ Kharbine, ur : Mary Evans/K, ul : Chronique/P
44 • or : Kharbine, mm : AKG, um : RV
45 • or : RV, ur : Kharbine, ol, ul : Coll. Jonas/ Kharbine
46 • ol : Louis Bertrand/Keystone, u : AKG, or : Lessing/ AKG
47 • om : Kharbine, or : Coll. Grob/ Kharbine, ml : Lessing/ AKG, ur : Harlingue/ RV
48 • ol : P. Le Huleur/ Keystone, or, ul : Kharbine, mr : Coll. Schrotter/ Keystone
49 • o, u : AKG
50 • o : G. Blot/ J. Schormans/RMN, m : Kharbine, u : RV
51 • ol, or : AKG, ul : G. Blot/RMN, ur : Kharbine
52 • ol : Bulloz/ RMN, or : Kharbine um : Explorer Archives/Keystone
53 • ol, ul, ur : AKG, or : Kharbine
54 • or : Kharbine, um : RV, mr : ND/RV
55 • or : Coll. Grob/ Kharbine, ul, ur : RV
56 • ol : Kharbine, ul : Mary Evans/K, mr : DR/ AKG
57 • or : Coll. ES/ Keystone, ml : ADPC/ Keystone, um : RV, mr : AKG
58 • ol : Jean-Paul Dumontier/AKG, or, ur, ul : RV
59 • ol : AKG, or : Harlingue/RV, ml : G. Blot/ RMN, ur : RV
60 • ol : Kharbine, mr : Bulloz/RMN, mm : Ed. Chronique
61 • ol : Lessing/AKG, mr : Coll. Grob/ Kharbine, um : Hôpital Pompidou, 2000, Aymeric Zublena © Adagp, Paris 2003/Lantz/SP
62 • om : Lessing/AKG, um : Devaux/Keystone, mr : AKG
63 • om : Kharbine, ul : RMN, ur : AKG
64 • ml : Gérard Blot/ RMN, or, ur : RV, ul : Kharbine
65 • ol : Coll. ES/Keystone, ur : RV, ul : ADPC/Keystone
66 • ol : Devaux/ Keystone, or : Lessing/ AKG, ul : RV
67 • ul : G. Blot/ RMN, om : AKG, ur : RV
68 • om : ADPC/Keystone, ur : RV
69 • ol : Kharbine, or : RV, ur : RMN, ul : Bulloz/ RMN
70 • or : RV, um : AKG
71 • om, ur : RV, ul : Bulloz/ RMN
72 • or : AKG, um : Kharbine, mr : Lessing/ AKG
73 • ol : J.M. Labat/ Keystone, ur :AKG, ul : RMN
74 • ol, ul, ur : Lessing/AKG, or : AKG, mr : ADPC/ Keystone
75 • om : Coll. ES/Keystone, um : AKG
76 • om : RV, mr : Bulloz/RMN, ur : ADPC/Keystone
77 • om : Lessing/ AKG, ul : AKG, ur : Kharbine
78 • or, ur : Lessing/ AKG, mr : RV
79 • om : Explorer Archives/Keystone, ul : Coll. ES/Keystone, ur : DR/Gérard Blot/RMN
80 • or -Coll. ES/Keystone, ur : AKG
81 • ol : J. Desmarteau/Keystone, mr : AKG, um :M. Bellot/RMN
82 • or : Bulloz/ RMN, mr, um : AKG
83 • ol, ur : AKG, om :Mary Evans/K, ul : RV
84 • ol : ADPC/Keystone, or : AKG, ul : Ed. Chronique
85 • ol : Kharbine, or : Harlingue/RV, ul : RV, ur : Kharbine
86 • or : Lessing/AKG, mm : RV, ur : AKG
87 • om : AKG, ul : RV, ur : M. André/ RMN
88 • om : G. Blot/ RMN, mm : Coll. Grob/Kharbine, ur : RV, ul : RMN
89 • ol : Bulloz/ RMN, ur : Lessing/ AKG, ul : RMN
90 • om : J. Martin/AKG, mm : ADPC/ Keystone, ur : RV
91 • ml : Chronique/P, or : Lessing/ AKG, ul : ADPC/Keystone, ur : RMN
92 • om : RMN, mm : AKG, ur : Chronique/ P
93 • ml : RV, or : RV, ur : Coll. Grob/Kharbine, ul : RV
94 • mm : AKG, um : RV, om : D. Arnaudet/ RMN
95 • ml : RV, or : Coll. ES/ Keystone, ul : Bulloz/ RMN, ur : AKG
96 • om : Lessing/ AKG, ul : ADPC/ Keystone, ur : Chronique/ P
97 • ol : RV, or : Lessing/ AKG, ur : Visioars/ AKG
98 • om : Visioars/ AKG, mr : Bulloz/ RMN, ur : J.G. Berizzi/ RMN
99 • om : Kharbine, ul : J. P. Daudier/ Keystone, mr : P. Bernard/ RMN
100 • om, mr : AKG, ul : RV, ur : Chronique/ P
101 • om : AKG, ul : RV, ur : A. Le Toquin/Keystone
102 • om : Kharbine, um : AKG, ur : D. Arnaudet/ RMN
103 • ol : ADPC/ Keystone, or : AKG, um : RV
104 • ol : Kharbine, mr : AKG, ur : Ed. Chronique
105 • ol : Ed. Chronique/ P, ul : Mary Evans/K, or : Keystone, ur : Kharbine
106 • om, mr : ADPC/ Keystone, um : Kharbine
107 • ol : J. P. Dumontier/ AKG, ml : RV, ul :Mary Evans/K, or : G. Blot/ RMN
108 • ul : Mary Evans/ K, or : RV, ur : ADPC/ Keystone
109 • ol, ul : Kharbine, or : AKG
110 • or : Mary Evans/ K, ur : Coll. Jonas/Kharbine
111 • ol : H. Lewandowski/ RMN, or : G. Blot/ RMN, um : Kharbine
112 • ol : B.Hatala/RMN, or : Visioars/AKG, um : RV
113 • ml : Lessing/AKG, or : Coll. Grob/Kharbine, um : ADPC/ Keystone
114 • or : AKG, ur : Harlingue/RV
115 • or, ul : ADPC/ Keystone, ur : Mary Evans/K
116 • ol : ADPC/Keystone, or : Mary Evans/K, ur : Coll. ES/ Keystone
117 • ol : M. Bellot/ RMN, mm : Bulloz/ RMN, ur : AKG
118 • om, mm : Kharbine, ur : Mary Evans/K
119 • ol : RMN, or : Harlingue/ RV, um : G. Blot/ RMN
120 • ol : Mary Evans/K, or : Lessing/ AKG, um : D. Arnaudet/ RMN
121 • ml : J. L'Hoir/ RMN, or : J.G. Berizzi/ RMN, um : LL/ RV
122 • ml : Coll. ES/Keystone, or : Kharbine, ur :Mary Evans/K, ul : LL/ RV
123 • or : LL/ RV, ul : RMN, ur : RV
124 • ol : Thierry Etévé, mr : Kharbine, ul : Ed. Chronique
125 • ol : AKG, or : Chronique/P, ml : Kharbine, ur : Bulloz/RMN
126 • or : Mary Evans/K, ur : RV
127 • om, um : Kharbine, or : RMN, mm : Mary Evans/K
128 • ol : RV, or, ul, ur : Mary Evans/K
129 • ol, or : Mary Evans/K, um : J. Moatti/ Keystone
130 • om, ur : Kharbine
131 • or : Kharbine, ul : G. Namur/ Keystone, ur : RV
132 • ol : Mary Evans/K, um : RV, mr, mm : Kharbine
133 • ul : H. Lewandowski/ RMN, ol : Explorer Archives/Keystone, mm : RV, um : RMN
134 • or : RV, ur : Coll. Lausat/ Keystone, mm : Kharbine
135 • or : RV, ul : LL/ RV, ur : Lessing/ AKG
136 • ml, or : RV, ur : G. Blot/RMN, or : RV, ul : Kharbine
137 • ol : RV, or : Kharbine, um : Lessing/AKG
138 • or, mm, ur : Kharbine
139 • ol : AKG, or, mm, ul : Kharbine
140 • om : Lessing/AKG, ul : AKG, ur : Coll. Grob/ Kharbine
141 • om : DR/ AKG, ul, ur : Kharbine
142 • ol : Mary Evans/K, or : RV, ul : DR/ RV
143 • om : DR/ Kharbine, ml : Bulloz/ RMN, ur : P.Horvais/ Keystone
144 • or : RV, ur : Kharbine
145 • om, ml : RV, mr : DR/ Coll. Dixmier/Kharbine, um : D. Arnaudet-J. Schormans/RMN
146 • mm, ur : RV, ul : DR/Kharbine
147 • ol : AKG, or :Mary Evans/K, um : DR/ Lessing/ AKG
148 • or : Mary Evans/K, ul, ur : AKG, or : Keystone
149 • ul : Coll. Dixmier/ Kharbine, ur : RV
150 • or : Mary Evans/K, um : RV
151 • om : J. P. Dumontier/ AKG, ul : ADPC/Keystone, ur : Kharbine
152 • ol : ND/ RV, mm : DR/ R. Gaillarde/Gamma, or : RV, ur : Ed. Chronique
153 • ol : DR/ Gamma, or, ul : RV, ur : Gamma
154 • or : Bourquignaud/ Kharbine, um : G. Blot/ RMN
155 • om, ul, ur : AKG, mm : Mary Evans/ K
156 • ol : G. Blot/ RMN, ul : Lessing/ AKG, or : Abecassis/ SP, ur : DR/ LL/ RV
157 • ol : Bulloz/ RMN, ul : Mary Evans/K, mr : AKG, ur : RV
158 • or : Boyer/ RV, mm : ADPC/ Keystone, ur : Kharbine
159 • or : Kharbine, ul : Ojéda/ Le Mage/ RMN, ol : Mary Evans/K, ur : RV
160 • om : Mary Evans/K, um : Kharbine, ml : RV, ur : Harlingue/ RV
161 • ol, or, um : Kharbine, ul : Namur-Lalande/ SP
162 • ol, om, or : AKG, um : RV, mr : Kharbine
163 • ol, ul : AKG, om : RMN, ur : Kharbine
164 • ol : DR/ Popovitch/ RMN, ul : AKG, mr : Cheret-Kharbine
165 • or : Mary Evans/K, ml : H. Lewandowski/ RMN, ur : Coll. Dixmier/Kharbine
166 • om : Mary Evans/K, um : AKG, ur : Kharbine
167 • om : AKG, ur : RV, ul : F. Durand/ SP
168 • om : AKG, ul, mm, ur : Mary Evans/K
169 • om : Kharbine, ul, ur : Mary Evans/K
170 • or : L'Illustration/ Keystone, mm : G. Namur/ Keystone, ur : Lessing/ AKG
171 • om : Mary Evans/K, um : Kharbine, ur : AKG
172 • ol : DR/ API/ Keystone, om : Kharbine, mm : AKG, ur : Ed. Chronique P
173 • or : ND/ RV, ul : DR/ AKG, ol : Mary Evans/K, ur : Harlingue/ RV
174 • ol : Keystone, or : AKG, ul : Mary Evans/K
175 • or : Keystone, ul : L'Illustration/ Keystone, ur : Chronique/ P
176 • or : Coll. Jonas/ Kharbine, ml : Boyer/ RV, mr : Coll. P. Février/ Keystone, ul : Ed. Chronique
177 • or : Desson/ SP, ml, um : Keystone
178 • om : Kharbine, mm : Mary Evans/K, ur : DR/Archives CDA/ Guillot/ AKG
179 • ml, ol, or : Mary Evans/K, ul : L'Illustration/Keystone, ur : Arnaudet/ RMN
180 • om : RV, ul : Stefan Drechsel/ AKG, ur : Mary Evans/K
181 • or, ml : Kharbine, ol : DR, ur : RV
182 • om : AKG, ur : DR/ RV
183 • ol : Les Cerises, 1913, Paul Poiré © Adagp, Paris 2003/ AKG, om : Ed. Chronique/ P, um : Coll. Dixmier/ Kharbine
184 • or : Illustration/ Keystone, mm : Mary Evans/K, ur : Harlingue/RV
185 • ol : Branger/ RV, ul :Mary Evans/K, um : AKG
186 • ur : Mary Evans/K, ol : RV, mm : DR/Bourquignaud/ Kharbine, or : Le Ballet Parade, 1917, Jean Cocteau © Adagp, Paris 2003/Succession Picasso 2003/ RV, ul : Explorer archives/ Keystone
187 • ol : Mary Evans/ K, ul : AKG, ur : DR/Chronique/ P
188 • om : Harlingue/ RV, mr : Keystone, um : DR/ G. Barbier-Coll. Grob/ Kharbine
189 • om, ml : Harlingue/ RV, um : Branger/ RV, mm : 1922, Jean Patou © Adagp, Paris 2003/ Kharbine
190 • mm : Mary Evans/K, or : Keystone, ol : RV, um : Au rendez-vous des amis, 1922,Max Ernst © Adagp, Paris 2003/AKG
191 • om : Harlingue/ RV, mm : AKG, ul : Illustration/ Keystone, ur : C. Fontaine/ SP
192 • ol : Kharbine, ul, ur : DR/ Kharbine
193 • om : Mary Evans/K, ml : AKG, mm, um : Keystone
194 • ol : Stumpf/ SP, um : Chronique, or : DR/ Dior/ Sip/SP
195 • or : Durand François/ SP, ml, mu : Lipnitzki/ RV
196 • om, or, um : Keystone, mr : Ed. Chronique/ P
197 • or, ul : Keystone, ur : Kharbine, ol : DR/ Bellenger/Kharbine
198 • om, ur: Keystone, mm : Corbis-Bettmann, mr : DR/ AKG, ul : Illustration/Keystone
199 • ol, or, ul : Keystone, ur : Explorer archives/ Keystone
200 • ol : Humanité/ Keystone, or, mm, ur : Keystone, ul : Lipnitzki/ RV
201 • ol, ul, or : Keystone, ul : Lipnitzki/ RV
202 • ol : Coll. Grob/ Kharbine, or : Illustration/ Keystone, ur : Kharbine, ul : Corbis/Krist
203 • om, mr : Keystone, ul : Illustration/ Keystone, ml : Harlingue/ RV, ur : Alfred/SP
204 • or, mm, ur : Keystone
205 • ol : AKG, or, ul, ur : Keystone
206 • ml, or, ur : Lapi/ RV, ul : Brigot/ Klarsfeld/ SP
207 • ur: RV, ol : Kharbine, or : ADP/ Keystone, mm : Lapi/ RV
208 • ol : Kharbine, or : RV, mm : Keystone, ur : Lapi/ RV
209 • ol, or, ul : Lapi/ RV, ur : DITE/ USIS
210 • ol, ur : DITE/ USIS, mr : Keystone, ul : Dalmas/ SP
211 • ol, ul : Keystone, or : AKG, ur : RV, mm : DITE/ USIS
212 • or, ur : Keystone, um : L'Illustration/ Keystone, mm : Jeanne Lanvin, 1933, Edouard Vuillard © Association Willy Maywald/Adagp, Paris 2003/ Lessing/AKG
213 • ol : Keystone, or : AKG, ul : ADPC/ Keystone, ur : DR/ Goyenex/ SP
214 • or, mr, ml : Keystone, ul : Paul Almasy/ AKG
215 • ol, or : Keystone, ml : DITE/ USIS, ur : Dalmas/SP
216 • or, mm : Keystone, um : Plafond Opéra, 1964, Marc Chagall © Adagp, Paris 2003/ Keystone
217 • ol : Universal Photo/ SP, mm, ur : Keystone, ul : Maison de la radio, 1963,Henri Bernard © Adagp, Paris 2003/ Thierry Etévé
218 • om : Sarsini/ SP, or : AKG, ur : Keystone
219 • ml : AKG, or : Sarsini/ SP, ur : Sipahioglu/ SP, ul : Selders/ SP
220 • or, mm, ur : Keystone
221 • om, or, mm, ul : Keystone, ur : Parc des Princes, 1972, Roger Taillibert © Adagp, Paris 2003/ Halary/ SP
222 • om, mr : Keystone, mm : Houpline/ SP, ur : Palais des Congrès, 1974, Christian de Portzamparc © Adagp, Paris 2003/ Ed. Chronique/ P
223 • om : aisa, mm : Keystone, um : Lecoeuvre Photothèque
224 • ol : RV, mr : H. Lewandowski/ RMN, ul : Hadj/ SP
225 • or :Meigneux/ SP, ul : Keystone, mm : © Claude Abron/ Mairie de Paris
226 • or : aisa, um : Epitalon/ SP, ur : SP
227 • om : SP, mm, um : Keystone, ur : Simmons Ben/ SP
228 • or : Corbis-Bettmann, ur : DR/ Witt/ SP
229 • om : V. Schnerb/Gamma, ul : Institut du monde arabe, 1987, Jean Nouvel/ architecture Studio- © Adagp, Paris 2003/ André Breton/ SP, ur : Pyramide du Louvre, architecte I.M.PEÏ /Robert O'Dea/ AKG
230 • or : Ministère des finances, 1989, Paul Chemetov et Borja Huidobro © Adagp, Paris 2003/ ABD Rabbo/ SP, ur : SP
231 • ol : Boulat Alexandra/ SP, or : Ginies/ SP, ul : Bassignac-Stevens/ Gamma, mr : Aile Richelieu du Grand Louvre, 1993, Christian de Portzamparc © Adagp, Paris 2003/ Witt/ SP
232 • om : Simon Isabelle/ SP, mm : Chronique/ P, um : © Bibliothèque nationale de France, 1996, Dominique Perrault, Architecte / Adagp, Paris, 2003/ Halary Gérard/Gamma
233 • om : Freddy/SP, mr, ul : Meigneux/ SP, ur : Cavalli/SP, mm : Lecarpentier/ SP
234 • om : Ballet Pyrotechnique pour le passage à l'an 2000 créé par Yves Pépin et Christophe Berthonneau-Production ECA2/ Groupe F/Photo : P. Jacob, mr : Morris Raymond/ SP, mm : Sindeu/ SP, um : DR/Jacques Brinon/ AP/ SP
235 • ol : Alfred/ SP, om : Benaroch/ SP, mm : Delalande Raymond/ J.D.D./ Gamma, ul : Meigneux/ SP, um : Stevens Frederic/ SP

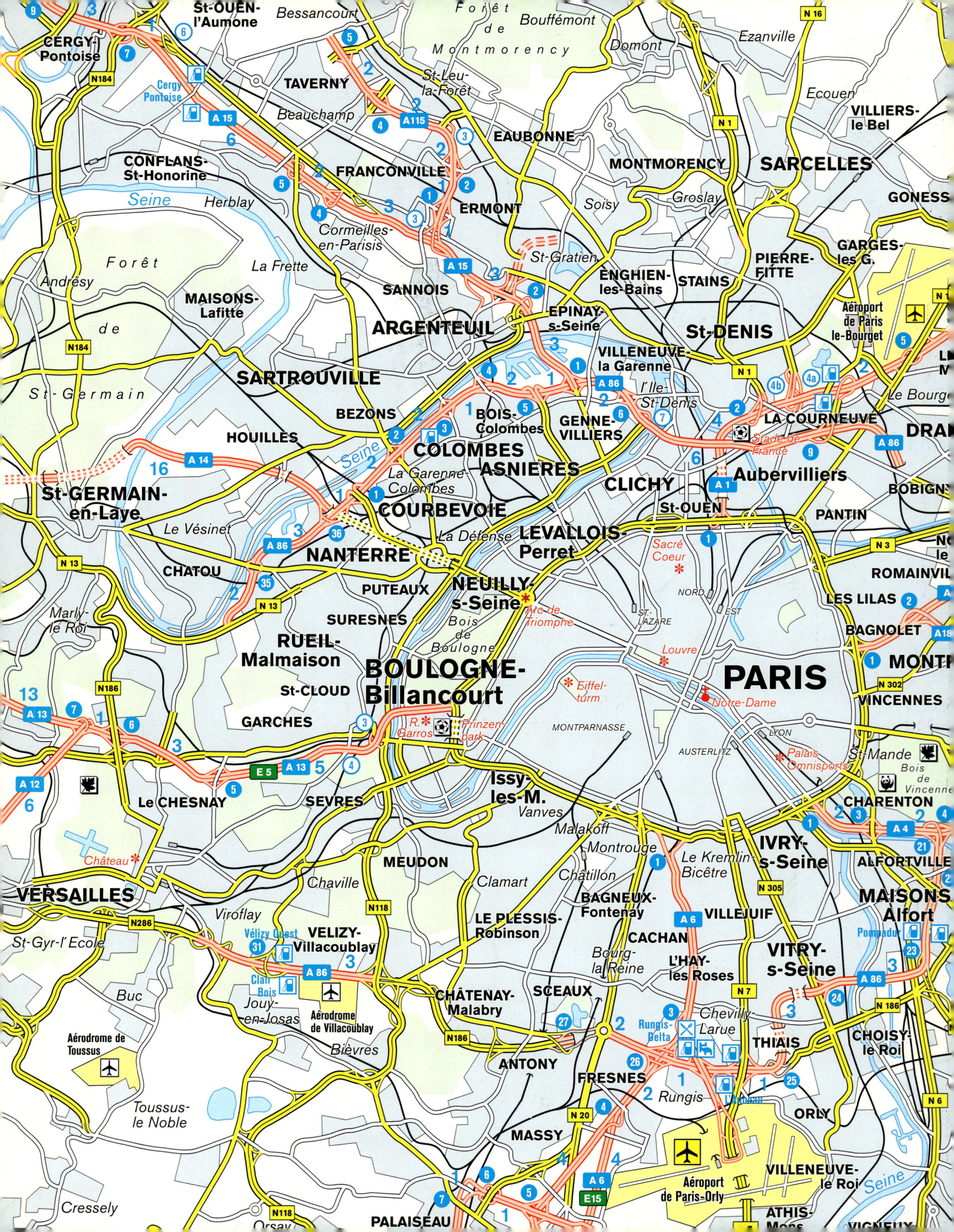